'공기업/대기업, 부사관/ROTC/사관학교'

이제 AI가 사람을 채용하는 시대

WIN시대로

모바일 AI면접
캠이 없어도 OK

준비하고 연습해서
실제 면접처럼~

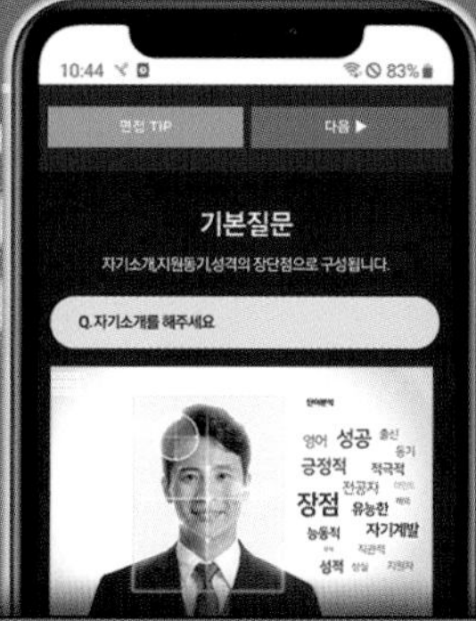

다양한 게임으로
실전 완벽 대비

AI가 분석하는
면접 평가서

※ 윈시대로는 PC/모바일웹에서 가능합니다.

실제 'AI 면접'에
가장 가까운 체험

동영상으로 보는
셀프 모니터링

단계별 질문 및
AI 게임 트레이닝

면접별 분석 및
피드백 제공

1회 AI면접 무료 사용 쿠폰

www.winsidaero.com

OPE3 - 00000 - D091D

(기간: ~ 2022년 2월 28일)

[쿠폰 사용 안내]

1. 윈시대로(www.winsidaero.com) 접속
2. 로그인 또는 회원가입 후 이벤트 페이지 이동
3. 도서에 안내된 쿠폰번호 확인 후 입력
4. [마이페이지]에서 AI면접 실시

※ 무료 쿠폰으로 응시한 면접은 일부 제한된 리포트 제공
※ 본 쿠폰은 등록 후 7일간 이용 가능

WIN시대로 | www.winsidaero.com [문의 전화] 1600-3600 평일 9~18시 | 토 공휴일 휴무

2021 채용대비

20대기업

최근 3년간 기출문제집

Always **with you**

사람이 길에서 우연하게 만나거나 함께 살아가는 것만이 인연은 아니라고 생각합니다.
책을 펴내는 출판사와 그 책을 읽는 독자의 만남도 소중한 인연입니다.
(주)시대고시기획은 항상 독자의 마음을 헤아리기 위해 노력하고 있습니다.
늘 독자와 함께하겠습니다.

PREFACE

머리말

갈수록 높아지는 입사경쟁률과 한정적인 일자리 수에 따라 취업을 준비하는 수험생들은 더욱 힘든 상황에 놓여졌다. 또한 블라인드 채용이 확산되는 추세에서 오직 실력으로 평가받게 되었으므로 수험생은 더욱 자신의 실력을 갈고닦는 것만이 좁은 취업문을 통과하는 방법이 되었다. 이에 따라 기업별 인적성검사와 공기업의 NCS 직업기초능력평가는 더 중요해질 수밖에 없으며, 타 수험생들보다 더 좋은 점수를 얻는 것만이 합격을 위한 지름길이다.

이를 위해서는 본인이 입사하고 싶은 기업의 유형에 맞추어 준비를 나서는 것이 최선의 방법이며, 이에 가장 기본으로 먼저 해야 할 일은 해당 기업의 최신기출문제를 풀어 어떤 유형의 시험이 출제되었는지를 파악하고 난이도 및 시험의 특징을 파악하여 이후 있을 시험을 예측해 보는 것이라 할 수 있다. 하지만 한 기업이 아닌 여러 기업을 준비해야 하고, 기업별로 천차만별인 문제 유형에 맞추어 여러 책을 구입하기란 부담이 될 수밖에 없다.

이에 **(주)시대고시기획**에서는 단 한 권으로 기업별 인적성검사와 공기업 NCS에 대해 철저하고도 효율적으로 준비하여 취업시장에서 좋은 성적을 거두고자 하는 수험생들에게 좋은 길잡이가 되어주고자 다음과 같이 본서를 구성하였다.

도서의 특징

첫 째 한 권으로 대기업 인적성검사와 공기업 NCS에 대비할 수 있도록 최근 기업별 출제경향을 완벽히 분석하여 반영하였다.

둘 째 주요 대기업과 공기업의 2020~2018년 최신기출문제를 기업별로 수록하여 유형을 파악하고 새로운 기출문제를 확인할 수 있게 하였다.

셋 째 상세한 해설을 통해 문제를 어떻게 풀어야 하는지 방향을 제시하고, 오답분석을 통해 왜 정답이 될 수 없는지 자세히 설명하여 문제풀이에 도움이 되게 하였다.

끝으로 본서를 통해 대기업 및 공기업채용을 준비하는 여러분 모두에게 합격의 기쁨이 있기를 진심으로 기원한다.

SD적성검사연구소 씀

이 책의 구성과 특징

1 기업별 시험의 핵심만 담은 가이드 제공!

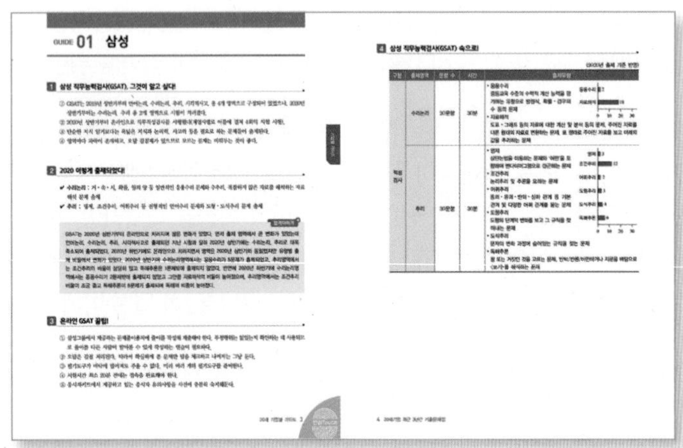

2020년에 시행된 기업체별 인적성검사 및 NCS 출제경향을 분석하여, 이를 토대로 시험특징 및 최근 시험경향, 2021년 시험예측 등을 수록하였습니다.

2 대기업 최신기출문제 전격 수록!

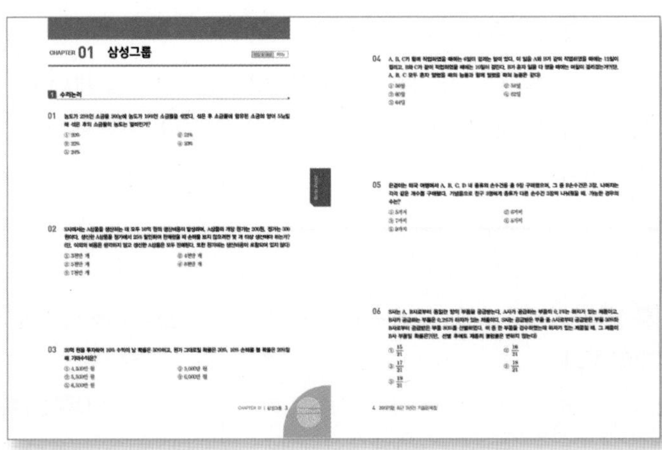

삼성, 포스코, LG, SK 등에서 출제된 15개 기업의 2020~2018년 최신기출문제를 기업별 · 출제영역별로 복원 · 수록하여 기업별 시행되는 시험의 영역과 유형 및 출제경향 등을 한눈에 확인할 수 있도록 구성하였습니다.

INTRODUCE

3 공기업 최신기출문제 완벽 수록!

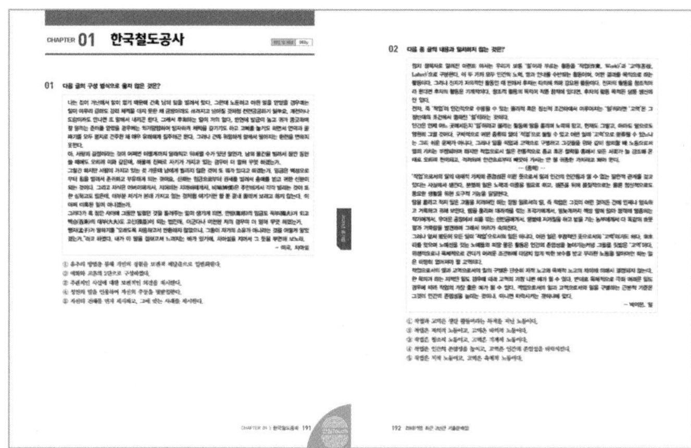

한국철도공사, 한국전력공사 · 국민건강보험공단, 한국수자원공사, 한국토지주택공사, 서울교통공사에서 출제된 2020~2018년 최신기출문제를 복원 · 수록하여 최신 NCS 출제유형 및 출제경향 등을 한눈에 확인할 수 있도록 구성하였습니다.

4 상세한 해설을 통한 완벽 이해!

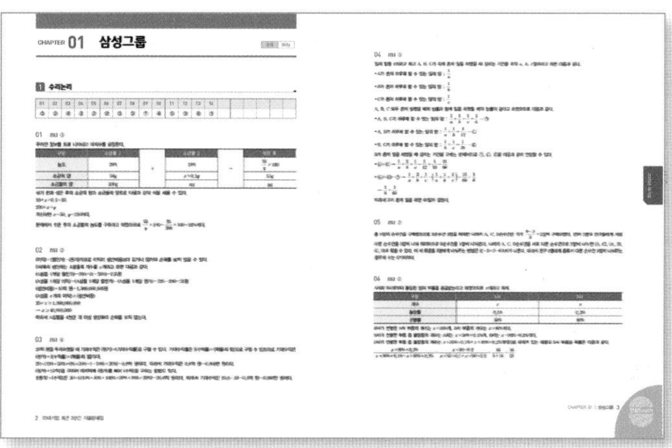

문제를 이해하는 데 막힘이 없도록 자세하고 상세한 해설을 수록하였으며, 정답뿐 아니라 오답이 왜 오답인지에 대한 해설을 통해 혼자 학습하는 데 어려움이 없도록 설명하였습니다.

이 책의 구성과 특징

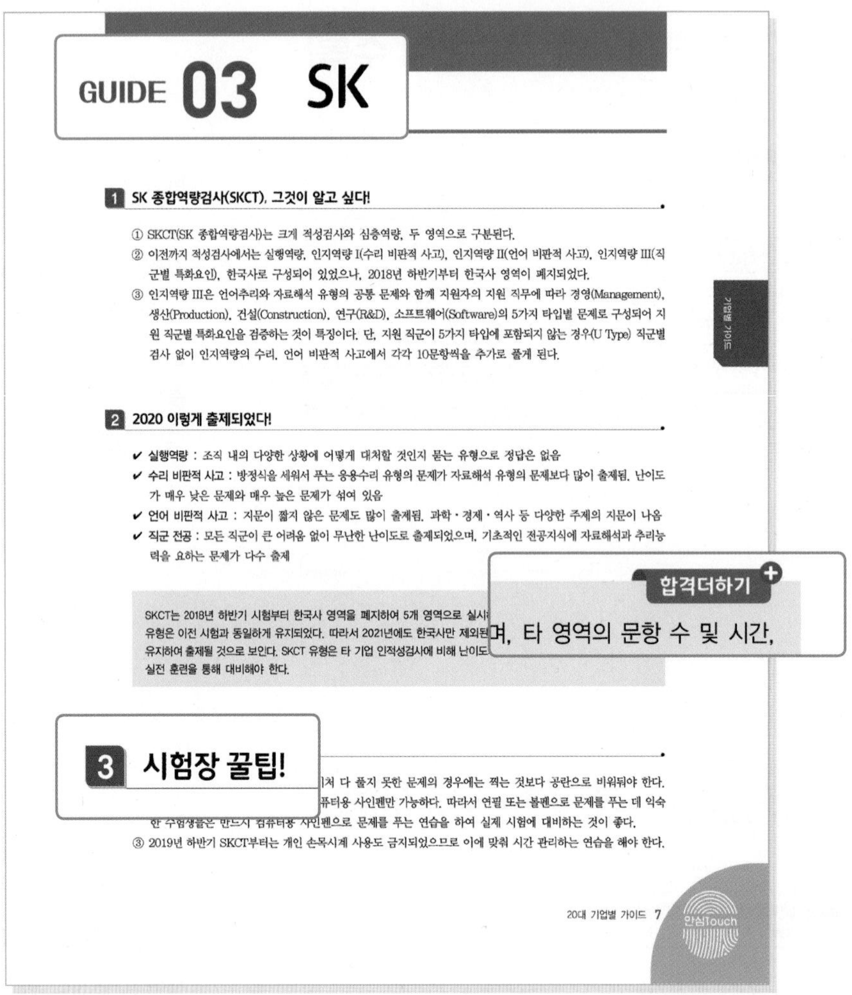

GUIDE 03 SK

1 SK 종합역량검사(SKCT), 그것이 알고 싶다!

① SKCT(SK 종합역량검사)는 크게 적성검사와 심층역량, 두 영역으로 구분된다.
② 이전까지 적성검사에서는 실행역량, 인지역량 I(수리 비판적 사고), 인지역량 II(언어 비판적 사고), 인지역량 III(직군별 특화요인), 한국사로 구성되어 있었으나, 2018년 하반기부터 한국사 영역이 폐지되었다.
③ 인지역량 III은 언어추리와 자료해석 유형의 공통 문제와 함께 지원자의 지원 직무에 따라 경영(Management), 생산(Production), 건설(Construction), 연구(R&D), 소프트웨어(Software)의 5가지 타입별 문제로 구성되어 지원 직군별 특화요인을 검증하는 것이 특징이다. 단, 지원 직군이 5가지 타입에 포함되지 않는 경우(U Type) 직군별 검사 없이 인지역량의 수리, 언어 비판적 사고에서 각각 10문항씩을 추가로 풀게 된다.

2 2020 이렇게 출제되었다!

✔ 실행역량 : 조직 내의 다양한 상황에 어떻게 대처할 것인지 묻는 유형으로 정답은 없음
✔ 수리 비판적 사고 : 방정식을 세워서 푸는 응용수리 유형의 문제가 자료해석 유형의 문제보다 많이 출제됨. 난이도가 매우 낮은 문제와 매우 높은 문제가 섞여 있음
✔ 언어 비판적 사고 : 지문이 짧지 않은 문제도 많이 출제됨. 과학·경제·역사 등 다양한 주제의 지문이 나옴
✔ 직군 전공 : 모든 직군이 큰 어려움 없이 무난한 난이도로 출제되었으며, 기초적인 전공지식에 자료해석과 추리능력을 요하는 문제가 다수 출제

합격더하기

SKCT는 2018년 하반기 시험부터 한국사 영역을 폐지하여 5개 영역으로 실시되며, 타 영역의 문항 수 및 시간, 유형은 이전 시험과 동일하게 유지되었다. 따라서 2021년에도 한국사만 제외된 ... 유지하여 출제될 것으로 보인다. SKCT 유형은 타 기업 인적성검사에 비해 난이도 ... 실전 훈련을 통해 대비해야 한다.

3 시험장 꿀팁!

... 다 풀지 못한 문제의 경우에는 찍는 것보다 공란으로 비워둬야 한다.
... 퓨터용 사인펜만 가능하다. 따라서 연필 또는 볼펜으로 문제를 푸는 데 익숙한 수험생들은 반드시 컴퓨터용 사인펜으로 문제를 푸는 연습을 하여 실제 시험에 대비하는 것이 좋다.
③ 2019년 하반기 SKCT부터는 개인 손목시계 사용도 금지되었으므로 이에 맞춰 시간 관리하는 연습을 해야 한다.

20대 기업별 가이드 7

❶ 지원 기업별 출제 영역 확인

기업별 가이드 꼼꼼히 확인하기!

본서에 수록된 20대 기업별 가이드 및 영역별 출제기업 분석표를 통해 본인이 지원하고자 하는 기업의 최신 시험 경향과 출제 유형을 완벽히 파악해 보세요.
지피지기(知彼知己) 백전불태(白戰不殆)! 시험을 파악하면 합격으로 향하는 길이 보입니다.

STUDY PLAN

CHAPTER 05 CJ그룹

정답 및 해설 028p

1 언어 I

01 다음 빈칸에 들어갈 말로 가장 적절한 것은?

> 최근 경제・시사분야에서 빈번하게 등장하는 단어인 탄소배출권(CER: Certified Emission Reduction)에 대한 개념을 이해하기 위해서는 먼저 교토메커니즘(Kyoto Mechanism)과 탄소배출권거래제(Emission Trading)를 알아둘 필요가 있다.
> 교토메커니즘은 지구 온난화의 규제 및 방지를 위한 국제 협약인 기후변화협약의 수정안인 교토 의정서에서, 온실가스를 보다 효과적이고 경제적으로 줄이기 위해 도입한 세 유연성체제인 '공동이행제도', '청정개발체제', '탄소배출권거래제'를 묶어 부르는 것이다.
> 이 중 탄소배출권거래제는 교토의정서 6대 온실가스인 이산화탄소, 메테인, 아산화질소, 과불화탄소, 수소불화탄소, 육불화황의 배출량을 줄여야하는 감축의무국가가 의무감축량을 초과 달성하였을 경우에 그 초과분을 다른 국가와 거래할 수 있는 제도로, ( )
> 결국 탄소배출권이란 현금화가 가능한 일종의 자산이자 가시적인 자연보호성과인 셈이며, 이에 따라 많은 국가 및 기업에서 탄소배출을 줄임과 동시에 탄소감축활동을 통해 탄소배출권을 획득하기 위해 동분서주하고 있다. 특히 기업들은 탄소배출권을 확보하는 주요 수단인 청정개발체제 사업을 확대하는 추세인데, 청정개발체제 사업은 개발도상국에 기술과 자본을 투자해 탄소배출량을 줄였을 경우에 이를 탄소배출량 감축목표달성에 활용할 수 있도록 한 제도이다.

① 다른 국가를 도왔을 때, 그로 인해 줄어든 탄소배출량을 감축목표량에 더할 수 있는 것이 특징이다.
② 교토메커니즘의 세 유연성체제 중에서도 가장 핵심이 되는 제도라고 할 수 있다.
③ 6대 온실가스 중에서도 특히 이산화탄소를 줄이기 위해 만들어진 제도이다.
④ 의무감축량을 준수하지 못한 경우에도 다른 국가로부터 감축량을 구입할 수 있는 것이 특징이다.
⑤ 다른 감축의무국가를 도움으로써 획득한 탄소배출권이 사용되는 배경이 되는 제도이다.

66 PART 1 | 2019년 대기업 기출문제

❷ 기업별 최신기출문제 확인

지원할 기업의 최신문제 확인하기!

본인이 지원할 기업의 시험 경향 및 출제 유형을 확인했다면, 2020~2018년 최신기출문제를 통해 어떤 문제들이 출제되었는지 확인해 보세요.

- **대기업** : 기업마다 출제되는 영역이 다양하고, 해당 기업에만 출제되는 독특한 유형의 문제가 출제되기도 합니다. 공통으로 출제되는 영역은 물론, 해당 기업만의 유형 문제도 놓치지 않고 확인해 둡니다.
- **공기업** : 공통적으로 NCS 직업기초능력평가 유형으로 문제가 출제되기에 해당 기업뿐 아니라 여러 공기업의 문제를 함께 풀어도 도움이 됩니다. 그렇지만 해당 공기업에서 자주 출제되는 유형의 문제가 있을 수 있으므로 그 부분에 더 집중하도록 합니다.

CHAPTER 04 한국수자원공사

정답 및 해설 000p

※ 다음은 일정한 규칙으로 배열한 수열이다. 빈칸에 들어갈 알맞은 수를 고르시오. [1~3]

01

3 10 24 ( ) 73 108

① 45 ② 50
③ 55 ④ 60
⑤ 65

02

45 40 80 75 150 ( ) 290

① 200 ② 170
③ 165 ④ 155
⑤ 145

03

6 10 37 14 27 12 20 ( ) 7 43 1 9

① 20 ② 23
③ 26 ④ 29
⑤ 32

2019년 공기업

CHAPTER 04 | 한국수자원공사 277

❸ 무료특강 확인

무료 제공 특강으로 공략비법 확인하기!

지원할 기업의 최신기출과 해설을 통해 유형과 출제 경향을 파악했다면 시대고시기획 홈페이지(www.sdedu.co.kr/plus)에서 제공하는 대기업 영역별 공략비법 강의와 NCS 무료특강을 통해 더 자세하고 심화된 문제 및 해설을 만나보세요.

이 책의 차례

PART 1 2020년 대기업 기출문제

PART 2 2020년 공기업 기출문제

별 책 정답 및 해설

GUIDE

20대 기업별 가이드

GUIDE 01 삼성

1 삼성 직무능력검사(GSAT), 그것이 알고 싶다!

① GSAT는 2018년 상반기부터 언어논리, 수리논리, 추리, 시각적사고, 총 4개 영역으로 구성되어 있었으나, 2020년 상반기부터는 수리논리, 추리 총 2개 영역으로 시험이 치러졌다.
② 2020년 상반기부터 온라인으로 직무적성검사를 시행했다(계열사별로 이틀에 걸쳐 4회의 시험 시행).
③ 단순한 지식 암기보다는 폭넓은 지식과 논리력, 사고력 등을 필요로 하는 문제들이 출제된다.
④ 영역마다 과락이 존재하고, 오답 감점제가 있으므로 모르는 문제는 비워두는 것이 좋다.

2 2020 이렇게 출제되었다!

✔ 수리논리 : 거 · 속 · 시, 확률, 일의 양 등 일반적인 응용수리 문제와 수추리, 복잡하지 않은 자료를 해석하는 자료해석 문제 출제
✔ 추리 : 명제, 조건추리, 어휘추리 등 전형적인 언어추리 문제와 도형 · 도식추리 문제 출제

합격더하기

GSAT는 2020년 상반기부터 온라인으로 치러지며 많은 변화가 있었다. 먼저 출제 영역에서 큰 변화가 있었는데 언어논리, 수리논리, 추리, 시각적사고로 출제되던 지난 시험과 달리 2020년 상반기에는 수리논리, 추리로 대폭 축소되어 출제되었다. 2020년 하반기에도 온라인으로 치러지면서 영역은 2020년 상반기와 동일했지만 유형별 출제 비율에서 변화가 있었다. 2020년 상반기에 수리논리영역에서는 응용수리가 5문제가 출제되었고, 추리영역에서는 조건추리의 비율이 상당히 많고 독해추론은 1문제밖에 출제되지 않았다. 반면에 2020년 하반기에 수리논리영역에서는 응용수리가 2문제밖에 출제되지 않았고 그만큼 자료해석의 비율이 높아졌으며, 추리영역에서는 조건추리 비율이 조금 줄고 독해추론이 6문제가 출제되며 독해의 비중이 높아졌다.

3 온라인 GSAT 꿀팁!

① 삼성그룹에서 제공하는 문제풀이용지에 풀이를 작성해 제출해야 한다. 부정행위는 없었는지 확인하는 데 사용되므로 풀이를 다른 사람이 알아볼 수 있게 작성하는 연습이 필요하다.
② 오답은 감점 처리된다. 따라서 확실하게 푼 문제만 답을 체크하고 나머지는 그냥 둔다.
③ 필기도구가 바닥에 떨어져도 주울 수 없다. 미리 여러 개의 필기도구를 준비한다.
④ 시험시간 최소 20분 전에는 접속을 완료해야 한다.
⑤ 응시자키트에서 제공하고 있는 응시자 유의사항을 사전에 충분히 숙지해둔다.

4 삼성 직무능력검사(GSAT) 속으로!

(2020년 출제 기준 반영)

구분	출제영역	문항 수	시간	출제유형
적성검사	수리논리	20문항	30분	• 응용수리 중등교육 수준의 수학적 계산 능력을 평가하는 유형으로 방정식, 확률 · 경우의 수 등의 문제 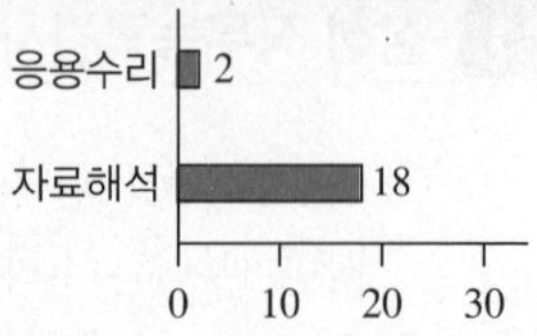 • 자료해석 도표 · 그래프 등의 자료에 대한 계산 및 분석 등의 문제, 주어진 자료를 다른 형태의 자료로 변환하는 문제, 표 형태로 주어진 자료를 보고 미래의 값을 추리하는 문제 (응용수리 2, 자료해석 18; 축 0 10 20 30)
	추리	30문항	30분	• 명제 삼단논법을 이용하는 문제와 '어떤'을 포함하여 벤다이어그램으로 접근하는 문제  • 조건추리 논리추리 및 추론을 요하는 문제 • 어휘추리 동의 · 유의 · 반의 · 상하 관계 등 기본 관계 및 다양한 어휘 관계를 묻는 문제 • 도형추리 도형의 단계적 변화를 보고 그 규칙을 찾아내는 문제 • 도식추리 문자의 변화 과정에 숨어있는 규칙을 찾는 문제 • 독해추론 참 또는 거짓인 것을 고르는 문제, 반박/반론/비판하거나 지문을 바탕으로 〈보기〉를 해석하는 문제 (명제 3, 조건추리 12, 어휘추리 2, 도형추리 3, 도식추리 4, 독해추론 6; 축 0 10 20 30)

GUIDE **02** LG

1 LG 인적성검사, 그것이 알고 싶다!

① LG그룹 인적성검사는 적성검사와 LG Way Fit Test라는 인성검사로 구성되어 있다.

② 적성검사는 2020년 상반기까지 오프라인으로 진행되었으며 언어이해, 언어추리, 수리력, 도형추리, 도식적추리로 구성되어 있었다. 그러나 2020년 하반기부터 온라인 인적성검사를 시행하며 영역을 언어이해, 언어논리, 자료해석, 창의수리로 구성하였다. 매번 새로운 유형이 출제되었던 도형추리와 도식적추리 영역은 폐지되었다.

2 2020 이렇게 출제되었다!

✔ 언어이해 : 경제・경영・철학・예술・과학 등 다양한 분야와 관련된 지문의 독해 문제 출제

✔ 언어추리 : 명제, 언어논리, 진실게임 유형으로 구성되어 출제되며 난이도는 평이하게 출제

✔ 자료해석 : 표와 그래프를 이용하여 자료를 해석하고 제시된 자료를 그래프로 변환하는 문제 출제

✔ 창의수리 : 수추리 문제와 방정식을 세워 미지수를 구하는 응용수리 문제 출제

합격더하기

LG 인적성검사는 매년 수추리, 도형추리, 도식적추리 영역이 어려웠다는 후기가 많을 정도로 높은 난이도를 보여왔다. 하지만 2020년 하반기 수시채용부터 시행된 온라인 적성검사에서는 도형추리・도식적추리 영역이 없어지고, 자료해석과 창의수리 영역의 난이도가 많이 평이해졌다. 난이도가 평이해진 만큼 고득점을 올려야 시험에 합격할 수 있게 되었다. 따라서 필기하지 않고 모니터 화면상의 메모판만 이용하여 실수 없이 계산하는 연습을 해야 한다.

3 온라인 적성검사 꿀팁!

① 적성검사의 문제가 잘려 보이지 않도록 해상도를 1920*1080으로 설정하고 프로그램에 접속한다.

② 문제마다 계산기와 메모판을 제공하고, 연필이나 펜, 연습장 등을 사용할 수 없도록 감독관이 1:1로 확인한다.

③ 10분 내에 15문제를 풀 수 있을 정도로 난이도가 많이 낮아졌다. 이제는 짧은 시간 내에 실수 없이 많은 문제를 푸는 연습을 해야 한다.

4 LG 인적성검사 속으로!

(2020년 출제 기준 반영)

구분	출제영역	문항 수	시간	출제유형
LG Way –Fit Test	인성검사	183문항	20분	3문항씩 61세트로 구성됨. 자신의 성향과 가까운 정도에 따라 1점부터 7점까지 점수를 부여한 후 하나의 세트에서 가장 가까운 것과 먼 것에 체크하는 문제
Job Compe–tency Test	언어이해	15문항	10분	• 독해 – 다양한 분야의 지문 출제 – 주제찾기, 내용일치, 배열하기, 반박하기, 추론하기 등의 독해 문제 다수 출제
	언어추리	15문항	10분	• 명제추리 삼단논법을 통해 결론을 찾는 문제 출제 • 조건추리 참 · 거짓을 활용하여 풀이하는 문제의 비중이 높아짐
	자료해석	15문항	10분	• 자료해석 기본적인 증감폭, 증감추이, 증감률을구하는 문제 출제 • 자료변환 제시된 자료를 그래프로 올바르게 변환한 것을 찾는 문제
	창의수리	15문항	10분	• 수추리 수가 나열된 규칙을 찾아 빈칸의 값을 구하는 문제 출제 • 응용수리 시간 · 속력 · 거리 · 농도 · 금액 · 일률 · 최댓값과 최솟값 · 경우의 수를 구하는 문제 출제

GUIDE 03 SK

1 SK 종합역량검사(SKCT), 그것이 알고 싶다!

① SKCT(SK 종합역량검사)는 크게 적성검사와 심층역량, 두 영역으로 구분된다.

② 이전까지 적성검사에서는 실행역량, 인지역량 I(수리 비판적 사고), 인지역량 II(언어 비판적 사고), 인지역량 III(직군별 특화요인), 한국사로 구성되어 있었으나, 2018년 하반기부터 한국사 영역이 폐지되었다.

③ 인지역량 III은 언어추리와 자료해석 유형의 공통 문제와 함께 지원자의 지원 직무에 따라 경영(Management), 생산(Production), 건설(Construction), 연구(R&D), 소프트웨어(Software)의 5가지 타입별 문제로 구성되어 지원 직군별 특화요인을 검증하는 것이 특징이다. 단, 지원 직군이 5가지 타입에 포함되지 않는 경우(U Type) 직군별 검사 없이 인지역량의 수리, 언어 비판적 사고에서 각각 10문항씩을 추가로 풀게 된다.

2 2020 이렇게 출제되었다!

✔ 실행역량 : 조직 내의 다양한 상황에 어떻게 대처할 것인지 묻는 유형으로 정답은 없음

✔ 수리 비판적 사고 : 방정식을 세워서 푸는 응용수리 유형의 문제가 자료해석 유형의 문제보다 많이 출제됨. 난이도가 매우 낮은 문제와 매우 높은 문제가 섞여 있음

✔ 언어 비판적 사고 : 지문이 짧지 않은 문제도 많이 출제됨. 과학・경제・역사 등 다양한 주제의 지문이 나옴

✔ 직군 전공 : 모든 직군이 큰 어려움 없이 무난한 난이도로 출제되었으며, 기초적인 전공지식에 자료해석과 추리능력을 요하는 문제가 다수 출제

합격더하기

SKCT는 2018년 하반기 시험부터 한국사 영역을 폐지하여 5개 영역으로 실시하였으며, 타 영역의 문항 수 및 시간, 유형은 이전 시험과 동일하게 유지되었다. 따라서 2021년에도 한국사만 제외된 상태로 이전과 동일한 영역과 유형을 유지하여 출제될 것으로 보인다. SKCT 유형은 타 기업 인적성검사에 비해 난이도가 많이 높은 편인 만큼, 충분한 연습과 실전 훈련을 통해 대비해야 한다.

3 시험장 꿀팁!

① 모르는 문제 또는 시간이 부족하여 미처 다 풀지 못한 문제의 경우에는 찍는 것보다 공란으로 비워둬야 한다.

② OMR 마킹을 비롯하여 모든 필기는 컴퓨터용 사인펜만 가능하다. 따라서 연필 또는 볼펜으로 문제를 푸는 데 익숙한 수험생들은 반드시 컴퓨터용 사인펜으로 문제를 푸는 연습을 하여 실제 시험에 대비하는 것이 좋다.

③ 2019년 하반기 SKCT부터는 개인 손목시계 사용도 금지되었으므로 이에 맞춰 시간 관리하는 연습을 해야 한다.

4 SK 종합역량검사(SKCT) 속으로!

(2020년 출제 기준 반영)

구분	출제영역	문항 수	시간	출제유형
적성검사	실행역량 (검사 A)	30문항	20분	• 실용지능 주로 조직·과업과 관련된 갈등 상황으로 공과 사의 구분에 관한 문제 • 정서·사회지능 주로 업무 외적 상황으로 사적 영역에서의 감정 표현에 관한 문제 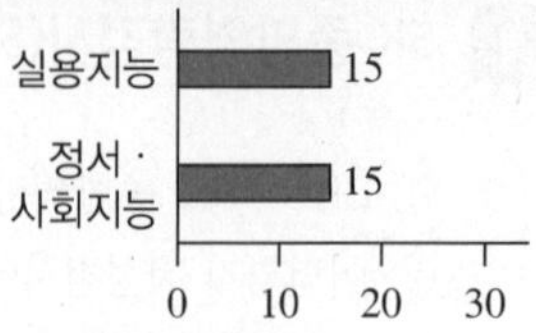 실용지능 15 정서·사회지능 15 0 10 20 30
	인지역량 I – 수리(검사 B)	20문항	30분	• 응용수리 미지수의 개수가 4개 이상 출제되고, 여러 단계를 생각해야 하는 문제 • 자료해석 자료에 대한 분석, 자료의 변환, 빈칸 채우기 등의 문제 • 수열 풀이 과정이 길고 복합적으로 생각해야 하는 문제 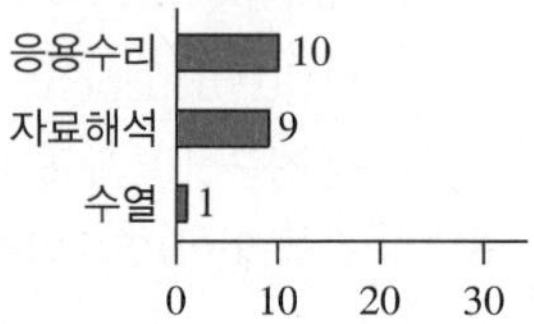 응용수리 10 자료해석 9 수열 1 0 10 20 30
	인지역량 II – 언어(검사 C)	20문항	20분	• 독해 – 짧지 않은 지문의 문제 다수 출제 – 과학 경제 역사 등 다양한 지문이 나옴 – 일치·불일치·추론 유형의 문제 다수 출제
	인지역량 III – 직무(검사 D)	20문항	25분	• 공통영역 – 언어추리 문제와 간단한 논리추론 문제 – 조건추리 문제는 난이도가 매우 높음 • 전공영역 전체적으로 난이도가 높은 편이지만, 전공지식을 많이 요구하지는 않음 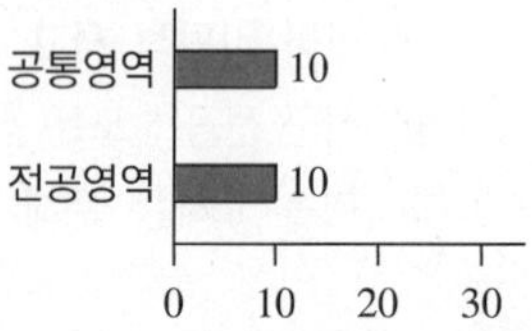 공통영역 10 전공영역 10 0 10 20 30
심층역량		400문항	50분	• 제시된 문제에 대해 자신이 동의하는 정도에 따라 ①～④ 중 선택하는 유형 • 제시된 두 문장 중 자신이 동의하는 정도에 따라 '(가)에 가까울수록 ①에 가깝게, (나)에 가까울수록 ④에 가깝게' 응답하는 유형

GUIDE 04 롯데

1 롯데 조직 · 직무적합도검사(L-TAB), 그것이 알고 싶다!

① L-TAB(롯데 조직 · 직무적합도검사)은 2017년 하반기부터 면접 전형과 분리하여 실시함으로써 그 비중이 높아졌다.

② 조직적합도검사(인성검사)와 직무적합도검사(적성검사)로 이루어진다.

③ 공통과목으로 언어이해, 문제해결, 자료해석을 치른 후, 지원자의 전공 계열에 따라 인문계는 언어논리, 이공계는 수리공간을 치른다.

2 2020 이렇게 출제되었다!

✔ 언어이해 : 지문이 짧아진 대신 난이도가 높아졌으며 과학, 철학 등 비문학 지문의 비중이 높아짐

✔ 문제해결 : 계기판, 생산현장 내 기계작동에 따른 업무 수행 전략, 스케줄 짜기, 회의실 예약 등의 문제가 출제

✔ 자료해석 : 단순한 계산문제 및 주어진 자료를 해석하는 문제(각 회사별 진행 프로그램 등)가 주로 출제

✔ 언어논리 : 논리추리 문제와 어휘추리 문제가 출제되었으며, 난이도는 높지 않음

✔ 수리공간 : 기존의 응용수리 및 블록결합 유형에 펀칭과 빈칸 채우기 문제가 추가됨

합격더하기

L-TAB은 지금까지 문제해결을 제외한 영역은 타 기업에 비해 난이도가 높지는 않다고 알려져 있었다. 다만, 문제해결 영역의 계기판 문제에 조건이 추가되고 수리공간에 새로운 유형의 문제가 등장하는 등 꾸준히 변화를 보이고 있어, 앞으로도 변형된 유형이나 새로운 유형이 등장할 가능성이 있다. 기존 유형에 대하여 기본기를 확실히 다지되, 새로운 유형에 대비하기 위해 여러 문제를 학습해 두는 것이 좋다.

3 시험장 꿀팁!

① 컴퓨터용 사인펜, 수정 테이프, 볼펜은 별도로 제공되며, 개인 필기구는 사용 불가하다. 또한 손목시계의 사용도 금지된다.

② 틀린 문제에 대한 감점은 없으므로, 최대한 공란 없이 문제를 풀도록 한다.

③ 총 시험 시간이 230분으로 매우 긴 편이어서 체력적으로나 정신적으로 힘들 수 있으므로, 머리 회전을 도와주는 간단한 간식을 챙겨가는 것도 좋다.

4 롯데 조직 · 직무적합도검사(L-TAB) 속으로!

(2020년 출제 기준 반영)

구분	출제영역	문항 수	시간	출제유형
직무적합도검사	언어이해	35문항	25분	• 글의 구조 논리적인 순서대로 문장 · 문단을 배열하는 문제 • 독해 인문학 관련 중심의 지문 1개당 2 ~ 3문제가 출제되며, 지문의 길이는 길지 않은 편 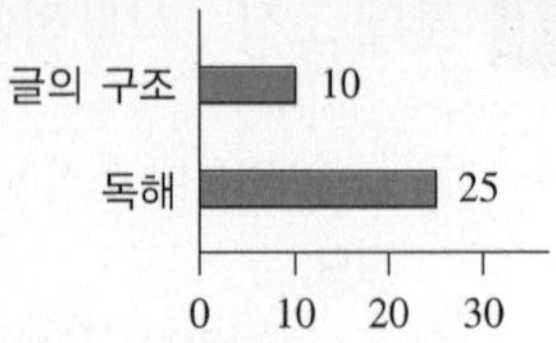 (글의 구조 10, 독해 25)
	문제해결	30문항	30분	• 상황판단 회사 생활에서 일어나는 여러 가지 문제에 대한 행동방식과 관련된 문제 • 자료이해 – 시스템 관리 매뉴얼, 지하철노선도 등 주어진 자료를 통해 답을 도출하는 문제 – 계기판 수치를 보고 어떤 버튼을 누를지 고르는 문제 – 그 외 업무 상황에 따른 문제해결방법 및 전략을 세우는 문제 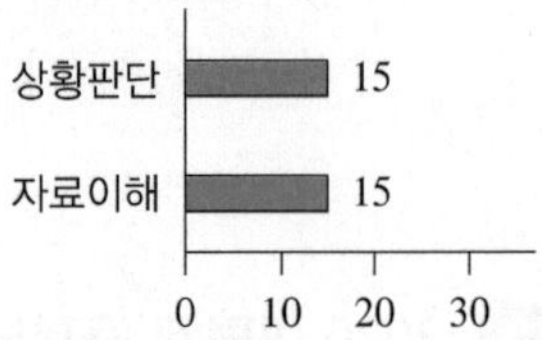 (상황판단 15, 자료이해 15)
	자료해석	35문항	35분	• 자료계산 자료를 이용한 간단한 계산 문제 • 추론 · 분석 도표 및 그래프 등의 자료가 주어지고 이를 해석하는 문제 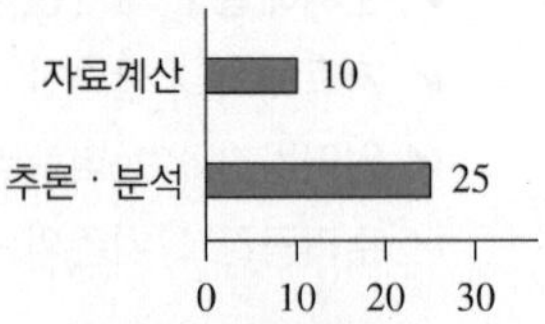 (자료계산 10, 추론 · 분석 25)
	언어논리(인문계)	35문항	35분	• 논리추리 명제를 통해 결론을 도출하거나 옳은 명제를 찾는 문제 • 어휘추리 어휘들의 관계를 추론하는 문제 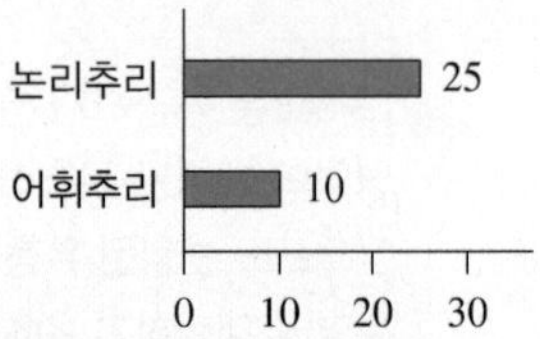 (논리추리 25, 어휘추리 10)
	수리공간(이공계)	35문항	35분	• 응용수리 거 · 속 · 시, 농도, 원가, 확률 등 • 도형추리 블록 결합, 펀칭, 빈칸 채우기 등 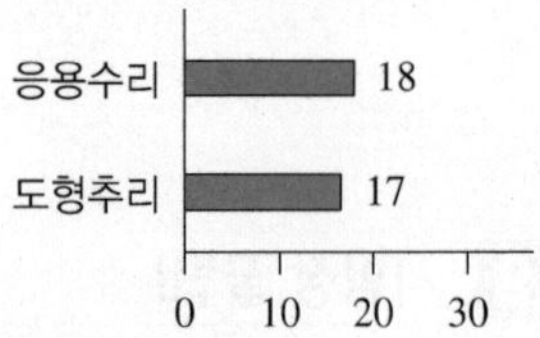 (응용수리 18, 도형추리 17)
조직적합도검사		265문항	90분	제시된 문항에 대해 '예' 또는 '아니오'를 선택하는 유형

GUIDE 05 포스코

1 포스코 인적성검사(PAT), 그것이 알고 싶다!

① 포스코 인적성검사(PAT)는 적성검사와 인성검사로 구성되어 있다.
② 2020년 상반기 채용부터 포스코그룹은 직무에 따라 인문사회계와 이공계로 분리하여 시험을 시행하였다. 기존의 4개 영역(언어능력, 수리능력, 공간/도식능력, 상식)에서 인문사회계 5개 영역(언어이해, 자료해석, 문제해결, 상황판단, 사무지각), 이공계 5개 영역(언어이해, 자료해석, 문제해결, 상황판단, 공간지각)으로 새롭게 구성되었다.
③ 찍은 문제 감점 여부에 대해서는 알려진 바가 없다.

2 2020 이렇게 출제되었다!

✔ 언어이해 : 어휘력 및 독해력, 언어적 추론 능력, 논리적 사고력을 요구하는 유형의 문제 출제
✔ 자료해석 : 제시된 자료를 바탕으로 수치를 계산하거나 자료를 올바르게 분석할 수 있는지 평가하는 문제 출제
✔ 문제해결 : NCS 문제해결, 자원관리능력 유형으로 주어진 상황에서 최선의 해결 방법을 구하는 문제 출제
✔ 상황판단 : 업무적 마찰이나 문제 상황을 제시하고 여러 대처법 가운데 가장 바람직한 것을 선택하는 문제
✔ 사무지각(인문계) : 문서를 점검하거나 오류를 찾아내는 문제, 전산화된 상품 관리 문제 출제
✔ 공간지각(이공계) : 평면도형과 입체도형 관련해서 패턴을 찾거나 블록이 결합된 모습 등 변화된 모습을 예측하는 문제 출제

합격더하기

PAT는 2017년 하반기에 전반적인 유형 변화가 있었고, 이후 5번의 시험에서 큰 변화 없이 치러져 왔다. 다만, 상식의 경우는 출제 비율이 점점 감소하였다. 2020년에는 PAT를 인문사회계와 이공계로 분리하고 상식을 폐지하는 등 직무에 적합한 인재를 뽑고자 하는 의지를 보였다. 변경된 시험의 난이도 자체는 높지 않지만, 문제 수에 비해 시간이 짧으므로 빠르게 풀 수 있는 유형부터 골라 신속·정확하게 푸는 훈련을 하는 것이 필요하다.

3 시험장 꿀팁!

① 신분증과 컴퓨터용 사인펜, 수정 테이프는 반드시 지참한다.
② 손목시계(아날로그 시계 포함) 착용이 가능하며, 시험 시작과 종료 5분 전, 다음 영역으로 넘어갈 시 안내방송이 나온다.
③ 한 영역이 끝나면 쉬는 시간 없이 바로 다음 영역으로 넘어간다.

4 포스코 인적성검사(PAT) 속으로!

(2020년 출제 기준 반영)

구분	출제영역	문항 수	시간	출제유형
적성검사	언어이해	20문항	15분	• 독해 주제나 제목 찾기, 내용 일치, 적절한 반응 찾기, 반박하기 • 언어추리 및 언어구사 글을 바탕으로 논리적으로 추론하는 유형의 문제 출제 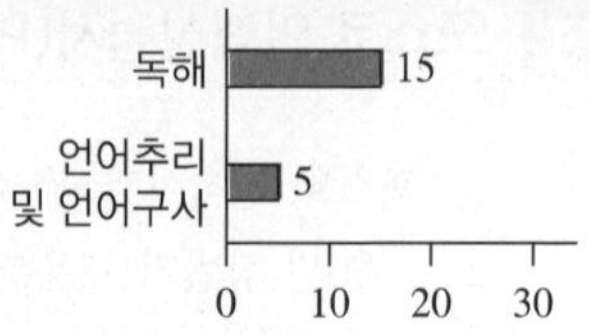 (독해 15, 언어추리 및 언어구사 5)
	자료해석	20문항	15분	• 자료계산 및 변환 주어진 공식을 활용하여 계산하거나 제시된 표나 그래프의 수치를 그래프로 올바르게 변환한 것을 찾는 문제 • 자료해석 자료에 대한 해석의 옳고 그름을 파악하는 문제 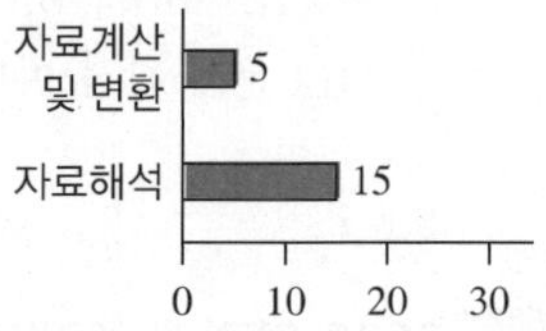 (자료계산 및 변환 5, 자료해석 15)
	문제해결	20문항	15분	• 대안 탐색 및 선택 문제 해결에 필요한 사고력을 평가하며 주어진 상황과 정보를 활용하는 문제 • 자원관리 시간·물적·인적자원과 관련된 다양한 정보를 활용하여 풀어나가는 문제 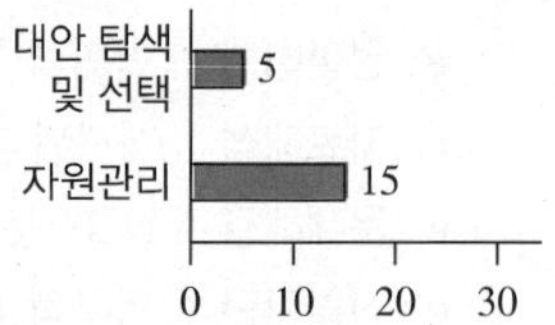 (대안 탐색 및 선택 5, 자원관리 15)
	상황판단	20문항	15분	• 업무상황 및 조직이해 조직 내에서 발생할 수 있는 업무적 마찰이나 문제 상황이 제시되고, 여러 가지 방법 가운데 가장 바람직한 것을 선택하는 유형
	사무지각(인문계)	20문항	10분	• 문서점검 및 오류 탐색 제시된 문자를 찾거나 자료를 비교하는 문제 출제 • 응용사무지각 전산화된 상품을 관리할 수 있는지를 평가 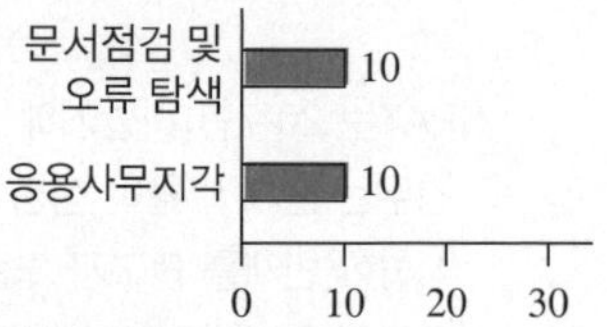 (문서점검 및 오류 탐색 10, 응용사무지각 10)
	공간지각(이공계)	20문항	10분	• 평면도형 펀칭, 패턴 찾기, 전개도 문제 출제 • 입체도형 단면도, 투상도, 블록 결합 문제 출제 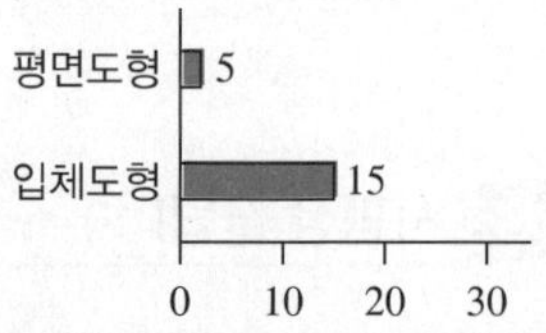 (평면도형 5, 입체도형 15)
휴식 시간			15분	
인성검사		PART 1	40분	각 문장에 대하여 YES/NO로 대답하는 유형
		PART 2	30분	7개의 선지 중 자신과 가장 잘 맞는 것 선택하는 유형

GUIDE 06 KT

1 KT 종합인적성검사, 그것이 알고 싶다!

① KT 종합인적성검사는 크게 적성검사와 인성검사의 두 영역으로 구분된다.

② 2020년 하반기에 시행된 KT 적성검사는 인문계와 이공계가 통합되어 공통 4영역(언어능력, 언어・수추리력, 수리능력, 도식추리력)이 시행되었다. 영역별 문항 수와 시간도 대폭 변경되었다.

③ 판단력은 일부 언어능력으로 흡수되었고 단어연상력과 지각정확력, 실제업무력 영역이 폐지되었다.

기업별 가이드

2 2020 이렇게 출제되었다!

✔ 언어능력 : 주제・제목 찾기, 문장 배열 유형의 문제 출제

✔ 언어・수추리력 : 주어진 명제를 바탕으로 '참, 거짓, 알 수 없음'을 판별하는 유형(2 ~ 3문제 묶음)이 출제

✔ 수리능력 : 응용수리와 자료해석 유형의 문제 출제

✔ 도식추리력 : 문자와 숫자의 변화 규칙을 찾는 문제가 출제되었고, 변화 후 결과가 아닌 과정을 묻는 문제 출제

합격더하기

KT 종합인적성검사는 2020년 상반기 채용에서는 시행되지 않았고 하반기 채용에서 다시 시행되었다. 매년 비슷하게 출제되다가 2020년 인문계와 이공계 영역이 하나로 통합되는 등 시험이 대폭 변경되었다. 실제업무력과 지각판단력은 사라지고 언어와 수리 능력을 더 높이 평가하게 되었다. 따라서 언어 독해와 추리, 수리의 다양한 풀이 유형에 익숙해져야 한다.

3 시험장 꿀팁!

① 적성검사가 먼저 진행된 후 쉬는 시간을 갖고 인성검사가 진행된다.

② 영역별로 시험이 시행되므로 한 과목이라도 과락이 생기지 않도록 한다.

③ 필기구는 컴퓨터용 사인펜만 사용 가능하며, 시험지에 필기 가능하기 때문에 시험 전부터 사인펜으로 연습을 하는 것이 좋다. 개인 수정 테이프 또한 사용 가능하다.

4 KT 종합인적성검사 속으로!

(2020년 출제 기준 반영)

구분	출제영역	문항 수	시간	출제유형
적성검사	언어능력	20문항	20분	• 글의 구조 배열하기, 도식화하기, 빈칸추론 유형의 문제 출제 • 독해 내용 일치, 주어진 글에 대한 반박, 추론하기, 장문 독해 등의 문제 출제 (글의 구조 10, 독해 10)
	언어·수 추리력	20문항	25분	• 언어추리 명제, 조건추리, 진실게임 유형의 문제 출제 • 수추리 등차·등비·계차·군수열 등 난이도가 크게 높지 않은 수열 문제 출제 (언어추리 10, 수추리 10)
	수리능력	20문항	25분	• 응용수리 농도, 거·속·시, 확률 등 일반적인 응용수리 문제 • 자료해석 도표와 그래프를 보고 자료를 해석하거나 특정 값을 계산하는 문제 (응용수리 7, 자료해석 13)
	도식추리력	15문항	20분	• 도형추리 주어진 자료의 변화관계를 통해 규칙 추론하여 문제에 제시된 도형에 규칙 대입하는 문제(신유형)
휴식 시간			10분	
인성검사	PART 1 (315문항)		45분	• 제시된 문항에 대해 자신이 동의하는 정도에 따라 ①~⑤ 중 선택하는 유형 • 제시된 4개의 문항 중 상대적으로 자신과 가깝거나 먼 것에 각각 선택하는 유형
	PART 2 (160문항)		20분	제시된 문항에 대해 '예', '아니오'를 선택하는 유형

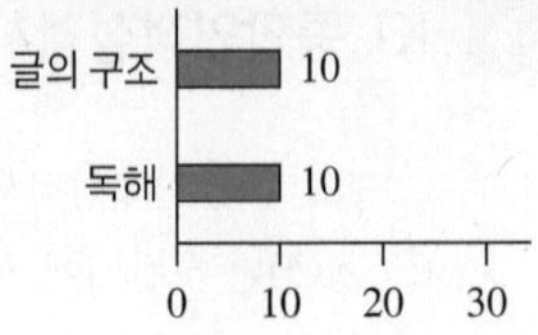

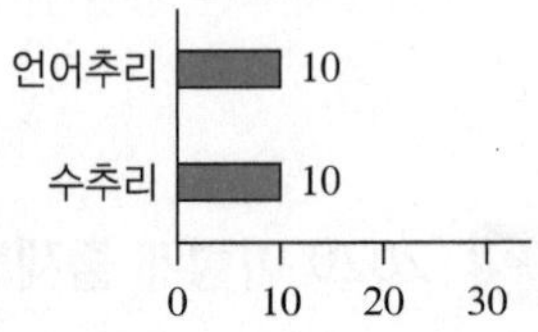

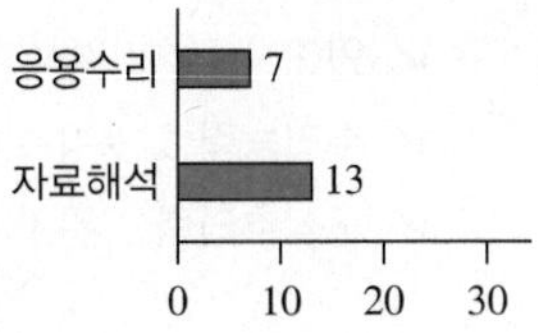

GUIDE 07 두산

1 두산 종합적성검사(DCAT), 그것이 알고 싶다!

① 두산 DCAT은 기초적성검사와 인성검사로 구성되어 있다.
② 두산은 인문계와 이공계로 시험이 나누어져 있으며, 언어논리 · 수리자료분석은 공통으로 출제하고 인문계는 어휘유창성, 이공계는 공간추리를 평가한다.
③ 기초적성검사의 난이도가 매우 높은 편에 속한다.
④ 2018년 하반기 채용부터 한자시험과 정서역량검사는 폐지되었다.
⑤ 오답감점이 존재하기 때문에 모르는 문제는 넘어가는 것이 좋다.

2 2020 이렇게 출제되었다!

✔ 언어논리 : 언어추리 문제의 난이도가 높은 편이며, 독해 문제는 상대적으로 수월하게 풀 수 있는 난이도로 출제
✔ 수리자료분석 : 응용계산은 출제되지 않았으며 수추리와 자료해석 문제가 출제. 자료해석에서도 계산 문제의 비중이 높음
✔ 공간추리(이공계) : 큐브 회전 문제 단일 유형으로 30문제가 출제됨
✔ 언어유창성(인문계) : 어휘, 어법 및 관용적 표현 등이 출제되었으며 생소한 표현이 출제되어 난이도가 높은 편

합격더하기

DCAT는 여러 인적성시험 중에서도 어려운 것으로 악명이 높은 만큼, 평소 꾸준한 대비가 필요하다. 특히, 수리자료분석은 자료해석을 바탕으로 응용계산, 알고리즘, 수추리 등이 번갈아가며 출제되고 있고, 공간추리는 큐브와 전개도 등이 매년 새로운 유형으로 출제되기 때문에 평소에 다양한 유형을 많이 접해보는 것이 중요하다. 또한, 언어유창성의 경우 어법이나 관용적 표현을 깊이 있게 공부해 두면 도움이 된다.

3 시험장 꿀팁!

① 신분증을 반드시 지참해야 하며 컴퓨터용 사인펜, 수정 테이프는 현장에서 나눠준다. 시험에서는 오직 컴퓨터용 사인펜만 사용할 수 있으므로 실전연습을 할 때 반드시 컴퓨터용 사인펜으로 푸는 연습을 해보도록 한다.
② 손목시계(아날로그 시계 포함) 착용이 금지되어 있으며, 감독관들이 10분 전, 5분 전, 1분 전마다 직접 시간을 알려준다.
③ 공간추리의 경우 시험지에 풀이가 불가능하다.

4 두산 종합적성검사(DCAT) 속으로!

(2020년 출제 기준 반영)

구분	출제영역	문항 수	시간	출제유형
기초적성검사	언어논리	30문항	30분	• 논리추론 주어진 조건으로 정답을 유추하는 문제 • 장문분석 – 경제 · 사회 · 예술 · 과학 등 다양한 분야를 주제로 하는 지문이 등장 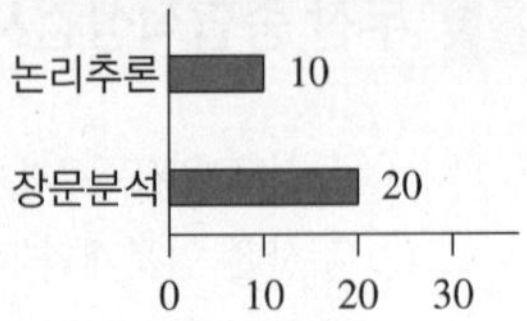 논리추론 10 장문분석 20 0 10 20 30
	수리자료분석	30문항	30분	• 응용계산 농도 · 거리 · 속력 · 시간 등을 활용한 방정식 문제와 경우의 수 · 확률을 계산하는 문제 • 수추리 등차, 등비, 계차수열 등의 규칙 적용 • 자료해석 표나 그래프 등을 제시해주고 해석 및 계산하는 문제 출제 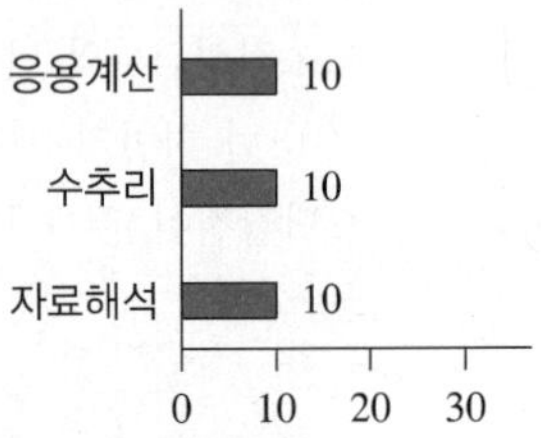 응용계산 10 수추리 10 자료해석 10 0 10 20 30
	공간추리(이공계)	30문항	20분	• 전개도 · 회전 삼각형의 전개도, 회전체, 물통 돌리기 문제 등 • 큐브 무늬가 있는 정육면체의 전개도가 주어지고 이를 접어서 회전시킨 후 특정한 변에서 바라보았을 때의 모양을 찾는 문제 또는 정육면체의 전개도를 찾는 문제 ※ 각 시험마다 문제유형이 다르게 출제됨을 유의 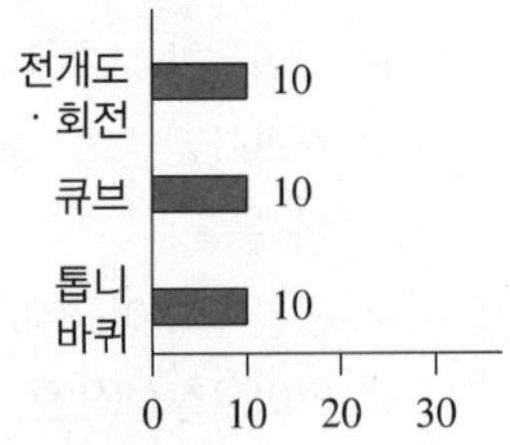 전개도 · 회전 10 큐브 10 톱니바퀴 10 0 10 20 30
	어휘유창성(인문계)	30문항	20분	• 어휘력 동의어 · 반의어 찾기, 어휘의 의미 찾기, 빈칸 넣기 등 • 우리말 어법 표준어, 맞춤법, 외래어 표기법 • 관용적 표현 관용어, 속담, 한자성어 등 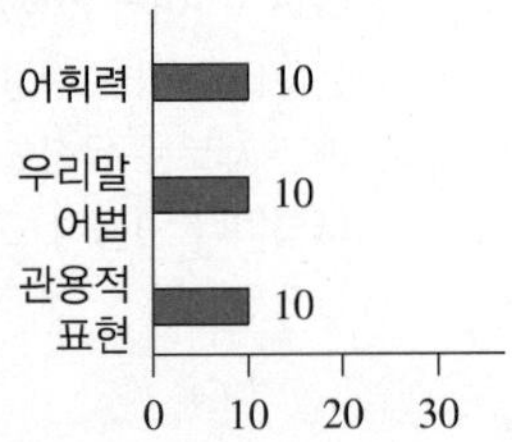 어휘력 10 우리말 어법 10 관용적 표현 10 0 10 20 30
휴식 시간			10분	
인성검사		232문제	55분	두산에서 가장 중요하게 생각하는 가치를 지원자가 얼마나 지니고 있는지 측정하는 검사

GUIDE 08 GS

1 GS 직무적성검사, 그것이 알고 싶다!

① GS 직무적성검사는 계열사별로 시험유형과 문제가 다르게 출제된다.
② 2016년 하반기부터 전 계열사에서 자격증 유무에 상관없이 한국사를 평가한다.
③ GS칼텍스의 경우 한국사 영역이 서술형으로 출제됐었으나, 2018 상반기부터 객관식으로 유형이 변경되었다.
④ 시작 전 연습문제를 풀어 볼 시간이 주어지므로, 이 시간을 잘 활용해야 한다.
⑤ 난이도가 높지 않기 때문에 제한시간 내에 많은 문제를 정확하게 푸는 연습을 해야 한다.

2 2020 이렇게 출제되었다!

✔ 응용수리력 : 문제 난이도가 높지는 않지만 계산 과정이 복잡하게 출제
✔ 공간지각력 : 일반적인 정육면체 전개도 외에 다양한 입체도형이 출제되어 난이도가 높음
✔ 단어연상력 : 생소한 단어들이 많이 출제
✔ 수추리력 : 난이도가 상당히 높아 20문제 중 몇 문제 못 풀었다는 수험생들이 많았음
✔ 자료해석 : 표, 그래프뿐만 아니라 지문과 결합된 문제 출제

합격더하기

GS의 직무적성검사는 계열사별로 평가 영역이 다르고 각 계열사마다 시험 출제 영역 변동이 많기 때문에 사전에 각 계열사 채용 홈페이지를 확인하는 것이 중요하다. 언어에 관련된 영역의 경우 명확하지 않은 느낌의 단어나 지문이 많이 출제되어서 체감난이도가 높아졌고, 공간지각의 경우 신유형으로 공을 회전하는 문제가 출제되었다. 한국사의 경우 한두 문제를 제외하고는 기본적인 지식만 갖추고 있다면 풀 수 있는 문제가 많이 출제되기 때문에 평소에 조금씩 공부를 해두는 것이 시험부담을 줄이는 방법이다.

3 시험장 꿀팁!

① 컴퓨터용 사인펜, 수정 테이프는 반드시 지참한다. 시험을 치를 때 기타 필기도구(샤프 및 볼펜)의 사용이 금지되며, 오직 컴퓨터용 사인펜만 사용할 수 있으므로 실전연습을 할 때 반드시 컴퓨터용 사인펜으로 푸는 연습을 해 보도록 한다.
② GS칼텍스의 경우 물과 간단한 간식을 제공한다.
③ 30분간 간단한 안내방송을 한 뒤 방송 통제로 시험이 진행된다.
④ 공간지각력의 경우 시험지에 직접 풀거나 시험지를 돌리는 것이 금지되어 있다.

4 GS 직무적성검사 속으로!

(2020년 출제 기준 반영)

구분	출제영역	문항 수	시간	출제유형
직무 적성 검사	사무지각	30문항	10분	자료를 보고 주어진 문자, 숫자, 기호의 개수를 찾는 문제와 주어지지 않은 문자를 찾는 문제
	언어추리	20문항	8분	주어진 명제를 통해 제시된 가설이 참인지, 거짓인지, 알 수 없는지를 추리하는 문제
	응용수리	20문항	7분	농도 · 시간 · 거리 · 속도 · 일 등과 관련된 방정식 · 부등식 문제
	수추리	20문항	7분	등차, 등비, 계차 외의 다양한 규칙을 가진 문제
	공간지각	20문항	10분	다양한 입체도형의 전개도를 주고 완성된 도형의 모양을 찾는 문제
	단어연상	10문항	6분	제시된 여러 개의 단어를 통해 공통적으로 연상할 수 있는 단어 유추 문제
	판단력	20문항	10분	• 독해 – 사회 · 철학 · 과학 등 다양한 분야를 주제로 하는 지문이 출제 – 전반적인 지문의 난이도가 높아 애매한 답들이 많음 – 한 문제에 지문 2개가 등장하기도 함 • 자료해석 – 도표 · 그래프 등 다양한 형태의 자료를 제시하고, 이를 해석 및 분석하는 문제 – 도표와 지문이 함께 자료로 제시되는 문제 (그래프: 독해 15, 자료해석 5 / 0 10 20 30)
	언어유추	11문항	8분	제시된 단어 간 관계를 파악하여 빈칸에 들어갈 단어를 유추하는 문제
한국사		10문항	15분	기초상식 수준에서 출제되며, 굵직한 사건이나 인물 순으로 흐름을 묻는 문제
인성검사 (GSC Way 부합도 검사)		375문항	45분	GS칼텍스에서 가장 중요하게 생각하는 가치를 지원자가 어느 정도 지니고 있는지 측정함

※ 각 계열사별로 적성검사 영역과 시간이 다를 수 있으며, 본 영역 구성은 GS칼텍스 기준으로 작성되었습니다.

GUIDE 09 효성

1 효성 인적성검사, 그것이 알고 싶다!

① 효성 인적성검사는 인성검사와 적성검사로 구성되어 있다.
② 적성검사는 지각정확력, 언어유추력, 언어추리력, 공간지각력, 판단력, 응용계산력, 수추리력으로 이루어져 있으며, 이를 통해 직무수행에 적합한 잠재역량을 보유하였는지를 측정한다.
③ 인성검사를 먼저 실시하고 20분 휴식 후 적성검사를 실시한다.
④ 난이도가 높지 않기 때문에 제한시간 내에 많은 문제를 정확하게 푸는 연습을 해야한다.
⑤ 창의력 문제의 경우 정답이 정해져 있지 않기 때문에, 문제의 조건에 따라 다양한 시각으로 접근하여 문제를 풀어야 한다.
⑥ 오답감점이 있다는 것을 방송으로 알려주기 때문에 모르는 문제는 비워둔다.

기업별 가이드

2 2020 이렇게 출제되었다!

✔ 언어유추력 : 언어, 단어, 사자성어 등 기본적인 상식을 많이 알고 있다면 유리한 문제들이 출제
✔ 공간지각력 : 일반적인 정육면체 전개도 외에 다양한 입체도형의 전개도 문제들이 출제되어 난이도가 높음
✔ 판단력 : 지문이 길이가 짧아졌지만 여전히 시간 부족
✔ 수추리력 : 난이도 상, 규칙 찾기 어려움

합격더하기

효성의 인적성검사는 지금까지 큰 유형 변동 없이 치러지고 있으며 일정기준 이상을 합격시키는 시스템이기 때문에 문제유형에 대한 이해만 있다면 좋은 결과를 낼 수 있는 시험이다. 따라서 유형을 충분히 숙지하거나 연습하는 것이 중요하다. 전체적으로 난이도가 평이한 편이지만, 최근 어렵게 출제된 수추리력이나 다양한 전개도 문제가 출제되는 공간지각력은 평소 다양한 문제를 많이 접해볼수록 유리하다.

3 시험장 꿀팁!

① 오전과 오후로 나눠져서 시험이 진행된다.
② 손목시계(아날로그 시계 포함) 착용이 금지되어 있으며, 방송 통제로 시험이 진행된다.
③ 컴퓨터용 사인펜, 수정 테이프는 반드시 지참한다. 시험을 치를 때 기타 필기도구(샤프 및 볼펜)의 사용이 금지되며, 오직 컴퓨터용 사인펜만 사용할 수 있으므로 실전연습을 할 때 반드시 컴퓨터용 사인펜으로 푸는 연습을 해보도록 한다.
④ 시험지에 직접 풀이가 가능하다.

4 효성 인적성검사 속으로!

(2020년 출제 기준 반영)

구분	출제영역	문항 수	시간	출제유형
인성검사		350문항	40분	자신의 성격에 맞게 '예', '아니오'를 선택
휴식 시간			20분	
적성검사	지각정확력	30문항	6분	자료를 보고 주어진 문자, 숫자, 기호의 개수를 찾는 문제와 주어지지 않은 문자를 찾는 문제 출제
	언어유추력	20문항	5분	• 제시된 단어의 다양한 관계를 확인하여 푸는 문제 • 언어에 한정된 것이 아닌 다양한 상식을 아는 것이 좋음
	언어추리력	20문항	5분	주어진 명제를 통해 제시된 가설이 참인지, 거짓인지, 알 수 없는지를 추리하는 문제
	공간지각력	20문항	8분	다양한 입체도형의 전개도를 주고 완성된 도형의 모양을 찾는 문제 출제
	판단력	20문항	12분	• 독해 – 경제 · 사회 · 예술 · 과학 등 다양한 분야를 주제로 하는 지문이 출제 – 지문의 길이는 짧지만 난이도는 낮지 않음 • 문장 · 문단 배열 제시된 문장 혹은 문단을 배열하는 문제 출제 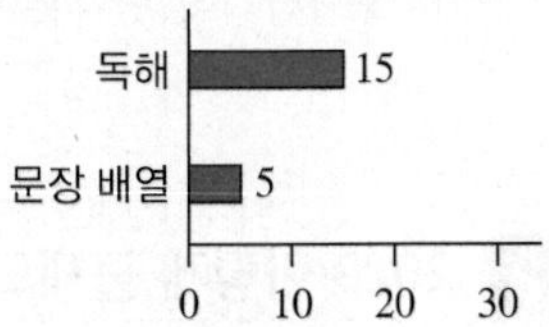 독해 15 문장 배열 5 0 10 20 30
	응용계산력	20문항	12분	농도 · 시간 · 거리 · 속도 · 일 등과 관련된 방정식 · 부등식 문제 출제
	수추리력	20문항	10분	등차, 등비, 계차 외의 다양한 규칙을 가진 문제 출제
	창의력	1문항	6분	특정 상황을 제시해주고 그 상황과 연계된 질문에 대해 상상력을 발휘하여 답을 작성하며, 정해진 답은 없음

GUIDE 10 현대백화점

1 현대백화점 인적성검사, 그것이 알고 싶다!

① 현대백화점그룹 인적성검사는 총 8개 영역으로 구성되어 있으며, 짧은 시간 동안 160문항을 모두 풀어야 한다. 따라서 이 시험을 치러내는 데 있어 가장 중요한 것은 순발력이라 할 수 있다.

② 각 영역별로 10분 이내의 시간이 주어지며, 시각적 주의집중력의 경우 2분 정도의 시간밖에 주어지지 않으므로 빨리 풀어내는 것이 중요하다.

2 2020 이렇게 출제되었다!

✔ 모든 영역의 난이도는 높지 않으나 많은 문항 수에 비해 시간 부족

✔ **자료해석, 수열추리** : 계산과정이 다소 복잡하게 출제되어, 정확하게 계산을 한 지원자와 그렇지 않은 지원자 사이의 당락을 가르는 기준이 될 것으로 보임

합격더하기

현대백화점그룹 인적성검사는 매번 동일한 유형과 비슷한 수준의 난이도를 유지해 왔기 때문에, 앞으로도 큰 변화는 없을 것으로 보인다. 다만, 짧은 시간 안에 정확하게 문제를 푸는 것이 관건이므로, 각 출제유형과 빠른 문제풀이 요령을 익혀두면 도움이 될 것이다.

3 시험장 꿀팁!

① 필기구는 개인 지참해야 한다.

② 별도 제공되는 이면지에 문제를 풀 수 있다.

③ 찍기에 대한 별도의 제재는 없다.

4 현대백화점 인적성검사 속으로!

(2020년 출제 기준 반영)

구분	출제영역	문항 수	시간	출제유형
직무적합도검사	언어이해	30문항	4분	• 어휘력 어휘력, 문장배열, 빈칸추론, 장・단문 독해 등 • 빈칸추론 단문・장문 중간에 제시된 빈칸에 들어갈 알맞은 어휘・문장을 찾는 문제 (어휘력 22, 빈칸추론 8) 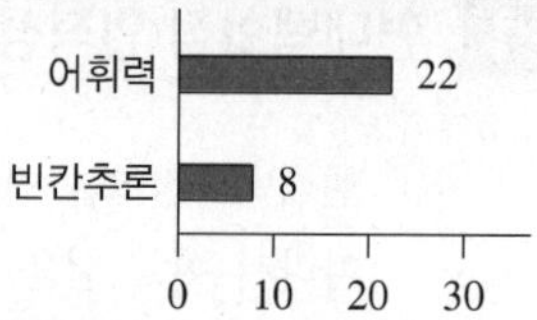
	언어추리	25문항	4분	• 삼단논법 연역 추론, 간접 추론, 유비 추론 등 명제 문제 • 상황판단 조건이 주어지고 이에 따라 요구하는 답을 추리하는 논리추리 문제 (어휘유추 7, 삼단논법 7, 상황판단 11) 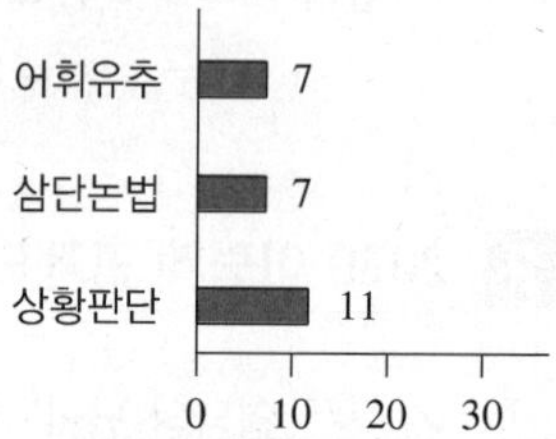
	수 계산	15문항	10분	• 응용수리 중학교 수준 방정식, 부등식 문제, 경우의 수・확률 문제 • 기초수리 사칙연산 문제 (응용수리 10, 기초수리 5) 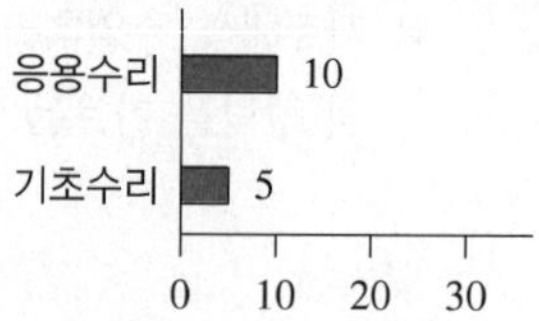
	자료해석	10문항	10분	• 자료해석 주어진 자료를 해석하고 활용하여 제시된 숫자들의 관계를 파악하는 문제 (자료해석 10) 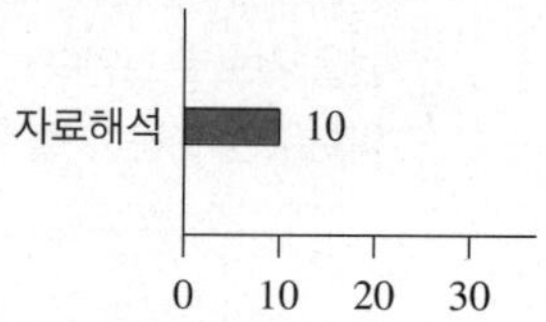
	수열추리	20문항	10분	• 수추리 나열된 숫자들 사이의 규칙을 추론하는 문제 • 문자추리 나열된 문자들 사이의 규칙을 추론하는 문제 (수추리 10, 문자추리 10) 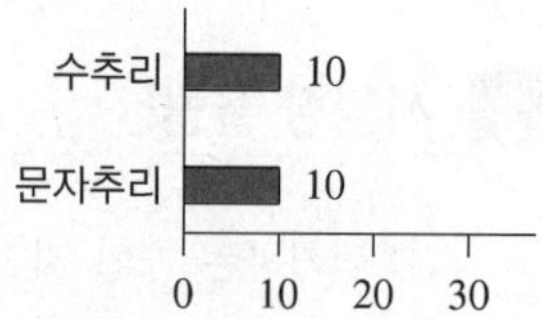
	시각적 주의집중력	20문항	2분	• 좌・우비교 두 쌍의 숫자・문자・기호의 나열을 비교하는 문제 • 문자조합 문자와 숫자가 연결된 표를 보고 둘을 더했을 때 나오는 특정한 수를 고르는 문제 • 문자찾기 문자・숫자・기호군에서 제시된 것과 동일한 것을 찾는 문제 (좌・우 비교 10, 문자조합 5, 문자찾기 5) 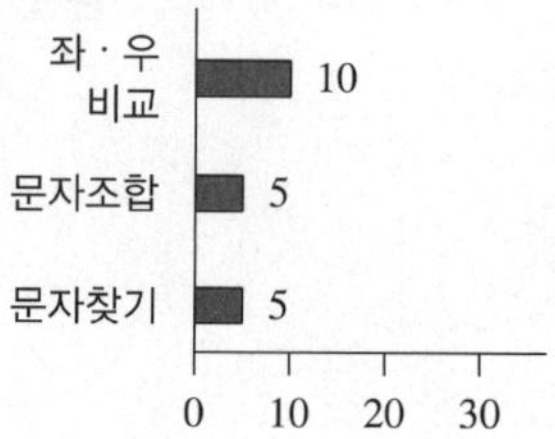

	공간·상징 추리	20문항	6분	• 도형치환 여러 도형들과 이것들이 의미하는 바가 주어지고, 이 도형들을 조합하여 만든 그림을 해석하는 문제 • 도식추리 문자들 간의 변화 규칙을 파악한 후 그 규칙에 따른 결론을 도출하는 문제 도형치환 10 도식추리 10 0 10 20 30
인성검사			50분	• 인성역량 검사 각 질문에 대해 자신과 부합하는지 여부에 따라 1~5점 중 하나를 고른 후 4개의 질문 중 자신과 가장 먼 것과 가까운 것을 하나씩 선택 • 적응위험도 검사 질문에 대해 자신과 가까운 정도에 따라 1~5점 중 하나를 선택

GUIDE 11 이랜드

1 이랜드 종합역량검사(ESAT), 그것이 알고 싶다!

① 이랜드 종합역량검사(ESAT)는 직무적성검사와 인재유형검사로 구성되어 있다.
② 직무적성검사는 언어비평검사 1, 2와 수리비평검사로 이루어져 있으며, 이를 통해 직무수행에 적합한 잠재역량을 보유하였는지를 측정한다.
③ 타 회사에 비해 난이도가 높지 않은 편이며, 영역 또한 적은 편에 속한다.
④ 적성보다는 인성을 중시하기 때문에 여러 차례 진행되는 인성검사에서 일관성 있는 답변을 해야 한다.

2 2020 이렇게 출제되었다!

✔ 언어비평검사 1 : 명제 문제와 삼단논법 문제 다수 출제, 명제의 경우 벤다이어그램을 활용하여 풀이하는 난이도가 어려운 문제도 출제
✔ 언어비평검사 2 : 중·장문 독해 문제로 2 ~ 3문제가 있는 세트 문제 출제비중이 높아짐
✔ 수리비평검사 : 계산이 필요한 자료해석 문제 출제

합격더하기

이랜드그룹의 직무적성검사는 언어와 수리 영역만 출제되며 앞으로도 동일한 유형의 문제가 출제될 것으로 예상된다. 문제의 난이도가 높은 것은 아니지만 계산하는 과정에서 깔끔하게 떨어지지 않는 문제들이 있으므로 이에 대한 연습과 유형에 대한 정확한 이해로 시간을 확인하며 많은 문제를 푸는 연습을 하도록 한다. 또한, 인재유형검사 문항이 적성검사 문항에 비해 많아 4시간 이상 시험이 진행되기 때문에 집중력을 잃지 않는 연습이 필요하다.

3 시험장 꿀팁!

① 신분증을 필수로 지참해야 하며 컴퓨터용 사인펜, 볼펜, 수정 테이프는 미리 준비하는 것이 좋다. 그러나 계산기는 지참할 수 없다.
② 시험지에 필기가 금지되어 있으며, 수리 영역 때에는 사전에 A4용지를 제공한다.
③ 도착 순서대로 시험에 응시할 자리를 배정받기 때문에 여유 있게 도착하면 원하는 자리에 착석하는 것이 가능하다.

4 이랜드 종합역량검사(ESAT) 속으로!

(2020년 출제 기준 반영)

구분	출제영역	문항 수	시간	출제유형
직무 적성 검사	언어비평 (언어추론과 독해로 나뉘어서 치러짐)	20문항	10분	• 언어추론 사고가 진행되는 과정을 오류 없이 전개하기 위한 규칙과 형식을 측정하는 문제가 출제
		25문항	22분	• 독해 경제 · 사회 · 예술 · 과학 등 다양한 분야를 주제로 하는 지문이 출제되며 지문의 길이가 긴 편
	수리비평	25문항	24분	• 자료해석 통계자료나 그래프 등을 제시해주고 해석 및 계산하는 문제 출제
휴식 시간			20분	
	상황판단	32문항	45분	• 조직 내 질서에 대한 존중, 팀원 간의 배려 등을 평가하는 문제 • 각 상황별 적절한 행동과 부적절한 행동을 선택하는 문제
인재유형검사		462문항	60분	• 점수 척도형 • 특정 계열사는 인적성검사 시행일 이후 지원자가 각자 '강점혁명'이라는 명칭의 인성검사를 온라인으로 실시함

GUIDE 12 KCC

1 KCC 인적성검사, 그것이 알고 싶다!

① KCC 인적성검사는 적성검사와 인성검사로 구성되어 있다.

② KCC의 적성검사는 언어영역(인문계), 오류찾기(이공계), 자료해석, 도식추리, 시사상식으로 이루어져 있으며, 이를 통해 직무수행에 적합한 잠재역량을 보유하였는지를 측정한다.

③ 전반적으로 난이도는 높지 않지만 여타 적성검사와 다른 유형의 문제들이 상당수 출제되며 인문계와 이공계를 기준으로 다른 영역이 존재한다.

④ 고사장에서 자료해석 영역 풀이를 위해 일반 계산기를 나눠주며, 해당 영역은 문제와 자료가 서로 다른 페이지에 위치한다.

2 2020 이렇게 출제되었다!

✔ 언어영역(인문계) : 하나의 제시문이 주어지고 해당 제시문의 내용이 참인지, 거짓인지, 혹은 제시문만으로는 진위 여부를 알 수 없는지 판단하는 문제가 출제

✔ 오류찾기(이공계) : 일정한 규칙에 따라 변화하는 도형이나 신호등, 제시된 연산 규칙을 토대로 도출된 결과에서 오류를 찾는 문제들이 주로 출제

✔ 자료해석 : 시험지의 앞 부분에 나열된 문제에서 필요한 정보를 별도로 분리된 표와 그래프를 통해 찾아 풀이하는 문제들이 출제

✔ 도식추리 : 기호가 나타내는 규칙을 파악하여 알고리즘의 흐름을 이해하고 순서도에 따른 변화 결과를 찾는 문제들이 출제

✔ 시사상식 : 최신 시사상식은 물론 KCC와 직접적으로 관련된 필수 상식 문제가 출제

합격더하기

KCC 인적성검사는 일반적인 기업체 인적성검사와 다소 차이가 있으며 큰 틀은 유지하되 도식추리 등에서 매년 출제유형이 바뀌므로 관련 유형 파악이 필수이다. 전반적으로 쉽지 않은 난이도의 문제들로 구성되어 있으며 유형 자체가 낯설 수 있기 때문에 사전에 유형과 풀이를 미리 파악할 수 있도록 한다. 특히 시사상식 영역의 경우는 단기간에 학습이 어려울 뿐더러 최근 KCC와 직접적으로 연관된 문제들이 출제되므로 충분한 사전조사가 필요하다.

3 시험장 꿀팁!

① 연필과 지우개, 문제풀이에 필요한 연습지와 계산기는 고사장에서 배부하므로 신분증과 기타 증명서류를 구비하도록 한다.

② 적성검사는 각 과목마다 별도의 시간이 주어지며, 시간이 종료됨과 동시에 해당 답안지를 제출하게 되므로 풀이에 시간을 뺏겨 답안지 작성을 소홀히 하는 일이 없도록 한다.

③ KCC 적성검사는 인성검사를 포함하여 쉬는 시간 없이 모든 과목이 연이어 3시간 가량 진행되기 때문에 컨디션 조절에 유의하도록 한다.

4 KCC 인적성검사 속으로!

(2020년 출제 기준 반영)

구분	출제영역	문항 수	시간	출제유형
인적성 검사	언어영역 (인문계)	45문항	15분	• 독해 – 경제・사회・예술・과학 등 다양한 분야를 주제로 하는 짧은 지문 – 주어진 지문을 보고 명제의 '참, 거짓, 알 수 없다'를 판별하는 문제
	오류찾기 (이공계)	30문항	30분	• 오류 찾기 – 일정한 규칙에 따라 도형을 변화시키는 기호들이 주어지고, 도출된 결과에서 규칙 적용상의 오류를 찾는 문제 – 제시된 연산 규칙을 이용하여 도출된 결과를 바탕으로 식에서 잘못 주어진 도형을 찾는 문제 – 신호등의 신호를 변환하는 규칙들이 주어지고, 마지막에 주어진 신호등 신호가 도출되기 위한 변화상의 오류를 찾아 제거하는 문제
	자료해석	30문항	30분	• 자료해석 – 자료의 이해와 해석, 자료를 통해 계산하는 일반적인 형태의 문제 – 표의 순서가 뒤섞여 있어 주어진 문제와 연관된 자료를 찾는 연습이 필요 – 문제와 자료가 별도로 나뉘어 있으며 계산기 사용이 가능함
	도식추리	30문항	30분	• 문자추리 – 문자가 내포한 규칙을 파악하여 문자의 변화 결과를 찾는 문제 – 사전에 알파벳이나 한글 자음이나 모음에 해당하는 숫자를 파악할 것 • 순서도 – 주어진 순서도에서 최종적으로 출력되는 값을 묻는 문제 – 일반적인 적성검사에서 보기 드문 유형이므로 사전에 풀이를 숙지할 것
	인성검사	104문항	40분	한 문제에 네 개의 보기가 주어지고, 자신과 가까운 것과 먼 것을 체크하는 유형의 문제 ※ 변별력을 위해 중복해서 제시되는 지문이 있으므로 확고한 기준을 세우고 시험에 임할 것 ※ KCC 인성검사는 별도의 구분 없이 시사상식 전에 진행되므로 시간배분에 유의할 것
	시사상식	30문항	10분	• 시사상식 – 경제・경영・사회 관련 이슈는 물론 문화・예술・IT 등 다양한 영역을 포괄하는 상식 문제들이 출제 – KCC 관련 이슈들이 다소 출제되므로 기업과 관련된 기본적인 정보와 최신 이슈를 파악해둘 것

GUIDE 13 CJ

1 CJ 종합적성검사(CAT/CJAT), 그것이 알고 싶다!

① CAT/CJAT(CJ 종합적성검사)는 크게 적성검사(CAT)와 인성검사(CJAT)의 두 영역으로 구분된다.

② 2019년 상반기에 CAT의 유형이 전면 변경되었다. 영역 구분과 쉬는 시간 없이 통합적으로 시험을 치르던 이전과 달리 1교시부터 4교시까지 총 4개 영역으로 나뉘었으며, PART 1(1, 2교시)과 PART 2(3, 4교시) 사이에 10분 동안 휴식을 취한다.

③ 난이도가 이전 대비 대폭 상승하였고, 시간도 촉박하므로 문항당 시간분배가 관건이다.

④ 2020년 상・하반기 채용 시 대부분의 계열사에서 CAT를 시행하지 않았다. 대신 계열사별로 CIT(Contents Insight Test), 직무 Fit Test, CJWT Test, 직무수행능력평가 등을 새로 도입하여 시행하였다.

2 2019 이렇게 출제되었다!

✔ 언어능력 : 1교시 독해・언어추리와 2교시 구조화・개요수정・내용수정으로 나뉘어 출제되었다. 독해 지문의 길이가 3배 가량 늘어났으며 문장구조의 경우 순서 배열과 섞인 유형이 등장하였다.

✔ 수리능력 : 일반적인 응용수리와 자료해석 문제가 등장하였으나 전반적으로 난이도가 높아지고, 자료해석이 문제 전면에 배치되었다.

✔ 수추리능력 : 폐지

✔ 도식적 추리 : 신유형으로 3×3 또는 4×4로 배치된 도형의 위치나 색을 주어진 규칙에 따라 변경하는 문제가 등장하였다.

합격더하기

CJ그룹 CAT는 2018년 하반기와 2019년 상반기 두 번에 걸쳐 변화가 있었다. 2018년 하반기 CAT는 인문학 지식 영역이 폐지되고 총 문항 수 80문항에 제한시간 45분으로 실시되었으나 유형 자체는 이전 시험과 동일했던 반면, 2019년 상반기부터는 총 4개 영역으로 출제되면서 수추리나 블록결합 문제 등이 없어지고 도식적 추리 유형이 새로이 등장했다. 앞으로 CAT가 시행된다면 유형이 전면적으로 바뀐 만큼 더 이상의 유형이나 영역구성의 변화는 없을 가능성이 크지만, 신유형이 등장하고 난이도가 대폭 상승하여 각 유형에 대한 충분한 연습이 뒷받침되어야 한다.

3 시험장 꿀팁!

① 필기구, 수정 테이프 등은 시험장에서 지급하며, 개인 필기구 사용 및 시계 착용은 금지된다.

② 시간 안에 많은 문제를 풀기 위해 확신이 없는 문제는 넘어가고, 다른 문제를 먼저 풀어야 한다.

③ 오답감점이 있으므로 모르는 문제는 빈칸으로 남겨두어야 한다.

4 CJ 종합적성검사(CAT/CJAT) 속으로!

(2019년 출제 기준 반영)

<table>
<tr><th>구분</th><th colspan="2">출제영역</th><th>문항 수</th><th>시간</th><th>출제유형</th></tr>
<tr><td rowspan="5">적성검사
(CAT)</td><td rowspan="2">PART1</td><td>1교시</td><td>25문항</td><td>30분</td><td>• 독해
과학 · 철학 · 예술 등 다방면에 관한 긴 지문의 독해 문제
• 언어추리
조건에 따른 배열하기 · 연결하기 · 묶기 및 명제 추론</td></tr>
<tr><td>2교시</td><td>15문항</td><td>15분</td><td>• 구조화
문장배열과 도식화하기의 혼합 형태 문제
• 개요수정
주어진 글의 개요를 수정하거나 빈칸을 채우는 문제
• 내용수정
주어진 글을 어법 또는 문맥에 따라 수정하는 문제</td></tr>
<tr><td colspan="3">휴식 시간</td><td>10분</td><td></td></tr>
<tr><td rowspan="2">PART2</td><td>3교시</td><td>25문항</td><td>30분</td><td>• 자료해석
자료를 보고 옳거나 옳지 않은 선택지를 고르는 문제
• 응용계산
방정식 · 부등식, 경우의 수 · 확률 등을 활용하여 값을 구하는 문제</td></tr>
<tr><td>4교시</td><td>15문항</td><td>25분</td><td>• 도식적 추리
각 칸에 있는 기호들이 규칙에 따라 이동했을 때 최종적인 모습을 고르는 문제</td></tr>
<tr><td colspan="4">휴식 시간</td><td>15분</td><td></td></tr>
<tr><td colspan="3">인성검사(CJAT)</td><td>270문항</td><td>45분</td><td>• 질문에 대해 자신과 가까운 순서대로 ① ~ ⑥ 중 선택하는 유형
• 조직 내에서 일어날 수 있는 문제에 대해 자신의 선택을 0 ~ 100%로 선택하는 유형
• 일상생활에서 일어날 수 있는 상황에 대처하는 방법으로 A, B 두 가지 중 한 가지를 선택하는 유형</td></tr>
</table>

GUIDE 14 샘표식품

1 샘표식품 인적성검사, 그것이 알고 싶다!

① 샘표식품 인적성검사는 인성검사와 적성검사로 구분되어 있다.

② 적성검사는 언어, 수리, 도형추리로 이루어져 있으며, 이를 통해 직무수행에 적합한 잠재역량을 보유하였는지를 측정한다.

③ 각 과목당 20 ~ 25문제로 300분이라는 상대적으로 넉넉한 시간이 주어지나, 그만큼 각 문제의 난이도가 높은 편이다.

④ 컴퓨터용 사인펜 이외의 필기도구는 사용불가이며 오답감점제가 적용된다.

2 2020 이렇게 출제되었다!

✔ 언어 : 독해 위주의 문제들이 주로 출제

✔ 수리 : 기본적인 응용계산 문제와 방정식 및 비례 문제가 출제. 몇몇 문제를 제외하면 난이도 자체는 평이한 편

✔ 도형추리 : 평면 도형의 규칙을 찾아서 마지막 도형을 유추하는 문제들이 주로 출제. 상대적으로 난이도가 높음

합격더하기

AI역량검사가 새로이 추가된 것을 제외하면 샘표식품의 인적성검사 자체는 큰 유형 변동 없이 치러지고 있다. 따라서 앞으로도 동일한 유형의 문제가 출제될 것으로 예상된다. 샘표식품의 인적성검사는 시간에 비해서 문항 수는 많지 않지만, 그만큼 각 문제당 배점이 크며 난이도 또한 높다. 전반적으로 속전속결보다는 내실을 다지는 학습전략이 요구된다. 참고로 샘표식품은 2020년 공채를 진행하지 않았다. 2021년에는 수시채용으로 전환하여 신입사원 채용을 진행할 것으로 보인다.

3 시험장 꿀팁!

① 컴퓨터용 사인펜, 수정 테이프는 반드시 지참한다. 시험을 치를 때 기타 필기도구(샤프 및 볼펜)의 사용이 금지되며, 오직 컴퓨터용 사인펜만 사용할 수 있으므로 실전연습을 할 때 반드시 컴퓨터용 사인펜으로 푸는 연습을 해보도록 한다.

② 과목당 20분의 시간이 주어지며, 한 과목이 끝나면 다 같이 페이지를 넘겨 다음 과목을 풀게 한다. 또한 감독관들이 10분 전, 1분 전마다 직접 시간을 알려주므로 시간 분배에 활용할 수 있도록 한다.

4 샘표식품 인적성검사 속으로!

(2020년 출제 기준 반영)

<table>
<tr><th>구분</th><th>출제영역</th><th>문항 수</th><th>시간</th><th>출제유형</th></tr>
<tr><td colspan="2">인성검사</td><td>4개씩 1세트
(85세트)
총 340문항</td><td>50분</td><td>한 문제당 4개의 문장에 제시되며, 자신의 성향에 가까운 정도에 따라 1～5점을 부여하고, 각 문항을 비교하여 상대적으로 자신과 가장 가까운 것과 먼 것에 체크하는 유형</td></tr>
<tr><td rowspan="3">적성
검사</td><td>언어</td><td>20문항</td><td>30분</td><td>• 경제 · 사회 · 예술 · 과학 등 다양한 분야의 짧은 지문을 토대로 하는 문제
• 한 지문당 한 문제가 출제되므로 핵심을 파악하는 능력이 필요</td></tr>
<tr><td>수리</td><td>20문항</td><td>30분</td><td>• 응용수리
기본적인 응용계산 문제와 더불어 연립방정식 문제가 상당 부분을 차지
• 자료해석
통계자료나 그래프 등을 제시해주고 해석 및 계산하는 문제
응용수리 12
자료해석 8
0 10 20 30</td></tr>
<tr><td>도형추리</td><td>25문항</td><td>30분</td><td>• 도형추리
– 가로 3개, 세로 3개의 도형이 주어지고 해당 도형의 변화를 유추하여 마지막 도형의 모양을 추리하는 문제들이 주로 출제
– 샘표식품 적성검사에서 가장 고난이도로 평가받는 만큼 주의 요망</td></tr>
</table>

GUIDE 15 아모레퍼시픽

1 아모레퍼시픽 인적성검사, 그것이 알고 싶다!

① 아모레퍼시픽 인적성검사는 인성검사와 적성검사로 구성되어 있다.
② 시험의 난이도는 어렵지 않은 편이나 문항 수에 비해 시간이 부족하여, 정확하고 빠르게 푸는 것이 중요하다.
③ 적성검사는 지각정확력, 언어유추력, 언어추리력, 공간지각력, 판단력, 응용계산력, 수추리력, 한국사, 창의력으로 총 9개 영역의 문제가 출제된다.
④ 창의력 문제의 경우 정답이 정해져 있지 않기 때문에, 문제의 조건에 따라 다양한 시각으로 접근하여 문제를 풀어야 한다.
⑤ 계열사별로 한국사를 치르지 않는 곳이 있으므로 잘 알아보고 시험에 대비해야 한다.

2 2019 이렇게 출제되었다!

✔ 언어유추력 : 출제된 단어의 난이도가 상승
✔ 공간지각력 : 일반적인 정육면체 전개도 외에 다양한 입체도형의 전개도가 출제되기 때문에 난이도가 높음
✔ 판단력 : 지문이 길이가 짧아졌지만 자료해석에서 시간이 많이 소요됨
✔ 한국사 : 역사 흐름상 중요한 사건 위주로 출제

합격더하기

아모레퍼시픽의 인적성검사는 지금까지 큰 유형 변동 없이 치러지고 있기 때문에 앞으로도 변화는 없을 것으로 예상된다. 효성그룹처럼 일정 기준 이상만 되면 합격시키는 시스템이기 때문에 문제유형에 대한 이해만 있다면 좋은 결과를 낼 수 있는 시험이므로, 유형을 충분히 숙지하고 연습하는 것이 중요하다. 전체적으로 난이도가 평이한 편이지만 다양한 전개도가 출제되는 공간지각력은 평소 다양한 문제를 많이 접해볼수록 유리하다.

3 시험장 꿀팁!

① 보통 본사에서 시험이 진행되고 시험실 밖에 간단한 다과가 준비되어 있다.
② 손목시계(아날로그 시계 포함) 착용이 금지되어 있으며, 감독관의 통제로 시험이 진행된다.
③ 지정된 좌석이 아니기 때문에 여유 있게 도착하면 자신이 원하는 좌석에서 시험을 치르는 것이 가능하다.
④ 오답감점이 있으므로 모르는 문제는 빈칸으로 남겨두어야 한다.

4 아모레퍼시픽 인적성검사 속으로!

(2019년 출제 기준 반영)

구분	출제영역	문항 수	시간	출제유형
적성검사	지각정확력	30문항	6분	• 주어진 문자, 숫자, 기호의 개수를 찾는 문제 • 주어지지 않은 문자 등을 찾는 문제 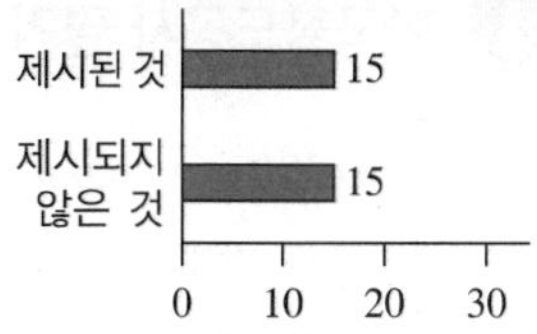 제시된 것 15 제시되지 않은 것 15 0 10 20 30
	언어유추력	20문항	5분	• 제시된 단어의 다양한 관계를 확인하여 푸는 문제 • 언어적 지식뿐 아니라 다양한 상식을 아는 것이 유리함
	언어추리력	20문항	5분	주어진 명제를 통해 제시된 가설이 참인지, 거짓인지, 알 수 없는지를 추리하는 문제
	공간지각력	20문항	8분	다양한 입체도형의 전개도를 주고 완성된 도형의 모양을 찾는 문제
	판단력	20문항	12분	• 독해 지문의 길이가 짧아지고 있지만 난이도가 쉽지는 않음 • 자료해석 도표·그래프 등 다양한 형태의 자료를 제시하고, 이에 대한 해석 및 분석을 요구 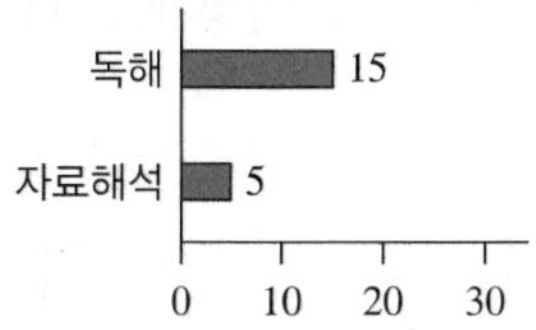 독해 15 자료해석 5 0 10 20 30
	응용계산력	20문항	12분	농도·시간·거리·속도·일 등과 관련된 방정식·부등식 문제
	수추리력	20문항	10분	등차, 등비, 계차 외의 다양한 규칙을 가진 문제
	한국사	10문항	5분	중요 인물들과 역사상 큰 사건들 위주의 문제
	창의력	1문항	6분	주어진 조건을 보고 생각나는 대로 답을 기재하면 되며, 정해진 정답은 없음
인성검사		345문항	40분	아모레퍼시픽에 적합한 인재인지를 평가하는 검사로 '예', '아니오'로 답하는 문항 유형

GUIDE 16 한국철도공사

1 한국철도공사 필기시험, 그것이 알고 싶다!

① 서류전형은 적부판정으로 지원자격을 갖추고 자기소개서를 성실히 작성하면 필기시험에 응시할 수 있으며, 이로 인해 경쟁이 심화되어 고득점 달성이 필요하다.
② 필기시험은 직업기초능력평가(의사소통능력, 수리능력, 문제해결능력)와 직무수행능력평가(전공)로 나뉜다.
③ PSAT와 유사한 유형 및 난도를 가진 문제가 다수 출제되었으며, 특히 사고력을 요하는 문제로 인해 필기시험 체감 난도가 높은 편이다.

2 2020 이렇게 출제되었다!

적성형 문제 탈피, NCS 기반 유형을 완벽 반영해 출제

✔ 전형 : NCS 및 전공 각 25문항, 영역통합형 출제
✔ 유형 : 적성형+창의력+회사상식+NCS형 ⇨ NCS 중심형
✔ 난도 : 중난도 ⇨ 고난도

합격더하기

한국철도공사 필기시험은 2020년 상반기부터 전공시험이 추가되었다. 이와 같은 시험 유형은 한동안 유지될 것으로 예상되며 세부적인 출제유형 및 난도는 이전과 유사할 것으로 보인다. 다만, 응시인원이 많아짐에 따라 난도 조정은 있을 수 있다.

3 한국철도공사 필기시험 속으로!

필기유형	직업기초능력평가+직무수행능력평가(전공)		응시시간	60분
문항 수	직업기초능력평가 25문항+전공 25문항		선택지	5지선다
NCS영역체크	의사소통능력	수리능력	문제해결능력	자원관리능력
	○	○	○	
	정보능력	기술능력	조직이해능력	직업윤리
참고사항	#찍기 가능 #영역별 구분 없이 한 번에 풀기 #사고력 문제 다수 출제 #PSAT 유형 유사			

GUIDE 17 한국전력공사

1 한국전력공사 필기시험, 그것이 알고 싶다!

① 2017년 상반기 필기시험에서 출제형식이 바뀌어 유형, 난도 등 큰 변화가 있었다.
② 필기시험은 의사소통능력, 수리능력, 문제해결능력 등은 공통 평가영역으로 하고, 직군에 따라 자원관리능력, 정보능력, 기술능력을 달리하여 평가한다.
③ 기존에 다수 출제된 적성형 문제가 사라지고, PSAT와 유사한 형태의 문제들이 다수 출제되었다.

2 2020 이렇게 출제되었다!

✔ 전형 : 50문항
✔ 유형 : NCS 중심형
✔ 문제 : 5지선다형 유지, 중난도 ⇨ 고난도
✔ 영역 : (공통) 의사소통/수리/문제해결
IT/기술직군은 전공시험으로 기술능력 대체

합격더하기

한국전력공사 필기시험은 이전과 동일한 형식으로 치러졌다. 특히 PSAT 수준의 문제들이 다수 출제되었으므로, 고난도 문제를 보다 집중적으로 학습해 둘 필요가 있다. 다만 일부 기술직군의 경우 「NCS+전공」 시험을 치르는 것으로 기술능력을 대체하였다.

3 한국전력공사 필기시험 속으로!

<table>
<tr><td>필기유형</td><td colspan="2">직업기초능력평가</td><td>응시시간</td><td>65분</td></tr>
<tr><td>문항 수</td><td colspan="2">50문항</td><td>선택지</td><td>5지선다</td></tr>
<tr><td rowspan="4">NCS영역체크</td><td>의사소통능력</td><td>수리능력</td><td>문제해결능력</td><td>자원관리능력</td></tr>
<tr><td>○</td><td>○</td><td>○</td><td></td></tr>
<tr><td>정보능력</td><td>기술능력</td><td>조직이해능력</td><td>직업윤리</td></tr>
<tr><td>△(전공)</td><td>△(전공)</td><td></td><td></td></tr>
<tr><td>참고사항</td><td colspan="4">#찍으면 감점 #영역별 구분 없음 #컴퓨터용 사인펜만 사용 가능
#수정테이프 사용 가능 #필기도구 사용 불가 #손목시계 지참 불가</td></tr>
</table>

GUIDE 18 국민건강보험공단

1 국민건강보험공단 필기시험, 그것이 알고 싶다!

① 2017년 중반기 필기시험부터 출제형식이 바뀌어 유형, 난도 등 다양한 부분에 변화가 있었다.
② 필기시험은 직업기초능력(의사소통능력, 수리능력, 문제해결능력)을 평가하며, 응용모듈로 각 20문항씩 출제된다.
③ 기존에 출제된 적성형 문제가 대부분 사라지고, NCS에 맞춰진 유형의 문제가 다수 출제되고 있다.

2 2020 이렇게 출제되었다!

✔ 전형 : NCS 60문항+법률 20문항/90분, 영역구분형 출제
✔ 유형 : NCS 중심형
✔ 문제 : 4지선다형, 중난도

합격더하기

국민건강보험공단 필기시험은 매년 필기시험 출제형식이 바뀌었지만, NCS 영역 중 주요한 것만을 평가하고 있으므로 2020년 상반기에는 크게 변경되지 않았다. 그러나 최근 들어 지문의 길이가 짧아지는 대신 제시문 및 표, 그래프 등의 분량이 많아지고 묶음문제 증가, 건강보험공단 자료의 비중이 높아지는 등의 변화를 보이고 있으므로, 풀이시간이 부족할 것에 대비가 필요하다. 다만, 문제의 난도는 높지 않기 때문에 시간배분을 적절히 하여 정답률을 높이는 훈련이 필요하다.

3 국민건강보험공단 필기시험 속으로!

필기유형	직업기초능력+직무시험(법률)		응시시간	90분
문항 수	직업기초능력 60문항+직무시험(법률) 20문항		선택지	4지선다
NCS영역체크	의사소통능력	수리능력	문제해결능력	자원관리능력
	○	○	○	
	정보능력	기술능력	조직이해능력	직업윤리
참고사항	#영역별 20문항 #찍기 가능 #수정테이프 사용 가능 #시계 개인지참 #귀마개 착용 금지 #종료 10분 전부터는 OMR 교체 불가			

GUIDE 19 한국토지주택공사

1 한국토지주택공사 필기시험, 그것이 알고 싶다!

① 필기시험은 직업기초능력평가(의사소통능력, 수리능력, 문제해결능력)과 직무역량평가(전공)로 나뉜다.
② NCS 출제유형은 매년 조금씩 변화하고 있으며, 최근 지문의 길이가 길어지고 난도가 높아지고 있는 추세이다.

2 2020 이렇게 출제되었다!

✔ 직업기초능력평가 : 의사소통능력, 수리능력, 문제해결능력에 대한 평가가 진행되었으며, 난이도가 크게 높지는 않았으나 최근 푸는 데 시간이 다소 걸리는 문제들 위주로 출제되어 시간관리에 어려움을 겪는 수험생이 많았다.

✔ 직무역량평가 : 사무직 일반(행정직)의 경우 직업기초능력평가 심화 문제로 대체되었으며, 사무직(전문)이나 기술직의 경우 전공시험 30문제가 출제되었다. 직렬에 따라 차이는 있지만, 대체로 난이도가 높고 까다로웠다는 평이 많다.

합격더하기

2020년 필기시험에서는 직무역량평가 문항이 20문항에서 30문항으로 변경되었다. 따라서 전공의 비중이 높아진 만큼 이에 대한 대비가 필요하다.

3 한국토지주택공사 필기시험 속으로!

필기유형	직업기초능력평가+직무역량평가		응시시간	80분
문항 수	직업기초능력평가 50문항		선택지	5지선다
	심화/전공 30문항			

NCS영역체크	의사소통능력	수리능력	문제해결능력	자원관리능력
	○	○	○	
	정보능력	기술능력	조직이해능력	직업윤리
참고사항	#찍기 가능 #수정테이프 사용 가능 #개인 필기구 사용 가능			

GUIDE 20 서울교통공사

1 서울교통공사 필기시험, 그것이 알고 싶다!

① 필기시험은 직업기초능력(의사소통능력, 수리능력, 문제해결능력, 조직이해능력, 정보능력, 자원관리능력, 기술능력, 자기개발능력, 대인관계능력, 직무윤리)평가와 직무수행능력평가로 나뉜다.

② NCS 출제유형은 매년 조금씩 변화하고 있으나, 타 기업에 비해 난이도가 크게 높지는 않은 편이다.

2 2020 이렇게 출제되었다!

✔ NCS 직업기초능력평가 : 의사소통능력, 수리능력, 문제해결능력, 조직이해능력, 정보능력, 자원관리능력, 기술능력, 자기개발능력, 대인관계능력, 직무윤리에 대한 평가가 진행되었으며, 난이도가 크게 높지는 않았으나 푸는 데 시간이 다소 걸리는 문제들 위주로 출제되어 시간관리에 어려움을 겪는 수험생이 많았다.

✔ 모듈형보다는 PSAT형이 추가된 피듈형으로 출제되었다. 따라서 NCS 이론뿐만 아니라 문제 응용력까지 필요로 하여 여러 문제들을 접해본 수험생들에게 유리한 시험이었다.

2020년 필기시험에서는 연결형 문제들이 다수 출제되었으며 특히 기술능력의 세탁기 문제는 많은 수험생들이 어려워하는 문제였다. 하지만 이러한 문제들은 길이는 길지만 사실상 지문에서 답을 찾아낼 수 있기 때문에 문제를 풀기 위해 필요한 부분을 찾아 꼼꼼하게 읽는 연습을 해야 한다.

3 서울교통공사 필기시험 속으로!

필기유형	직업기초능력평가+직무수행능력평가(전공)		응시시간	100분
문항 수	직업기초능력평가 40문항+전공 40문항		선택지	5지선다
NCS영역체크	의사소통능력	수리능력	문제해결능력	자원관리능력
	○	○	○	○
	정보능력	기술능력	조직이해능력	직업윤리
	○	○	○	○
참고사항	#찍기 가능 #수정테이프 사용 가능 #개인 필기구 사용 가능			

PART

1

2020년 대기업 기출문제

CHAPTER 01 삼성그룹

정답 및 해설 002p

1 수리논리

01 농도가 25%인 소금물 200g에 농도가 10%인 소금물을 섞었다. 섞은 후 소금물에 함유된 소금의 양이 55g일 때 섞은 후의 소금물의 농도는 얼마인가?

① 20%
② 21%
③ 22%
④ 23%
⑤ 24%

02 S사에서는 A상품을 생산하는 데 모두 10억 원의 생산비용이 발생하며, A상품의 개당 원가는 200원, 정가는 300원이다. 생산한 A상품을 정가에서 25% 할인하여 판매했을 때 손해를 보지 않으려면 몇 개 이상 생산해야 하는가? (단, 이외의 비용은 생각하지 않고 생산한 A상품은 모두 판매된다. 또한 원가에는 생산비용이 포함되어 있지 않다)

① 3천만 개
② 4천만 개
③ 5천만 개
④ 6천만 개
⑤ 7천만 개

03 20억 원을 투자하여 10% 수익이 날 확률은 50%이고, 원가 그대로일 확률은 30%, 10% 손해를 볼 확률은 20%일 때 기대수익은?

① 4,500만 원
② 5,000만 원
③ 5,500만 원
④ 6,000만 원
⑤ 6,500만 원

04 A, B, C가 함께 작업하였을 때에는 6일이 걸리는 일이 있다. 이 일을 A와 B가 같이 작업하였을 때에는 12일이 걸리고, B와 C가 같이 작업하였을 때에는 10일이 걸린다. B가 혼자 일을 다 했을 때에는 며칠이 걸리겠는가?(단, A, B, C 모두 혼자 일했을 때의 능률과 함께 일했을 때의 능률은 같다)

① 56일
② 58일
③ 60일
④ 62일
⑤ 64일

05 은경이는 태국 여행에서 A, B, C, D 네 종류의 손수건을 총 9장 구매했으며, 그 중 B손수건은 3장, 나머지는 각각 같은 개수를 구매했다. 기념품으로 친구 3명에게 종류가 다른 손수건 3장씩 나눠줬을 때, 가능한 경우의 수는?

① 5가지
② 6가지
③ 7가지
④ 8가지
⑤ 9가지

06 S사는 A, B사로부터 동일한 양의 부품을 공급받는다. A사가 공급하는 부품의 0.1%는 하자가 있는 제품이고, B사가 공급하는 부품은 0.2%가 하자가 있는 제품이다. S사는 공급받은 부품 중 A사로부터 공급받은 부품 50%와 B사로부터 공급받은 부품 80%를 선별하였다. 이 중 한 부품을 검수하였는데 하자가 있는 제품일 때, 그 제품이 B사 부품일 확률은?(단, 선별 후에도 제품의 불량률은 변하지 않는다)

① $\frac{15}{21}$
② $\frac{16}{21}$
③ $\frac{17}{21}$
④ $\frac{18}{21}$
⑤ $\frac{19}{21}$

07 1～9까지의 수가 적힌 카드를 철수와 영희가 한 장씩 뽑았을 때 영희가 철수보다 큰 수가 적힌 카드를 뽑는 경우의 수는?

① 16가지
② 32가지
③ 36가지
④ 38가지
⑤ 64가지

2020년 대기업

08 S사는 주사위를 굴려 1이 나오면 당첨, 2, 3, 4가 나오면 꽝이고, 5 이상인 경우는 가위바위보를 통해 이겼을 때 당첨이 되는 이벤트를 하였다. 가위바위보에 비겼을 때에는 가위바위보를 한 번 더 할 수 있는 재도전의 기회를 얻으며 재도전은 한 번만 할 수 있다. 이때 당첨될 확률은?

① $\frac{1}{14}$
② $\frac{3}{14}$
③ $\frac{5}{14}$
④ $\frac{7}{14}$
⑤ $\frac{9}{14}$

09 S사는 작년에 직원이 총 45명이었다. 올해는 작년보다 안경을 쓴 사람은 20%, 안경을 쓰지 않은 사람은 40% 증가하여 총 58명이 되었다. 퇴사한 직원은 없다고 할 때 올해 입사한 사람 중 안경을 쓴 사람의 수는?

① 5명
② 10명
③ 15명
④ 20명
⑤ 25명

10 다음은 2018년도 주택보급률에 대한 표이다. 표에 대한 해석으로 옳은 것은?

〈2018년 주택보급률 현황〉

구분	2018		
	가구 수(만 가구)	주택 수(만 호)	주택보급률(약 %)
전국	1,989	2,072	104
수도권	967	957	99
지방	1,022	1,115	109
서울	383	368	96
부산	136	141	103
대구	95	99	104
인천	109	110	101
광주	57	61	107
대전	60	61	102
울산	43	47	110
세종	11	12	109
경기	475	479	100
강원	62	68	110
충북	64	72	113
충남	85	95	112
전북	73	80	110
전남	73	82	112
경북	109	127	116
경남	130	143	110
제주	24	26	108

※ $(\text{주택보급률})=\frac{(\text{주택 수})}{(\text{가구 수})}\times 100$

※ 수도권은 서울, 인천, 경기 지역이며, 지방은 수도권 외에 모든 지역이다.

① 전국 주택보급률보다 낮은 지역은 모두 수도권 지역이다.

② 수도권 외 지역 중 주택 수가 가장 적은 지역의 주택보급률보다 높은 지역은 다섯 곳이다.

③ 가구 수가 주택 수보다 많은 지역은 전국에서 가구 수가 세 번째로 많다.

④ 지방 전체 주택 수의 10% 이상을 차지하는 수도권 외 지역 중 지방 주택보급률보다 낮은 지역의 주택보급률과 전국 주택보급률의 차이는 약 1%p이다.

⑤ 주택 수가 가구 수의 1.1배 이상인 지역에서 가구 수가 세 번째로 적은 지역의 주택보급률은 지방 주택보급률보다 약 2%p 높다.

※ 다음은 A국가의 인구동향에 관한 자료이다. 이어지는 질문에 답하시오. **[11~12]**

〈인구동향〉

(단위 : 만 명, %)

구분	2014년	2015년	2016년	2017년	2018년
전체 인구수	12,381	12,388	12,477	12,633	12,808
남녀성비	101.4	101.8	102.4	101.9	101.7
가임기 여성비율	58.2	57.4	57.2	58.1	59.4
출산율	26.5	28.2	29.7	31.2	29.2
남성 사망률	8.3	7.4	7.2	7.5	7.7
여성 사망률	6.9	7.2	7.1	7.8	7.3

※ 남녀성비 : 여자 100명당 남자 수

11 다음 〈보기〉에서 제시된 자료에 대한 설명으로 옳은 것을 모두 고른 것은?(단, 인구수는 버림하여 만 명까지만 나타낸다)

보기

ㄱ. 전체 인구수는 2014년 대비 2018년에 5% 이상이 증가하였다.
ㄴ. 제시된 기간 동안 가임기 여성의 비율과 출산율의 증감 추이는 동일하다.
ㄷ. 출산율은 2015년부터 2017년까지 전년 대비 계속 증가하였다.
ㄹ. 출산율과 남성 사망률의 차이는 2017년에 가장 크다.

① ㄱ, ㄴ
② ㄱ, ㄷ
③ ㄴ, ㄷ
④ ㄴ, ㄹ
⑤ ㄷ, ㄹ

12 다음 보고서에 밑줄 친 내용 중 옳지 않은 것은 모두 몇 개인가?

〈보고서〉

자료에 의하면 ㉠ <u>남녀성비는 2016년까지 증가하는 추이를 보이다가 2017년부터 감소했고</u>, ㉡ <u>전체 인구수는 계속하여 감소하였다</u>. ㉢ <u>2014년에는 남성 사망률이 최고치를 기록했다</u>.
그 밖에도 ㉣ <u>2014년부터 2018년 중 여성 사망률은 2018년이 가장 높았으며</u>, 이와 반대로 ㉤ <u>2018년은 출산율이 계속 감소하다가 증가한 해이다</u>.

① 1개
② 2개
③ 3개
④ 4개
⑤ 5개

2020년 대기업

13 S사 실험실에서 A세포를 배양하는 실험을 하고 있다. 다음과 같이 일정한 규칙으로 배양에 성공한다면 9시간 경과했을 때 세포 수는 몇 개가 되겠는가?

〈시간대별 세포 수〉

(단위 : 개)

구분	0시간 경과	1시간 경과	2시간 경과	3시간 경과	4시간 경과
세포 수	220	221	223	227	235

① 727개
② 728개
③ 729개
④ 730개
⑤ 731개

14 다음은 Z세균을 각각 다른 환경인 X와 Y조건에서 방치하는 실험을 하였을 때 번식하는 수를 기록한 자료이다. 번식하는 수는 일정한 규칙으로 변화할 때 10일 차에 Z세균의 번식 수를 구하면?

〈실험 결과〉

(단위 : 만 개)

구분	1일 차	2일 차	3일 차	4일 차	5일 차	…	10일 차
X조건에서의 Z세균	10	30	50	90	150	…	(A)
Y조건에서의 Z세균	1	2	4	8	16	…	(B)

	(A)	(B)
①	1,770	512
②	1,770	256
③	1,770	128
④	1,440	512
⑤	1,440	256

2 추리

01 **제시된 명제가 모두 참일 때, 빈칸에 들어갈 명제로 가장 적절한 것은?**

전제1. 야근을 하는 모든 사람은 X분야의 업무를 한다. 전제2. 야근을 하는 모든 사람은 Y분야의 업무를 한다. 결론. ______________________

① X분야의 업무를 하는 모든 사람은 야근을 한다.
② Y분야의 업무를 하는 어떤 사람은 X분야의 업무를 한다.
③ Y분야의 업무를 하는 모든 사람은 야근을 한다.
④ X분야의 업무를 하는 모든 사람은 Y분야의 업무를 한다.
⑤ 야근을 하는 어떤 사람은 X분야의 업무를 하지 않는다.

2020년 대기업

02 **다음 조건을 통해 추론할 때, 다음 중 항상 거짓이 되는 것은?**

- 6대를 주차할 수 있는 2행3열로 구성된 G주차장이 있다.
- G주차장에는 자동차 a, b, c, d가 주차되어 있다.
- 1행과 2행에 빈자리가 한 곳씩 있다.
- a자동차는 대각선을 제외하고 주변에 주차된 차가 없다.
- b자동차와 c자동차는 같은 행 바로 옆에 주차되어 있다.
- d자동차는 1행에 주차되어 있다.

① b자동차의 앞 주차공간은 비어있다.
② c자동차의 옆 주차공간은 빈자리가 없다.
③ a자동차는 2열에 주차되어 있다.
④ a자동차와 d자동차는 같은 행에 주차되어 있다.
⑤ d자동차와 c자동차는 같은 열에 주차되어 있다.

03 **다음 조건을 통해 추론할 때, 다음 중 항상 거짓이 되는 것은?**

- A, B, C, D, E 다섯 명의 이름을 입사한 지 오래된 순서로 이름을 적었다.
- A와 B의 이름은 바로 연달아서 적혔다.
- C와 D의 이름은 연달아서 적히지 않았다.
- E는 C보다 먼저 입사하였다.
- 가장 최근에 입사한 사람은 입사한지 2년된 D이다.

① C의 이름은 A의 이름보다 먼저 적혔다.
② B는 E보다 먼저 입사하였다.
③ E의 이름 바로 다음에 C의 이름이 적혔다.
④ A의 이름은 B의 이름보다 나중에 적혔다.
⑤ B는 C보다 나중에 입사하였다.

04 **다음 조건을 통해 추론할 때, 다음 중 항상 참인 것은?**

- 사원번호는 0부터 9까지 정수로 이루어졌다.
- S사에 입사한 사원에게 부여되는 사원번호는 여섯 자리이다.
- 2020년 상반기에 입사한 S사 신입사원의 사원번호 앞의 두 자리는 20이다.
- 사원번호 앞의 두 자리를 제외한 나머지 자리에는 0이 올 수 없다.
- 2020년 상반기 S사에 입사한 K씨의 사원번호는 앞의 두 자리를 제외하면 세 번째, 여섯 번째 자리의 수만 같다.
- 사원번호 여섯 자리의 합은 9이다.

① K씨 사원번호의 세 번째 자리 수는 '1'이다.
② K씨의 사원번호는 '201321'이다.
③ K씨의 사원번호는 '201231'이 될 수 없다.
④ K씨의 사원번호 앞의 두 자리가 '20'이 아닌 '21'이 부여된다면 K씨의 사원번호는 '211231'이다.
⑤ K씨의 사원번호 네 번째 자리의 수가 다섯 번째 자리의 수보다 작다면 K씨의 사원번호는 '202032'이다.

※ 다음 제시된 단어의 대응관계가 동일하도록 괄호 안에 들어갈 가장 적절한 단어를 고르시오. [5~8]

05

변변하다 : 넉넉하다 = 소요하다 : (　　)

① 치유하다
② 한적하다
③ 공겸하다
④ 소유하다
⑤ 소란하다

06

공시하다 : 반포하다 = 각축하다 : (　　)

① 공들이다
② 통고하다
③ 독점하다
④ 상면하다
⑤ 경쟁하다

07

침착하다 : 경솔하다 = 섬세하다 : (　　)

① 찬찬하다
② 조악하다
③ 감분하다
④ 치밀하다
⑤ 신중하다

08

겨냥하다 : 가늠하다 = 다지다 : (　　)

① 진거하다
② 겉잡다
③ 요량하다
④ 약화하다
⑤ 강화하다

09 **다음 단어의 대응관계가 나머지와 다른 하나를 고르면?**

① 황혼 : 여명
② 유별 : 보통
③ 낭설 : 진실
④ 유지 : 부지
⑤ 서막 : 결말

10 **다음 제시된 도형의 규칙을 보고 ?에 들어갈 알맞은 것은?**

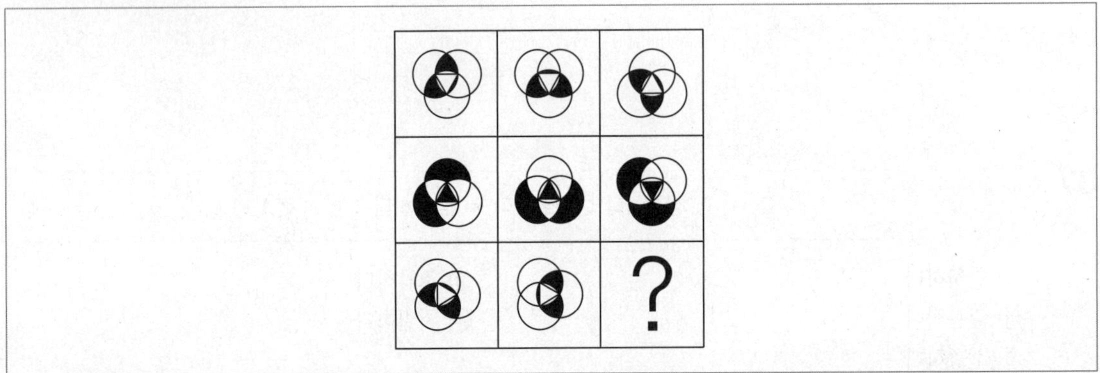

①
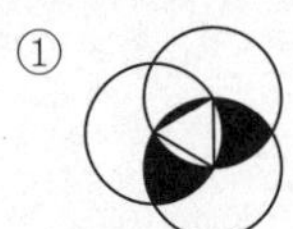

②
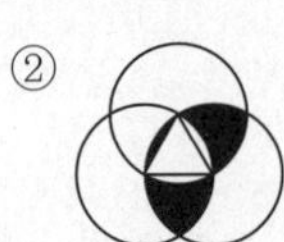

③
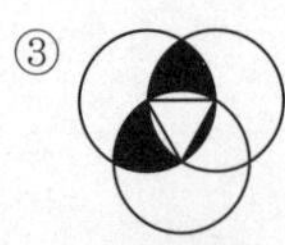

④
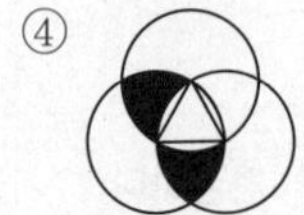

⑤

※ 다음 도식에서 기호들은 일정한 규칙에 따라 문자를 변화시킨다. ?에 들어갈 알맞은 문자를 고르시오(단, 규칙은 가로와 세로 중 한 방향으로만 적용된다). [11~14]

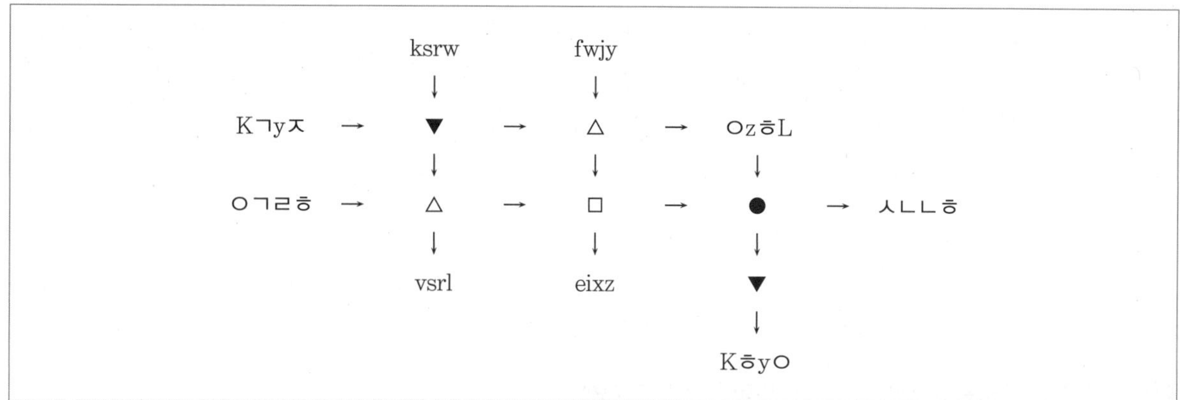

11

ㅅㄴㄹㅁ → ▼ → □ → ?

① ㅁㄴㄹㅅ
② ㅁㄹㄴㅅ
③ ㅁㅅㄴㄹ
④ ㅇㄱㄷㅂ
⑤ ㅅㄱㄹㄹ

12

isog → ● → △ → ?

① hsog
② iosg
③ gosi
④ hsng
⑤ irof

13

? → ▼ → ● → yenv

① neyv
② vney
③ yfnw
④ wyfn
⑤ wnfy

14

? → ㅁ → △ → ㅇㅌㄷㄹ

① ㅈㄹㅋㄷ
② ㅊㄹㄷㅈ
③ ㅈㅊㄹㄷ
④ ㅅㅌㄴㄹ
⑤ ㅅㅌㄹㄴ

15 **다음 글의 내용이 참일 때 항상 거짓인 것을 고르면?**

일반적으로 최초의 망원경은 네덜란드의 안경 제작자인 한스 리퍼쉬(Hans Lippershey)에 의해 만들어졌다고 알려져 있다. 이 최초의 망원경 발명에는 출처가 분명하지는 않지만 재미있는 일화가 전해진다.
1608년 리퍼쉬의 아들이 리퍼쉬의 작업실에서 렌즈를 가지고 놀다가 두 개의 렌즈를 어떻게 조합을 하였더니 멀리 있는 교회의 뾰족한 첨탑이 매우 가깝게 보였다. 리퍼쉬의 아들은 이러한 사실을 아버지에게 알렸고 이것을 본 리퍼쉬가 망원경을 발명하였다. 리퍼쉬가 만들었던 망원경은 당시 그 지역을 다스리던 영주에게 상납되었다. 유감스럽게도 리퍼쉬가 망원경 제작에 사용한 렌즈의 조합은 현재 정확하게 알려져 있지는 않지만, 아마도 두 개의 볼록렌즈를 사용했을 것으로 추측된다. 이렇게 망원경이 발명되었다는 소식은 유럽 전역으로 빠르게 전파되어, 약 1년 후에는 이탈리아의 갈릴레오에게까지 전해졌다.
1610년, 갈릴레오는 초점거리가 긴 볼록렌즈를 망원경의 대물렌즈로 사용하고 초점 거리가 짧은 오목렌즈를 초점면 앞에 놓아 접안렌즈로 사용하였다. 이 같은 설계는 물체와 상의 상하좌우가 같은 정립상을 제공하므로 지상 관측에 적당하다. 이러한 광학적 설계 방식을 갈릴레이식 굴절 망원경이라고 한다.
갈릴레오가 자신이 만든 망원경으로 천체를 관측하여 발견한 천문학적 사실 중 가장 중요한 것은 바로 금성의 상변화이다. 금성의 각크기가 변한다는 것을 관측함으로써 금성이 지구를 중심으로 공전하는 것이 아니라 태양을 중심으로 공전하고 있다는 것을 증명하였으며, 따라서 코페르니쿠스의 지동설을 지지하는 강력한 증거를 제공하였다.
그러나 갈릴레이식 굴절 망원경은 초점 거리가 짧은 오목렌즈 제작의 어려움으로 배율에 한계가 있었으며, 시야도 좁고 색수차가 심하여 17세기 초반까지만 사용되었다. 오늘날에는 갈릴레이식 굴절 망원경은 오페라 글라스와 같은 작은 쌍안경에나 쓰일 뿐 거의 사용되지 않고 있다.
이후 케플러가 설계했다는 천체 관측용 망원경이 만들어졌는데, 이 망원경은 갈릴레이식보다 진일보한 형태로 오늘날 천체 관측용 굴절 망원경의 원형이 되고 있다. 케플러식 굴절 망원경은 장초점의 볼록렌즈를 대물렌즈로 하고 단초점의 볼록렌즈를 초점면 뒤에 놓아 접안렌즈로 사용한 구조이다. 이러한 설계 방식은 상의 상하좌우가 뒤집힌 도립상을 보여주기 때문에 지상용으로는 부적절하지만 천체를 관측할 때는 별다른 문제가 없다.

① 네덜란드의 안경 제작자인 한스 리퍼쉬는 아들의 렌즈 조합 발견을 계기로 망원경을 제작할 수 있었다.
② 갈릴레오의 망원경은 볼록렌즈를 대물렌즈로, 오목렌즈를 접안렌즈로 사용하였다.
③ 갈릴레오는 자신이 발명한 망원경으로 금성의 상변화를 관측하여 금성이 태양을 중심으로 공전한다는 것을 증명하였다.
④ 케플러식 망원경은 볼록렌즈만 사용하여 만들어졌다.
⑤ 케플러식 망원경은 갈릴레오식 망원경과 다르게 상의 상하좌우가 같은 정립상을 보여준다.

16 다음 주장에 대한 반박으로 가장 적절한 것은?

> 비타민D 결핍은 우리 몸에 심각한 건강 문제를 일으킬 수 있다. 비타민D는 칼슘이 체내에 흡수되어 뼈와 치아에 축적되는 것을 돕고 가슴뼈 뒤쪽에 위치한 흉선에서 면역세포를 생산하는 작용에 관여하는데, 비타민D가 부족할 경우 칼슘과 인의 흡수량이 줄어들고 면역력이 약해져 뼈가 약해지거나 신체 불균형이 일어날 수 있다.
> 비타민D는 주로 피부가 중파장 자외선에 노출될 때 형성된다. 중파장 자외선은 피부와 혈류에 포함된 7-디하이드로콜레스테롤을 비타민D로 전환시키는데, 이렇게 전환된 비타민D는 간과 신장을 통해 칼시트리롤(Calcitriol)이라는 호르몬으로 활성화된다. 바로 이 칼시트리롤을 통해 우리는 혈액과 뼈에 흡수될 칼슘과 인의 흡수를 조절하는 것이다.
> 이러한 기능을 담당하는 비타민D를 함유하고 있는 식품은 자연에서 매우 적기 때문에, 우리의 몸은 충분한 비타민D를 생성하기 위해 주기적으로 태양빛에 노출될 필요가 있다.

① 태양빛에 노출될 경우 피부암 등의 질환이 발생하여 도리어 건강이 더 악화될 수 있다.
② 비타민D 결핍으로 인해 생기는 부작용은 주기적인 칼슘과 인의 섭취를 통해 해결할 수 있다.
③ 비타민D 보충제만으로는 체내에 필요한 비타민D를 얻을 수 없다.
④ 태양빛에 직접 노출되지 않거나 자외선 차단제를 사용했음에도 체내 비타민D 수치가 정상을 유지한다는 연구결과가 있다.
⑤ 선크림 등 자외선 차단제를 사용하더라도 비타민D 생성에 충분한 중파장 자외선에 노출될 수 있다.

17 다음 지문을 토대로 〈보기〉를 바르게 해석한 것은?

요즘 대세로 불리는 폴더블 스마트폰이나 커브드 모니터를 직접 보거나 사용해 본 적이 있는가? 혁신적인 디자인과 더불어 사용자에게 뛰어난 몰입감을 제공하며 시장에서 큰 인기를 끌고 있는 이 제품들의 사양을 자세히 보면 'R'에 대한 값이 표시되어 있음을 알 수 있다. 이 R은 반지름(Radius)을 뜻하며 제품의 굽혀진 곡률을 나타내는데, 이 R의 값이 작을수록 접히는 부분의 비는 공간이 없어 완벽하게 접힌다.

일반적으로 여러 층의 레이어로 구성된 패널은 접었을 때 앞면에는 줄어드는 힘인 압축응력이, 뒷면에는 늘어나는 힘인 인장응력이 동시에 발생한다. 이처럼 서로 반대되는 힘인 압축응력과 인장응력이 충돌하면서 패널의 구조에 영향을 주는 것을 '폴딩 스트레스'라고 하는데, 곡률이 작을수록 즉, 더 접힐수록 패널이 받는 폴딩 스트레스가 높아진다. 따라서 곡률이 상대적으로 작은 인폴딩 패널이 곡률이 큰 아웃폴딩 패널보다 개발 난이도가 높은 셈이다.

보기

S전자는 이번 행사에서 1.4R의 인폴딩 패널을 사용한 폴더블 스마트폰을 개발하는 데 성공했다고 발표했다. 이는 아웃폴딩 패널을 사용한 H기업이나 동일한 인폴딩 패널을 사용한 A기업의 폴더블 스마트폰보다 현저히 낮은 곡률이다.

① 이번에 H기업에서 새로 개발한 1.6R의 작은 곡률이 적용된 패널을 사용한 폴더블 스마트폰은 S전자에서 개발한 폴더블 스마트폰과 동일한 방식의 패널을 사용했을 것이다.

② 아웃폴딩 패널을 사용한 H기업의 폴더블 스마트폰은 이번에 S전자에서 개발한 폴더블 스마트폰보다 폴딩 스트레스가 낮을 것이다.

③ 인폴딩 패널을 사용한 A기업의 폴더블 스마트폰은 S전자에서 개발한 폴더블 스마트폰과 개발난이도가 비슷했을 것이다.

④ 아웃폴딩 패널을 사용한 H기업의 폴더블 스마트폰의 R값이 인폴딩 패널을 사용한 A기업의 폴더블 스마트폰의 R값보다 작을 것이다.

⑤ S전자의 폴더블 스마트폰의 R값이 경쟁 기업보다 작은 것은 여러 층으로 구성된 패널의 층수를 타 기업의 패널보다 줄여 압축응력과 인장응력으로 인한 스트레스를 줄였기 때문일 것이다.

CHAPTER 02 LG그룹

정답 및 해설 011p

1 언어이해

01 다음 글의 주제로 가장 적절한 것은?

> 분노는 공격과 복수의 행동을 유발한다. 분노 감정의 처리에는 '눈에는 눈, 이에는 이'라는 탈리오 법칙이 적용된다. 분노의 감정을 느끼게 되면 상대방에 대해 공격적인 행동을 하고 싶은 공격 충동이 일어난다. 동물의 경우, 분노를 느끼면 이빨을 드러내게 되고 발톱을 세우는 등 공격을 위한 준비 행동을 나타내게 된다. 사람의 경우에도 분노를 느끼면 자율신경계가 활성화되고 눈매가 사나워지며 이를 꽉 깨물고 주먹을 불끈 쥐는 등 공격 행위와 관련된 행동들이 나타나게 된다. 특히 분노 감정이 강하고 상대방이 약할수록 공격 충동은 행동화되는 경향이 있다.

① 공격을 유발하게 되는 원인
② 분노가 야기하는 행동의 변화
③ 탈리오 법칙의 정의와 실제 사례
④ 동물과 인간의 분노 감정의 차이
⑤ 분노 감정의 처리와 법칙

02 다음 글의 주장에 대한 반박으로 가장 적절한 것은?

> 고전주의 범죄학은 법적 규정 없이 시행됐던 지배 세력의 불합리한 형벌 제도를 비판하며 18세기 중반에 등장했다. 고전주의 범죄학에서는 범죄를 포함한 인간의 모든 행위는 자유 의지에 입각한 합리적 판단에 따라 이루어지므로 범죄에 비례해 형벌을 부과할 경우 개인의 합리적 선택에 의해 범죄가 억제될 수 있다고 보았다. 고전주의 범죄학의 대표자인 베카리아는 형벌은 법으로 규정해야 하고, 그 법은 누구나 이해할 수 있도록 문서로 만들어야 한다고 강조했다. 또한 형벌의 목적은 사회 구성원에 대한 범죄 행위의 예방이며, 따라서 범죄를 저지를 경우 누구나 법에 의해 확실히 처벌받을 것이라는 두려움이 범죄를 억제할 것이라고 확신했다. 이러한 고전주의 범죄학의 주장은 각 국가의 범죄 및 범죄자에 대한 입법과 정책에 많은 영향을 끼쳤다.

① 사회 구성원들의 합의가 이루어진 형별 제도라면 인간의 합리적 판단에 따라 범죄 행위를 예방할 수 있다.
② 범죄에 대한 인간의 행위를 규제할 수 있는, 보다 강력한 법적인 구속력이 필요하다.
③ 범죄를 효과적으로 제지하기 위해서는 엄격하고 확실한 처벌이 신속하게 이루어져야 한다.
④ 인간은 욕구 충족이나 문제 해결을 위한 방법으로 범죄 행위를 선택할 수 있으므로 모든 법적 책임은 범죄인에게 있다.
⑤ 사회가 혼란한 시기에 범죄율과 재범률이 급격하게 증가하는 것을 보면 범죄는 개인의 자유 의지로 통제할 수 없다.

03 다음 제시된 단락을 읽고, 이어질 단락을 논리적 순서대로 알맞게 배열한 것은?

봄에 TV를 켜면 황사를 조심하라는 뉴스를 볼 수 있다. 많은 사람이 알고 있듯이, 황사는 봄에 중국으로부터 바람에 실려 날아오는 모래바람이다. 그러나 황사를 단순한 모래바람으로 치부할 수는 없다.

(가) 물론 황사도 나름대로 장점은 존재한다. 황사에 실려 오는 물질들이 알칼리성이기 때문에 토양의 산성화를 막을 수 있다. 그러나 이러한 장점만으로 황사를 방지하지 않아도 된다는 것은 아니다.

(나) 그러므로 황사에는 중국에서 발생하는 매연이나 화학물질 모두 함유되어 있다. TV에서 황사를 조심하라는 것은 단순히 모래바람을 조심하라는 것이 아니라 중국 공업지대의 유해 물질을 조심하라는 것과 같은 말이다.

(다) 황사는 중국의 내몽골자치구나 고비 사막 등의 모래들이 바람에 실려 중국 전체를 돌고 나서 한국 방향으로 넘어오게 된다. 중국 전체를 돈다는 것은, 중국 대기의 물질을 모두 흡수한다는 것이다.

(라) 개인적으로는 황사 마스크를 쓰고 외출 후에 손발을 청결히 하는 등 황사 피해에 대응할 수 있겠지만, 국가적으로는 쉽지 않다. 국가적으로는 모래바람이 발생하지 않도록 나무를 많이 심고, 공장지대의 매연을 제한하여야 하기 때문이다.

① (다) – (가) – (나) – (라)
② (나) – (다) – (가) – (라)
③ (다) – (나) – (가) – (라)
④ (다) – (나) – (라) – (가)
⑤ (나) – (가) – (다) – (라)

2 언어추리

※ 제시된 명제가 모두 참일 때, 마지막에 들어갈 명제로 가장 적절한 것을 고르시오. [1~2]

01

> 인생은 예술보다 짧다.
> 하루살이는 인생보다 짧다.
> 그러므로 ________________

① 예술은 인생보다 길지 않다.
② 하루살이는 예술보다 짧다.
③ 어떤 예술은 인생보다 짧다.
④ 인생이 가장 짧다.
⑤ 하루살이가 가장 길다.

02

> 모든 미술가는 피카소를 좋아한다.
> 나는 미술가가 아니다.
> 그러므로 ________________

① 나는 피카소를 좋아한다.
② 나는 피카소를 좋아하지 않는다.
③ 어떤 미술가는 미켈란젤로를 좋아한다.
④ 미술가인 아버지는 피카소를 좋아하지 않는다.
⑤ 내가 피카소를 좋아하는지 좋아하지 않는지 알 수 없다.

03 은호네 가족(아빠, 엄마, 은호, 은수)은 각각 서로 다른 사이즈의 신발을 신는다. 제시된 내용이 모두 참일 때, 다음 중 항상 참이 되는 것은?(단, 신발은 5mm 단위로 판매된다)

> • 은호의 아빠는 은호네 가족 중 가장 큰 사이즈인 270mm의 신발을 신는다.
> • 은호의 엄마는 은호의 신발보다 5mm 더 큰 사이즈의 신발을 신는다.
> • 은호에게 230mm의 신발은 조금 작고, 240mm의 신발은 조금 크다.
> • 은수의 신발 사이즈는 230mm 이하로 가족 중 가장 작은 사이즈의 신발을 신는다.

① 은호 아빠와 엄마의 신발 사이즈 차이는 20mm이다.
② 은호 엄마와 은수의 신발 사이즈는 10mm 이하로 차이가 난다.
③ 은호 아빠와 은호의 신발 사이즈 차이는 35mm이다.
④ 은호와 은수의 신발 사이즈 차이는 5mm 이하이다.
⑤ 은수의 신발 사이즈는 225mm이다.

04 K씨는 진찰을 받기 위해 병원에 갔다. 진찰 대기자는 K씨를 포함하여 총 5명이 있다. 이들의 순서가 다음의 내용을 모두 만족한다면, K씨는 몇 번째로 진찰을 받을 수 있는가?

- A는 B의 바로 앞에 이웃하여 있다.
- A는 C보다 뒤에 있다.
- K는 A보다 앞에 있다.
- K와 D 사이에는 2명이 있다.

① 첫 번째
② 두 번째
③ 세 번째
④ 네 번째
⑤ 다섯 번째

05 A, B, C, D, E를 포함한 여덟 명이 달리기 경기를 하였다. 이에 대한 정보가 다음과 같을 때, 항상 옳은 것은?

- A와 D는 연속으로 들어왔으나, C와 D는 연속으로 들어오지 않았다.
- A와 B 사이에 3명이 있다.
- B는 일등도, 꼴찌도 아니다.
- E는 4등 또는 5등이고, D는 7등이다.
- 5명을 제외한 3명 중에 꼴찌는 없다.

① C가 3등이다.
② A가 C보다 늦게 들어왔다.
③ E가 C보다 일찍 들어왔다.
④ B가 E보다 늦게 들어왔다.
⑤ D가 E보다 일찍 들어왔다.

3 자료해석

01 다음은 연도별 기준 관광통역 안내사 자격증 취득현황이다. 이에 대한 〈보기〉의 설명 중 옳지 않은 것을 모두 고르면?

〈연도별 관광통역 안내사 자격증 취득현황〉

(단위 : 명)

구분	영어	일어	중국어	불어	독어	스페인어	러시아어	베트남어	태국어
2020년	464	153	1,418	6	3	3	6	5	15
2019년	344	137	1,963	7	3	4	5	5	17
2018년	379	266	2,468	3	1	4	6	15	35
2017년	238	244	1,160	3	4	3	4	4	8
2016년	166	278	698	2	3	2	3	–	12
2015년	156	357	370	2	2	1	5	1	4
합계	1,747	1,435	8,077	23	16	17	29	30	91

보기

ㄱ. 영어와 스페인어 관광통역 안내사 자격증 취득자 수는 2016년부터 2020년까지 매년 전년 대비 증가하였다.
ㄴ. 중국어 관광통역 안내사 자격증 취득자 수는 2018년부터 2020년까지 매년 일어 관광통역 안내사 자격증 취득자 수의 8배 이상이다.
ㄷ. 태국어 관광통역 안내사 자격증 취득자 수 대비 베트남어 취득자 수 비율은 2017년부터 2019년까지 매년 증가하였다.
ㄹ. 불어 관광통역 안내사 자격증 취득자 수와 스페인어 관광통역 안내사 자격증 취득자 수는 2016년부터 2020년까지 전년 대비 증감추이가 동일하다.

① ㄱ
② ㄴ, ㄹ
③ ㄱ, ㄷ
④ ㄱ, ㄷ, ㄹ
⑤ ㄴ, ㄷ, ㄹ

02 다음은 2020년 1～7월 지하철 승차인원에 관한 자료이다. 이에 대한 설명으로 옳지 않은 것은?

〈1～7월 서울 지하철 승차인원〉

(단위 : 만 명)

구분	1월	2월	3월	4월	5월	6월	7월
1호선	818	731	873	831	858	801	819
2호선	4,611	4,043	4,926	4,748	4,847	4,569	4,758
3호선	1,664	1,475	1,807	1,752	1,802	1,686	1,725
4호선	1,692	1,497	1,899	1,828	1,886	1,751	1,725
5호선	1,796	1,562	1,937	1,910	1,939	1,814	1,841
6호선	1,020	906	1,157	1,118	1,164	1,067	1,071
7호선	2,094	1,843	2,288	2,238	2,298	2,137	2,160
8호선	548	480	593	582	595	554	566
합계	14,243	12,537	15,480	15,007	15,389	14,379	14,665

① 3월의 전체 승차인원이 가장 많았다.

② 4호선을 제외한 7월의 호선별 승차인원은 전월보다 모두 증가했다.

③ 8호선의 7월 승차인원은 1월 대비 3% 이상 증가했다.

④ 2호선과 8호선의 전월 대비 2～7월의 증감추이는 같다.

⑤ 3호선과 4호선의 승차인원 차이는 5월에 가장 컸다.

03 다음은 2017 ~ 2019년까지 지역별 우유생산량을 나타낸 그래프이다. 자료에 대한 해석으로 옳은 것을 〈보기〉에서 모두 고른 것은?(단, 소수점 이하 둘째자리에서 반올림한다)

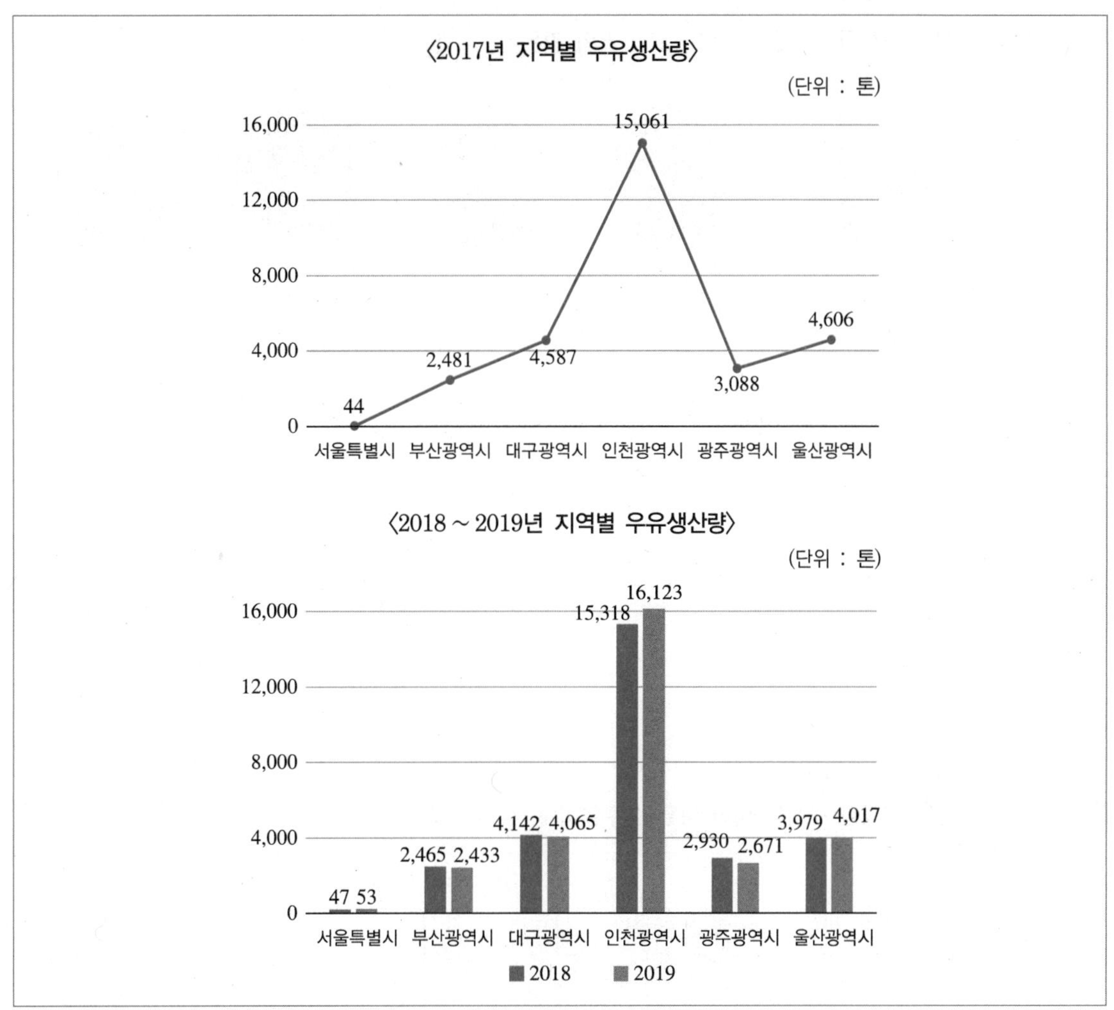

보기

ㄱ. 2018 ~ 2019년 동안 전년 대비 우유생산량이 증가하는 지역은 감소하는 지역보다 한 곳이 많다.
ㄴ. 2019년 우유생산량이 4,000톤 이상인 지역은 2017년 우유생산량도 4,000톤 이상이다.
ㄷ. 2018년 우유생산량이 두 번째로 많은 지역은 2017년에도 두 번째로 많다.
ㄹ. 2019년 부산광역시 우유생산량의 2017년 대비 감소율은 3% 미만이다.

① ㄱ, ㄷ
② ㄴ, ㄹ
③ ㄱ, ㄴ, ㄷ
④ ㄴ, ㄷ, ㄹ
⑤ ㄱ, ㄴ, ㄷ, ㄹ

4 창의수리

01 다음 시계는 일정한 규칙을 갖는다. $A+B$의 값은?

① 8
② 11
③ 14
④ 17
⑤ 20

02 다음 퍼즐은 일정한 규칙에 따라 나열된 수열이다. $(A)+(B)+(C)$의 값은?

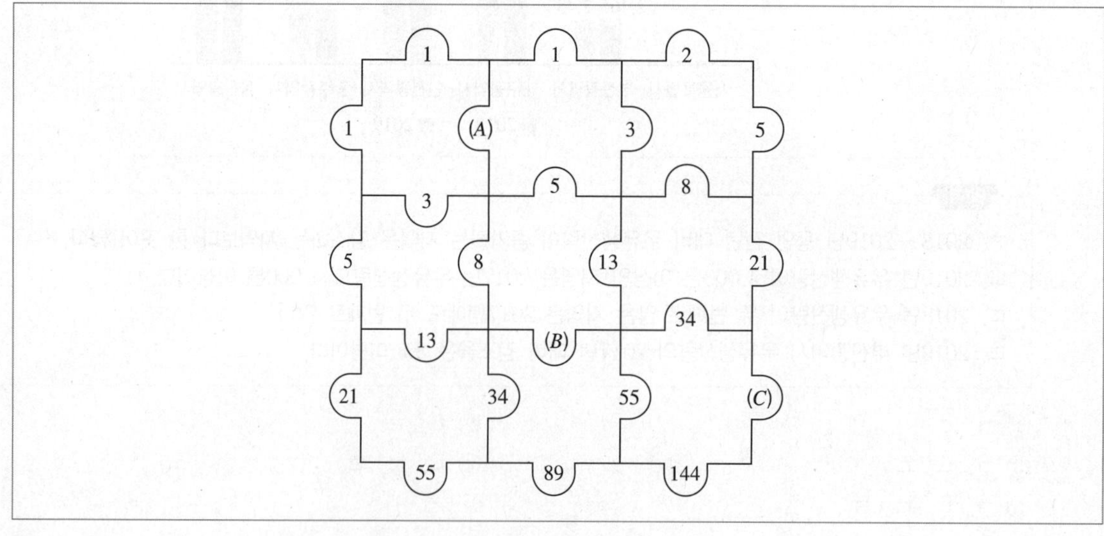

① 91
② 104
③ 112
④ 121
⑤ 135

03 그릇 A에는 9%의 소금물 200g, 그릇 B에는 4%의 소금물 150g이 있다. 그릇 A에서 100g의 소금물을 그릇 B로 옮겼을 때, 그릇 B에 들어있는 소금물의 농도는 몇 %인가?

① 4.5%
② 5%
③ 5.5%
④ 6%
⑤ 6.5%

04 원가가 2,000원인 제품에 15%의 마진을 붙여 정가로 판매하였다. 총 판매된 제품은 160개이고 그중 8개 제품에 하자가 발견되어 판매가격의 두 배를 보상금으로 지불했을 때, 얻은 이익은 총 얼마인가?

① 10,800원
② 11,200원
③ 18,200원
④ 24,400원
⑤ 26,500원

05 올해 현식이는 아버지와 18살 차이가 나는데, 4년 후에는 아버지의 나이가 4년 후 현식이의 나이의 3배가 된다. 올해 기준으로 2년 전 현식이는 몇 세였는가?

① 3세
② 5세
③ 7세
④ 9세
⑤ 11세

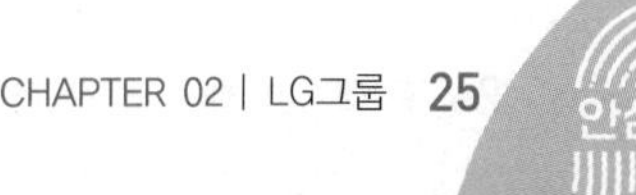

CHAPTER 03 SK그룹

정답 및 해설 015p

1 인지역량 I - 수리(검사 B)

01 며칠 전 Q씨는 온라인 쇼핑몰 S마켓에서 한 개당 7,500원인 A상품을 6개, 한 개당 8,000원인 B상품을 5개를 구매하였고 배송비는 무료였다. 오늘 두 물건을 받아본 Q씨는 마음에 들지 않아 두 물건을 모두 반품하고 회수되는 금액으로 한 개당 5,500원인 C상품을 사려고 한다. A상품과 B상품을 반품할 때 반품 배송비는 총 5,000원이며, C상품을 구매할 때에는 3,000원의 배송비가 발생한다. C상품을 몇 개 구매할 수 있는가?

① 14개
② 15개
③ 16개
④ 17개
⑤ 18개

02 A, B, C, D, E 추 5개가 있다. 다음 조합에 따른 추의 무게를 참고하였을 때 가장 무거운 추와 그 무게는?

구분	추	무게
조합1	A+B+C	10kg
조합2	B+C+E	15kg
조합3	A+D+E	13kg
조합4	B+C+D	12kg
조합5	B+D+E	14kg

① A, 6kg
② C, 7kg
③ D, 6kg
④ E, 6kg
⑤ E, 7kg

03 S사의 회의실 기존 비밀번호는 862#이다. T부장은 기존 비밀번호에서 첫 번째에서 세 번째 자리까지는 0 ~ 9의 숫자를 사용하고, 마지막 네 번째 자리는 특수기호 #, *을 사용하여 비밀번호를 변경하였다. 이때 S사 회의실의 변경된 비밀번호가 기존 비밀번호 네 자리 중 한 자리와 그 문자가 같을 확률(예 726#)은?(단, 0 ~ 9의 숫자는 중복하여 사용할 수 있다)

① $\frac{972}{1,000}$ ② $\frac{486}{1,000}$

③ $\frac{376}{1,000}$ ④ $\frac{243}{1,000}$

⑤ $\frac{154}{1,000}$

04 S사는 사무실을 새롭게 꾸미기 위해 바닥에 붙일 타일을 구매하려고 한다. 타일을 붙일 사무실 바닥의 크기는 가로 8m, 세로 10m이며, 다음 3개의 타일 중 하나를 선택하여 구매하려고 할 때, 가장 저렴한 타일로 한다면 어느 타일이고, 선택된 타일의 가격은 얼마인가?

〈업체별 타일 정보〉

구분	크기(가로×세로)	단가(원)	배송비
A타일	20cm×20cm	1,000	50,000원
B타일	250mm×250mm	1,500	30,000원
C타일	25cm×20cm	1,250	75,000원

① A, 2,050,000원 ② A, 1,950,000원

③ B, 2,050,000원 ④ B, 1,950,000원

⑤ C, 1,950,000원

05 A와 B는 주사위 2개를 던져서 나온 눈의 합에 따라 게임판에 적힌 점수를 얻는 게임을 하였다. A와 B 각각 1번씩 주사위 2개를 던지는 것을 한 판으로 하여 총 두 판을 진행하게 되며, 두 판의 점수 합이 큰 사람이 이기게 된다. A가 첫 판에 던진 두 주사위 눈의 합이 4였을 때 게임이 끝난 후 B가 이길 확률은?

주사위 눈의 합 (점수)	2 (0점)	3 (2점)	4 (1점)
12 (0점)			5 (2점)
11 (0점)			6 (0점)
10 (2점)	9 (0점)	8 (1점)	7 (1점)

① $\frac{8,215}{36^3}$ ② $\frac{9,215}{36^3}$

③ $\frac{10,215}{36^3}$ ④ $\frac{15,310}{36^3}$

⑤ $\frac{17,215}{36^3}$

2 인지역량Ⅱ - 언어(검사 C)

01 다음 글을 근거로 판단할 때 옳지 않은 것은?

> 개발도상국으로 흘러드는 외국자본은 크게 원조, 부채, 투자가 있다. 원조는 다른 나라로부터 지원받는 돈으로, 흔히 해외 원조 혹은 공적개발원조라고 한다. 부채는 은행 융자와 정부 혹은 기업이 발행한 채권으로, 투자는 포트폴리오 투자와 외국인 직접투자로 이루어진다. 포트폴리오 투자는 경영에 대한 영향력보다는 경제적 수익을 추구하기 위한 투자이고, 외국인 직접투자는 회사 경영에 일상적으로 영향력을 행사하기 위한 투자이다.
> 개발도상국에 유입되는 이러한 외국자본은 여러 가지 문제점을 보이고 있다. 해외 원조는 개발도상국에 대한 경제적 효과가 있다고 여겨져 왔으나 최근 경제학자들 사이에서는 그러한 경제적 효과가 없다는 주장이 점차 힘을 얻고 있다.
> 부채는 변동성이 크다는 단점이 지적되고 있다. 특히 은행 융자는 변동성이 큰 것으로 유명하다. 예컨대 1998년 개발도상국에 대하여 이루어진 은행 융자 총액은 500억 달러였다. 하지만 1998년 러시아와 브라질, 2002년 아르헨티나에서 일어난 일련의 금융 위기가 개발도상국을 강타하여 1999 ~ 2002년의 4개년 동안에는 은행 융자 총액이 연평균 −65억 달러가 되었다가, 2005년에는 670억 달러가 되었다. 은행 융자만큼 변동성이 큰 것은 아니지만, 채권을 통한 자본 유입 역시 변동성이 크다. 외국인은 1997년에 380억 달러의 개발도상국 채권을 매수했다. 그러나 1998 ~ 2002년에는 연평균 230억 달러로 떨어졌고, 2003 ~ 2005년에는 연평균 440억 달러로 증가했다.
> 한편 포트폴리오 투자는 은행 융자만큼 변동성이 크지는 않지만 채권에 비하면 변동성이 크다. 개발도상국에 대한 포트폴리오 투자는 1997년의 310억 달러에서 1998 ~ 2002년에는 연평균 90억 달러로 떨어졌고, 2003 ~ 2005년에는 연평균 410억 달러에 달했다.

① 개발도상국에 대한 투자는 경제적 수익뿐만 아니라 회사 경영에 영향력을 행사하기 위해서도 이루어질 수 있다.
② 해외 원조는 개발도상국에 대한 경제적 효과가 없다고 주장하는 경제학자들이 있다.
③ 개발도상국에 유입되는 외국자본에는 해외 원조, 은행 융자, 채권, 포트폴리오 투자, 외국인 직접투자가 있다.
④ 개발도상국에 대한 2005년의 은행 융자 총액은 1998년의 수준을 회복하지 못하였다.
⑤ 1998 ~ 2002년과 2003 ~ 2005년의 연평균 금액을 비교할 때, 개발도상국에 대한 포트폴리오 투자가 채권보다 증감액이 크다.

02 다음 글에서 추론할 수 있는 것은?

두뇌 연구는 지금까지 뉴런을 중심으로 진행되어 왔다. 뉴런 연구로 노벨상을 받은 카얄은 뉴런이 '생각의 전화선'이라는 이론을 확립하여 사고와 기억 등 두뇌에서 일어나는 모든 현상을 뉴런의 연결망과 뉴런 간의 전기 신호로 설명했다. 그러나 두뇌에는 뉴런 외에도 신경교 세포가 존재한다. 신경교 세포는 뉴런처럼 그 수가 많지만 전기 신호를 전달하지 못한다. 이 때문에 과학자들은 신경교 세포가 단지 두뇌 유지에 필요한 영양 공급과 두뇌 보호를 위한 전기 절연의 역할만을 가진다고 여겼다.
최근 과학자들은 신경교 세포에서 그 이상의 기능을 발견했다. 신경교 세포 중에도 '성상세포'라 불리는 별 모양의 세포는 자신만의 화학적 신호를 가진다는 것이 밝혀졌다. 성상세포는 뉴런처럼 전기를 이용하지는 않지만, '뉴런송신기'라고 불리는 화학물질을 방출하고 감지한다. 과학자들은 이러한 화학적 신호의 연쇄반응을 통해 신경교 세포가 전체 뉴런을 조정한다고 추론했다.
A연구팀은 신경교 세포가 전체 뉴런을 조정하면서 기억력과 사고력을 향상시킨다고 예상하고서, 이를 확인하기 위해 인간의 신경교 세포를 갓 태어난 생쥐의 두뇌에 주입했다. 쥐가 자라면서 주입된 인간의 신경교 세포도 성장했다. 이 세포들은 쥐의 뉴런들과 완벽하게 결합되어 쥐의 두뇌 전체에 걸쳐 퍼지게 되었다. 심지어 어느 두뇌 영역에서는 쥐의 뉴런의 숫자를 능가하기도 했다. 뉴런과 달리 쥐와 인간의 신경교 세포는 비교적 쉽게 구별된다. 인간의 신경교 세포는 매우 길고 무성한 섬유질을 가지기 때문이다. 쥐에 주입된 인간의 신경교 세포는 그 기능을 그대로 간직한다. 그렇게 성장한 쥐들은 다른 쥐들과 잘 어울렸고, 다른 쥐들의 관심을 끄는 것에 흥미를 보였다. 이 쥐들은 미로를 통과해 치즈를 찾는 테스트에서 더 뛰어났다. 보통의 쥐들은 네다섯 번의 시도 끝에 올바른 길을 배웠지만, 인간의 신경교 세포를 주입받은 쥐들은 두 번 만에 학습했다.

① 인간의 신경교 세포를 쥐에게 주입하면, 쥐의 뉴런은 전기 신호를 전달하지 못할 것이다.
② 인간의 뉴런 세포를 쥐에게 주입하면, 쥐의 두뇌에는 화학적 신호의 연쇄 반응이 더 활발해질 것이다.
③ 인간의 뉴런 세포를 쥐에게 주입하면, 그 뉴런 세포는 쥐의 두뇌 유지에 필요한 영양을 공급할 것이다.
④ 인간의 신경교 세포를 쥐에게 주입하면, 그 신경교 세포는 쥐의 뉴런을 보다 효과적으로 조정할 것이다.
⑤ 인간의 신경교 세포를 쥐에게 주입하면, 그 신경교 세포는 쥐의 신경교 세포의 기능을 갖도록 변화할 것이다.

03 다음 글에서 알 수 있는 것은?

국내에서 벤처버블이 발생한 1999 ~ 2000년 동안 한국뿐 아니라 미국, 유럽 등 전세계 주요 국가에서 벤처버블이 나타났다. 미국 나스닥의 경우 1999년 초 이후에 주가가 급상승하여 2000년 3월을 전후해서 정점에 이르렀는데, 이는 한국의 주가 흐름과 거의 일치한다. 또한 한국에서는 1998년 5월부터 외국인의 종목별 투자한도를 완전 자유화하였는데, 외환위기 이후 해외투자를 유치하기 위한 이런 주식시장의 개방은 주가 상승에 영향을 미쳤다. 외국인 투자자들은 벤처버블이 정점에 이르렀던 1999년 12월에 벤처기업으로 구성되어 있는 코스닥 시장에서 투자금액을 이전 달의 1조 4천억 원에서 8조 원으로 늘렸으며, 투자비중도 늘렸다.

또한 벤처버블 당시 국내에서는 인터넷이 급속히 확산되고 있었다. 초고속 인터넷 서비스는 1998년 첫 해에 1만 3천 가구에 보급되었지만 1999년에는 34만 가구로 확대되었다. 또한 1997년 163만 명이던 인터넷 이용자는 1999년에 천만 명으로 폭발적으로 증가하였다. 이처럼 초고속 인터넷의 보급과 인터넷 사용인구의 급증은 뚜렷한 수익모델이 없는 업체라 할지라도 인터넷을 활용한 비즈니스를 내세우면 투자자들 사이에서 높은 잠재력을 가진 기업으로 인식되는 효과를 낳았다.

한편 1997년 8월에 시행된 벤처기업 육성에 관한 특별조치법은 다음과 같은 상황으로 인해 제정되었다. 법 제정 당시 우리 경제는 혁신적 기술이나 비즈니스 모델에 의한 성장보다는 설비확장에 토대한 외형성장에 주력해 왔다. 그러나 급격한 임금상승, 공장용지와 물류 및 금융 관련 비용 부담 증가, 후발국가의 추격 등은 우리 경제가 하루빨리 기술과 지식을 경쟁력의 기반으로 하는 구조로 변화해야 할 필요성을 높였다. 게다가 1997년 말 외환위기로 30대 재벌의 절반이 부도 또는 법정관리에 들어가게 되면서 재벌을 중심으로 하는 경제성장 방식의 한계가 지적되었고, 이에 따라 우리 경제는 고용창출과 경제성장을 주도할 새로운 기업군을 필요로 하게 되었다. 이로 인해 시행된 벤처기업 육성 정책은 벤처기업에 세제 혜택은 물론, 기술개발, 인력공급, 입지공급까지 다양한 지원을 제공하면서 벤처기업의 폭증에 많은 영향을 주게 되었다.

① 해외 주식시장의 주가 상승은 국내 벤처버블 발생의 주요 원인이 되었다.
② 벤처버블은 한국뿐 아니라 전세계 모든 국가에서 거의 비슷한 시기에 발생했다.
③ 국내의 벤처기업 육성책 실행은 한국 경제구조 변화의 필요성과 관련을 맺고 있다.
④ 국내 초고속 인터넷 서비스 확대는 벤처기업을 활성화 시켰으나 대기업 침체의 요인이 되었다.
⑤ 외환위기는 새로운 기업과 일자리 창출의 필요성을 불러왔고, 해외 주식을 대규모로 매입하는 계기가 되었다.

3 인지역량Ⅲ - 직무(검사 D)

01 **S사의 배터리개발부, 생산기술부, 전략기획부, 품질보증부는 지원자의 전공에 따라 신입사원을 뽑았다. 다음 〈조건〉을 참고할 때, 항상 참인 것은?**

조건

- S사의 배터리개발부, 생산기술부, 전략기획부, 품질보증부에서 순서대로 각각 2명, 1명, 1명, 3명의 신입사원을 뽑는다.
- 배터리개발부는 재료공학을, 생산기술부는 화학공학, 전략기획부는 경영학, 품질보증부는 정보통신학과 졸업생을 뽑았다.
- A, B, C, D, E, F, G가 S사 신입사원으로 합격하였으며, A, B, E지원자만 복수전공을 하였고 가능한 부서에 모두 지원하였다.
- A지원자는 복수전공을 하여 배터리개발부와 생산기술부에 지원하였다.
- B지원자는 경영학과 정보통신학을 전공하였다.
- E지원자는 화학공학과 경영학을 전공하였다.
- C지원자는 품질보증부에 지원하였다.
- D지원자는 배터리개발부의 신입사원으로 뽑혔다.
- F와 G지원자는 같은 학과를 졸업하였다.

① A지원자는 배터리개발부의 신입사원으로 뽑히지 않았다.
② E지원자는 생산기술부의 신입사원으로 뽑혔다.
③ G지원자는 배터리개발부의 신입사원으로 뽑혔다.
④ B지원자는 품질보증부의 신입사원으로 뽑혔다.
⑤ F지원자는 품질보증부의 신입사원으로 뽑히지 않았다.

02 다음은 반도체 항목별 EBSI 현황으로, 분기마다 직전분기를 기준(100)으로 계산하였다. 다음 자료에 대한 설명으로 옳은 것은?

EBSI(수출산업경기전망지수)란 수출산업의 경기동향과 관련있는 수출상담, 계약, 수출단가, 수출채산성 등 15개 항목에 대해 설문조사를 실시해 수출업계의 체감경기를 파악하는 경기지표이다. 지수가 100을 상회하면 기업들이 향후 수출여건이 지금보다 개선될 것으로 전망한다는 뜻이다.

〈분기별 반도체 항목별 EBSI 현황〉

항목별	2019년 1분기	2019년 2분기	2019년 3분기	2019년 4분기	2020년 1분기
수출상담	95.7	92.3	101.0	98.4	113.5
수출계약	95.7	96.7	100.9	95.1	138.7
수출상품제조원가	99.6	104.4	99.3	89.9	100.1
수출단가	98.8	103.8	99.3	81.6	74.2
수출채산성	99.2	103.3	99.6	76.5	126.9
수출국경기	95.4	89.5	100.9	97.0	111.6
국제수급상황	95.0	85.9	99.4	73.9	137.8
수입규제, 통상마찰	143.0	100.9	98.8	55.2	140.8
설비가동률	99.8	114.6	101.5	92.3	150.6
자금사정	98.7	111.4	101.0	83.0	112.7

① 기업들은 2019년 3분기까지 국제수급상황이 개선되다가 2019년 4분기에 악화될 것이라고 전망한다.
② 기업들은 2019년 4분기 대비 2020년 1분기의 자금사정이 악화될 것이라고 생각한다.
③ 기업들은 2019년 1분기부터 2020년 1분기까지 수출단가가 계속해서 악화될 것이라고 생각한다.
④ 기업들은 2019년 1분기부터 2020년 1분기까지 전분기 대비 수출채산성이 매분기 악화와 개선을 반복할 것이라고 전망한다.
⑤ 기업들은 2018년 4분기 대비 2019년 2분기의 수출국경기가 더 안 좋아질 것이라고 전망한다.

CHAPTER 04 롯데그룹

정답 및 해설 019p

1 언어이해

01 다음 글을 읽고 올바르게 이해한 것은?

세계 식품 시장의 20%를 차지하는 할랄식품(Halal Food)은 '신이 허용한 음식'이라는 뜻으로 이슬람 율법에 따라 생산, 처리, 가공되어 무슬림들이 먹거나 사용할 수 있는 식품을 말한다. 이런 기준이 적용된 할랄식품은 엄격하게 생산되고 유통과정이 투명하기 때문에 일반 소비자들에게도 좋은 평을 얻고 있다.

할랄식품 시장은 최근 들어 급격히 성장하고 있는데 이의 가장 큰 원인은 무슬림 인구의 증가이다. 무슬림은 최근 20년 동안 5억 명 이상의 인구증가를 보이고 있어서 많은 유통업계들이 할랄식품을 위한 생산라인을 설치하는 등의 노력을 하고 있다.

그러나 할랄식품을 수출하는 것은 쉬운 일이 아니다. 신이 '부정한 것'이라고 하는 모든 것으로부터 분리돼야 하기 때문이다. 또한, 국제적으로 표준화된 기준이 없다는 것도 할랄식품 시장의 성장을 방해하는 요인이다. 세계 할랄 인증 기준만 200종에 달하고 수출업체는 각 무슬림 국가마다 별도의 인증을 받아야 한다. 전문가들은 이대로라면 할랄 인증이 무슬림 국가들의 수입장벽이 될 수 있다고 지적한다.

① 할랄식품은 무슬림만 먹어야 하는 식품이다.
② 할랄식품의 이미지 덕분에 소비자들에게 인기가 좋다.
③ 할랄식품 시장의 급격한 성장으로 유통업계에서 할랄식품을 위한 생산라인을 설치 중이다.
④ 표준화된 할랄 인증 기준을 통과하면 모든 무슬림 국가에 수출이 가능하다.

02 다음 빈칸에 들어갈 말로 알맞은 것은?

만약 어떤 사람에게 다가온 신비적 경험이 그가 살아갈 수 있는 힘으로 밝혀진다면, 그가 다른 방식으로 살아야 한다고 다수인 우리가 주장할 근거는 어디에도 없다. 사실상 신비적 경험은 우리의 모든 노력을 조롱할 뿐 아니라, 논리라는 관점에서 볼 때 우리의 관할 구역을 절대적으로 벗어나 있다. 우리 자신의 더 합리적인 신념은 신비주의자가 자신의 신념을 위해서 제시하는 증거와 그 본성에 있어서 유사한 증거에 기초해 있다. 우리의 감각이 우리의 신념에 강력한 증거가 되는 것과 마찬가지로, 신비적 경험도 그것을 겪은 사람의 신념에 강력한 증거가 된다. 우리가 지닌 합리적 신념의 증거와 유사한 증거에 해당되는 경험은, 그러한 경험을 한 사람에게 살아갈 힘을 제공해 줄 것이다. 신비적 경험은 신비주의자들에게는 살아갈 힘이 되는 것이다. 따라서 ______

① 모든 합리적 신념의 증거는 사실상 신비적 경험에서 나오는 것이다.
② 신비주의자들의 삶의 방식이 수정되어야 할 불합리한 것이라고 주장할 수는 없다.
③ 논리적 사고와 신비주의적 사고를 상반된 개념으로 보는 견해는 수정되어야 한다.
④ 신비주의자들은 그렇지 않은 사람들보다 더 나은 삶을 살아간다고 할 수 있다.

03 다음 글의 주제로 올바른 것은?

누구나 깜빡 잊어버리는 증상을 겪을 수 있다. 나이가 들어서 자꾸 이런 증상이 나타난다면 치매가 아닐까 걱정하게 마련인데 이 중 정말 치매인 경우와 단순 건망증을 어떻게 구분해 낼 수 있을까?
치매란 기억력 장애와 함께 실행증, 집행기능의 장애 등의 증상이 나타나며 이런 증상이 사회적, 직업적 기능에 중대한 지장을 주는 경우라고 정의한다. 증상은 원인 질환의 종류 및 정도에 따라 다른데 아주 가벼운 기억장애부터 매우 심한 행동장애까지 다양하게 나타난다. 일상생활은 비교적 정상적으로 수행하지만 뚜렷한 건망증이 있는 상태를 '경도인지장애'라고 하는데 경도인지장애는 매년 10 ~ 15%가 치매로 진행되기 때문에 치매의 위험인자로 불린다. 모든 치매 환자에게서 공통으로 보이는 증상은 기억장애와 사고력, 추리력, 언어능력 등의 영역에서 동시에 장애를 보이는 것이며 인격 장애, 공격성, 성격의 변화와 비정상적인 행동들도 치매가 진행됨에 따라 나타날 수 있는 증상들이다. 국민건강보험 일산병원 신경과 교수는 "치매를 예방하기 위해서는 대뇌(Cerebrum) 활동 참여, 운동, 뇌졸중 예방, 식습관 개선 및 음주, 흡연을 자제해야 한다."고 말했다.
한편 치매는 시간이 지나면 악화가 되고 여러 행동이상(공격성, 안절부절 못함, 수면장애, 배회 등)을 보이며 시간이 지나면서 기억력 저하 등의 증상보다는 이런 행동이상에 의한 문제가 더 크기 때문에 행동이상에 대한 조사도 적절히 시행돼야 한다.

① 치매의 종류
② 인지장애단계 구분
③ 치매의 의미
④ 건망증의 분류

2020년 대기업

04 다음 제시문으로부터 추론할 수 있는 것은?

미국 사회에서 동양계 미국인 학생들은 '모범적 소수 인종(Model Minority)'으로, 즉 미국의 교육체계 속에서 뚜렷하게 성공한 소수 인종의 전형으로 간주되어 왔다. 그리고 그들은 성공적인 학교생활을 통해 주류 사회에 동화되고 이것에 의해 사회적 삶에서 인종주의의 영향을 약화시킨다는 주장으로 이어졌다. 하지만 동양계 미국인 학생들이 이렇게 정형화된 이미지처럼 인종주의의 장벽을 넘어 미국 사회의 구성원으로 참여하고 있는가는 의문이다. 미국 사회에서 동양계 미국인 학생들의 인종적 정체성은 다수자인 '백인'의 특성이 장점이라고 생각하는 것과 소수자인 동양인의 특성이 단점이라고 생각하는 것의 사이에서 구성된다. 그리고 이것은 그들에게 두 가지 보이지 않는 결과를 제공한다. 하나는 대부분의 동양계 미국인 학생들이 인종적인 차이에 대한 그들의 불만을 해소하고 인종 차이에서 발생하는 차별을 피하고자 백인이 되기를 원하는 것이다. 다른 하나는 다른 사람들이 자신을 동양인으로 연상하지 않도록 자신 스스로 동양인들의 전형적인 모습에서 벗어나려고 하는 것이다. 그러므로 모범적 소수 인종으로서의 동양계 미국인 학생은 백인에 가까운 또는 동양인에서 먼 '미국인'으로 성장할 위험 속에 있다.

① '모범적 소수 인종'은 특유의 인종적 정체성을 내면화하고 있다.
② '동양계 미국인 학생들'의 성공은 일시적이고 허구적인 것이다.
③ 모든 소수 인종 집단은 인종 차이가 초래할 부정적인 효과에 대해 의식하고 있다.
④ 여러 집단의 인종은 사회에서 한정된 자원의 배분을 놓고 갈등하고 있다.

2 문제해결

01 J대리는 세미나에 참석하기 위해 11월 17일부터 19일까지 경주로 출장을 갈 예정이다. 다음 〈조건〉에 따라 출장 기간에 이용할 숙소를 예약하고자 할 때, J대리가 예약 가능한 숙소로만 짝지어진 것은?

〈호텔 예약정보〉

호텔명	가격 (원/1박)	숙박 기준인원	세미나실 대여비용 (원/1일)	비고
글래드 경주	78,000	1명	4인실(25,000) 8인실(48,000)	숙박 기준인원 초과 시 초과인원 1인당 10,000원 추가지급
호텔 아뜰리에	81,000	2명	4인실(40,000) 10인실(70,000)	보수공사로 인해 10인 세미나실 이용불가 (9월 30일부터 11월 23일까지)
스카이뷰 호텔	80,000	2명	6인실(50,000)	연박 시 1박당 10% 할인
경주 베일리쉬	92,000	1명	4인실(32,000)	10주년 기념 1박당 8% 할인 (10월 22일부터 11월 2일까지)
이데아 호텔	85,000	1명	6인실(30,000) 8인실(45,000)	출장목적 투숙객 1박당 5% 할인
경주 하운드	80,000	2명	10인실(80,000)	세미나실 대여 시 대여료 40% 할인 (2박 이상 투숙객 대상)

보기

- J대리가 숙소 예약 및 세미나실 대여에 사용가능한 총경비는 200,000원이다.
- 11월 18일에는 A팀장과 B주임, C주임, D책임연구원이 방문하여 J대리로부터 중간보고를 받을 예정이므로 세미나실이 필요하다.
- J대리의 숙소는 J대리 혼자 이용한다.
- 숙소 예약과 세미나실 대여는 동일한 호텔에서 한다.

① 글래드 경주, 호텔 아뜰리에
② 글래드 경주, 스카이뷰 호텔
③ 스카이뷰 호텔, 이데아 호텔
④ 경주 베일리쉬, 경주 하운드

※ 다음은 L공장에서 전기 사용량을 줄이기 위해 정기적으로 실시하는 검침에 대한 안내사항이다. 이어지는 물음에 답하시오. **[2~4]**

〈계기판 검침 안내사항〉

정기적으로 매일 오전 8시에 다음의 안내사항에 따라 검침을 하고 그에 따른 조치를 취한다.

〈계기판 A · B · C의 표준수치〉

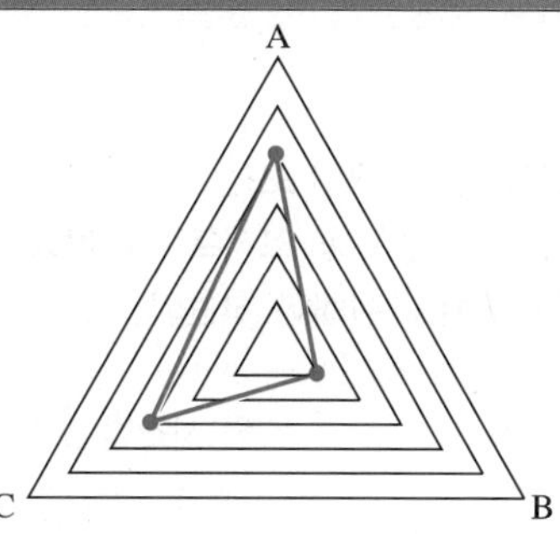

※ 가장 안쪽 삼각형의 수치는 20이며, 수치는 2씩 커진다.

계기판 A (8)	계기판 B (2)	계기판 C (6)

[기계조작실]

1. 계기판을 확인하여 PSD 수치를 구한다.
   ※ 검침하는 시각에 실내 온도가 16℃ 이상이면 B계기판은 고려하지 않는다.
   ※ 검침하는 시각에 실내 온도가 10℃ 미만이면 Parallel Mode를, 10℃ 이상이면 Serial Mode를 적용한다.
   - Parallel Mode
     PSD=전날 오후 1시부터 5시까지 매 정각의 각 계기판 수치 중 가장 높은 수치의 평균
   - Serial Mode
     PSD=전날 오후 6시 정각 각 계기판 수치의 합

2. PSD 수치에 따라서 알맞은 버튼을 누른다.

수치	버튼
PSD≤기준치−3	정상
기준치−3<PSD<기준치+5	주의
기준치+5≤PSD	비정상

※ 화요일과 금요일은 세 계기판의 표준수치 합의 $\frac{1}{2}$을 기준치로 삼고, 나머지 요일은 세 계기판의 표준수치의 합을 기준치로 삼는다(단, 온도에 영향을 받지 않는다).

3. 기계조작실에서 버튼을 누르면 버튼에 따라 상황통제실의 경고등에 불이 들어온다.

버튼	경고등
정상	파란색
주의	노란색
비정상	빨간색

[상황통제실]

들어온 경고등의 색을 보고 필요한 조치를 취한다.

경고등	조치
파란색	정상가동
노란색	공장 가동속도 조절
빨간색	부품 교체 후 오후에 정상가동

02 L공장의 기계조작실에서 근무하는 K사원은 수요일 오전 8시에 계기판 점검을 시작하였다. 검침 일지에 실내 온도는 9℃이고, 전날 오후 업무시간 동안 계기판 수치 그래프는 다음과 같았다. K사원이 눌러야 하는 버튼은 무엇이며, 이를 본 상황통제실에서는 어떤 조치를 취해야 하는가?

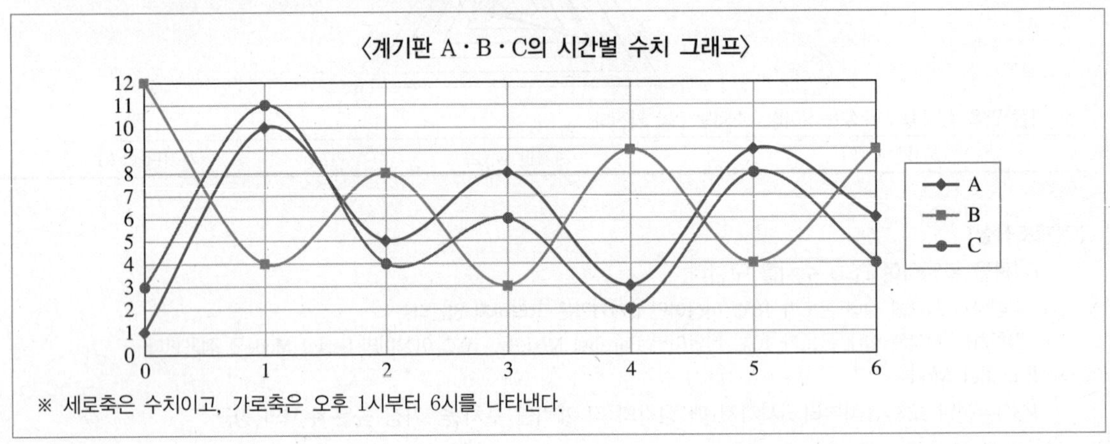

※ 세로축은 수치이고, 가로축은 오후 1시부터 6시를 나타낸다.

	버튼	조치
①	정상	정상가동
②	정상	공장 가동속도 조절
③	주의	공장 가동속도 조절
④	비정상	부품 교체 후 오후에 정상가동

03 L공장의 기계조작실에서 근무하는 K사원은 수요일에 작성한 검침일지에서 실내 온도가 잘못된 사실을 발견하였다. 올바른 실내 온도가 16℃일 때, 04번 문제를 참고하여 K사원이 눌러야 하는 버튼의 경고등은 무엇이며, 이를 본 상황통제실에서는 어떤 조치를 취해야 하는가?

	경고등	조치
①	파란색	공장 가동속도 조절
②	노란색	공장 가동속도 조절
③	파란색	정상가동
④	빨간색	부품 교체 후 오후에 정상가동

04 L공장의 기계교체로 Mode별 PSD 수치의 계산방법이 수정되었고, 이에 따라 T대리는 검침 일지를 작성하였다. 검침 일지가 아래와 같이 작성되었을 경우, 다음 중 실내 온도로 적절한 것은?

〈계기판 A・B・C의 시간별 수치 그래프〉

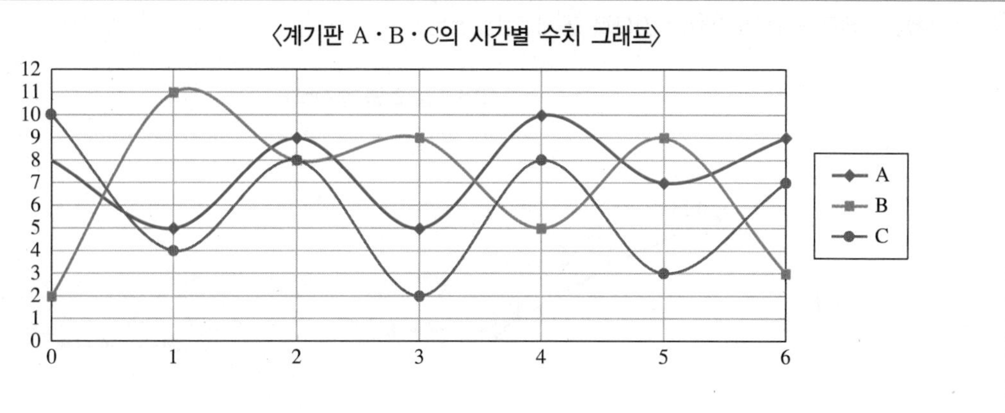

〈검침 일지〉

검침 일자 : 2020년 7월 3일 금요일
검침 시각 : AM 08:00
점검자 : 기계조작실 K, 상황통제실 H
실내 온도 : (　　)℃

PSD 수치 : (　　)
버튼 : 비정상
경고등 : 빨간색
조치 : 부품 교체 후 오후에 정상가동

관리자 서명 ＿＿＿＿＿＿

〈수정된 Mode별 PSD 수치 계산방법〉

- Parallel Mode
  PSD=전날 오후 6시 정각 각 계기판 수치의 평균
- Serial Mode
  PSD=전날 오후 1시부터 5시까지 매 정각의 B계기판 수치가 가장 높은 시각의 각 계기판 수치의 합

① 8℃　　② 10℃
③ 16℃　　④ 17℃

3 자료해석

01 다음 그래프를 보고 이해한 것으로 옳지 않은 것은?

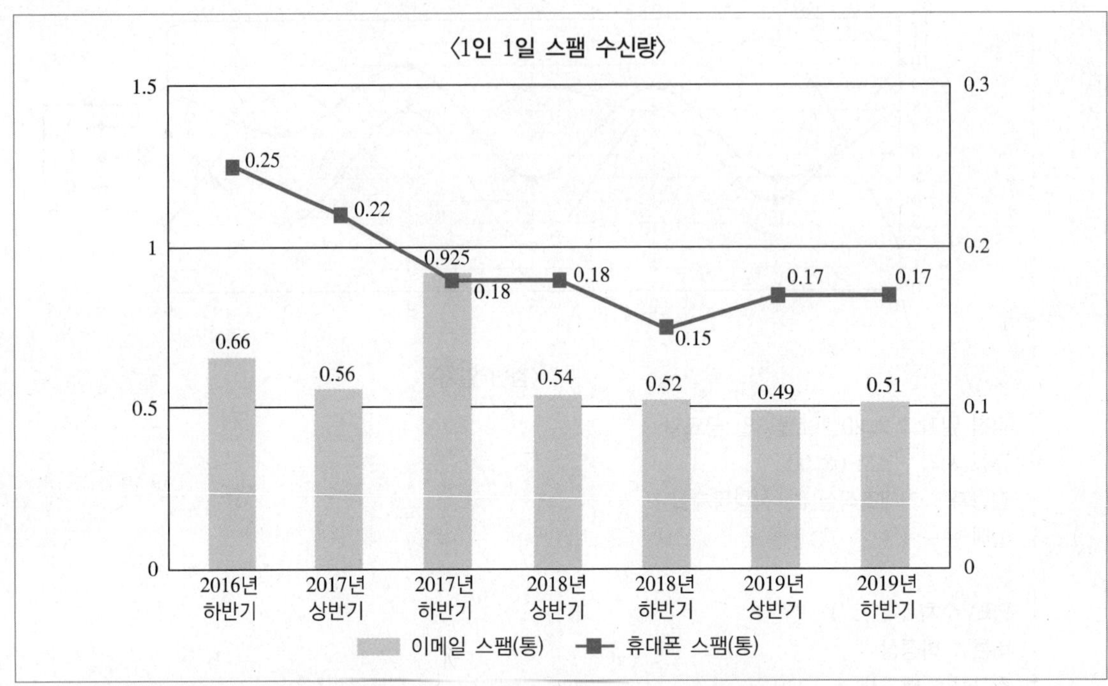

① 이메일과 휴대폰 모두 스팸 수신량이 가장 높은 시기는 2017년 하반기이다.

② 이메일 스팸 수신량이 휴대폰 스팸 수신량보다 항상 많다.

③ 이메일과 휴대폰 스팸 수신량 사이에 밀접한 관련이 있다고 보기 어렵다.

④ 이메일 스팸 총수신량의 평균은 휴대폰 스팸 총수신량 평균의 3배 이상이다.

02 다음은 우편매출액에 관한 자료이다. 자료에 대한 해석으로 올바르지 않은 것은?

〈우편매출액〉

(단위 : 만 원)

구분	2015년	2016년	2017년	2018년	2019년				
					소계	1분기	2분기	3분기	4분기
일반통상	11,373	11,152	10,793	11,107	10,899	2,665	2,581	2,641	3,012
특수통상	5,418	5,766	6,081	6,023	5,946	1,406	1,556	1,461	1,523
소포우편	3,390	3,869	4,254	4,592	5,017	1,283	1,070	1,292	1,372
합계	20,181	20,787	21,128	21,722	21,862	5,354	5,207	5,394	5,907

① 매년 매출액이 가장 높은 분야는 일반통상 분야이다.

② 1년 집계를 기준으로 매년 매출액이 꾸준히 증가하고 있는 분야는 소포우편 분야뿐이다.

③ 2019년 1분기 우편매출액에서 특수통상 분야의 매출액이 차지하고 있는 비율은 20% 이상이다.

④ 2019년 소포우편 분야의 2015년 대비 매출액 증가율은 70% 이상이다.

※ 다음은 2019년도 국가별 교통서비스 수입 현황을 나타낸 자료이다. 이어지는 질문에 답하시오. **[3~4]**

〈국가별 교통서비스 수입 현황〉

(단위 : 백만 달러)

구분	합계	해상	항공	기타
한국	31,571	25,160	5,635	776
인도	77,256	63,835	13,163	258
터키	10,157	5,632	4,003	522
멕시코	14,686	8,550	6,136	–
미국	94,344	36,246	53,830	4,268
브라질	14,904	9,633	4,966	305
이탈리아	26,574	7,598	10,295	8,681

03 해상 교통서비스 수입액이 많은 국가부터 차례대로 나열한 것은?

① 인도 – 미국 – 한국 – 브라질 – 멕시코 – 이탈리아 – 터키
② 인도 – 미국 – 한국 – 멕시코 – 브라질 – 터키 – 이탈리아
③ 인도 – 한국 – 미국 – 브라질 – 멕시코 – 이탈리아 – 터키
④ 인도 – 미국 – 한국 – 브라질 – 이탈리아 – 터키 – 멕시코

04 다음 중 자료에 대한 설명으로 옳지 않은 것은?

① 터키의 교통서비스 수입에서 항공 수입이 차지하는 비중은 45% 미만이다.
② 전체 교통서비스 수입 금액이 첫 번째와 두 번째로 높은 국가의 차이는 17,088백만 달러이다.
③ 해상 교통서비스 수입보다 항공 교통서비스 수입이 더 높은 국가는 미국과 터키이다.
④ 멕시코는 해상과 항공 교통서비스만 수입하였다.

4 언어논리(인문계)

01 **원형 탁자에 번호 순서대로 앉아 있는 다섯 명의 여자 1, 2, 3, 4, 5가 있다. 이 사이에 다섯 명의 남자 A, B, C, D, E가 한 명씩 앉아야 한다. 다음 〈조건〉을 따르면서 자리를 배치할 때 적절하지 않은 것은?**

조건

- A는 짝수번호의 여자 옆에 앉아야 하고, 5 옆에는 앉을 수 없다.
- B는 짝수번호의 여자 옆에 앉을 수 없다.
- C가 3 옆에 앉으면 D는 1 옆에 앉는다.
- E는 3 옆에 앉을 수 없다.

① A는 1과 2 사이에 앉을 수 없다.
② D는 4와 5 사이에 앉을 수 없다.
③ C가 2와 3 사이에 앉으면 A는 반드시 3과 4 사이에 앉는다.
④ E가 4와 5 사이에 앉으면 A는 반드시 2와 3 사이에 앉는다.

02 **A팀과 B팀은 보안등급 상에 해당하는 문서를 나누어 보관하고 있다. 이에 따라 두 팀은 보안을 위해 아래와 같은 규칙에 따라 각 팀의 비밀번호를 지정하였다. 다음 중 A팀과 B팀에 들어갈 수 있는 암호배열은?**

〈규칙〉

- 1 ~ 9까지의 숫자로 (한 자리 수)×(두 자리 수)=(세 자리 수)=(두 자리 수)×(한 자리 수) 형식의 비밀번호로 구성한다.
- 가운데에 들어갈 세 자리 수의 숫자는 156이며 숫자는 중복 사용할 수 없다. 즉, 각 팀의 비밀번호에 1, 5, 6이란 숫자가 들어가지 않는다.

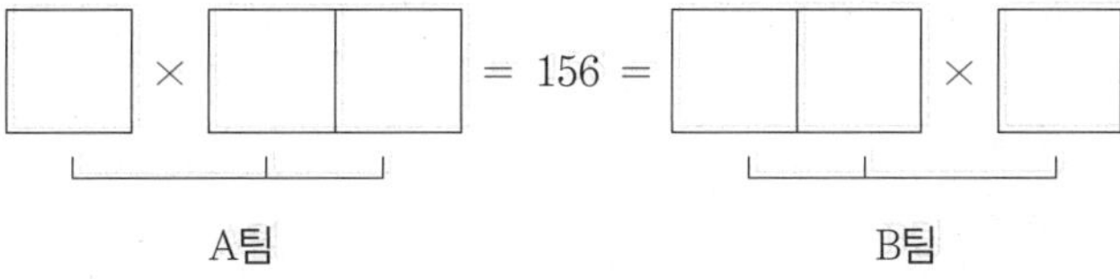

① 23 ② 27
③ 37 ④ 39

03 다음 명제를 통해 얻을 수 있는 결론으로 타당한 것은?

- 액션영화를 보면 팝콘을 먹는다.
- 커피를 마시지 않으면 콜라를 마시지 않는다.
- 콜라를 마시지 않으면 액션영화를 본다.
- 팝콘을 먹으면 나쵸를 먹지 않는다.
- 애니메이션을 보면 커피를 마시지 않는다.

① 커피를 마시면 액션영화를 본다.
② 액션영화를 보면 애니메이션을 본다.
③ 나쵸를 먹으면 액션영화를 본다.
④ 애니메이션을 보면 팝콘을 먹는다.

04 다음 제시된 낱말의 대응 관계로 볼 때, 빈칸에 들어가기에 알맞은 것은?

세균 : 소독 = (　　) : 탈취

① 향수　　② 냄새
③ 먼지　　④ 멸균

05 다음 중 소녀와 늑대의 관계로 가장 적절한 것은?

언제나 두건이 달린 빨간 망토를 입는 어린 소녀가 살고 있었다. 소녀는 아픈 할머니에게 음식을 가져다 드리기 위해 숲속을 지나갔다. 늑대는 이 소녀를 보고 잡아먹고 싶었지만 근처에 나무꾼들이 있었기 때문에 선뜻 그러지 못했다. 그러다 꾀를 내어 점잖은 모습으로 소녀에게 다가가 지금 어디로 가고 있는지 물었다. 순진한 소녀는 할머니에게 음식을 가져다 드리러 간다며 할머니 댁이 어디인지 이야기해주었다. 소녀가 숲에서 꽃을 따는 사이 늑대는 지름길을 통해 소녀보다 먼저 할머니 댁에 도착했다. 그리고는 집에 들어가 손녀를 기다리는 할머니를 통째로 삼킨 다음 할머니로 변장하고 침대에 누워 소녀를 기다렸다. 마침내 소녀가 할머니 댁으로 들어오자 늑대는 소녀마저 통째로 삼켜 버렸다.

	소녀	늑대
①	아름다움	추함
②	책임	자유
③	내부인	외부인
④	초식	육식

06 **다음 중 (a) 다리와 (b) 다리의 관계에 대응되는 것은?**

게의 (a) 다리는 집게발과 걷는 (b) 다리로 나눌 수 있다.

	(a)	(b)
①	매체	신문
②	밀봉	밀폐
③	선발	발탁
④	긴축	절약

5 수리공간(이공계)

01 열차가 50m의 터널을 통과하는 데 10초, 200m의 터널을 통과하는 데 25초가 걸린다. 열차의 길이는 몇 m인가?

① 35m
② 40m
③ 45m
④ 50m

02 다음 빈칸에 해당하는 숫자의 합은?(단, ℉=℃×9÷5+32이다)

- 2km=( )m
- $3m^2$=( )cm^2
- 1시간=( )초
- 68℉=( )℃

① 5,935
② 6,250
③ 35,620
④ 35,950

※ 다음과 같은 두 입체도형을 결합하였을 때 만들어질 수 있는 것을 고르시오(단, 제시된 두 입체도형의 보이지 않는 블록은 모두 흰색이다). [3~4]

03

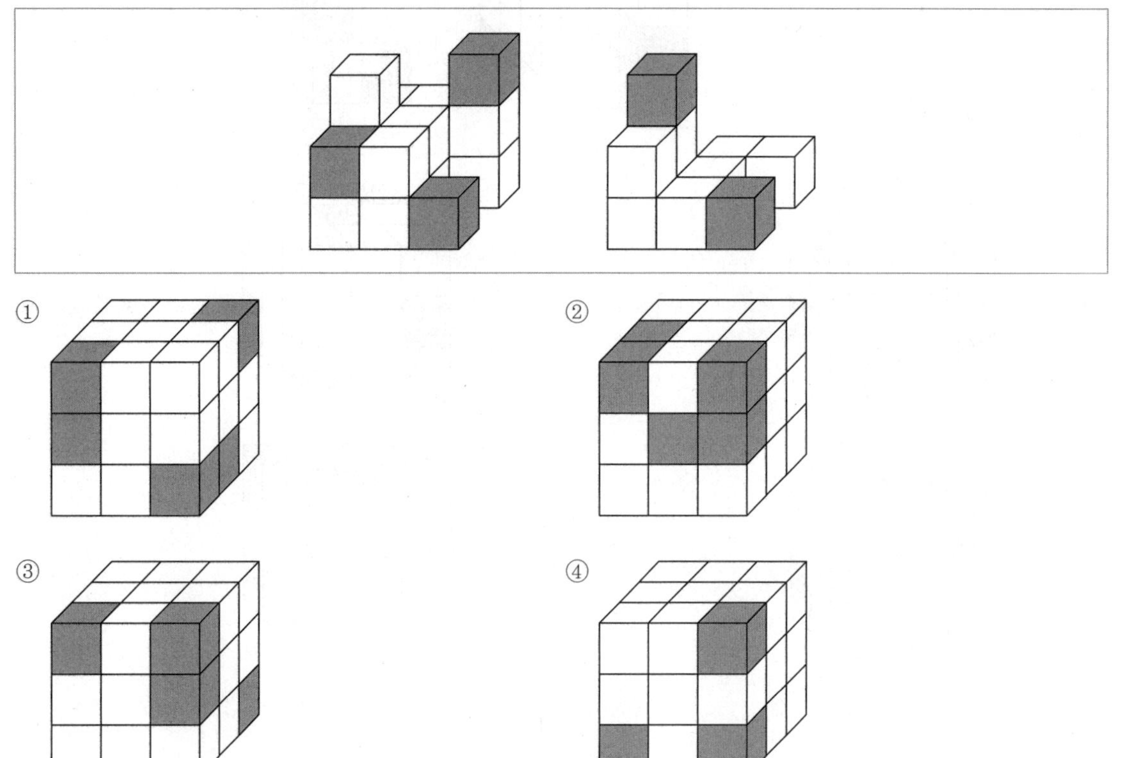

2020년 대기업

안심Touch

04

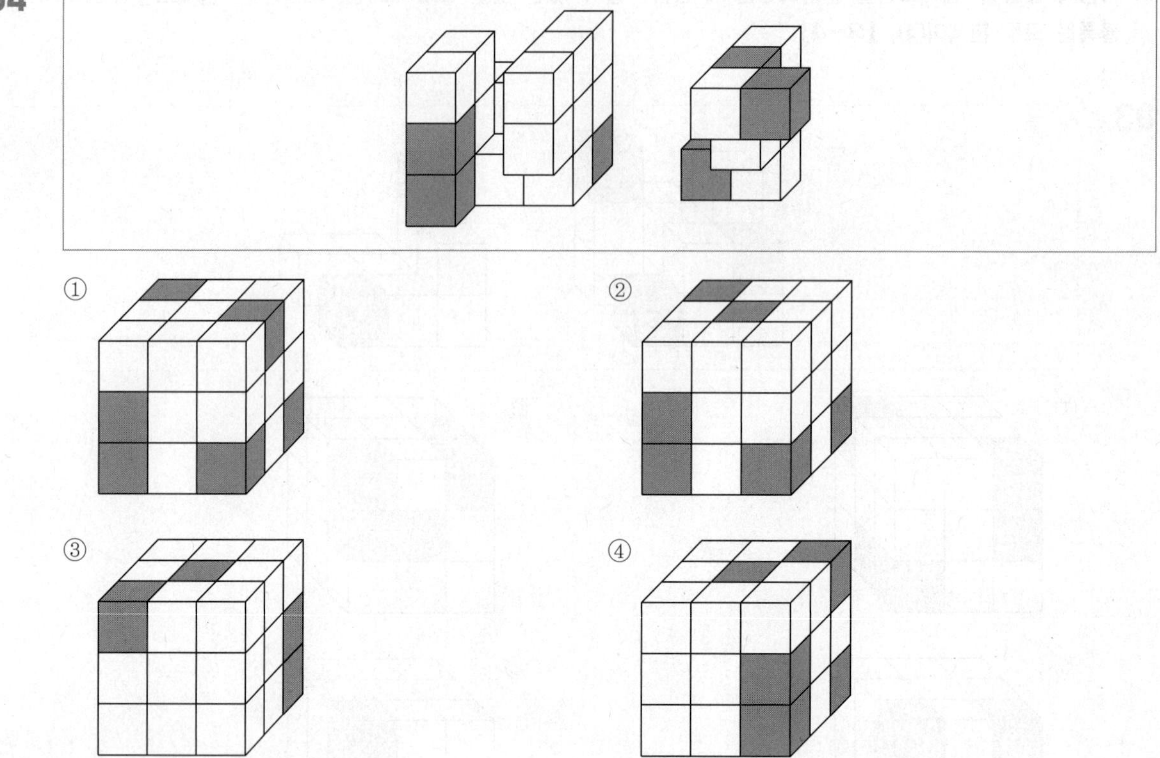

※ 다음과 같은 정사각형의 종이를 화살표 방향으로 접고 〈보기〉의 좌표가 가리키는 위치에 구멍을 뚫었다. 다시 펼쳤을 때 뚫린 구멍의 위치를 좌표로 나타낸 것으로 옳은 것을 고르시오(단, 좌표가 그려진 사각형의 크기와 종이의 크기는 일치하며, 종이가 접힐 때 종이의 위치는 바뀌지 않는다). **[5~6]**

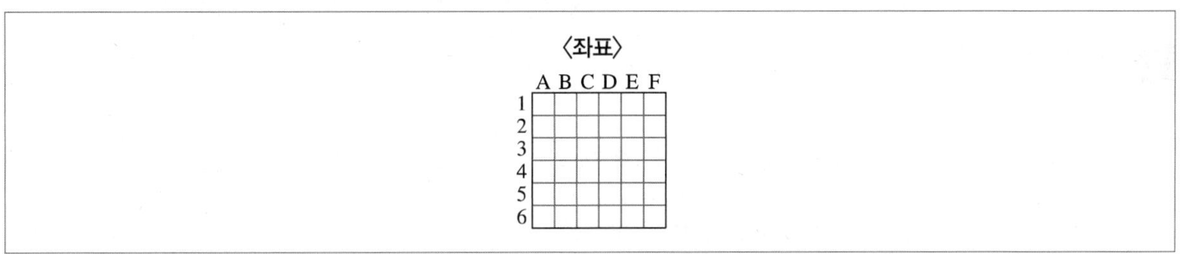

05

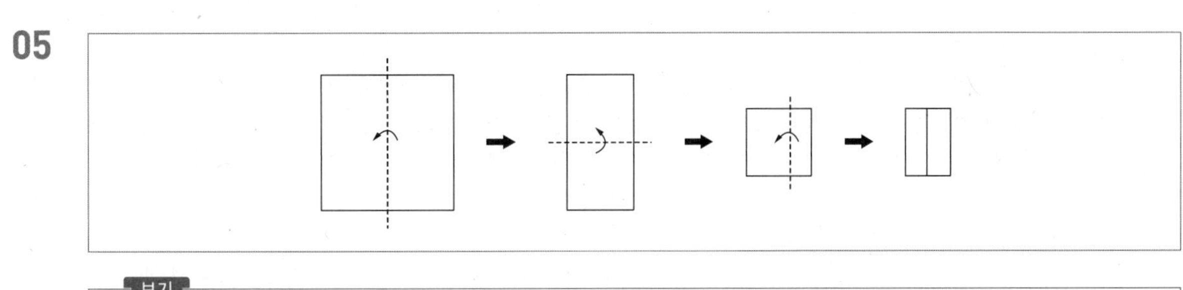

보기

B2

① B1, B6, C1, C6, D1, D6, E1, E6
② A2, A5, C2, C5, D2, D5, F2, F5
③ B2, B5, C1, C6, D1, D6, E2, E5
④ B2, B5, C2, C5, D2, D5, E2, E5

06

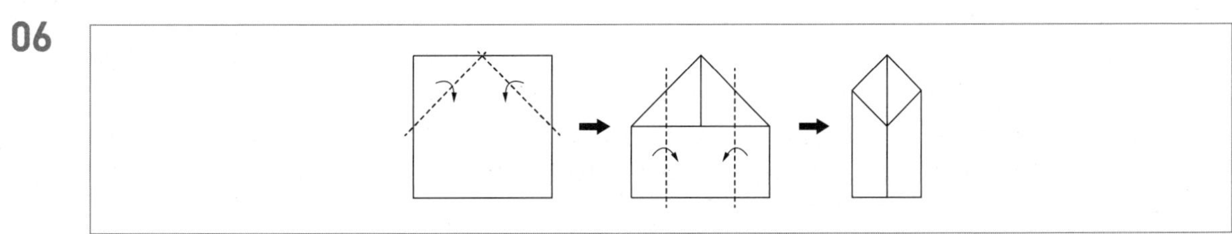

보기

D2, D6

① A1, A4, D2, D6
② A2, B4, D2, D6
③ D2, D6, E1, F6
④ D2, D6, E2, F5

2020년 대기업

CHAPTER 05 포스코그룹

정답 및 해설 025p

1 언어이해

※ 다음은 매슬로우의 인간 욕구 5단계 이론을 설명한 자료이다. 다음 자료를 읽고 이어지는 질문에 답하시오. [1~3]

(가) 이러한 인간 욕구 5단계는 경영학에서 두 가지 의미로 널리 사용된다. 하나는 인사 분야에서 인간의 심리를 다루는 의미로 쓰인다. 그 예로는 승진이나 보너스, 주택 전세금 대출 등 사원들에게 동기부여를 위한 다양한 보상의 방법을 만드는 데 사용한다. 사원들이 회사 생활을 좀 더 잘할 수 있도록 동기를 부여할 때 주로 사용한다 하여 '매슬로우의 동기부여론'이라고도 부른다.

(나) 인간의 욕구는 치열한 경쟁 속에서 살아남으려는 생존 욕구부터 시작해 자아실현 욕구에 이르기까지 끝이 없다. 그런데 이런 인간의 욕구는 얼마나 다양하고 또 욕구 간에는 어떤 순차적인 단계가 있는 걸까? 이런 본질적인 질문에 대해 에이브러햄 매슬로우(Abraham Maslow)는 1943년 인간 욕구에 관한 학설을 제안했다. 이른바 '매슬로우의 인간 욕구 5단계 이론(Maslow's Hierarchy of Needs)'이다. 이 이론에 의하면 사람은 누구나 다섯 가지 욕구를 가지고 태어나며, 이들 다섯 가지 욕구에는 우선순위가 있어서 단계가 구분된다.

(다) 좀 더 자세히 보자. 첫 번째 단계는 생리적 욕구이다. 숨 쉬고, 먹고, 자고, 입는 등 우리 생활에 있어서 가장 기본적인 요소들이 포함된 단계이다. 사람이 하루 세끼 밥을 먹는 것, 때마다 화장실에 가는 것, 그리고 종족 번식 본능 등이 이 단계에 해당한다. 두 번째 단계는 <u>(A) 안전 욕구</u>이다. 우리는 흔히 놀이동산에서 롤러코스터를 탈 때 '혹시 이 기구가 고장이 나서 내가 다치지는 않을까?' 하는 염려를 한다. 이처럼 안전 욕구는 신체적, 감정적, 경제적 위험으로부터 보호받고 싶은 욕구이다. 세 번째 단계는 소속과 애정의 욕구이다. 누군가를 사랑하고 싶은 욕구, 어느 한 곳에 소속되고 싶은 욕구, 친구들과 교제하고 싶은 욕구, 가족을 이루고 싶은 욕구 등이 여기에 해당한다. 네 번째 단계는 존경 욕구이다. 우리가 흔히들 말하는 명예욕, 권력욕 등이 이 단계에 해당한다. 즉, 누군가로부터 높임을 받고 싶고, 주목과 인정을 받으려 하는 욕구이다. 마지막으로 다섯 번째 단계는 자아실현 욕구이다. 존경 욕구보다 더 높은 욕구로 역량, 통달, 자신감, 독립심, 자유 등이 있다. 매슬로우는 최고 수준의 욕구로 이 자아실현 욕구를 강조했다. 모든 단계가 기본적으로 충족돼야만 이뤄질 수 있는 마지막 단계로 자기 발전을 이루고 자신의 잠재력을 끌어내어 극대화할 수 있는 단계라 주장한 것이다.

(라) 사람은 가장 기초적인 욕구인 생리적 욕구(Physiological Needs)를 맨 먼저 채우려 하며, 이 욕구가 어느 정도 채워지면 안전해지려는 욕구(Safety Needs)를, 안전 욕구가 어느 정도 채워지면 사랑과 소속 욕구(Love & Belonging)를, 그리고 더 나아가 존경 욕구(Esteem)와 마지막 욕구인 자아실현 욕구(Self-Actualization)를 차례대로 채우려 한다. 즉, 사람은 5가지 욕구를 채우려 하되 우선순위에 있어서 가장 기초적인 욕구부터 차례로 채우려 한다는 것이다.

(마) 다른 하나는 마케팅 분야에서 소비자의 욕구를 채우기 위해 단계별로 다른 마케팅 전략을 적용하는 데 사용한다. 예를 들면, 채소를 구매하려는 소비자가 안전의 욕구를 갖고 있다고 가정하자. 마케팅 전략을 짜는 사람이라면 '건강'에 기초한 마케팅 전략을 구상해야 할 것이다. 마케팅 담당자가 고객의 욕구보다 더 높은 수준의 가치를 제공한다면, 고객 만족을 실현할 수 있는 지름길이자 기회인 것이다.

01 다음 (가) ~ (마) 문단을 순서대로 나열한 것은?

① (나) – (라) – (다) – (가) – (마)
② (라) – (다) – (가) – (마) – (나)
③ (나) – (다) – (가) – (마) – (라)
④ (라) – (다) – (나) – (마) – (가)

02 제시문을 읽고 이해한 내용으로 적절하지 않은 것은?

① 배고플 때 맛있는 음식이 생각나는 것은 인간 욕구 5단계 중 첫 번째 단계에 해당한다.
② 사람은 가장 기초적인 욕구부터 차례로 채우려 한다.
③ 우수한 사원을 위한 성과급은 매슬로우의 동기부여론 사례로 볼 수 있다.
④ 행복한 가정을 이루고 싶어 하는 것은 존경 욕구에 해당한다.

03 제시문의 밑줄 친 (A)에 대한 사례로 적절한 것은?

① 돈을 벌어 부모에게서 독립하고 싶은 A씨
② 야근에 지쳐 하루 푹 쉬고 싶어 하는 B씨
③ 노후 대비를 위해 연금보험에 가입한 C씨
④ 동호회 활동을 통해 다양한 사람들을 만나고 싶은 D씨

2 자료해석

※ 다음은 2019년 발화요인에 따른 월별 화재발생현황이다. 자료를 읽고 이어지는 질문에 답하시오. **[1~2]**

〈2019년 발화요인에 따른 월별 화재발생현황〉

(단위 : 건)

항목	합계	전기적 요인	기계적 요인	화학적 요인	가스누출	교통사고	부주의	기타
합계	42,338	10,471	4,619	604	211	505	20,352	5,576
1월	4,083	1,065	504	36	32	53	1,838	555
2월	4,632	896	392	30	15	42	2,707	550
3월	3,875	892	406	53	11	37	2,033	443
4월	3,714	783	346	44	19	37	2,012	473
5월	3,038	819	340	32	22	46	1,374	405
6월	3,441	721	310	53	8	38	1,865	446
7월	3,409	1,104	424	84	10	41	1,292	454
8월	3,690	1,160	373	95	12	32	1,513	505
9월	2,517	677	265	52	12	44	1,088	379
10월	3,048	759	405	45	18	41	1,386	394
11월	2,954	688	377	33	25	45	1,366	420
12월	3,937	907	477	47	27	49	1,878	552

01 2019년 5월 화재발생 건수가 많은 순서로 발화요인을 나열한 것으로 옳은 것은?

① 기타 – 부주의 – 기계적 요인 – 전기적 요인 – 화학적 요인 – 가스누출 – 교통사고
② 부주의 – 전기적 요인 – 기타 – 기계적 요인 – 화학적 요인 – 교통사고 – 가스누출
③ 부주의 – 전기적 요인 – 기타 – 기계적 요인 – 교통사고 – 가스누출 – 화학적 요인
④ 부주의 – 전기적 요인 – 기타 – 기계적 요인 – 교통사고 – 화학적 요인 – 가스누출

02 다음 〈보기〉의 설명 중 자료에 대한 설명으로 옳지 않은 것을 모두 고른 것은?

보기

ㄱ. 가스누출로 인한 화재발생 건수는 10월 대비 11월에 증가하였다.
ㄴ. 2월에 부주의로 인한 화재발생 건수는 기타 요인으로 인한 화재발생 건수의 3배 이상이다.
ㄷ. 매월 기계적 요인으로 인한 화재발생 건수는 기타 요인으로 인한 화재발생 건수보다 적다.
ㄹ. 2019년에 두 번째로 많은 화재발생 건수를 차지하는 발화요인은 기계적 요인이다.

① ㄱ, ㄴ　　② ㄱ, ㄷ
③ ㄴ, ㄷ　　④ ㄷ, ㄹ

※ 다음은 방치자전거 수거 현황이다. 자료를 읽고 이어지는 질문에 답하시오. **[3~4]**

〈방치자전거 수거 현황〉

(단위 : 대)

시도별	2017년	2018년	2019년
전국	32,508	33,731	27,571
서울특별시	17,255	16,181	16,419
부산광역시	648	1,170	834
대구광역시	536	678	694
인천광역시	886	1,567	1,693
광주광역시	376	7	43
대전광역시	28	564	472
울산광역시	129	417	54
세종특별자치시	157	133	151
경기도	4,919	6,402	5,839
강원도	295	1,069	1,114
충청북도	189	162	168
충청남도	136	73	346
전라북도	222	425	388
전라남도	63	54	31
경상북도	1,230	1,181	354
경상남도	596	3,122	2,172
제주특별자치도	742	526	900

03 2017년부터 2019년까지 3년 간 경기도에서 수거한 방치자전거의 총 대수로 옳은 것은?

① 441대
② 2,478대
③ 16,950대
④ 17,160대

04 다음 〈보기〉의 설명 중 자료에 대한 설명으로 옳지 않은 것을 모두 고른 것은?

보기

ㄱ. 전국의 방치자전거 수거 대수는 2017년부터 2019년까지 매년 증가하였다.
ㄴ. 부산광역시의 방치자전거 수거 대수는 2018년과 2019년 모두 울산광역시보다 많다.
ㄷ. 2017년의 방치자전거 수거 대수가 600대 이상인 시도는 7곳이다.

① ㄱ
② ㄴ
③ ㄱ, ㄷ
④ ㄴ, ㄷ

※ B씨는 주말 동호회의 회장으로 상반기 결산을 맞아 회식을 주최하려고 한다. 동호회 회원은 B씨를 포함하여 30명이며, 제비뽑기를 통해 상품을 증정하기로 하였다. 다음 상품의 선호도와 할인 혜택에 대한 자료를 참고하여 이어지는 질문에 답하시오. **[1~2]**

〈등수별 상품 품목 선호도〉

(단위 : 명)

등수	품목	선호도
1등	노트북	5
	무선 청소기	14
	호텔 숙박권	11
2등	에어프라이	12
	백화점 상품권 4매	6
	전기 그릴	12
3등	백화점 상품권 2매	17
	외식 상품권	2
	커피 쿠폰	11

※ 30명의 회원들은 등수별로 선호하는 품목을 하나씩 선택했다.

〈상품별 할인 혜택〉

상품	금액	할인 혜택
노트북	1,200,000원	세일 기간으로 20% 할인
무선 청소기	800,000원	–
호텔 숙박권	600,000원	온라인 구매로 7% 할인
에어프라이	300,000원	특가 상품으로 15% 할인
백화점 상품권 1매	50,000원	–
전기 그릴	250,000원	온라인 구매로 8% 할인
외식 상품권	100,000원	–
커피 쿠폰	50,000원	–

01 B씨가 다음 〈조건〉에 따라 등수별 상품을 구매한다고 할 때, 모든 상품 구매비용으로 알맞은 것은?(단, 금액은 할인 혜택 적용 후 총 구매금액으로 계산한다)

조건

- 구성원의 선호도를 우선으로 등수별 상품을 1개씩 선택한다.
- 1등 상품의 선호도가 동일할 경우 저렴한 상품을 선택한다.
- 2등과 3등은 상품의 선호도가 동일한 경우 각각 1등과 2등에 선택된 상품의 총금액보다 저렴한 상품을 선택한다(단, 모든 상품이 저렴한 경우 가장 비싼 상품을 택한다).
- 당첨자는 1등 1명, 2등 2명, 3등 3명이다.

① 1,610,000원
② 1,600,000원
③ 1,560,000원
④ 1,530,000원

02 B씨는 상품 총 구매비용을 150만 원 이하로 구성하려고 한다. 등수별 선호도가 가장 낮은 상품은 제외하고 예산에 맞게 상품 목록을 정리해보았다. 다음 중 최대한 예산에 가까운 상품 목록은 무엇인가?(단, 금액은 할인 혜택 적용 후 금액으로 계산한다)

	1등	2등	3등
①	호텔 숙박권	에어프라이	커피 쿠폰
②	호텔 숙박권	전기 그릴	커피 쿠폰
③	무선 청소기	전기 그릴	백화점 상품권 2매
④	무선 청소기	에어프라이	커피 쿠폰

4 상황판단

※ 상황판단은 따로 정답을 제공하지 않는 영역이니 참고하시기 바랍니다.

※ 다음 P사의 업무 분장표를 보고, 이어지는 질문에 답하시오. **[1~3]**

〈업무 분장표〉

부서명		업무
마케팅 1팀	김 팀장	• 시장분석 및 마케팅 경쟁전략 수립 • 매출 관리 및 목표달성방안 수립
	김 대리	• 프로모션기획 및 운영업무
	최 대리	• MPR 기획
	신 사원	• 상품 차별화 포인트 발굴 / 정교화
고객지원팀	송 팀장	• 고객센터 관련 업무 총괄
	하 대리	• 고객 요금 청구 및 수납
	박 대리	• 사업자 간 상호접속료 정산
	이 사원	• 각종 고객 민원 대응 • VOC 수집 / 분류
영업팀	이 팀장	• 전체적인 영업전략 기획
	강 대리	• 판매전략 수립 및 운영
	김 사원	• 매장 내 통신상품 판매 및 판매 지원 • 재고관리
마케팅 2팀	최 팀장	• 외부 언론에 대한 모니터링 및 대응
	이 대리	• 사내홍보 및 옥외 매체 광고 업무 • 정기 / 비정기적 전시 업무
	박 사원	• CSV 활동을 통한 사회적 책임에 대한 업무

01 **마케팅 1팀 입사 3년 차인 김 대리는 본인이 기획한 상품을 이용하는 고객들의 다양한 의견을 분석하고자 한다. 다음 중 김 대리가 취할 수 있는 대응으로 가장 적절한 것은?**

① 해당 업무와 관련이 있는 직원들의 일정을 확인한 후 회의를 진행한다.
② 관련 업무를 담당하고 있는 고객지원팀의 이 사원을 만나 의견을 듣는다.
③ 영업팀의 담당 직원 일정을 확인한 후 업무 협조 요청서를 작성한다.
④ 비슷한 업무를 담당하였던 동료 직원에게 도움을 요청한다.

02 **해외지사에서 근무 중인 김 부장은 현지에서 자사의 제품에 대한 악의적인 내용이 담긴 방송을 보았다. 회사 이미지에 큰 타격을 받게 되는 상황에서 김 부장이 취할 수 있는 대응으로 가장 적절한 것은?**

① 방송 내용을 정리하여 마케팅 2팀 팀장에게 메일을 전송한다.
② 마케팅 2팀 팀장에게 방송에 대한 정정 및 대응을 요청한다.
③ 방송 내용에 대한 자사의 입장문을 작성하여 마케팅 2팀 담당자에게 메일을 전송한다.
④ 해당 방송사로 연락하여 부적절한 방송 내용에 대하여 항의한다.

03 **영업팀 김 사원은 이 팀장이 오늘 오전까지 요청한 재고관리 현황 문서를 작성하고 있었는데, 이 팀장이 자리를 비운 사이에 고객지원팀의 송 팀장이 찾아와 고객이 문의한 제품의 재고 수량을 지금 바로 파악해달라고 지시하였다. 다음 중 김 사원이 취할 수 있는 대응으로 가장 적절한 것은?**

① 송 팀장에게 자신은 영업팀이므로 영업팀 팀장과 상의할 것을 이야기한다.
② 먼저 이 팀장에게 지시받은 업무를 끝낸 후 송 팀장이 지시한 업무를 진행한다.
③ 송 팀장이 지시한 업무가 더 급한 일이므로 송 팀장이 지시한 업무를 먼저 끝낸다.
④ 이 팀장에게 송 팀장이 지시한 업무에 대해 보고한 후 업무 일정을 조정한다.

5 공간지각(이공계)

※ 주어진 도형을 활용하여 이어지는 물음에 답하시오. [1~2]

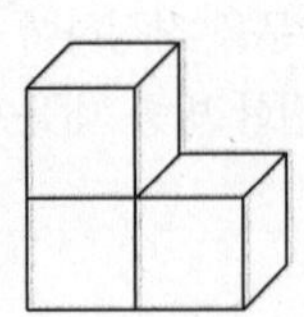

01 제시된 도형을 결합하였을 때 나올 수 있는 모양으로 옳지 않은 것을 고르면?

①
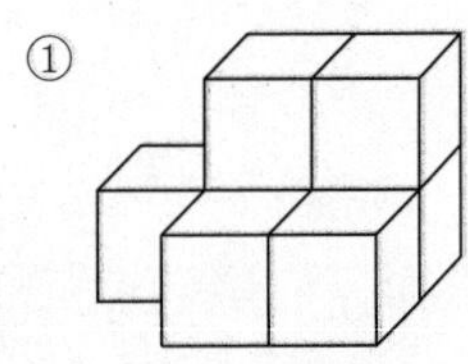

②
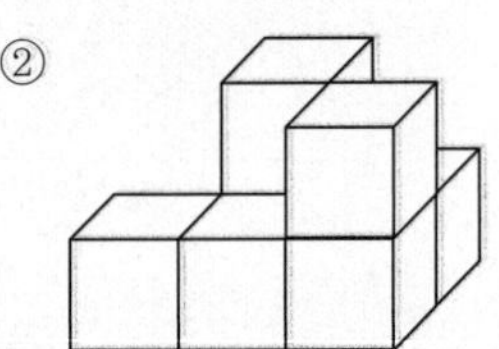

③
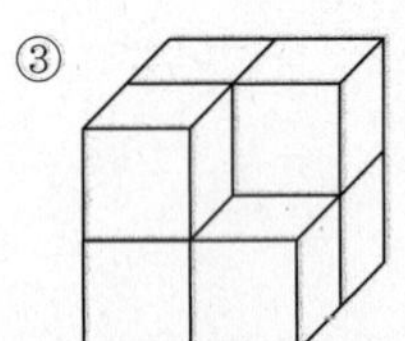

④
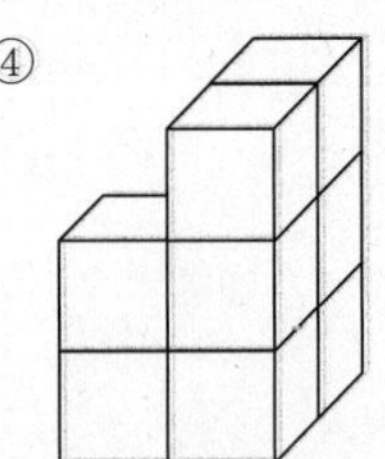

02 제시된 도형을 결합하였을 때 나올 수 있는 모양으로 옳은 것을 고르면?

①
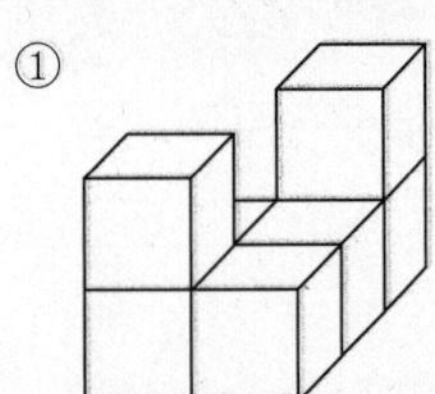

②
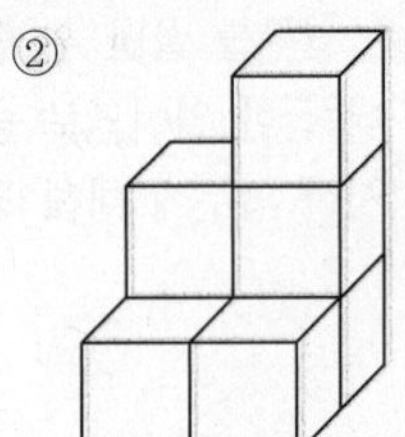

③
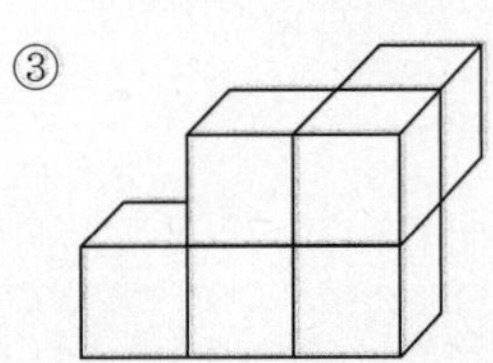

④
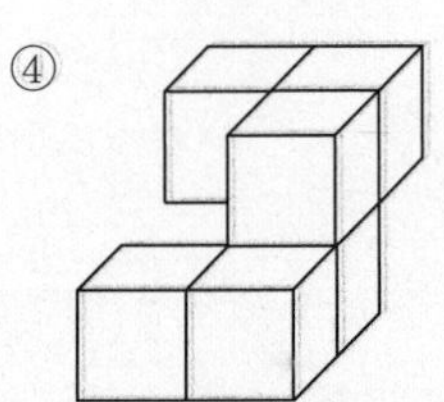

6 사무지각(인문사회계)

※ 다음은 코로나 확진자의 환자번호에 대한 자료이다. 자료를 보고 이어지는 질문에 답하시오. [1~3]

• 환자번호의 주된 목적은 증상별 치료의 구분을 위한 것으로 환자번호가 중복하여 생성될 수 있다.
• 환자번호 구성(9자리)

감염 구분	확진 지역	바이러스 구분	환자 나이	증상 정도	증상 내용
A	BB	C	D	E	FFF

감염 구분	확진 지역	바이러스 구분
I : 국내발생 O : 해외유입	01 : 서울　08 : 경상 02 : 인천　09 : 대구 03 : 경기　10 : 전라 04 : 세종　11 : 광주 05 : 대전　12 : 부산 06 : 강원　13 : 울산 07 : 충청　14 : 제주	* 염기서열 기준 분류 1 : S그룹 2 : V그룹 3 : G그룹 4 : L그룹
환자 나이	**증상 정도**	**증상 내용**
B : 10대 미만 K : 10대 A : 20대 ~ 30대 F : 40대 ~ 50대 S : 60대 이상	N : 경증 D : 중등도 L : 중증 X : 최중증	000 : 기침 001 : 발열 010 : 기침 · 발열 011 : 기침 · 발열 · 호흡곤란 111 : 발열 · 폐렴

※ 폐렴은 최중증에만 나타난다.

01 환자번호가 다음과 같을 때 환자번호에 대한 설명으로 가장 적절한 것은?

I023KN000

① 국내감염인지 해외감염인지의 여부는 위 정보로 알 수 없다.
② 서울에서 확진판정을 받았다.
③ 환자의 바이러스가 어떤 종류인지에 대한 검사결과는 나오지 않았다.
④ 경증환자로 아직까지는 생명에 위험이 없을 것으로 보인다.

02 다음 확진자 A에 대한 정보를 보고 기록해야 할 환자번호로 옳은 것은?

〈환자내용〉

유학 중 코로나 위험으로 인해 해외에서 귀국해 온 27세 A씨는 비행 도중 기침과 발열 증상을 보였고, 국가 지침에 따라 주민등록상 거주지인 대구에서 코로나검사를 받았다. 검사결과 S그룹 감염으로 판정되었으며, 증상정도에 따라 중등도로 분류되었다.

① O091AD010 ② O091AD011
③ O091AL010 ④ I091AD010

03 다음 코로나 확진자 환자번호 중 적절하지 않은 것을 모두 고른 것은?

㉠ I002AN000
㉡ O031AD010
㉢ O124FN111
㉣ I143KL011
㉤ O024FN001

① ㉠, ㉡ ② ㉠, ㉣
③ ㉢, ㉤ ④ ㉠, ㉢, ㉤

04 다음 표에 제시된 문자와 같은 것의 개수를 고르면?

갪

갦	갫	갮	갷	갰	갮	갰	갷	갦	갪	갷	갮
갪	갰	갷	갰	갫	갲	갦	갮	갫	갰	갦	갫
갫	갦	갲	갮	갦	갷	갫	갲	갰	갦	갫	갷
갮	갷	갪	갦	갮	갲	갰	갫	갮	갷	갲	갪

① 3개 ② 4개
③ 5개 ④ 6개

CHAPTER 06 KT그룹

정답 및 해설 030p

1 언어능력

01 다음 글의 제목으로 가장 알맞은 것은?

제4차 산업혁명은 인공지능이 기존의 자동화 시스템과 연결되어 효율이 극대화되는 산업 환경의 변화를 의미한다. 2016년 세계경제포럼에서 언급되어, 유행처럼 번지는 용어가 되었다. 학자에 따라 바라보는 견해는 다르지만 대체로 기계학습과 인공지능의 발달이 그 수단으로 꼽힌다. 2010년대 중반부터 드러나기 시작한 제4차 산업혁명은 현재진행형이며, 그 여파는 사회 곳곳에서 드러나고 있다. 현재도 사람을 기계와 인공지능이 대체하고 있으며, 현재 일자리의 80 ~ 99%까지 대체될 것이라고 보는 견해도 있다.
만약 우리가 현재의 경제 구조를 유지한 채로 이와 같은 극단적인 노동 수요 감소를 맞게 된다면, 전후 미국의 대공황 등과는 차원이 다른 끔찍한 대공황이 발생할 것이다. 계속해서 일자리가 줄어들수록 중·하위 계층은 사회에서 밀려날 수밖에 없는데, 반면 자본주의 사회의 특성상 많은 비용을 수반하는 과학기술의 연구는 자본에 종속될 수밖에 없기 때문이다. 물론 지금도 이러한 현상이 없는 것은 아니지만, 아직까지는 단순노동이 필요하기 때문에 노동력을 제공하는 중·하위층들도 불합리한 부분들에 파업과 같은 실력행사를 할 수 있었다. 그러나 앞으로 자동화가 더욱 진행되어 노동의 필요성이 사라진다면 그들을 배려해야 할 당위성은 법과 제도가 아닌 도덕이나 인권과 같은 윤리적인 영역에만 남게 되는 것이다.
반면에, 이를 긍정적으로 생각한다면 이처럼 일자리가 없어졌을 때 극소수에 해당하는 경우를 제외한 나머지 사람들은 노동에서 완전히 해방되어, 인공지능이 제공하는 무제한적인 자원을 마음껏 향유할 수도 있을 것이다. 하지만 이러한 미래는 지금의 자본주의보다는 사회주의 경제 체제에 가깝다. 이 때문에 많은 경제학자와 미래학자들은 제4차 산업혁명 이후의 미래를 장밋빛으로 바꿔나가기 위해, 기본소득제 도입 등의 시도와 같은 고민들을 이어가고 있다.

① 제4차 산업혁명의 의의
② 제4차 산업혁명의 빛과 그늘
③ 제4차 산업혁명의 위험성
④ 제4차 산업혁명에 대한 준비
⑤ 제4차 산업혁명의 시작

02 다음 문장을 논리적 순서대로 알맞게 배열한 것은?

(가) 점차 우리의 생활에서 집단이 차지하는 비중이 커지고, 사회가 조직화되어 가는 현대 사회에서는 개인의 윤리 못지않게 집단의 윤리, 즉 사회 윤리의 중요성도 커지고 있다.
(나) 따라서 우리는 현대 사회의 특성에 맞는 사회 윤리의 정립을 통해 올바른 사회를 지향하는 노력을 계속해야 할 것이다.
(다) 그러나 이러한 사회 윤리가 단순히 개개인의 도덕성이나 윤리 의식의 강화에 의해서만 이루어지는 것은 아니다.
(라) 물론 그것은 인격을 지니고 있는 개인과는 달리 전체의 이익을 합리적으로 추구하는 사회의 본질적 특성에서 연유하는 것이기도 하다.
(마) 그것은 개개인이 도덕적이라는 것과 그들로 이루어진 사회가 도덕적이라는 것은 별개의 문제이기 때문이다.

① (가) – (다) – (마) – (라) – (나)
② (가) – (다) – (나) – (라) – (마)
③ (가) – (나) – (마) – (라) – (다)
④ (가) – (나) – (다) – (라) – (마)
⑤ (가) – (나) – (라) – (다) – (마)

03 다음 글의 주장에 대한 반박으로 가장 적합한 것은?

인공 지능 면접은 더 많이 활용되어야 한다. 인공 지능을 활용한 면접은 인터넷에 접속하여 인공 지능과 문답하는 방식으로 진행되는데, 지원자는 시간과 공간에 구애받지 않고 면접에 참여할 수 있는 편리성이 있어 면접 기회가 확대된다. 또한 회사는 면접에 소요되는 인력을 줄여, 비용 절감 측면에서 경제성이 크다. 실제로 인공 지능을 면접에 활용한 ○○회사는 전년 대비 2억 원 정도의 비용을 절감했다. 그리고 기존 방식의 면접에서는 면접관의 주관이 개입될 가능성이 큰 데 반해, 인공 지능을 활용한 면접에서는 빅데이터를 바탕으로 한 일관된 평가 기준을 적용할 수 있다. 이러한 평가의 객관성 때문에 많은 회사들이 인공 지능 면접을 도입하는 추세이다.

① 빅데이터는 사회에서 형성된 정보가 축적된 결과물이므로 왜곡될 가능성이 적다.
② 인공 지능을 활용한 면접은 기술적으로 완벽하기 때문에 인간적 공감을 떨어뜨린다.
③ 회사 관리자 대상의 설문 조사에서 인공 지능을 활용한 면접을 신뢰한다는 비율이 높게 나온 것으로 보아 기존의 면접 방식보다 지원자의 잠재력을 판단하는 데 더 적합하다.
④ 회사의 특수성을 고려해 적합한 인재를 선발하려면 오히려 해당 분야의 경험이 축적된 면접관의 생각이나 견해가 면접 상황에서 중요한 판단 기준이 되어야 한다.
⑤ 면접관의 주관적인 생각이나 견해로는 지원자의 잠재력을 판단하기 어렵다.

04 다음 글을 통해 추론할 수 있는 내용으로 적절하지 않은 것은?

소크라테스와 플라톤은 그를 존경스럽고 비상한 능력을 지닌 인물로 높이 평가했다. 그러나 그의 사상은 지극히 난해하다고 했다. 유럽 철학사에서 파르메니데스의 중요성은 그가 최초로 '존재'의 개념을 정립했다는 데 있다. 파르메니데스는 아르케, 즉 근원적인 원리에 대한 근본적인 질문을 이오니아의 자연철학자들과는 다른 방식으로 다룬다. 그는 원천의 개념에서 일체의 시간적·물리적 성질을 제거하고 오로지 존재론적인 문제만을 남겨놓는다. 이 위대한 엘레아 사람은 지성을 기준으로 내세웠고, 예리한 인식에는 감각적 지각이 필요 없다고 주장했다. 경험적 인식과는 무관한 논리학이 사물의 본질을 파악할 수 있는 능력이라고 전제함으로써 그는 감각적으로 지각할 수 있는 세계 전체를 기만적인 것으로 치부하고 유일하게 실재하는 것은 '존재'라고 생각했다.

그리고 이 존재는 로고스에 의해 인식되며, 로고스와 같은 것이라고 했다. 파악함과 존재는 같은 것이므로 존재하는 것은 파악될 수 있다. 그리고 파악될 수 있는 것만이 존재한다. 파르메니데스는 '존재자'라는 근본적인 존재론적 개념을 유럽 철학에 최초로 도입한 인물일 뿐만 아니라, 경험세계와는 전적으로 무관하게 오로지 논리적 근거만을 사용하여 순수한 이론적 체계를 성립시킨 최초의 인물이기도 했다.

① 파르메니데스 사상의 업적은 존재란 개념을 이성적 파악의 대상으로 본 것이다.
② 플라톤의 이데아 개념은 파르메니데스의 이론에 영향을 받았을 것이다.
③ 파르메니데스는 감성보다 지성에 높은 지위를 부여했을 것이다.
④ 파르메니데스에게 예리한 인식이란 로고스로 파악하는 존재일 것이다.
⑤ 경험론자들의 주장과 파르메니데스의 주장은 일맥상통할 것이다.

05 다음 글을 읽은 독자의 반응으로 적절하지 않은 것은?

우주로 쏘아진 인공위성들은 지구 주위를 돌며 저마다의 임무를 충실히 수행한다. 이들의 수명은 얼마나 될까? 인공위성들은 태양 전지판으로 햇빛을 받아 전기를 발생시키는 태양전지와 재충전용 배터리를 장착하여 지구와의 통신은 물론 인공위성의 온도를 유지하고 자세와 궤도를 조정하는데, 이러한 태양전지와 재충전용 배터리의 수명은 평균 15년 정도이다.

방송 통신 위성은 원활한 통신을 위해 안테나가 늘 지구의 특정 위치를 향해 있어야 하는데, 안테나 자세 조정을 위해 추력기라는 작은 로켓에서 추진제를 소모한다. 자세 제어용 추진제가 모두 소진되면 인공위성은 자세를 유지할 수 없기 때문에 더 이상의 임무 수행이 불가능해지고 자연스럽게 수명을 다하게 된다.

첩보 위성의 경우는 임무의 특성상 아주 낮은 궤도를 비행한다. 하지만 낮은 궤도로 비행하게 될 경우 인공위성은 공기의 저항 때문에 마모가 훨씬 빨라지므로 수명이 몇 개월에서 몇 주일까지 짧아진다. 게다가 운석과의 충돌 등 예기치 못한 사고로 인하여 부품이 훼손되어 수명이 다하는 경우도 있다.

① 수명이 다 된 인공위성들은 어떻게 되는 걸까?
② 첩보 위성을 높은 궤도로 비행시키면 더욱 오래 임무를 수행할 수 있을 거야.
③ 안테나가 특정 위치를 향하지 않더라도 통신이 가능하도록 만든다면 방송 통신 위성의 수명을 늘릴 수 있을지도 모르겠군.
④ 별도의 충전 없이 오래가는 배터리를 사용한다면 인공위성의 수명을 더 늘릴 수 있지 않을까?
⑤ 아무런 사고 없이 임무를 수행한 인공위성이라도 15년 정도만 사용할 수 있겠구나.

06 다음 글의 내용을 통해 알 수 없는 것은?

> 최근 민간 부문에 이어 공공 부문의 인사관리 분야에 '역량(Competency)'의 개념이 핵심 주제로 등장하고 있다. '역량'이라는 개념은 1973년 사회심리학자인 맥클레랜드에 의하여 '전통적 학업 적성 검사 혹은 성취도 검사의 문제점 지적'이라는 연구에서 본격적으로 논의된 이후 다양하게 정의되어 왔으나, 여기서의 역량의 개념은 직무에서 탁월한 성과를 나타내는 고성과자(High Performer)에게서 일관되게 관찰되는 행동적 특성을 의미한다. 즉, 지식·기술·태도 등 내적 특성들이 상호작용하여 높은 성과로 이어지는 행동적 특성을 말한다. 따라서 역량은 관찰과 측정할 수 있는 구체적인 행위의 관점에서 설명된다. 조직이 필요로 하는 역량 모델이 개발된다면 이는 채용이나 선발, 경력 관리, 평가와 보상, 교육·훈련 등 다양한 인사관리 분야에 적용될 수 있다.

① 역량의 개념은 역사적으로 다양하였다.
② 역량은 개인의 내재적 특성을 포함하는 개념이다.
③ 역량은 직무에서 높은 성과로 이어지는 행동적 특성을 말한다.
④ 역량 모델은 공공 부문보다 민간 부문에서 더욱 효과적으로 작용한다.
⑤ 역량 모델의 개발은 조직의 관리를 용이하게 한다.

2 언어 · 수추리력

01 어느 호텔 라운지에 둔 화분이 투숙자 중 한 명에 의하여 깨졌다. 이 호텔에는 갑, 을, 병, 정, 무 5명의 투숙자가 있었으며, 각 투숙자는 아래와 같이 진술하였다. 5명의 투숙자 중 4명은 진실을 말하고 한 명이 거짓말을 하고 있다면, 거짓말을 하고 있는 사람은 누구인가?

- 갑 : '을'은 화분을 깨뜨리지 않았다.
- 을 : 화분을 깨뜨린 사람은 '정'이다.
- 병 : 내가 깨뜨렸다.
- 정 : '을'의 말은 거짓말이다.
- 무 : 나는 깨뜨리지 않았다.

① 갑
② 을
③ 병
④ 정
⑤ 무

02 A, B, C, D, E는 인적성 시험에 함께 응시하였다. 시험 도중 부정행위가 일어났다고 할 때, 다음 〈조건〉을 통해 부정행위를 한 사람을 모두 고르면?

조건

- 2명이 부정행위를 저질렀다.
- B와 C는 같이 부정행위를 하거나 같이 부정행위를 하지 않았다.
- B나 E가 부정행위를 했다면, A도 부정행위를 했다.
- C가 부정행위를 했다면, D도 부정행위를 했다.
- E가 부정행위를 하지 않았으면, D도 부정행위를 하지 않았다.

① B, C
② A, B
③ A, E
④ C, D
⑤ D, E

03 〈조건〉이 다음과 같을 때 금요일에 도서관에 가는 사람은 누구인가?

조건

- 근희는 금요일에 도서관에 간다.
- 영경이는 화요일과 목요일에 도서관에 간다.
- 경지가 도서관에 가지 않으면 정민이가 도서관에 간다.
- 정민이가 도서관에 가면 보현이도 도서관에 간다.
- 영경이가 도서관에 가지 않으면 근희는 도서관에 간다.
- 근희가 도서관에 가면 경지는 도서관에 가지 않는다.

① 근희, 정민, 보현
② 근희, 경지, 영경
③ 근희, 경지, 보현
④ 근희, 정민, 영경
⑤ 근희, 영경, 보현

2020년 대기업

※ 일정한 규칙으로 수를 나열할 때, 빈칸에 들어갈 알맞은 수를 고르시오. [4~7]

04

1 2 3 5 8 ( )

① 12
② 13
③ 14
④ 15
⑤ 16

05

−1 2 ( ) −24 −120 720

① 6
② −24
③ −6
④ 24
⑤ −12

06

0.5 1.4 1.2 4.1 2.8 12.2 6.2 ( )

① 36.5
② 36.6
③ 37.5
④ 37.6
⑤ 38.5

07

−7 −4.5 −1 ( ) 9 15.5

① 1.5
② 3.5
③ 4
④ 6.5
⑤ 7

3 수리능력

01 100 이하의 자연수 중 12와 32로 나누어떨어지는 자연수의 개수는 몇 개인가?

① 0개 ② 1개
③ 2개 ④ 3개
⑤ 4개

02 십의 자리 숫자와 일의 자리 숫자의 합은 10이고, 십의 자리 숫자와 일의 자리 숫자의 자리를 바꾼 수를 2로 나눈 값은 원래 숫자보다 14만큼 작다. 처음 숫자는 얼마인가?

① 43 ② 44
③ 45 ④ 46
⑤ 47

03 회사 직원 중 1,000명에게 사내 복지제도에 대한 설문조사를 하였다. 조사 결과 30%는 만족, 30%는 보통, 40%는 불만족을 선택했고, 불만족을 선택한 인원의 70%가 여직원이었다. 불만족을 선택한 여직원의 수는 회사 전체 여직원 수의 20%이고, 남직원의 수는 회사 전체 남직원의 10%라고 할 때, 회사 전체 직원 수는 총 몇 명인가?

① 2,440명 ② 2,480명
③ 2,530명 ④ 2,570명
⑤ 2,600명

04 A호텔은 매일 분수 쇼와 퍼레이드를 보여주고 있으며, 시간은 오전 10시부터 시작한다. 분수 쇼는 10분 동안 하고 35분 쉬고, 퍼레이드는 20분 공연하고 40분의 휴식을 한다. 사람들이 오후 12시부터 오후 6시까지 분수 쇼와 퍼레이드의 시작을 함께 볼 수 있는 기회는 몇 번인가?

① 1번 ② 2번
③ 3번 ④ 4번
⑤ 5번

05 숫자 0, 1, 2, 3, 4가 적힌 5장의 카드에서 2장을 뽑아 두 자리 정수를 만들 때 그 수가 짝수일 확률은?

① $\frac{3}{8}$　　② $\frac{1}{2}$

③ $\frac{5}{8}$　　④ $\frac{3}{4}$

⑤ $\frac{7}{8}$

06 다음은 20대 이상 성인에게 종이책 독서에 관해 설문조사를 한 자료이다. 여성과 남성의 사례 수가 각각 3,000명이라면 '읽음'을 선택한 여성과 남성의 인원은 총 몇 명인가?

〈종이책 독서 현황〉

(단위 : %)

구분		사례 수(명)	읽음	읽지 않음
전체		6,000	59.9	40.1
성별	남성	3,000	58.2	41.8
	여성	3,000	61.5	38.5
연령별	20대	1,070	73.5	26.5
	30대	1,071	68.9	31.1
	40대	1,218	61.9	38.1
	50대	1,190	52.2	47.8
	60대 이상	1,451	47.8	52.2

※ '읽음'과 '읽지 않음'의 비율은 소수점 이하 둘째 자리에서 반올림한 값이다.

① 3,150명　　② 3,377명

③ 3,591명　　④ 3,782명

⑤ 3,843명

07 다음은 출생, 사망 추이를 나타낸 표이다. 이 표에 대한 해석으로 옳지 않은 것은?

〈출생, 사망 추이〉

구분		2014년	2015년	2016년	2017년	2018년	2019년	2020년
출생아 수(명)		490,543	472,761	435,031	448,153	493,189	465,892	444,849
사망자 수(명)		244,506	244,217	243,883	242,266	244,874	246,113	246,942
기대수명(년)		77.44	78.04	78.63	79.18	79.56	80.08	80.55
수명(년)	남자	73.86	74.51	75.14	75.74	76.13	76.54	76.99
	여자	80.81	81.35	81.89	82.36	82.73	83.29	83.77

① 출생아 수는 2014년 이후 감소하다가 2017년, 2018년에 증가 이후 다시 감소하고 있다.
② 매년 기대수명은 증가하고 있다.
③ 남자와 여자의 수명은 매년 5년 이상의 차이를 보이고 있다.
④ 매년 출생아 수는 사망자 수보다 20만 명 이상 더 많으므로 매년 총 인구는 20만 명 이상씩 증가한다고 볼 수 있다.
⑤ 여자의 수명과 기대수명의 차이는 2018년이 가장 적다.

2020년 대기업

08 다음 자료는 어느 나라의 2019년과 2020년의 노동 가능 인구구성의 변화를 나타낸 것이다. 2019년도와 비교한 2020년도의 상황을 바르게 설명한 것은?

〈노동 가능 인구 구성의 변화〉

구분	취업자	실업자	비경제활동인구
2019년	55%	25%	20%
2020년	43%	27%	30%

① 이 자료에서 실업자의 수는 알 수 없다.
② 실업자의 비율은 감소하였다.
③ 경제활동인구는 증가하였다.
④ 취업자 비율의 증감 폭이 실업자 비율의 증감 폭보다 작다.
⑤ 비경제활동인구의 비율은 감소하였다.

※ 다음 도식의 기호들은 일정한 규칙에 따라 도형을 변화시킨다. ?에 들어갈 알맞은 도형을 고르시오. **[1~2]**

01

A :

B :

C :

□ : 색이 처음과 같으면 Yes, 다르면 No

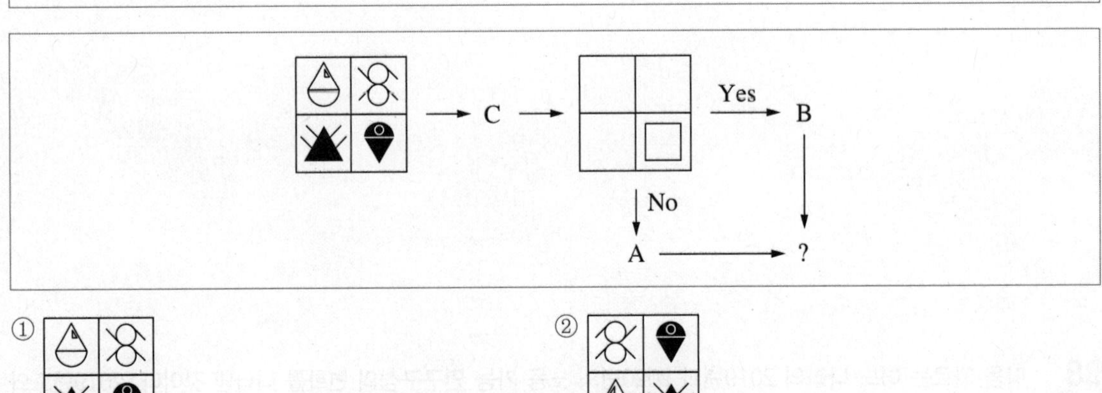

①

②

③

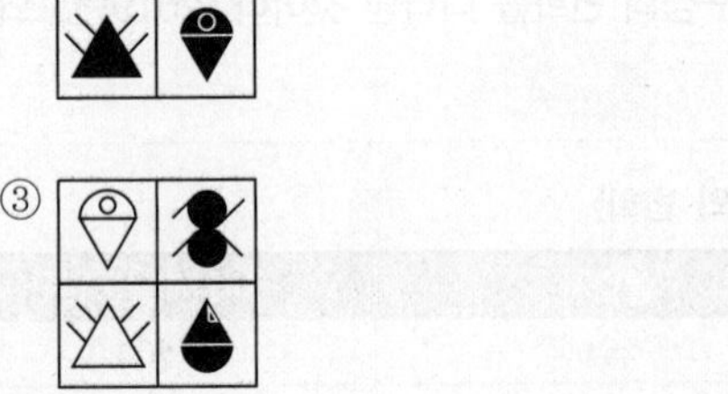

④

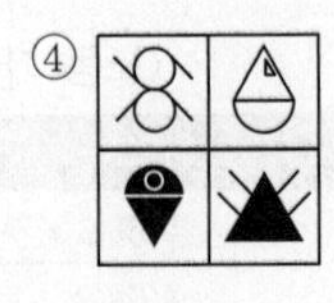

⑤

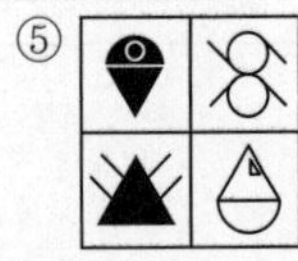

02

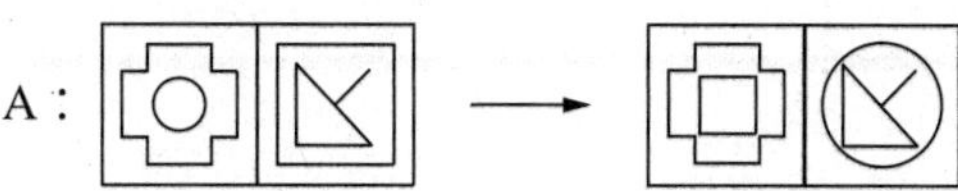

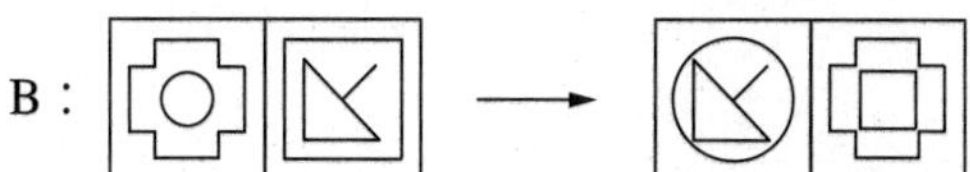

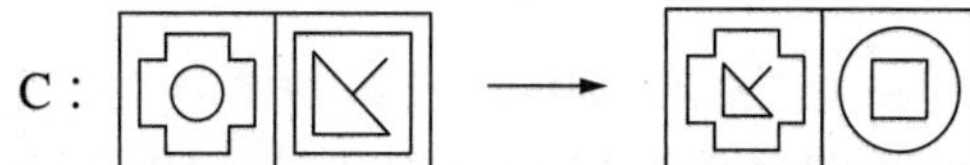

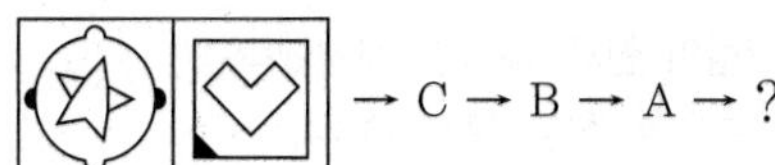

① 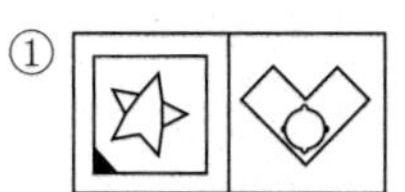

② 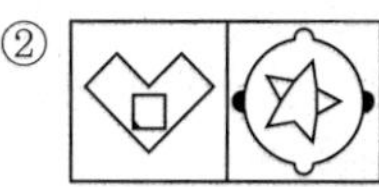

③ 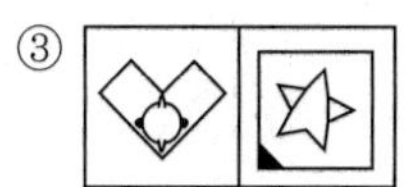

④ 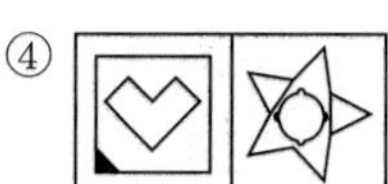

⑤ 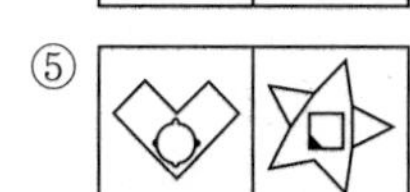

CHAPTER 07 두산그룹

정답 및 해설 035p

1 언어논리

01 **D사의 A ~ F팀은 월요일부터 토요일까지 하루에 2팀이 함께하는 회의를 진행한다. 다음 〈조건〉을 참고할 때, 반드시 참인 것은?(단, 월요일부터 토요일까지 각 팀의 회의 진행 횟수는 서로 같다)**

조건

- 오늘은 목요일이고 A팀과 F팀이 함께 회의를 진행했다.
- 팀은 A팀과 연이은 요일에 회의를 진행하지 않는다.
- 팀은 오늘을 포함하여 이번 주에는 더 이상 회의를 진행하지 않는다.
- 팀은 월요일에 회의를 진행했다.
- 팀과 C팀은 이번 주에 B팀과 한 번씩 회의를 진행한다.
- 팀과 F팀은 이번 주에 이틀을 연이어 함께 회의를 진행한다.

① E팀은 수요일과 토요일 하루 중에만 회의를 진행한다.
② 화요일에 회의를 진행한 팀은 B팀과 E팀이다.
③ C팀과 E팀은 함께 회의를 진행하지 않는다.
④ C팀은 월요일과 수요일에 회의를 진행했다.
⑤ F팀은 목요일과 금요일에 회의를 진행한다.

02 20대 남녀, 30대 남녀, 40대 남녀 6명이 뮤지컬 관람을 위해 공연장을 찾았다. 다음 〈조건〉을 참고할 때, 항상 옳은 것은?

조건

- 양 끝자리에는 다른 성별이 앉는다.
- 40대 남성은 왼쪽에서 두 번째 자리에 앉는다.
- 30대 남녀는 서로 인접하여 앉지 않는다.
- 30대와 40대는 인접하여 앉지 않는다.
- 30대 남성은 맨 오른쪽 끝자리에 앉는다.

[뮤지컬 관람석]

① 20대 남녀는 왼쪽에서 첫 번째 자리에 앉을 수 없다.
② 20대 남녀는 서로 인접하여 앉는다.
③ 40대 남녀는 서로 인접하여 앉지 않는다.
④ 20대 남성은 40대 여성과 인접하여 앉는다.
⑤ 30대 남성은 20대 여성과 인접하여 앉지 않는다.

03 민하, 상식, 은희, 은주, 지훈은 점심 메뉴로 쫄면, 라면, 우동, 김밥, 어묵 중 각각 하나씩을 주문하였다. 다음 〈조건〉이 모두 참일 때, 바르게 연결된 것은?(단, 모두 서로 다른 메뉴를 주문하였다)

조건

- 민하와 은주는 라면을 먹지 않았다.
- 상식과 민하는 김밥을 먹지 않았다.
- 은희는 우동을 먹었고, 지훈은 김밥을 먹지 않았다.
- 지훈은 라면과 어묵을 먹지 않았다.

① 지훈 – 라면, 상식 – 어묵
② 지훈 – 쫄면, 민하 – 라면
③ 은주 – 어묵, 상식 – 김밥
④ 은주 – 쫄면, 민하 – 김밥
⑤ 민하 – 어묵, 상식 – 라면

04 **다음 중 밑줄 친 ㉠~㉢에 대한 사례로 적절하지 않은 것은?**

> 조건
>
> 4차 산업혁명의 주제는 무엇일까? 제조업의 입장에서 4차 산업혁명은 ICT와 제조업의 결합을 의미하며, 여기에서 발생하는 제조업의 변화 양상은 크게 제조업의 서비스화, 제조업의 디지털화, 제조업의 스마트화 등으로 정리할 수 있다.
> 먼저 ㉠ 제조업의 서비스화에서의 핵심은 '아이디어를 구체화하는 시스템'이다. 제조업체는 제품과 서비스를 통합적으로 제공하고, 이를 통해 제품의 부가가치와 경쟁력을 높여 수익을 증대하고자 한다.
> 다음으로 ㉡ 제조업의 디지털화는 '디지털 인프라 혁명'이라고도 하며, 가상과 현실, 사람과 사물이 연결되는 초연결(Hyper-connected) 네트워크 통해 언제 어디서나 접속 가능한 환경을 조성하여 재화를 생산하는 것을 의미한다. 제조업체는 맞춤형 생산이 가능한 3D프린팅, 스마트 공장, 증강현실・가상현실 기반 콘텐츠, 클라우드 기반 정보 시스템 등을 생산과정에 활용한다.
> 마지막으로 ㉢ 제조업의 스마트화는 인공지능(AI), 로봇, 사물인터넷(IoT), 빅데이터, 클라우드, AR, VR, 홀로그램 등 지능 기술의 발달에 따른 '기술적 혁명'을 말한다. 이는 생산성 향상, 생산 공정 최적화 등을 달성하는 데 기여할 것으로 예상된다. 이러한 제조업의 스마트화는 생산인구 감소, 고임금, 자원 고갈(에너지, 인력, 장비, 설비 등)등에 대비해 노동 생산성과 자원 효율성 제고를 위한 새로운 전략적 대응으로 등장하였다.

① ㉠ - 애플은 하드웨어와 소프트웨어뿐만 아니라 콘텐츠 생산자와 소비자를 연결하는 플랫폼인 애플 스토어 서비스를 구축하였다.

② ㉠ - 롤스로이스는 항공기 엔진과 관련 부품의 판매뿐만 아니라 ICT를 이용한 실시간 모니터링을 통해 엔진의 유지・보수 및 관리가 가능한 엔진 점검 서비스를 제공한다.

③ ㉡ - 포드는 'TechShop' 프로젝트를 통해 2,000여 명의 회원들이 자유롭게 자사의 3D프린터 제작 설비를 활용하여 아이디어를 시제품으로 구체화할 수 있도록 지원했다.

④ ㉡ - GE의 제조 공장에서는 제조 주기의 단축을 위한 기술을 축적하고 있으며, 하나의 공장에서 항공, 에너지, 발전 관련 등 다양한 제품군을 제조하는 설비를 갖추고자 노력하고 있다.

⑤ ㉢ - 지멘스의 제조 공장에서는 제품 개발 및 제조・기획을 관장하는 '가상생산' 시스템과 제품 수명 주기 관리를 통한 '공장생산' 시스템을 통합해 생산 효율성의 극대화를 추구한다.

05 다음 글에 나타난 필자의 주장을 강화할 수 있는 논거를 〈보기〉에서 모두 고르면?

조건

에너지 빈곤 요인은 상호복합적이기 때문에 에너지 복지정책도 이에 따라 복합적인 형태로 접근해야 한다. 단순가격보조 형태의 에너지 복지대책을 확대하는 것은 낮은 에너지 효율성이라는 에너지 빈곤 요인을 제거하지 못하기 때문에 행정적 부담만 지속적으로 증가할 것이다. 따라서 에너지 빈곤 해소의 가장 중요한 포인트는 에너지 효율성을 높여 에너지 소비량을 줄이는 방향으로 정책을 설계하는 것이며 이를 통해 가격보조 효과가 발생할 수 있도록 유도해야 하는 것이다.

에너지 복지 프로그램은 크게 '공급형', '효율형', '전환형' 세 가지로 유형화할 수 있다. 정부가 주로 활용하고 있는 '공급형'은 긴급 구호형태를 띠는 연료비 보존 및 단전 유예 등을 들 수 있다. 그러나 공급형은 에너지 수요관리를 해야 하는 에너지 정책과 상충하고, 복지효과 역시 지속적이지 않다는 단점이 있다. 이를 발전시킨 것이 미국의 저소득층 에너지 효율화 집수리 서비스(WAP; Weatherization Assistance Program)와 같은 '효율형' 에너지 복지대책이다. 이는 에너지 수요를 줄이면서도, 중장기적으로는 요금 절감 효과가 있어 '공급형'에 비해 훨씬 효과가 높은 것으로 평가받고 있다. 또한 저소득층을 에너지 효율화 집수리 사업에 고용하여 일자리 창출 효과도 높일 수 있다. 마지막으로 에너지원 자체를 재생가능 에너지로 전환해 주는 '전환형' 방법이 있다. 앞의 두 유형보다 복지#환경 효과는 더 높은 데 비해 재원이 많이 소요되고, 법·제도적으로도 보완해야 할 점이 많다는 점에서 시기상조로 보는 시각도 존재한다.

따라서 중단기적으로는 '효율형' 에너지 복지 대책에 집중하되, '전환형' 에너지 복지 프로그램을 병행하는 단계적 접근 전략이 필요하다. 그러나 현재 우리나라의 에너지 복지 정책들은 에너지 비용을 지원하는 단기적이고, 화석에너지 중심의 기본적인 수준에 머물고 있다. 이에 따라 복지 효과는 지속되지 못하고, 오히려 에너지 사용량이 늘어나 에너지 절감과 같은 환경 보호 효과는 다른 정책에 역행하는 양상을 나타내고 있다. 따라서 한국의 에너지 복지 정책 역시 단계적인 에너지 효율 개선과 에너지 전환을 위한 발전으로 확장할 필요가 있다.

보기

㉠ 저소득층에게 에너지 지원은 필수이다.
㉡ 현물이나 현금을 지원하는 것은 일시적 미봉책에 불과하다.
㉢ 에너지 복지 사업은 고용 창출과 환경보호를 고려해야 한다.

① ㉠
② ㉠, ㉡
③ ㉡, ㉢
④ ㉠, ㉢
⑤ ㉠, ㉡, ㉢

06 다음 중 빈칸에 들어갈 내용으로 가장 적절한 것은?

보기

자율주행차란 운전자가 핸들과 가속페달, 브레이크 등을 조작하지 않아도 정밀한 지도, 위성항법시스템(GPS) 등 차량의 각종 센서로 상황을 파악해 스스로 목적지까지 찾아가는 자동차를 말한다. 국토교통부는 자율주행차의 상용화를 위해 '부분자율주행차(레벨3)' 안전기준을 세계 최초로 도입했다고 밝혔다. 이에 따라 7월부터는 자동 차로 유지기능이 탑재된 레벨3 자율주행차의 출시와 판매가 가능해진다. 국토부가 마련한 안전기준에 따르면 레벨3 부분자율주행차는 운전자 탑승이 확인된 후에만 작동할 수 있다. 자동 차로 유지기능은 운전자가 직접 운전하지 않아도 자율주행시스템이 차선을 유지하면서 주행하고 긴급 상황 등에 대응하는 기능이다. 기존 '레벨2'는 차로 유지기능을 작동했을 때 차량이 차선을 이탈하면 경고 알람이 울리는 정도여서 운전자가 직접 운전을 해야 했다. 레벨3 안전기준이 도입되면 지정된 작동영역 안에서는 자율주행차의 책임 아래 [   ]

① 운전자가 탑승하지 않더라도 자율주행이 가능해진다.
② 운전자가 직접 조작하지 않더라도 자동으로 속도 조절이 가능해진다.
③ 운전자가 운전대에서 손을 떼고도 차로를 유지하며 자율주행이 가능해진다.
④ 운전자가 직접 조작하지 않더라도 차량 간 일정한 거리 유지가 가능해진다.
⑤ 운전자가 차선을 이탈할 경우 경고 알람이 울리므로 운전자의 집중이 요구된다.

2 수리자료분석

01 다음은 전자인증서 인증수단 방법 중 선호도를 조사한 자료이다. 다음 자료에 대한 설명 중 옳지 않은 것은?(단, 평균점수는 소수점 이하 첫째 자리에서 반올림한다)

〈전자인증서 인증수단별 선호도 현황〉

(단위 : 점)

구분	실용성	보안성	간편성	유효기간
공인인증서 방식	16		14	1년
ID/PW 방식	18	10	16	없음
OTP 방식	15	18	14	1년 6개월
이메일 및 SNS 방식	18	8	10	없음
생체인증 방식	20	19	18	없음
I-pin 방식	16	17	15	2년

※ 선호도는 실용성, 보안성, 간편성 점수를 합한 값이다.

※ 유효기간이 1년 이하인 방식은 보안성 점수에 3점을 가산한다.

① 생체인증 방식의 선호도는 OTP 방식과 I-pin 방식 합보다 38점 낮다.

② 실용성 전체 평균점수보다 높은 방식은 총 4가지이다.

③ 유효기간이 '없음'인 인증수단 방식의 간편성 평균점수는 15점이다.

④ 공인인증서 방식의 선호도가 51점일 때, 보안성 점수는 18점이다.

⑤ 유효기간이 '없음'인 인증수단 방식의 실용성 점수는 모두 18점 이상이다.

2020년 대기업

안심Touch

02 다음은 자영업 종사자를 대상으로 실시한 업종 전환 의향에 대한 설문 조사 결과이다. 다음 자료에 대한 설명으로 옳은 것은?

〈업종 전환 의향 및 전환 이유에 대한 설문 조사 결과〉

(단위 : %)

구분		전환 의향		전환 이유					
		있음	없음	영업 이익 감소	동일 업종 내 경쟁 심화	권리금 수취	구인의 어려움	외식 산업 내 경쟁 심화	제도적 규제
전체		2.1	97.9	56.3	21.1	0.7	2.3	15.1	4.5
운영 형태별	프랜차이즈	1.3	98.7	45.1	20.2	6.0	10.6	13.1	5.0
	비(非) 프랜차이즈	2.3	97.7	57.9	21.2	0.0	1.1	15.3	4.5
매출액 규모별	5천만 원 미만	7.4	92.6	54.9	36.1	0.0	0.0	3.8	5.2
	5천만 원 이상 1억 원 미만	3.3	96.7	56.0	19.2	0.0	0.0	22.8	2.0
	1억 원 이상 5억 원 미만	1.2	98.8	57.4	12.0	2.1	6.5	14.7	7.3
	5억 원 이상	0.8	99.2	61.4	28.4	0.0	6.3	3.9	0.0

① 프랜차이즈 형태로 운영하는 경우, 그렇지 않은 경우보다 업종 전환 의향에 대한 긍정적 응답 비율이 높다.
② 매출액 규모가 클수록 업종 전환 이유에 대해 영업이익 감소의 응답 비율이 높다.
③ 구인난은 매출액 규모와 관계없이 업종 전환에 대한 이유가 될 수 있다.
④ 비(非)프랜차이즈 형태로 운영하는 경우, 업종 전환의 가장 큰 이유는 외식 산업 내 경쟁 심화이다.
⑤ 매출액이 5억 원 이상인 경우, 업종 전환의 가장 큰 이유는 제도적 규제이다.

03 다음은 A지역의 곡물 재배면적 및 생산량을 정리한 자료이다. 이에 대한 설명으로 옳은 것은?

〈A국의 곡물 재배면적 및 생산량〉

(단위 : ha, 백 톤)

구분		2015년	2016년	2017년	2018년	2019년
미곡	재배면적	1,148	1,100	998	1,118	1,164
	생산량	15,276	14,145	13,057	15,553	18,585
맥류	재배면적	1,146	773	829	963	1,034
	생산량	7,347	4,407	4,407	6,339	7,795
두류	재배면적	450	283	301	317	339
	생산량	1,940	1,140	1,143	1,215	1,362
잡곡	재배면적	334	224	264	215	208
	생산량	1,136	600	750	633	772
서류	재배면적	59	88	87	101	138
	생산량	821	1,093	1,228	1,436	2,612

① 잡곡의 생산량이 가장 적은 해와 잡곡의 재배면적이 가장 적은 해는 같다.
② 2015 ~ 2019년까지 잡곡의 재배면적은 매년 서류의 2배 이상이다.
③ 두류의 생산량이 가장 많은 해에 재배면적이 가장 큰 곡물은 맥류이다.
④ 2017 ~ 2019년 동안 미곡과 두류의 전년 대비 생산량의 증감 추이는 동일하다.
⑤ 2015 ~ 2019년 동안 매년 생산량은 두류가 잡곡보다 많다.

04 소금물 160g에 물 40g을 넣었더니 농도가 8%인 소금물이 되었다. 물을 넣기 전 처음 소금물의 농도는 얼마인가?

① 30%
② 25%
③ 20%
④ 15%
⑤ 10%

05 금연프로그램에 신청한 흡연자 A씨는 금연에 관한 물품을 지원받고 있다. 국민건강보험공단에서 니코틴패치, 금연 껌, 금연사탕 등과 상담 비용을 일정 부분 지원해 준다고 한다. A씨는 8주 프로그램으로 6회의 의사와 상담을 받았고, 금연보조제로 니코틴패치를 3묶음 구입한다고 할 때, 흡연자 A씨가 부담해야 하는 금액은 얼마인가?

〈금연프로그램 지원 현황〉

구분	진료 및 상담	금연보조제(니코틴패치)
가격	30,000원/회	12,000원/묶음
지원금 비율	90%	75%

※ 진료 및 상담료 지원금은 6회까지 지원한다.

① 21,000원
② 23,000원
③ 25,000원
④ 27,000원
⑤ 30,000원

06 접시에 과자가 담겨 있는데, 민우가 접시에 있는 과자의 반을 먹었다. 지우는 민우가 먹고 남은 과자의 반을 먹었고, 이어서 경태가 남아있는 과자의 $\frac{1}{4}$을 먹었다. 마지막으로 수인과 진형이가 남아있는 과자를 똑같이 나누어 먹었을 때, 진형이가 3개의 과자를 먹었다면 민우가 먹기 전 처음 접시에 있었던 과자는 몇 개인가?

① 28개
② 30개
③ 32개
④ 34개
⑤ 36개

3 어휘유창성(인문계)

01 **다음 중 밑줄 친 단어의 뜻풀이가 적절하지 않은 것은?**

① 밤을 깎다. → 칼 따위로 물건의 거죽이나 표면을 얇게 벗겨내다.
② 잔디를 깎다. → 풀이나 털 따위를 잘라내다.
③ 벼슬을 깎다. → 체면이나 명예를 상하게 하다.
④ 물건값을 깎다. → 값이나 금액을 낮추어서 줄이다.
⑤ 공을 깎아 차다. → 구기 종목에서 공을 한옆으로 힘 있게 치거나 차서 돌게 하다.

02 **다음 중 중복된 언어 표현이 없는 것은?**

① 저 사람이 바로 소위 말하는 문제의 인물이야.
② 이번 박람회는 시장 흐름을 미리 예측할 수 있는 좋은 기회이다.
③ 올해 추수한 햅쌀로 밥을 지어 어머니께 드렸다.
④ 이 지역은 장마철에 자주 침수되어 주민들의 걱정이 끊이지 않는다.
⑤ 고난을 겪었지만 멈추지 말고 앞으로 전진해야 한다.

03 **다음 중 밑줄 친 부분의 띄어쓰기가 잘못된 것은?**

① 가방 안에 옷, 신발, 화장품 들을 넣었다.
② 모두 쳐다만 볼 뿐 누구 하나 나서는 사람이 없었다.
③ 소득 하위 10%가 소득 상위 10%만큼 벌려면 300배 더 많은 시간을 일해야 한다.
④ 1시간 이내에 불길이 잡힐 듯하다는 소식이 들렸다.
⑤ 영호가 단 한 번만에 시험에 합격했다는 소문이 들렸다.

04 다음 글과 가장 관련 있는 한자성어는?

> 똑같은 상품이라도 대형마트와 백화점 중 어디에서 판매하느냐에 따라 구매 선호도가 차이를 보이는 것으로 조사됐다.
> 한 백화점에서 지하 1층에 위치한 마켓의 올 한해 상품판매 추이를 분석한 결과, 신선식품과 유기농 식품 등에 대한 구매 선호도가 동일한 상품을 판매하는 대형마트보다 높게 나타났다. 상품군별 매출구성비를 살펴보면 신선식품의 경우 대형마트는 전체 매출의 23%대를 차지하고, 백화점 내 마켓은 32%의 구성비를 보이며 구매 선호도가 가장 높게 나타났다. 특히 유기농 상품매장의 경우, 유기농 상품의 평균 구매단가가 8,550원으로 대형마트의 7,050원보다 21%나 높음에도 불구하고 백화점 내 마켓 매출이 대형마트보다 월평균 3배 이상 높은 것으로 확인됐다.
> 또 유기농 선호품목의 경우 백화점 내 마켓에서는 우유 등 유제품과 사과, 바나나 등 과일에 대한 구매가 활발하지만, 대형마트에서는 잡곡과 쌀 등 곡류의 선호도가 높았다. 품목별 상품매출 구성비에서 상위 10위권 이내의 상품은 백화점의 경우 와인과 LCD TV, 프리미엄 냉장고, 노트북 등 문화가전 상품이 많았으나, 대형마트는 봉지라면과 쌀, 화장지, 병 소주 등 생활필수품이 인기를 끌었다. 백화점 내 마켓에서 판매된 2,000여 가지 상품 가운데 매출구성비 1위를 차지한 상품은 레드와인(3.4%)이었으며, 대형마트는 봉지라면(1.5%)이 1위를 차지했다.
> 백화점 관계자는 "똑같은 대형마트 상품이라도 백화점에서 판매하면 전혀 다른 상품 선호도와 소비 형태를 낳게 된다."며 "이는 장소에 따라 고객의 구매 목적과 집중도에서 차이를 보이기 때문"이라고 말했다.

① 귤화위지(橘化爲枳)
② 좌불안석(坐不安席)
③ 불문가지(不問可知)
④ 전화위복(轉禍爲福)
⑤ 일망타진(一網打盡)

4 공간추리(이공계)

※ 제시된 4개의 도형 중 1개의 도형을 방향에 상관없이 90° 회전하고 순서 상관없이 모두 결합하여 2×4×4 도형을 만들었다. 다음 중 나올 수 없는 도형을 고르시오(단, 보이지 않는 곳에 색칠된 블록은 없다). [1~2]

01

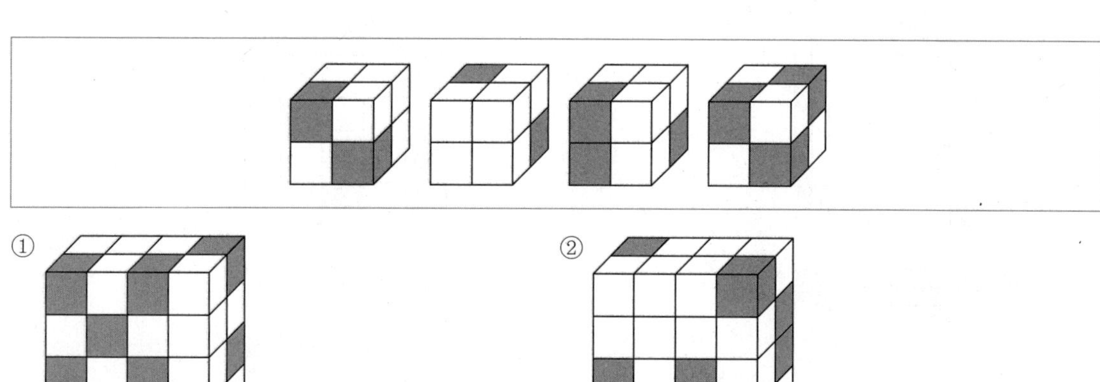

①

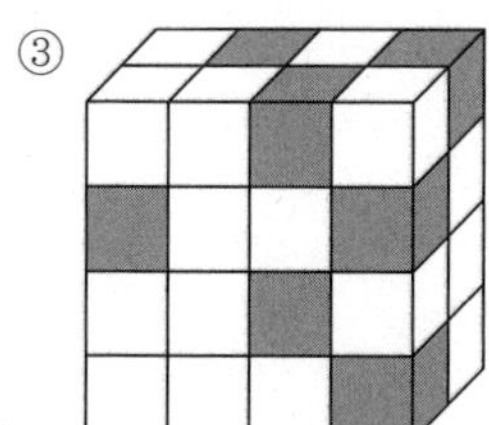

②

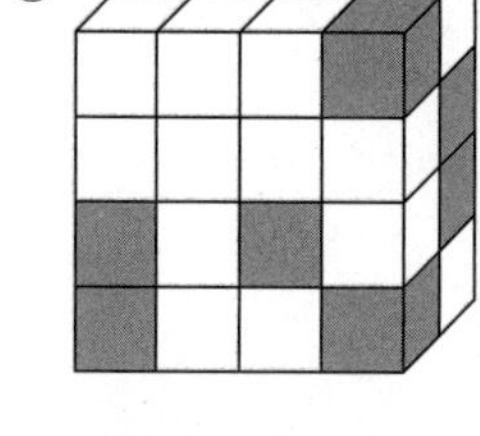

③

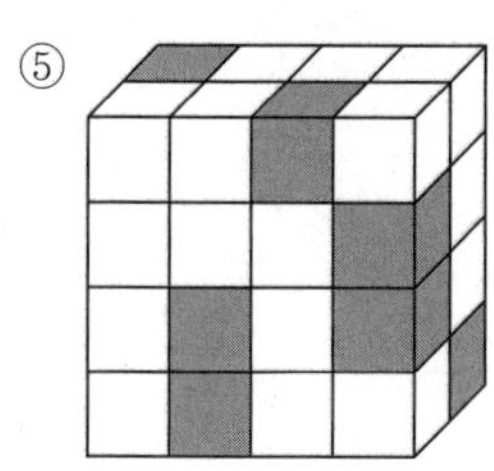

④

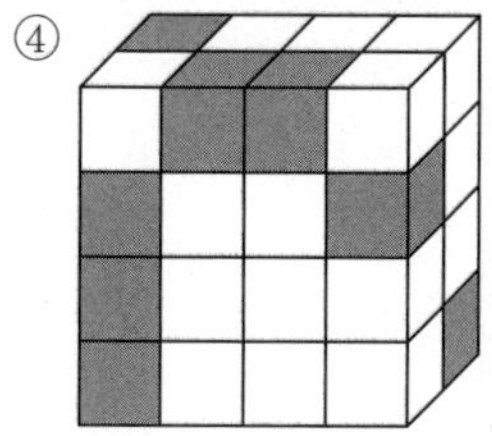

⑤

2020년 대기업

02

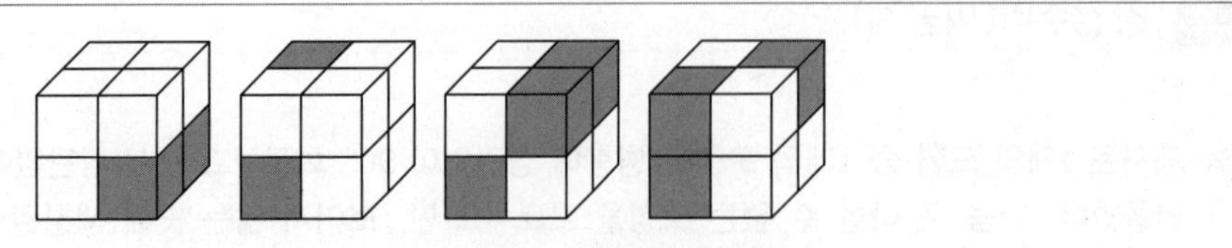

①

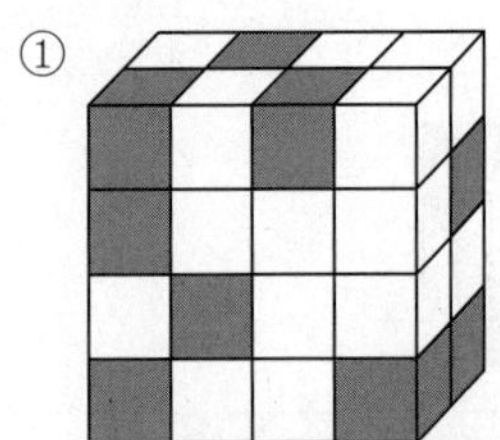

②

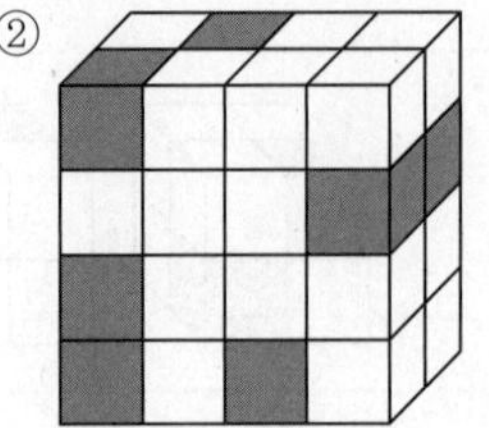

③

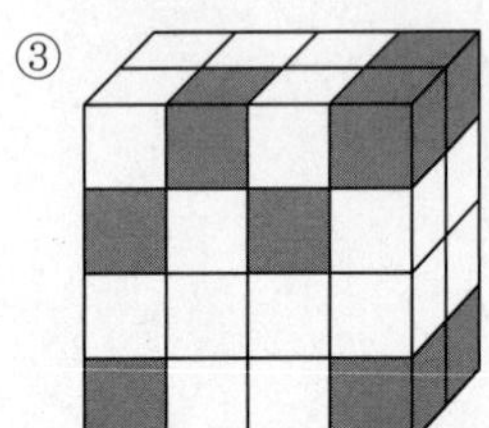

④

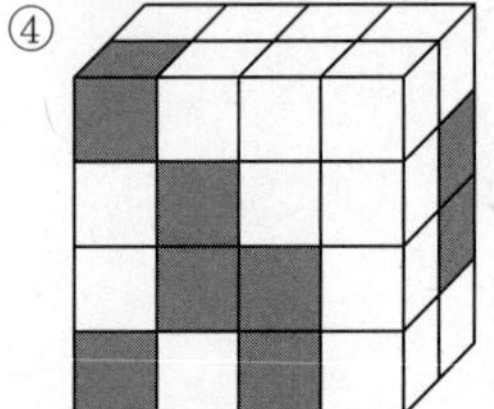

⑤

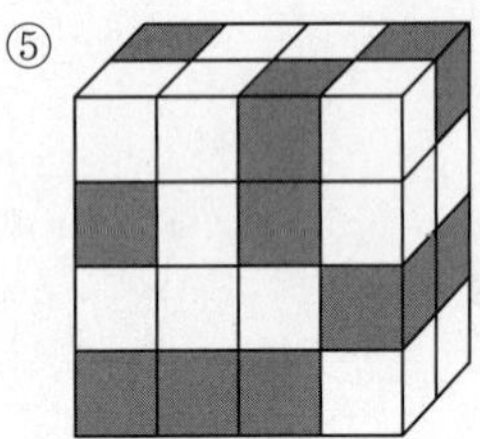

CHAPTER 08 GS그룹

정답 및 해설 041p

1 사무지각

01 제시된 문자와 같은 것의 개수를 구하면?

감자

감자	감사	강사	검지	검수	강사	검지	검사	감사	검수	감지	강사
검정	검사	감지	감사	강사	감지	검정	강사	검지	검사	감자	검지
감사	검정	검사	검수	검정	감사	검정	검진	검수	검진	검정	감지
검사	검수	검지	감자	검지	검수	감지	강사	감지	감사	검진	검사

① 1개
② 2개
③ 3개
④ 4개
⑤ 5개

02 다음 표에 제시되지 않은 문자는?

cloth	cut	celery	call	cut	celery	cut	carrot	cut	cry	call	crown
cut	cap	cloth	cross	celery	cross	cap	celery	cry	cut	cloth	cross
corn	call	celery	cut	call	cloth	cup	cloth	cap	cut	cut	cloth
celery	cup	cloth	cross	cast	call	cut	cover	cup	cry	cross	celery

① cotton
② corn
③ carrot
④ cover
⑤ crown

2 언어추리

※ 다음 제시문을 읽고 각 문제가 항상 참이면 ①, 거짓이면 ②, 알 수 없으면 ③을 고르시오. [1~3]

- 광주, 대구, 대전, 서울, 강릉의 개나리 개화일의 평균은 3월 22일이다.
- 서울의 개나리 개화일은 3월 27일로 광주보다 7일 늦다.
- 대전의 개나리 개화일은 서울보다 4일 빠르다.
- 다섯 개의 지역 중 대전의 개나리 개화일과 같은 지역이 한 곳 있다.

01 다섯 지역 중 서울의 개나리 개화 시기가 가장 늦다.

① 참 ② 거짓 ③ 알 수 없음

02 개나리 개화일이 다섯 지역의 평균 개화일보다 빠른 지역은 3곳 이상이다.

① 참 ② 거짓 ③ 알 수 없음

03 대구와 대전의 개나리 개화일이 같다면 강릉의 개나리 개화 시기가 가장 빠르다.

① 참 ② 거짓 ③ 알 수 없음

04 다음과 동일한 오류를 범하고 있는 것은?

만약 대학 기부금제에 찬성하지 않는 사람이 있다면, 그는 대학 교육의 질을 떨어뜨리려는 의도를 가지고 있음에 틀림없다.

① 얘, 빨리 가서 공부해. 공부를 못하면 착한 어린이가 아니야.
② 예수님이란 없어. 우리 중에 예수님을 본 사람이 있으면 나와 봐. 거 봐, 없잖아.
③ 여러분, 저 사람이 바로 민족의 명예를 더럽힌 사건의 주범입니다.
④ 그 집의 막내아들도 좋은 대학에 합격할 거야. 그 아이의 형들이 다 명문대 학생이거든.
⑤ 지난번 돼지꿈을 꾸고 복권에 당첨되었어. 이번에도 돼지꿈을 꾸었으니까 복권에 당첨될 거야.

05 A～E는 점심 식사 후 제비뽑기를 통해 '꽝'을 뽑은 한 명이 나머지 네 명의 아이스크림을 모두 사주기로 하였다. 다음 A～E의 대화에서 한 명이 거짓말을 한다고 할 때, 아이스크림을 사야 할 사람은 누구인가?

> A : D는 거짓말을 하고 있지 않아.
> B : '꽝'을 뽑은 사람은 C이다.
> C : B의 말이 사실이라면 D의 말은 거짓이야.
> D : E의 말이 사실이라면 '꽝'을 뽑은 사람은 A이다.
> E : C는 빈 종이를 뽑았어.

① A
② B
③ C
④ D
⑤ E

06 다음 글의 빈칸에 들어갈 알맞은 것은?

> 수정이는 훠궈를 먹으면 디저트로 마카롱을 먹는다.
> ____________________________
> 그러므로 수정이는 훠궈를 먹으면 아메리카노를 마신다.

① 수정이는 아메리카노를 마시지 않으면 훠궈를 먹는다.
② 수정이는 디저트로 마카롱을 먹지 않으면 카페모카를 마신다.
③ 수정이는 훠궈를 먹지 않으면 디저트로 마카롱을 먹지 않는다.
④ 수정이는 훠궈를 먹으면 오렌지에이드를 마신다.
⑤ 수정이는 아메리카노를 마시지 않으면 디저트로 마카롱을 먹지 않는다.

3 언어유추

※ 다음 제시된 낱말의 대응 관계로 볼 때, 빈칸에 들어갈 알맞은 것을 고르시오. [1~3]

01

대소 : (　　) = 운영 : 운용

① 미소　　② 방소
③ 다소　　④ 최소
⑤ 해소

02

아시아 : 한국 = 사각형 : (　　)

① 회화　　② 삼각형
③ 바둑　　④ 마름모
⑤ 장면

03

(A) : 평화 = 백합 : (B)

	A	B
①	평온	장미
②	혼란	장미
③	비둘기	순결
④	까마귀	순결
⑤	백조	정열

4 응용수리

01 등산을 하는데 올라갈 때는 시속 3km로 걷고, 내려올 때는 올라갈 때보다 5km 더 먼 길을 시속 4km로 걷는다. 올라갔다가 내려올 때 총 3시간이 걸렸다면, 올라갈 때 걸은 거리는 몇 km인가?

① 3km
② 4km
③ 5km
④ 6km
⑤ 7km

02 상자에 빨간색 수건이 3장, 노란색 수건이 4장, 파란색 수건이 3장 들어있는데 두 번에 걸쳐 한 장씩 뽑는 시행을 하려고 한다. 이때 처음에 빨간색 수건을, 다음에 파란색 수건을 뽑을 확률은?(단, 한 번 꺼낸 수건은 다시 넣지 않는다)

① $\frac{9}{100}$
② $\frac{1}{10}$
③ $\frac{11}{100}$
④ $\frac{2}{15}$
⑤ $\frac{3}{10}$

2020년 대기업

5 수추리

※ 일정한 규칙으로 수를 나열할 때, 빈칸에 들어갈 알맞은 수를 고르시오. [1~3]

01

2　12　4　24　8　48　16　(　)

① 84　② 96
③ 100　④ 102
⑤ 106

02

6.3　5.5　7　6.2　(　)　6.9　8.4　7.6

① 7.4　② 7.7
③ 8.0　④ 8.3
⑤ 8.6

03

$\frac{39}{16}$　$\frac{13}{8}$　$\frac{13}{12}$　$\frac{13}{18}$　(　)　$\frac{26}{81}$

① $\frac{13}{9}$　② $\frac{14}{18}$
③ $\frac{13}{18}$　④ $\frac{14}{9}$
⑤ $\frac{13}{27}$

6 공간지각

01 주어진 전개도로 정육면체를 만들 때, 만들어질 수 있는 것은?

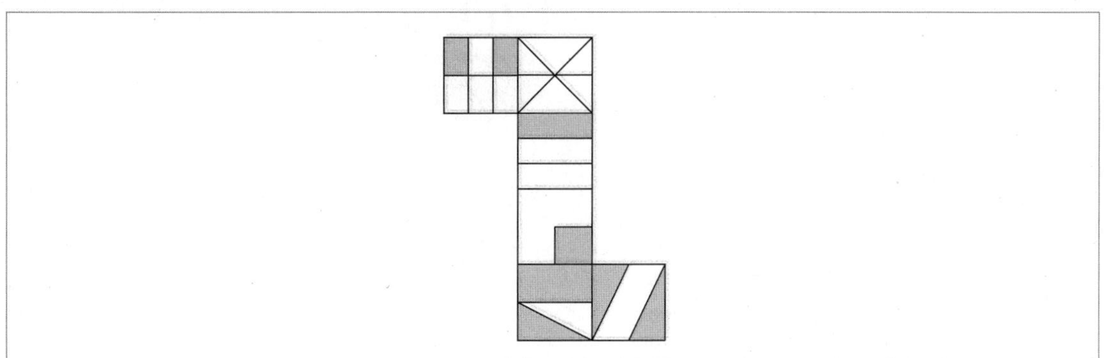

①
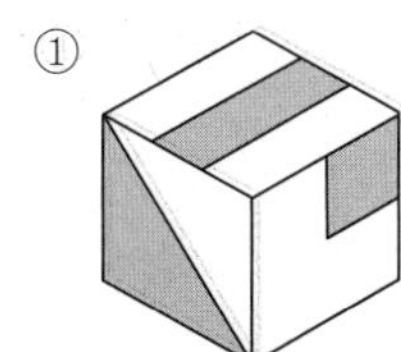

②
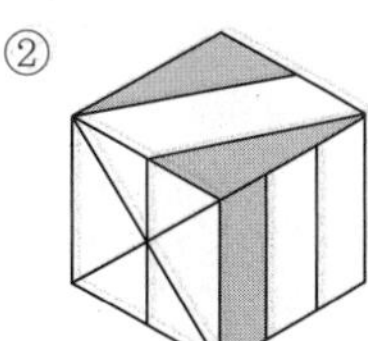

③
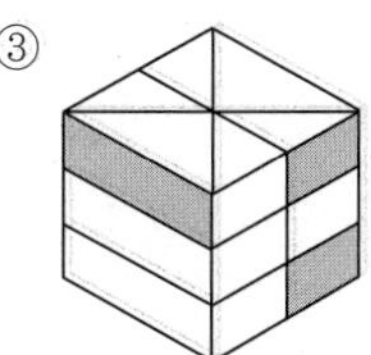

④
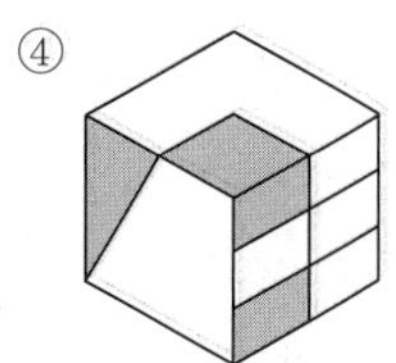

⑤
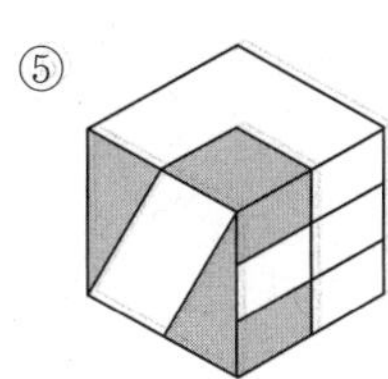

※ 다음 공을 〈보기〉와 같이 회전했을 때 정면에서 본 모양으로 옳은 것을 고르시오. **[2~4]**

02

꽃

보기

90° → 45° → 180°

①

②

③

④

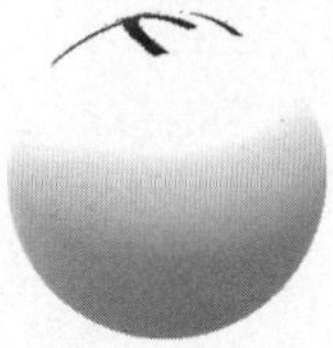

03

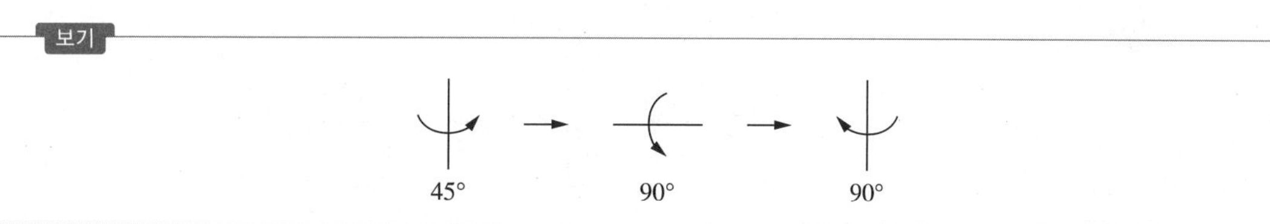

①

②

③

④

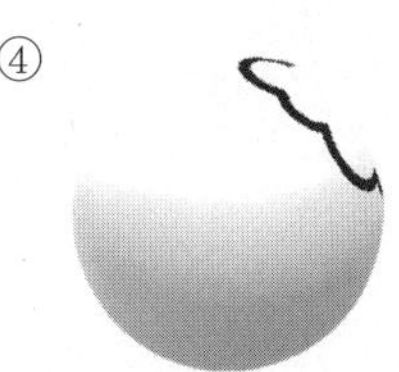

2020년 대기업

04

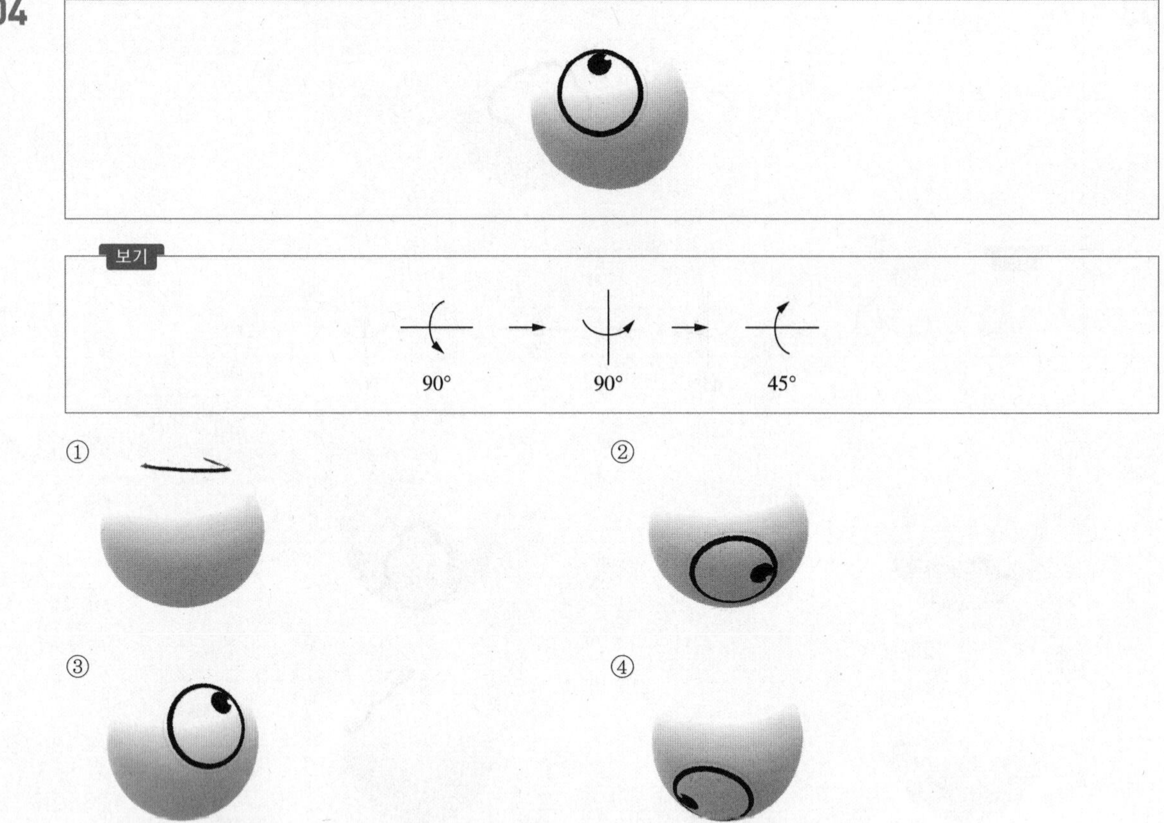

7 단어연상

※ 제시된 9개의 단어 중 3개의 단어와 공통으로 연상되는 단어를 고르시오. [1~3]

01

남원	구름	전주
단오	오작교	은하수
칠석	단군	신화

① 개천절
② 헤라클레스
③ 세시풍속
④ 견우직녀
⑤ 춘향전

02

영국	시민	우산
정의	증기기관	전기
유대인	독일	석탄

① 프랑스혁명
② 산업혁명
③ 화력발전
④ 기차
⑤ 세계대전

03

징	기타	플루트
가야금	피아노	단소
심벌즈	오르간	해금

① 관악기
② 현악기
③ 타악기
④ 건반악기
⑤ 전자악기

01 다음은 모바일 뱅킹 서비스 이용 실적에 관한 분기별 자료이다. 이에 대한 설명으로 옳지 않은 것은?

〈모바일 뱅킹 서비스 이용 실적〉

(단위 : 천 건, %)

구분	2018년				2019년
	1/4분기	2/4분기	3/4분기	4/4분기	1/4분기
조회 서비스	817	849	886	1,081	1,106
자금이체 서비스	25	16	13	14	25
합계	842(18.6)	865(2.7)	899(3.9)	1,095(21.8)	1,131(3.3)

※ ( )는 전 분기 대비 증가율

① 조회 서비스 이용 실적은 매 분기마다 계속 증가하였다.
② 2018년 2/4분기의 조회 서비스 이용 실적은 전 분기보다 3만 2천 건 증가하였다.
③ 자금이체 서비스 이용 실적은 2018년 2/4분기에 감소하였다가 다시 증가하였다.
④ 모바일 뱅킹 서비스 이용 실적의 전 분기 대비 증가율이 가장 높은 분기는 2018년 4/4분기이다.
⑤ 2018년 4/4분기의 조회 서비스 이용 실적은 자금이체 서비스 이용 실적의 70배 이상이다.

02 다음은 2019년 하반기 8개국 수출수지에 관한 국제통계 자료이다. 이에 대한 설명으로 옳지 않은 것은?

〈2019년 하반기 8개국 수출수지〉

(단위 : 백만USD)

구분	한국	그리스	노르웨이	뉴질랜드	대만	독일	러시아	미국
7월	40,882	2,490	7,040	2,825	24,092	106,308	22,462	125,208
8월	40,125	2,145	7,109	2,445	24,629	107,910	23,196	116,218
9월	40,846	2,656	7,067	2,534	22,553	118,736	25,432	122,933
10월	41,983	2,596	8,005	2,809	26,736	111,981	24,904	125,142
11월	45,309	2,409	8,257	2,754	25,330	116,569	26,648	128,722
12월	45,069	2,426	8,472	3,088	25,696	102,742	31,128	123,557

① 한국의 수출수지 중 전월 대비 수출수지 증가량이 가장 많았던 달은 11월이다.
② 뉴질랜드의 수출수지는 8월 이후 지속해서 증가하였다.
③ 그리스의 12월 수출수지 증가율은 전월 대비 약 0.7%이다.
④ 10월부터 12월 사이 한국의 수출수지 변화 추이와 같은 양상을 보이는 나라는 2개국이다.
⑤ 7월 대비 12월 수출수지가 감소한 나라는 그리스, 독일, 미국이다.

03 다음은 지방자치단체 여성공무원 현황에 대한 자료이다. 이에 대한 설명으로 옳지 않은 것은?

〈지방자치단체 여성공무원 현황〉

(단위 : 명, %)

구분	2014년	2015년	2016년	2017년	2018년	2019년
전체 공무원	266,176	272,584	275,484	275,231	278,303	279,636
여성공무원	70,568	75,608	78,855	80,666	82,178	83,282
여성공무원 비율	26.5	27.7	(가)	29.3	29.5	29.8

① 2014년 이후 여성공무원 수는 꾸준히 증가하고 있다.
② (가)에 들어갈 비율은 35% 이상이다.
③ 2019년도에 남성공무원이 차지하는 비율은 70% 이상이다.
④ 2019년 여성공무원의 비율은 2014년과 비교했을 때, 3.3%p 증가했다.
⑤ 2018년 남성공무원은 196,125명이다.

04 다음은 유아교육 규모에 관한 자료이다. 이에 대한 설명으로 옳지 않은 것을 〈보기〉에서 모두 고르면?

〈유아교육 규모〉

구분	2013년	2014년	2015년	2016년	2017년	2018년	2019년
유치원 수(원)	8,494	8,275	8,290	8,294	8,344	8,373	8,388
학급 수(학급)	20,723	22,409	23,010	23,860	24,567	24,908	25,670
원아 수(명)	545,263	541,603	545,812	541,550	537,822	537,361	538,587
교원 수(명)	28,012	31,033	32,095	33,504	34,601	35,415	36,461
취원율(%)	26.2	31.4	35.3	36.0	38.4	39.7	39.9
교원 1인당 원아 수(명)	19.5	17.5	17.0	16.2	15.5	15.2	14.8

보기

㉠ 교원 1인당 원아 수는 점점 감소하고 있다.
㉡ 교원 1인당 원아 수가 줄어드는 것은 원아 수 대비 학급 수가 늘어나기 때문이다.
㉢ 취원율은 매년 증가하고 있는 추세이다.
㉣ 교원 수가 매년 증가하는 이유는 청년 취업과 관계가 있다.

① ㉠, ㉡
② ㉠, ㉢
③ ㉡, ㉣
④ ㉢, ㉣
⑤ ㉡, ㉢

01 다음 중 밑줄 친 부분이 맞춤법 규정에 어긋나는 것은?

① 오늘따라 언덕에서 바라보는 저녁노을이 참 곱다.
② 그것은 교사로서 할 일이 아니라고 생각합니다.
③ 길거리에 담배꽁초를 함부로 버리는 사람을 이해할 수 없어.
④ 한강공원에 가면 삼삼오오 모여 돗자리를 피고 앉아 있는 사람들이 많다.
⑤ 미국의 범죄률을 비교한 결과 사형 제도를 폐지한 주가 유지하고 있는 주보다 오히려 낮았다.

02 다음 중 띄어쓰기가 올바른 것은?

① 이 건물을 짓는데 몇 년이나 걸렸습니까?
② 김철수씨는 지금 창구로 와 주시기 바랍니다.
③ 걱정하지 마. 그 일은 내가 알아서 해결할 게.
④ 물건을 교환하시려면 1주일 내에 방문하셔야 합니다.
⑤ 다음 주에 발표할 보고서가 아직 완성이 안됐다.

03 다음 기사문의 빈칸에 들어갈 한자성어로 가장 적절한 것은?

> 바람 잘 날 없는 (주)쾌속유통이 이번에는 '내홍(內訌)'으로 큰 곤란을 겪고 있다. (주)쾌속유통 유쾌속 사장은 '수뢰설'로 일어난 내홍의 관련자 양쪽 모두를 해고하며 위기를 정면 돌파하려 하고 있다. 유쾌속 사장은 회사의 존망을 좌우하는 구조조정을 위해서는 회사 내부 단결이 가장 중요하다고 보고, [ ]의 결단을 내렸다. 뇌물을 주고받은 것으로 알려진 김 모 부장과 강 모 차장을 경질한 것은 물론, 이들의 비리를 알고도 묵인한 윤 모 전무를 보직 해임하며 기강 확립에 나섰다. 특히, 윤 모 전무는 유 사장의 최측근이며, 김 모 부장 또한 유 사장의 '오른팔'로 잘 알려져 있다.

① 전전반측
② 읍참마속
③ 오매불망
④ 간담상조
⑤ 대기만성

04 다음 글의 빈칸에 들어갈 말로 가장 적절한 것은?

탁월함은 어떻게 습득되는가, 그것을 가르칠 수 있는가? 이 물음에 대하여 아리스토텔레스는 지성의 탁월함은 가르칠 수 있지만, 성품의 탁월함은 비이성적인 것이어서 가르칠 수 없고, 훈련을 통해서 얻을 수 있다고 대답한다. 그는 좋은 성품을 얻는 것을 기술을 습득하는 것에 비유한다. 그에 따르면, 리라(Lyra)를 켬으로써 리라를 켜는 법을 배우며 말을 탐으로써 말을 타는 법을 배운다. 어떤 기술을 얻고자 할 때 처음에는 교사의 지시대로 행동한다. 그리고 반복 연습을 통하여 그 행동이 점점 더 하기 쉽게 되고 마침내 제2의 천성이 된다. 이와 마찬가지로 어린아이는 어떤 상황에서 어떻게 행동해야 진실 되고 관대하며 예의를 차리게 되는지 일일이 배워야 한다. 훈련과 반복을 통하여 그런 행위들을 연마하다 보면 그것들을 점점 더 쉽게 하게 되고, 결국에는 스스로 판단할 수 있게 된다.

그는 올바른 훈련이란 강제가 아니고 그 자체가 즐거움이 되어야 한다고 지적한다. 또한 그렇게 훈련받은 사람은 일을 바르게 처리하는 것을 즐기게 되고, 일을 바르게 처리하고 싶어 하게 되며, 올바른 일을 하는 것을 어려워하지 않게 된다. 이처럼 성품의 탁월함이란 사람들이 '하는 것'만이 아니라 사람들이 '하고 싶어 하는 것'과도 관련된다. 그리고 한두 번 관대한 행동을 한 것으로 충분하지 않으며, 늘 관대한 행동을 하고 그런 행동에 감정적으로 끌리는 성향을 갖고 있어야 비로소 관대함에 관하여 성품의 탁월함을 갖고 있다고 할 수 있다.

다음과 같은 예를 통해 아리스토텔레스의 견해를 생각해 보자. 갑돌이는 성품이 곧고 자신감이 충만하다. 그가 한 모임에 참석하였는데, 거기서 다수의 사람들이 옳지 않은 행동을 한다고 생각했을 때, 그는 다수의 행동에 대하여 비판의 목소리를 낼 것이며 그렇게 하는 데에 별 어려움을 느끼지 않을 것이다. 한편, 수줍어하고 우유부단한 병식이도 한 모임에 참석하였는데, 그 역시 다수의 행동이 잘못되었다는 판단을 했다고 하자. 이런 경우에 병식이는 일어나서 다수의 행동이 잘못되었다고 말할 수 있겠지만, 그렇게 하려면 엄청난 의지를 발휘해야 할 것이고 자신과 힘든 싸움도 해야 할 것이다. 그런데도 병식이가 그렇게 행동했다면 우리는 병식이가 용기 있게 행동하였다고 칭찬할 것이다. 그러나 아리스토텔레스가 보기에 성품의 탁월함을 가진 사람은 갑돌이다. 왜냐하면 [   ] 우리가 어떠한 사람을 존경할 것인가가 아니라, 우리 아이를 어떤 사람으로 키우고 싶은가라는 질문을 받는다면 우리는 아리스토텔레스의 견해에 가까워질 것이다. 왜냐하면 우리는 우리 아이들을 갑돌이와 같은 사람으로 키우고 싶어 할 것이기 때문이다.

① 그는 내적인 갈등이 없이 옳은 일을 하기 때문이다.
② 그는 옳은 일을 하는 천성을 타고났기 때문이다.
③ 그는 주체적 판단에 따라 옳은 일을 하기 때문이다.
④ 그는 자신이 옳다는 확신을 가지고 옳은 일을 하기 때문이다.
⑤ 그는 다른 사람들의 칭찬을 의식하지 않고 옳은 일을 하기 때문이다.

※ 다음 글을 읽고 이어지는 물음에 답하시오. [5~6]

예술 작품에 대한 감상이나 판단은 주관적이라 할 수 있다. 그렇다고 하더라도 어떤 사람의 감상이나 판단은 다른 사람들보다 더 좋거나 나쁠 수도 있지 않을까? 혹은 덜 발달되었을 수도, 더 세련되었을 수도 있지 않을까? 이러한 의문과 관련하여 우리는 흄(D. Hume)의 설명을 참조할 수 있다.

흄은 예술적인 판단이란, 색이나 맛과 같은 지각 가능한 성질에 대한 판단과 유사하다고 하면서, ㉮ <u>〈돈키호테〉에 나오는 이야기</u>를 소개한다. 마을 사람들이 포도주를 즐기고 있었는데 두 명의 '전문가'가 불평을 한다. 한 사람은 쇠 맛이 살짝 난다고 했고 또 다른 사람은 가죽 맛이 향을 망쳤다고 했다. 마을 사람들은 그들을 비웃었지만, 포도주 통 밑바닥에서 가죽 끈에 묶인 녹슨 열쇠가 발견되었다. 이 전문가들은 마을 사람들이 느낄 수 없었던 포도주 맛의 요소들을 식별해낸 셈이다. 이는 예술적인 식별과 판단에서도 마찬가지다. 훈련받지 못한 사람은 서로 다른 악기의 소리나 화음의 구성을 구별해낼 수 없을 것이다. 또한 구도나 색 또는 명암의 대비, 중요한 암시를 알아내기 어려울 것이다. 이런 것들은 다양한 작품을 감상하고 세련된 감수성을 지닌 사들의 말을 들음으로써, 또는 좋은 비평을 읽음으로써 계발될 수 있다. 이처럼 예술적 판단이나 식별이 계발될 수 있다 해도 의문은 남는다. 포도주의 맛을 알아챈 전문가들에게는 가죽 끈에 녹슨 열쇠가 있었지만, 예술 비평가들의 판단이나 식별이 올바르다는 것은 어떻게 알 수 있는가?

이 질문에 답하기 위해 흄은 '진정한 판관(true judge)'이라는 개념을 제안했다. 흄이 말한 진정한 판관은, 세련된 감수성과 섬세한 감각을 가졌으며 부단한 연습과 폭넓은 경험으로 식별력을 키운 사람이다. 그리고 편견이나 편애와 같은 작품 외적 요소들에서 벗어나 있으며, 당대의 일시적인 유행에도 거리를 두고 작품을 볼 수 있는 사람이다. 이러한 조건들을 갖추었을 때 그는 비로소 예술 작품을 식별하고 평가할 수 있는 자격을 얻게 된다. 또한 흄은 '시간의 테스트'를 넘어서, 즉 시간과 공간의 장벽을 가로질러 그 가치를 인정받는 작품들에 주목 하였다. 다양한 시대와 문화, 태도들의 차이가 있음에도 불구하고, 그 작품들의 진정한 가치를 알아보고 그것에 매혹되어 온 최고의 비평가들이 있어 왔다.

이처럼 예술 비평가들의 판단과 식별의 타당성은 이들이 갖춘 비평가로서의 자격, 이들이 알아보고 매혹된 위대한 작품들의 존재를 통해서 입증될 수 있다는 것이다. 이러한 흄의 생각은 분명 그럴듯한 점이 있다. 우리가 미켈란젤로와 카라바조, 고야, 렘브란트의 작품을 그 작품들이 창조된 지 수백 년이 지난 후에도 여전히 감상하고 있다는 사실은 그 작품이 지닌 힘과 위대함을 증명해준다.

그렇지만 또 하나의 의문이 여전히 남는다. ㉯ <u>자격을 갖춘 비평가들, 심지어는 최고의 비평가들에게서조차 비평의 불일치가 생겨난다는 점</u>이다. 흄은 이러한 불일치를 낳는 두 개의 근원을 지적했는데, 비평가 개인의 성격적인 기질의 차이가 그 하나이다. 또한 자격을 갖춘 비평가라 할지라도 자기 시대의 특정한 믿음이나 태도, 가정들에서 완전히 자유로울 수는 없기 때문에 불일치가 생겨난다고 하였다. 이에 따르면 살아있던 당시에는 갈채를 받았던 예술가의 작품이 시간이 흐르면서 왜 역사의 뒤안길로 사라지곤 하는지도 설명할 수 있다. 평범한 사람에게든 자격을 갖춘 비평가에게든 그런 작품들이 당시의 사람들에게 가졌던 호소력은, 그 시대에만 특별했던 태도나 가정에 의존해 있었을 가능성이 크기 때문이다.

05 윗글의 전개 방식에 대한 설명으로 가장 적절한 것은?

① 흄의 견해를 순차적으로 소개한 후 비판적으로 평가하고 있다.
② 의문들을 제기하면서 흄의 견해에 근거하여 순차적으로 답변하고 있다.
③ 제기된 의문들과 관련하여 흄의 견해가 변화해 가는 과정을 밝히고 있다.
④ 흄의 견해에 근거하여 통상적인 의문들에 내포된 문제점을 고찰하고 있다.
⑤ 흄의 견해에 근거하여 제기된 의문들에 대한 기존의 답변들을 비판하고 있다.

06 ㉮에서 ㉯에 해당하는 내용으로 볼 수 있는 것은?

① 마을 사람들은 '전문가'들의 진단을 비웃었다.
② 마을 사람들은 포도주 맛의 요소들을 식별하지 못했다.
③ 포도주 통 밑바닥에서 가죽 끈에 묶인 녹슨 열쇠가 발견되었다.
④ 포도주의 이상한 맛에 대한 '전문가'들의 원인 진단이 서로 달랐다.
⑤ 마을 사람들과는 달리 '전문가'들은 포도주 맛에 대해 불평을 했다.

01 **다음 중 고조선의 세력범위를 알 수 있는 유물로 적당하지 않은 것은?**

① 미송리식 토기　② 바둑판식 고인돌
③ 비파형 동검　④ 거친무늬 거울

02 **삼국의 항쟁을 시기 순으로 올바르게 나열한 것은?**

ㄱ. 백제가 신라의 대야성을 비롯한 40여 성을 빼앗았다.
ㄴ. 백제가 고구려의 평양성을 공격하여 고국원왕이 전사하였다.
ㄷ. 신라가 대가야를 정복하면서 가야 연맹이 완전히 해체되었다.
ㄹ. 고구려가 평양으로 도읍을 옮기고 백제의 수도 한성을 함락하였다.

① ㄴ → ㄷ → ㄹ → ㄱ
② ㄴ → ㄹ → ㄷ → ㄱ
③ ㄹ → ㄱ → ㄴ → ㄷ
④ ㄹ → ㄴ → ㄱ → ㄷ

03 **한국의 완전한 독립을 목표로 미 · 영 · 중 · 소 4개국에 의한 최고 5년간의 신탁 통치안을 협의한 회의는?**

① 카이로 회담　② 얄타 회담
③ 모스크바 3상 회의　④ 포츠담 선언

04 **다음 중 조선 시대 삼사에 해당하지 않는 것은?**

① 의금부　② 사헌부
③ 사간원　④ 홍문관

CHAPTER 09 효성그룹

정답 및 해설 049p

1 지각정확력

※ 다음 제시된 문자 또는 기호와 같은 것의 개수를 구하시오. [1~3]

01

◐

◐	●	◕	◑	◎	◔	◒	◐	◑	●	◒	◐
◒	◎	◗	◒	◖	◐	●	◍	◑	◐	◎	◍
◕	◔	◐	◑	◑	◕	◒	●	◎	◐	◔	◖
◎	◑	◔	◍	◔	◒	◎	◐	◔	◕	◐	◑

① 8개
② 9개
③ 10개
④ 11개
⑤ 12개

02

▦

▤	▥	▧	▨	▥	▩	▤	▧	▨	▩	▥	▧
▧	▩	▥	▧	▦	▥	▨	▩	▤	▨	▧	▩
▩	▤	▧	▩	▥	▤	▨	▤	▧	▩	▦	▨
▨	▤	▨	▥	▤	▩	▧	▥	▨	▧	▥	▤

① 1개
② 2개
③ 3개
④ 4개
⑤ 5개

03

努

努	务	努	奴	奴	助	協	另	劦	怒	劦	努
劦	協	怒	怒	劦	努	劦	怒	务	協	务	另
怒	奴	另	助	奴	务	另	奴	努	怒	奴	協
另	努	協	另	务	助	協	另	助	奴	努	怒

① 5개　　② 6개
③ 7개　　④ 8개
⑤ 9개

※ 다음 표에 제시되지 않은 문자를 고르시오. [4~6]

04

자각	촉각	매각	소각	기각	내각	후각	감각	둔각	망각	각각	엇각
기각	내각	청각	조각	갑각	해각	종각	자각	주각	간각	매각	시각
망각	지각	갑각	엇각	주각	촉각	매각	청각	부각	내각	조각	기각
대각	후각	촉각	자각	후각	망각	조각	내각	기각	촉각	청각	감각

① 지각　　② 소각
③ 부각　　④ 시각
⑤ 두각

05

Ⅸ	ⅳ	Ⅷ	Ⅸ	Ⅱ	Ⅺ	Ⅴ	Ⅶ	ⅳ	Ⅷ	ⅱ	Ⅲ
Ⅷ	Ⅺ	Ⅴ	Ⅴ	Ⅹ	Ⅶ	Ⅷ	ⅷ	Ⅱ	Ⅺ	Ⅶ	ⅱ
Ⅴ	ⅻ	ⅰ	Ⅶ	Ⅷ	Ⅸ	Ⅸ	ⅳ	ⅱ	ⅻ	ⅳ	Ⅷ
ⅱ	Ⅷ	ⅳ	Ⅺ	ⅳ	Ⅱ	ⅱ	Ⅺ	Ⅶ	Ⅴ	Ⅸ	ⅻ

① Ⅹ　　② ⅷ
③ Ⅲ　　④ ⅰ
⑤ Ⅻ

06

土士	土毛	土類	土葬	土爐	土着	土漿	土手	土漿	土類	土爐	土毛
土手	土道	土偶	土兵	土風	土類	土士	土塘	土偶	土着	土道	土兵
土漿	土爐	土着	土亭	土塘	土手	土道	土墳	土價	土葬	土地	土偶
土價	土毛	土類	土塘	土葬	土砂	土漿	土爐	土兵	土士	土偶	土道

① 土木
② 土亭
③ 土砂
④ 土地
⑤ 土墳

2020년 대기업

안심Touch

2 언어유추력

※ 다음 제시된 낱말의 대응 관계로 볼 때 빈칸에 들어가기에 알맞은 것을 고르시오. [1~5]

01

송신 : 수신 = 불황 : (　　)

① 호재
② 경기
③ 호황
④ 경제
⑤ 실황

02

후회 : 회한 = (　　) : 억지

① 패
② 떼
③ 집단
④ 논리
⑤ 원리

03

중동 : 이란 = 태양계 : (　　)

① 외계인
② 우주선
③ 블랙홀
④ 목성
⑤ 물리

04

암상 : 시기심 = (　　) : 답습

① 장난
② 흉내
③ 지원
④ 소풍
⑤ 그림자

05

제한하다 : 통제하다 = 만족하다 : (　　)

① 번잡하다
② 부족하다
③ 탐탁하다
④ 모자라다
⑤ 듬직하다

3 언어추리력

※ 다음 제시문을 읽고 각 문장이 항상 참이면 ①, 거짓이면 ②, 알 수 없으면 ③을 고르시오. [1~2]

- 갑, 을, 병, 정 네 사람이 달리기 시합을 했다.
- 네 사람 중 똑같은 시간에 결승점에 들어온 사람은 없다.
- 을은 병 바로 뒤에 결승점에 들어왔다.
- 을보다 늦은 사람은 두 명이다.
- 정은 갑보다 빨랐다.

01 결승점에 가장 빨리 들어온 사람은 병이다.

① ② ③

02 결승점에 가장 늦게 들어온 사람은 정이다.

① ② ③

※ 다음 제시문을 읽고 각 문장이 항상 참이면 ①, 거짓이면 ②, 알 수 없으면 ③을 고르시오. [3~4]

- 5층짜리 아파트에 A, B, C, D, E가 살고 있다.
- A는 2층에 살고 있다.
- B는 A보다 위층에 살고 있다.
- C와 D는 이웃한 층에 살고 있다.

03 E는 1층에 살고 있다.

① ② ③

04 B는 4층에 살고 있다.

① ② ③

※ 제시된 전개도를 접었을 때 나타나는 입체도형으로 알맞은 것을 고르시오. [1~2]

01

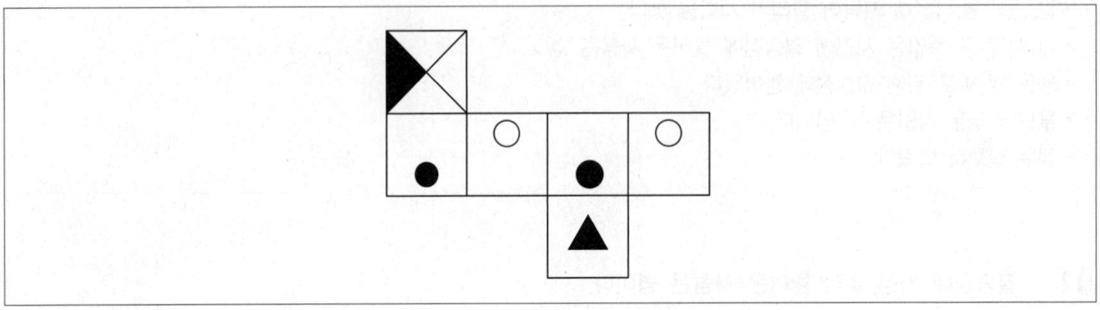

①

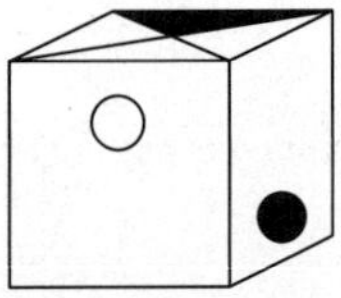

②

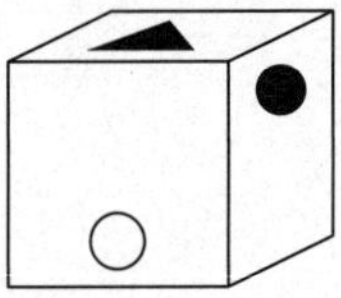

③

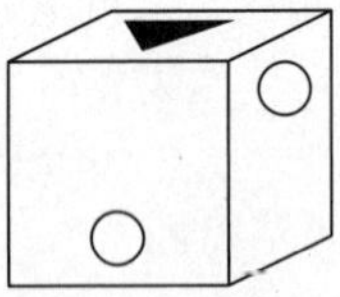

④

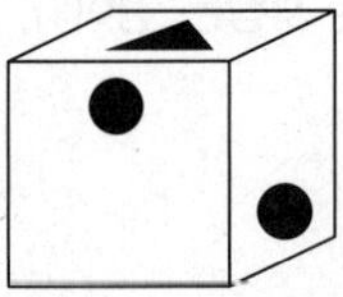

02

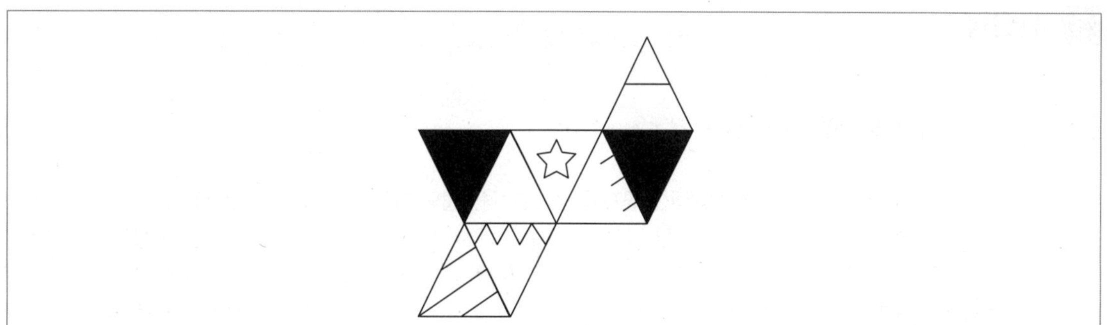

①

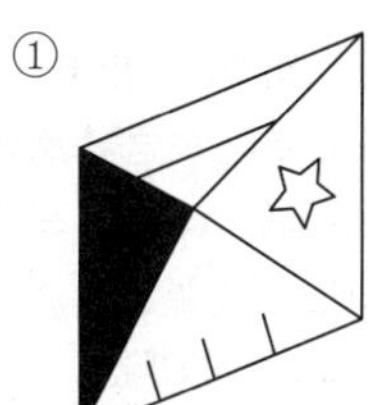

②

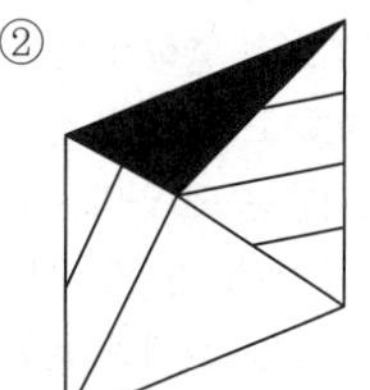

③

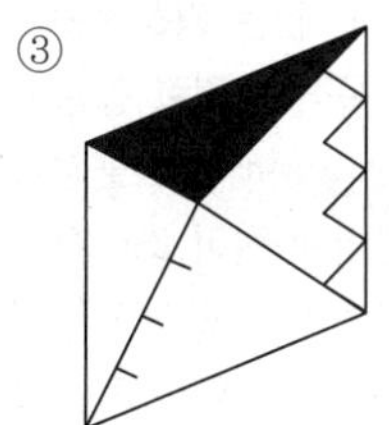

④

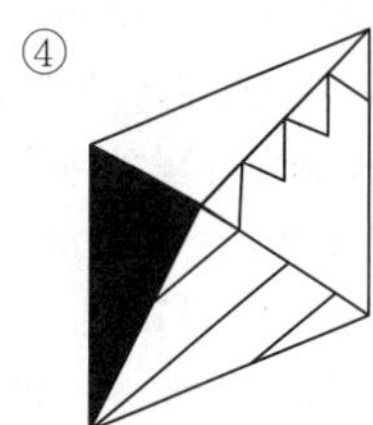

2020년 대기업

5 판단력

01 다음 글의 내용과 일치하지 않는 것은?

1890년 독점 및 거래제한 행위에 대한 규제를 명시한 셔먼법이 제정됐다. 셔먼은 반독점법 제정이 소비자의 이익 보호와 함께 소생산자들의 탈집중화된 경제 보호라는 목적이 있다는 점을 강조했다. 그는 독점적 기업결합 집단인 트러스트가 독점을 통한 인위적인 가격 상승으로 소비자를 기만한다고 보았다. 더 나아가 트러스트가 사적 권력을 강화해 민주주의에 위협이 된다고 비판했다. 이런 비판의 사상적 배경이 된 것은 시민 자치를 중시하는 공화주의 전통이었다.

이후 반독점 운동에서 브랜다이스가 영향력 있는 인물로 부상했다. 그는 독점 규제를 통해 소비자의 이익이 아니라 독립적 소생산자의 경제를 보호하고자 했다. 반독점법의 취지는 거대한 경제 권력의 영향으로부터 독립적 소생산자들을 보호함으로써 자치를 지켜내는 데 있다는 것이다. 이런 생각에는 공화주의 전통이 반영되어 있었다. 브랜다이스는 거대한 트러스트에 집중된 부와 권력이 시민 자치를 위협한다고 보았다. 이 점에서 그는 반독점법이 소생산자의 이익 자체를 도모하는 것보다는 경제와 권력의 집중을 막는 데 초점을 맞추어야 한다고 주장했다.

반독점법이 강력하게 집행된 것은 1930년대 후반에 이르러서였다. 1938년 아놀드가 법무부 반독점국의 책임자로 임명되었다. 아놀드는 소생산자의 자치와 탈집중화된 경제의 보호가 대량 생산 시대에 맞지 않는 감상적인 생각이라고 치부하고, 시민 자치권을 근거로 하는 반독점 주장을 거부했다. 그는 독점 규제의 목적이 권력 집중에 대한 싸움이 아니라 경제적 효율성의 향상에 맞춰져야 한다고 주장했다. 독점 규제를 통해 생산과 분배의 효율성을 증가시키고 그 혜택을 소비자에게 돌려주는 것이 핵심 문제라는 것이다. 이 점에서 반독점법의 목적이 소비자 가격을 낮춰 소비자 복지를 증진시키는 데 있다고 본 것이다. 그는 사람들이 반독점법을 지지하는 이유도 대기업에 대한 반감이나 분노 때문이 아니라, '돼지갈비, 빵, 안경, 약, 배관공사 등의 가격'에 대한 관심 때문이라고 강조했다. 이 시기 아놀드의 견해가 널리 받아들여진 것도 소비지 복지에 대한 당시 사람들의 관심사를 반영했기 때문으로 볼 수 있다. 이런 점에서 소비자 복지에 근거한 반독점 정책은 안정된 법적, 정치적 제도로서의 지위를 갖게 되었다.

① 셔먼과 브랜다이스의 견해는 공화주의 전통에 기반을 두고 있었다.
② 셔먼과 아놀드는 소비자 이익을 보호한다는 점에서 반독점법을 지지했다.
③ 반독점 주장의 주된 근거는 1930년대 후반 시민 자치권에서 소비자 복지로 옮겨 갔다.
④ 브랜다이스는 독립적 소생산자와 소비자의 이익을 보호하여 시민 자치를 지키고자 했다.

02 다음 글을 근거로 판단할 때, 〈보기〉에서 옳은 것만을 모두 고르면?

무릇 오곡이란 백성들이 생존의 양식으로 의존하는 것이기에 군주는 식량 증산에 힘쓰지 않을 수 없고, 재물을 쓰는 데 절약하지 않을 수 없다. 오곡 가운데 한 가지 곡식이 제대로 수확되지 않으면 이것을 근(饉)이라 하고, 두 가지 곡식이 제대로 수확되지 않으면 이것을 한(旱)이라고 한다. 세 가지 곡식이 제대로 수확되지 않으면 이것을 흉(凶)이라고 한다. 또 네 가지 곡식이 제대로 수확되지 않으면 이것을 궤(饋)라고 하고, 다섯 가지 곡식 모두 제대로 수확되지 않으면 이것을 기(饑)라고 한다. 근이 든 해에는 대부(大夫) 이하 벼슬하는 사람들은 모두 봉록의 5분의 1을 감봉한다. 한이 든 해에는 5분의 2를 감봉하고, 흉이 든 해에는 5분의 3을 감봉하고, 궤가 든 해에는 5분의 4를 감봉하며, 기가 든 해에는 아예 봉록을 주지 않고 약간의 식량만을 지급할 뿐이다.

곡식이 제대로 수확되지 않으면 군주는 먹던 요리의 5분의 3을 줄이고, 대부들은 음악을 듣지 않으며, 선비들은 농사에 힘쓸 뿐 배우러 다니지 않는다. 군주는 조회할 때 입는 예복이 낡아도 고쳐 입지 않고, 사방 이웃 나라의 사신들에게도 식사만을 대접할 뿐 성대한 잔치를 베풀지 않는다. 또한, 군주가 행차할 때 수레를 끄는 말의 수도 반으로 줄여 두 마리만으로 수레를 끌게 한다. 길을 보수하지 않고, 말에게 곡식을 먹이지 않으며, 궁녀들은 비단옷을 입지 않는다. 이것은 식량이 부족함을 백성들에게 인식시키고자 함이다.

보기

ㄱ. 대부 이하 벼슬하는 사람이 근(饉)이 들었을 때 받을 수 있는 봉록은 궤(饋)가 들었을 때 받을 수 있는 봉록의 4배일 것이다.
ㄴ. 오곡 모두 제대로 수확되지 않으면 대부 이하 벼슬하는 사람들은 봉록과 식량을 전혀 지급받지 못했을 것이다.
ㄷ. 곡식이 제대로 수확되지 않으면 군주가 행차할 때 탄 수레는 곡식을 먹인 말 두 마리가 끌었을 것이다.
ㄹ. 곡식이 제대로 수확되지 않으면 군주는 먹던 요리를 5분의 4로 줄였을 것이다.

① ㄱ
② ㄷ
③ ㄱ, ㄴ
④ ㄱ, ㄷ, ㄹ

03 다음 글을 논리적 순서에 맞게 배열한 것은?

(가) 회전문의 축은 중심에 있다. 축을 중심으로 통상 네 짝의 문이 계속 돌게 되어 있다. 마치 계속 열려 있는 듯한 착각을 일으키지만, 사실은 네 짝의 문이 계속 안 또는 밖을 차단하도록 만든 것이다. 실질적으로는 열려 있는 순간 없이 계속 닫혀 있는 셈이다.

(나) 문은 열림과 닫힘을 위해 존재한다. 이 본연의 기능을 하지 못한다는 점에서 계속 닫혀 있는 문이 무의미하듯이, 계속 열려 있는 문 또한 그 존재 가치와 의미가 없다. 그런데 현대 사회의 문은 대부분의 경우 닫힌 구조로 사람들을 맞고 있다. 따라서 사람들을 환대하는 것이 아니라 박대하고 있다고 할 수 있다. 그 대표적인 예가 회전문이다. 가만히 회전문의 구조와 그 기능을 머릿속에 그려보라. 그것이 어떤 식으로 열리고 닫히는지 알고는 놀랄 것이다.

(다) 회전문은 인간이 만들고 실용화한 문 가운데 가장 문명적이고 가장 발전된 형태로 보일지 모르지만, 사실상 열림을 가장한 닫힘의 연속이기 때문에 오히려 가장 야만적이며 가장 미개한 형태의 문이다.

(라) 또한 회전문을 이용하는 사람들은 회전문의 구조와 운동 메커니즘에 맞추어야 실수 없이 문을 통과해 안으로 들어가거나 밖으로 나올 수 있다. 어린아이, 허약한 사람, 또는 민첩하지 못한 노인은 쉽게 그것에 맞출 수 없다. 더구나 휠체어를 탄 사람이라면 더 말할 나위도 없다. 이들에게 회전문은 문이 아니다. 실질적으로 닫혀 있는 기능만 하는 문은 문이 아니기 때문이다.

① (가) – (나) – (라) – (다)
② (가) – (라) – (나) – (다)
③ (나) – (가) – (라) – (다)
④ (나) – (다) – (라) – (가)

04 다음 글의 빈칸에 들어갈 진술로 가장 적절한 것은?

모두가 서로를 알고 지내는 작은 규모의 사회에서는 거짓이나 사기가 번성할 수 없다. 반면 그렇지 않은 사회에서는 누군가를 기만하여 이득을 보는 경우가 많이 발생한다. 이런 현상이 발생하는 이유를 확인하는 연구가 이루어졌다. A교수는 그가 마키아벨리아니즘이라고 칭한 성격 특성을 지닌 사람을 판별하는 검사를 고안해냈다. 이 성격 특성은 다른 사람을 교묘하게 이용하고 기만하는 능력을 포함한다. 그의 연구는 사람들 중 일부는 다른 사람들을 교묘하게 이용하거나 기만하여 자기 이익을 챙긴다는 사실을 보여준다. 수백 명의 학생을 대상으로 한 조사에서, 마키아벨리아니즘을 갖는 것으로 분류된 학생들은 대체로 대도시 출신임이 밝혀졌다.

위 연구들이 보여주는 바를 대도시 사람들의 상호작용을 이해하기 위해 확장시켜 보자. 일반적으로 낯선 사람들이 모여 사는 대도시에서는 자기 이익을 위해 다른 사람을 이용하는 성향을 지닌 사람이 많다고 생각하기 쉽다. 대도시 사람들은 모두가 사기꾼처럼 보인다는 주장이 일리 있게 들리기도 한다. 그러나 다른 사람들의 협조 성향을 이용하여 도움을 받으면서도 다른 사람에게 도움을 주지 않는 사람이 존재하기 위해서는 일정한 틈새가 만들어져 있어야 한다. [　　　　　　　　　] 때문에 이 틈새가 존재할 수 있는 것이다. 이는 기생 식물이 양분을 빨아먹기 위해서는 건강한 나무가 있어야 하는 것과 같다. 나무가 건강을 잃게 되면 기생 식물 또한 기생할 터전을 잃게 된다. 그렇다면 어떤 의미에서는 모든 사람들이 사기꾼이라는 냉소적인 견해는 낯선 사람과의 상호작용을 잘못 이해한 것이다. 모든 사람들이 사기꾼이라면 사기를 칠 가능성도 사라지게 된다고 이해하는 것이 맞다.

① 대도시라는 환경적 특성
② 인간은 사회를 필요로 하기
③ 많은 사람들이 진정으로 협조하기
④ 많은 사람들이 이기적 동기에 따라 행동하기

05 다음 글의 요지로 알맞은 것은?

> 인지부조화는 한 개인이 가지는 둘 이상의 사고, 태도, 신념, 의견 등이 서로 일치하지 않거나 상반될 때 생겨나는 심리적인 긴장상태를 의미한다. 인지부조화는 불편함을 유발하기 때문에 사람들은 이것을 감소시키려고 한다. 인지부조화를 감소시키는 방법은 서로 모순관계에 있어서 양립할 수 없는 인지들 가운데 하나 이상의 인지가 갖는 내용을 바꾸어 양립할 수 있게 만들거나, 서로 모순되는 인지들 간의 차이를 좁힐 수 있는 새로운 인지를 추가하여 부조화된 인지상태를 조화된 상태로 전환하는 것이다.
> 그런데 실제로 부조화를 감소시키는 행동은 비합리적인 면이 있다. 그 이유는 그러한 행동들이 사람들로 하여금 중요한 사실을 배우지 못하게 하고 자신들의 문제에 대하여 실제적인 해결책을 찾지 못하도록 할 수 있기 때문이다. 부조화를 감소시키려는 행동은 자기방어적인 행동이고, 부조화를 감소시킴으로써 우리는 자신의 긍정적인 이미지, 즉 자신이 선하고 현명하며 상당히 가치 있는 인물이라는 긍정적인 측면의 이미지를 유지하게 된다. 비록 자기방어적인 행동이 유용한 것으로 생각될 수 있지만, 이러한 행동은 부정적 결과를 초래할 수 있다.

① 인지부조화를 극복하기 위해 합리적인 사고가 필요하다.
② 인지부조화는 합리적인 사고에 도움을 준다는 점에서 긍정적이다.
③ 인지부조화는 자기 방어적 행동을 유발하여 정신건강을 해친다.
④ 인지부조화를 감소시키는 방법의 비합리성으로 인해 부정적 결과가 초래될 수 있다.

6 응용계산력

01 둘레의 길이가 1km인 공원이 있다. 철수와 영희는 서로 반대 방향으로 걸어서 중간에서 만나기로 했다. 철수는 1분에 70m를 걷고, 영희는 1분에 30m를 걸을 때, 두 사람이 처음 만날 때까지 걸린 시간은?

① 5분 ② 10분
③ 20분 ④ 30분

02 길이가 9km인 강이 있다. 강물의 속력은 시속 3km이고, 배를 타고 강물을 거슬러 올라갈 때 1시간이 걸린다고 하면, 같은 배를 타고 강물을 따라 내려올 때 걸리는 시간은?

① 32분 ② 36분
③ 40분 ④ 42분

03 농도 4%의 소금물이 들어 있는 컵에 농도 10%의 소금물을 부었더니, 농도 8%의 소금물 600g이 만들어졌다. 처음 들어 있던 4%의 소금물은 얼마인가?

① 160g ② 180g
③ 200g ④ 220g

04 물건의 정가에서 20%를 할인한 후 3,000원을 뺀 가격과 정가에서 50%를 할인한 가격이 같았다면, 이 물건의 정가는 얼마인가?

① 10,000원　② 15,000원
③ 20,000원　④ 25,000원

05 진희는 남자친구 4명, 여자친구 2명과 함께 야구장에 갔다. 야구장에 입장하는 순서를 임의로 정한다고 할 때, 첫 번째와 마지막에 남자친구가 입장할 확률은?

① $\frac{2}{7}$　② $\frac{3}{7}$
③ $\frac{4}{7}$　④ $\frac{5}{7}$

06 H사는 창립일을 맞이하여 초대장을 준비하려고 한다. 초대장을 완성하는 데 혼자서 만들 경우 A대리는 6일, B사원은 12일이 걸린다. A대리와 B사원이 함께 초대장을 만들 경우, 완성할 때까지 며칠이 걸리는가?

① 1일　② 2일
③ 3일　④ 4일

07 A, B 두 개의 톱니가 서로 맞물려 있다. A톱니 수는 B톱니 수보다 20개 더 많고, A가 6회전할 때, B는 10회전한다면, A의 톱니 수는 몇 개인가?

① 35개　② 40개
③ 45개　④ 50개

7 수추리력

※ 일정한 규칙으로 수를 나열할 때 빈칸에 들어갈 알맞은 숫자를 고르시오. [1~4]

01

5 8 14 26 50 98 ( )

① 204
② 194
③ 182
④ 172

02

10 3 7 −4 11 −15 ( )

① 22
② 24
③ 26
④ 28

03

$\frac{1}{3}$ $\frac{6}{10}$ ( ) $\frac{16}{94}$ $\frac{21}{283}$

① $\frac{10}{31}$
② $\frac{11}{31}$
③ $\frac{11}{45}$
④ $\frac{11}{47}$

04

$\frac{4}{3}$ $\frac{4}{3}$ ( ) 8 32 160

① $\frac{1}{3}$
② $\frac{8}{3}$
③ 1
④ 2

8 창의력

※ 창의력 문제는 정답을 따로 제공하지 않는 영역입니다.

※ 주어진 그림의 용도를 40가지 쓰시오. [1~2]

01

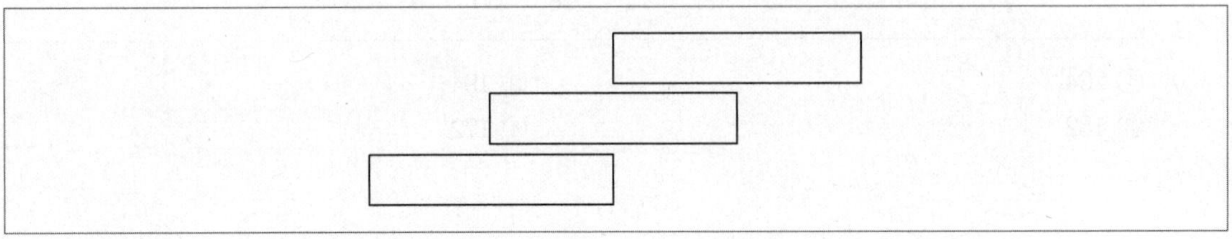

02

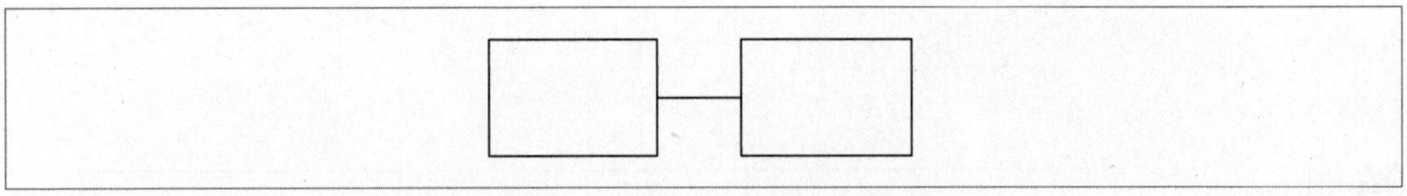

CHAPTER 10 현대백화점그룹

정답 및 해설 056p

1 언어이해

01 제시된 단어와 같거나 비슷한 의미를 가진 것은?

조달

① 참관 ② 조직
③ 공급 ④ 달관

02 제시된 단어와 반대되는 의미를 가진 것은?

가맹

① 사고 ② 탈퇴
③ 연결 ④ 통과

03 다음 빈칸에 들어갈 알맞은 단어는?

[ ] 삼베로 지은 옷이라서 여름에도 시원하다.

① 설핀 ② 살핀
③ 구성진 ④ 각진

04 다음 밑줄 친 것과 같은 의미로 쓰인 것은?

> 과감하게 발 벗고 나서서 자신을 던질 수 있는 용기를 통해 결단이 이루어질 수 있다.

① 승리의 여신이 우리 선수들에게 미소를 던졌다.
② 그는 유능한 기사였지만 결국 돌을 던지고 말았다.
③ 그 선수는 직구 위주의 강속구를 던지는 정통파 투수였다.
④ 물론 인간은 이따금 어떤 추상적인 사상이나 이념에 일생을 던져 몰입하는 수가 있지.

05 다음 글의 주제로 가장 적절한 것은?

> 힘 있는 나라를 가지고 싶어 하는 것은 인류의 공통적인 염원이다. 이것은 시간의 고금(古今)을 가리지 아니하고 공간의 동서(東西)를 따질 것이 없는 한결같은 진리다. 그래서 위대하지 아니한 나라에서 태어난 사람은 태어난 나라를 위대하게 만들기 위하여 혼신의 힘을 기울인다. 보잘것없는 나라의 국민이 된다는 것은 내세울 것 없는 집안의 후손인 것 이상으로 우리를 슬프게 한다. 세계 여러 나라 사람이 모인 곳에 간다고 가정해 보자. 누가 여기서 가장 큰소리치면서 위세 당당하게 처신할 것인가? 얼핏 생각하면 이목구비가 시원하게 생긴 사람, 지식과 화술이 뛰어난 사람, 교양과 인품이 훌륭한 사람, 외국어에 능통한 사람이 돋보일 것처럼 생각된다. 실제로 그런 사람들이 국제무대에서 뛰어난 활약을 하는 것은 사실이다. 그래서 사람은 스스로 다듬고 기르는 것이 아닌가? 그러나 실제에 있어서 어떤 사람으로 하여금 국제 사회에서 돋보이게 하는 것은 그가 등에 업고 있는 조국의 국력이다.

① 훌륭한 인품을 갖추자.
② 일등 국민을 본받자.
③ 문호 개방을 확대하자.
④ 국력을 키우자.

2 언어추리

01 **다음 명제들이 모두 참이라면 금요일에 도서관에 가는 사람은 누구인가?**

- 정우는 금요일에 도서관에 간다.
- 연우는 화요일과 목요일에 도서관에 간다.
- 승우가 도서관에 가지 않으면 민우가 도서관에 간다.
- 민우가 도서관에 가면 견우도 도서관에 간다.
- 연우가 도서관에 가지 않으면 정우는 도서관에 간다.
- 정우가 도서관에 가면 승우는 도서관에 가지 않는다.

① 정우, 민우, 견우
② 정우, 승우, 연우
③ 정우, 승우, 견우
④ 정우, 민우, 연우

02 **다음 명제를 읽고 올바르게 추론하지 않은 것은?**

- 건강한 사람은 건강한 요리를 좋아한다.
- 건강한 요리를 좋아하면 혈색이 좋다.
- 건강하지 않은 사람은 나쁜 인상을 갖는다.
- 건강한 요리를 좋아하는 사람은 그렇지 않은 사람보다 콜레스테롤 수치가 낮다.

① 건강한 사람은 혈색이 좋다.
② 좋은 인상을 가진 사람은 건강한 요리를 좋아한다.
③ 건강한 사람은 그렇지 않은 사람보다 콜레스테롤 수치가 낮다.
④ 좋은 인상을 가진 사람은 그렇지 않은 사람보다 콜레스테롤 수치가 높다.

03 **다음은 혜진이가 지원한 H아울렛 입사 지원 현황을 조사한 자료이다. 혜진이가 패션디자인팀에 지원했다는 결론을 이끌어내기 위해 필요한 정보는?**

- 비주얼 머천다이징팀과 광고그래픽팀에 둘 다 지원하는 사람은 패션디자인팀에도 지원했다.
- 광고홍보팀과 경영지원팀에 둘 다 지원하는 사람은 패션디자인팀에도 지원했다.
- H아울렛 지원자 모두 인테리어팀이나 악세서리 디자인팀 가운데 적어도 한 팀에 지원했다.
- 인테리어팀에 지원하는 사람은 모두 비주얼 머천다이징팀에 지원했다.
- 악세서리 디자인팀에 지원하는 사람은 모두 광고홍보팀에 지원했다.

① 혜진이는 광고홍보팀과 광고그래픽팀에 지원했다.
② 혜진이는 인테리어팀과 광고홍보팀에 지원했다.
③ 혜진이는 광고그래픽팀과 경영지원팀에 지원했다.
④ 혜진이는 악세서리 디자인팀과 비주얼 머천다이징팀에 지원했다.

3 수 계산

01 서울에 사는 K씨는 휴가를 맞아 가족들과 자동차를 타고 휴가를 떠났다. 휴가지에 갈 때는 시속 80km로 운전하고, 휴가지에서 집으로 돌아올 때는 시속 120km로 운전했다. 갈 때와 돌아올 때의 시간 차이가 1시간 20분이라고 할 때, K씨의 집과 휴가지 사이의 거리는?

① 300km ② 320km
③ 340km ④ 360km

02 인식이는 과자와 아이스크림을 사려고 한다. 과자는 하나에 1,000원, 아이스크림은 하나에 600원일 때, 15,000원을 가지고 과자와 아이스크림을 총 17개 사려고 한다면 아이스크림은 최소 몇 개를 사야 되는가?

① 4개 ② 5개
③ 6개 ④ 7개

03 1부터 10까지 적힌 공 중에서 첫 번째는 2의 배수, 두 번째는 3의 배수가 나오도록 공을 뽑을 확률은?(단, 뽑은 공은 다시 넣는다)

① $\frac{5}{18}$ ② $\frac{3}{20}$
③ $\frac{1}{7}$ ④ $\frac{5}{24}$

※ 빈칸에 들어갈 알맞은 숫자를 고르시오. [4~5]

04

$$(16+4\times 5)\div 4=(5\times 5-\square)\div 2$$

① 5 ② 7
③ 9 ④ 11

05

$$(102+103+104+105+106)\div 5=\square$$

① 104 ② 105
③ 114 ④ 115

※ 다음은 H기업의 성과급 지급 방법이다. 이어지는 질문에 답하시오. [1~2]

〈성과급 지급 방법〉

가. 성과급 지급은 성과평가 결과와 연계함
나. 성과평가는 유용성, 안전성, 서비스 만족도의 총합으로 평가함. 단, 유용성, 안전성, 서비스 만족도의 가중치를 각각 0.4, 0.4, 0.2로 부여함
다. 성과평가 결과를 활용한 성과급 지급 기준

성과평가 점수	성과평가 등급	분기별 성과급 지급액	비고
9.0 이상	A	100만 원	성과평가 등급이 A이면 직전분기 차감액의 50%를 가산하여 지급
8.0 이상 9.0 미만	B	90만 원(10만 원 차감)	
7.0 이상 8.0 미만	C	80만 원(20만 원 차감)	
7.0 미만	D	40만 원(60만 원 차감)	

01 H기업은 일정한 기준에 따라 팀별로 성과급을 지급한다. 기획팀의 성과평가 결과가 다음과 같다면 지급되는 성과급의 1년 총액은 얼마인가?

(단위 : 점)

구분	1/4분기	2/4분기	3/4분기	4/4분기
유용성	8	8	10	8
안전성	8	6	8	8
서비스 만족도	6	8	10	8

① 350만 원
② 355만 원
③ 360만 원
④ 365만 원

02 3/4분기에 평가 등급이 A였던 마케팅팀, B였던 전략팀, C였던 영업팀이 4/4분기에서는 모두 A등급을 받았다. 이 세 팀의 4/4분기 성과급 지급액을 모두 더한 금액은?

① 315만 원
② 320만 원
③ 325만 원
④ 330만 원

※ 다음은 2015년부터 2019년까지 H사의 차량기지 견학 안전체험 현황이다. 다음 자료를 읽고 이어지는 질문에 답 하시오. **[3~4]**

〈차량기지 견학 안전체험 건수 및 인원 현황〉

(단위 : 건, 명)

구분	2015년		2016년		2017년		2018년		2019년		합계	
	건수	인원	건수	인원	건수	인원	건수	인원	건수	인원	건수	인원
고덕	24	611	36	897	33	633	21	436	17	321	131	2,898
도봉	30	644	31	761	24	432	28	566	25	336	138	2,739
방화	64	1,009	(ㄴ)	978	51	978	(ㄹ)	404	29	525	246	3,894
신내	49	692	49	512	31	388	17	180	25	385	171	2,157
천왕	68	(ㄱ)	25	603	32	642	30	566	29	529	184	3,206
모란	37	766	27	643	31	561	20	338	22	312	137	2,620
합계	272	4,588	241	4,394	(ㄷ)	3,634	145	2,490	147	2,408	1,007	17,514

03 다음 중 빈칸 안에 들어갈 수치들이 바르게 연결된 것은?

① ㄱ-846
② ㄴ-75
③ ㄷ-213
④ ㄹ-29

04 위 자료에 대한 〈보기〉의 설명 중 옳은 것을 모두 고른 것은?

보기

ㄱ. 방화 차량기지 견학 안전체험 건수는 2015년부터 2019년까지 전년 대비 매년 감소하였다.
ㄴ. 2017년 고덕 차량기지의 안전체험 건수 대비 인원수는 도봉 차량기지의 안전체험 건수 대비 인원수보다 크다.
ㄷ. 2016년부터 2018년까지 고덕 차량기지의 안전체험 건수의 증감 추이는 인원수의 증감 추이와 동일하다.
ㄹ. 신내 차량기지의 안전체험 인원수는 2019년에 2015년 대비 50% 이상 감소하였다.

① ㄱ, ㄴ
② ㄱ, ㄷ
③ ㄴ, ㄷ
④ ㄷ, ㄹ

5 수열추리

※ 일정한 규칙으로 수를 나열할 때, 빈칸에 들어갈 알맞은 수를 고르시오. [1~3]

01

4　2　6　−2　14　−18　( )

① 46　② −46
③ 52　④ −52

02

29　69　25　62　( )　55　17　48

① 9　② 21
③ 41　④ 63

03

4,567　22　4　371　11　2　8,521　16　( )

① 4　② 5
③ 6　④ 7

※ 일정한 규칙으로 문자를 나열할 때 빈칸에 들어갈 알맞은 문자를 고르시오. [4~6]

04

낭 낭 당 낭 랑 방 랑 탕 (　)

① 장　　② 낭
③ 강　　④ 랑

2020년 대기업

05

H J L (　) P R

① H　　② R
③ J　　④ N

06

A ㄴ 3 (　) E ㅂ 7 八

① 4　　② D
③ ㄹ　　④ 四

6 시각적주의집중력

※ 제시된 문자의 좌우를 비교하여 앞이 다르면 ①, 뒤가 서로 다르면 ②, 둘 다 같거나 다르면 ③을 고르시오. **[1~6]**

01

notanymore − notanymora	catachrestic − catachrestic

① ② ③

02

③④①⑤⑦①⑦⑨ − ③④①⑤⑦①⑦⑨	≠@!=:&?%";()/* − ≠@!=;&?%";()/*

① ② ③

03

대동강부벽루에는 − 대동강부벽루에는	파퍄바뱌버벼프퓨 − 파퍄바뱌버벼프퓨

① ② ③

04

가갸거겨고교구규 − 가갸거겨고교구규	abcdefghijklmn − abcdefghijblmn

① ② ③

05

世遠猶存秉筆賢 − 世遠猶存秉筆賢	Ⓗⓗ⒣HhH⒣ⓗⒽ − Ⓗⓗ⒣HhH⒣ⓗⒽ

① ② ③

06

♩♪♫♬♭#♬♪ − ♩♪♫♬♭#♫♪	●◎◇◆□△▲▽ − ●◎◇◆□△▲▽

① ② ③

7 형태 · 공간지각

01 다음 중 제시된 도형과 같은 것은?

① 

② 

③ 

④ 

02 주어진 전개도로 입체도형을 만들 때, 만들어질 수 없는 것은?

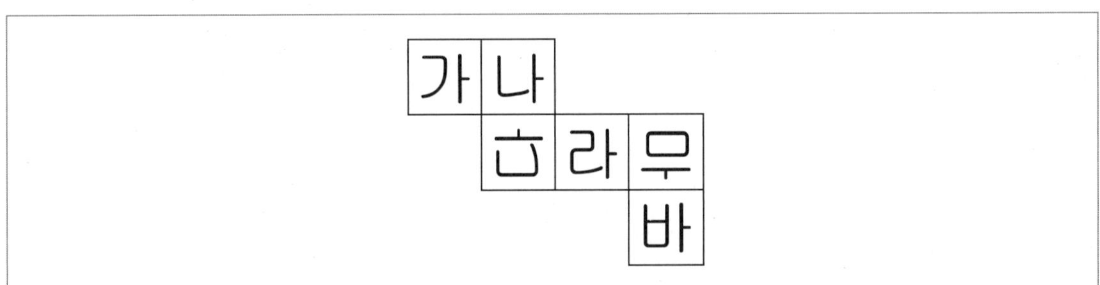

① 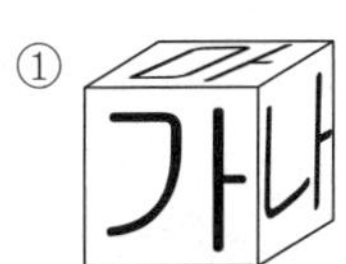

② 

③ 

④ 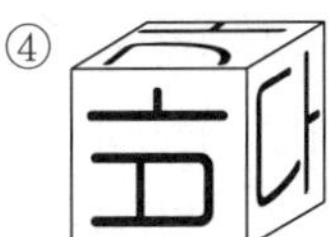

8 공간 · 상징추리

※ 다음 중 도형에 대한 해석으로 가장 적절한 것을 고르시오. [1~2]

◆ 책　∝ 침대　∞ 책상　▽ 거실

01

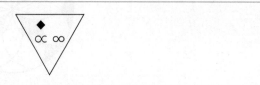

① 거실에는 오래된 책상이 있고, 책은 그 책상 위에 있다.
② 거실에서 한 남자가 침대에 엎드려 신문을 읽고 있다.
③ 거실 안 책상 왼쪽에는 책이 놓인 작은 침대가 있다.
④ 나는 오래된 내 침대 아래 일기를 숨겨놓았다.

02

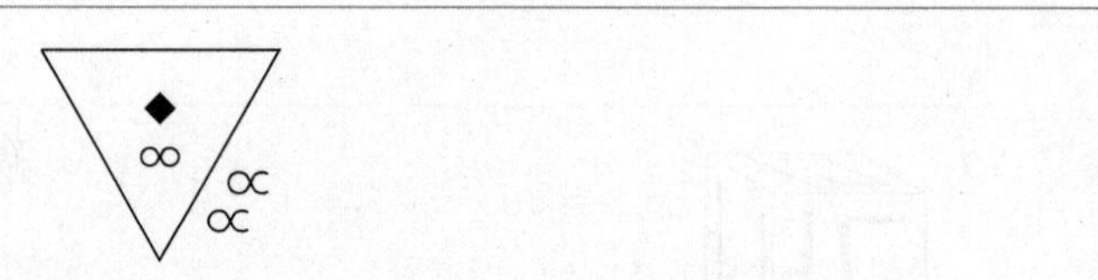

① 낡은 책들이 거실 밖 책상 위에 잔뜩 쌓여 있다.
② 거실 밖 서로 마주보고 있는 두 개의 침대 위에는 잡지들이 널브러져 있다.
③ 한 남자가 거실 안 더러운 책상 위를 정리정돈하고 있다.
④ 거실 안 책상 위에는 먼지 쌓인 책이 있고, 밖에는 포근한 침대가 두 개 있다.

※ 다음 주어진 표를 통해 제시된 문장을 알맞게 변형한 것을 고르시오. [3~4]

◐	◑	▷	▦	■	□	●	☆	★	☎
은/는	동생	주었다	학교	와	선물	함께	했다	늦게	나는
♡	♥	◇	◆	♣	♠	▤	¤	◎	▲
오늘	부탁	보았다	누나	도	을/를	에/에게	갔다	만화	어제

03

나는 어제 누나에게 부탁을 했다.

① ☎♡●★◎♠◇
② ☎▲◆▤♥♠☆
③ ☎♡□♠◑▤▷
④ ☎▲◆▤◎♠◇

04

누나는 어제 동생에게 선물을 주었다.

① ◆♣♥♠▲♡☆◎
② ◆♣▷◎□▦☎□
③ ◆◐▲▦♣★◇▷
④ ◆◐▲◑▤□♠▷

2020년 대기업

안심Touch

CHAPTER 11 이랜드그룹

정답 및 해설 062p

1 언어비평검사 I (언어추리)

01 다음 제시된 오류와 동일한 오류를 범하고 있는 것은?

그 책은 재미없는 책이다. 내 친구 A가 재미없다고 했기 때문이다. A는 거짓말하지 않는 친구이다.

① 넌 나랑 더 친한데, 어떻게 저 아이의 편을 들어줄 수 있어?
② 예로부터 하나를 보면 열을 알 수 있다고 했는데, 옷 입은 꼴을 보니 그 친구는 성품이 좋지 않은 것 같구나. 그 아이랑은 같이 다니지 말거라.
③ 왜 점심을 안 먹는다는 거니? 밥도 안 먹고 굶어 죽으려고 작정했구나.
④ 신랑과 신부 모두 훌륭한 인재들이므로 가정을 화목하고 지혜롭게 꾸려나갈 것이 틀림없다.
⑤ 모르핀은 왜 고통을 느끼지 못하게 하는가. 모르핀에는 고통을 느끼지 못하게 하는 효과가 있기 때문이다.

02 다음 제시된 오류와 관련 있는 것을 고르면?

자신의 주장에 반론의 가능성이 있는 요소를 비난하여 반론 자체를 하지 못하도록 원천적으로 막아버리는 오류

① 서민을 위해 일하겠다고 한 국회의원이 이런 고급 옷을 입는다는 것이 말이 되니?
② 베스트셀러 1위라니, 이 책은 훌륭한 책임이 틀림없어.
③ 올림픽에서 우리나라를 응원하지 않는 사람은 민족 반역자이다.
④ 관두고 밥이나 먹읍시다.
⑤ 너 요즘은 동생 안 때리니?

03 다음 [제시문 A]를 읽고 [제시문 B]가 참인지, 거짓인지, 혹은 알 수 없는지 고르면?

> **[제시문 A]**
> • 테니스를 치는 사람은 마라톤을 한다.
> • 마라톤을 하는 사람은 축구를 하지 않는다.
> • 축구를 하는 사람은 등산을 한다.
>
> **[제시문 B]**
> 축구를 하는 사람은 테니스를 치지 않는다.

① 참 ② 거짓 ③ 알 수 없음

04 다음 제시된 명제들로부터 내릴 수 있는 추론으로 옳은 것은?

> • 연차를 쓸 수 있으면 제주도 여행을 한다.
> • 회를 좋아하면 배낚시를 한다.
> • 다른 계획이 있으면 배낚시를 하지 않는다.
> • 다른 계획이 없으면 연차를 쓸 수 있다.

① 제주도 여행을 하면 다른 계획이 없다.
② 연차를 쓸 수 있으면 배낚시를 한다.
③ 다른 계획이 있으면 연차를 쓸 수 없다.
④ 배낚시를 하지 않으면 제주도 여행을 하지 않는다.
⑤ 제주도 여행을 하지 않으면 배낚시를 하지 않는다.

2 언어비평검사Ⅱ(독해)

01 **다음 글을 읽고 빈칸에 들어갈 접속어를 바르게 배열한 것은?**

> 우리가 탄수화물을 계속 섭취하지 않으면 우리 몸은 에너지로 사용하던 연료가 고갈되는 상태에 이르게 된다. 이 경우 몸은 자연스레 '대체 연료'를 찾기 위해 처음에는 근육의 단백질을 분해하고, 이어 내장지방을 포함한 지방을 분해한다. 지방 분해 과정에서 '케톤'이라는 대사성 물질이 생성되면서 수분 손실이 나타나고 혈액 내의 당분이 정상보다 줄어들게 된다. 이 과정에서 체내 세포들의 글리코겐 양이 감소한다. [㉠] 이러한 현상은 간세포에서 두드러지게 나타난다. [㉡] 혈액 및 소변 등의 체액과 인체조직에서는 케톤 수치가 높아지면서 신진대사 불균형이 생기면 두통, 설사, 집중력 저하, 구취 등의 불편한 증상이 나타난다. [㉢] 탄수화물을 극단적으로 제한하는 식단은 바람직하지 않다.

	㉠	㉡	㉢
①	결국	따라서	따라서
②	결국	그러므로	그러므로
③	특히	이로 인해	따라서
④	특히	그런데	그러나
⑤	즉	그러나	그리고

※ 다음 글을 읽고 이어지는 물음에 답하시오. [2~3]

인지부조화는 한 개인이 가지는 둘 이상의 사고, 태도, 신념, 의견 등이 서로 일치하지 않거나 상반될 때 생겨나는 심리적인 긴장상태를 의미한다. 인지부조화는 불편함을 유발하기 때문에 사람들은 이것을 감소시키려고 한다. 인지부조화를 감소시키는 방법은 서로 모순관계에 있어서 양립할 수 없는 인지들 가운데 하나 이상의 인지가 갖는 내용을 바꾸어 양립할 수 있게 만들거나, 서로 모순되는 인지들 간의 차이를 좁힐 수 있는 새로운 인지를 추가하여 부조화된 인지상태를 조화된 상태로 전환하는 것이다.
그런데 실제로 부조화를 감소시키는 행동은 비합리적인 면이 있다. 그 이유는 그러한 행동들이 사람들로 하여금 중요한 사실을 배우지 못하게 하고 자신들의 문제에 대해서 실제적인 해결책을 찾지 못하도록 할 수 있기 때문이다. 부조화를 감소시키려는 행동은 자기방어적인 행동이고, 부조화를 감소시킴으로써 우리는 자신의 긍정적인 이미지, 즉 자신이 선하고 현명하며 상당히 가치 있는 인물이라는 긍정적인 측면의 이미지를 유지하게 된다. 비록 자기방어적인 행동이 유용한 것으로 생각될 수 있지만, 이러한 행동은 부정적인 결과를 초래할 수 있다.
한 실험에서 연구자는 인종차별 문제에 대해서 확고한 입장을 보이는 사람들을 선정하였다. 일부는 차별에 찬성하였고, 다른 일부는 차별에 반대하였다. 선정된 사람들에게 인종차별에 대한 찬성과 반대 의견이 실린 글을 모두 읽게 하였는데, 어떤 글은 지극히 논리적이고 그럴듯하였고, 다른 글은 터무니없고 억지스러운 것이었다. 실험에서는 참여자들이 과연 어느 글을 기억할 것인지에 관심이 있었다. 인지부조화 이론에 따르면, 사람들은 현명한 사람을 자기 편, 우매한 사람을 다른 편이라 생각할 때 마음이 편안해질 것이다. 그렇다면 이 실험에서 인지부조화 이론은 다음과 같은 ㉠ 결과를 예측할 것이다.

02 윗글의 내용과 일치하는 것은?

① 사람들은 인지부조화가 일어날 경우 이것을 무시하고 방치하려는 경향이 있다.
② 부조화를 감소시키는 행동은 합리적인 면과 비합리적인 면이 함께 나타난다.
③ 부조화를 감소시키는 행동의 비합리적인 면 때문에 문제에 대한 본질적인 해결책을 찾지 못할 수 있다.
④ 부조화의 감소는 사람들로 하여금 자신의 긍정적인 이미지를 유지할 수 있게 하고, 부정적인 이미지를 감소시킨다.
⑤ 부조화를 감소시키는 자기방어적인 행동은 사람들에게 긍정적인 결과를 가져온다.

03 다음 중 ㉠에 해당하는 내용으로 가장 적절한 것은?

① 참여자들은 자신의 의견과 동일한 주장을 하는 모든 글과 자신의 의견과 반대되는 주장을 하는 모든 글을 기억한다.
② 참여자들은 자신의 의견과 동일한 주장을 하는 모든 글과 자신의 의견과 반대되는 주장을 하는 모든 글을 기억하지 못한다.
③ 참여자들은 자신의 의견과 동일한 주장을 하는 형편없는 글과 자신의 의견과 반대되는 주장을 하는 형편없는 글을 기억한다.
④ 참여자들은 자신의 의견과 동일한 주장을 하는 논리적인 글과 자신의 의견과 반대되는 주장을 하는 형편없는 글을 기억한다.
⑤ 참여자들은 자신의 의견과 동일한 주장을 하는 형편없는 글과 자신의 의견과 반대되는 주장을 하는 논리적인 글을 기억한다.

04 다음 글을 통해 추론할 수 없는 것은?

2001년 인간 유전체 프로젝트가 완료된 후, 영국의 일요신문 『옵저버』는 "드디어 밝혀진 인간 행동의 비밀, 열쇠는 유전자가 아니라 바로 환경"이라는 제목의 기사를 실었다. 유전체 연구 결과, 인간의 유전자 수는 애당초 추정치인 10만 개에 크게 못 미치는 3만 개로 드러났다. 해당 기사는 인간 유전체 프로젝트의 핵심 연구자였던 크레이그 벤터 박사의 주장을 다음과 같이 인용하였다.

"유전자 결정론이 옳다고 보기에는 유전자 수가 턱없이 부족합니다. 인간 행동과 형질의 놀라운 다양성은 우리의 유전자 속에 들어있지 않다는 것이죠. 환경에 그 열쇠가 있습니다. 우리의 행동양식은 유전자가 환경과 상호작용함으로써 비로소 결정되죠. 인간은 유전자의 지배를 받는 존재가 아닌 것이죠. 우리는 자유의지를 발휘할 수 있는 존재인 것입니다." 여러 신문들은 이 같은 기사를 실었다. 이를 계기로, 본성 대 양육이라는 해묵은 논쟁은 인간의 행동을 결정하는 것이 유전인지 아니면 환경인지 하는 논쟁의 형태로 재점화되었다. 인간이란 결국 신체를 구성하는 물질에 의해 구속받는 존재인지 아니면 인간에게 자유의지가 허락되는지를 놓고도 열띤 토론이 벌어졌다.

① 처음 인간의 유전자 수는 약 10만 개 정도로 추정되어졌다.
② 『옵저버』에 쓰여진 기사는 크레이그 벤터 박사의 주장을 인용하고 있다.
③ 제시된 기사는 인간의 행동을 결정하는 것이 유전자와 환경의 상호작용이라 보고 있다.
④ 인간의 행동양식을 결정하는 것이 본성인지 양육인지에 대한 논쟁은 오래전부터 존재했다.
⑤ 여러 신문사의 기사를 통해 인간의 행동이 유전자와 환경의 상호작용에 의해 결정된다는 것이 정설로 여겨짐을 알 수 있다.

05 다음 글의 흐름으로 보아 ㉠에 들어갈 내용으로 가장 적절한 것은?

동물들은 홍채에 있는 근육의 수축과 이완을 통해 눈동자를 크게 혹은 작게 만들어 눈으로 들어오는 빛의 양을 조절하므로 눈동자 모양이 원형인 것이 가장 무난하다. 그런데 고양이와 늑대와 같은 육식동물은 세로로, 양이나 염소와 같은 초식동물은 가로로 눈동자 모양이 길쭉하다. 특별한 이유가 있는 것일까?

육상동물 중 모든 육식동물의 눈동자가 세로로 길쭉한 것은 아니다. 주로 매복형 육식동물의 눈동자가 세로로 길쭉하다. 이는 숨어서 기습을 하는 사냥 방식과 밀접한 관련이 있는데, 세로로 길쭉한 눈동자가 (㉠) 일반적으로 매복형 육식동물은 양쪽 눈으로 초점을 맞춰 대상을 보는 양안시로, 각 눈으로부터 얻는 영상의 차이인 양안시차를 하나의 입체 영상으로 재구성하면서 물체와의 거리를 파악한다. 그런데 이러한 양안시차뿐만 아니라 거리지각에 대한 정보를 주는 요소로 심도 역시 중요하다. 심도란 초점이 맞는 공간의 범위를 말하며, 심도는 눈동자의 크기에 따라 결정된다. 즉 눈동자의 크기가 커져 빛이 많이 들어오게 되면, 커지기 전보다 초점이 맞는 범위가 좁아진다. 이렇게 초점의 범위가 좁아진 경우를 '심도가 얕다.'고 하며, 반대인 경우를 '심도가 깊다.'고 한다.

① 사냥감의 주변 동태를 정확히 파악하는 데 효과적이기 때문이다.
② 사냥감의 움직임을 정확히 파악하는 데 효과적이기 때문이다.
③ 사냥감의 위치를 정확히 파악하는 데 효과적이기 때문이다.
④ 사냥감과의 거리를 정확히 파악하는 데 효과적이기 때문이다.
⑤ 사냥감과의 경로를 정확히 파악하는 데 효과적이기 때문이다.

01 다음은 상품군별 온라인쇼핑 거래액에 관한 자료이다. 이에 대한 설명으로 옳지 않은 것은?

〈상품군별 온라인쇼핑 거래액〉

(단위 : 억 원)

구분	2016년 9월		2017년 9월	
	온라인		온라인	
		모바일		모바일
합계	50,000	30,000	70,000	42,000
컴퓨터 및 주변기기	2,450	920	3,700	1,180
가전·전자·통신기기	5,100	2,780	7,000	3,720
소프트웨어	50	10	50	10
서적	1,000	300	1,300	500
사무·문구	350	110	500	200
음반·비디오·악기	150	65	200	90
의복	5,000	3,450	6,000	4,300
신발	750	520	1,000	760
가방	900	640	1,500	990
패션용품 및 액세서리	900	580	1,500	900
스포츠·레저용품	1,450	1,000	2,300	1,300
화장품	4,050	2,970	5,700	3,700
아동·유아용품	2,200	1,500	2,400	1,900
음·식료품	6,200	4,500	11,500	7,600
생활·자동차용품	5,500	3,340	6,700	4,500
가구	1,300	540	1,850	1,000
애완용품	250	170	400	300
여행 및 예약서비스	9,000	4,360	11,000	5,800
각종 서비스 및 기타*	1,400	1,330	3,000	1,750

※ 꽃은 각종 서비스 및 기타에 포함

① 2017년 9월 온라인쇼핑 거래액은 7조억 원으로 전년 동월 대비 40% 증가했다.
② 2017년 9월 온라인쇼핑 거래액 중 모바일쇼핑 거래액은 4조 2,000억 원으로 전년 동월 대비 40% 증가했다.
③ 2017년 9월 모바일 거래액 비중은 전체 온라인쇼핑 거래액의 60%를 차지한다.
④ 2017년 9월 온라인쇼핑 거래액이 전년 동월보다 낮아진 상품군이 있다.
⑤ 2017년 9월 온라인쇼핑 중 모바일 거래액의 비중이 가장 작은 상품군은 소프트웨어이다.

02 다음 자료는 4대강 BOD 농도를 나타낸 그래프이다. 이에 대한 설명으로 옳지 않은 것은?

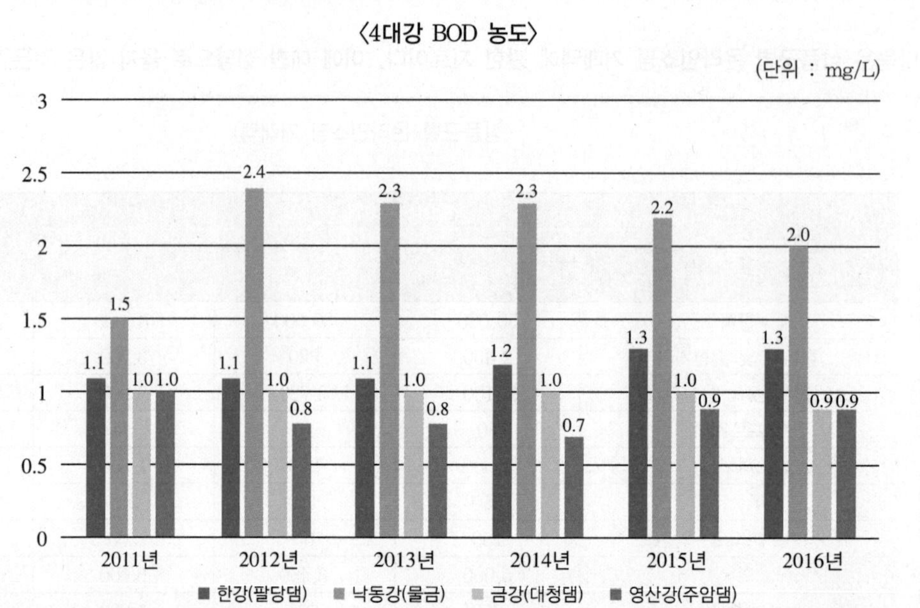

※ 생물학적 산소요구량(BOD)은 물속의 미생물이 유기물을 분해·안정화하는 데 필요한 산소의 양으로, 유기물질에 의한 오염 정도를 나타냄(수치가 클수록 오염이 심한 것임)

※ BOD 1mg/L 이하인 경우 수질등급 : '매우 좋음'으로 용존산소가 풍부하고, 오염물질이 없는 청정상태의 생태계로 간단한 정수처리 후 생활용수로 사용할 수 있음

※ BOD 2mg/L 이하인 경우 수질등급 : '좋음'으로 용존산소가 많은 편이며, 오염물질이 거의 없는 청정상태에 근접한 생태계로 볼 수 있음

※ BOD 3mg/L 이하인 경우 수질등급 : '약간 좋음'으로 약간의 오염물질은 있으나, 용존산소가 많은 상태의 다소 좋은 생태계로 일반적 정수처리 후 생활용수 또는 수영용수로 사용할 수 있는 경우를 말함

① 대청댐은 '매우 좋음'의 수질등급을 유지하고 있다.
② 2012년 이후 팔당댐을 제외한 3대강은 전년도에 비해 BOD가 줄거나 같았다.
③ 물속의 미생물이 유기물을 분해·안정화하는 데 필요한 산소의 양이 가장 많이 필요했던 곳은 2012년 낙동강이었다.
④ 가장 적게 오염이 된 곳은 영산강이다.
⑤ 낙동강은 '좋음'과 '약간 좋음'의 등급을 반복한다.

※ 다음은 E회사의 협력 건설자재회사별 자재 가격이다. 이어지는 물음에 답하시오. **[3~4]**

〈건설자재회사별 자재 가격〉

구분	내장재(원/판)	천장재(원/판)	단열재(원/판)	바닥재(원/roll)
K자재	2,000	1,200	1,500	2,700
L자재	2,200	1,200	1,500	2,500
H자재	2,000	1,000	1,600	2,600
D자재	2,200	1,100	1,500	2,500
A자재	2,200	1,100	1,600	2,700

〈E회사 주문량〉

구분	내장재	천장재	단열	바닥재
주문량	20판	70판	100판	5roll

03 가장 저렴한 업체를 선정하여 필요한 모든 자재를 주문하려 한다. E회사가 주문을 넣을 건설자재회사는?

① K자재회사
② L자재회사
③ H자재회사
④ D자재회사
⑤ A자재회사

04 바닥재 주문량을 7roll로 늘리면 어떻게 되는가?

① K자재가 가장 저렴해진다.
② L자재가 가장 저렴해진다.
③ 여전히 H자재가 가장 저렴하다.
④ D자재가 가장 저렴해진다.
⑤ K자재가 가장 비싸진다.

4 상황판단검사

※ 상황판단검사는 정답을 따로 제공하지 않는 영역이니 참고하시기 바랍니다.

01 **사원 L의 자리는 같은 팀의 Y대리 옆이다. 평소 Y대리는 남의 부탁을 잘 들어주고, 항상 밝은 표정으로 사람을 대하는데, 기분이 나쁘거나 다른 사람이 무리한 부탁을 받고 거절하지 못할 때에는 혼자 자리에 앉아 종이를 소리 나게 찢거나 펜을 세게 내려놓는 등의 행동을 하여 L사원이 업무에 집중하는 데 방해가 될 때가 있다. 당신이 L사원이라면 어떻게 하겠는가?**

① Y대리와 조용한 곳에 가서 그런 행동이 업무에 방해가 된다고 정중하게 말한다.

② Y대리에게 말을 하면 상처 받을 것 같으니 그냥 참고 넘어간다.

③ Y대리에게 말하기는 그러니, 상사를 찾아가 다른 이유를 대며 자리를 바꿔달라고 요청한다.

④ Y대리에게 스트레스를 해소할 다른 방법을 찾아보라고 말한다.

02 **사원 O는 사원 P와 같은 해에 입사하여 친하게 지내고 있다. 사원 O와 사원 P는 부서가 달라 서로 다른 건물에 근무하고 있는데, 어느 날 사원 P가 사원 O를 불러 얼마 전에 있었던 연봉 협상 결과에 대해 꼬치꼬치 묻는 것이었다. 사원 O는 사적인 내용이니 밝히지 않겠다고 했는데, 그다음부터 사원 P가 다른 사람들에게 사원 O의 속이 좁다는 등 험담을 하고 다닌다는 것을 알게 되었다. 당신이 사원 O라면 어떻게 하겠는가?**

① 사원 P를 찾아가 왜 뒤에서 자신의 험담을 하고 다니느냐고 따진다.

② 사원 P와 마찬가지로 다른 사람들에게 사원 P의 험담을 하고 다닌다.

③ 사원 P를 의도적으로 무시하고 연락을 끊는다.

④ 괜한 일 만들기 싫으니 그냥 무시하고 넘어간다.

03 **입사한 지 몇 달 되지 않은 사원 T는 같은 부서에 근무하는 W대리와 대화하는 것이 불편하다. 평소 휴식시간에 대화를 할 때는 물론이고, 업무에 대해 이야기를 할 때에도 W대리가 자신의 신체부위를 보고 있다는 느낌을 받았기 때문이다. 자신의 착각일 거라는 생각도 해보았지만, 시선이 느껴질 때마다 눈이 마주치는 것을 보면 착각은 아닌 것 같다. 당신이 사원 T라면 어떻게 하겠는가?**

① 같은 부서의 여자 상사에게 이 이야기를 털어놓고 고민을 상담한다.

② 의도적으로 W대리를 피하거나, W대리가 보이지 않는 곳으로 자리를 옮겨 달라고 한다.

③ 상사에게 W대리가 자신의 신체부위를 보며, 그런 행동이 수치심을 유발한다고 고발한다.

④ W대리를 직접 찾아가 지켜보는 시선이 불편하니 삼가 달라고 말한다.

CHAPTER 12 KCC그룹

정답 및 해설 065p

1 언어영역(인문계)

※ 다음 제시문을 읽고 문제가 참이면 ①, 거짓이면 ②, 문제의 진위를 알 수 없으면 ③을 고르시오. [1~3]

> 현대인은 대인 관계에 있어서 가면을 쓰고 살아간다. 물론 그것이 현대 사회를 살아가기 위한 인간의 기본적인 조건인지도 모른다. 사회학자들은 사람이 다른 사람과 교제를 할 때, 상대방에 대한 자신의 인상을 관리하려는 속성이 있다는 점에 동의한다. 즉, 사람들은 대체로 남 앞에 나설 때에는 가면을 쓰고 연기를 하는 배우와 같이 행동한다는 것이다.
> 왜 그런 상황이 발생하는 것일까? 그것은 주로 대중문화의 속성에 기인한다. 사실 20세기의 대중문화는 과거와 다른 새로운 인간형을 탄생시키는 배경이 되었다고 말할 수 있다. 특히, 광고는 '내가 다른 사람의 눈에 어떻게 보일 것인가?'하는 점을 끊임없이 반복하고 강조함으로써 그 광고를 보는 사람들에게 조바심이나 공포감을 불러일으키기까지 한다.
> 그중에서도 외모와 관련된 제품의 광고는 개인의 삶의 의미가 '자신이 남에게 어떤 존재로 보이느냐'라는 것을 지속적으로 주입시킨다. 역사학자들도 '연기하는 자아'의 개념이 대중문화의 부상과 함께 더욱 의미 있는 것이 되었다고 말한다. 그들은 적어도 20세기 초부터 '성공'은 무엇을 잘하고 열심히 하는 것이 아니라 '인상 관리'를 어떻게 하느냐에 달려 있다고 한다. 이렇게 자신의 일관성을 잃고 상황에 따라 적응하게 되는 현대인들은 대중매체가 퍼뜨리는 유행에 민감하게 반응하는 과정에서 자신의 취향을 형성해 가고 있다.

01 사람들의 인상은 타인에 의해서 관리된다.

① 참 ② 거짓 ③ 알 수 없음

02 20세기 대중문화는 새로운 인간형을 탄생시키는 배경이 되었다.

① 참 ② 거짓 ③ 알 수 없음

03 사람들은 대중문화의 부상과 함께 성공하고 있다.

① 참 ② 거짓 ③ 알 수 없음

※ 다음 제시문을 읽고 문제의 내용이 참이면 ①, 거짓이면 ②, 문제의 진위를 알 수 없으면 ③을 고르시오. [4~6]

베블런에 의하면 사치품 사용 금기는 전근대적 계급에 기원을 두고 있다. 즉, 사치품 소비는 상류층의 지위를 드러내는 과시소비이기 때문에 피지배계층이 사치품을 소비하는 것은 상류층의 안락감이나 쾌감을 손상한다는 것이다. 따라서 상류층은 사치품을 사회적 지위 및 위계질서를 나타내는 기호(記號)로 간주하여 피지배계층의 사치품 소비를 금지했다. 또한 베블런은 사치품의 가격 상승에도 그 수요가 줄지 않고 오히려 증가하는 이유가 사치품의 소비를 통하여 사회적 지위를 과시하려는 상류층의 소비행태 때문이라고 보았다.
그러나 소득 수준이 높아지고 대량 생산에 의해 물자가 넘쳐흐르는 풍요로운 현대사회에서, 서민들은 과거 왕족들이 쓰던 물건들을 일상생활 속에서 쓰고 있고 유명 배우가 쓰는 사치품도 쓸 수 있다. 모든 사람들이 명품을 살 수 있는 돈을 갖고 있을 때, 명품의 사용은 더 이상 상류층을 표시하는 상징이 될 수 없다. 따라서 새로운 사회의 도래는 베블런의 과시소비이론으로 설명하기 어려운 소비행태를 가져왔다. 이때 상류층이 서민들과 구별될 수 있는 방법은 오히려 아래로 내려가는 것이다. 현대의 상류층에게는 차이가 중요한 것이지 사물 그 자체가 중요한 것이 아니기 때문이다. 월급쟁이 직원이 고급 외제차를 타면 사장은 소형 국산차를 타는 것이 그 예이다.

04 베블런의 이론은 최근 현대사회에서 더욱 빛을 발한다.

① 참 ② 거짓 ③ 알 수 없음

05 현대사회에서는 서민들의 사치품 소비가 가능해지면서 오히려 상류층은 사치품 소비를 지양하기도 한다.

① 참 ② 거짓 ③ 알 수 없음

06 현대 사회에서 서민의 사치스러운 생활은 물질만능주의를 가속화할 것이다.

① 참 ② 거짓 ③ 알 수 없음

2 오류찾기(이공계)

※ 다음 기호들은 일정한 규칙을 따라 도형을 변화시킨다. 도출된 결과를 토대로 규칙 적용상의 오류를 바르게 수정한 것을 찾으시오. [1~2]

01

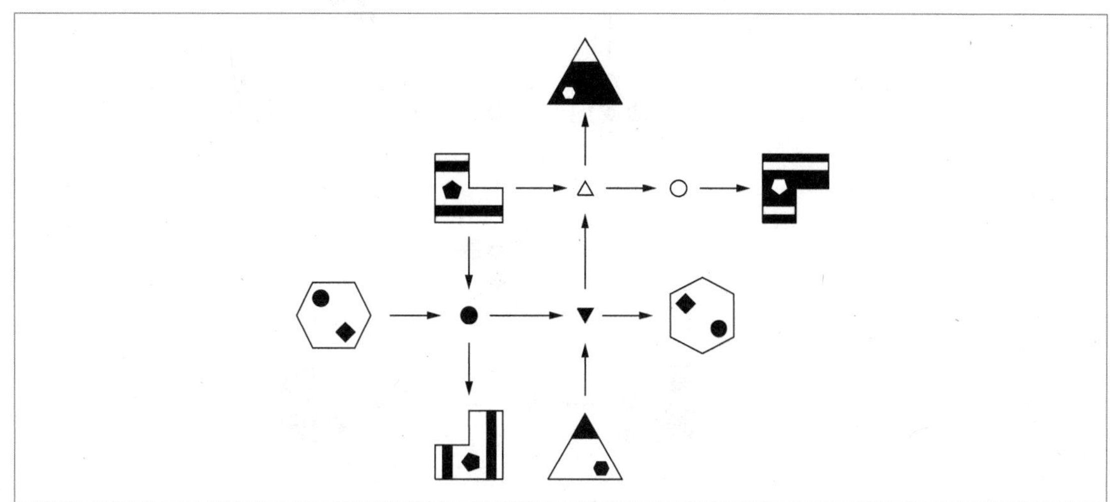

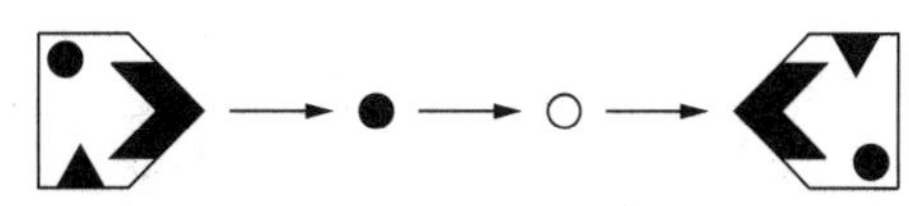

① ● → ▼

② ● → △

③ ○ → ▼

④ ○ → △

02

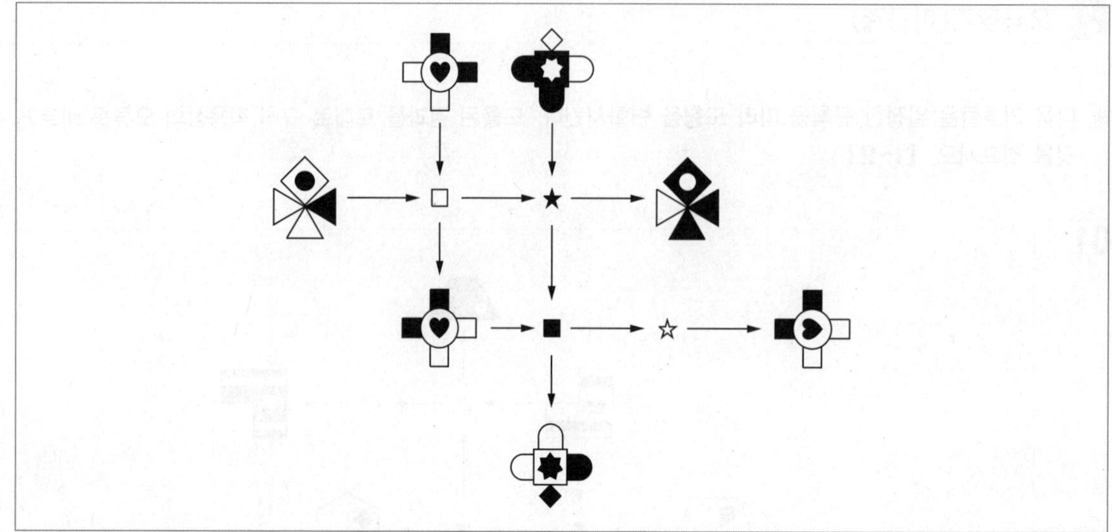

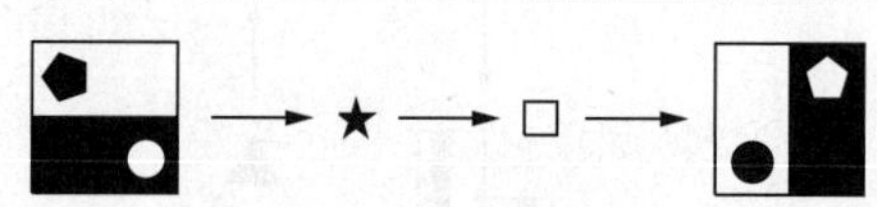

① ★ → □

② ★ → ■

③ □ → ★

④ □ → ☆

3 자료해석

01 다음은 9월의 인천국제공항 원인별 지연 및 결항 통계이다. 이에 대한 설명으로 옳은 것은?(단, 소수점 이하 첫째 자리에서 반올림하여 계산한다)

〈9월 인천국제공항 원인별 지연 및 결항 원인〉

(단위 : 편)

구분	기상	A/C 접속	A/C 정비	여객처리 및 승무원관련	복합원인	기타	합계
지연	118	1,676	117	33	2	1,040	2,986
결항	17	4	10	0	0	39	70

① 기상으로 지연된 경우는 기상으로 결항된 경우의 약 5배이다.

② 기타를 제외하고 항공편 지연과 결항에서 가장 높은 비중을 차지하고 있는 원인이 같다.

③ 항공기 지연 원인 중 A/C 정비가 차지하는 비율은 결항 원인 중 기상이 차지하는 비율의 약 $\frac{1}{6}$ 이다.

④ 9월 한 달간 인천국제공항의 날씨는 좋은 편이었다.

2020년 대기업

02 다음은 어느 기업의 콘텐츠 유형별 매출액에 관한 자료이다. 이에 대한 설명으로 옳지 않은 것은?

〈콘텐츠 유형별 매출액〉

(단위 : 백만 원)

구분	게임	음원	영화	SNS	전체
2012년	235	108	371	30	744
2013년	144	175	355	45	719
2014년	178	186	391	42	797
2015년	269	184	508	59	1,020
2016년	485	199	758	58	1,500
2017년	470	302	1,031	308	2,111
2018년	603	411	1,148	104	2,266
2019년	689	419	1,510	341	2,959

① 2014년 이후 매출액이 매년 증가한 콘텐츠 유형은 영화뿐이다.

② 2019년에 전년 대비 매출액의 증가율이 가장 큰 콘텐츠 유형은 SNS이다.

③ 영화 매출액은 매년 전체 매출액의 40% 이상이다.

④ 2016 ~ 2019년 동안 매년 게임 매출액은 음원 매출액의 2배 이상이다.

03 다음은 L사 직원들이 문화재 관광 콘텐츠의 개발방향을 찾기 위해 다음 자료를 바탕으로 나눈 대화이다. 이에 대해 옳지 않은 설명을 한 사람은?

〈궁능원 관람객 수 추이〉

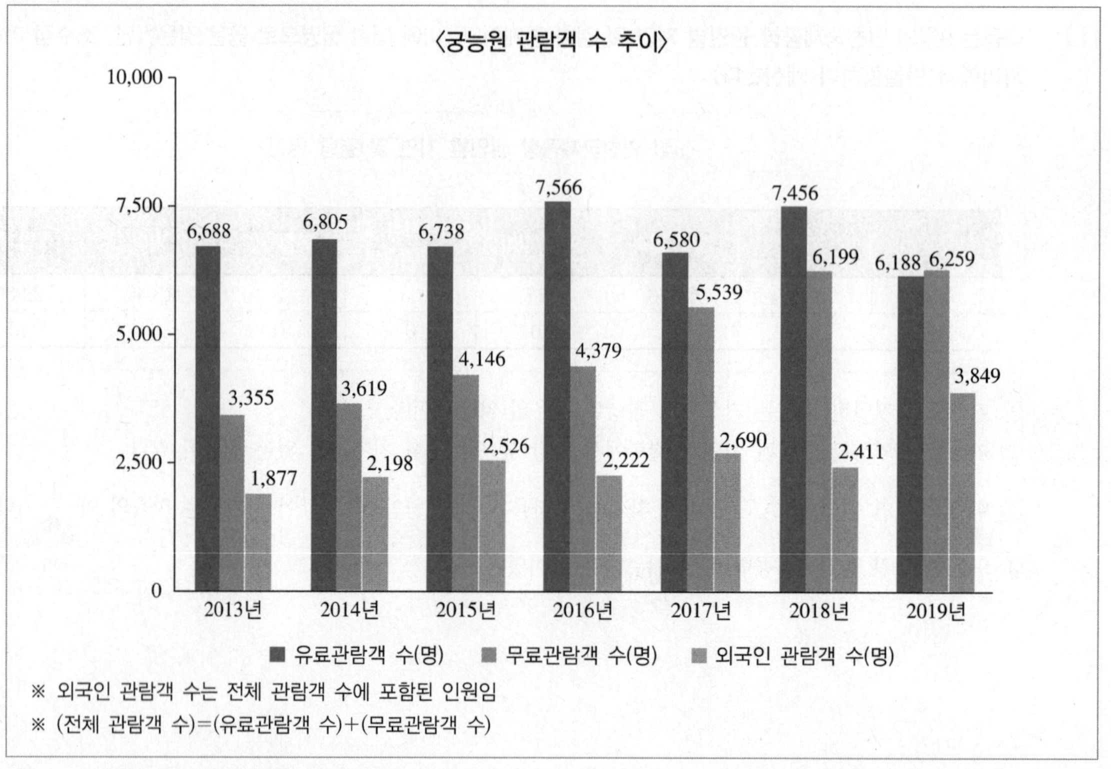

※ 외국인 관람객 수는 전체 관람객 수에 포함된 인원임

※ (전체 관람객 수)=(유료관람객 수)+(무료관람객 수)

① A씨 : 2019년 외국인 관람객 수는 2013년에 비해 102% 이상 증가했네요. 외국인 관람객에 대한 콘텐츠 개발을 더욱더 확충했으면 좋겠어요.

② B씨 : A씨의 의견이 맞는 것 같아요. 2019년의 전체 관람객 수에서 외국인 관람객이 차지한 비중이 2013년에 비해 15% 이상 증가했네요. 외국인 관람객을 위한 외국어 안내문과 팸플릿을 개선했으면 좋겠네요.

③ C씨 : 유료관람객은 2019년을 제외하고 항상 가장 높은 비중을 차지하고 있어요. 유료관람객 확대 유치를 위한 콘텐츠가 필요해요.

④ D씨 : C씨의 의견에 덧붙이자면, 유료관람객 수는 2013년 이후로 증가와 감소가 반복되고 있어요. 유료관람객 수의 지속적인 증가를 위해 지역주민에 대한 할인, 한복업체와 연계한 생활한복 무료대여 행사같이 여러 가지 이벤트를 개발했으면 좋겠어요.

4 도식추리

01 제시된 순서도에 의해 출력되는 값은?

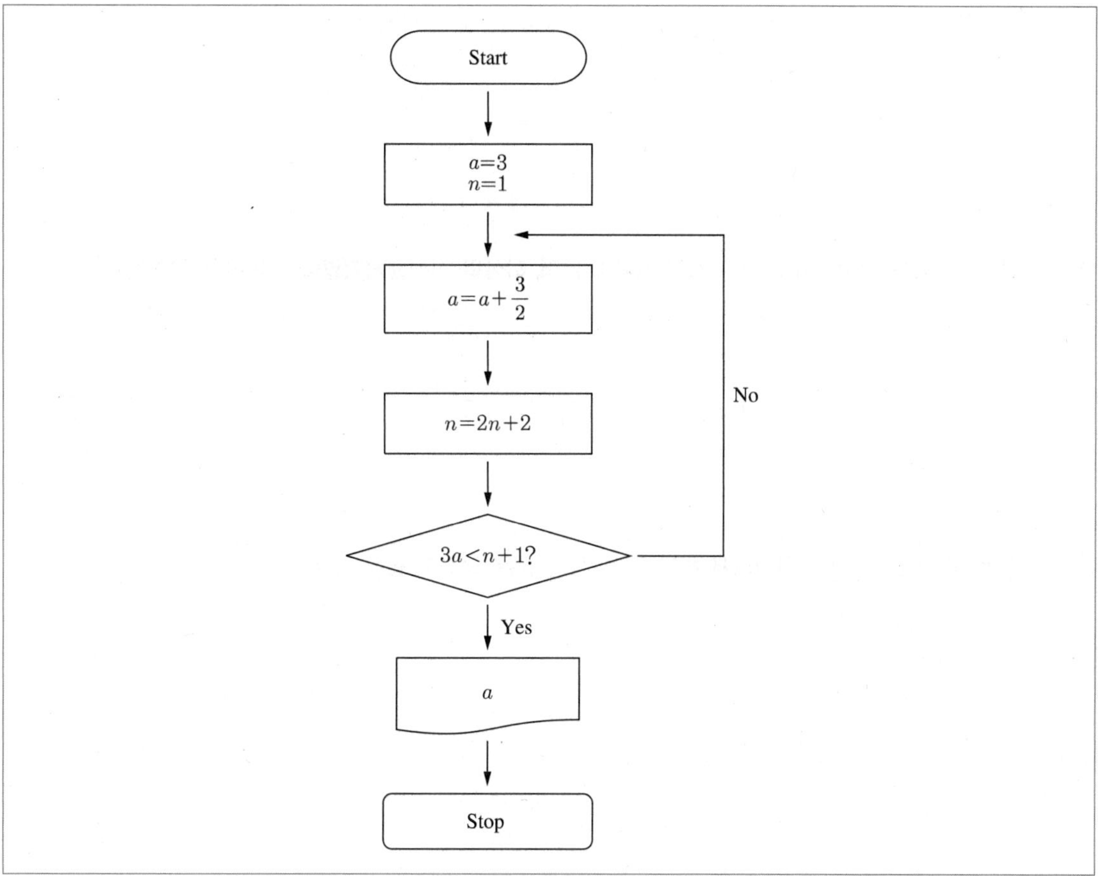

① 6
② 7.5
③ 10
④ 12.5

5 시사상식

01 다음 중 수익이 없는 고객의 수요를 감소시키고, 핵심고객과의 관계에 집중하는 마케팅 활동을 뜻하는 말은?

① 임페리얼　② 풀마케팅
③ 디마케팅　④ 니치마케팅

02 다음 중 경제 분야에서 기업 가치가 100억 달러 이상의 신생벤처기업을 의미하는 용어는?

① 보나콘　② 헥토콘
③ 유니콘　④ 데카콘

03 다음 중 2019년 칸 영화제에서 최우수작품상을 받은 영화로 옳은 것은?

① 「리틀 조」
② 「기생충」
③ 「페이 앤 글로리」
④ 「원스 어폰 어 타임 인 할리우드」

04 다음 중 유네스코 지정 세계기록문화유산이 아닌 것은?

① 삼국사기
② 훈민정음
③ 직지심체요절
④ 5·18 민주화운동 기록물

05 하위 80%의 다수가 상위 20%의 소수보다 뛰어난 가치를 창출한다는 내용의 법칙은 무엇인가?

① 파레토 법칙　② 롱테일 법칙
③ 파킨슨의 법칙　④ 하인리히 법칙

06 다음 중 레드존(Red Zone)에 포함되지 않는 곳은?

① 숙박업소 밀집지역　　② 유흥가
③ 윤락가　　④ 놀이공원

CHAPTER 13 CJ그룹

정답 및 해설 070p

1 언어 I

01 **다음 글을 읽고 〈보기〉에서 글과 일치하는 내용을 모두 고른 것은?**

유럽 최대의 무역항이자 건축 수도인 로테르담에서는 거대한 말발굽, 혹은 연필깎이를 연상시키는 형상의 건축물이 새로운 랜드마크로 각광받고 있다. 길이 120m, 높이 40m에 10만여 m^2 규모로 10년의 건축기간을 거쳐 2014년 준공된 주상복합 전통시장 '마켓홀(Market Hall)이 바로 그것이다.

네덜란드의 건축 그룹 엔베에르데베(MVRDV)가 건물의 전체 설계를 맡은 마켓홀은 터널처럼 파낸 건물 중앙부에는 약 100여개의 지역 업체가 들어서 있으며, 시장 위를 둘러싸고 있는 건물에는 228가구의 아파트가 자리 잡고 있다. 양쪽 끝은 대형 유리벽을 설치해 자연광을 받을 수 있도록 하였고, 강한 외풍을 막아내기 위해 테니스 라켓 모양으로 디자인한 뒤 유리를 짜 넣어 건물 내외에서 서로를 감상할 수 있도록 하였다.

마켓홀의 내부에 들어서면 거대하고 화려한 외관 못지않은 거대한 실내 벽화가 손님들을 맞이한다. 1만 1,000m^2에 달하는 천장벽화 '풍요의 뿔'은 곡식과 과일, 물고기 등 화려한 이미지로 가득한데, 이 벽화를 그린 네덜란드의 예술가 아르노 코넨과 이리스 호스캄은 시장에서 판매되는 먹을거리가 하늘에서 떨어지는 모습을 표현하기 위해 4,500개의 알루미늄 패널을 사용했다. 특히 이 패널은 작은 구멍이 뚫려있어 실내의 소리를 흡수, 소음을 줄여주는 기능적인 면 또한 갖추었다.

이처럼 현대의 건축기술과 미술이 접목되어 탄생한 마켓홀이 지닌 가장 큰 강점은 전통시장의 활성화와 인근 주민과의 상생에 성공했다는 점이다. 마켓홀은 전통시장의 상설화는 물론 1,200대 이상의 차량을 주차할 수 있는 규모의 주차장을 구비해 이용객의 접근을 용이하게 하고, 마켓홀을 찾은 이들이 자연스레 주변 5일장이나 인근 쇼핑거리로 향하게 하여 로테르담의 지역경제를 활성화하는 데 성공했다는 평가를 받고 있다.

보기

ㄱ. 엔베에르데베는 건물 내부에 설치한 4,500개의 알루미늄 패널을 통해 실내의 소리를 흡수하여 소음을 줄일 수 있도록 했다.

ㄴ. 마켓홀은 새로운 랜드마크로 로테르담의 무역 활성화에 크게 기여했다.

ㄷ. 마켓홀의 거대한 천장벽화는 화려한 이미지를 표현한 것은 물론 기능미 또한 갖추었다.

ㄹ. 마켓홀은 로테르담에 이용객들을 유치할 수 있도록 해 로테르담 주민들과의 상생에 성공할 수 있었다.

① ㄱ, ㄴ ② ㄴ, ㄷ

③ ㄱ, ㄷ ④ ㄴ, ㄹ

⑤ ㄷ, ㄹ

02 다음 글을 통해 알 수 있는 내용으로 적절하지 않은 것은?

인간의 삶과 행위를 하나의 질서로 파악하고 개념과 논리를 통해 이해하고자 하는 시도는 소크라테스와 플라톤을 기점으로 시작된 가장 전통적인 방법론이라고 할 수 있다. 이는 결국 경험적이고 우연적인 요소를 배제하여 논리적 필연으로 인간을 규정하고자 한 것이다. 이에 반해 경험과 감각을 중시하고 욕구하는 실체로서의 인간을 파악하고자 한 이들이 소피스트들이다. 이 두 관점은 두 개의 큰 축으로 서구 지성사에 작용해 온 것이 사실이다.
하지만 이는 곧 소크라테스와 플라톤의 관점에서는 삶과 행위의 구체적이고 실제적인 일상이 무시된 채 본질적이고 이념적인 영역을 추구하였다는 것이며, 소피스트들의 관점에서는 고정적 실체로서의 도덕이나 정당화의 문제보다는 변화하는 실제적 행위만이 인정되었다는 이야기로 환원되어왔다. 그리고 이와 같은 문제를 제대로 파악한 것이 바로 고대 그리스의 웅변가이자 소피스트인 '이소크라테스'이다.
이소크라테스는 소피스트들에 대해서는 그들의 교육이 도덕이나 시민적 덕성의 함양과는 무관하게 탐욕과 사리사욕을 위한 교육에 그치고 있다고 비판했으며, 동시에 영원불변하는 보편적 지식의 무용성을 주장했다. 그는 시의적절한 의견들을 통해 더 좋은 결과에 이를 수 있는 능력을 얻으려는 자가 바로 철학자라고 주장했다. 그렇기에 이소크라테스의 수사학은 플라톤의 이데아론은 물론 소피스트들의 무분별한 실용성을 지양하면서도, 동시에 삶과 행위의 문제를 이론적이고도 실제적으로 해석하는 것으로 평가할 수 있다.

① 이소크라테스의 주장에 따르면 플라톤의 이데아론은 과연 그것이 현실을 살아가는 이들에게 무슨 의미가 있는가에 대한 필연적인 물음에 맞닥뜨리게 된다.
② 소피스트들의 주장과 관점은 현대사회의 물질만능주의를 이해하기에 적절한 사례가 된다.
③ 소피스트와 이소크라테스는 영원불변하는 보편적 지식의 존재를 부정하며 구체적이고 실제적인 일상을 중요하게 여겼다.
④ 이소크라테스를 통해 절대적인 진리를 추구하지 않는 것이 반드시 비도덕적인 일로 환원된다고는 볼 수 없음을 확인할 수 있다.
⑤ 훌륭한 말과 미덕을 갖춘 지성인은 이소크라테스가 추구한 목표에 가장 가까운 존재라고 할 수 있다.

03 다음 글을 통해 추론할 수 있는 내용으로 적절하지 않은 것은?

> 일상에서 타인의 특성과 성향을 구분 지을 때 흔히 좌뇌형 인간과 우뇌형 인간이라는 개념이 쓰이곤 한다. 이 개념에 따르면 좌뇌형 인간은 추상적인 언어나 사고, 수학적 계산 등 논리적인 능력이 뛰어나며, 우뇌형 인간은 전체를 보는 통찰력과 협동성, 예술적인 직관이 뛰어난데, 이를 성별에 빗대 좌뇌형 인간을 남성적이고 우뇌형 인간을 여성적이라고 평가하는 일 또한 흔하다.
>
> 하지만 성별이나 성향에 따른 좌뇌와 우뇌의 활용도 차이는 결과에 따른 사후해석에 가깝다. 물론 말하기를 담당하는 브로카 영역과 듣기를 담당하는 베르니케 영역이 거의 대부분 좌반구에 존재하기 때문에 좌측 뇌에 손상을 받으면 언어 장애가 생기는 것은 사실이다. 하지만 그렇기 때문에 좌뇌형 인간은 언어능력이 뛰어나며, 각자의 성격이나 장점에 직접적으로 관여한다고 결론짓는 것은 근거가 없는 개념인 것이다. 또한 이 개념대로라면 실제로 좌반구는 우측 신체를 담당하고, 우반구는 좌측 신체를 담당하기 때문에 오른손잡이가 대부분 좌뇌형 인간이 되는 불상사가 일어난다.
>
> 다만 성별에 따른 뇌기능 차이에 대해서는 어느 정도 유의미한 실험 결과들이 존재하기도 한다. 1998년 미국 듀크대학 연구팀은 실험을 통해 남성은 공간 정보를 담은 표지물의 절대적 위치를 주로 활용하고, 여성은 '의미화'될 수 있는 공간 정보의 상대적 위치를 가늠하여 기억한다는 사실을 발견했다. 2014년 미국 펜실베이니아대학 연구팀은 여성 뇌에서는 좌뇌와 우뇌의 상호 연결이 발달한 데 반해 남성 뇌에서는 좌뇌와 우뇌 각각의 내부 연결이 발달하는 특징이 나타난다고 보고했다.

① 좌뇌 우뇌 개념에 따르면 법조계에서 일하는 여성은 좌뇌형 인간에 가까우며, 따라서 남성성이 상대적으로 강할 것이라고 추측할 수 있다.
② 윗글의 주장에 따르면 단순히 베르니케 영역에 문제가 생겼다고 해서 언어를 이해하는 능력에 문제가 발생할 것이라고 단정 짓기는 어렵다.
③ 오른손잡이가 대부분이라는 점에서 그들이 좌반구가 우반구보다 발달했을 것이라고 추측할 수 있다.
④ 상대적으로 여성이 남성에 비해 다양한 일을 고르게 수행하는 멀티플레이에 능할 가능성이 높을 것이다.
⑤ 남성에게 길을 물을 때 여성에게 길을 묻는 것보다 구체적인 답변이 나올 가능성이 상대적으로 높을 것이다.

04 다음 글의 논지 전개상 특징으로 적절한 것은?

> 영화는 특정한 인물이나 집단, 나라 등을 주제로 하는 대중문화로, 작품 내적으로 시대상이나 당시의 유행을 반영한다는 사실은 굳이 평론가의 말을 빌리지 않더라도 모두가 공감하는 사실일 것이다. 하지만 영화가 유행에 따라 작품의 외적인 부분, 그중에서도 제목의 글자 수가 변화한다는 사실을 언급하면 고개를 갸웃하는 이들이 대부분일 것이다.
> 2000년대에는 한국 최초의 블록버스터 영화로 꼽히는 '쉬리'와 '친구'를 비롯해 두 글자의 간결한 영화 제목이 주류를 이뤘지만 그로부터 5년이 지난 2005년에는 두 글자의 짧은 제목의 영화들이 7%로 급격히 감소하고 평균 제목의 글자 수가 5개에 달하게 되었다. 이는 영화를 한 두 줄의 짧은 스토리로 요약할 수 있는 코미디 작품들이 늘어났기 때문이었는데 '나의 결혼 원정기', '미스터 주부 퀴즈왕', '내 생애 가장 아름다운 일주일' 등이 대표적이다.
> 이후 2010년대 영화계에서는 오랜 기간 세 글자 영화 제목이 대세였다고 해도 과언이 아니다. '추격자'를 비롯해 '우리 생애 최고의 순간'을 줄인 '우생순'과 '좋은 놈, 나쁜 놈, 이상한 놈'을 '놈놈놈'으로 줄여 부르기도 했으며 '아저씨', '전우치'나 '해운대', '신세계'를 비롯해 '베테랑', '부산행', '강철비', '곤지암'은 물론 최근 '기생충'에 이르기까지 세 글자 영화들의 대박행진은 계속되고 있다. 이에 반해 2018년에는 제작비 100억을 넘은 두 글자 제목의 한국 영화 네 편이 모두 손익분기점을 넘기지 못하는 초라한 성적표를 받기도 했다.
> 그렇다면 역대 박스오피스에 등재된 한국영화들의 평균 글자 수는 어떻게 될까? 부제와 시리즈 숫자, 줄임 단어로 주로 불린 영화의 원 음절 등을 제외한 2019년까지의 역대 박스오피스 100위까지의 한국영화 제목 글자 수는 평균 4.12였다. 다만 두 글자 영화는 21편, 세 글자 영화는 29편, 네 글자 영화는 21편으로 세 글자 제목의 영화가 역대 박스오피스 TOP 100에 가장 많이 등재된 것으로 나타났다.

① 특정한 이론을 제시한 뒤 그에 반박하는 의견을 제시하여 대비를 이루고 있다.
② 현상을 언급한 뒤 그에 대한 사례를 순서대로 나열하고 있다.
③ 특정한 현상을 분석하여 추려낸 뒤, 해결 방안을 이끌어내고 있다.
④ 대상을 하위 항목으로 구분하여 논의의 범주를 명시하고 있다.
⑤ 현상의 변천 과정을 고찰한 뒤 앞으로의 발전 방향을 제시하고 있다.

05 다음 밑줄 친 곳에 들어갈 문장으로 가장 적절한 것은?

> 술을 많이 마시면 간에 무리가 간다.
> ______________________________
> 스트레스를 많이 받으면 술을 많이 마신다.
> 그러므로 운동을 꾸준히 하지 않으면 간에 무리가 간다.

① 운동을 꾸준히 하지 않아도 술을 끊을 수 있다.
② 간이 건강하다면 술을 마실 수 있다.
③ 술을 마시지 않는다는 것은 스트레스를 주지 않는다는 것이다.
④ 스트레스를 많이 받지 않는다는 것은 운동을 꾸준히 했다는 것이다.
⑤ 운동을 꾸준히 한다고 해도 스트레스를 많이 받지 않는다는 것은 아니다.

06 운동선수인 A ~ D는 각자 하는 운동이 모두 다르다. 농구를 하는 사람은 늘 진실을 말하고, 축구를 하는 선수는 늘 거짓을 말하며, 야구와 배구를 하는 사람은 진실과 거짓을 한 개씩 말한다. 이들이 다음과 같이 진술했을 때 선수와 운동이 일치하는 것은?

> A : C는 농구를 하고, B는 야구를 한다.
> B : C는 야구, D는 배구를 한다.
> C : A는 농구, D는 배구를 한다.
> D : B는 야구, A는 축구를 한다.

① A – 야구
② A – 배구
③ B – 축구
④ C – 농구
⑤ D – 배구

2 언어Ⅱ

※ 다음 글의 순서를 고려하여 구조를 바르게 분석한 것을 고르시오. **[1~2]**

01

(가) 칸트의 '무관심성'에 대한 논의에서 이에 대한 단서를 얻을 수 있다. 칸트는 미적 경험의 주체가 '객체가 존재한다.'는 사실성 자체로부터 거리를 둔다고 주장한다. 이에 따르면, 영화관에서 관객은 영상의 존재 자체에 대해 '무관심한' 상태에 있다. 영상의 흐름을 냉정하고 분석적인 태도로 받아들이는 것이 아니라, 영상의 흐름이 자신에게 말을 걸어오는 듯이, 자신이 미적 경험의 유희에 초대된 듯이 공감하며 체험하고 있다. 미적 거리 두기와 공감적 참여의 상태를 경험하는 것이다. 주체와 객체가 엄격하게 분리되거나 완전히 겹쳐지는 것으로 이해하는 통상적인 동일시 이론과 달리, 칸트는 미적 지각을 지각 주체와 지각 대상 사이의 분리와 융합의 긴장감 넘치는 '중간 상태'로 본 것이다.

(나) 관객은 영화를 보면서 영상의 흐름을 어떻게 지각하는 것일까? 그토록 빠르게 변화하는 앵글, 인물, 공간, 시간 등을 어떻게 별 어려움 없이 흥미진진하게 따라가는 것일까? 흔히 영화의 수용에 대해 설명할 때 관객의 눈과 카메라의 시선 사이에 일어나는 동일시 과정을 내세운다. 그러나 동일시 이론은 어떠한 조건을 기반으로, 어떠한 과정을 거쳐서 동일시가 일어나는지, 영상의 흐름을 지각할 때 일어나는 동일시의 고유한 방식이 어떤 것인지에 대해 의미 있는 설명을 제시하지 못하고 있다.

(다) 이렇게 볼 때 영화 관객은 자신의 눈을 단순히 카메라의 시선과 직접적으로 동일시하는 것이 아니다. 관객은 영화를 보면서 영화 속 공간, 운동의 양상 등을 유희적으로 동일시하며, 장소 공간이나 방향 공간 등 다양한 공간의 층들을 동시에 인지할 뿐만 아니라 감정 공간에서 나오는 독특한 분위기의 힘을 감지하고, 이를 통해 영화 속의 공간과 공감하며 소통하고 있는 것이다.

(라) 관객이 영상의 흐름을 생동감 있게 체험할 수 있는 이유는, 영화 속의 공간이 단순한 장소로서의 공간이라기보다는 '방향 공간'이기 때문이다. 카메라의 다양한 앵글 선택과 움직임, 자유로운 시점 선택이 방향 공간적 표현을 용이하게 해 준다. 두 사람의 대화 장면을 보여 주는 장면을 생각해 보자. 관객은 단지 대화에 참여한 두 사람의 존재와 위치만 확인하는 것이 아니라, 두 사람의 시선 자체가 지닌 방향성의 암시, 즉 두 사람의 얼굴과 상반신이 서로를 향하고 있는 방향 공간적 상황을 함께 지각하고 있는 것이다.

(마) 영화의 매체적 강점은 방향 공간적 표현이라는 데에만 그치지 않는다. 영상의 흐름에 대한 지각은 언제나 생생한 느낌을 동반한다. 관객은 영화 속 공간과 인물의 독특한 감정에서 비롯된 분위기의 힘을 늘 느끼고 있다. 따라서 영화 속 공간은 근본적으로 이러한 분위기의 힘을 느끼도록 해 주는 '감정 공간'이라 할 수 있다.

①
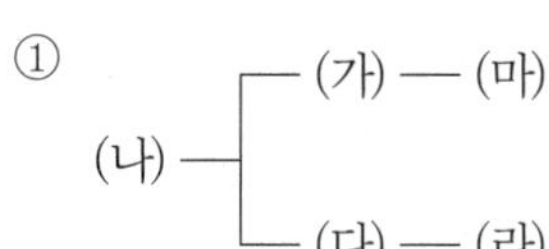

②
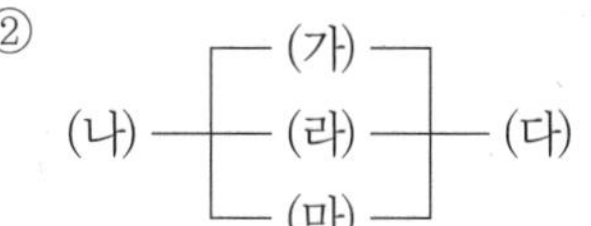

③
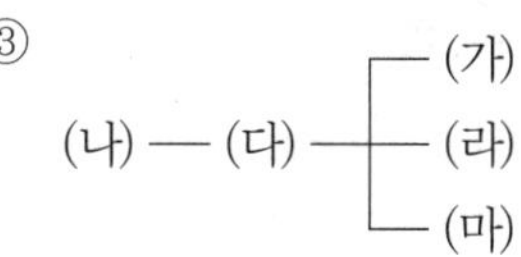

④ (가) — (다) — (마) / (나) — (라)

⑤
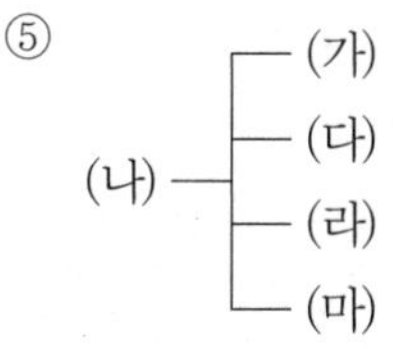

02

(가) '정합설'은 관념과 대상의 일치가 불가능하다는 반성에서 출발한다. 새로운 경험이나 지식이 옳은지 그른지 실재에 비추어 보아서는 확인할 수 없으므로, 이미 가지고 있는 지식의 체계 중 옳다고 판별된 체계에 비추어 볼 수밖에 없다는 것이다. 즉, 새로운 지식이 기존의 지식 체계에 모순됨이 없이 들어맞는지 여부에 의해 지식의 옳고 그름을 가릴 수밖에 없다는 주장이 바로 정합설이다. '모든 사람은 죽는다.'라는 것은 우리가 옳다고 믿는 명제이지만, '모든 사람' 속에는 우리의 경험이 미치지 못하는 사람들도 포함된다. 이처럼 감각적 판단으로 확인할 수없는 전칭 판단*이나 고차적인 과학적 판단들의 진위를 가려내는 데 적합한 이론이 정합설이다.

(나) 우리가 일상생활, 특히 학문적 활동에서 추구하고 있는 진리란 어떤 것인가? 도대체 어떤 조건을 갖춘 지식을 진리라고 할 수 있을까? 여기에 대해서는 세 가지 학설이 있는데 '대응설'에서는 어떤 명제나 생각이 사실이나 대상에 들어맞을 때 그것을 진리라고 주장한다. 우리는 특별한 장애가 없는 한 대상을 있는 그대로 정확하게 파악한다고 믿는다. 가령 앞에 있는 책상이 모나고 노란 색깔이라고 할 때 우리의 시각으로 파악된 관념은 앞에 있는 대상이 지닌 있는 성질을 있는 그대로 반영한 것으로 생각한다.

(다) 실용주의자들은 대응설이나 정합설과는 아주 다른 관점에서 진리를 고찰한다. 그들은 지식을 그 자체로 다루지 않고 생활상의 수단으로 본다. 그래서 지식이 실제 생활에 있어서 만족스러운 결과를 낳거나 실제로 유용할 때 '참'이라고 한다. 관념과 생각 그 자체는 참도 아니고 거짓도 아니며, 행동을 통해 생활에 적용되어 유용하면 비로소 진리가 되고 유용하지 못하면 거짓이 되는 것이다.

(라) 그러나 진리가 행동과 관련되어 있다는 것은, 행동을 통한 실제적인 결과를 기다려야 비로소 옳고 그름의 판단이 가능하다는 뜻이 된다. 하지만 언제나 모든 것을 다 실행해 볼 수는 없다. 또한 '만족스럽다.'든가 '실제로 유용하다.'든가 하는 개념은 주관적이고 상대적이어서 옳고 그름을 가리는 논리적 기준으로는 불명확하다. 바로 이 점에서 실용설이 지니는 한계가 분명하게 드러나는 것이다.

(마) 하지만 정합설에도 역시 한계가 있다. 어떤 명제가 기존의 지식 체계와 정합**할 때 '참'이라고 하는데, 그렇다면 기존의 지식 체계의 진리성은 어떻게 확증할 수 있을까? 그것은 또 그 이전의 지식 체계와 정합해야 하는데, 이 과정은 무한히 거슬러 올라가 마침내는 더 이상 소급할 수 없는 단계에까지 이르고, 결국 기존의 지식 체계와 비교할 수 없게 된다.

(바) 그러나 우리의 감각은 늘 거울과 같이 대상을 있는 그대로 모사하는 것일까? 조금만 생각해 보아도 우리의 감각이 언제나 거울과 같지는 않다는 것을 알 수 있다. 감각 기관의 생리적 상태, 조명, 대상의 위치 등 모든 것이 정상적이라 할지라도 감각 기관의 능력에는 한계가 있다. 그래서 인간의 감각은 외부의 사물을 있는 그대로 모사하지는 못한다.

* 전칭 판단 : '모든 S는 P이다.'와 같이, 주사(主辭)의 모든 범위에 걸쳐 긍정 또는 부정하는 판단

** 정합 : 이론의 내부에 모순이 없는 것

① ┌ (나) — (바)
├ (가) — (마)
└ (다) — (라)

② (나) ┬ (가) — (다)
├ (라)
└ (마) — (바)

③ (다) — (나) ┬ (가) — (라)
└ (마) — (바)

④ (다) ┬ (나) — (가)
└ (라) — (마) — (바)

⑤ (마) — (나) ┬ (다) — (라)
└ (가) — (바)

03 다음은 '국내 외국인 노동자 문제 해결 방안'에 대한 글을 쓰기 위한 개요이다. 개요 수정 및 자료 제시 방안으로 적절하지 않은 것은?

Ⅰ. 서론 : 국내에서 일하고 있는 외국인 노동자의 현황 ············ ㉠

Ⅱ. 본론
  1. 외국인 노동자의 국내 유입 원인
    (1) 국내 중소기업 생산직의 인력난 ································ ㉡
    (2) 가난에서 벗어나기 위한 외국인 노동자의 선택
  2. 국내 외국인 노동자 문제 및 실태 ···································· ㉢
    (1) 국내 문화에 대한 부적응
    (2) 과중한 노동시간과 저임금
    (3) 내국인 직원에 의한 신체 및 정서적 폭력
  3. 국내 외국인 노동자 문제에 대한 해결 방안
    (1) 인간다운 생활을 보장하기 위한 사회제도 마련 ·········· ㉣
    (2) 노동기본권을 보장하기 위한 법적 조치
    (3) [   ] ····················· ㉤

Ⅲ. 결론 : 국내 외국인 노동자도 인간으로서의 권리를 갖고 있음을 강조

① ㉠ : 우리의 산업 현장에서 일하고 있는 외국인 노동자의 수를 통계 수치로 제시한다.
② ㉡ : 중소기업의 생산직을 기피하는 예비 직장인의 직업 선호도 조사 자료를 제시한다.
③ ㉢ : 외국인 노동자라는 이유로 법에서 정한 근로 조건을 보장받지 못하고 있는 사례를 제시한다.
④ ㉣ : 'Ⅱ-2-(1)'을 고려하여 '기술 습득을 돕기 위한 정부 차원의 제도 마련'으로 수정한다.
⑤ ㉤ : 'Ⅱ-2-(3)'을 고려하여 '국내 외국인 노동자에 대한 내국인 직원의 의식 개선 교육 강화'라는 항목을 추가한다.

2020년 대기업

04 다음 글의 ㉠~㉤을 바꾸어 쓸 때 적절하지 않은 것은?

적혈구는 일정한 수명을 가지고 있어서 그 수와 관계없이 총 적혈구의 약 0.8% 정도는 매일 몸 안에서 파괴된다. 파괴된 적혈구로부터 빌리루빈이라는 물질이 유리되고, 이 빌리루빈은 여러 생화학적 대사 과정을 통해 간과 소장에서 다른 물질로 변환된 후에 대변과 소변을 통해 배설된다. ㉠ 소변의 색깔을 통해 건강상태를 확인할 수 있다.
적혈구로부터 유리된 빌리루빈이라는 액체는 강한 지용성 물질이어서 혈액의 주요 구성물질인 물에 ㉡ 용해되지 않는다. 이런 빌리루빈을 비결합 빌리루빈이라고 하며, 혈액 내에서 비결합 빌리루빈은 알부민이라는 혈액 단백질에 부착된 상태로 혈류를 따라 간으로 이동한다. 간에서 비결합 빌리루빈은 담즙을 만드는 간세포에 흡수되고 글루쿠론산과 결합하여 물에 잘 녹는 수용성 물질인 결합 빌리루빈으로 바뀌게 된다. 결합 빌리루빈의 대부분은 간세포에서 만들어져 담관을 통해 ㉢ 분비돼는 담즙에 포함되어 소장으로 배출되지만 일부는 다시 혈액으로 되돌려 보내져 혈액 내에서 알부민과 결합하지 않고 혈류를 따라 순환한다.
간세포에서 분비된 담즙을 통해 소장으로 들어온 결합 빌리루빈의 절반은 장세균의 작용에 의해 소장에서 흡수되어 혈액으로 이동하는 유로빌리노젠으로 전환된다. 나머지 절반의 결합 빌리루빈은 소장에서 흡수되지 않고 대변에 포함되어 배설된다. 혈액으로 이동한 유로빌리노젠의 일부분은 혈액이 신장을 통과할 때 혈액으로부터 여과되어 신장으로 이동한 후 소변으로 배설된다. 하지만 대부분의 혈액 내 유로빌리노젠은 간으로 이동하여 간세포에서 만든 담즙을 통해 소장으로 배출되어 대변을 통해 배설된다.
빌리루빈의 대사와 배설에 장애가 있을 때 여러 임상 증상이 나타날 수 있다. ㉣ 그러나 빌리루빈이나 빌리루빈 대사물의 양을 측정한 후, 그 값을 정상치와 비교하면 임상 증상을 일으키는 원인이 되는 질병이나 문제를 ㉤ 추측할수 있다.

① ㉠ - 글의 통일성을 해치고 있으므로 삭제한다.
② ㉡ - 문맥에 흐름을 고려하여 '융해되지'로 수정한다.
③ ㉢ - 맞춤법에 어긋나므로 '분비되는'으로 수정한다.
④ ㉣ - 문장을 자연스럽게 연결하기 위해 '따라서'로 고친다.
⑤ ㉤ - 띄어쓰기가 올바르지 않으므로 '추측할 수'로 수정한다.

3 수리이해

01 다음은 서울시의 지역별 학생 수 현황에 관한 자료이다. 이에 대한 설명으로 옳은 것은?

〈2018년 서울시 지역별 학생 수 현황〉

(단위 : 명, 개)

구분	초등학교			중학교			고등학교			합계
	학생 수	학급 현황		학생 수	학급 현황		학생 수	학급 현황		
		학급 수	학급당 학생 수		학급 수	학급당 학생 수		학급 수	학급당 학생 수	
합계	424,800	18,585	22.9	216,330	8,855	24.4	259,554	9,685	26.8	900,684
종로구	5,507	277	19.9	2,945	136	21.7	10,016	373	26.9	18,468
중구	5,226	246	21.2	1,986	115	17.3	7,539	291	25.9	14,751
용산구	7,460	357	20.9	3,753	169	22.2	6,642	267	24.9	17,855
성동구	11,922	585	20.4	5,225	230	22.7	5,939	251	23.7	23,086
광진구	15,016	656	22.9	7,564	304	24.9	8,504	296	28.7	31,084
동대문구	13,721	621	22.1	6,768	296	22.9	8,266	312	26.5	28,755
중랑구	15,336	701	21.9	7,216	309	23.4	7,202	286	25.2	29,754
성북구	21,564	908	23.7	10,036	405	24.8	9,439	360	26.2	41,039
강북구	10,654	468	22.8	6,568	252	26.1	5,952	219	27.2	23,174
도봉구	15,962	721	22.1	7,197	307	23.4	7,548	305	24.7	30,707
노원구	27,558	1,239	22.2	16,701	669	25.0	23,674	869	27.2	67,933
은평구	22,028	933	23.6	10,807	440	24.6	14,157	522	27.1	46,992
서대문구	13,027	579	22.5	6,502	289	22.5	5,874	210	28.0	25,403
마포구	15,432	685	22.5	7,705	312	24.7	6,511	228	28.6	29,648
양천구	24,481	1,029	23.8	16,319	631	25.9	14,458	508	28.5	55,258
강서구	26,949	1,184	22.8	11,311	461	24.5	17,443	668	26.1	55,703
구로구	18,820	827	22.8	8,084	337	24.0	10,382	380	27.3	37,286
금천구	8,883	445	20.0	4,400	194	22.7	4,704	187	25.2	17,987
영등포구	13,881	664	20.9	6,228	265	23.5	6,713	263	25.5	26,822
동작구	16,366	687	23.8	8,098	325	24.9	6,743	244	27.6	31,207
관악구	15,768	715	22.1	7,734	323	23.9	10,441	421	24.8	33,943
서초구	23,182	881	26.3	11,430	435	26.3	11,478	397	28.9	46,090
강남구	24,858	985	25.2	15,245	560	27.2	20,505	730	28.1	60,608
송파구	31,368	1,337	23.5	16,697	665	25.1	17,196	635	27.1	65,261
강동구	19,831	855	23.2	9,811	426	23.0	12,228	463	26.4	41,870

① 초등학교, 중학교, 고등학교 순서로 학생 수가 많은 지역은 5곳 이하이다.
② 중학교의 학급당 학생 수가 가장 많은 지역은 서초구이다.
③ 중학교와 고등학교 전체 학생 수는 초등학교 학생 수보다 적다.
④ 고등학교의 학급 수가 가장 많은 3개 지역의 합은 고등학교 전체 학급 수의 25% 이상이다.
⑤ 영등포구의 고등학생 수는 영등포구 전체 학생 수의 30% 미만이다.

02 다음은 A대학교 학생 2,500명을 대상으로 진행한 인터넷 쇼핑 이용 현황에 관한 자료이다. 이에 대한 설명으로 옳지 않은 것은?(단, 매년 조사 인원수는 동일하다)

〈인터넷 쇼핑 월평균 이용 빈도〉

구분	2016년	2017년	2018년
평균 이용 빈도(회)	2.7	2.8	2.9

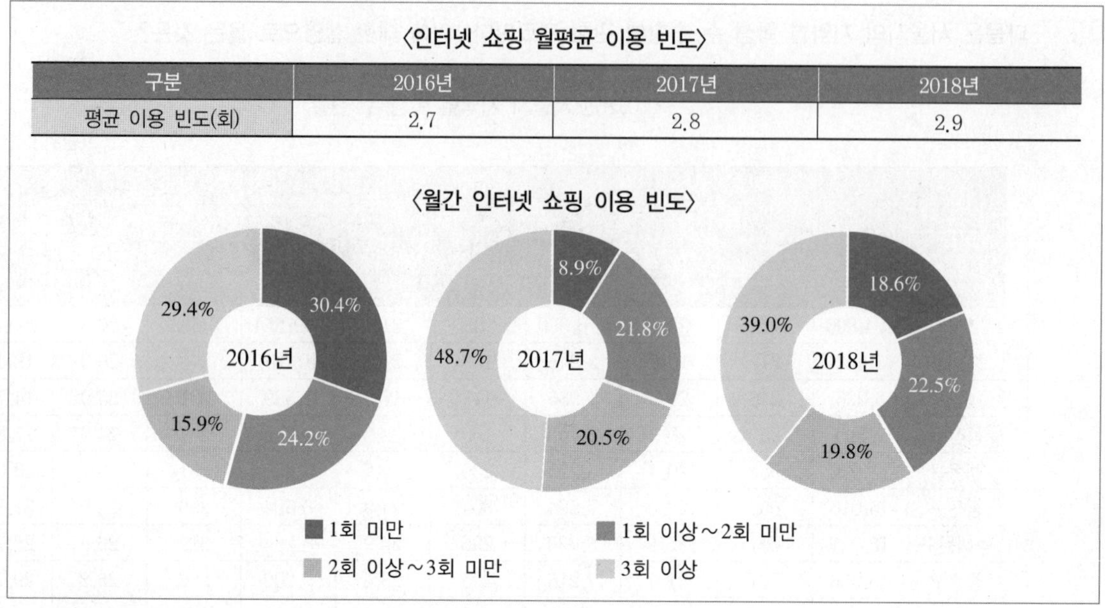

① 인터넷 쇼핑 월평균 이용 빈도는 지속적으로 증가했다.

② 2017년 월간 인터넷 쇼핑을 3회 이상 이용했다고 응답한 사람은 1,210명 이상이다.

③ 3년간의 인터넷 쇼핑 이용 빈도수를 누적했을 때, 두 번째로 많이 응답한 인터넷 쇼핑 이용 빈도수는 1회 미만이다.

④ 2018년 월간 인터넷 쇼핑을 2회 이상 3회 미만 이용했다고 응답한 사람은 2017년 1회 미만으로 이용했다고 응답한 사람보다 2배 이상 많다.

⑤ 1회 이상 2회 미만 쇼핑했다고 응답한 사람은 2017년 대비 2018년에 3% 이상 증가했다.

03 A사원은 회사 근처 카페에서 거래처와 미팅을 갖기로 했다. 처음에는 4km/h로 걸어가다가 약속 시간에 늦을 것 같아서 10km/h로 뛰어서 24분 만에 미팅 장소에 도착했다. 회사에서 카페까지의 거리가 2.5km일 때, A사원이 뛴 거리는?

① 0.6km
② 0.9km
③ 1.2km
④ 1.5km
⑤ 1.8km

04 김대리는 거래처에서 A제품을 구입하기로 했다. 제품 한 개당 가격은 20만 원이고, 200개 미만을 구입할 때의 할인율은 10%, 200개 이상을 구입할 때의 할인율은 15%이다. A제품을 200개 이하로 구입하려고 할 때, 최소 몇 개 이상을 구입하면 200개를 구입하는 것이 더 이익인가?

① 149개
② 159개
③ 169개
④ 179개
⑤ 189개

05 A가 혼자 컴퓨터 조립을 하면 2시간이 걸리고, B 혼자 컴퓨터 조립을 하면 3시간이 걸린다. 먼저 A가 혼자 컴퓨터를 조립하다가 중간에 일이 생겨 나머지를 B가 완성했는데, 걸린 시간은 총 2시간 15분이었다. A 혼자 일한 시간은?

① 1시간 25분
② 1시간 30분
③ 1시간 35분
④ 1시간 40분
⑤ 1시간 45분

06 C회사의 영화 동아리는 남직원과 여직원을 합해서 총 16명이 가입되어 있다. 이 중 회장과 총무를 선출하려고 할 때, 둘 다 여직원이 뽑힐 확률이 $\frac{3}{8}$이었다. 영화 동아리에 가입되어 있는 여직원의 수는?

① 8명
② 9명
③ 10명
④ 11명
⑤ 12명

4 도식적 추리

※ 다음 기호들은 일정한 규칙에 따라 도형을 변화시킨다. 주어진 도형을 도식에 따라 변화시켰을 때 결과로 올바른 것을 고르시오. **[1~3]**

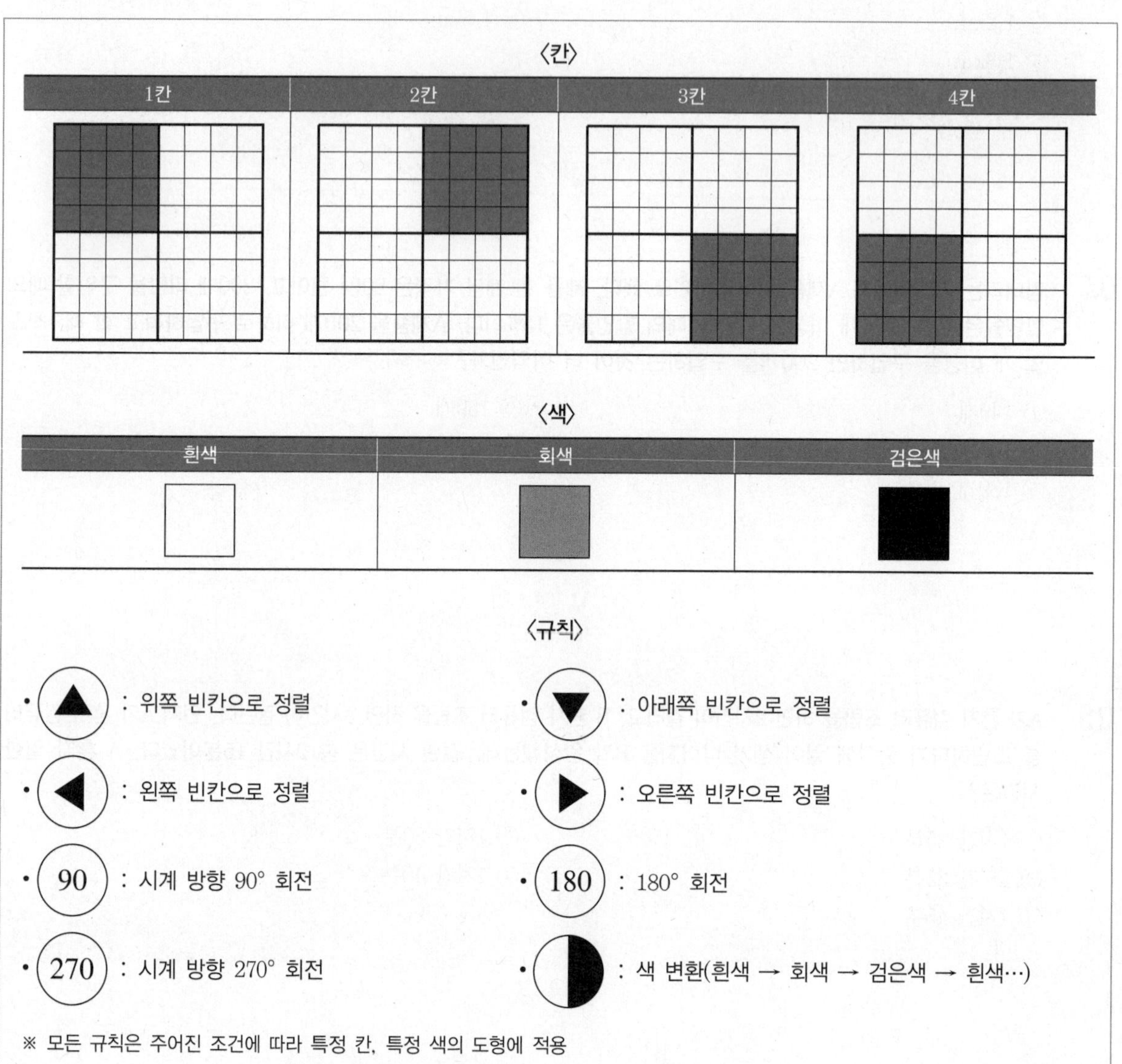

〈칸〉
1칸
2칸
3칸
4칸
〈색〉
흰색
회색
검은색
〈규칙〉
: 위쪽 빈칸으로 정렬
: 아래쪽 빈칸으로 정렬
: 왼쪽 빈칸으로 정렬
: 오른쪽 빈칸으로 정렬
90 : 시계 방향 90° 회전
180 : 180° 회전
270 : 시계 방향 270° 회전
: 색 변환(흰색 → 회색 → 검은색 → 흰색…)
※ 모든 규칙은 주어진 조건에 따라 특정 칸, 특정 색의 도형에 적용

〈조건〉

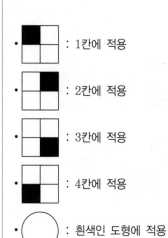

- : 1칸에 적용
- : 2칸에 적용
- : 3칸에 적용
- : 4칸에 적용
- : 흰색인 도형에 적용
- : 회색인 도형에 적용
- : 검은색인 도형에 적용
- (x, y)=■? : 해당 위치(x=행, y=열)의 도형과 주어진 색을 비교하여 같으면 Yes, 다르면 No로 이동
- (x, y)=☆? : 해당 위치(x=행, y=열)의 도형과 주어진 모양을 비교하여 같으면 Yes, 다르면 No로 이동

01

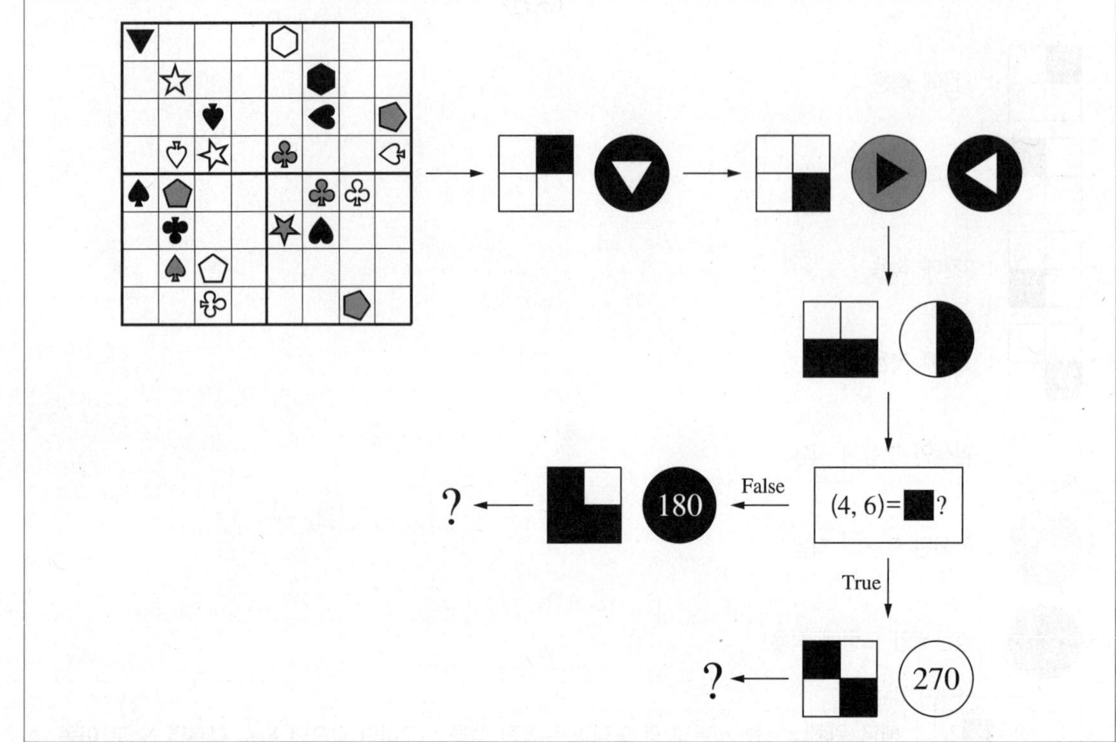

①

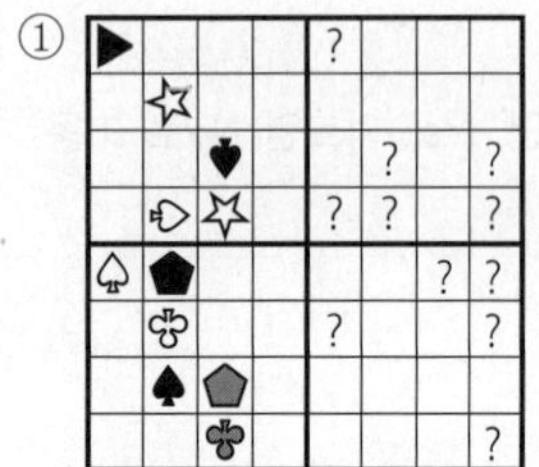

②

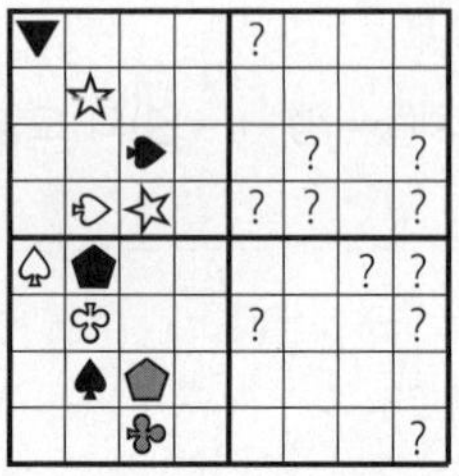

③

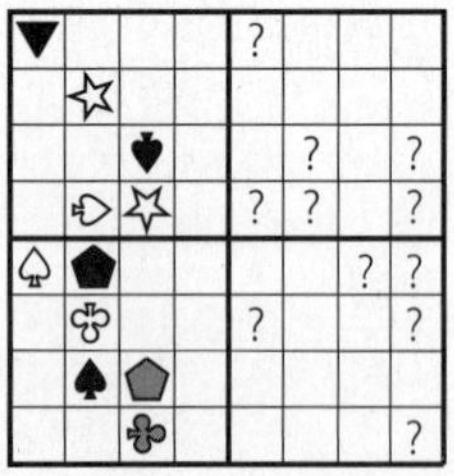

④

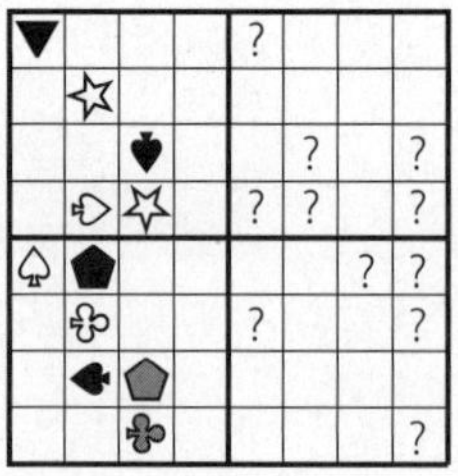

⑤

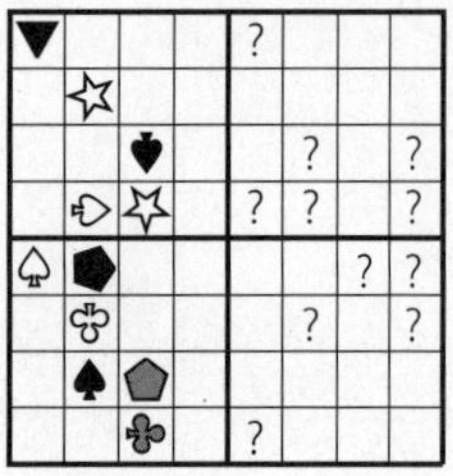

02

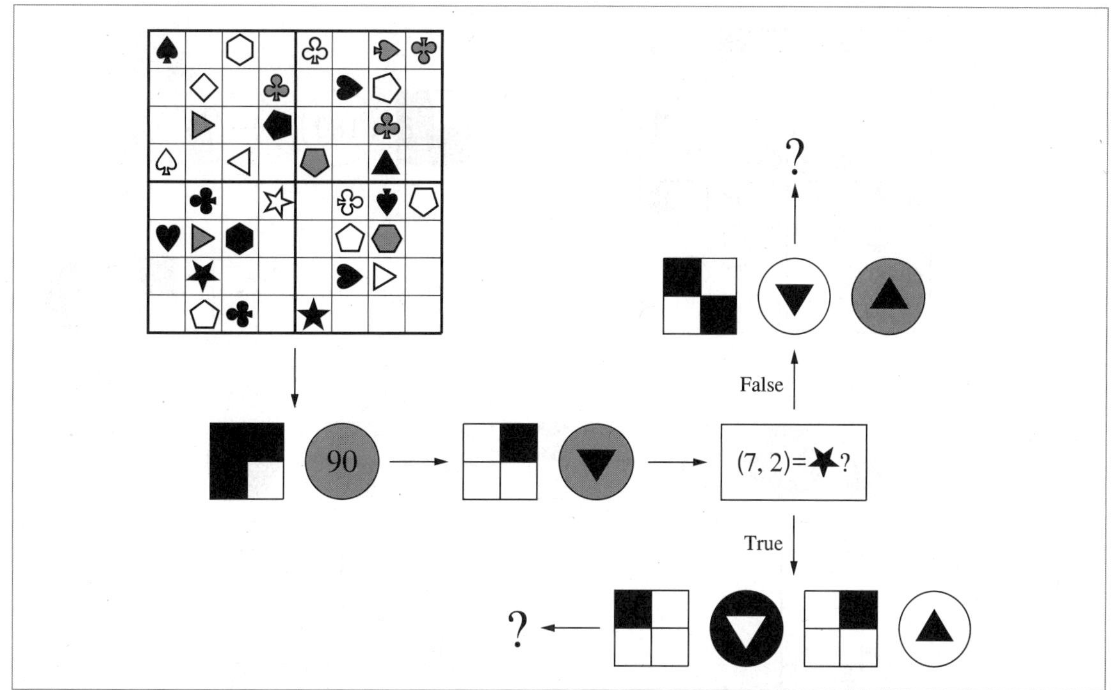

①

②

③

④

⑤

03

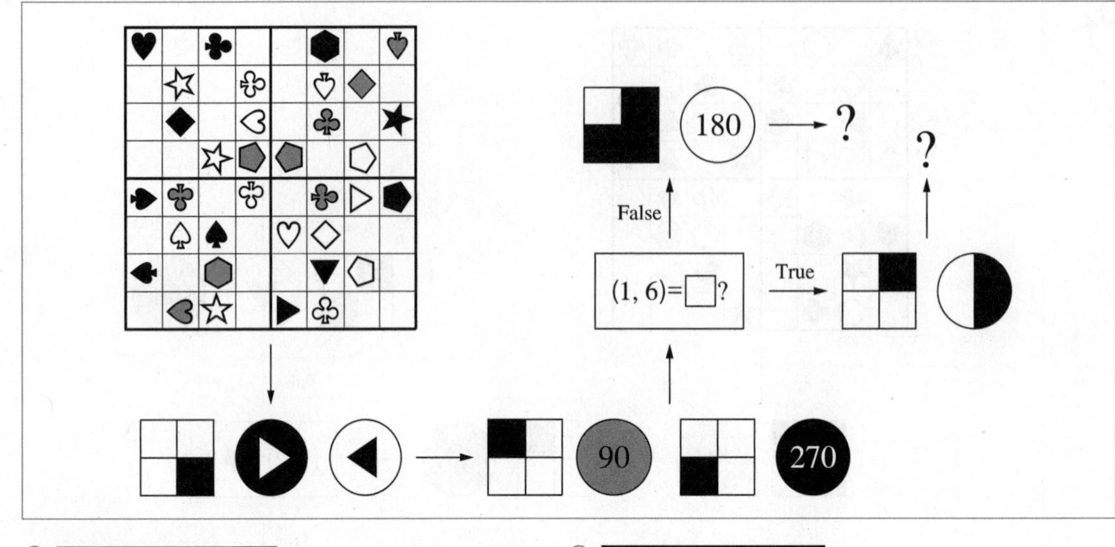

①

②

③ 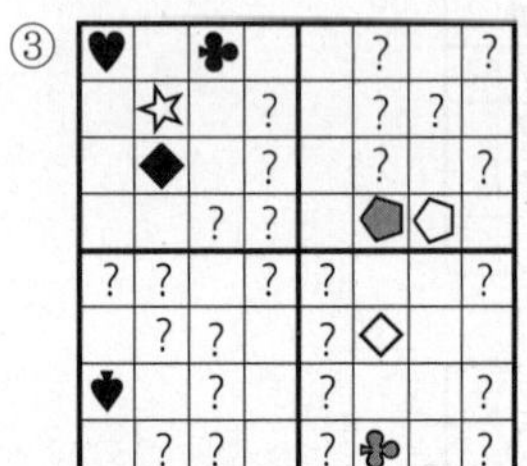

④

⑤

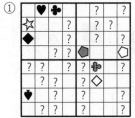

CHAPTER 14 샘표식품

정답 및 해설 076p

1 언어

01 다음 문장을 논리적 순서대로 알맞게 배열한 것은?

(가) 또 그는 현대 건축 이론 중 하나인 '도미노 이론'을 만들었는데, 도미노란 집을 뜻하는 라틴어 '도무스(Domus)'와 혁신을 뜻하는 '이노베이션(Innovation)'을 결합한 단어이다.
(나) 그는 이 이론의 원칙을 통해 인간이 효율적으로 살 수 있는 집을 꾸준히 연구해왔으며, 그가 제안한 건축 방식 중 필로티와 옥상정원 등이 최근 우리나라 주택에 많이 쓰이고 있다.
(다) 최소한의 철근콘크리트 기둥들이 모서리를 지지하고 평면의 한쪽에서 각 층으로 갈 수 있게 계단을 만든 개방적 구조가 이 이론의 핵심이다. 건물을 돌이나 벽돌을 쌓아 올리는 조적식 공법으로만 지었던 당시에 이와 같은 구조는 많은 이들에게 적지 않은 충격을 주었다.
(라) 스위스 출신의 프랑스 건축가 르 꼬르뷔지에(Le Corbusier)는 근대주택의 기본형을 추구했다는 점에서 현대 건축의 거장으로 불린다. 그는 현대 건축에서의 집의 개념을 '거주 공간'에서 '더 많은 사람이 효율적으로 살 수 있는 공간'으로 바꿨다.

① (가) – (라) – (다) – (가)
② (나) – (다) – (라) – (가)
③ (다) – (가) – (라) – (나)
④ (라) – (가) – (다) – (나)
⑤ (라) – (나) – (가) – (다)

02 다음 글의 제목으로 적절한 것은?

『조선왕조실록』에 기록된 지진만 1,900여 건, 가뭄과 홍수는 이루 헤아릴 수 없을 정도이다. 농경 사회였던 조선시대 백성의 삶을 더욱 힘들게 했던 재난・재해, 특히 목조 건물과 초가가 대부분이던 당시에 화재는 즉각적인 재앙이었고 공포였다. 우리 조상은 화재를 귀신이 장난치거나, 땅에 불의 기운이 넘쳐서라 여겼다. 화재 예방을 위해 벽사(僻邪)를 상징하는 조형물을 세우며 안녕을 기원했다.

고대 건축에서 안전관리를 상징하는 대표적인 예로 지붕 용마루 끝에 장식 기와로 사용하는 '치미(鴟尾)'를 들 수 있다. 전설에 따르면 불이 나자 큰 새가 꼬리로 거센 물결을 일으키며 비를 내려 불을 껐다는 기록이 남아 있다. 약 1,700년 전에 중국에서 처음 시작돼 화재 예방을 위한 주술적 의미로 쓰였고, 우리나라에선 황룡사 '치미'가 대표적이다.

조선 건국 초기, 관악산의 화기를 잠재우기 위해 '해치(해태)'를 광화문에 세웠다. '해치'는 물의 기운을 지닌 수호신으로 현재 서울의 상징이기도 한 상상 속 동물이다. 또한 궁정이나 관아의 안전을 수호하는 상징물로 '잡상(雜像)'을 세웠다. 궁궐 관련 건물에만 등장하는 '잡상'은 건물의 지붕 내림마루에 『서유기』에 등장하는 기린, 용, 원숭이 등 다양한 종류의 신화적 형상으로 장식한 기와이다.

그 밖에 경복궁 화재를 막기 위해 경회루에 오조룡(발톱이 다섯인 전설의 용) 두 마리를 넣었다는 기록이 전해진다. 실제 1997년 경회루 공사 중 오조룡이 발견되면서 화제가 됐었다. 불을 상징하는 구리 재질의 오조룡을 물속에 가둬놓고 불이 나지 않기를 기원했던 것이다.

조선 시대에는 도성 내 화재 예방에 각별히 신경 썼다. 궁궐을 지을 때 불이 번지는 것을 막기 위해 건물 간 10m 이상의 거리를 두고 지었고, 창고는 더 큰 피해를 입기에 30m 이상 간격을 뒀다. 민간에선 다섯 집마다 물독을 비치해 방화수로 활용했고, 행랑이나 관청에 우물을 파게 해 화재 진압용수로 사용했다.

지붕 화재에 대비해 사다리를 비치하거나 지붕에 쇠고리를 박고, 타고 올라갈 수 있도록 쇠줄을 늘여놓기도 했다. 오늘날 소화기나 완강기 등과 같은 이치다. 특히 세종대왕은 '금화도감'이라는 소방 기구를 설치해 인접 가옥 간에 '방화장(防火墻)'을 쌓고, 방화범을 엄히 다루는 등 화재 예방에 만전을 기했다.

① 불귀신을 호령하기 위한 조상들의 노력
② 화재 예방을 위해 지켜야 할 법칙들
③ 미신에 관한 과학적 증거들
④ 자연재해에 어떻게 대처해야 하는가?
⑤ 옛 건축 장식물들의 상징적 의미

03 다음 글의 서술 방식으로 옳지 않은 것은?

> 여름내 보이지 않던 'ㅈ'양이 며칠 전에 불쑥 나타났다. 말수가 많아진 그녀는 가을에 결혼을 하기로 했다는 것이다. 평소에 결혼 같은 것은 않겠다고 우기던 그녀라 장난삼아 이유를 물었더니, 좋아하는 사람이 생겼는데 늘 함께 있고 싶어서라는 것이었다. 그러면서 그 사람에 대한 이야기를 신이 나서 늘어놓았다. 좋아하는 사람과 늘 함께 있고 싶다는, 소박하면서도 간절한 그 뜻에 복이 있으라 빌어 주었다.
>
> 그런데 좋아하는 사람끼리 함께 있을 수 없을 때, 인간사(人間事)에 그늘이 진다. 우수(憂愁)의 그늘이 진다. 그런데 함께 있고 싶다는 것은 어디까지나 희망 사항일 뿐, 인간은 본질적으로 혼자일 수밖에 없는 그러한 존재가 아닐까. 사람은 분명히 홀로 태어난다. 그리고 죽을 때에도 혼자서 죽어간다. 뿐만 아니라 우리가 살아가는 데도 혼자서 살 수밖에 없다는 데에 문제가 있는 것이다.
>
> 숲을 이루고 있는 나무들도 저마다 홀로 서 있듯이, 지평선 위로 자기 그림자를 이끌고 휘적휘적 걸어가는 인간의 모습은, 시인의 날개를 빌지 않더라도 알 만한 일이다.
>
> 사람은 저마다 업(業)이 다르기 때문에 생각을 따로 해야 되고 행동도 같이 할 수 없다. 인연에 따라 모였다가 그 인연이 다하면 흩어지게 마련이다. 물론 인연의 주재자는 그 누구도 아닌 자기 자신이다. 이것은 어떤 종교의 도그마이기에 앞서 무량겁을 두고 되풀이될 우주의 질서 같은 것이다.
>
> 죽네 사네 세상이 떠들썩하게 만난 사람들도 그 맹목적인 열기가 가시고 나면, 빛이 바랜 자신들의 언동(言動)에 고소(苦笑)를 머금게 되는 것이 세상일 아닌가. 모든 현상은 고정해 있지 않고 항상 변하기 때문이다.
>
> 늘 함께 있고 싶은 희망 사항이 지속되려면, 들여다보려고 하는 시선을 같은 방향으로 돌려야 할 것이다. 서로 얽어매기보다는 혼자 있게 할 일이다. 거문고가 한가락에 울리면서도 그 줄은 따로따로이듯이, 그러한 떨어짐이 있어야 할 것이다.
>
> – 법정스님, 「함께 있고 싶어서」

① 인생에 대한 성찰을 구체적으로 서술하고 있다.
② 개인이나 사회적 인간관계를 고려하여 다양한 측면을 두루 서술하고 있다.
③ 고독한 인간 사회를 사물에 빗대어 표현하고 있다.
④ 필자는 자신이 경험한 이야기를 통해 주제를 직접적으로 서술하고 있다.
⑤ 종교적 관념과 우주적 관념을 토대로 자신의 논지를 서술하고 있다.

04 다음 글의 내용과 일치하지 않는 것은?

인간 사유의 결정적이고도 독창적인 비약은 시각적인 표시의 코드 체계의 발명에 의해서 이루어졌다. 시각적인 표시의 코드 체계에 의해 인간은 정확한 말을 결정하여 텍스트를 마련하고, 또 이해할 수 있게 된 것이다. 이것이 바로 진정한 의미에서의 '쓰기(Writing)'이다.

이러한 '쓰기'에 의해 코드화된 시각적인 표시는 말을 사로잡게 되고, 그 결과 그때까지 소리 속에서 발전해 온 정밀하고 복잡한 구조나 지시 체계의 특수한 복잡성이 그대로 시각적으로 기록될 수 있게 되고, 나아가서는 그러한 시각적인 기록으로 인해 그보다 훨씬 정교한 구조나 지시 체계가 산출될 수 있게 된다. 그러한 정교함은 구술적인 발화가 지니는 잠재력으로써는 도저히 이룩할 수 없는 정도의 것이다.

이렇듯 '쓰기'는 인간의 모든 기술적 발명 속에서도 가장 영향력이 큰 것이었으며, 지금도 그러하다. 쓰기는 말하기에 단순히 첨가된 것이 아니다. 왜냐하면 쓰기는 말하기를 구술 – 청각의 세계에서 새로운 감각의 세계, 즉 시각의 세계로 이동시킴으로써 말하기와 사고를 함께 변화시키기 때문이다.

① 인간은 시각적 코드 체계를 사용함으로써 말하기를 한층 정교한 구조로 만들었다.
② 인간은 쓰기를 통해서 정확한 말을 사용한 텍스트의 생산과 소통이 가능하게 되었다.
③ 인간은 쓰기를 통해 지시 체계의 복잡성을 기록함으로써 말하기와 사고의 변화를 일으킨다.
④ 인간은 정밀하고 복잡한 지시 체계를 통해 시각적 코드를 발명하였다.
⑤ 인간의 모든 기술적 발명 속에서도 '쓰기'는 예전이나 지금이나 가장 영향력이 크다.

05 다음 글 뒤에 이어질 결론으로 가장 알맞은 것은?

> 우리는 인권이 신장되고 있는 다른 한편에서 세계 인구의 1/4이 절대 빈곤 속에서 고통받고 있다는 사실을 잊어서는 안 됩니다. 빈곤은 인간 존엄과 인권 신장을 저해하며, 그 속에서는 독재와 분쟁의 싹이 쉽게 자라날 수 있습니다. 따라서 빈곤 퇴치는 인권 신장을 위한 UN의 핵심적인 목표가 되어야 할 것입니다.
> 인권 신장은 시민 사회의 압력과 후원에 힘입은 바가 큽니다. 각국 정부와 UN이 NGO, 연구 기관 및 여론 단체들과의 긴밀한 협력을 추구하는 21세기에는 더욱 그러할 것입니다. 다음 달에는 NGO 세계 대회가 개최됩니다. 이 대회가 21세기에 있어 NGO의 역량을 개발하고 UN과 시민 사회의 협조를 더욱 긴밀히 하는 계기가 되기를 바랍니다.
> 끝으로 동티모르 사태에 대해 말씀드리고자 합니다. 우리 정부는 동티모르의 장래를 주민들 스스로가 결정하도록 한 인도네시아 정부의 조치를 높이 평가합니다. 우리는 동티모르에 평화가 조속히 회복되고, 인도네시아 정부 및 UN의 일치된 노력으로 주민들의 독립 의지가 완전히 실현되기를 희망합니다.

① 동북아 지역은 4강의 이해가 교차하는 곳으로서 경제적 역동성이 넘쳐흐르는 동시에 세계 평화와 안정에 중요한 요충지입니다.

② 우리 정부와 국민을 대표하여 UN이 세계 평화와 번영을 위한 고귀한 사명을 수행하는 데 아낌없는 지지를 약속하는 바입니다.

③ 21세기를 세계 평화와 안정, 모든 인류의 복지와 번영의 세기로 만들기 위하여 선결 과제를 정하고 이를 해결하는 방안을 모색해 나가야 할 것입니다.

④ 세계화 경제하에서의 위기는 어느 한 나라만의 문제가 아니며, 또한 개별 국가의 노력만으로 그러한 위기를 예방하거나 극복하는 것은 어렵다고 생각합니다.

⑤ 이러한 상황을 타개하기 위해 동티모르에 재정적 지원을 담당할 국제기구의 설립을 요청할 것입니다.

2 수리

01 서울에 사는 K씨는 휴가를 맞아 가족들과 자동차를 타고 휴가를 떠났다. 휴가지에 갈 때는 시속 80km로 운전하고, 휴가지에서 집으로 돌아올 때는 시속 120km로 운전했다. 갈 때와 돌아올 때의 시간 차이가 1시간 20분이라고 할 때, K씨의 집과 휴가지 사이의 거리는?

① 300km
② 320km
③ 340km
④ 360km
⑤ 380km

02 흰 구슬 4개, 검은 구슬 6개가 들어 있는 주머니에서 연속으로 2개의 구슬을 꺼낼 때, 흰 구슬, 검은 구슬을 각각 1개씩 뽑을 확률은?(단, 꺼낸 구슬은 다시 넣지 않는다)

① $\frac{2}{15}$
② $\frac{4}{15}$
③ $\frac{7}{15}$
④ $\frac{8}{15}$
⑤ $\frac{11}{15}$

03 농도 8%의 소금물 24g에 4% 소금물 몇 g을 넣으면 5% 소금물이 되겠는가?

① 12g
② 24g
③ 36g
④ 48g
⑤ 72g

04 다음은 A, B국가의 사회이동에 따른 계층 구성 비율의 변화를 나타낸 자료이다. 2000년과 비교한 2020년에 대한 설명으로 옳은 것은?

〈2000년 사회 이동에 따른 계층 구성 비율〉

구분	A국가	B국가
상층	7%	17%
중층	67%	28%
하층	26%	55%

〈2020년 사회 이동에 따른 계층 구성 비율〉

구분	A국가	B국가
상층	18%	23%
중층	23%	11%
하층	59%	66%

① A국가의 상층 비율은 9%p 증가하였다.
② 중층 비율은 두 국가가 증감폭이 같다.
③ A국가 하층 비율의 증가폭은 B국가의 증가폭보다 크다.
④ B국가에서 가장 높은 비율을 차지하는 계층이 바뀌었다.
⑤ B국가의 하층 비율은 20년 동안 10% 증가하였다.

05 다음은 농가 수 및 농가 인구 추이와 농가 소득을 나타낸 자료이다. 이에 대한 〈보기〉의 설명으로 옳지 않은 것을 모두 고르면?

〈농가 수 및 농가 인구 추이〉

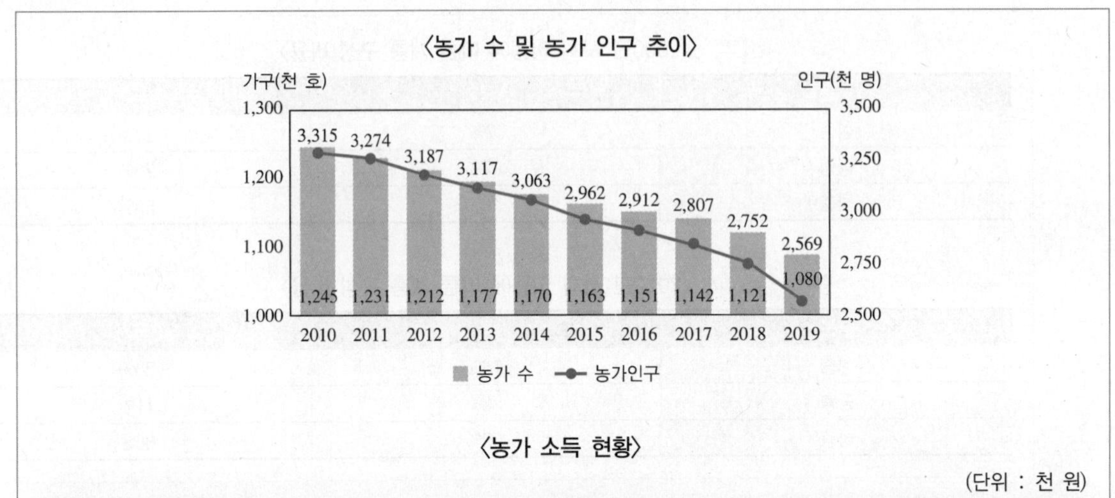

〈농가 소득 현황〉

(단위 : 천 원)

구분	2014년	2015년	2016년	2017년	2018년	2019년
농업 소득	10,098	8,753	9,127	10,035	10,303	11,257
농업 이외 소득	22,023	21,395	21,904	24,489	24,647	25,959
합계	32,121	30,148	31,031	34,524	34,950	37,216

보기

ㄱ. 농가 수 및 농가 인구는 지속적으로 감소하고 있다.
ㄴ. 전년 대비 농가 수가 가장 많이 감소한 해는 2019년이다.
ㄷ. 2014년 대비 2019년 농가 인구의 감소율은 15% 이상이다.
ㄹ. 농가 소득 중 농업 이외 소득이 차지하는 비율은 매년 증가하고 있다.
ㅁ. 2019년 농가의 농업 소득의 전년 대비 증가율은 10%를 넘는다.

① ㄱ, ㄷ
② ㄴ, ㄹ
③ ㄷ, ㄹ
④ ㄹ, ㅁ
⑤ ㄱ, ㄷ, ㅁ

3 도형추리

※ 다음 제시된 도형의 규칙을 보고 ?에 들어갈 알맞은 것을 고르시오. **[1~4]**

01

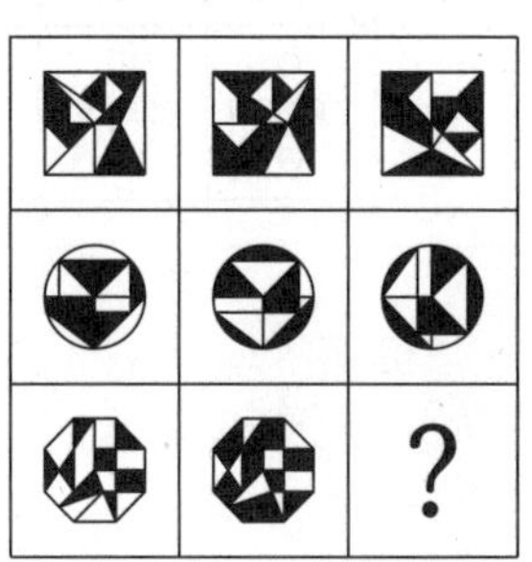

① 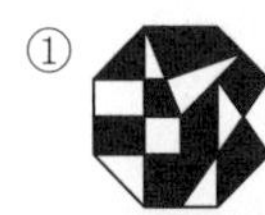

② 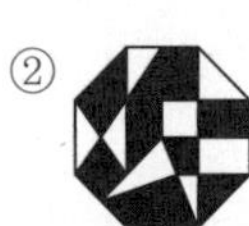

③ 

④ 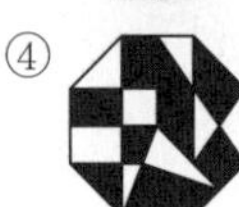

⑤ 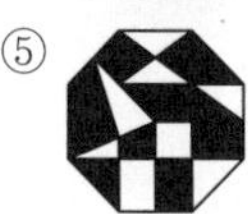

02

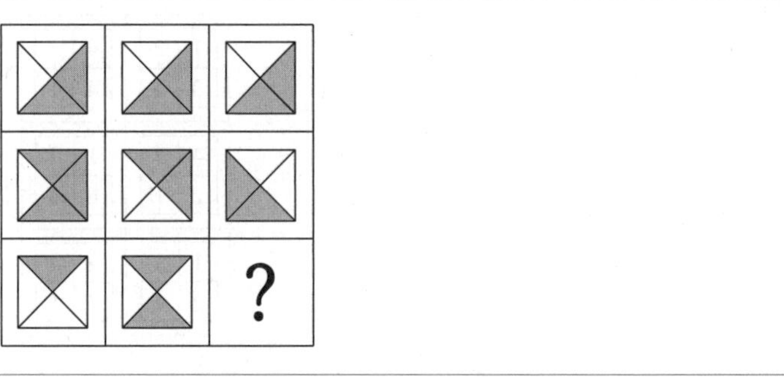

① 

② 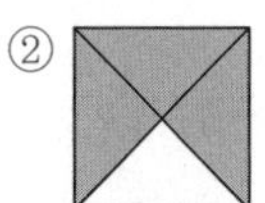

③ 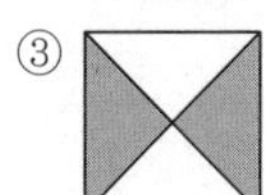

④ 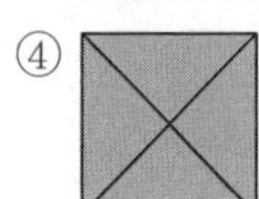

⑤ 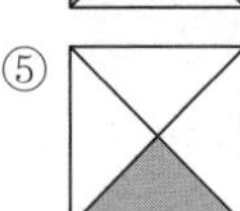

03

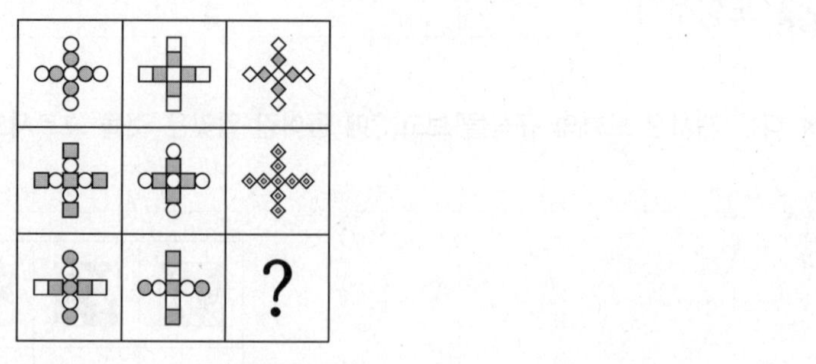

①

②

③

④

⑤

04

1	2	4	3	1	7
3	4	4	1	8	4
4	3	1	7	4	8
2	1	6	4	7	1
1	3	4	4	?	
2	4	3	1		

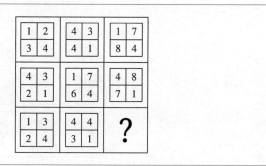

①

1	3
8	4

②

1	8
7	4

③

1	1
4	4

④

1	8
1	4

⑤

4	8
3	1

CHAPTER 15 아모레퍼시픽그룹

정답 및 해설 079p

1 지각정확력

※ 다음 제시된 문자와 같은 것의 개수를 구하시오. [1~2]

01

nm

mm	nm	mm	nn	nn	mn	mm	mn	Mn	mn	mm	mn
Nn	nn	mn	nm	mm	mn	Nn	mm	nn	Nn	mm	nn
nn	mm	nn	Mn	nn	nm	mm	Nn	mm	Mn	nm	Mn
mm	nn	mn	mn	Mn	NN	Nn	mm	Mn	NN	mm	mm
mn	mn	nm	mm	mm	mm	NN	Nn	mm	Nn	mm	nn
mn	mm	nn	mn	Mn	mm	NN	Nn	Mn	nm	mm	nn

① 5개
② 6개
③ 7개
④ 8개
⑤ 9개

02

83

88	83	88	33	68	88	88	33	88	68	88	68
86	83	86	88	33	88	33	83	68	33	33	83
88	33	33	68	83	33	89	33	88	68	88	68
33	88	88	33	89	68	88	68	86	88	68	86
88	83	86	88	88	88	83	33	88	68	33	88
89	88	33	88	89	86	89	88	86	33	88	88

① 5개
② 6개
③ 7개
④ 8개
⑤ 9개

※ 다음 표에 제시되지 않은 문자를 고르시오. **[3~4]**

03

◷	◴	◳	◶	◱	◔	◒	◳	◓	◔	◳	◶
◔	◲	◕	◳	◴	◳	◕	◓	◶	◷	◒	◶
◲	◕	◲	◴	◔	◑	◴	◴	◔	◶	◕	◳
◕	◓	◱	◳	◲	◐	◔	◐	◐	◕	◑	◔
◳	◴	◔	◳	◐	◴	◔	◕	◴	◱	◳	◐
◒	◑	◕	◑	◔	◒	◳	◓	◴	◶	◓	◶

① ◔　　② ◓
③ ◴　　④ ◵
⑤ ◲

04

기	리	히	니	리	지	비	티	리	시	니	히
리	히	비	시	니	비	니	리	니	비	히	리
지	키	니	티	히	디	시	디	지	리	디	티
피	티	히	리	피	시	피	디	니	시	리	디
지	이	키	디	리	이	이	히	키	디	피	키
비	리	디	이	비	지	디	리	지	비	히	디

① 지　　② 시
③ 미　　④ 리
⑤ 니

2 언어유추력

※ 다음 제시된 낱말의 대응 관계로 볼 때 빈칸에 들어가기에 알맞은 것을 고르시오. [1~2]

01

개선 : 수정 = 긴요 : (　　)

① 긴밀　② 중요
③ 경중　④ 사소
⑤ 친밀

02

괄목상대 : 일취월장 = 관포지교 : (　　)

① 막역지우　② 전전반측
③ 낙화유수　④ 망운지정
⑤ 혼정신성

※ 다음 제시된 낱말의 대응 관계로 볼 때 빈칸에 들어가기에 알맞은 것으로 짝지어진 것을 고르시오. [3~4]

03

송편 : (A) = 꽈배기 : (B)

〈A〉 ① 추석　② 반달　③ 송병　④ 떡국　⑤ 떡
〈B〉 ① 설탕　② 설날　③ 밀가루　④ 빵　⑤ 과자

04

의무 : (A) = 용기 : (B)

〈A〉 ① 교육　② 병역　③ 노동　④ 납세　⑤ 권리
〈B〉 ① 기백　② 비겁　③ 의기　④ 기개　⑤ 담력

3 언어추리력

※ 다음 제시문을 읽고 각 문제가 항상 참이면 ①, 거짓이면 ②, 알 수 없으면 ③을 고르시오. **[1~3]**

- 4명의 사람 A, B, C, D가 있다.
- 4명의 사람은 학교, 도서관, 편의점, 아웃렛 중 각자 다른 한 곳을 목적지로 한다.
- 일대로로 가면 편의점과 아웃렛만 갈 수 있다.
- 이대로로 가면 학교와 도서관만 갈 수 있다.
- 삼대로로 가면 학교와 아웃렛만 갈 수 있다.
- 사대로로 가면 도서관과 편의점만 갈 수 있다.
- A는 일대로, C는 삼대로로 출발하였다.
- B는 이대로와 삼대로를 이용하지 않았다.

01 D가 가려는 목적지가 A와 C가 이용한 두 길을 모두 이용해도 된다면, B는 도서관에 갔다.

① 참　② 거짓　③ 알 수 없다.

02 B가 일대로를 이용했다면, 편의점을 간 사람은 B이다.

① 참　② 거짓　③ 알 수 없다.

03 D가 일대로를 이용했다면, A가 편의점에 갔을 가능성은 50%이다.

① 참　② 거짓　③ 알 수 없다.

4 공간지각력

※ 제시된 전개도를 접었을 때 나타나는 입체도형으로 알맞은 것을 고르시오. **[1~2]**

01

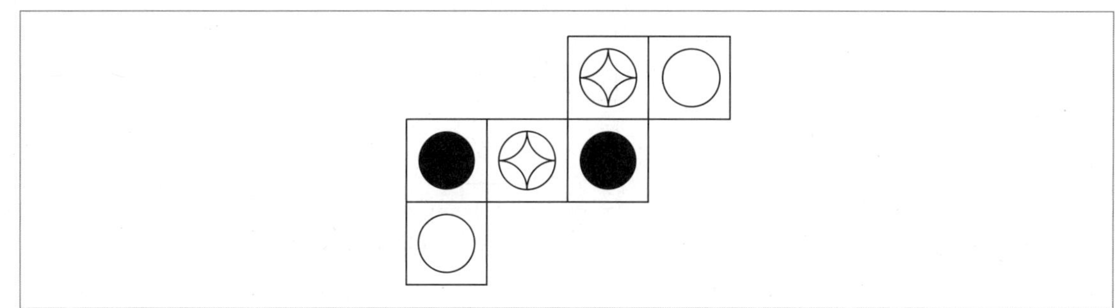

①

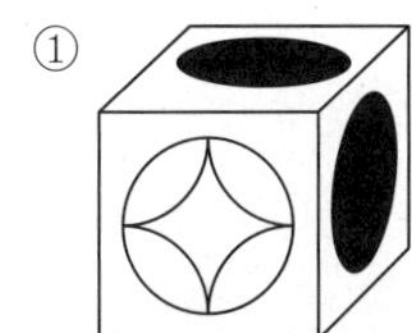

②

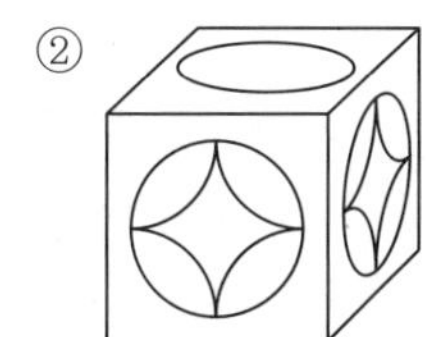

③

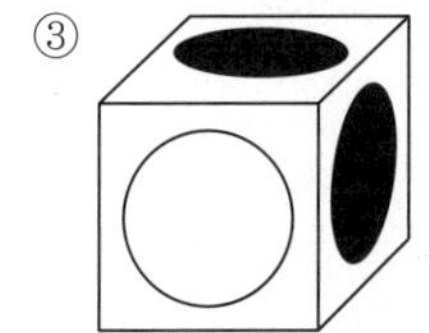

④

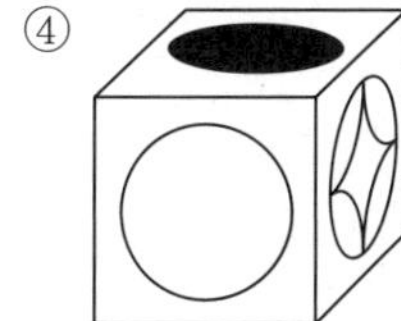

2020년 대기업

02

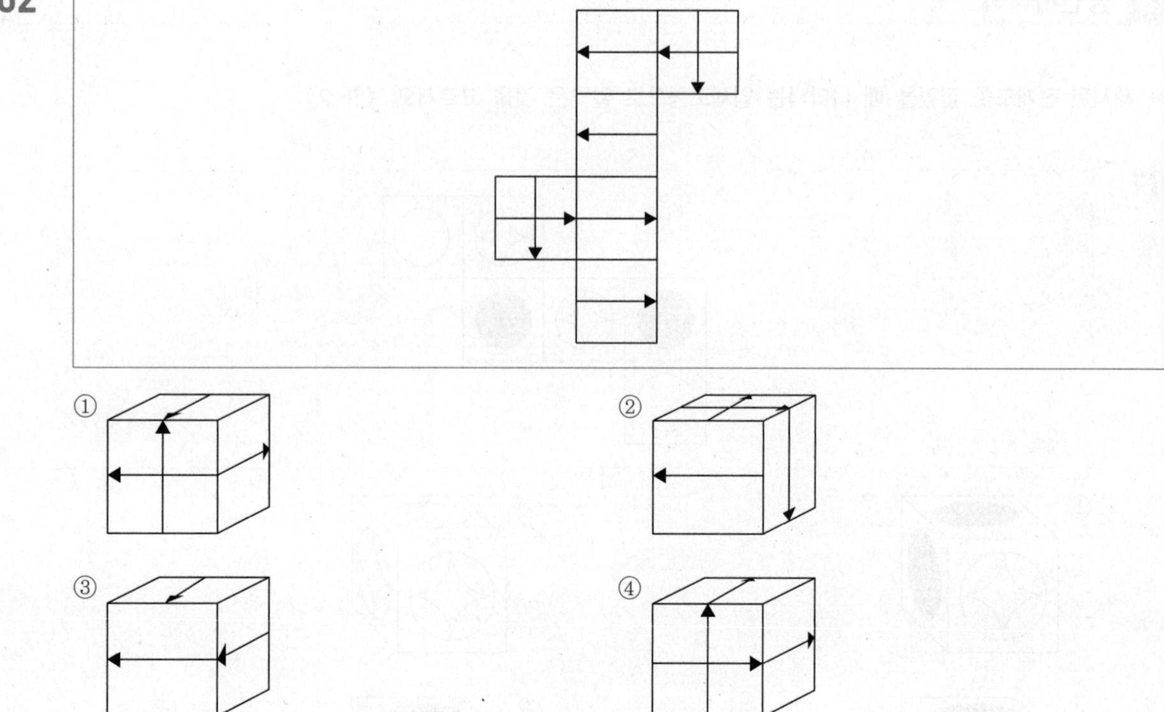

5 판단력

01 **다음 글의 주제로 알맞은 것은?**

> 요즘 기업에서 KIRBS나 SHL Korea 등의 전문기관에 의뢰해 지원자의 인성검사를 시행하고 있는 검사도구가 있다. KPDI 성격진단검사, SHL 인성검사 등이 그것이다. 그렇다면 이런 도구들을 채용에 이용하는 것은 바람직한가? 미국에서 인성검사로 지원자를 가려 뽑을 수 있는 직종은 경찰과 보육사뿐이다. 이처럼 미국에서는 심리적 장애는 취업에 걸림돌이 되지 않는다. 하지만 한국에서는 많은 기업들이 인성검사를 채용과정에서 필수로 하고 있다. 이 때문에 인성검사는 여전히 논쟁의 중심에 있으며 많은 지원자들이 인성검사에 임할 때 진짜 '나'를 숨기는 이유이다.

① 인성검사는 실시해야 하는가?
② 인성검사는 언제부터 실시되었는가?
③ 다른 나라에서는 인성검사를 어떻게 시행하는가?
④ 인성검사의 유래는 무엇인가?

02 **다음 글의 내용과 일치하지 않는 것은?**

> 식물의 광합성 작용은 빛 에너지를 이용하여 뿌리에서 흡수한 물과 잎의 기공에서 흡수한 이산화탄소로부터 포도당과 같은 유기물과 산소를 만들어 내는 과정이다. 그러나 광합성 작용을 할 때 빛과 이산화탄소가 동시에 필요한 것은 아니다. 물(H_2O)은 엽록체에서 빛 에너지에 의해 수소 이온, 전자와 산소로 분해되고 이 수소 이온과 전자가 식물의 잎에 있는 $NADP^+$와 결합해서 NADPH가 되는데, 이와 같은 반응을 명반응이라고 한다. 또한 식물 세포에서 이산화탄소를 흡수하여 포도당과 같은 탄수화물을 합성하는 열화학 반응을 암반응이라 하는데, 이 과정에는 명반응에 의해 만들어진 NADPH가 필요하다.

① 식물의 광합성 작용은 산소를 만들어낸다.
② 광합성 작용을 할 때 빛과 이산화탄소가 동시에 필요하다.
③ 빛이 필요한 반응은 명반응이고, 이산화탄소가 필요한 반응은 암반응이다.
④ NADPH는 명반응에서 만들어진다.

03 다음 자료에 대한 해석 중 옳지 않은 것은?

〈화장품 생산실적〉

(단위 : 개, %, 백만 원)

구분	2010년	2011년	2012년	2013년	2014년	2015년	2016년
제조업체 수	591	829	1,480	1,895	2,735	3,840	4,961
증감률	12.4	40.3	78.5	28.0	44.0	40.0	29.2
품목 수	85,533	93,682	101,296	88,806	101,362	105,318	119,051
증감률	12.4	9.5	8.1	−12.3	14.1	3.9	13.0
생산금액	6,014,551	6,385,616	7,122,666	7,972,072	8,970,370	10,732,853	13,051,380
전년 대비 성장률	16.4	6.2	11.5	11.9	12.5	19.6	21.6

※ 업체 수는 제조업체 중 생산실적을 보고한 업체만 포함

① 생산실적을 보고한 화장품 제조업체 수는 계속 증가하고 있다.

② 생산실적을 보고한 화장품 제조업체 수의 증감률은 2014년에 가장 크다.

③ 매년 전년 대비 생산실적은 증가하고 있다.

④ 전년에 비해서 품목 수가 감소한 해가 있다.

6 응용수리력

01 농도가 5%인 100g의 설탕물을 증발시켜 농도가 10%인 설탕물이 되게 하려고 한다. 한 시간에 2g씩 증발된다고 할 때, 몇 시간이 걸리겠는가?

① 22시간
② 23시간
③ 24시간
④ 25시간

02 A씨는 오후 2시에 예정되어 있는 면접을 보기 위해 집에서 오후 1시에 출발하였다. 시속 80km인 버스를 타고 가다가 1시 30분에 갑자기 사고가 나서 바로 버스에서 내렸다. 집에서 면접 장소까지 50km 떨어져 있고 남은 거리를 걸어간다고 할 때, 면접 장소까지 늦지 않으려면 최소 몇 km/h로 가야 하는가?

① 10km/h
② 15km/h
③ 20km/h
④ 25km/h

03 어떤 마을에 A장터는 25일마다 열리고 B장터는 30일마다 열리는데 1월 18일에 두 장터가 같이 열렸다. 1월 18일이 목요일이라면, 다음 두 장터가 같이 열리는 날은 무슨 요일이겠는가?

① 일요일
② 월요일
③ 화요일
④ 수요일

04 각각 1부터 5까지 써져 있는 5개의 공이 4가지 색의 상자에 각각 들어가 있다. 4개의 공을 무작위로 꺼내 4가지의 숫자를 모두 맞춰야 당첨이 되는 로또가 있다. 병호가 숫자 5, 3, 1, 1을 적어 제출했을 때, 이 숫자가 로또에 당첨될 확률은 얼마인가?(단, 꺼낸 공은 다시 넣지 않으며, 꺼낸 순서와 상관없이 숫자만 맞으면 당첨된다)

① $\frac{8}{1,615}$
② $\frac{16}{1,615}$
③ $\frac{32}{1,615}$
④ $\frac{64}{1,615}$

7 수추리력

※ 일정한 규칙으로 수를 나열할 때, 빈칸에 들어갈 알맞은 숫자를 고르시오. [1~3]

01

1　−1　3　−5　11　(　)

① −19　② −20
③ −21　④ −22

02

$\frac{1}{2}$　$\frac{2}{3}$　$\frac{3}{4}$　$\frac{1}{2}$　1　$\frac{1}{3}$　$\frac{5}{4}$　$\frac{1}{6}$　(　)

① $\frac{9}{2}$　② $\frac{7}{2}$
③ $\frac{5}{2}$　④ $\frac{3}{2}$

03

1　2　2　2　4　2　3　12　(　)

① 4　② 5
③ 6　④ 7

8 한국사

01 **다음 사건을 발생 순서대로 바르게 나열한 것은?**

㉠ 을사의병	㉡ 정미의병
㉢ 을미의병	㉣ 갑오의병

① ㉣－㉢－㉠－㉡
② ㉠－㉣－㉢－㉡
③ ㉢－㉣－㉠－㉡
④ ㉣－㉠－㉢－㉡

02 **다음 중 동학농민운동에 대한 설명으로 옳지 않은 것은?**

① 농민 수탈과 일본의 경제적 침투가 원인이 되었다.
② 전라도 고부군에서 일어난 민란에서 비롯된 것으로, 고부 농민 봉기는 전봉준을 중심으로 하였다.
③ 정부가 동학군에게 화해를 청하고 전주화약을 맺었다.
④ 2차 봉기인 공주 우금치 전투에서 승리하였다.

03 **다음 중 독립협회의 활동으로 옳지 않은 것은?**

① 국권・이권수호 운동
② 민중계몽운동
③ 입헌군주제 주장
④ 군국기무처 설치

04 **다음 중 국내 항일운동과 관련이 없는 것은?**

① 신간회
② 6・10 만세 운동
③ 광주학생 항일운동
④ 간도 참변

9 창의력

※ 창의력 문제는 정답을 따로 제공하지 않는 영역입니다.

01 주어진 그림의 용도를 40가지 쓰시오.

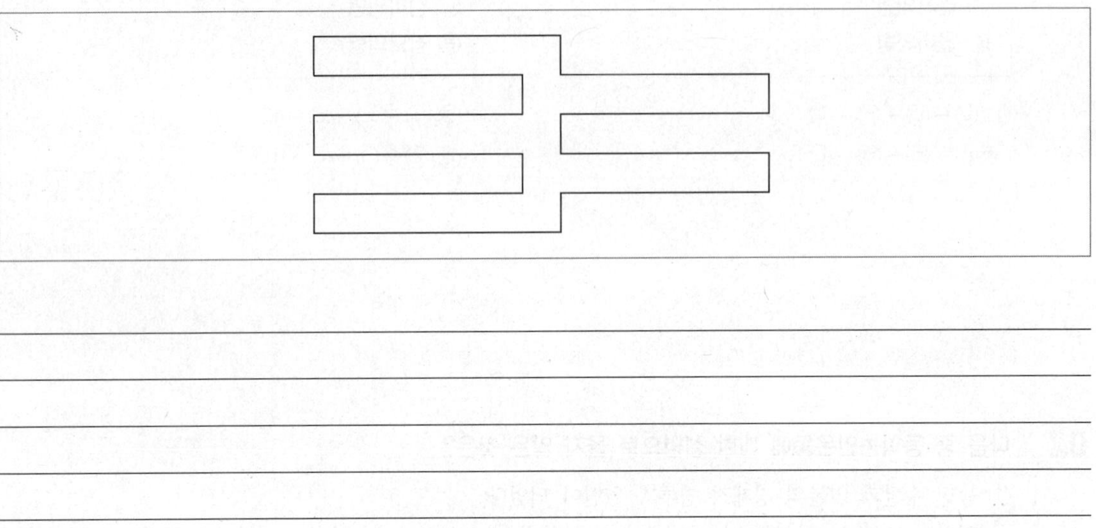

02 다음 질문에 대한 자신의 생각을 40가지 쓰시오.

사람이 손을 대지 않고 물건을 움직일 수 있다면 무슨 일이 일어날까?

PART

2

2020년 공기업 기출문제

CHAPTER 01 한국철도공사

CHAPTER 02 한국전력공사

CHAPTER 03 국민건강보험공단

CHAPTER 04 한국토지주택공사

CHAPTER 05 서울교통공사

CHAPTER 01 한국철도공사

정답 및 해설 088p

01 다음 글의 구성 방식으로 옳지 않은 것은?

> 나는 집이 가난해서 말이 없기 때문에 간혹 남의 말을 빌려서 탔다. 그런데 노둔하고 야윈 말을 얻었을 경우에는 일이 아무리 급해도 감히 채찍을 대지 못한 채 금방이라도 쓰러지고 넘어질 것처럼 전전긍긍하기 일쑤요, 개천이나 도랑이라도 만나면 또 말에서 내리곤 한다. 그래서 후회하는 일이 거의 없다. 반면에 발굽이 높고 귀가 쫑긋하며 잘 달리는 준마를 얻었을 경우에는 의기양양하여 방자하게 채찍을 갈기기도 하고 고삐를 놓기도 하면서 언덕과 골짜기를 모두 평지로 간주한 채 매우 유쾌하게 질주하곤 한다. 그러나 간혹 위험하게 말에서 떨어지는 환란을 면하지 못한다.
> 아, 사람의 감정이라는 것이 어쩌면 이렇게까지 달라지고 뒤바뀔 수가 있단 말인가. 남의 물건을 빌려서 잠깐 동안 쓸 때에도 오히려 이와 같은데, 하물며 진짜로 자기가 가지고 있는 경우야 더 말해 무엇 하겠는가.
> 그렇긴 하지만 사람이 가지고 있는 것 가운데 남에게 빌리지 않은 것이 또 뭐가 있다고 하겠는가. 임금은 백성으로부터 힘을 빌려서 존귀하고 부유하게 되는 것이요, 신하는 임금으로부터 권세를 빌려서 총애를 받고 귀한 신분이 되는 것이다. 그리고 자식은 어버이에게서, 지어미는 지아비에게서, 비복(婢僕)은 주인에게서 각각 빌리는 것이 또한 심하고도 많은데, 대부분 자기가 본래 가지고 있는 것처럼 여기기만 할 뿐 끝내 돌이켜 보려고 하지 않는다. 이 어찌 미혹된 일이 아니겠는가.
> 그러다가 혹 잠깐 사이에 그동안 빌렸던 것을 돌려주는 일이 생기게 되면, 만방(萬邦)의 임금도 독부(獨夫)가 되고 백승(百乘)의 대부(大夫)도 고신(孤臣)이 되는 법인데, 더군다나 미천한 자의 경우야 더 말해 무엇 하겠는가.
> 맹자(孟子)가 말하기를 "오래도록 차용하고서 반환하지 않았으니, 그들이 자기의 소유가 아니라는 것을 어떻게 알았겠는가."라고 하였다. 내가 이 말을 접하고서 느껴지는 바가 있기에, 차마설을 지어서 그 뜻을 부연해 보노라.
>
> – 이곡, 차마설

① 유추의 방법을 통해 개인의 경험을 보편적 깨달음으로 일반화한다.
② 예화와 교훈의 2단으로 구성하였다.
③ 주관적인 사실에 대한 보편적인 의견을 제시한다.
④ 성인의 말을 인용하여 자신의 주장을 뒷받침한다.
⑤ 자신의 견해를 먼저 제시하고, 그에 맞는 사례를 제시한다.

02 다음 중 글의 내용과 일치하지 않는 것은?

정치 철학자로 알려진 아렌트 여사는 우리가 보통 '일'이라 부르는 활동을 '작업(作業, Work)'과 '고역(苦役, Labor)'으로 구분한다. 이 두 가지 모두 인간의 노력, 땀과 인내를 수반하는 활동이며, 어떤 결과를 목적으로 하는 활동이다. 그러나 전자가 자의적인 활동인 데 반해서 후자는 타의에 의해 강요된 활동이다. 전자의 활동을 창조적이라 한다면 후자의 활동은 기계적이다. 창조적 활동의 목적이 작품 창작에 있다면, 후자의 활동 목적은 상품 생산에만 있다.

전자, 즉 '작업'이 인간적으로 수용될 수 있는 물리적 혹은 정신적 조건하에서 이루어지는 '일'이라면 '고역'은 그 정반대의 조건에서 행해진 '일'이라는 것이다.

인간은 언제 어느 곳에서든지 '일'이라고 불리는 활동에 땀을 흘리며 노력해 왔고, 현재도 그렇고, 아마도 앞으로도 영원히 그럴 것이다. 구체적으로 어떤 종류의 일이 '작업'으로 불릴 수 있고 어떤 일이 '고역'으로 분류될 수 있느냐는 그리 쉬운 문제가 아니다. 그러나 일을 작업과 고역으로 구별하고 그것들을 위와 같이 정의할 때 노동으로서 일의 가치는 부정되어야 하지만 작업으로서 일은 전통적으로 종교 혹은 철학을 통해서 모든 사회가 늘 강조해 온 대로 오히려 찬미되고, 격려되며 인간으로부터 빼앗아 가서는 안 될 귀중한 가치라고 봐야 한다.

… (중략) …

'작업'으로서의 일의 내재적 가치와 존엄성은 이런 뜻으로서 일과 인간의 인간됨과 뗄 수 없는 필연적 관계를 갖고 있다는 사실에서 생긴다. 분명히 일은 노력과 아픔을 필요로 하고, 생존을 위해 물질적으로는 물론 정신적으로도 풍요한 생활을 위한 도구적 기능을 담당한다.

땀을 흘리고 적지 않은 고통을 치러야만 하는 정말 일로서의 일, 즉 작업은 그것이 어떤 것이든 간에 언제나 엄숙하고 거룩하고 귀해 보인다. 땀을 흘리며 대리석을 깎는 조각가에게서, 밤늦게까지 책상 앞에 앉아 창작에 열중하는 작가에게서, 무더운 공장에서 쇠를 깎는 선반공에게서, 땡볕에 지게질을 하고 밭을 가는 농부에게서 다 똑같이 흐뭇함과 거룩함을 발견하며 그래서 머리가 숙여진다.

그러나 앞서 봤듯이 모든 일이 '작업'으로서의 일은 아니다. 어떤 일은 부정적인 뜻으로서의 '고역'이기도 하다. 회초리를 맞으며 노예선을 젓는 노예들의 피땀 묻은 활동은 인간의 존엄성을 높이기는커녕 그들을 짓밟은 '고역'이다. 위생적으로나 육체적으로 견디기 어려운 조건하에 타당치 않게 박한 보수를 받고 무리한 노동을 팔아야만 하는 일은 마땅히 없어져야 할 고역이다.

작업으로서의 일과 고역으로서의 일의 구별은 단순히 지적 노고와 육체적 노고의 차이에 의해서 결정되지 않는다. 한 학자가 하는 지적인 일도 경우에 따라 고역의 가장 나쁜 예가 될 수 있다. 반대로 육체적으로 극히 어려운 일도 경우에 따라 작업의 가장 좋은 예가 될 수 있다. 작업으로서의 일과 고역으로서의 일을 구별하는 근본적 기준은 그것이 인간의 존엄성을 높이는 것이냐, 아니면 타락시키는 것이냐에 있다.

– 박이문, 일

① 작업과 고역은 생산 활동이라는 목적을 지닌 노동이다.
② 작업은 자의적 노동이고, 고역은 타의적 노동이다.
③ 작업은 창조적 노동이고, 고역은 기계적 노동이다.
④ 작업은 인간의 존엄성을 높이고, 고역은 인간의 존엄성을 타락시킨다.
⑤ 작업은 지적 노동이고, 고역은 육체적 노동이다.

03 다음 중 글을 통해 알 수 있는 내용으로 옳지 않은 것은?

올해는 전자공학 100주년이다. 영국의 과학자 존 앰브로즈 플레밍이 2극 진공관을 발명한 것이 1904년인데, 이것은 곧 정류・증폭・발진이 가능한 3극 진공관으로, 3극 진공관은 반도체 트랜지스터로 이어졌기 때문이다. 반도체 트랜지스터가 전기・전자・컴퓨터의 혁명을 가져오고, 우리의 삶을 완전히 바꾸었다는 사실은 새삼 재론할 필요가 없다.

플레밍의 2극 진공관 발명은 우리에게 시사하는 점이 많다. 1880년대에 널리 보급된 전구는 그 내부가 검게 탄화돼 효율이 떨어졌다. '에디슨 효과'라고 불린 이 현상 때문에 에디슨은 골머리를 앓았고, 당시 영국 에디슨사의 과학 고문이던 플레밍은 이 문제의 원인을 규명하고 해결책을 찾기 위해 연구에 착수했다. 전구 내부에 또 다른 전극을 삽입하고 실험을 하던 중 플레밍은 이 전극과 전구의 필라멘트 사이에 전류가 항상 일정한 방향으로만 흐른다는 흥미로운 사실을 발견했다. 이 발견은 과학적으로 새로운 것이었지만, 당시엔 아무런 실용적 가치도 없었다. 그렇지만 나중에 플레밍은 이 원리를 마르코니의 무선 전신 수신기에 응용할 수 있다는 아이디어를 떠올렸고, 이는 곧바로 2극 진공관의 발명으로 이어졌다.

기초과학이 왜 중요한가? 플레밍의 사례가 보여주는 답은 기초과학의 발전이 기술의 발전을 낳고, 기술의 발전이 경제의 동력으로 국가 경쟁력의 고양을 가져오기 때문이라는 것이다. 우리가 잘 알고 있는 모범답안이다. 그런데 이렇게 경제 논리로만 과학을 생각할 때 빠지기 쉬운 함정이 있다. 우선 과학 연구가 기술과 산업으로 이어지는 데 시간의 차이는 물론 불확실성이 존재한다. 플레밍의 기초연구는 1889년에 이뤄졌는데, 2극 진공관은 1904년에 발명됐다. 15년이라는 시간의 차이가 존재했다. 이는 지금의 기초과학 연구에도 그대로 적용된다. 줄기세포 연구, 양자 컴퓨터 연구도 모든 문제가 술술 풀리면 몇 년이면 응용 가능할 수 있지만, 운이 없으면 영영 상용화되지 않을 수도 있다. '과학은 기술을 낳는다.'는 측면만 강조하다 보면, 정부와 기업은 당장 기술로 이어지지 않는 과학을 선뜻 지원하지 않는다.

국가가 경제 논리에서 벗어나 당장 기술 개발과 상대적으로 무관해 보이는 기초과학 연구까지도 지원해야 하는 데에는 다음과 같은 두 가지 이유가 있다. 우선 과학은 과학문화로서의 가치가 있다. 과학문화는 과학적 세계관을 고양하고 합리적 비판 정신을 높게 사며, 현대 사회가 만들어내는 여러 문제에 대해 균형 잡힌 전문가를 키우는 데 결정적으로 중요하다. 우주론, 진화론, 입자물리학과 이론과학의 연구는 우리의 세계관을 형성하며, 권위에 맹목적으로 의존하지 않고 새로움을 높게 사는 과학의 정신은 합리성의 원천이 된다. 토론을 통해 합의에 이르는 과학의 의사소통 과정은 바람직한 전문성의 모델을 제공한다.

둘째로 기초연구는 교육을 위해서도 중요하다. 대학에서 즉각적으로 기술과 산업에 필요한 내용만 교육한다면 이런 지식은 당장은 쓸모가 있겠지만, 기술의 발전과 변화에 무력하다. 결국 과학기술이 빠르게 발전하면 할수록 학생들에게 근본에 대해 깊게 생각하게 하고, 이를 바탕으로 창의적인 연구 결과를 내는 경험을 하도록 만드는 것이 중요하다. 남이 해놓은 것을 조금 개량하는 데 머무르지 않고 정말 새롭고 혁신적인 것을 만들기 위해서는, 결국 펀더멘털의 수준에서 창의적일 수 있는 교육이 이뤄져야 하며, 이러한 교육은 기초과학 연구가 제공할 수 있다.

기초과학과 기초연구가 왜 중요한가? 토대이기 때문이다. 창의적 기술, 문화, 교육이 그 위에 굳건한 집을 지을 수 있는.

① 2극 진공관의 발명 시기
② 2극 진공관 발명 과정의 문제점
③ 2극 진공관의 발명 원리
④ 기초과학 연구에 대한 지원의 필요성
⑤ 기초과학과 기초연구의 중요성

04 다음 글의 표현상 특징에 대한 설명으로 적절하지 않은 것은?

> 오늘은 당신이 가르쳐준 태백산맥 속의 소광리 소나무 숲에서 이 엽서를 띄웁니다.
> 아침 햇살에 빛나는 소나무 숲에 들어서니 당신이 사람보다 나무를 더 사랑하는 까닭을 알 것 같습니다. 200년, 300년, 더러는 500년의 풍상을 겪은 소나무들이 골짜기에 가득합니다. 그 긴 세월을 온전히 바위 위에서 버티어 온 것에 이르러서는 차라리 경이였습니다. 바쁘게 뛰어 다니는 우리들과는 달리 오직 '신발 한 켤레의 토지'에 서서 이처럼 우람할 수 있다는 것이 충격이고 경이였습니다. 생각하면 소나무보다 훨씬 더 많은 것을 소비하면서도 무엇 하나 변변히 이루어내지 못하고 있는 나에게 소광리의 솔숲은 마치 회초리를 들고 기다리는 엄한 스승 같았습니다.
> 어젯밤 별 한 개 쳐다볼 때마다 100원씩 내라던 당신의 말이 생각납니다. 오늘은 소나무 한 그루 만져볼 때마다 돈을 내야겠지요. 사실 서울에서는 그보다 못한 것을 그보다 비싼 값을 치르며 살아가고 있다는 생각이 듭니다. 언젠가 경복궁 복원 공사 현장에 가 본 적이 있습니다. 일제가 파괴하고 변형시킨 조선 정궁의 기본 궁제를 되찾는 일이 당연하다고 생각하였습니다. 그러나 막상 오늘 이곳 소광리 소나무 숲에 와서는 그러한 생각을 반성하게 됩니다.
>
> … (중략) …
>
> 나는 문득 당신이 진정 사랑하는 것이 소나무가 아니라 소나무 같은 '사람'이라는 생각이 들었습니다. 메마른 땅을 지키고 있는 수많은 사람들이란 생각이 들었습니다. 문득 지금쯤 서울 거리의 자동차 속에 앉아 있을 당신을 생각했습니다. 그리고 외딴섬에 갇혀 목말라하는 남산의 소나무들을 생각했습니다. 남산의 소나무가 이제는 더 이상 살아남기를 포기하고 자손들이나 기르겠다는 체념으로 무수한 솔방울을 달고 있다는 당신의 이야기는 우리를 슬프게 합니다. 더구나 그 솔방울들이 싹을 키울 땅마저 황폐해 버렸다는 사실이 우리를 더욱 암담하게 합니다. 그러나 그보다 더 무서운 것이 아카시아와 활엽수의 침습이라니 놀라지 않을 수 없습니다. 척박한 땅을 겨우겨우 가꾸어 놓으면 이내 다른 경쟁수들이 쳐들어와 소나무를 몰아내고 만다는 것입니다. 무한 경쟁의 비정한 논리가 뻗어 오지 않는 것이 없습니다.
> 나는 마치 꾸중 듣고 집나오는 아이처럼 산을 나왔습니다. 솔방울 한 개를 주워 들고 내려오면서 거인에게 잡아먹힌 소년이 솔방울을 손에 쥐고 있었기 때문에 다시 소생했다는 신화를 생각하였습니다. 당신이 나무를 사랑한다면 솔방울도 사랑해야 합니다. 무수한 솔방울들의 끈질긴 저력을 신뢰해야 합니다.
> 언젠가 붓글씨로 써드렸던 글귀를 엽서 끝에 적습니다.
> "처음으로 쇠가 만들어졌을 때 세상의 모든 나무들이 두려움에 떨었다. 그러나 어느 생각 깊은 나무가 말했다. 두려워할 것 없다. 우리들이 자루가 되어주지 않는 한 쇠는 결코 우리를 해칠 수 없는 법이다."
>
> – 신영복, 당신이 나무를 더 사랑하는 까닭

① 소나무를 통해 인간을 이해한다.
② 소나무와 인간을 대조하여 교훈을 이끌어낸다.
③ 소나무에 대한 독자의 의견을 비판한다.
④ 소나무를 통해 바람직한 삶의 모습을 제시한다.
⑤ 구체적 체험을 통해 현대인의 삶을 비판한다.

05 다음 글을 읽은 독자의 반응으로 적절하지 않은 것은?

인간이 말하고 듣는 의사소통의 과정을 통하여 자신이 전달하고자 하는 바를 표현하고 상대방의 말을 잘 이해하며, 서로 좋은 관계를 형성하고 지속해 나가기 위해서 지켜야 할 기본적인 규칙을 음성언어 의사소통의 원리라고 한다. 원활한 음성언어 의사소통을 위해 필요한 기본 원리로는 공손성, 적절성, 순환성, 관련성이 있다.
공손성의 원리는 음성언어 의사소통에서 상대방에게 부담을 적게 주고, 상대방을 존중해 주는 표현과 태도를 지키는 것을 말한다. 공손성의 원리는 언어가 정보를 전달하는 기능 이외에 의사소통 참여자 사이의 사회적 관계 형성에도 기여한다는 것에 근거하여 설정된 것이다. 공손성의 원리가 효과적인 인간관계를 형성하고 유지할 수 있는 것은 이것이 바로 인간의 내적 욕구를 충족시켜 주는 행위이기 때문이다. 공손성의 원리는 좋은 인간관계 형성이라는 사회적 기능뿐만 아니라 언어 표현의 효과성도 만족시킨다. 그러나 의사소통 참여자 사이의 인간관계에 맞지 않는 지나친 공손함은 오히려 상대를 향한 빈정거림의 표현이 되므로 의사소통의 걸림돌이 될 수 있다.
적절성의 원리는 음성언어 의사소통의 상황, 목적, 유형에 맞는 담화 텍스트의 형식과 내용으로 표현되어야 한다는 것이다. 음성언어 의사소통에서 발화되는 담화 텍스트가 적절성의 원리를 만족한다는 것은 발화된 담화 텍스트가 상황과 표현 의도에 맞게 상대에게 받아들여질 수 있는, 텍스트적 요인을 만족하는 형태로 표현된 것을 의미한다.
순환성의 원리는 음성언어 의사소통의 상황에 맞게 참여자의 역할이 원활하게 교대되고 정보가 순환되어 의사소통의 목적이 달성되는 것을 말한다. 말하기와 듣기의 연속적 과정인 음성언어 의사소통에서 참여자의 역할이 적절히 분배되고 교환되지 않으면 일방적인 의사 표현과 수용이 되므로 효과적인 의사소통을 기대하기 어렵다.
음성언어 의사소통에서 듣기는 상대방이 전달하려는 의미를 재구성하는 적극적인 과정이다. 관련성의 원리는 의사소통 참여자가 상대방이 발화한 담화 텍스트의 의미를 상대방의 의도에 따라 재구성하여 이해하는 것을 말한다. 발화문의 의미와 의도된 의미가 일치하지 않는 경우 참여자는 담화 맥락을 이해하고, 추론을 통해 대화의 함축을 찾으려는 적극적인 자세를 지녀야 한다.

① 상대방이 부담을 느끼지 않도록 요청하면서 정중한 표현을 사용해야겠어.
② 무언가를 지시할 때는 추상적인 표현보다 실행 가능한 구체적인 행동을 이야기해야겠어.
③ 상대방이 말을 하던 중이더라도 대화 주제에 대한 생각이 떠오른다면 까먹기 전에 바로 이야기해야 해.
④ 앞으로는 내 이야기만 주장하지 않고 상대방의 이야기도 귀 기울여 듣도록 노력해야겠어.
⑤ 상대방의 이야기를 들을 때는 상대방의 의도를 파악하면서 의미를 이해하는 것이 좋겠어.

06 다음 빈칸에 들어갈 전제로 가장 적절한 것은?

> 전제1 : 어떤 경위는 파출소장이다.
> 전제2 : ____________________
> 결론 : 30대 중 파출소장이 아닌 사람이 있다.

① 어떤 경위는 30대이다.
② 어떤 경위는 30대가 아니다.
③ 30대는 모두 경위이다.
④ 모든 경위는 파출소장이 아니다.
⑤ 모든 경위는 30대이다.

07 K대학은 광수, 소민, 지은, 진구 중에서 국비 장학생을 선발할 예정이다. 이때, 적어도 광수는 장학생으로 선정될 것이다. 왜냐하면 진구가 선정되지 않으면 광수가 선정되기 때문이다. 다음 〈보기〉에서 이와 같은 가정이 성립하기 위해 추가되어야 하는 전제로 옳은 것을 모두 고르면?

> 보기
> ㄱ. 소민이가 선정된다.
> ㄴ. 지은이가 선정되면 진구는 선정되지 않는다.
> ㄷ. 지은이가 선정된다.
> ㄹ. 지은이가 선정되면 소민이가 선정된다.

① ㄱ, ㄴ
② ㄱ, ㄹ
③ ㄴ, ㄷ
④ ㄴ, ㄹ
⑤ ㄷ, ㄹ

08 조선시대에는 12시진(정시법)과 '초(初)', '정(正)', '한시진(2시간)' 등의 표현을 통해 시간을 나타내었다. 다음 중 조선시대의 시간과 현대의 시간에 대한 비교로 옳지 않은 것은?

〈12시진〉

조선시대 시간		현대 시간	조선시대 시간		현대 시간
자(子)시	초(初)	23시 1 ~ 60분	오(午)시	초(初)	11시 1 ~ 60분
	정(正)	24시 1 ~ 60분		정(正)	12시 1 ~ 60분
축(丑)시	초(初)	1시 1 ~ 60분	미(未)시	초(初)	13시 1 ~ 60분
	정(正)	2시 1 ~ 60분		정(正)	14시 1 ~ 60분
인(寅)시	초(初)	3시 1 ~ 60분	신(申)시	초(初)	15시 1 ~ 60분
	정(正)	4시 1 ~ 60분		정(正)	16시 1 ~ 60분
묘(卯)시	초(初)	5시 1 ~ 60분	유(酉)시	초(初)	17시 1 ~ 60분
	정(正)	6시 1 ~ 60분		정(正)	18시 1 ~ 60분
진(辰)시	초(初)	7시 1 ~ 60분	술(戌)시	초(初)	19시 1 ~ 60분
	정(正)	8시 1 ~ 60분		정(正)	20시 1 ~ 60분
사(巳)시	초(初)	9시 1 ~ 60분	해(亥)시	초(初)	21시 1 ~ 60분
	정(正)	10시 1 ~ 60분		정(正)	22시 1 ~ 60분

① 한 초등학교의 점심 시간이 오후 1시부터 2시까지라면, 조선시대 시간으로 미(未)시에 해당한다.

② 조선시대에 어떤 사건이 인(寅)시에 발생하였다면, 현대 시간으로는 오전 3시와 5시 사이에 발생한 것이다.

③ 현대인이 오후 2시부터 4시 30분까지 운동을 하였다면, 조선시대 시간으로 미(未)시부터 유(酉)시까지 운동을 한 것이다.

④ 축구 경기가 연장 없이 각각 45분의 전반전과 후반전으로 진행되었다면, 조선시대 시간으로 한시진이 채 되지 않은 것이다.

⑤ 현대인이 오후 8시 30분에 저녁을 먹었다면, 조선시대 시간으로 술(戌)시 정(正)에 저녁을 먹은 것이다.

09 **다음은 교통안전사업에 관한 논문이다. 다음 논문의 내용을 주요 단어로 요약한다고 할 때, 4개의 주요 단어로 가장 적절하지 않은 것은?**

> 국내 교통사고는 매년 35만 건 이상이 발생하여 그 어떤 재난과 비교할 수 없을 만큼 심각한 인명 및 재산손실을 초래하고 있다. 국가는 국민의 생명과 안전을 지키기 위해 다양한 교통안전사업을 시행하고 있지만 여전히 선진국 수준에는 미치지 못해 보다 적극적인 노력이 필요하다.
> 교통안전사업의 평가체계는 다음과 같은 두 가지 문제점을 지니고 있다. 첫 번째는 교통안전사업의 성과분석 및 평가가 사망자 수 감소에 집중되어 있다는 점이다. 두 번째는 교통안전사업 평가에 투자예산이 비용으로 처리된다는 점이다. 교통안전사업이 잘 운영되려면 교통안전사업의 정확한 평가를 통한 불요불급한 예산방지 및 예산효율의 극대화가 무엇보다 중요하다. 교통안전사업 시행에 따른 사회적 비용 감소 효과를 명확하게 분석할 수 있다면 명확한 원칙과 기준을 제시할 수 있을 뿐만 아니라, 교통안전사업의 효과를 높일 수 있어 교통사고 비용 감소에 크게 기여할 수 있을 것이다.
> 본 연구에서는 교통안전사업을 시설개선·교통 단속 및 교육홍보연구라는 3가지 범주로 나누고, 사업별 예산투자에 따른 사상종별 비용감소효과를 분석하였다. 도로교통공단 연구자료인 '도로교통 사고비용의 추계와 평가'에 제시된 추계방법을 활용하여 2007년부터 2014년도까지 8개년간 각 지자체의 교통안전사업 투자예산을 계산하였다. 이를 바탕으로 교통안전사업 투자예산과 사고비용 감소와의 상관관계를 분석하였다. 과거 연구모형을 수정하여 사업 투자금액을 자산으로 분류하였다. 연구결과 사망자 사고비용 감소를 위해 가장 유효한 사업은 교통 단속으로 나타났으며, 중상자 및 경상자 사고비용 감소를 위해 가장 유효한 사업은 안전한 보행환경조성 사업으로 나타났다. 비용으로 분류되던 교통안전사업의 결과를 자산으로 처리하고, 종속변수를 교통사고 비용으로 하여 기존 연구와 차별점을 두었다. 사상종별로 효과가 있는 사업이 차이가 있음을 확인하였으며, 교통사고 현황 분석을 통해 주로 발생하는 사고유형을 확인하고 맞춤형 교통안전사업을 전개한다면 보다 효과적이고 수용성 높은 방향으로 사업이 시행될 것으로 판단된다.

① 교통 단속
② 사회적 비용
③ 보행환경조성
④ 교통안전사업
⑤ 비용감소효과

10 [지문 A]는 'S교통안전문화연구소'에서 발표한 '겨울철 블랙아이스 교통사고 특성과 대책'에 관한 자료이다. 다음 중 [지문 A]의 내용과 일치하는 것은?

> [지문 A]
>
> 최근 5년(2014년 1월 ~ 2018년 12월) 동안 경찰에 신고된 겨울철 빙판길 사고와 기상관측자료를 분석한 결과, 최저기온이 0도 이하이면서 일교차가 9도를 초과하는 일수가 1일 증가할 때마다 하루 평균 약 59건의 사고가 증가했다. 지역별 결빙교통사고율은 강원(3.9%), 충남(3.8%) 순서로 높았다. 치사율(전체사고 대비 결빙사고 사망자 비율)은 충북(7.0%), 강원(5.3%) 등 중부 내륙지역이 높은 것으로 분석됐다. S교통안전문화연구소는 이러한 내용을 중심으로 한 '겨울철 블랙 아이스 교통사고 특성과 대책' 결과를 발표했다.
>
> 경찰에 신고된 도로결빙·서리로 발생한 교통사고 건수 및 사망자 수는 최근 5년간 각각 6,548건(연평균 1,310건) 및 199명(연평균 40명)이며, 사고 100건당 사망자 수는 전체 교통사고 평균보다 1.6배 높아 큰 사고가 많은 것으로 나타났다. 또한 연도별 사고 건수는 2014년 1,826건, 2015년 859건, 2018년 1,358건으로 해에 따라 최대 2배 이상 차이가 나는 것으로 분석됐다.
>
> '최저기온 0도 이하, 일교차 9도 초과' 관측일을 기준으로 최근 5년간 발생한 결빙교통사고율은 전체 교통사고의 2.4%였다. 지역별로는 통과 교통량이 많고 통행속도가 높은 강원(3.9%), 충남(3.8%), 충북(3.7%)의 결빙교통사고율이 다른 지자체 평균보다 2.6배 높았다. 특별·광역시의 경우 인천광역시(3.1%)가 평균보다 높은 것으로 나타났다. 사고 심도를 나타내는 치사율(전체사고 대비 결빙사고 사망률)은 '최저기온 0도 이하, 일교차 9도 초과' 관측일에서 평균 3.2%였다. 특히 충북(7.0%), 강원(5.3%), 전북(4.3%), 경북(3.8%)은 전국 평균보다 1.4 ~ 2.2배 높았다.
>
> 블랙아이스는 온도가 급격히 떨어질 때 노면 습기가 얼어붙어 생성되기 때문에 기상 변화와 함께 주변 환경(바닷가, 저수지 등), 도로 환경(교량, 고가로, 터널 입구 등)을 고려한 맞춤형 관리를 해야 하는 것으로 분석됐다. 결빙교통사고는 노면 상태를 운전자가 맨눈으로 확인하지 못하거나 과속하는 경우에 발생하기 때문에 결빙교통사고 위험구간지정 확대 및 도로 순찰 강화 등의 대책이 요구된다. 또 결빙구간을 조기에 발견해 운전자에게 정보를 제공해줄 수 있는 시스템(내비게이션, 도로 전광판) 확대도 시급하다.
>
> S교통안전문화연구소 수석연구원은 "겨울철 급격한 일교차 변화에 따른 노면 결빙(블랙아이스)은 도로 환경, 지역 및 입지 여건 등에 따라 대형사고로 이어질 위험성이 크다."며 "이에 지역별로 사고위험이 높은 지역에 적극적인 제설 활동, 자동염수분사장치 및 도로열선 설치 확대, 가변속도표지 설치, 구간속도단속 등의 조치가 필요하다."고 강조했다. 아울러 "운전자들도 블랙아이스 사고가 많은 겨울철 새벽에는 노면 결빙에 주의해 안전운전해야 한다."고 덧붙였다.

① 교통사고 사망자 수는 인천광역시 지역이 가장 높다.
② 최근 5년간 결빙교통사고로 인한 사망자 수는 사고 100건당 1.99명이다.
③ 블랙아이스 사고가 많은 겨울철 새벽에는 운전을 삼가야 한다.
④ 통과 교통량이 많은 충남 지역의 전체사고 대비 결빙사고 사망자 비율이 가장 높다.
⑤ 블랙아이스 교통사고는 기온과 관련이 있다.

※ 다음은 공공기관 사회적 가치 포럼에 관한 기사이다. 다음 기사를 읽고, 이어지는 질문에 답하시오. [11~12]

지난 7월에 열린 '공공기관 사회적 가치 포럼'은 사회적 가치 실현과 확산을 위한 과제 및 실행방안에 대해 주요 공공기관 관계자, 관련 연구자 등 전문가들이 모여 활발하게 이야기를 나눈 자리였다. 현 정부 핵심 과제 중 하나인 사회적 가치에 대해 국민들의 관심과 기대가 높아지는 가운데, 주요 추진 주체인 공공기관들이 느끼는 다양한 고민을 허심탄회하게 주고받았다.

포럼의 첫 포문은 LAB2050 대표가 열었다. 그는 '공공기관의 사회적 가치와 국민 인식'이라는 주제를 통해 지난 5월 국민 1,027명을 대상으로 실시한 '국민 인식조사' 결과를 공개했다. '국민들은 공공기관이 앞장서서 사회적 가치를 실현해야 하지만, 현재는 미흡한 상황으로 인식한다.'는 것이 중심 내용이었다.

두 번째 발제자로 나선 한국가스공사 상생협력부장은 '공공기관 사회적 가치 실현의 어려움과 극복방안'이라는 주제로 업무 담당자로서 현장에서 느낀 현실적인 고민들을 언급했다. 재직 기간의 절반을 사회적 가치업무에 몸담은 그는 먼저 사회적 가치 개념이 아직 정립되지 않은 데서 느끼는 어려움을 토로했다. 하지만 그는 곧바로 "사회적 가치는 시대 흐름인 만큼, 구체적인 개념은 개별 공공기관의 설립 목적에서 찾아야 한다."며 스스로 해답을 내놓았다.

세 번째 '공공기관 사회적 가치 실현 사례와 유형'을 주제로 발제에 나선 한겨레경제사회연구원 시민경제센터장은 주요 공공기관에서 진행된 실제 사례를 예로 들며 참석자들의 이해를 도왔다. 그는 연구를 통해 최근 정리한 공공기관의 사회적 가치 실현 방법을 소개했다. '기관 설립 목적 및 고유사업 정비(타입 1)', '조직 운영상 사회적 책임 이행(타입 2)', '가치사슬(Value Chain)상 사회적 가치 이행 및 확산(타입 3)'의 세 가지였다.

발제 후 이어진 토론에서는 공공기관 사회적 가치 업무 담당자들의 공감의 발언들이 쏟아졌다. 한국수자원공사 사회가치창출부장은 "공공기관은 수익성을 놓지 않은 채 사회적 가치를 실현할 방법을 고민하고 있다."며 "기관 전체 차원에서 사업추진 프로세스와 관점의 변화가 필요하다."고 강조했다. 한국철도공사 윤리경영부장도 "사회적 가치를 추구하더라도 공공성과 효율성을 어떻게 조화시킬 것인가 하는 고민은 계속될 것"이라고 전했다.

공공기관 구성원들에 대한 당부도 나왔다. 전국 사회연대경제 지방정부협의회 사무국장은 "사회적 가치 실현을 위해 외부기관의 진단이나 평가 등을 제도화하는 것도 중요하다."면서도 "다만 구성원들이 사회적 가치를 제대로 이해하고 성찰하는 계기를 마련하는 작업이 우선"이라고 말했다.

공공기관 담당부서 관계자, 관련 연구자 등 100여 명이 넘는 참석자들이 자리를 가득 메운 채, 약 2시간 동안 진행된 이날 포럼은 '사회적 가치를 공공기관 경영의 중심에 놓아야 한다.'는 깊은 공감대 속에서 활발하게 진행됐다. 사회적 가치의 개념과 추진 방법에 대한 현장의 혼란을 고스란히 듣고, 수익성과 공공성 사이에서 적절한 지점을 찾는 과정이 필요하다는 점 등 향후 과제를 짚어본 점 역시 큰 수확이었다. 때문에 앞으로 공공기관과 공공부문을 중심으로 추진될 사회적 가치 실현 작업에 대한 기대도 커졌다. 나아가 민간 기업, 그리고 사회 전반으로 확산되는 그림도 어렴풋이 그려졌다.

11 **다음 중 공공기관 사회적 가치 포럼의 세 번째 발제자 한겨레경제사회연구원 시민경제센터장이 제시한 공공기관의 사회적 가치 실현 방법의 세 가지 타입에 해당하는 사례가 바르게 연결된 것은?**

> (가) 한국토지주택공사는 '하도급 건설노동자 적정임금제 시범사업'을 시행하고 있다. 적정임금제란 건설근로자 임금이 다단계 하도급을 거치면서 삭감되지 않도록 발주자가 정한 금액 이상의 임금을 지급할 것을 의무화한 제도이다.
>
> (나) 한국수자원공사는 '계량기를 이용한 어르신 고독사 예방 사업'을 시행하고 있다. 공사의 일상 업무인 수도 검침 작업을 통해 지역사회 복지 사각지대를 발굴, 행정과 연계하는 서비스로 지난해 총 34명이 긴급생계비 지원을 받았다.
>
> (다) 한국철도공사는 산간벽지 주민을 위한 '공공택시 철도연계서비스'를 시행하고 있다. 철도공사와 지자체 간 협력을 통해 평소 이동에 불편이 큰 주민들이 지역 택시를 타고 기차역으로 쉽게 이동할 수 있도록 한 서비스로 현재 전국 100개 시·군에서 추진 중이다. '철도운영의 전문성과 효율성을 높여 철도산업과 국민경제에 이바지한다.'는 기존 한국철도공사법 제1조(목적)에 '국민들에게 편리하고 안전하고 보편적인 철도서비스를 제공하며, 저탄소 교통체계를 확산한다.'는 문구를 추가해 기관의 사회적 가치 실현을 도모한다.

	기관 설립 목적 및 고유사업 정리(타입 1)	조직 운영상 사회적 책임 이행(타입 2)	가치사슬상 사회적 가치 이행 및 확산(타입 3)
①	(가)	(나)	(다)
②	(나)	(가)	(다)
③	(다)	(나)	(가)
④	(다)	(가)	(나)
⑤	(나)	(다)	(가)

2020년 공기업

12 **다음 중 기사의 내용과 일치하지 않는 것은?**

① 공공기관의 사회적 가치 실현에 대해 국민들은 부족하다고 인식한다.
② 공공기관이 사회적 가치를 실현하기 위해서는 공공성과 효율성을 고려해야 한다.
③ 공공기관이 사회적 가치를 실현하기 위해서는 평가 등의 제도적 방안이 필요하다.
④ 공공기관이 사회적 가치를 실현하기 위해서는 다섯 가지 원칙을 지켜야 한다.
⑤ 공공기관이 사회적 가치를 실현하기 위해서는 기관 전체적 관점의 변화가 필요하다.

13 다음 중 밑줄 친 단어의 맞춤법이 올바르게 짝지어진 것은?

> 오늘은 <u>웬지</u> 아침부터 기분이 좋지 않았다. 회사에 가기 싫은 마음을 다독이며 출근 준비를 하였다. 회사에 겨우 도착하여 업무용 컴퓨터를 켰지만, 모니터 화면에는 아무것도 보이지 않았다. 심각한 바이러스에 노출된 컴퓨터를 힘들게 복구했지만, <u>며칠</u> 동안 힘들게 작성했던 문서가 <u>훼손</u>되었다. 당장 오늘까지 제출해야 하는 문서인데, 이 문제를 <u>어떡게</u> 해결해야 할지 걱정이 된다. 문서를 다시 <u>작성하든지</u>, 팀장님께 사정을 <u>말씀드리던지</u> 해결책을 찾아야만 한다. 현재 나의 간절한 <u>바램</u>은 이 문제가 무사히 해결되는 것이다.

① 웬지, 며칠, 훼손
② 며칠, 어떡게, 바램
③ 며칠, 훼손, 작성하든지
④ 며칠, 말씀드리던지, 바램
⑤ 어떡게, 말씀드리던지, 바램

14 다음 표준 발음법에 따른 단어의 표준 발음으로 옳지 않은 것은?

> 〈표준 발음법〉
>
> 제5항 'ㅑ, ㅒ, ㅕ, ㅖ, ㅘ, ㅙ, ㅛ, ㅝ, ㅞ, ㅠ, ㅢ'는 이중 모음으로 발음한다.
>
> 다만 1. 용언의 활용형에 나타나는 '져, 쪄, 쳐'는 [저, 쩌, 처]로 발음한다.
>
> 예 가지어 → 가져[가저] 다치어 → 다쳐[다처]
>
> 다만 2. '예, 례' 이외의 'ㅖ'는 [ㅔ]로도 발음한다.
>
> 예 메별[메별 / 메별](袂別) 개폐[개폐 / 개페](開閉)
> 혜택[혜택 / 헤택](惠澤) 지혜[지혜 / 지헤](智慧)
>
> 다만 3. 자음을 첫소리로 가지고 있는 음절의 'ㅢ'는 [ㅣ]로 발음한다.
>
> 예 늴리리 닁큼
> 무늬 띄어쓰기
> 씌어 틔어
> 희어 희떱다
> 희망 유희
>
> 다만 4. 단어의 첫음절 이외의 '의'는 [ㅣ]로, 조사 '의'는 [ㅔ]로 발음함도 허용한다.

① '떡을 쪄 먹다'의 '쪄'는 표준 발음법 제5항 다만 1에 따라 [쩌]로 발음한다.
② '오골계'의 '계'는 표준 발음법 제5항 다만 2에 따라 [계] 또는 [게]로 발음한다.
③ '가정의 행복'의 '의'는 표준 발음법 제5항 다만 4에 따라 [이]로 발음한다.
④ '민주주의'의 '의'는 표준 발음법 제5항 다만 4에 따라 [이]로 발음한다.
⑤ '강의를 듣다'의 '의'는 표준 발음법 제5항에 [의]로 발음한다.

15 다음 글의 내용과 일치하는 것은?

복사 냉난방 시스템은 실내 공간과 그 공간에 설치되어 있는 말단 기기 사이에 열교환이 있을 때 그 열교환량 중 50% 이상이 복사 열전달에 의해서 이루어지는 시스템을 말한다. 우리나라 주거 건물의 난방방식으로 100% 가까이 이용되고 있는 온수온돌은 복사 냉난방 시스템 중 하나이며, 창 아래에 주로 설치되어 복사 열교환으로 실내를 냉난방하는 라디에이터 역시 복사 냉난방 시스템이다.

다양한 복사 냉난방 시스템 중에서도 최근 친환경 냉난방 설비에 대한 관심이 급증하면서 복사 냉난방 패널 시스템이 주목받고 있다. 복사 냉난방 패널 시스템이란 열매체로서 특정 온도의 물을 순환시킬 수 있는 회로를 바닥, 벽, 천장에 매립하거나 부착하여 그 표면온도를 조절함으로써 실내를 냉난방하는 시스템으로 열원, 분배기, 패널, 제어기로 구성된다.

열원은 실내에 난방 시 열을 공급하고, 냉방 시 열을 제거하는 열매체를 생산해내는 기기로, 보일러와 냉동기가 있다. 열원에서 생산되어 세대에 공급되는 냉온수는 냉난방에 필요한 적정 온도와 유량을 유지할 수 있어야 한다.

분배기는 열원에서 만들어진 냉온수를 압력 손실 없이 실별로 분배한 뒤 환수하는 장치로, 집중화된 온도와 유량을 조절하고 냉온수 공급 상태를 확인하며, 냉온수가 순환되는 성능을 개선하는 일을 수행할 수 있어야 한다. 우리나라의 경우는 난방용 온수 분배기가 주로 이용되어 왔으나, 냉방기에도 이용이 가능하다.

패널은 각 실의 바닥, 벽, 천장 표면에 설치되며, 열매체를 순환시킬 수 있는 배관 회로를 포함한다. 분배기를 통해 배관 회로로 냉온수가 공급되면 패널의 표면 온도가 조절되면서 냉난방 부하가 제어되어 실내 공간을 쾌적한 상태로 유지할 수 있게 된다. 이처럼 패널은 거주자가 머무는 실내 공간과 직접적으로 열을 교환하는 냉난방의 핵심 역할을 담당하고 있으므로 열교환이 필요한 시점에 효율적으로 이루어질 수 있도록 설계, 시공되는 것이 중요하다.

제어기는 냉난방 필요 여부를 판단하여 해당 실의 온도 조절 밸브를 구동하고, 열원의 동작을 제어함으로써 냉난방이 이루어지게 된다.

복사 냉난방 패널 시스템은 다른 냉난방 설비에 비하여 낮은 온도의 열매체로 난방이 가능하여 에너지 절약 성능이 우수할 뿐만 아니라 쾌적한 실내 온열 환경 조성에도 탁월한 기능을 발휘한다.

※ 복사 : 물체로부터 열이나 전자기파가 사방으로 방출됨
※ 열매체 : '열(따뜻한 기운)'과 '냉(차가운 기운)'을 전달하는 물질

① 열원은 냉온수를 압력 손실 없이 실별로 분배한 뒤 환수한다.
② 패널은 난방 시 열을 공급하고 냉방 시 열을 제거하는 열매체를 생산한다.
③ 제어기는 각 실의 바닥, 벽, 천장 표면에 설치되어 열매체를 순환시킨다.
④ 복사 냉난방 패널 시스템은 열매체의 온도가 높아 난방 시 에너지 절약 성능이 뛰어나다.
⑤ 분배기는 냉방기에도 이용이 가능하다.

16 **K회사의 가～바 지사장은 각각 여섯 개의 지사로 발령받았다. 다음 〈조건〉을 보고, A～F지사로 발령된 지사장의 순서를 바르게 나열한 것은?**

조건

- 본사－A－B－C－D－E－F 순서로 일직선에 위치하고 있다.
- 다 지사장은 마 지사장 바로 옆 지사에 근무하지 않으며, 나 지사장과 나란히 근무한다.
- 라 지사장은 가 지사장보다 본사에 가깝게 근무한다.
- 마 지사장은 D지사에 근무한다.
- 바 지사장이 근무하는 지사보다 본사에 가까운 지사는 1개이다.

① 바－가－나－마－다－라
② 라－바－가－마－나－다
③ 가－바－나－마－라－다
④ 나－다－라－마－가－바
⑤ 다－나－바－마－가－라

17 **경력직 채용공고를 통해 서류를 통과한 지원자 은지, 지현, 영희는 임원면접을 진행하고 있다. 4명의 임원은 지원자에게 각각 '상, 중, 하' 중 하나의 점수를 줄 수 있으며, 2인 이상에게 '상'을 받은 지원자는 최종 합격, 3인 이상에게 '하'를 받은 지원자는 탈락한다고 한다. 다음 〈조건〉에 따라 항상 옳은 것은?**

조건

- 임원들은 3명에게 각각 '상, 중, 하'를 하나씩 주었다.
- 사장은 은지에게 '상'을 주고, 다른 한 명에게는 회장보다 낮은 점수를, 다른 한 명에게는 회장과 같은 점수를 주었다.
- 이사는 지원자에게 사장과 같은 점수를 주었다.
- 인사팀장은 한 명에게 '상'을 주었으며, 영희에게는 사장이 준 점수보다 낮은 점수를 주었다.

① 회장이 은지에게 '하'를 주었다면, 은지는 탈락한다.
② 회장이 영희에게 '상'을 주었다면, 영희가 최종 합격한다.
③ 인사팀장이 지현이에게 '중'을 주었다면, 지현이는 탈락한다.
④ 인사팀장이 지현이에게 '상'을 주었다면, 지현이는 탈락하지 않는다.
⑤ 인사팀장이 은지에게 '상'을 주었다면, 은지가 최종 합격한다.

18 H공사에서 새로운 역을 만드려고 한다. 출발역과 도착역의 거리는 1,120km이며, 출발역, 350km, 840km에 역을 만들고, 도착역에도 역을 만들었다. 모든 역 사이의 구간마다 일정한 간격으로 새로 역을 만들 때, 역은 최소 몇 개인가?

① 16개
② 17개
③ 20개
④ 23개
⑤ 28개

19 다음 두 수열에서 빈칸에 공통으로 들어갈 수는 무엇인가?

수열 1	2 5 ( ) −2 −5 −3 2
수열 2	27 81 9 243 ( ) 729 1

① 1
② 2
③ 3
④ 5
⑤ 9

20 다음은 S전자 주식에 1월 2일에 100,000원을 투자한 후 매일 주가 등락률을 정리한 자료이다. 다음을 참고하여 주식을 모두 매도했을 때 옳은 것은?

〈전일 대비 주가 등락률〉

구분	1월 3일	1월 4일	1월 5일
등락률	10% 상승	20% 상승	10% 하락

① 1월 5일에 매도할 경우 5,320원 이익이다.
② 1월 6일에 매도할 경우 이익률은 −6.9%이다.
③ 1월 4일은 매도할 경우 이익률은 30%이다.
④ 1월 6일에 매도할 경우 4,450원 손실이다.
⑤ 1월 7일에 매도할 경우 주식 가격은 104,544원이다.

21 동양역과 서양역은 100km 거리에 있으며, 편도로 1시간이 걸린다고 한다. 동양역의 경우 20분마다, 서양역은 15분마다 기차가 출발한다. 동양역과 서양역에서 서로의 역을 향하여 10시에 첫 기차가 출발할 때, 두 번째로 50km인 지점에서 만나는 시각은 몇 시인가?(단, 모든 기차의 속력은 같다)

① 10시 30분
② 11시 00분
③ 11시 30분
④ 12시 00분
⑤ 12시 30분

22 김 대리는 대전으로, 이 대리는 부산으로 출장을 간다. 출장에서의 업무가 끝난 후 김 대리와 이 대리는 K지점에서 만나기로 하였다. 다음 〈조건〉을 참고하여 김 대리와 이 대리가 같은 시간에 K지점으로 출발했을 때, 이 대리는 시속 몇 km로 이동했는가?

조건

- 대전과 부산의 거리는 500km이다.
- 김 대리는 시속 80km로 이동했다.
- 대전에서 200km 떨어진 지점인 K지점에서 만나기로 하였다.
- 이 대리 속력은 김 대리보다 빠르다.
- 이 대리는 김 대리보다 4시간 30분 늦게 K지점에 도착했다.
- 대전, K지점, 부산은 일직선상에 있다.

① 80km
② 90km
③ 100km
④ 110km
⑤ 120km

CHAPTER 02 한국전력공사

정답 및 해설 | 094p

01 **다음 글을 읽고 알 수 있는 내용으로 가장 적절하지 않은 것은?**

> 스마트시티란 크게는 첨단 정보통신기술을 이용해 도시 생활 속에서 유발되는 교통 문제, 환경 문제, 주거 문제, 시설 비효율 등을 해결하여 시민들이 편리하고 쾌적한 삶을 누릴 수 있도록 한 '똑똑한 도시'를 뜻한다. 하지만, 각국 경제 및 발전 수준, 도시 상황과 여건에 따라 매우 다양하게 정의 및 활용되고, 접근 전략에도 차이가 있다.
> 스페인의 경우, 2013년 초부터 노후된 바르셀로나 도시 중심지 본 지구를 재개발하면서 곳곳에 사물 인터넷 기술을 기반으로 한 '스마트시티' 솔루션을 시범 운영했다. 이 경험을 바탕으로 바르셀로나 곳곳이 스마트 환경으로 변화하고 있다. 가장 성공적인 프로젝트 중 하나는 센서가 움직임을 감지하여 에너지를 절약하는 스마트 LED 조명을 광범위하게 설치한 것이다. 이 스마트 가로등은 무선 인터넷의 공유기 역할을 하는 동시에 소음 수준과 공기 오염도를 분석하여 인구 밀집도까지 파악할 수 있다. 아울러 바르셀로나는 원격 관개 제어를 설치해 분수를 원격으로 제어하고, 빌딩을 스마트화해 에너지 모니터링을 시행하고 있다. 또 주차 공간에 차가 있는지 여부를 감지하는 센서를 설치한 '스마트 주차'를 도입하기도 했다.
> 또한, 항저우를 비롯한 중국의 여러 도시들은 블록체인 기술을 사물인터넷과 디지털 월렛 등에 적용하여 페이퍼리스 사회를 구현하고 있다. 알리바바의 알리페이를 통해 항저우 택시의 98%, 편의점의 95% 정도에서 모바일 결제가 가능하며, 정부 업무, 차량, 의료 등 60여 종에 달하는 서비스를 이용할 수 있다.
> 우리나라도 2021년 입주를 목표로 세종과 부산에 스마트시티 국가 시범도시를 조성하고 있다. 세종에서는 인공지능, 블록체인 기술을 기반으로 한 도시를 조성해 모빌리티, 헬스케어, 교육, 에너지환경, 거버넌스, 문화쇼핑, 일자리 등 7대 서비스를 구현한다. 이곳에서는 자율주행 셔틀버스, 전기공유차 등을 이용할 수 있고 개인 맞춤형 의료 서비스 등을 받을 수 있다. 또 부산에서는 고령화, 일자리 감소 등의 도시문제에 대응하기 위해 로봇, 물관리 관련 신사업을 육성한다. 로봇이 주차를 하거나 물류를 나르는 등 일상생활에서 로봇 서비스를 이용할 수 있고 첨단 스마트 물 관리 기술을 적용해 한국형 물 특화 도시모델을 구축한다.

① 각 국에 따라 스마트시티에서 활용되는 기능을 다를 수 있다.
② 스페인의 스마트시티에서는 직접 인구조사를 하지 않더라도 인구 밀집도를 파악할 수 있다.
③ 스페인의 스마트시티에서는 '스마트 주차' 기능을 통해 대리주차가 가능하다.
④ 중국의 스마트시티에서는 지갑을 가지고 다니지 않더라도 일부 서비스를 이용할 수 있다.
⑤ 맞춤형 의료 서비스가 필요한 환자의 경우 부산보다는 세종 스마트시티가 더 적절하다.

02 다음 글의 내용과 일치하는 것은?

우리는 물놀이를 할 때는 구명조끼, 오토바이를 탈 때는 보호대를 착용한다. 이외에도 각종 작업 및 스포츠 활동을 할 때 안전을 위해 보호 장치를 착용하는데, 위험성이 높을수록 이러한 안전장치의 필요성이 높아진다. 특히 자칫 잘못하면 생명을 위협할 수 있는 송배전 계통에선 감전 등의 전기사고를 방지하기 위한 안전장치가 필요한데 그중에 하나가 '접지'이다. 접지란, 감전 등의 전기사고 예방 목적으로 전기회로 또는 전기기기, 전기설비의 어느 한쪽을 대지에 연결하여 기기와 대지와의 전위차가 0V가 되도록 하는 것으로 전류는 전위차가 있을 때에만 흐르므로 접지가 되어있는 전기회로 및 설비에는 사람의 몸이 닿아도 감전되지 않게 된다.

접지를 하는 가장 큰 목적은 사람과 가축의 감전을 방지하기 위해서이다. 전기설비의 전선 피복이 벗겨지거나 노출된 상태에서 사람이나 가축이 전선이나 설비의 케이스를 만지면 감전사고로 인한 부상 및 사망 등의 위험이 높아지기 때문이다. 접지의 또 다른 목적 중 하나는 폭발 및 화재방지이다. 마찰 등에 의한 정전기 발생 위험이 있는 장치 및 물질을 취급하는 전기설비들은 자칫하면 정전기 발생이 화재 및 폭발로 이어질 수 있기 때문에 정전기 발생을 사전에 예방하기 위해 접지를 해둬야 한다. 그 외에도 송전선으로부터 인근 통신선의 유도장애 방지, 전기설비의 절연파괴 방지에 따른 신뢰도 향상 등을 위해 접지를 사용하기도 한다.

접지방식에는 비접지방식, 직접 접지방식, 저항 접지방식, 리액터 접지방식이 있다. 비접지방식의 경우 접지를 위해 중성점에 따로 금속선을 연결할 필요는 없으나, 송배전 계통의 전압이 높고 선로의 전압이 높으면 송전선로, 배전선로의 일부가 대지와 전기적으로 연결되는 지락사고를 발생시킬 수 있는 것이 단점이다. 반대로 우리나라에서 가장 많이 사용하는 직접 접지방식은 중성점에 금속선을 연결한 것으로 절연비를 절감할 수 있지만, 금속선을 타고 지락전류가 많이 흐르므로 계통의 안정도가 나쁘다.

그 밖에도 저항 접지방식은 중성점에 연결하는 선의 저항 크기에 따라 고저항 접지방식과 저저항 접지방식이 있으며, 접지 저항이 너무 작으면 송배전선 인근 통신선에 유도장애가 커지고, 반대로 너무 크면 평상시 대지전압이 높아진다.

리액터 접지방식도 저항 접지방식과 같이 임피던스의 크기에 따라 저임피던스 접지방식과 고임피던스 접지방식이 있고, 임피던스가 너무 작으면 인근 통신선에 유도장애가 커지고, 너무 크면 평상시 대지 전압이 높아진다.

이처럼 각 접지 종류별로 장단점이 있어 모든 전기사고를 완벽히 방지할 수는 없기에, 더 안전하고 완벽한 접지에 대한 연구의 필요성이 높아진다.

① 위험성이 낮을 경우 안전장치는 필요치 않게 된다.
② 전기사고를 방지하는 안전장치는 접지 외에도 다양한 방법들이 있다.
③ 전위차가 없더라도 전류가 흐를 수도 있다.
④ 접지를 하지 않으면 정전기가 발생한다.
⑤ 중성점에 연결하는 선의 저항 크기와 임피던스의 크기는 상관관계가 있다.

03 다음 중 (가) ~ (라)를 문맥에 맞게 순서대로 배열한 것은?

서울에 사는 주부 김 씨는 세탁기나 청소기 등의 가전기기를 사용하기 전에 집안에 설치된 원격검침을 꼭 확인한다. 하루 중 전기료가 가장 저렴한 시간에 가전기기를 사용해 비용을 조금이라도 줄이고자 함이다.

(가) 이를 활용하여 전력 공급자는 전력 사용 현황을 실시간으로 파악하여 공급량을 탄력적으로 조절할 수 있고, 전력 소비자는 전력 사용 현황을 실시간으로 파악함으로써 이에 맞게 요금이 비싼 시간대를 피하여 사용 시간과 사용량을 조절할 수 있게 되는 것이다.

(나) 비현실적으로 들리는 이 사례들은 이제 우리의 일상이 될 수 있다. 이미 스마트폰을 이용해 외부에서 원격으로 집 안의 가전기기를 조작하고, 사물인터넷을 이용해 어떤 가전기기가 언제 전기를 가장 많이 쓰는지도 스마트폰 하나로 파악할 수 있는 시대이기 때문이다.

(다) 비슷한 사례로 직업상 컴퓨터 사용이 많은 웹디자이너 강 씨 역시 전기료가 가장 저렴한 심야 시간을 활용해 작업을 하다 보니 어느새 낮과 밤이 바뀌는 지경에 이르렀다.

(라) 이러한 사물인터넷과 스마트그리드가 정착이 되면 미래의 전기 사용 패턴은 지금과 완전히 달라질 것이다. 기존에 발전 – 송전 – 배전 – 판매의 단계로 이루어지던 단방향 전력망이 전력 공급자와 소비자의 양방향 실시간 정보교환이 가능해지는 지능형 전력망으로 변화되기 때문이다.

① (가) – (나) – (다) – (라)
② (가) – (다) – (나) – (라)
③ (나) – (다) – (가) – (라)
④ (다) – (나) – (가) – (라)
⑤ (다) – (나) – (라) – (가)

04 **다음 중 폼재킹에 대한 설명으로 옳지 않은 것은?**

① 사용자의 결제 정보 양식(Form)을 중간에서 납치(Hijacking)한다는 의미의 합성어다.
② 사용자가 이용하는 웹사이트에 악성코드를 심어 신용카드 등의 금융정보를 탈취한다.
③ 온라인 쇼핑의 증가로 인해 피해 사례가 증가하고 있다.
④ 온라인 구매 및 결제 서비스를 제공하는 다양한 산업에서 피해가 일어나고 있다.
⑤ 카드 결제 시스템에 특수 장치를 불법으로 설치하여 카드 정보를 복사한다.

05 **하경이는 생일을 맞이하여 같은 반 친구들인 민지, 슬기, 경서, 성준, 민준이를 생일 파티에 초대하였다. 하경이와 친구들이 함께 축하 파티를 하기 위해 간격이 일정한 원형 테이블에 다음과 같이 앉았을 때, 항상 참이 되는 것은?**

- 하경이의 바로 옆 자리에는 성준이나 민준이가 앉지 않았다.
- 슬기는 성준이 또는 경서의 바로 옆 자리에 앉았다.
- 민지의 바로 왼쪽 자리에는 경서가 앉았다.
- 슬기와 민준이 사이에 한 명이 앉아 있다.

① 하경이는 민준이와 서로 마주 보고 앉아 있다.
② 민지는 민준이 바로 옆 자리에 앉아 있다.
③ 경서는 하경이 바로 옆 자리에 앉아 있다.
④ 민지는 슬기와 서로 마주 보고 앉아 있다.
⑤ 경서와 성준이는 서로 마주 보고 앉아 있다.

06 **캐릭터는 소비자에게 유대감과 친밀감을 형성함으로써 상품의 호감도를 상승시켜 상품 구매에 직 · 간접적인 영향을 끼친다. 자사의 마스코트가 '소'인 A은행이 캐릭터를 활용한 상품 프로모션을 진행하고자 할 때, 다음 중 가장 적절한 의견을 제시하고 있는 사원은?**

> 홍보팀장 : 우리 회사에 대해 고객들이 친밀감을 가질 수 있도록 인지도가 높으면서도 자사와 연관될 수 있는 캐릭터를 활용하여 홍보 방안을 세웠으면 좋겠어요.

① A사원 : 남녀노소 누구나 좋아하는 연예인을 캐릭터화하여 상품의 홍보 모델로 사용하는 것은 어떨까요?
② B사원 : 요즘 인기 있는 펭귄 캐릭터와 협업하여 우리 회사의 인지도를 높이는 방법은 어떨까요?
③ C사원 : 우리 은행의 마스코트인 소를 캐릭터로 활용하여 인형이나 디자인 소품으로 상품화하는 것은 어떨까요?
④ D사원 : 우리 은행의 마스코트인 소의 울음소리를 녹음하여 상담 전화 연결 시 활용하는 것은 어떨까요?
⑤ E사원 : 저금통을 상징하는 돼지 캐릭터와 우리 은행의 특징을 드러내는 소 캐릭터를 함께 사용하여 '~소'를 활용한 홍보문구를 작성해보는 건 어떨까요?

07 다음은 상수도 구역에 따라 수질 오염정도를 나타낸 자료이다. 자료에 대한 해석으로 옳은 것은?

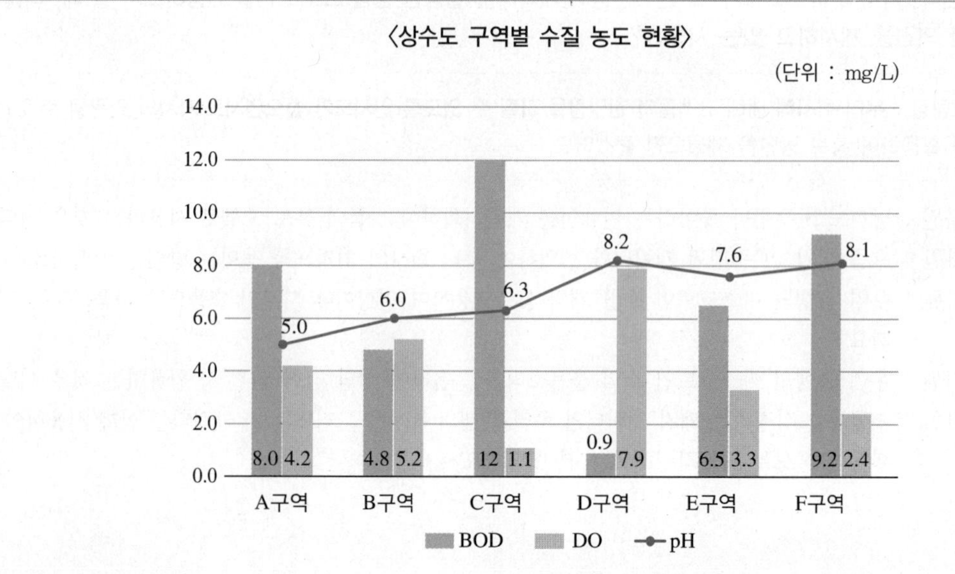

〈수질 등급 기준〉

등급	매우 좋음	좋음	약간 좋음	보통	약간 나쁨	나쁨	매우 나쁨
	1a	1b	2	3	4	5	6
DO(mg/L)	7.5 이상	5.0 이상			2.0 이상		2.0 미만
BOD(mg/L)	1 이하	2 이하	3 이하	5 이하	8 이하	10 이하	10 초과
pH	6.5 ~ 8.5				6.0 ~ 8.5		

※ DO, BOD, pH의 수치를 모두 충족하는 등급으로 결정된다.

※ DO는 용존산소량, BOD는 생화학적 산소요구량을 말한다.

① BOD농도가 5mg/L 이하인 상수도 구역 중 3등급은 하나이다.

② pH가 가장 높은 구역의 등급은 '매우 좋음'이다.

③ 상수도 구역에서 등급이 '약간 나쁨' 또는 '나쁨'인 구역은 두 곳이다.

④ 수질 기준은 DO와 BOD의 농도가 높을수록 좋은 등급을 받는다.

⑤ 수소이온농도가 낮을수록 수질 등급은 '매우 좋음'에 가까워진다.

08 다음은 2019년 데이트 폭력 신고건수에 대한 그래프이다. 자료에 대한 해석으로 옳지 않은 것은?(단, 비율은 소수점 이하 둘째자리에서 반올림한다)

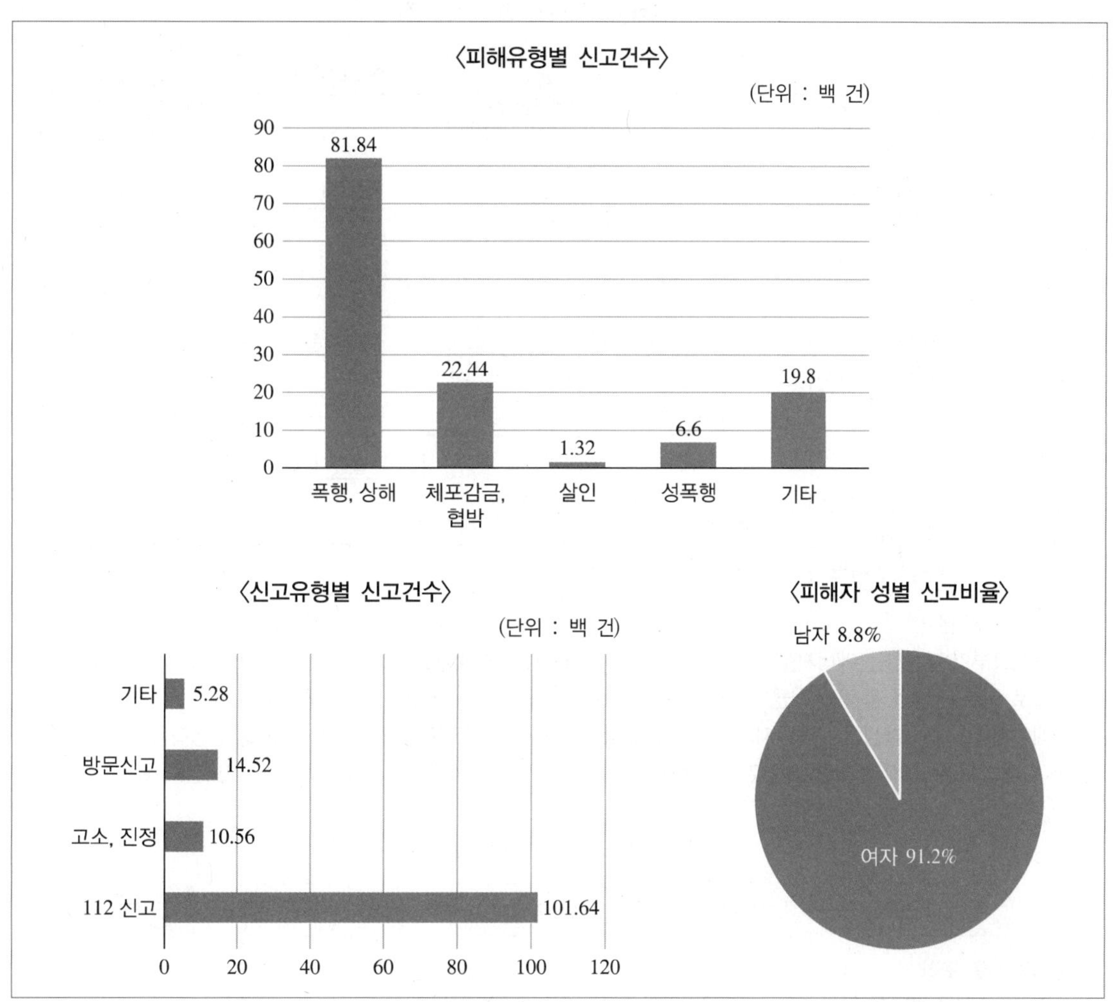

① 2019년 데이트 폭력 신고건수는 총 13,200건이다.

② 112신고로 접수된 건수는 체포감금, 협박 피해자로 신고한 건수의 4배 이상이다.

③ 남성 피해자의 50%가 폭행, 상해로 신고했을 때, 폭행, 상해 전체 신고건수에서 남성의 비율은 약 7.1%이다.

④ 방문신고의 25%가 성폭행 피해자일 때, 이들은 전체 신고건수에서 약 2.8%를 차지한다.

⑤ 살인 신고건수에서 여성피해자가 남성피해자의 2배일 때, 전체 남성피해자 신고건수 중 살인 신고건수는 3% 미만이다.

2020년 공기업

안심Touch

※ 다음은 바이오에너지에 대한 자료이다. 자료를 참고하여 이어지는 질문에 답하시오. **[9~10]**

〈바이오에너지 변환 시스템〉

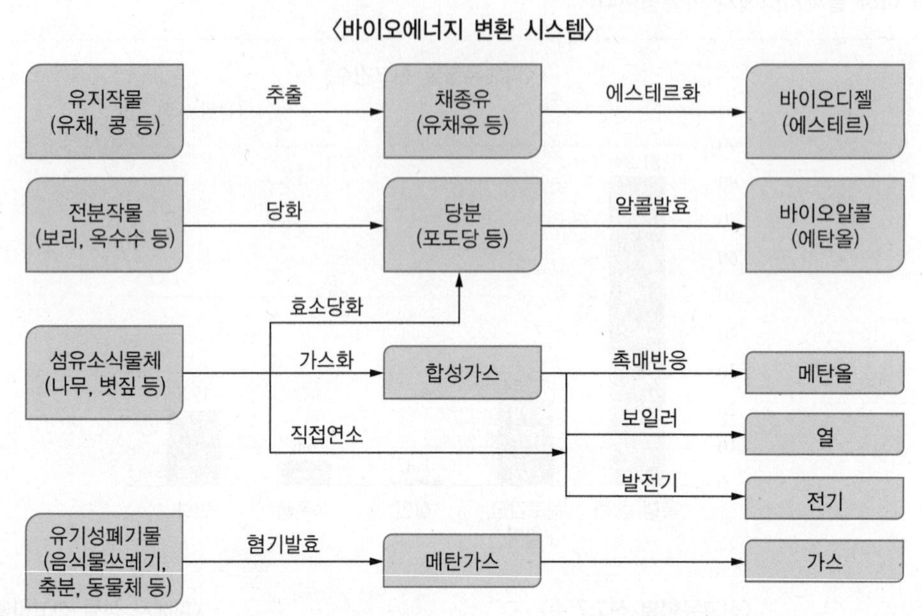

• 바이오에너지란?

생물체로부터 발생하는 에너지를 이용하는 것으로 나무를 사용해 땔감으로 사용하기도 하고 식물에서 기름을 추출해 액체 연료로 만드는 방법 등 동·식물의 에너지를 이용하여 자연환경을 깨끗하게 유지할 수 있다.

쓰레기매립지에서 발생하는 매립지가스(LFG; Landfill Gas)를 원료로 발전 설비를 가동하고 전력을 생산하는 과정을 통하여 매립지 주변의 대기 중 메탄가스 방출을 줄이고, 폐기물을 자원으로 재활용하여 환경오염을 줄일 수 있다.

〈바이오에너지 원리 및 구조〉

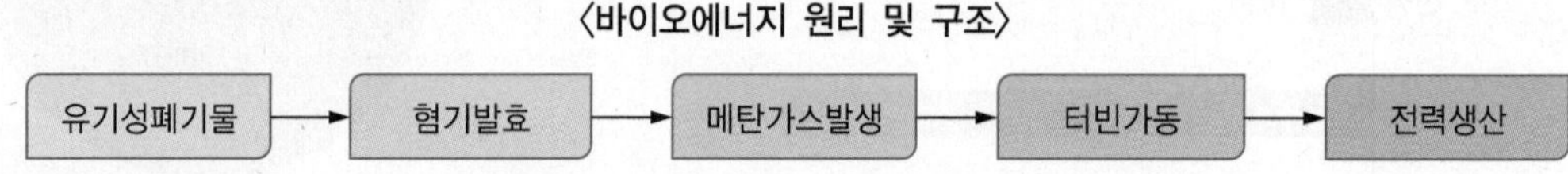

• 매립가스를 포집
  – 보일러에서 메탄(CH_4)를 연소하여 과열 증기를 생산한다.
• 메탄(CH_4)를 보일러로 공급하여 보일러에서 연소
  – 쓰레기매립지에서 발생하는 매립가스(Landfill Gas) 중 가연성 기체인 메탄(CH_4)을 포집하여 발전의 열원으로 사용한다.
• 과열증기로 터빈과 발전기 가동 및 전력생산
  – 보일러에서 공급되는 과열 증기로 터빈 발전기를 가동시켜 전력을 생산하고 송전계통을 통해 이를 한전으로 공급한다.
• 잔열의 재사용
  – 터빈과 발전기 가동 시 증기의 일부가 급수의 가열에 재사용되고 나머지 폐열은 복수기를 통해 순환수 계통으로 방출되어 한전으로 공급한다.

〈공정별 점수표〉

공정	추출	에스테르화	당화	알콜발효	효소당화	가스화	보일러	혐기발효
점수	4점	5점	9점	3점	7점	8점	2점	6점

※ 공정 단계별 비용은 다음과 같다.
- 1점 이상 ~ 4점 미만 : 1점당 3만 원
- 4점 이상 ~ 8점 미만 : 1점당 4만 원
- 8점 이상 ~ 11점 미만 : 1점당 5만 원

09 **바이오에너지를 만들기 위해 다양한 공정이 필요하다. 공정마다 소요되는 비용을 점수로 매겼을 때, 최종 공정이 끝난 후 공정가격으로 옳지 않은 것은?(단, 공정별 점수표에 제시된 공정만 시행한다)**

	에너지원	연료	공정가격
①	옥수수	에탄올	54만 원
②	유채	에스테르	36만 원
③	나무	열	44만 원
④	음식물쓰레기	가스	24만 원
⑤	볏짚	바이오알콜	37만 원

2020년 공기업

10 **다음 중 바이오에너지에 대한 내용으로 옳지 않은 것은?**

① 바이오에너지 사용은 환경오염을 줄일 수 있다.
② '열에너지 → 운동에너지 → 전기에너지'의 단계로 바뀌어 한전으로 전기를 공급한다.
③ 섬유소식물체인 나무, 볏짚 등에서 3가지 이상의 연료를 얻을 수 있다.
④ 보리를 이용하여 얻을 수 있는 연료는 에탄올과 메탄올이다.
⑤ 발전기를 가동할 때 일부 증기는 급수 가열에 재사용된다.

11 H회사의 2018 ~ 2019년 손익계산서를 나타낸 표이다. 다음 자료에 대한 해석으로 옳지 않은 것은?(단, 증감률은 소수점 이하 둘째자리에서 반올림한다)

〈손익계산서〉

(단위 : 억 원, %)

항목	2018.12.	2019.12.	전년 대비 증감률
매출액	9,730.5	10,324.6	6.1
매출원가	5,108.1	4,959.4	A
매출총이익	4,622.4	5,365.2	16.1
판매비와 관리비	2,174.7	2,891.6	33.0
영업이익	2,447.7	2,473.6	1.1
영업외수익	482.6	485.1	0.5
영업외비용	542.3	380.2	−29.9
법인세비용 차감 전 순손익	2,388.0	2,578.5	8.0
법인세비용	577.6	510.9	−11.5
당기순이익	1,810.4	2,067.6	B

※ 전년 대비 증감률은 2018년 대비 2019년에 대한 증감률이다.

① 매출액은 매출원가와 매출총이익의 합과 같다.
② 매출총이익에서 판매비와 관리비를 제외한 값은 영업이익이다.
③ A, B에 들어갈 알맞은 수치는 각각 '−3.1, 13.2'이다.
④ 영업이익과 영업외수익 합에서 영업외비용을 뺀 값은 당기순이익과 법인세비용의 합이다.
⑤ 매출액 대비 당기순이익 비율은 2018년도보다 2019년도가 더 높다.

12 다음 중 제로 트러스트 모델에 대한 설명으로 옳은 것을 모두 고르면?

㉠ 0(Zero)과 신뢰하다(Trust)의 합성어로 아무도 신뢰하지 않는다는 뜻이다.
㉡ 네트워크 설계의 방향은 외부에서 내부로 설정한다.
㉢ IT 보안 문제가 내부에서 발생함에 따라 새롭게 만들어진 IT 보안 모델이다.
㉣ MFA(Multi Factor Authentication), IAM(Identity and Access Management) 등의 기술을 통해 제로 트러스트를 구현할 수 있다.

① ㉠, ㉣
② ㉡, ㉢
③ ㉠, ㉡, ㉢
④ ㉠, ㉢, ㉣
⑤ ㉡, ㉢, ㉣

13 다음은 의류 생산공장의 생산 코드 부여 방식이다. 자료를 참고할 때, 다음 〈보기〉에 해당하지 않는 생산 코드는 무엇인가?

〈의류 생산코드〉

• 생산 코드 부여 방식
[종류]-[색상]-[제조일]-[공장지역]-[수량] 순으로 16자리이다.

• 종류

티셔츠	스커트	청바지	원피스
OT	OH	OJ	OP

• 색상

검정색	붉은색	푸른색	노란색	흰색	회색
BK	RD	BL	YL	WH	GR

• 제조일

해당연도	월	일
마지막 두 자리 숫자 예 2019 → 19	01 ~ 12	01 ~ 31

• 공장지역

서울	수원	전주	창원
475	869	935	753

• 수량

100벌 이상 150벌 미만	150장 이상 200벌 미만	200장 이상 250벌 미만	250장 이상	50벌 추가 생산
aaa	aab	aba	baa	ccc

〈예시〉

- 2020년 5월 16일에 수원 공장에서 검정 청바지 170벌을 생산하였다.
- 청바지 생산 코드 : OJBK-200516-869aab

보기

ㄱ. 2019년 12월 4일에 붉은색 스커트를 창원 공장에서 120벌 생산하였다.
ㄴ. 회색 티셔츠를 추가로 50벌을 서울 공장에서 2020년 1월 24일에 생산하였다.
ㄷ. 흰색 청바지를 전주 공장에서 265벌을 납품일(2020년 7월 23일) 전날에 생산하였다.
ㄹ. 티셔츠와 스커트를 노란색으로 178벌씩 수원 공장에서 2020년 4월 30일에 생산했다.
ㅁ. 생산날짜가 2019년 7월 5일인 푸른색 원피스는 창원 공장에서 227벌 생산되었다.

① OPGR-200124-475ccc
② OJWH-200722-935baa
③ OHRD-191204-753aaa
④ OHYL-200430-869aab
⑤ OPBL-190705-753aba

2020년 공기업

14 다음 중 글의 내용과 일치하는 것은?

특허출원이란 발명자가 자신의 발명을 개인 또는 변리사를 통해 특허출원 명세서에 기재한 후 특허청에 등록 여부 판단을 받기 위해 신청하는 행위의 전반을 의미한다. 특허출원은 주로 경쟁자로부터 자신의 제품이나 서비스를 지키기 위해 이루어진다. 그러나 선두업체로 기술적 우위를 표시하기 위해 또는 벤처기업 등의 인증을 받기 위해 이루어지기도 한다. 단순하게 발명의 보호를 받아 타인의 도용을 막는 것뿐만 아니라 다양한 이유로 진행되고 있는 것이다.

특허출원 시에는 특허출원서와 특허명세서를 제출해야 한다. 특허출원서는 출원인 정보, 발명자 정보 등의 서지사항을 기재하는 문서이며, 특허명세서는 발명의 구체적인 내용을 기재하는 문서이다. 특허명세서에는 발명의 명칭, 발명의 효과, 발명의 실시를 위한 구체적인 내용, 청구범위, 도면 등의 항목들을 작성하는데, 이때 권리로 보호받고자 하는 사항을 기재하는 청구범위가 명세서의 가장 핵심적인 부분이 된다. 청구범위를 별도로 구분하는 이유는 특허등록 후 권리 범위가 어디까지인지 명확히 구분하기 위한 것이다. 청구범위가 존재하지 않는다면 상세한 설명으로 권리 범위를 판단해야 하는데, 권리 범위가 다양하게 해석된다면 분쟁의 원인이 될 수 있다.

특허를 출원할 때 많은 부분을 보호받고 싶은 마음에 청구범위를 넓게 설정하는 경우가 있다. 그러나 이는 다른 선행기술들과 저촉되는 일이 발생하게 되므로 특허가 거절될 가능성이 매우 높아진다. 그렇다고 특허등록 가능성을 높이기 위해 청구범위를 너무 좁게 설정해서도 안 된다. 청구범위가 좁을 경우 특허등록 가능성은 높아지지만, 보호범위가 좁아져 제3자가 특허 범위를 회피할 가능성이 높아지게 된다. 따라서 기존에 존재하는 선행기술에 저촉되지 않는 범위 내에서 청구범위를 설정하는 것이 중요하다.

① 자신의 발명을 특허청에 등록하기 위해서는 반드시 본인이 특허출원 명세서를 기재해야 한다.
② 기업체의 특허출원은 타사로부터의 기술 도용을 방지하기 위한 것일 뿐 이를 통해 기술적 우위를 나타낼 순 없다.
③ 특허출원서는 발명의 명칭, 발명의 효과, 청구범위 등의 항목을 모두 작성하여야 한다.
④ 청구범위가 넓으면 특허 등록의 가능성이 줄어들고, 좁으면 등록 가능성이 커진다.
⑤ 청구범위가 넓을 경우 제3자가 특허 범위를 회피할 가능성이 높아지게 된다.

15 다음 글에 대한 이해로 옳지 않은 것은?

코로나19 확진자가 늘어남에 따라 배출되는 의료폐기물의 양도 빠르게 늘어나고 있다. 코로나19와 관련된 폐기물은 격리의료폐기물, 일반의료폐기물, 자가격리자폐기물, 확진자 방문지·다중이용시설 폐기물로 구분된다.
우선 격리의료폐기물의 경우 의료기관에서 발생하는 감염성 폐기물은 배출 장소에서 바로 전용 용기에 투입하여 밀폐 처리한다. 특히 폐기물 투입 전과 밀폐 후에는 반드시 전용 용기를 소독 처리해야 한다. 병원 전체의 격리로 음식물 폐기물을 전용 용기에 투입하지 못할 경우에는 소독 후 지자체 공공소각장 또는 사업장폐기물 소각장에서 일괄 소각 처리한다. 이때, 격리의료폐기물은 당일 반출이 원칙이므로 병원 내 보관을 최소화해야 한다. 의료기관 외 생활치료센터에 입소한 무증상·경증 환자에게서 발생하는 모든 폐기물 역시 격리의료폐기물로 처리한다.
확진자와의 접촉 없이 생활치료센터 운영·지원 과정에서 발생하는 생활폐기물은 일반의료폐기물로 강화해 소각 처리한다. 센터 내 격리의료폐기물과 마찬가지로 소독·밀폐 처리하여 전량을 일일 소각하지만, 합성수지의 전용 용기가 아닌 골판지 전용 용기를 사용한다. 생활치료센터에서 나오는 격리·일반의료폐기물은 지정한 전담 수거 처리 업체가 관리한다.
자가격리자에게는 유역·지방환경청이 시·군·구 보건소를 통해 봉투형 전용 용기와 소독약품 등을 무상으로 제공하고, 확진 이후 병실 부족 등으로 자가격리된 경우에는 합성수지 전용 용기를 추가 제공한다. 증상이 없을 경우에는 폐기물 배출 자제를 원칙으로 하되, 극히 예외적인 상황에만 배출한다. 폐기물을 배출할 때는 폐기물을 소독한 후 의료폐기물 전용 봉투에 담아 밀봉한 후 다시 종량제 봉투에 넣고 보건소에 연락해야 한다. 전용 봉투가 없을 경우에는 종량제 봉투를 활용해 이중 밀폐한다.
마지막으로 확진자가 다녀간 이용 시설에서 나온 폐기물은 종량제 봉투에 담아 밀폐 처리하고 소독 후에 공공소각장 등에서 소각 처리한다.

① 코로나19 확진 판정을 받고 병원에 입원한 A씨의 폐기물은 병원 내 전용 용기에 담아 밀폐 처리한다.
② 코로나19 확진 판정을 받고 생활치료센터에서 생활 중인 B씨의 폐기물은 골판지 전용 용기에 담아 밀폐 처리한다.
③ 코로나19 확진자와 접촉하였지만 별다른 증상이 없어 자가격리 중인 C씨의 폐기물은 보건소에서 따로 처리한다.
④ 코로나19 음성 판정을 받고 자가격리 중인 유학생 D씨의 폐기물은 전용 봉투에 담아야 하지만, 불가피할 경우 종량제 봉투에 담아 밀폐 처리한다.
⑤ 코로나19 확진자가 다녀간 백화점에서 나온 폐기물은 종량제 봉투에 담아 밀폐 처리한다.

16 다음 중 시각장애인 유도블록 설치에 대한 설명으로 옳지 않은 것은?

점자블록으로도 불리는 시각장애인 유도블록은 블록 표면에 돌기를 양각하여 시각장애인이 발바닥이나 지팡이의 촉감으로 위치나 방향을 알 수 있도록 유도한다. 횡단보도나 버스정류장 등의 공공장소에 설치되며, 블록의 형태는 발바닥의 촉감, 일반 보행자와의 관계 등 다양한 요인에 따라 결정된다.
점자블록은 크게 위치 표시용의 점형블록과 방향 표시용의 선형블록 두 종류로 나뉜다. 먼저 점형블록은 횡단지점, 대기지점, 목적지점, 보행 동선의 분기점 등의 위치를 표시하거나 위험 지점을 알리는 역할을 한다. 보통 30cm(가로)×30cm(세로)×6cm(높이)의 콘크리트제 사각 형태가 많이 쓰이며, 양각된 돌기의 수는 외부용 콘크리트 블록의 경우 36개, 내부용의 경우 64개가 적절하다. 일반적인 위치 감지용으로 점형블록을 설치할 경우 가로 폭은 대상 시설의 폭만큼 설치하며, 세로 폭은 보도의 폭을 고려하여 30～90cm 범위 안에서 설치한다.
다음으로 선형블록은 방향 유도용으로 보행 동선의 분기점, 대기지점, 횡단지점에 설치된 점형블록과 연계하여 목적 방향으로 일정한 거리까지 설치한다. 정확한 방향을 알 수 있도록 하는 데 목적이 있으며, 보행 동선을 확보・유지하는 역할을 한다. 양각된 돌출선은 윗면은 평면이 주로 쓰이고, 돌출선의 양 끝은 둥글게 처리한 것이 많다. 선형블록은 시각장애인이 안전하고 장애물이 없는 도로를 따라 이동할 수 있도록 설치하는데, 이때 블록의 돌출선은 유도 대상 시설의 방향과 평행해야 한다.

① 선형블록은 보행 동선의 분기점에 설치한다.
② 횡단지점의 위치를 표시하기 위해서는 점형블록을 설치한다.
③ 외부에는 양각된 돌기의 수가 36개인 점형블록을 설치한다.
④ 선형블록은 돌출선의 방향이 유도 대상 시설과 평행하도록 설치한다.
⑤ 점형블록을 횡단보도 앞에 설치하는 경우 세로 방향으로 4개 이상 설치하지 않는다.

17 다음 중국의 인스턴트 커피 시장에 대한 분석 내용을 바탕으로 제품을 출시할 경우 고려해야 할 점으로 옳지 않은 것은?

중국의 인스턴트 커피 시장 규모는 574억 위안으로 전년보다 1.8% 성장한 것으로 보이며, 2024년까지 매년 평균 1.7%의 성장세를 이어갈 것으로 예측된다.

• 4P 분석

4P 분석	분석 내용
판매가격 (Price)	중국 스타벅스의 아메리카노 한 잔 가격은 22위안으로 중국의 최저임금을 상회한다. 이에 비해 S사의 캡슐 커피는 24개에 약 190위안으로 한 잔당 8위안에 불과하다. 스틱형 커피의 경우 그 격차는 훨씬 커진다.
유통경로 (Place)	로스팅 커피는 카페에서 구매가 이루어지나, 인스턴트 커피는 슈퍼, 편의점, 대형마트 등 다양한 장소에서 구매가 가능하다. 최근에는 중국 내 온라인 플랫폼 마켓의 발전으로 스마트폰이나 컴퓨터로 간편하게 구입이 가능하다.
판매촉진 (Promotion)	최근 인스턴트 커피 브랜드는 SNS를 이용하여 고객과 소통하고, 할인 쿠폰 및 행사 관련 정보를 제공하는 등 시장을 적극적으로 공략하고 있다.
제품 (Product)	공간과 시간에 구애받지 않고 언제든 편하게 마실 수 있다는 '편의성'을 통해 소비자들에게 꾸준한 관심을 받고 있다. 스타벅스, 코카콜라 등의 기업들은 자사의 장점을 살린 RTD 인스턴트 커피 및 캡슐 커피 등을 출시해 인스턴트 커피 시장에 진입하고 있다.

• 중국 인스턴트 커피 제품 현황 및 특징

- 스틱형 커피 : 가장 초기의 인스턴트 커피 형태로 출시 역사가 길고, 브랜드가 다양하다. 초기에는 단맛이 나는 믹스 형태의 제품이 대부분이었지만, 최근 콜드브루, 블랙커피 등 다양한 유형의 스틱 커피가 출시되고 있다.
- RTD(Ready To Drink) 커피 : 주로 편의점과 온라인 쇼핑몰에 보급되어 있는 제품으로 병이나 종이 용기 등의 형태로 유통된다. 제조과정이 없어 마시기 간편하고 콜드브루, 라떼 등 다양한 맛을 즐길 수 있다. 기존의 인스턴트 커피 제조업체뿐만 아니라 커피숍 브랜드도 RTD 커피 시장에 진출하고 있다.
- 소포장 형식 : 휴대하기 용이하고 제품의 품질이 좋아 소비자들에게 좋은 반응을 얻고 있다. 제품 유형에 따라 캡슐 커피와 작은 용기에 담겨 있는 인스턴트 커피로 나눌 수 있다.
- 드립백 커피 : 커피 가루가 담긴 티백을 커피잔에 걸쳐 뜨거운 물을 부어서 우려내 마시는 커피이다. 핸드드립 커피를 보다 간편하게 즐기고 싶은 소비자의 수요에 맞춰 출시한 제품으로 신선하고 고급스러운 풍미를 맛볼 수 있다는 장점이 있다. 그러나 다른 인스턴트 커피 종류에 비해 커피의 맛이 비교적 제한적이다.

① 스틱형 커피는 다른 인스턴트 커피에 비해 종류가 다양하지 못하므로 차별화된 프리미엄 상품을 스틱형으로 출시한다.

② 스마트폰으로 간편하게 구입할 수 있도록 캡슐 커피를 출시하고, 중국 내 이용자가 가장 많은 SNS를 통해 이벤트를 진행한다.

③ 현지 소비자들의 입맛에 맞으면서도 다양한 맛을 선택할 수 있도록 여러 종류의 드립백 커피 상품을 출시한다.

④ 현지 로스팅 커피 브랜드와 협력하여 RTD 커피를 출시하고, 온라인 쇼핑몰을 통해 쉽게 구매할 수 있다는 점을 홍보 전략으로 세운다.

⑤ 휴대가 편리한 소포장 형식의 인스턴트 커피를 출시하고, 언제 어디서든 쉽게 마실 수 있다는 점을 홍보 전략으로 세운다.

18 다음은 생애주기와 2019년도에 종이책, 전자책 및 오디오북을 통한 독서량을 연령별로 조사한 자료이다. 이 자료를 바르게 이해한 것은?(단, 인원은 소수점 이하 버림한다)

〈생애주기〉

영아기	유아기	아동기	청소년기	성년기	중년기	노년기
생후 24개월	만 3 ~ 5세	초등학생	중학생, 고등학생	20 ~ 39세	40 ~ 59세	60세 이상
언어 습득	언어 습득	사회성 발달	신체발달	심리적 성숙	지각능력 감소	신체능력 쇠퇴

〈연령별 독서형태(학생)〉

(단위 : %)

학교급별	사례 수(건)	종이책		전자책		오디오북
		2018년	2019년	2018년	2019년	2019년
전체	3,126	91.7	90.7	29.8	37.2	18.7
초등학교	1,005	96.8	94.8	34.1	40.8	30.9
중학교	985	92.5	91.6	30.0	30.6	11.6
고등학교	1,136	87.2	86.3	26.5	39.8	13.9

〈연령별 독서형태(성인)〉

(단위 : %)

연령별(세)	사례 수(건)	종이책		전자책		오디오북
		2018년	2019년	2018년	2019년	2019년
전체	6,000	59.9	52.1	14.1	16.5	3.5
20 ~ 29	1,057	73.5	70.4	34.7	39.0	6.5
30 ~ 39	1,022	68.9	68.7	22.7	31.3	6.2
40 ~ 49	1,158	61.9	57.6	13.8	14.4	4.2
50 ~ 59	1,192	52.2	43.5	3.5	4.9	1.6
60세 이상	1,571	47.8	31.5	1.3	2.0	0.6

※ 사례 수 1건당 인원은 1명이다.

① 성인 중 오디오북을 본 사람은 학생 중 오디오북을 본 사람보다 많다.
② 모든 연령대에서 전년 대비 2019년도 독서량 중 종이책은 줄어들고, 전자책은 늘어났다.
③ 중년기의 오디오북 독서량은 성년기의 오디오북 독서량보다 많다.
④ 노년기는 2018년 대비 2019년에 종이책 및 전자책 독서량이 줄어들었다.
⑤ 2018년도 종이책을 본 아동기 학생은 종이책을 본 청소년기 학생보다 많다.

19 다음 시트에서 [E10] 셀에 수식 「=INDEX(E2:E9,MATCH(0,D2:D9,0))」를 입력했을 때, [E10] 셀에 표시되는 결과로 옳은 것은?

	A	B	C	D	E
1	부서	직위	사원명	근무연수	근무월수
2	재무팀	사원	이수연	2	11
3	교육사업팀	과장	조민정	3	5
4	신사업팀	사원	최지혁	1	3
5	교육컨텐츠팀	사원	김다연	0	2
6	교육사업팀	부장	민경희	8	10
7	기구설계팀	대리	김형준	2	1
8	교육사업팀	부장	문윤식	7	3
9	재무팀	대리	한영혜	3	0
10					

① 0
② 1
③ 2
④ 3
⑤ 4

20 다음 파이썬 프로그램의 실행 결과로 옳은 것은?

```
a = 0
for i in range(1, 11, 2):
    a += i
print (a)
```

① 1
② 2
③ 11
④ 25
⑤ 30

CHAPTER 03 국민건강보험공단

정답 및 해설 100p

※ 다음은 2020년도의 시도별 질병 환자 현황을 조사한 자료이다. 자료를 보고 이어지는 질문에 답하시오. [1~2]

〈시도별 질병 환자 현황〉

(단위 : 명, 개)

구분	질병 환자 수	감기 환자 수	발열 환자 수	한 명당 가입한 의료보험의 수
전국	1,322,406	594,721	594,409	1.3
서울특별시	246,867	96,928	129,568	1.3
부산광역시	77,755	37,101	33,632	1.3
대구광역시	56,985	27,711	23,766	1.2
인천광역시	80,023	36,879	33,962	1.3
광주광역시	35,659	19,159	16,530	1.2
대전광역시	37,736	15,797	17,166	1.3
울산광역시	32,861	18,252	12,505	1.2
세종특별자치시	12,432	5,611	6,351	1.3
경기도	366,403	154,420	166,778	1.3
강원도	35,685	15,334	15,516	1.3
충청북도	40,021	18,556	17,662	1.3
충청남도	56,829	27,757	23,201	1.3
전라북도	38,328	18,922	16,191	1.3
전라남도	40,173	19,691	15,614	1.3
경상북도	61,237	30,963	24,054	1.3
경상남도	85,031	43,694	33,622	1.3
제주특별자치도	18,387	7,950	8,294	1.4

01 다음 자료에 대한 〈보기〉의 설명으로 옳은 것을 모두 고르면?

보기

ㄱ. 부산광역시는 경상남도보다 감기 환자의 수가 적다.
ㄴ. 대구광역시의 질병 환자가 가입한 의료보험의 수는 6만 5천 개 이상이다.
ㄷ. 질병 환자 한 명당 발열 환자 수는 강원도가 제일 적다.
ㄹ. 질병 환자 한 명당 발열 환자 수는 서울특별시가 제일 크다.

① ㄱ, ㄴ
② ㄴ, ㄷ
③ ㄱ, ㄴ, ㄹ
④ ㄱ, ㄷ, ㄹ

02 다음 중 자료를 그래프로 나타낸 것으로 적절하지 않은 것은?(단, 소수점 이하 셋째 자리에서 반올림한다)

① 시도별 질병 환자 수

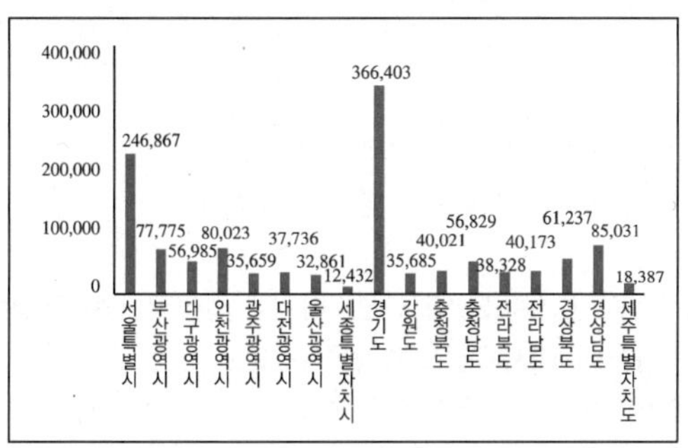

② 시도별 감기 환자 수

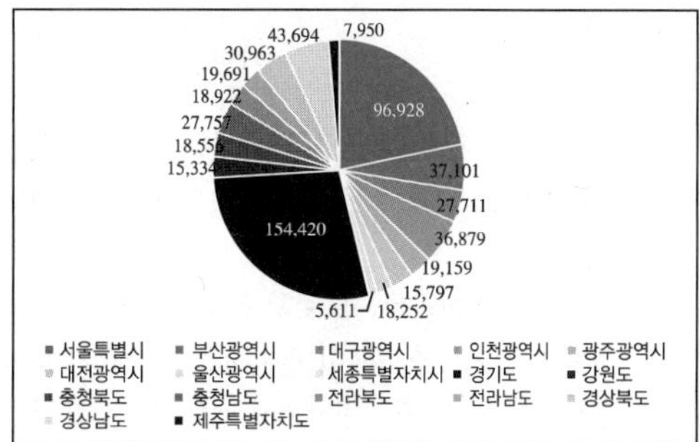

③ 한 명당 가입한 의료보험의 수

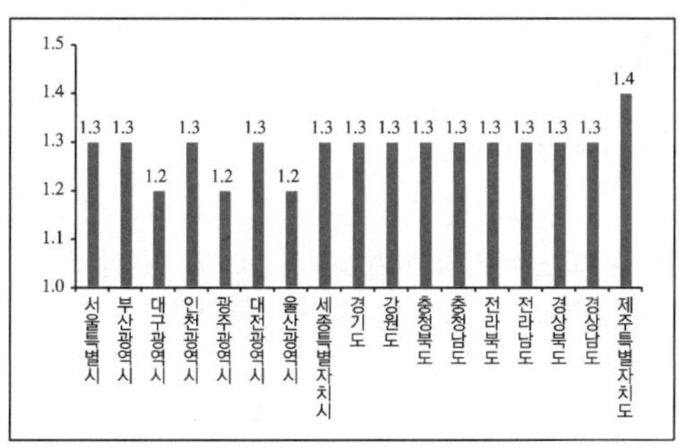

④ 질병 환자 한 명당 발열 환자 비율

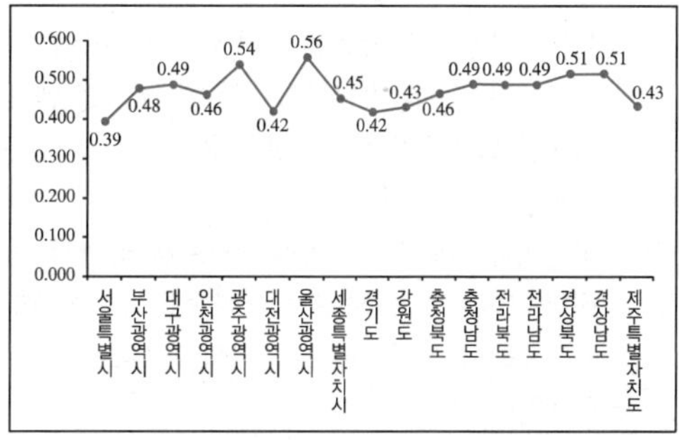

2020년 공기업

안심Touch

※ 다음은 국가유공자의 대상요건과 국가유공자 및 가족등록신청에 관한 자료이다. 다음 자료를 읽고 이어지는 질문에 답하시오. **[3~5]**

• 대상요건

1. 전몰군경
   - 군인이나 경찰공무원으로서 전투 또는 이에 준하는 직무수행 중 상이를 입고 사망하신 분
   - 군무원으로서 1959년 12월 31일 이전에 전투 또는 이에 준하는 직무수행 중 사망하신 분
2. 전상군경
   - 군인이나 경찰공무원으로서 전투 또는 이에 준하는 직무수행 중 상이를 입고 전역하거나 퇴직하신 분으로서 그 상이정도가 국가보훈처장이 실시하는 신체검사에서 상이등급 1급 내지 7급으로 판정된 분
   - 군무원으로서 1959년 12월 31일 이전에 전투 또는 이에 준하는 직무수행 중 상이를 입고 퇴직하신 분으로서 그 상이정도가 국가보훈처장이 실시하는 신체검사에서 상이등급 1급 내지 7급으로 판정된 분
3. 순직군경
   - 군인이나 경찰・소방 공무원으로서 국가의 수호・안전보장 또는 국민의 생명, 재산 보호와 직접적인 관련이 있는 직무수행이나 교육훈련 중 사망하신 분(질병으로 사망하신 분 포함)
   - 소방공무원은 국가유공자 예우법 개정 시행일인 2011년 6월 30일 이후 사망하신 분부터 적용(2011년 6월 29일 이전은 화재구조구급 업무와 관련 사망하신 분만 순직군경에 준하여 보상)
4. 공상군경
   - 군인이나 경찰・소방 공무원으로서 국가의 수호・안전보장 또는 국민의 생명・재산 보호와 직접적인 관련이 있는 직무수행이나 교육훈련 중 상이를 입고 전역하거나 퇴직하신 분으로서 그 상이정도가 국가보훈처장이 실시하는 신체검사에서 상이등급 1급 내지 7급으로 판정된 분
5. 무공수훈자

   무공훈장(태극, 을지, 충무, 화랑, 인헌)을 받으신 분(공무원 또는 군인 등은 전역 또는 퇴직하신 분만 해당)

• 등록대상 유가족 및 가족요건

1. 배우자(1순위)

   사실상의 배우자(사실혼 관계의 배우자를 말함)를 포함(배우자 및 사실상의 배우자가 독립유공자와 혼인 또는 사실혼 후 당해 독립유공자외의 자와 사실혼 중에 있거나 있었던 경우는 제외)
2. 자녀(2순위)

   양자는 국가유공자가 직계비속이 없어 입양한 자 1인에 한하여 자녀로 봄
3. 부모(3순위)
   - 국가유공자를 양육하거나 부양한 사실이 있는 경우에 한함
   - 부의 배우자와 생모, 모의 배우자와 생부가 각각인 때에는 국가유공자를 주로 부양한 자 1인을 모・부로 인정
   - 부모 중 국가유공자를 주로 부양 또는 양육한 자가 우선 함
4. 성년인 직계비속이 없는 조부모(4순위)
   - 성년인 직계비속이 없는 것으로 보는 경우

     ① 국가유공자 등 예우 및 지원에 관한 법률 시행령 별표2의 장애인

     ② 현역병으로서 의무복무기간 중에 있는 자

• 국가유공자 및 유가족 등록신청

1. 등록신청대상
   - 국가유공자가 되고자 하는 본인
   - 국가유공자 유족 및 가족이 되고자 하시는 분
2. 접수기관
   - 주소지 관할 보훈청 보상과

3. 처리기간
  - 20일(전몰 · 전상군경, 순직 · 공상군경, 순직 · 공상공무원, 4 · 19혁명 부상 · 사망자 등)
  - 14일(무공 · 보국수훈자 및 4 · 19혁명 공로자에 한함)
4. 구비서류
  - 본인
    ① 등록신청서 1부
    ② 병적증명서나 전역증(군인이 아닌 경우 경력증명서)
    ③ 가족관계기록사항에 관한 증명서1통, 입양관계증명서 1통
    ④ 주민등록표등본 1통(담당 공무원이 행정정보의 공동이용을 통하여 확인하는 것에 동의하면 제출생략)
    ⑤ 반명함판 사진 1매(상이자는 2매)
  - 유족
    ① 등록신청서 1부
    ② 병적증명서나 전역증(군인이 아닌 경우 경력증명서)
    ③ 고인의 제적등본(사망일자 확인) 1통
    ④ 신청인의 가족관계 기록사항에 관한 증명서, 입양관계증명서, 혼인관계증명서(배우자인 경우) 각 1통
    ⑤ 신청인의 반명함판 사진 1매
  - 구비서류 개별서류
    ① 전몰 · 전상군경, 순직 · 공상군경, 순직 · 공상공무원 : 국가유공자 등 요건관련확인서 발급신청서, 부상 또는 사망입증서류 각 1부
    ② 무공수훈자, 보국수훈자 또는 4 · 19혁명 공로자 : 무공훈장증, 보국훈장증 또는 건국포장증 원본 또는 수훈사실 확인서(행정자치부 발급) 1통
    ③ 4 · 19혁명사망자 · 부상자 : 4 · 19혁명 참가확인서 및 4 · 19혁명으로 인한 사망 또는 부상 확인서류 각 1통
    ④ 사실상의 배우자임을 입증할 수 있는 경위서 또는 증빙서류(사실상의 배우자에 한함)
    ⑤ 부양 또는 양육한 사실을 입증할 수 있는 서류(부양 또는 양육한 사실을 입증할 필요가 있는 자에 한함)
5. 민원신청방법
  - 방문 또는 우편

03 **다음 〈보기〉에서 국가유공자의 유형이 바르게 연결된 것을 모두 고르면?**

보기

ㄱ. 1950년 8월 21일 전투 중 군무원으로 참전하여 사망한 A – 전몰군경
ㄴ. 2011년 8월 2일 소방 공무원으로서 대형 화재를 진압하고 다수의 국민을 구출하는 직무를 수행하던 중 얻은 폐질환으로 인해 사망한 B – 전상군경
ㄷ. 해군 장교로 복무 중 인헌 훈장을 받고 현재 전역한 C – 무공수훈자
ㄹ. 군인으로서 해외에 파병되어 전투 중 상이를 입고 전역하였으며, 국가보훈처장이 실시하는 신체검사에서 상이등급 3급으로 판정된 D – 순직군경

① ㄱ, ㄴ   ② ㄱ, ㄷ
③ ㄴ, ㄷ   ④ ㄴ, ㄹ

04 **다음 중 국가유공자 혹은 유족으로서 혜택을 받을 수 없는 사람은?**

① 전상군경와 법률혼 관계를 10년 이상 유지하다가 이혼한 후 타인과 재혼한 배우자
② 순직군경에 해당되는 자를 부양해 온 유일한 자녀인 입양자녀
③ 무공수훈자와 현재까지 혼인신고를 하지 않고 동거를 하며 사실혼 상태에 있는 배우자
④ 공상군경인 아버지를 생전에 부양해 온 친자녀

05 **다음은 A에 대한 상황이다. 다음 중 국가유공자 혜택을 받기 위해 A가 제출해야 하는 서류가 아닌 것은?**

〈상황〉

- A의 아버지는 경찰공무원으로서 1968년 1·21사태 당시 전투 중 사망하였다.
- A의 어머니는 아버지와 법률혼 관계를 유지하다가 2년 전 사망하였다.
- A는 2020년 10월 20일에 아버지에 대하여 전몰군경으로 유공자 신청 및 자신에 대하여 유공자 유족 등록을 하고자 한다.

① 등록신청서 1부
② 아버지의 병적증명서 1부
③ 사망일자가 확인 가능한 고인의 제적등본 1통
④ A의 어머니의 혼인관계증명서 1통

06 다음은 상반기 및 하반기에 보도되었던 국민건강보험공단의 채용관련 자료 중 일부이다. 자료를 보고 서술한 내용으로 적절하지 않은 것은?

> **국민건강보험, 올해 상반기 신규직원 458명 채용**
>
> 국민건강보험공단은 '코로나19' 사태로 위축된 채용시장에 활기를 불어넣고 사회적 가치를 실현하기 위해 상반기 신규 직원 458명을 채용한다고 밝혔다. 채용인원 458명 중 일반 채용 393명, 사회형평적 채용 65명(장애인 15명, 국가유공자 50명)을 채용할 계획으로, 원서접수는 4. 2(목)부터 4. 16(목)까지이며, 이후 서류심사, 필기, 면접시험을 거쳐 선발된 최종합격자는 7. 20(월) 임용될 예정이다.
>
> 전년도 채용과 달라지는 점은 모집지역이 6개 지역본부에서 14개 지역으로 세분화되고, 기존 자격기준인 모집지역에서 3년 이상 거주 또는 최종학력 소재지 응시자격을 없앴다는 것이다. 또한, 근무조건을 모집지역 5년 이상 근무하는 것으로 하여 지원자 본인은 생활권을 고려하여 지원해야 할 것으로 보인다.
>
> 국민건강보험공단은 현재 코로나19 사태와 관련, 안전한 채용을 위해 고사장 사전·사후 방역은 물론 마스크 착용, 발열확인 등 안전 대책방안을 수립하여 철저히 대비하여 추진할 것이나, 앞으로의 코로나19 확산추이 및 정부의 지침에 따라서는 필기시험 및 면접일정은 변경될 수도 있다고 보도했다.
>
> **국민건강보험, 올해 하반기 신규직원 465명 채용**
>
> 국민건강보험공단은 '코로나19'로 위축된 채용시장에 활기를 불어넣고 공단의 직무역량에 맞는 전문성 있는 신규직원 465명을 채용한다고 밝혔다.
>
> 채용인원 465명 중 일반채용 345명, 사회형평적 채용 120명(고졸 70명, 국가유공자 50명)을 채용할 계획으로, 원서 접수는 8. 13(목)부터 8. 27(목)까지이며 상반기와 달리 채용 지원서를 온라인 접수로만 진행하기로 하였다. 또 하반기 채용에서는 사회배려계층인 한부모가정과 북한이탈주민까지 우대가점 대상을 확대하였다. 이후 서류심사, 필기, 면접시험을 거쳐 선발된 최종합격자는 12월에 임용될 예정이다.
>
> 모집지역은 상반기 채용과 동일하게 14개 지역이며, 근무조건 또한 모집지역 내에서 5년 이상 근무하는 것으로 이 역시 상반기와 동일하다.
>
> 국민건강보험공단은 '코로나19' 감염을 대비하여 상반기 신규직원 채용을 안전하게 치른 경험을 바탕으로 고사장 사전·사후 방역은 물론 마스크 착용, 발열확인 등 철저한 안전 대책방안을 수립하여 대비할 것이라고 밝혔다.

① 상반기 대비 하반기의 전체 채용 인원은 증가하였지만, 일반 채용인원은 감소하였다.
② 국가유공자 채용인원은 상반기와 하반기가 동일하다.
③ 하반기보다는 상반기에 사회적 가치 실현에 더 중점을 두었다.
④ 하반기 지원 역시 지원자 본인의 생활권을 고려하여 지원해야 할 것이다.

2020년 공기업

※ 다음은 2018년부터 2019년까지의 문화예술행사 관람 통계자료이다. 자료를 보고 이어지는 질문에 답하시오. [7~8]

〈문화예술행사 관람률〉

(단위 : 명, %)

구분		2018년			2019년		
		표본 수	관람	미관람	표본 수	관람	미관람
연령별	15 ~ 19세	754	3.9	96.1	677	96	4
	20대	1,505	2.9	97.1	1,573	97.4	2.6
	30대	1,570	8.4	91.6	1,640	91.5	8.5
	40대	1,964	11	89	1,894	89.1	10.9
	50대	2,077	20.6	79.4	1,925	80.8	19.2
	60대	1,409	35.3	64.7	1,335	64.9	35.1
	70대 이상	1,279	53.1	46.9	1,058	49.9	50.1
가구소득별	100만 원 미만	869	57.5	42.5	1,019	51.7	48.3
	100만 원 이상 200만 원 미만	1,204	41.6	58.4	1,001	60.4	39.6
	200만 원 이상 300만 원 미만	1,803	24.1	75.9	1,722	76.5	23.5
	300만 원 이상 400만 원 미만	2,152	18.6	81.4	2,098	82.5	17.5
	400만 원 이상 500만 원 미만	2,228	11.9	88.1	1,725	89.3	10.7
	500만 원 이상 600만 원 미만	1,278	8.4	91.6	1,344	92.1	7.9
	600만 원 이상	1,024	8.1	91.9	1,193	92.5	7.5
권역별	수도권	3,206	14.1	85.9	3,247	86	14
	강원/제주권	783	14.2	85.8	740	79.3	20.7
	충청/세종권	(가)	14.3	85.7	1,655	81.2	18.8
	호남권	1,584	34	66	(나)	73.9	26.1
	대경권	1,307	28.3	71.7	1,891	76.8	23.2
	동남권	1,910	20.4	79.6	1,119	78.2	21.8

07 자료에서 (가)+(나)의 값을 구하면 얼마인가?

① 2,765　　② 3,012
③ 3,218　　④ 3,308

08 자료에 대한 설명으로 옳은 것을 〈보기〉에서 모두 고르면?

보기

ㄱ. 2018년에 문화예술행사를 관람한 사람의 수는 가구소득이 100만 원 미만인 사람이 가구소득이 100만 원 이상 200만 원 미만인 사람보다 많다.
ㄴ. 문화예술행사를 관람한 70대 이상의 사람의 수는 2018년이 2019년보다 더 많다.
ㄷ. 2018년에 소득이 100만 원 이상 300만 원 미만인 사람들 중 문화예술행사를 관람한 사람의 비율은 2019년 소득이 100만 원 이상 200만 원 미만인 사람들 중 문화예술행사를 관람하지 않은 사람의 비율보다 작다.
ㄹ. 2019년에 문화예술행사를 관람한 사람의 수는 40대가 50대보다 더 많다.

① ㄱ, ㄴ　　② ㄴ, ㄷ
③ ㄱ, ㄴ, ㄷ　　④ ㄱ, ㄷ, ㄹ

※ 다음은 두루누리 사회보험료 지원사업에 대한 자료이다. 다음 자료를 보고, 이어지는 질문에 답하시오. **[9~10]**

□ 두루누리 사회보험료 지원사업이란?

소규모 사업을 운영하는 사업주와 소속 근로자의 사회보험료(고용보험 · 국민연금)의 일부를 국가에서 지원함으로써 사회보험 가입에 따른 부담을 덜어주고, 사회보험 사각지대를 해소하기 위한 사업입니다.

□ 지원대상

- 근로자 수가 10명 미만인 사업에 고용된 근로자 중 월평균보수가 215만 원 미만인 근로자와 그 사업주에게 사회보험료(고용보험 · 국민연금)를 최대 90%까지 각각 지원해 드립니다.
- 2018년 1월 1일부터 신규지원자 및 기지원자 지원을 합산하여 36개월까지만 지원합니다.
- 기지원자의 경우 2020년 12월 31일까지만 지원됩니다.

□ 근로자 수가 '10명 미만인 사업'이란?

- 지원신청일이 속한 보험연도의 전년도에 근로자인 피보험자 수가 월평균 10명 미만이고, 지원신청일이 속한 달의 말일을 기준으로 10명 미만인 사업입니다.
- 지원신청일이 속한 보험연도의 전년도 근로자인 피보험자 수가 월평균 10명 이상이나 지원 신청일이 속한 달의 직전 3개월 동안(지원신청일이 속한 연도로 한정함) 근로자인 피보험자 수가 연속하여 10명 미만인 사업입니다.

□ '월평균보수' 215만 원 미만이란?

- '월평균보수'란 보험료 산정 기준연도의 보수총액을 월평균으로 산정한 것으로 월별보험료의 산정 기초자료로 활용됩니다.
- '215만 원 미만'이란 근로소득에서 비과세 근로소득을 제외하고 산정한 월평균보수가 215만 원이 되지 않는 경우를 말합니다.

□ 지원 제외대상

- 지원신청일이 속한 보험연도의 전년도 재산의 과세표준액 합계가 6억 원 이상인 자
- 지원신청일이 속한 보험연도의 전년도 근로소득이 연 2,838만 원 이상인 자
- 지원신청일이 속한 보험연도의 전년도 근로소득을 제외한 종합소득이 연 2,100만 원 이상인 자

□ 지원기준

- 신규지원자 : 5명 미만 사업 90% 지원 / 5명 이상 10명 미만 사업 80% 지원(사업주와 근로자가 각각 부담하는 보험료의 일부에 대해 지원)
- 기지원자 : 10명 미만 사업 30% 지원(사업주와 근로자가 각각 부담하는 보험료의 일부에 대해 지원) / 신규지원자에 해당하지 않는 근로자

□ 지원금액 산정 예시

- 조건 : 근로자 수 5명 미만 기업의 월평균 200만 원인 근로자(신규지원자)
- 근로자 지원금
  - 고용보험 : 200만 원×0.8%(요율)×90%=14,400원
  - 국민연금 : 200만 원×4.5%(요율)×90%=81,000원
- 사업주 지원금
  - 고용보험 : 200만 원×1.05%(요율)×90%=18,900원
  - 국민연금 : 200만 원×4.5%(요율)×90%=81,000원

→ 사업주는 매월 99,900원, 근로자는 매월 95,400원을 지원받을 수 있습니다.

09 E회사는 지난달 두루누리 사회보험료 지원사업 대상으로 선정되었고, E회사의 K씨가 이번 달부터 지원 혜택을 받게 되었다. E회사와 K씨에 대한 정보가 다음과 같을 때, 이번 달 E회사의 사업주와 K씨가 납부할 보험료의 합으로 옳은 것은?

- 근로자 수 : 8명
- K씨의 월평균보수 : 180만 원
- 고용보험료 산정
  - 근로자 : 자기의 보수총액에 실업급여 보험료율의 $\frac{1}{2}$을 곱한 금액으로 한다.
  - 사업주 : 근로자의 개인별 보수총액에 고용안정·직업능력 개발사업의 보험료율을 곱하여 산출한 금액과 실업급여 보험료율의 $\frac{1}{2}$을 곱하여 산출한 각각의 금액을 합한 금액으로 한다.
- 고용보험료율

고용보험 사업별 구분		사업주	근로자
실업급여(1.6%)		0.8%	0.8%
고용안정·직업능력 개발사업	150인 미만 사업	0.25%	–
	150인 이상~1,000인 미만 사업	0.65%	
	1,000인 이상 사업	0.85%	

- 연금보험료
  - (가입자의 기준소득월액)×[연금보험료율(9%)]
  - 사업장가입자의 경우 사용자와 근로자가 각각 4.5%씩 부담

※ K씨 외에 다른 근로자는 지원 혜택을 받지 않는다.

① 32,000원　② 36,500원
③ 38,560원　④ 39,060원

10 다음 대화를 읽고, 두루누리 사회보험료 지원사업에 대해 잘못 알고 있는 사람을 고르면?

- A씨 : 나는 지난해 1년간의 급여를 포함하여 2,650만 원의 소득을 얻었는데, 이 중 비과세 근로소득이 100만 원이니까 두루누리 사회보험료 지원사업의 지원금액 조건을 충족할 수 있어. 그래서 해당 사업에 지원하면 어떨지 생각하고 있어.
- B씨 : 어? 네가 다니는 회사에 근무 중인 총 직원의 수가 10명이라고 하지 않았어? 그래도 지원이 돼?
- C씨 : 나도 그 회사에 다니고 있어. 지난해는 월평균 10명의 직원이 근무했었는데, 올해는 지난달에 한 명이 그만둬서 이제 신청해도 괜찮아.
- D씨 : 아! 나는 이미 지원을 받고 있는데, 해당 사업은 사회보험 중 두 개만 지원해줘서 매우 아쉬워. 다른 것보다 건강보험료가 포함되었으면 좋았을 텐데.

① A씨　② B씨
③ C씨　④ D씨

※ 다음은 직장 내 괴롭힘 방지법에 대한 자료이다. 자료를 보고 이어지는 질문에 답하시오. **[11~12]**

〈근로기준법〉

제76조의2(직장 내 괴롭힘의 금지)
사용자 또는 근로자는 직장에서의 지위 또는 관계 등의 우위를 이용하여 업무상 적정범위를 넘어 다른 근로자에게 신체적·정신적 고통을 주거나 근무환경을 악화시키는 행위(이하 "직장 내 괴롭힘"이라 한다)를 하여서는 아니 된다.

제76조의3(직장 내 괴롭힘 발생 시 조치)
① 누구든지 직장 내 괴롭힘 발생 사실을 알게 된 경우 그 사실을 사용자에게 신고할 수 있다.
② 사용자는 제1항에 따른 신고를 접수하거나 직장 내 괴롭힘 발생 사실을 인지한 경우에는 지체 없이 그 사실 확인을 위한 조사를 실시하여야 한다.
③ 사용자는 제2항에 따른 조사 기간 동안 직장 내 괴롭힘과 관련하여 피해를 입은 근로자 또는 피해를 입었다고 주장하는 근로자(이하 "피해근로자등"이라 한다)를 보호하기 위하여 필요한 경우 해당 피해근로자등에 대하여 근무장소의 변경, 유급휴가 명령 등 적절한 조치를 하여야 한다. 이 경우 사용자는 피해근로자 등의 의사에 반하는 조치를 하여서는 아니 된다.
④ 사용자는 제2항에 따른 조사 결과 직장 내 괴롭힘 발생 사실이 확인된 때에는 피해근로자가 요청하면 근무장소의 변경, 배치전환, 유급휴가 명령 등 적절한 조치를 하여야 한다.
⑤ 사용자는 제2항에 따른 조사 결과 직장 내 괴롭힘 발생 사실이 확인된 때에는 지체 없이 행위자에 대하여 징계, 근무장소의 변경 등 필요한 조치를 하여야 한다. 이 경우 사용자는 징계 등의 조치를 하기 전에 그 조치에 대하여 피해근로자의 의견을 들어야 한다.
⑥ 사용자는 직장 내 괴롭힘 발생 사실을 신고한 근로자 및 피해근로자등에게 해고나 그 밖의 불리한 처우를 하여서는 아니 된다.

제109조(벌칙)
제76조의3 제6항을 위반한 자는 3년 이하의 징역 또는 3천만 원 이하의 벌금에 처한다.

〈남녀고용평등과 일·가정 양립 지원에 관한 법〉

제2조 제2호
"직장 내 성희롱"이란 사업주·상급자 또는 근로자가 직장 내의 지위를 이용하거나 업무와 관련하여 다른 근로자에게 성적 언동 등으로 성적 굴욕감 또는 혐오감을 느끼게 하거나 성적 언동 또는 그 밖의 요구 등에 따르지 아니하였다는 이유로 근로조건 및 고용에서 불이익을 주는 것을 말한다.

〈직장 내 괴롭힘 판단 요소 3가지〉

1. 행위자
   - 괴롭힘 행위자가 사용자인 경우, 괴롭힘 행위자가 근로자인 경우
2. 행위요건
   - 직장에서의 지위 또는 관계 등의 우위를 이용할 것
   - 업무상 적정 범위를 넘는 행위일 것
3. 행위장소
   - 외근·출장지 등 업무수행이 이루어지는 곳
   - 회식이나 기업 행사 현장 등
   - 사적 공간
   - 사내 메신저·SNS 등 온라인상의 공간

11 **다음 중 직장 내 괴롭힘 방지법에 대한 설명으로 옳은 것은?**

① 직장 내 괴롭힘 발생 사실을 알게 된 경우 그 사실을 사용자에게 반드시 신고해야 한다.
② 사용자가 직장 내 괴롭힘 발생 사실을 알게 된 경우 바로 조사를 실시하지 않아도 된다.
③ 직장 내 괴롭힘 발생이 사실인 경우 피해자의 요청 없이도 반드시 적절한 조치를 취해야 한다.
④ 직장 내 괴롭힘 발생 사실을 신고한 근로자에게 불리한 처우를 한 사용자는 2년의 징역에 처할 수 있다.

12 **다음 대화에서 직장 내 괴롭힘 방지법과 관련하여 잘못 알고 있는 사람은?**

A씨 : 들었어? R이사가 Q씨를 업무적으로 괴롭힌 것에 대해 '직장 내 괴롭힘 방지법' 관련 조사를 하다가 성적 언동도 해서 Q씨가 피해를 입은 것이 사실로 결론이 났대.
B씨 : 정말? R이사가 회식에 이유 없이 강제로 참여하게 하고, 퇴근 후에도 메신저로 부당한 업무 지시를 내린 행동이 직장 내 괴롭힘에 해당하는 줄은 알았지만 충격적인데?
C씨 : 아! 그럼 R이사의 행동은 직장 내 성희롱에도 해당하므로 남녀고용평등과 일·가정 양립지원에 관한 법에도 적용을 받겠구나.
D씨 : 그런데 그 조사 대상에서 의류팀 T팀장은 왜 빠졌지? 이번 가을 상품 디자인 보고를 지시해서 팀원 중 담당자인 J씨가 시안을 여러 번 보고했는데 팀장이 콘셉트가 맞지 않는다며 계속 보완을 요구해서 J씨 업무량이 늘어나고 스트레스도 엄청 받고 있잖아.
E씨 : X본부장이 L씨에게 업무뿐 아니라 사적인 일로 운전기사 및 수행비서 역할을 시켰는데 스트레스만 받고 말도 못 하고 있더라. 나 이거 신고할 거야.

① B씨　　② C씨
③ D씨　　④ E씨

※ 다음은 K통신사의 휴대폰 요금제에 대한 자료이다. 다음 자료를 보고 이어지는 질문에 답하시오. **[13~14]**

〈L요금제 안내〉

• 요금안내

데이터 용량 고민 없이 고객 데이터 사용 패턴에 맞게 3가지 중 선택하십시오.

구분	월정액	데이터	음성	프리미엄 혜택	
				멤버십	단말보험
프리미엄	89,000원	완전 무제한	집 / 이동전화 무제한 (+영상 / 부가 300분)	VIP 제공	포인트 차감
비디오	69,000원	100GB +무제한 (최대 5Mbps 속도 제어)		–	–
톡	49,000원	3GB +무제한 (최대 1Mbps 속도 제어)		–	–

– 멤버십 VIP : 멤버십 VIP는 요금제 가입 후 다다음 달 1일 등급 상향

– 단말보험 : 최대 4,500원 한도 내 멤버십 포인트로 차감

• 데이터 제공

각 요금제는 기본제공 데이터를 모두 사용한 이후 최대 아래와 같은 속도로 지속 이용이 가능합니다.

요금제	속도	참고
비디오	최대 5Mbps	고화질 동영상 재생 가능한 속도
톡	최대 1Mbps	인터넷 검색, SNS, 메신저 이용 가능 속도, 일반 화질 동영상 재생 가능한 속도

• 음성 제공

– 집 / 이동전화 무제한 혜택은 상업적 목적이 아닌 국내 음성 통화로 한정되며, 요일 / 시간 구분 없이 월 단위로 제공됩니다.

– 국내영상통화 및 전화 정보서비스 등에 대해서는 기본으로 월 50분이 제공되며, 기본 제공량 초과 시 해당 요율에 따라 요금이 부과됩니다.

– 국제전화, 유료 부가서비스 월 이용료 등은 별도로 청구됩니다.

13 다음은 K통신사의 고객지원팀에서 근무하는 A씨가 L요금제와 관련하여 상담을 요청한 고객과의 대화 내용이다. 다음 중 A씨가 고객에게 답변한 내용으로 적절하지 않은 것은?

> Q. 제가 이번에 요금제를 변경하려고 하는데, L요금제가 새로 출시되었더라고요. L요금제에 관해 설명해 주실 수 있나요?
>
> A. <u>주로 데이터를 많이 사용하시는 고객분들께 적합한 요금제로 데이터를 아무리 많이 사용하셔도 요금이 초과되지 않습니다.</u> …… ①
>
> Q. 제가 살펴보니까 세 가지 종류로 나뉘던데 가장 큰 차이가 뭔가요?
>
> A. <u>프리미엄은 데이터를 속도 제한 없이 무제한으로 사용할 수 있는 반면에, 비디오와 톡은 제공되는 데이터를 소진할 경우 제공되는 데이터의 속도가 달라집니다.</u> …… ②
>
> Q. 저는 휴대폰으로 동영상을 자주 보는 편인데 아무래도 화질이 중요해서요. 저처럼 고화질 동영상을 많이 보는 사람에게는 어떤 요금제가 적합할까요?
>
> A. <u>아무래도 톡 요금제의 경우에는 데이터가 소진되면 고화질 동영상 재생이 어렵기 때문에 프리미엄이나 비디오 요금제를 추천해드립니다.</u> …… ③
>
> Q. 가격 차이가 있어서 조금 고민이 되네요. 혹시 프리미엄 요금제에만 주어지는 특별한 혜택 같은 게 있을까요?
>
> A. <u>비디오 요금제와 달리 프리미엄 요금제로 가입하실 경우에는 바로 다음 달부터 멤버십 VIP 혜택을 받아보실 수 있습니다.</u> …… ④

2020년 공기업

14 K통신사는 L요금제를 사용하는 고객에게 약정에 따른 요금 할인 서비스를 제공하고 있다. 다음 중 3년의 약정 기간 동안 총 할인 금액이 가장 많은 것은?(단, 월정액으로 적용된다)

구분	약정 기간	할인율
프리미엄	1년	15%
	2년	20%
비디오	1년	15%
	2년	20%
톡	1년	10%
	2년	20%
	3년	25%

① 3년 약정의 톡 요금제
② (1년 약정의 비디오 요금제)+(2년 약정의 톡 요금제)
③ (2년 약정의 비디오 요금제)+(1년 약정의 프리미엄 요금제)
④ (2년 약정의 프리미엄 요금제)+(1년 약정의 비디오 요금제)

15 다음은 외래 진료 시 환자가 부담하는 비용에 대한 자료이다. 〈보기〉에 제시된 금액이 요양급여비용 총액이라고 할 때, 세 사람의 본인부담금은 총 얼마인가?(단, 모든 지역은 의약분업을 실시하고 있다)

〈외래 진료 시 본인부담금〉

구분		본인부담금 비율
의료 급여기관	상급종합병원	(진찰료 총액)+나머지 진료비의 60%
	종합병원	요양급여비용 총액의 45%(읍, 면지역), 50%(동지역)
	일반병원	요양급여비용 총액의 35%(읍, 면지역), 40%(동지역)
	의원	요양급여비용 총액의 30%
	※ 단, 65세 이상인 경우(의약분업 실시 지역) - 요양급여비용 총액이 25,000원 초과인 경우, 요양급여비용 총액의 30%를 부담 - 요양급여비용 총액이 20,000원 초과 25,000원 이하인 경우, 요양급여비용 총액의 20%를 부담 - 요양급여비용 총액이 15,000원 초과 20,000원 이하인 경우, 요양급여비용 총액의 10%를 부담 - 요양급여비용 총액이 15,000원 이하인 경우, 1,500원 부담	
약국		요양급여비용 총액의 30%
	※ 단, 65세 이상인 경우(처방전에 의한 의약품조제 시) - 요양급여비용 총액이 12,000원 초과인 경우, 요양급여비용 총액의 30%를 부담 - 요양급여비용 총액이 10,000원 초과 12,000원 이하인 경우, 요양급여비용 총액의 20%를 부담 - 요양급여비용 총액이 10,000원 이하인 경우, 1,000원 부담	

※ 요양급여비용이란 아래 범위에 해당하는 요양 서비스의 비용을 말한다.

1. 진찰・검사
2. 약제(藥劑)・치료재료의 지급
3. 처치・수술 및 그 밖의 치료
4. 예방・재활
5. 입원
6. 간호
7. 이송(移送)

보기

ㄱ. Q동에서 살고 있는 67세 이○○씨는 종합병원에서 재활을 받고, 진료비 21,500원이 나왔다.
ㄴ. P읍에 사는 34세 김□□씨는 의원에서 진찰비 12,000원이 나오고, 처방전을 받아 약국에서 총액은 10,000원이 나왔다.
ㄷ. 60세 최△△씨는 M면 지역 일반병원에 방문하여 진료비 25,000원과 약국에서 처방전에 따라 총액 60,000원이 나왔다.

① 39,650원
② 38,600원
③ 37,650원
④ 36,600원

CHAPTER 04 한국토지주택공사

정답 및 해설 104p

01 다음 모듈러 주택 공법에 대한 글이다. 글에 대한 설명으로 옳은 것은?

> 모듈러 주택이란 기본 골조와 전기 배선, 온돌, 현관문, 욕실 등 집의 70 ~ 80퍼센트를 공장에서 미리 만들고 주택이 들어설 부지에서는 '레고 블록'을 맞추듯 조립만 하는 방식으로 짓는 주택이다. 일반 철근콘크리트 주택에 비해 상대적으로 빨리 지을 수 있고, 철거가 쉽다는 게 모듈러 주택의 장점이다.
> 예컨대 5층짜리 소형 임대 주택을 철근콘크리트 제작 방식으로 지으면 공사 기간이 6개월가량 걸리지만 모듈러 공법을 적용할 경우 30 ~ 40일이면 조립과 마감이 가능하다. 주요 자재의 최대 80 ~ 90퍼센트가량을 재활용할 수 있다는 것도 장점이다. 도시형 생활 주택뿐 아니라 대형 숙박 시설, 소규모 비즈니스호텔, 오피스텔 등도 모듈러 공법으로 건축이 가능하다.
> 한국에 모듈러 주택이 처음 등장한 것은 2003년으로 이는 모듈러 주택 시장이 활성화되어 있는 해외에 비하면 늦은 편이다. 도입은 늦었지만 모듈러 주택의 설계 방식이 표준화되고 대규모 양산 체제가 갖추어지면 비용이 적게 들기 때문에 모듈러 주택 시장이 급속하게 팽창할 것으로 예측이 많다.
> 하지만 모듈러 주택 시장 전망이 불확실하다는 전망도 있다. 목재나 철골 등이 주로 사용되는 조립식 주택의 특성상 콘크리트 건물보다 소음이나 진동, 화재에 약해 소비자들이 심리적으로 거부감을 가질 수 있다는 게 이유다. 아파트 생활에 길들여진 한국인들의 의식도 모듈러 주택이 넘어야 할 난관으로 거론된다. 소득 수준이 높아지고 '탈 아파트' 바람이 일면서 성냥갑 같은 아파트보다는 개성 있는 단독주택에서 살고 싶다는 욕구를 가진 사람들이 증가하고 있다지만 아파트가 주는 편안한 생활을 포기할 사람이 많지 않을 것이라는 분석인 셈이다.

① 일반 콘크리트 주택 건설비용은 모듈러 주택의 3배 이상이다.
② 모듈러 주택제작에 조립과 마감에 소요되는 기간은 6개월이다.
③ 일반 철근콘크리트 주택은 재활용이 불가하다.
④ 모듈러 주택이 처음 한국에 등장한 시기는 해외 대비 늦지만, 이에 소요되는 비용은 해외 대비 적다.
⑤ 모듈러 주택 공법으로 개성 있는 단독주택 설계가 가능하다.

02 다음 한국토지주택공사의 대학생 광고공모전에 대해 유추한 것으로 옳지 않은 것은?

한국토지주택공사(이하 LH)는 제8회 대학생 광고공모전 수상자에 대한 시상식을 개최했다. 이 공모전은 'LH 기업이미지 광고'를 주제로 하였는데, 그 결과 Z대 학생들이 공동으로 응모한 TV광고 '오래오래'가 대상 수상의 영예를 안았다. TV광고 '오래오래'는 신데렐라, 백설공주 등 디즈니사의 유명 만화영화가 모두 해피엔딩으로 끝나는 점에서 아이디어를 착안해 '행복하게 오래오래 살았습니다.'라는 메인카피로 저소득층의 주거 복지 향상을 위한 LH의 영구임대주택을 참신하고 흥미롭게 표현했다는 점에서, 심사위원 만장일치로 대상에 선정되었다.
이번 공모전은 미래고객인 대학생들에게 LH의 주요사업 및 역할에 대한 이해도를 높이고 그들의 참신한 아이디어를 활용하기 위하여 개최했다. 역대 최다인 1,000점에 가까운 작품이 출품되었으며, 외부 전문가의 심사를 거쳐 대상을 포함해 총 31점을 당선작으로 선정하였다. 당선작에는 상장 및 상패와 함께 상금이 수여되며 LH 기업이미지 광고 등에 적극 활용할 예정이다.

① LH 광고공모전은 대학생만 지원이 가능하다.
② '오래오래'는 긍정적인 의미를 담고 있다.
③ '오래오래'에 대해서 심사위원 전원 긍정적인 반응을 보였다.
④ LH는 저소득층에 대한 사업을 시행하고 있다.
⑤ LH 광고공모전은 내부 심사로만 진행된다.

03 다음 상황 중 직장 내 성희롱에 해당하지 않는 것을 모두 고르면?

㉠ 유명 속옷브랜드 직원인 여사원 A는 이번에 촬영한 모델의 사진을 수정하는 중이었다. 지나가다 이를 본 남자팀장 B는 A에게 "가슴 좀 키워, 가슴이 커야 눈이 가지."라고 하였고, 갑자기 들려온 소리에 A는 순간 당황했지만, 사진에 대한 내용임을 인지하였다.
㉡ 같은 회사에서 근무하는 C팀장과 D대리는 직급은 다르지만 나이가 같아 절친한 사이이다. 같이 퇴근하는 길에 D는 C에게 "어제 애인이랑 처음 여행 갔는데 좋았어."라고 하자, C는 "왜?"라고 음흉한 표정을 지으며 물었다. D는 부끄러워하며 고객을 끄덕였다.
㉢ 마사지샵에 처음 근무한 F는 일이 너무 서툴러 손님의 항의가 끊이지 않았다. 이에 E팀장은 F를 마사지샵 내 비어있는 방으로 들어오게 해 "마사지도 제대로 받아본 사람이 잘해. 이리 와 봐 내가 해줄게."라고 하였지만, F는 이에 "아니에요, 괜찮습니다."라고 거부했다. 이에 E는 "실력 없는 마사지사는 우리 샵에서도 필요없으니 나가달라."라고 요구했고, F는 하는 수 없이 E의 요구에 응했다.
㉣ K사무소에 근무하는 G대리는 의뢰인이 올 때마다 H사원에게만 커피심부름을 시켰는데, 이에 화가 난 H사원은 G대리에게 "대리님, 왜 저한테만 커피심부름을 시키죠? I사원도 있잖아요."라고 했다. 이에 G대리는 "예쁜 사람이 대접해줘야 더 기분 좋은 거 아니겠어?"라고 말하자, H사원은 쑥스러워하며 미소를 지었다.

① ㉠, ㉡
② ㉢, ㉣
③ ㉠, ㉡, ㉢
④ ㉠, ㉡, ㉣
⑤ ㉠, ㉡, ㉢, ㉣

04 다음 상황 중 직장 내 성희롱에 해당하지 않는 것을 모두 고르면?

> ㉠ A와 B는 같은 회사에 근무 중인 동기이다. 하지만, A는 계속 승진하는데 반해 B는 승진은커녕 오히려 지방으로 발령을 받았다. 이에 A를 질투한 B는 회사 내에 'A는 승진하기 위해 매일 밤 상급자들과 잠자리를 가진다.'라는 루머를 퍼뜨렸다.
> ㉡ 퇴근 후 회식자리에서 과도한 음주로 인해 C사원은 몸을 가눌 수 없을 정도로 취했다. 이에 D대리가 C사원을 부축해 집에 데려다 주었는데, D대리는 C사원이 정신이 없다고 판단하고 몸을 더듬으면서 부축하였다. C사원은 이에 수치심을 느꼈지만, 직장 내 관계를 망치기 싫어 모르는 척했다.
> ㉢ E팀장은 신입사원인 F를 보고 첫눈에 반해, 다른 직원보다 F에게 업무적 또는 업무외적으로 도움을 주어, F는 내심 E팀장의 관심이 계속되길 바랐다. 하지만 어느 날 퇴근 후 E팀장에게 이러한 문자가 왔다. "다리가 예뻐서 그런가 바지보다 원피스가 더 이뻐요." 이 문자를 받은 F는 E팀장이 자신의 다리를 보며 즐거워했을 생각에 소름끼쳤다.
> ㉣ 출산휴가 후 복귀한 G대리에게 H과장은 "출산한 거 맞아? 몸매가 더 좋아졌어."라고 하자, G는 내심 기분이 좋았지만, 쑥스러워 "과장님 그런 말 마세요."라고 하였다.

① ㉢
② ㉣
③ ㉠, ㉢
④ ㉡, ㉣
⑤ ㉢, ㉣

2020년 공기업

05 다음 중 ㉠~㉢에 들어갈 단어를 올바르게 짝지은 것은?

> • 회사 동료의 결혼식에 ___㉠___ 했다.
> • 디자인 공모전에 ___㉡___ 했다.
> • 회사 경영에 ___㉢___ 하고 있다.

	㉠	㉡	㉢
①	참석	참가	참여
②	참석	참여	참가
③	참여	참가	참석
④	참여	참석	참가
⑤	참가	참석	참여

06 다음은 우주 쓰레기에 대한 글이다. 글과 내용과 일치하는 것은?

NASA 보고에 따르면 지구 주변 우주 쓰레기는 약 3만여 개에 달한다고 한다. 이러한 우주 쓰레기는 노후한 인공위성이나 우주인이 놓친 연장 가방에서 나온 파편, 역할을 다한 로켓 부스터 등인데, 때로는 이것들이 서로 충돌하면서 작은 조각으로 부서지기도 한다.
이러한 우주 쓰레기가 심각한 이유는 연간 3 ~ 4개의 우주 시설이 이와 같은 우주 쓰레기 탓에 파괴되고 있는 탓이다. 이대로라면 GPS를 포함한 우주 기술사용이 불가능해질 수도 있다는 전망이다. 또 아주 큰 우주 쓰레기가 지상에 떨어지는 경우가 있어 각국에서는 잇따른 피해가 계속 보고되고 있다.
이에 우주 쓰레기를 치우기 위한 논의가 각국에서 지속되고 있으며, 2007년 유엔에서는 '우주 쓰레기 경감 가이드라인'을 만들기에 이르렀고, 유럽우주국은 2025년에 우주 쓰레기 수거 로봇을 발사할 계획임을 밝혔다.
이 우주 쓰레기 수거 로봇은 스위스에서 개발한 것으로 4개의 팔을 뻗어 지구 위 800km에 있는 소형 위성 폐기물을 감싸 쥐고 대기권으로 진입하는 방식으로 우주 쓰레기를 수거하는데, 이때 진입하는 과정에서 마찰열에 의해 우주선과 쓰레기가 함께 소각되어지게 된다.
이 외에도 고열을 이용해 우주 쓰레기를 태우는 방법, 자석으로 쓰레기를 끌어들여 궤도로 떨어뜨리는 방법, 쓰레기에 레이저를 발사해 경로를 바꾼 뒤 지구로 떨어뜨리는 방법, 위성 제작 시 수명이 다 하면 분해에 가깝게 자체 파괴되도록 제작하는 방법 등이 있다.
실제로 2018년 영국에서 작살과 그물을 이용해 우주 쓰레기를 수거하는 실험에 성공한 적이 있다. 하지만, 한 번에 100kg 정도의 쓰레기밖에 처치하지 못해 여러 번 발사해야 한다는 점, 비용이 많이 든다는 점, 자칫 쓰레기 폭발을 유도해 파편 숫자만 늘어난다는 점 등이 단점이었다.
이러한 우주 쓰레기 처리는 전 국가의 과제이지만, 천문학적 세금이 투입되는 사업이라 누구도 선뜻 나서지 못하는 것이 현 상황이다. 하루 빨리 우주개발 국가 공동의 기금을 마련해 대책을 마련하지 않는다면, 인류의 꿈은 이러한 우주 쓰레기에 발목 잡힌다 해도 과언이 아닐 것이다.

① 우주 쓰레기들이 서로 충돌하게 되면 우주 쓰레기의 개수는 더 적어질 것이다.
② 우주 쓰레기는 우주에서 떠돌아 지구 내에는 피해가 없다.
③ 우주 쓰레기 수거 로봇은 유럽에서 개발되었으며 성공적인 결과를 얻었다.
④ 우주 쓰레기를 청소하는 방법은 여러 가지가 있지만 성공한 사례는 아직까지 없다.
⑤ 우주 쓰레기 청소는 저소득국가에서는 하기 힘든 사업이다.

07 **다음 밑줄 친 단어와 같은 의미로 사용된 것은?**

> 아무래도 말을 꺼내기가 조심스럽다.

① 아이가 말을 배우기 시작했다.
② 빈칸에 들어갈 적절한 말을 찾으시오.
③ 민지와 슬기는 서로 말을 놓기로 하였다.
④ 주영이가 떠난다는 말이 퍼지기 시작했다.
⑤ 경서는 무료해 보이는 연주에게 말을 건넸다.

08 **다음 중 ㉠~㉢에 들어갈 단어를 올바르게 짝지은 것은?**

> • 제가 ㉠ (있다가 / 이따가) 다시 전화하겠습니다.
> • 주어진 시간이 다 ㉡ (돼서 / 되서) 그만 나가야 합니다.
> • 그러면 다음 주 목요일에 ㉢ (뵈요 / 봬요).

	㉠	㉡	㉢
①	있다가	돼서	뵈요
②	있다가	되서	뵈요
③	이따가	되서	뵈요
④	이따가	되서	봬요
⑤	이따가	돼서	봬요

2020년 공기업

09 **철수는 매년 말에 한 명의 세입자에게서 일정한 금액의 임대료를 지불받아 3년 후에 4,000만 원을 마련하려고 한다. 연이율이 5%이고 1년마다 복리로 계산할 때, 매년 임대료를 얼마씩 받아야 하는가?(단, $1.05^3=1.16$으로 계산한다)**

① 1,100만 원 ② 1,200만 원
③ 1,250만 원 ④ 1,300만 원 
⑤ 1,320만 원

10 작년에 동아리에 가입한 사원수는 총 90명이었다. 올해 가입한 동아리원 수는 작년에 비하여 남성은 10% 감소하고 여성은 12% 증가하여 작년보다 총 2명이 증가했다. 올해 동아리에 가입한 여성의 수는?

① 40명
② 44명
③ 50명
④ 56명
⑤ 60명

11 다음 중 서로 다른 3개의 주사위를 동시에 던졌을 때, 나온 숫자의 합이 6이 되는 확률은?

① $\frac{5}{108}$
② $\frac{1}{18}$
③ $\frac{11}{216}$
④ $\frac{7}{108}$
⑤ $\frac{1}{9}$

12 A사원이 혼자서 작업을 하면 24일이 걸리는 업무가 있다. 반면 해당 업무를 B사원이 혼자서 작업을 진행하면 120일이 걸리며, C사원이 혼자서 작업을 진행하면 20일이 걸린다. 세 사람이 함께 업무를 진행할 때 작업에 소요되는 기간은?

① 6일
② 10일
③ 12일
④ 20일
⑤ 25일

13 어떤 회사에는 속도가 다른 승강기 A, B가 있다. A승강기는 1초에 1층씩 움직이며, B엘리베이터는 1초에 2층씩 움직인다. 1층에서 A승강기를 타고 올라간 사람과 15층에서 B승강기를 타고 내려가는 사람이 동시에 엘리베이터에 탔다면 두 사람은 몇 층에서 같은 층이 되는가?

① 4층
② 5층
③ 6층
④ 8층
⑤ 10층

14 어떤 회사는 2002년부터 일정한 규칙에 따라 신입사원을 선발하고 있다. 다음 표가 2002년부터 2013년까지 매년 선발한 신입사원의 수라고 할 때, 2002년부터 2020년까지 선발한 총 신입사원의 수는?

2002년	2003년	2004년	2005년	2006년	2007년	2008년	2009년	2010년	2011년	2012년	2013년	…
1	3	6	5	6	8	16	15	16	18	36	35	

① 650명
② 680명
③ 700명
④ 710명
⑤ 750명

2020년 공기업

15 기획팀은 A팀장, B과장, C대리, D주임, E사원으로 구성되어 있다. 각자 다음과 같이 출근한다고 할 때, 기획팀 팀 구성원 중 먼저 출근한 사람부터 나열한 것으로 옳은 것은?

〈규칙〉

- E사원은 항상 A팀장보다 먼저 출근한다.
- 모든 직원은 10시 이전에 출근한다.
- B과장은 8시 30분에 출근하며, B과장보다 일찍 출근하는 팀원은 한 명뿐이다.
- C대리는 8시 이후에 출근한다.
- D주임보다 늦게 출근하는 직원은 두 명 있다.
- C대리는 팀원 중 가장 일찍 출근한다.

① C대리 – B과장 – D주임 – E사원 – A팀장
② C대리 – B과장 – E사원 – D주임 – A팀장
③ C대리 – E사원 – B과장 – D주임 – A팀장
④ E사원 – A팀장 – B과장 – D주임 – C대리
⑤ E사원 – B과장 – D주임 – C대리 – A팀장

16 김 주임은 해외 주택청약 사례와 관련된 세미나를 준비를 위해 서울 지부에서 부산 본사로 출장을 갈 예정이다. 세미나는 11월 24일 오후 2시에 시작하여 오후 6시에 끝나며, 김 주임은 당일 내려갔다 당일 세미나가 종료된 직후 올라오되, 교통비를 최소화하고 세미나 시작 2시간 전에는 부산 본사에 도착하고자 한다. 또한 김 주임은 필요한 물품을 구입하여 부산으로 출발하여야 한다. 서울 지부와 부산 본사로부터 각각 김포공항, 김해공항까지는 택시를 타고 이동하며, 소요되는 시간은 30분, 비용은 2만 원으로 동일하다. 김 주임이 서울 지부에서 부산 본사로 출장을 갔다가 서울 지부로 다시 돌아오기까지의 물품 구입비 및 교통비의 합으로 옳은 것은?(단, 물품 구매 시간은 고려하지 않는다)

〈김포공항 – 김해공항 항공편〉

항공편	출발일	출발시간	도착시간	요금(편도)
AX381	11월 24일	09:30	10:40	38,500원
TA335	11월 24일	10:40	11:40	33,000원
AC491	11월 24일	11:30	12:50	45,000원
BU701	11월 24일	12:20	13:30	29,000원

〈김해공항 – 김포공항 항공편〉

항공편	출발일	출발시간	도착시간	요금(편도)
TC830	11월 24일	18:20	19:40	44,800원
YI830	11월 24일	18:30	20:00	48,000원

〈필요물품〉

물품명	필요수량	개당가격
유리잔	2	5,000원
파일	4	1,000원
유성매직	1	2,000원
테이프	2	1,500원

① 125,500원
② 148,000원
③ 165,000원
④ 185,500원
⑤ 213,000원

17 다음은 김 주임의 7월 월급내역서이다. 8월에는 기존에 지급내역 계에서 3.3%가 공제되던 건강보험료의 보험료율이 5%로 증가하였다. 또한 기본급과 직무수당이 전월인 7월에 비해 각각 15만 원, 연장근로수당이 20만 원 더 지급되었을 때, 김 주임이 8월 지급액에서 공제 후 실수령할 금액으로 옳은 것은?(단, 주어진 내역 외에는 7월과 8월이 같다)

지급내역			공제내역		
지급내역	기본급	1,200,000	공제내역	갑근세	900,000
	직책수당	400,000		주민세	9,000
	직무수당	300,000		건강보험	99,000
	연장근로	150,000		국민연금	135,000
	심야근로	250,000		고용보험	24,000
	휴일근로	300,000		근태공제	-
	월차수당	400,000		기타	-
	합계	3,000,000		합계	1,167,000

① 1,580,000원
② 1,890,500원
③ 2,045,000원
④ 2,257,000원
⑤ 2,340,000원

2020년 공기업

18 A주임은 주말을 맞아 집에서 쿠키를 만들려고 한다. 종류별 쿠키를 만드는 데 필요한 재료와 A주임이 보유한 재료가 다음과 같을 때, A주임이 주어진 재료로 한 번에 만들 수 있는 쿠키의 종류별 개수의 조합으로 옳지 않은 것은?

쿠키 종류	1개 제작에 필요한 재료
스모어스 쿠키	박력분 10g, 버터 5g, 설탕 8g, 초코시럽 10g, 마시멜로 1개
딸기 쿠키	박력분 10g, 버터 5g, 설탕 8g, 딸기잼 20g
초코칩 쿠키	박력분 10g, 버터 5g, 설탕 8g, 초코시럽 5g, 초코칩 10개
마카다미아 쿠키	박력분 10g, 버터 10g, 설탕 8g, 마카다미아 3개

〈보유재료〉

박력분 80g, 버터 40g, 초코시럽 40g, 마시멜로 6개, 초코칩 60개, 마카다미아 12개, 설탕 80g, 딸기잼 20g

① 스모어스 쿠키 4개
② 스모어스 쿠키 2개, 초코칩 쿠키 1개
③ 딸기 쿠키 1개, 초코칩 쿠키 3개
④ 딸기 쿠키 1개, 마카다미아 쿠키 4개
⑤ 초코칩 쿠키 3개, 마카다미아 쿠키 2개

19 다음은 한국토지주택공사의 인사규정의 일부이다. 다음 규정에 따라 판단할 때, 〈보기〉의 내용 중 옳지 않은 것을 모두 고른 것은?

제34조(휴직) 직원이 다음 각 호의 어느 하나에 해당할 때에는 휴직을 명할 수 있다.
1. 신체 정신상의 장애로 2개월 이상 장기요양이 필요할 때
2. 업무로 인한 질병 또는 부상으로 6개월 이상 장기요양이 필요할 때
3. 병역법에 따른 병역의무를 위하여 징집 또는 소집되었을 때
4. 천재지변 또는 전시사변이나 그 밖의 사유로 생사 또는 소재가 불명하게 되었을 때
5. 법령에 따른 의무를 수행하기 위하여 직무를 이탈할 때
6. 국제기구, 외국기관 및 민간기업에 임시 채용되었을 때
7. 공사 업무와 유관한 분야의 해외유학을 하게 될 때
8. 만 8세 이하(취학 중인 경우에는 초등학교 2학년 이하를 말한다)의 자녀를 양육하기 위하여 필요하거나 여자직원이 임신 또는 출산하게 된 때
9. 부모, 배우자, 자녀 또는 배우자의 부모가 사고나 중병으로 간호가 필요할 때
10. 배우자가 국외근무를 하게 된 때
11. 배우자가 학위취득을 목적으로 해외유학을 하거나 본인 또는 배우자가 외국에서 1년 이상 연구나 연수하게 된 때
12. 삭제
13. 5년 이상(대학 재학 중 입사한 직원의 학위취득 목적인 경우는 예외로 한다) 재직한 직원이 직무 관련 연구과제 수행 또는 자기개발을 위하여 학습, 연구 등을 하게 된 때

제35조(휴직기간)
휴직기간은 다음 각 호와 같다.
1. 제34조 제1호의 경우 : 1년 이내로 하되, 부득이한 경우 1년의 범위에서 연장 가능
2. 제34조 제2호의 경우 : 3년 이내
3. 제34조 제3호 및 제5호의 경우 : 징집·소집기간 또는 해당 의무 수행기간
4. 제34조 제4호의 경우 : 3개월 이내
5. 제34조 제6호의 경우 : 3년 이내
6. 제34조 제7호, 제10호 및 제11호의 경우 : 3년 이내로 하되, 부득이한 경우에는 2년의 범위에서 연장 가능
7. 제34조 제8호의 경우 : 3년 이내
8. 제34조 제9호의 경우 : 1년(재직기간 중 총 3년) 이내
9. 제34조 제13호의 경우 : 1년 이내

제36조(휴직의 효력)
① 휴직자는 직원의 신분은 보유하나 직무에 종사하지 못한다.
② 휴직기간은 재직기간에 산입하지 않는다.

보기

ㄱ. 배우자가 미국에서 1년 이상 연구를 진행하게 된 A의 경우, 본인도 학위취득을 목적으로 해외유학을 가지 않는 한 휴직은 불가능하다.
ㄴ. 업무와 관련하여 해외유학을 하게 된 B의 경우, 해당 사유로 최대 3년간 휴직이 가능하다.
ㄷ. 업무 중 큰 발목 부상을 당해 8개월 이상의 치료가 필요한 C의 경우, 최대 3년의 휴직이 가능하다.
ㄹ. 인도로 출장을 갔다가 실종된 D의 경우, 3개월 이내의 휴직이 명해진다.

① ㄱ, ㄴ
② ㄱ, ㄷ
③ ㄴ, ㄷ
④ ㄴ, ㄹ
⑤ ㄷ, ㄹ

20 다음 중 밑줄 친 ㉠과 ㉡의 관계와 다른 것은?

> 제천시의 산채건강마을은 산과 하천이 어우러진 전형적인 산촌으로, 돌과 황토로 지은 8개 동의 전통 ㉠ 가옥 펜션과 한방 명의촌, 한방주 체험관, 황토 게르마늄 구들 찜질방, 약용 식물원 등의 시설을 갖추고 있다.
> 산채건강마을의 한방주 체험관에서는 전통 가양주를 만들어 보는 체험을 할 수 있다. 체험객들은 개인의 취향대로 한약재를 골라 넣어 가양주를 담그고, 자신이 직접 담근 가양주는 ㉡ 집으로 가져갈 수 있다.

① 친구(親舊) : 벗
② 수확(收穫) : 벼
③ 금수(禽獸) : 짐승
④ 계란(鷄卵) : 달걀
⑤ 주인(主人) : 임자

2020년 공기업

21 다음 밑줄 친 ㉠~㉤ 중 단어의 사용이 적절하지 않은 것은?

> 서울시는 '공동주택 공동체 활성화 공모 사업' 5년 차를 맞아 아파트 단지의 ㉠ 자생력(自生力)을 강화하도록 지원 내용을 변경할 예정이다. 기존에는 사업비 자부담률이 지원 연차와 관계없이 일괄적으로 적용되었지만, 앞으로는 연차에 따라 ㉡ 차등(次等) 적용된다. 한편, 서울시는 한 해 동안의 공동체 활성화 사업의 성과와 우수사례를 소개하고 공유하는 '공동주택 공동체 활성화 사업 우수사례발표회'를 개최하고 있다. 지난해 개최된 발표회에서는 심사를 거쳐 ㉢ 엄선(嚴選)된 우수단지의 사례를 발표한 바 있다. 올해도 이웃 간 소통과 교류를 통해 아파트 공동체를 회복하고 각종 생활 불편들을 자발적으로 해결해나가는 방안을 ㉣ 도출(導出)하여 '살기 좋은 아파트 만들기 문화'를 확산해 나갈 예정이다. 서울시 관계자는 "공동주택이라는 주거 공동체가 공동체 활성화 사업을 통해 ㉤ 지속적(持續的)으로 교류하고 소통할 수 있도록 적극적으로 지원해나가겠다."고 말했다.

① ㉠
② ㉡
③ ㉢
④ ㉣
⑤ ㉤

22 다음 중 신입사원 5명 중 가장 나이가 적은 사람과 가장 나이가 많은 사람의 나이 차는?

- 신입사원은 5명이다.
- 신입사원의 평균 나이는 28.8세이다.
- 중앙값은 28세, 최빈값은 32세이다.

① 7세
② 9세
③ 11세
④ 13세
⑤ 15세

CHAPTER 05 서울교통공사

정답 및 해설 109p

01 다음 중 〈보기〉와 관련된 자기인식에 대한 설명으로 옳지 않은 것은?

보기

㉠ 이력서에 적힌 개인정보를 바탕으로 보직이 정해졌다.
㉡ 일을 하면서 몰랐던 적성을 찾았다.
㉢ 지시에 따라 적성에 맞지 않은 일을 계속하였다.
㉣ 상사가 나에게 일에 대한 피드백을 주었다.
㉤ 친한 동료와 식사를 하면서 나의 꿈을 이야기했다.
㉥ 나의 평판에 대해 직장 동료나 상사에게 물어본다.

① ㉣은 눈먼 자아와 연결된다.
② ㉡은 아무도 모르는 자아와 연결된다.
③ ㉠은 공개된 자아와 연결된다.
④ ㉥은 숨겨진 자아와 연결된다.
⑤ 조셉과 해리 두 심리학자가 '조해리의 창' 이론을 만들었다.

※ 다음은 스마트 스테이션에 관한 자료이다. 다음 자료를 보고 이어지는 질문에 답하시오. **[2~4]**

서울 지하철 2호선에 '스마트 스테이션'이 본격 도입된다. 서울교통공사는 현재 분산되어 있는 분야별 역사 관리 정보를 정보통신기술(ICT)을 기반으로 통합·관리할 수 있는 '스마트 스테이션'을 내년(2021년) 3월까지 2호선 50개 전 역사에 구축한다고 밝혔다.
스마트 스테이션은 올해 4월 지하철 5호선 군자역에서 시범 운영됐다. 그 결과 순회 시간이 평균 28분에서 10분으로 줄고, 돌발 상황 시 대응 시간이 평균 11분에서 3분으로 단축되는 등 안전과 보안, 운영 효율이 향상된 것으로 나타났다.
스마트 스테이션이 도입되면 3D맵, IoT센서, 지능형 CCTV 등이 유기적으로 기능하면서 하나의 시스템을 통해 보안, 재난, 시설물, 고객서비스 등 통합적인 역사 관리가 가능해진다. 3D맵은 역 직원이 역사 내부를 3D 지도로 한 눈에 볼 수 있어 화재 등의 긴급 상황이 발생했을 때 신속 대응에 도움을 준다. 지능형 CCTV는 화질이 200만 화소 이상으로 높고, 객체 인식 기능이 탑재되어 있어 제한구역의 무단침입이나 역사 화재 등이 발생했을 때 실시간으로 알려준다. 지하철 역사 내부를 3차원으로 표현함으로써 위치별 CCTV 화면을 통한 가상순찰도 가능하다.
서울교통공사는 기존 통합 모니터링 시스템을 개량하는 방식으로 2호선 내 스마트 스테이션의 도입을 추진한다. 이와 관련해 지난달 L통신사 컨소시엄과 계약을 체결하였다. 이번 계약에는 군자역에 적용된 스마트 스테이션 기능을 보완하는 내용도 들어 있다. 휠체어를 자동으로 감지하여 역 직원에게 통보해주는 기능을 추가하는 등 교통약자 서비스를 강화하고, 직원이 역무실 밖에서도 역사를 모니터링할 수 있도록 모바일 버전을 구축하는 것이 주요 개선사항이다.
서울교통공사는 2호선을 시작으로 점진적으로 전 호선에 스마트 스테이션 도입을 확대해 나갈 예정이다. 또 스마트 스테이션을 미래형 도시철도 역사 관리 시스템의 표준으로 정립하고, 향후 해외에 수출할 수 있도록 기회를 모색해 나갈 계획이라고 밝혔다.

〈스마트 스테이션의 특징〉

- 역무실 공백 상태가 줄어든다.
- 상황 대응이 정확하고 빨라진다.
- 출입관리가 강화된다.

〈일반 CCTV와 지능형 CCTV의 특징〉

구분	일반 CCTV	지능형 CCTV
특징	사람이 영상을 항시 감시·식별	영상분석 장치를 통해 특정 사람, 사물, 행위 등을 인식
장단점	- 유지보수가 용이함 - 24시간 모니터링 필요 - 모니터링 요원에 의해 사건·사고 인지	- 정확한 식별을 통한 관리의 용이성 - 자동화된 영상분석 장치를 통해 특정 상황 발생 시 알람 등을 이용해 관제요원에게 통보 - 개발이 어려움

02 다음 중 기사문의 내용과 일치하는 것은?

① 스마트 스테이션은 2020년 말까지 2호선 전 역사에 구축될 예정이다.
② 스마트 스테이션은 2019년 4월에 처음으로 시범 운영되었다.
③ 현재 5호선 군자역에서는 분야별 역사 관리 정보를 통합하여 관리한다.
④ 현재 군자역의 직원은 역무실 밖에서도 모바일을 통해 역사를 모니터링할 수 있다.
⑤ 2호선에 도입될 스마트 스테이션에는 새롭게 개발된 통합 모니터링 시스템이 적용된다.

03 다음 중 일반 역(스테이션)의 특징으로 옳지 않은 것은?

① 스마트 스테이션에 비해 순찰 시간이 짧다.
② 스마트 스테이션에 비해 운영비용이 많이 든다.
③ 스마트 스테이션에 비해 돌발 상황에 대한 대응 시간이 길다.
④ 스마트 스테이션에 비해 더 많은 인력이 필요하다.
⑤ 스마트 스테이션에 비해 사건·사고 등을 실시간으로 인지하기 어렵다.

04 다음은 스마트 스테이션의 3D맵이다. 다음을 보고 판단한 내용으로 옳지 않은 것은?

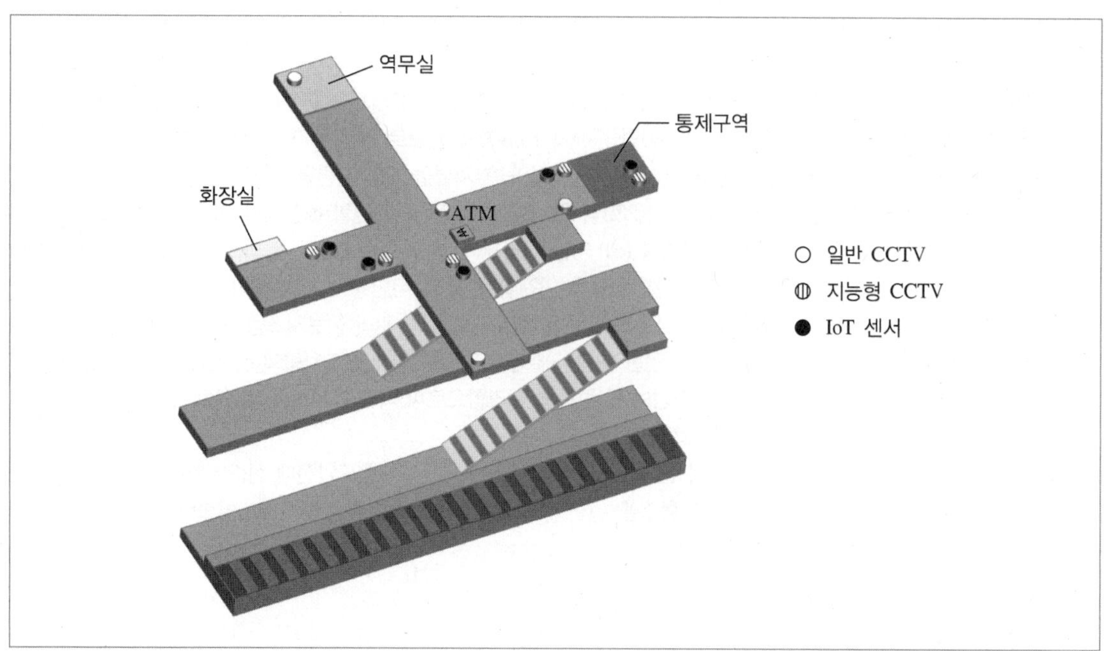

① 역무실의 CCTV는 고장이 나더라도 유지보수가 용이하다.
② ATM기 오른편의 CCTV보다 맞은편의 CCTV를 통해 범죄자 얼굴을 쉽게 파악할 수 있다.
③ 역 내에 지능형 CCTV와 IoT센서는 같이 설치되어 있다.
④ 통제 구역의 CCTV는 침입자를 실시간으로 알려준다.
⑤ 역무실에서는 역 내의 화장실 주변에 대한 가상순찰이 가능하다.

※ 다음은 철도국의 2020년 예산안에 관한 글이다. 다음 글을 읽고 이어지는 질문에 답하시오. **[5~6]**

〈철도국 2020년 예산안〉

국토교통부는 철도망 확충을 통한 지역 균형 발전과 촘촘한 철도안전 기반 조성을 위해 2020년 철도국 예산 정부안을 지난해(5.3조 원) 대비 19.3% 증가한 6.3조 원으로 편성하였다.

철도국 2020년 예산안은 고속·일반 철도 등 6개 분야(프로그램) 총 68개 세부사업으로 구성하였으며, 이 중 철도 부문 5개 분야 예산은 건설공사 설계, 착수 및 본격 추진, 안전 강화 등을 위한 필수 소요를 반영하여 증액 편성하였다. 특히 노후화된 철도시설 개량, 부족한 안전·편의시설에 대한 수요 증가 등으로 철도안전 분야 예산을 큰 폭으로 증액(10,360억 원 → 15,501억 원)하였다. 한편 예비타당성조사 면제사업의 조속한 추진 등을 위해 9개 사업을 신규로 선정하여 775억 원을 편성하였으며, 2020년에는 익산~대야 복선전철 등 5개 노선을 개통할 계획이다.

철도국 2020년 예산안의 주요 특징을 살펴보면, 먼저 수도권 교통 혼잡 해소를 위한 GTX-A·B·C 등의 노선을 본격 추진할 예정이다. 수도권 내 만성적인 교통난으로 인한 시민 불편을 획기적으로 개선하기 위해 수도권광역급행철도(GTX) 및 신안산선 등 광역철도 건설사업의 차질 없는 추진을 위한 적정 소요를 반영하여 관련 예산을 3,650억 원에서 4,405억 원으로 증액하였다. GTX는 지하 40m 이하의 대심도로 건설하여 평균 약 100km/h로 운행하는 신개념 고속전철 서비스로, 수도권 외곽지역에서 서울 도심까지 30분 내로 이동이 가능하다. 경기 서북부와 서울 도심, 경기 동남부를 가로지르는 GTX-A노선(파주 운정~동탄)의 경우 착공 후 현장 공사 추진 중으로, 2020년 공사 본격 추진을 위한 보상비, 건설보조금 등으로 1,350억 원을 편성하였다. 수도권 동북부와 남부지역을 잇는 GTX-C노선(양주 덕정~수원)은 예비타당성조사 통과 후 기본계획수립 중으로, 2020년 민간투자시설사업기본계획(RFP) 수립 등을 위해 10억 원이 신규 반영되었다. 아울러 지난 8월 서부 수도권과 동부 수도권을 횡으로 연결하는 GTX-B노선(송도~남양주 마석)의 예비타당성 조사 통과로 GTX 3개 노선의 사업 추진이 확정됨에 따라 신·구도심 간 균형 발전 촉진뿐만 아니라 수도권 교통지도 개편 및 노선 간 네트워크 효과를 기대하고 있다.

다음으로 노후시설 개량, 안전시설 확충 등을 위한 철도안전 투자가 강화되었다. 노후 철도시설 개량을 확대하고 시설 안전관리 및 생활 안전 지원을 강화하기 위해 10,360억 원에서 15,501억 원으로 안전 투자를 확장 편성하였다. 이를 통해 시설 노후화로 각종 안전사고가 빈발하는 도시철도(서울·부산)의 노후 시설물 개량 지원을 414억 원에서 566억 원으로 확대하고, 이용객 편의를 도모하기 위해 노후 철도역사(282억 원, 신규)의 개량을 지원할 예정이다. 또한 시설물을 안전하게 관리하고 장애 발생 시 보다 신속히 대처할 수 있도록 IoT 기반 원격제어, 센서 등을 활용한 스마트 기술도 도입된다. 철도 이용객 안전을 위한 스크린도어 등 승강장 안전시설, 건널목 안전설비, 선로 무단횡단 사고 예방을 위한 방호 울타리 설치 등 생활 안전시설의 확충을 지원할 예정이다. 한편 철도차량 및 철도시설 이력 관리 정보시스템 구축에 대한 지원도 41억 원에서 94억 원으로 확대했다. 철도차량 고장으로 인한 운행장애 건수 감소를 위해 철도차량의 전 생애주기 관리를 위한 정보망을 구축하고, 철도시설물의 이력, 상태, 속성 정보 등을 통합 관리함으로써 적정 유지보수 및 교체 주기 등을 산출하여 시설물 안전 및 유지관리의 최적화를 구현할 예정이다.

국토교통부 철도국장은 "철도국 2020년 예산은 ______________________ 철도안전에 집중·확대 투자했으며, 예비타당성 조사 면제사업, GTX 등 철도 네트워크 확충을 위한 예산도 적정 소요를 반영했다."고 밝혔다.

05 다음 중 글의 내용과 일치하지 않는 것은?

① 철도국의 2020년 예산은 지난해보다 1조 원이 증가하였다.
② 철도국 2020년 예산안에서는 철도안전 분야 예산이 약 49.6% 증가하였다.
③ 철도국 2020년 예산안에서는 GTX－C노선의 RFP 수립을 위해 예산을 새로 편성하였다.
④ 철도국 2020년 예산안에서는 노후 시설물 개량을 위한 예산을 새로 편성하였다.
⑤ 철도국 2020년 예산안에서는 철도차량 및 철도시설 이력 관리 정보시스템을 구축하기 위해 예산을 확대 편성하였다.

06 다음 중 빈칸에 들어갈 내용으로 가장 적절한 것은?

① 지역의 균형적인 발전을 위해
② 수도권의 교통난을 개선하기 위해
③ 노선 확장 공사의 차질 없는 추진을 위해
④ 잦은 열차 지연으로 낮아진 고객의 신뢰도 향상을 위해
⑤ 예상치 못한 철도안전 사고 등을 선제적으로 예방하기 위해

※ 다음은 지점이동을 원하는 직원들에 대한 자료이다. 자료를 보고 이어지는 질문에 답하시오. **[7~8]**

〈직원 기록〉

성명	1차 희망지역	보직	경력	성명	1차 희망지역	보직	경력
A	대구	시내운전	3년	H	부산	연료주입	3년
B	대전	차량관리	5년	I	서울	시내운전	6년
C	서울	연료주입	4년	J	대구	차량관리	5년
D	경기	차량관리	2년	K	광주	연료주입	1년
E	서울	시내운전	6년	L	경기	연료주입	2년
F	부산	연료주입	7년	M	부산	시내운전	8년
G	경기	차량관리	1년	N	대구	차량관리	7년

보기

- 각 지역마다 희망지역을 신청한 사람 중 2명까지 이동할 수 있다.
- 우선 희망지역이 3명 이상이면 경력이 높은 사람이 우선된다.
- 1차 희망 지역에 가지 못한 사람들은 2차 희망지역에서 다음 순위 방법으로 선정된다.
  - 보직 우선순위 '시내운전>차량관리>연료주입'
  - 보직이 같을 경우 경력이 낮은 사람 우선
- 희망지역은 3차까지 신청 가능하다.
- 3차 희망지역도 안 될 경우 지점이동을 하지 못한다.

07 **1차 희망지역인 서울과 경기지역으로 이동할 직원들이 바르게 연결된 것은?**

①

서울
E, I
경기
G, L

②

서울
C, I
경기
D, L

③

서울
E, I
경기
D, L

④

서울
C, E
경기
D, G

⑤

서울
C, I
경기
D, G

08 다음은 지점이동을 지원한 직원들의 희망지역을 정리한 표이다. 표를 참고할 때 어느 지역으로도 이동하지 못하는 직원은?

〈희망지역 신청표〉

성명	1차 희망지역	2차 희망지역	3차 희망지역	성명	1차 희망지역	2차 희망지역	3차 희망지역
A	대구	울산	부산	H	부산	광주	울산
B	대전	광주	경기	I	서울	경기	–
C	서울	경기	대구	J	대구	부산	울산
D	경기	대전	–	K	광주	대전	–
E	서울	부산	–	L	경기	서울	–
F	부산	대구	포항	M	부산	대전	대구
G	경기	광주	서울	N	대구	포항	–

① A
② C
③ G
④ H
⑤ N

2020년 공기업

안심Touch

※ 다음은 통돌이 세탁기에 대한 사용설명서이다. 설명서를 읽고 이어지는 질문에 답하시오. [9~11]

〈통돌이 세탁기 사용설명서〉

1. 기능 조작부 설명

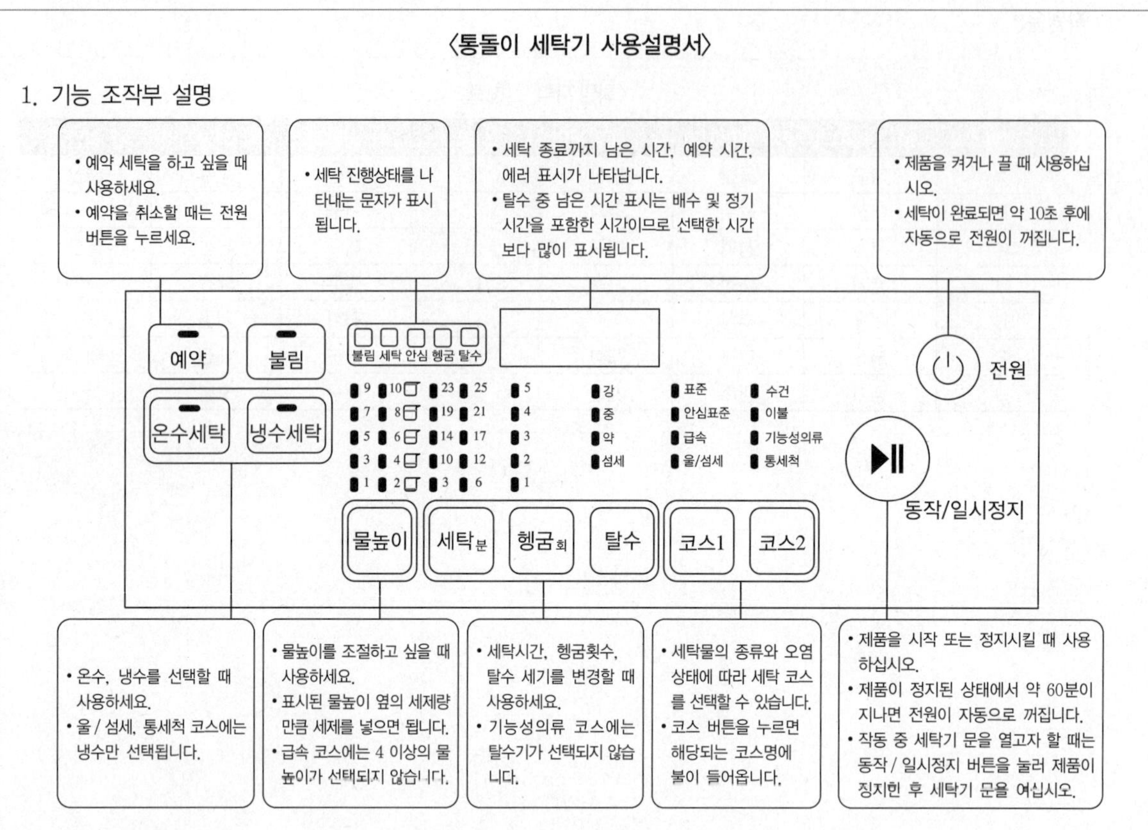

2. 제품 사용하기

1) 세탁통에 세탁물을 넣고, 전원 버튼을 누르십시오.
2) 원하는 세탁코스를 선택하십시오.
3) 표시된 물높이 옆의 세제량만큼 세제를 넣고 도어를 닫아 주십시오.
4) 동작 / 일시정지 버튼을 누르면 급수 후 세탁이 시작됩니다.

3. 기능별 소요시간

구분		소요시간
세탁	냉수세탁	12분
	온수세탁	14분
헹굼		10분/회
탈수	강	15분
	중	13분
	약	10분
	섬세	8분
불림		10분
통세척		5분

4. 세탁 코스 사용하기

구분	설명
표준	– '냉수세탁 10분 – 헹굼 2회 – 탈수(중)'의 일반적인 세탁을 해주는 코스입니다.
안심표준	– 표준 코스보다 세탁물을 깨끗하게 헹궈 주는 코스입니다.
급속	– 소량의 의류를 빠른 시간 내에 세탁할 수 있는 코스입니다. – 급속 코스의 적정 세탁량은 5.5kg 이하입니다.
울 / 섬세	– 수축이나 변형되기 쉬운 섬유, 속옷 등 섬세한 의류를 세탁해 주는 코스입니다.
수건	– 손세탁 표시가 있는 수건을 세탁해 주는 코스입니다. – 다른 의류와 분리해서 세탁하십시오.
이불	– 손세탁 표시가 있는 담요 또는 이불을 세탁해 주는 코스입니다. – 이불은 일반 세탁물과 분리하여 한 장씩 세탁하십시오.
기능성의류	– 등산복, 운동복 등 레저용 의류를 세탁해 주는 코스입니다.
통세척	– 세탁통 청소 시 사용합니다.

5. 옵션 사용하기

• 예약 : 원하는 시간에 세탁을 마치고 싶을 때 사용하십시오.

1) 전원 버튼을 누르십시오.

2) 원하는 코스를 선택하십시오.

3) 예약 버튼을 눌러 예약 시간을 맞추십시오.

예 현재 오후 1시이며 오후 7시에 세탁을 끝내고 싶을 경우 6시간 설정(7－1＝6)

– 예약 버튼에 불이 들어 오고 '3:00'가 표시됩니다.

– 지금부터 세탁을 끝내고 싶을 때까지의 시간(6:00)이 될 때까지 예약 버튼을 누르십시오.

4) 동작 / 일시정지 버튼을 누르십시오.

– 예약 시간 후에 세탁이 끝납니다.

– 예약을 취소할 때는 전원 버튼을 누르거나 예약이 취소될 때까지 예약 버튼을 반복해서 누르십시오.

※ 알아두기

– 3 ~ 18시간까지 예약이 가능하며, 3시간 미만은 예약되지 않습니다.

– 3 ~ 12시간까지는 1시간, 12 ~ 18시간까지는 2시간 단위로 예약이 가능합니다.

– 울 / 섬세, 통세척 코스는 예약이 되지 않습니다.

• 세탁 : 세탁 시간을 변경하고자 할 때 선택하는 옵션입니다.

– 세탁 버튼을 누르면 3분, 6분 순서로 변경됩니다.

– 세탁이 완료된 후 배수가 되지 않습니다. 배수가 필요할 경우 탈수 버튼을 누른 후 동작 / 일시정지 버튼을 누르십시오.

• 헹굼 : 헹굼 횟수를 변경하고자 할 때 선택하는 옵션입니다.

– 헹굼 버튼을 누르면 헹굼 1회, 헹굼 2회 순서로 변경됩니다.

– 헹굼이 완료된 후 배수가 되지 않습니다. 배수가 필요할 경우 탈수 버튼을 누른 후 동작 / 일시정지 버튼을 누르십시오.

• 탈수 : 탈수의 세기를 변경하고자 할 때 선택하는 옵션입니다.

– 탈수 버튼을 누르면 섬세, 약, 중, 강의 순서로 변경됩니다.

09 **다음 중 통돌이 세탁기의 사용법을 잘못 이해한 사람은?**

① A : 이미 작동 중인 세탁기에 세탁물을 추가로 넣으려면 먼저 동작 / 일시정지 버튼을 눌러야 하는군.
② B : 세제를 얼마나 넣어야 하나 걱정했었는데 물높이에 따른 적정 세제량이 표시되어 있어서 다행이야.
③ C : 급속 코스는 세탁물의 용량이 5.5kg 이하여야 하고, 물높이도 4 이상으로 선택할 수 없군.
④ D : 따뜻한 물로 세탁통을 청소하려면 통세척 코스를 선택한 뒤에 온수세탁을 누르면 되겠군.
⑤ E : 지금부터 2시간 뒤에 세탁이 끝나도록 예약하려고 했는데 아쉽게도 2시간은 예약 시간으로 설정할 수 없군.

10 **A씨가 다음과 같은 방법으로 세탁기를 사용한다고 할 때. A씨는 세탁기 조작부의 버튼을 총 몇 번 눌러야 하는가?**

> A씨 : 정해진 세탁 코스를 선택하지 않고, 수동으로 세탁 방법을 설정해야겠어. 먼저 19분 동안 온수세탁이 진행되도록 설정하고, 헹굼은 표준 코스보다 한 번 더 진행되도록 추가해야겠어. 마지막으로 탈수 세기가 너무 강하면 옷감이 손상될 수 있으니까 세기를 '약'으로 설정해야겠다. 아! 병원진료를 예약해둔 걸 잊어버릴 뻔 했네. 진료 시간을 생각해서 지금부터 4시간 뒤에 세탁이 끝나도록 예약 시간을 설정해야겠다.

① 13번 ② 14번
③ 15번 ④ 16번
⑤ 17번

11 다음 통돌이 세탁기 기능 조작부의 표시에 따라 세탁 시간이 가장 오래 걸리는 것은?(단, 배수 및 정지시간은 고려하지 않으며, 선택한 기능을 ⊂⊃로 표시한다)

①
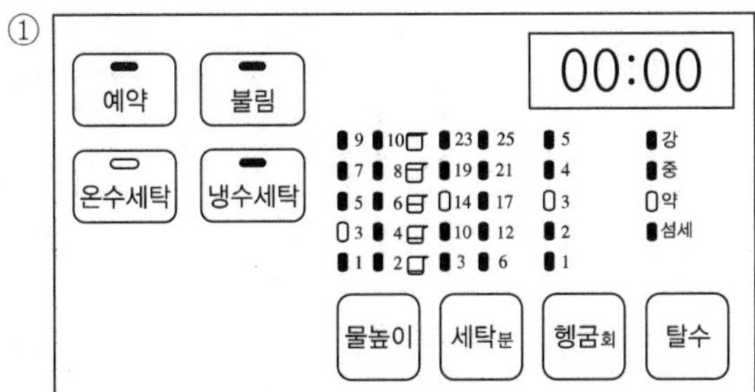

②
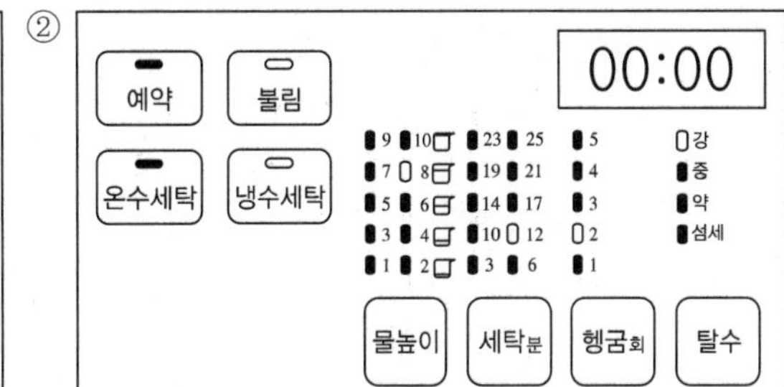

③
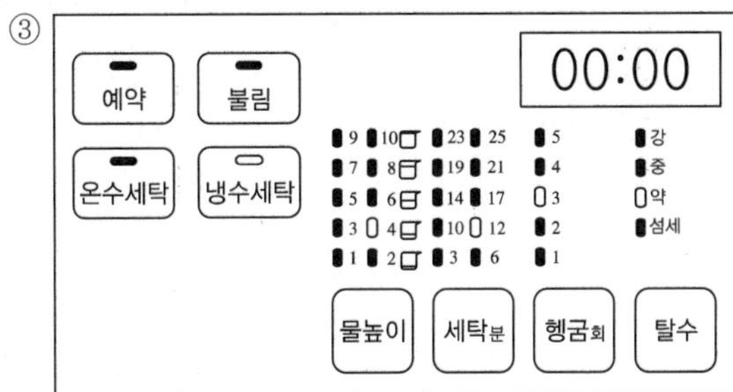

④
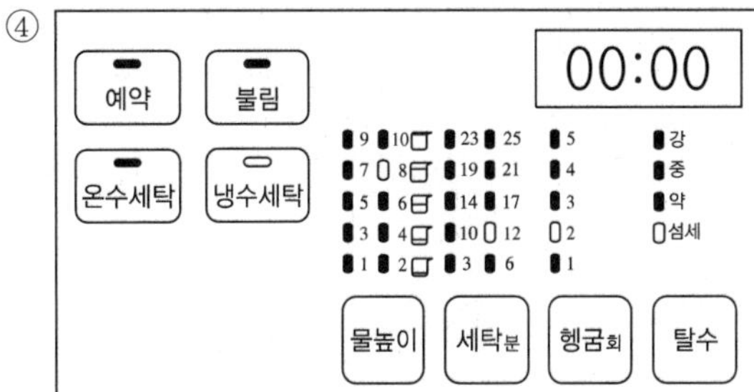

⑤
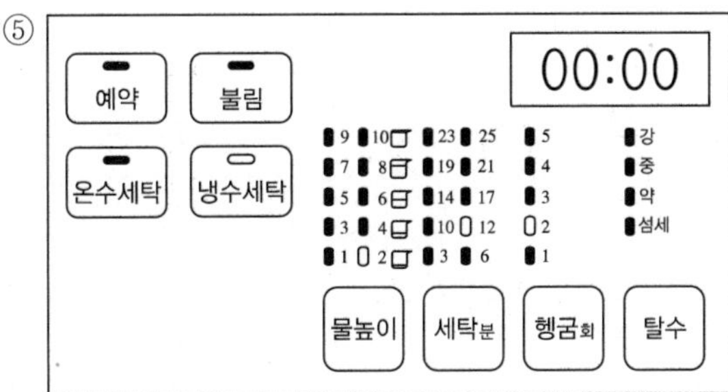

2020년 공기업

MEMO

I wish you the best of luck!

PART 3

2019년 대기업 · 공기업 기출문제

CHAPTER 01 삼성그룹

정답 및 해설 114p

| 수리논리

01 집에서 회사까지의 거리는 1.8km이다. O사원은 운동을 위해 회사까지 걷거나 자전거를 타고 출근하기로 했다. 전체 거리의 25%는 3km/h의 속력으로 걷고, 나머지 거리는 30km/h의 속력으로 자전거를 이용해서 회사에 도착했다. 출근하는 데 걸린 시간은?

① 10분 46초
② 10분 52초
③ 11분 20초
④ 11분 42초
⑤ 12분 10초

| 수리논리

02 농도가 15%인 소금물을 5% 증발시킨 후 농도가 30%인 소금물 200g을 섞어서 농도가 20%인 소금물을 만들었다. 증발 전 농도가 15%인 소금물의 양은 얼마인가?

① 350g
② 400g
③ 450g
④ 500g
⑤ 550g

| 수리논리

03 S미술관의 올해 신입사원 수는 작년에 비해 남자는 50% 증가하고, 여자는 40% 감소하여 60명이다. 작년의 전체 신입사원 수가 55명이었을 때, 올해 입사한 여자 신입사원 수는?

① 11명
② 12명
③ 13명
④ 14명
⑤ 15명

| 수리논리

04 A물고기는 한 달 만에 성체가 되어 번식을 한다. 다음과 같이 번식을 하고 있다면 12월의 물고기 수는 총 몇 마리인가?

(단위 : 마리)

구분	1월	2월	3월	4월	5월
개체 수	1	1	2	3	5

① 72마리
② 86마리
③ 100마리
④ 124마리
⑤ 144마리

| 수리논리

05 다음은 우리나라 국가채권 현황에 대한 자료이다. 이에 대한 〈보기〉의 설명 중 옳은 것을 모두 고르면?

〈우리나라 국가채권 현황〉

(단위 : 조 원)

구분	2014년		2015년		2016년		2017년	
	국가채권	연체채권	국가채권	연체채권	국가채권	연체채권	국가채권	연체채권
합계	238	27	268	31	298	36	317	39
조세채권	26	18	30	22	34	25	38	29
경상 이전수입	8	7	8	7	9	8	10	8
융자회수금	126	0	129	0	132	0	142	0
예금 및 예탁금	73	0	97	0	118	0	123	0
기타	5	2	4	2	5	3	4	2

보기

㉠ 2014년 총 연체채권은 2016년 총 연체채권의 80% 이상이다.
㉡ 국가채권 중 조세채권의 전년 대비 증가율은 2015년이 2017년보다 높다.
㉢ 융자회수금의 국가채권과 연체채권의 총합이 가장 높은 해에는 경상 이전수입의 국가채권과 연체채권의 총합도 가장 높다.
㉣ 2014년 대비 2017년 경상 이전수입 중 국가채권의 증가율은 경상 이전수입 중 연체채권의 증가율보다 낮다.

① ㉠, ㉡
② ㉠, ㉢
③ ㉡, ㉢
④ ㉡, ㉣
⑤ ㉢, ㉣

| 추리

06 다음 제시된 낱말의 대응 관계로 볼 때 빈칸에 들어가기에 알맞은 것을 고르면?

> 응분 : 과분 = 겸양하다 : (　　)

① 강직하다
② 너그럽다
③ 쩨쩨하다
④ 겸손하다
⑤ 젠체하다

| 추리

07 다음 짝지어진 단어 사이의 관계가 나머지와 다른 하나를 고르면?

① 견사 – 비단
② 오디 – 뽕잎
③ 콩 – 두부
④ 포도 – 와인
⑤ 우유 – 치즈

| 추리

08 어젯밤 회사에 남아있던 A～E 5명 중에서 창문을 깬 범인을 찾고 있다. 범인은 2명이고, 범인은 거짓을 말하며, 범인이 아닌 사람은 진실을 말한다고 한다. 5명의 진술이 다음과 같을 때, 다음 중 동시에 범인이 될 수 있는 사람끼리 짝지어진 것은?

> A : B와 C가 함께 창문을 깼어요.
> B : A가 창문을 깨는 것을 봤어요.
> C : 저랑 E는 확실히 범인이 아니에요.
> D : C가 범인이 확실해요.
> E : 제가 아는데, B는 확실히 범인이 아닙니다.

① A, B
② A, C
③ B, C
④ C, D
⑤ D, E

| 추리

09 S전자 마케팅부 직원 A ~ J 10명이 점심식사를 하러 가서, 다음 조건에 따라 6인용 원형테이블 2개에 각각 4명, 6명씩 나눠 앉았다. 다음 중 항상 거짓인 것을 고르면?

조건

- A와 I는 빈 자리 하나만 사이에 두고 앉아 있다.
- C와 D는 1명을 사이에 두고 앉아 있다.
- F의 양 옆 중 오른쪽 자리만 비어 있다.
- E는 C나 D의 옆자리가 아니다.
- H의 바로 옆에 G가 앉아 있다.
- H는 J와 마주보고 앉아 있다.

① A와 B는 같은 테이블이다.
② H와 I는 다른 테이블이다.
③ C와 G는 마주보고 앉아 있다.
④ A의 양 옆은 모두 빈 자리이다.
⑤ D의 옆에 J가 앉아 있다.

| 추리

10 다음 제시된 도형의 규칙을 보고 ?에 들어갈 알맞은 것을 고르면?

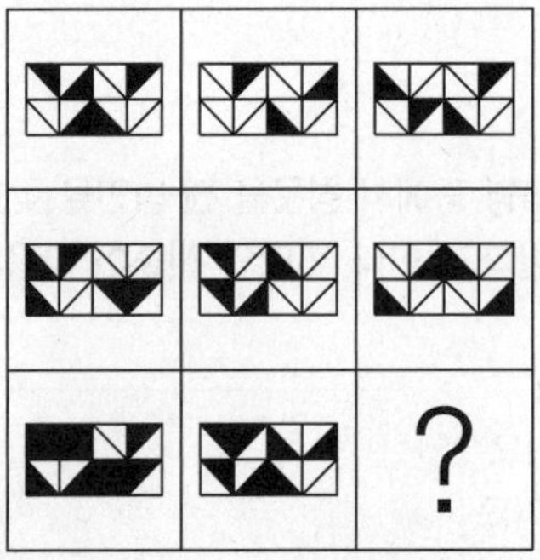

?

①

②

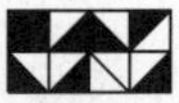

③

④

⑤

CHAPTER 02 현대자동차그룹

정답 및 해설 117p

▎언어이해

01 **제시된 문장을 논리적인 순서대로 알맞게 배열했을 때 다음 순서에 들어갈 문단으로 옳은 것은?**

> (가) 왜냐하면 일반적으로 외부에서 작용하는 힘이 없다면 운동량은 보존되기 때문이다. 이렇게 하여 결국 달의 공전 궤도는 점점 늘어나고, 달은 지구로부터 점점 멀어지는 것이다.
>
> (나) 실제로 지구의 자전 주기는 매년 100만 분의 17초 정도 느려지고 달은 매년 38mm씩 지구에서 멀어지고 있다. 이처럼 지구의 자전 주기가 점점 느려지기 때문에 지구의 1년의 날수는 점차 줄어들 수밖에 없다.
>
> (다) 한편 지구보다 작고 가벼운 달의 경우에는 지구보다 더 큰 방해를 받아 자전 속도가 더 빨리 줄게 된다.
>
> (라) 그러나 이렇게 느려지더라도 하루가 25시간이 되려면 2억 년은 넘게 시간이 흘러야 한다.
>
> (마) 그리고 이 힘은 지구와 달 사이의 거리에 따라 다르게 작용하여 달과 가까운 쪽에는 크게, 그 반대쪽에는 작게 영향을 미치게 된다.
>
> (바) 이렇게 지구와 달은 서로의 인력 때문에 자전 속도가 줄게 되는데, 이 자전 속도와 관련된 운동량은 '지구 – 달 계' 내에서 달의 공전 궤도가 늘어나는 것으로 보존된다.
>
> (사) 결국 지구 표면은 달의 인력과 지구 – 달의 원운동에 의한 원심력의 영향을 받아 양쪽이 부풀어 오르게 된다. 이때 달과 가까운 쪽 지구의 '부풀어 오른 면'은 지구와 달을 잇는 직선에서 벗어나 지구 자전 방향으로 앞서게 되는데, 그 이유는 지구가 하루 만에 자전을 마치는데 비해 달은 한 달 동안 공전 궤도를 돌기 때문이다. 달의 인력은 이렇게 지구 자전 방향으로 앞서가는 부풀어 오른 면을 반대 방향으로 다시 당기고, 그로 인해 지구의 자전은 방해를 받아 속도가 느려진다.
>
> (아) 지구의 하루는 왜 길어지는 것일까? 그것은 바로 지구의 자전이 느려지기 때문이다. 지구의 자전은 달과 밀접한 관련을 맺고 있다. 지구가 달을 끌어당기는 힘이 있듯이 달 또한 지구를 끌어당기는 힘이 있다. 달은 태양보다 크기는 작지만 지구와의 거리는 태양보다 훨씬 가깝기 때문에 지구의 자전에 미치는 영향은 달이 더 크다. 달의 인력은 지구의 표면을 부풀어 오르게 한다.

	3번째	6번째
①	(가)	(사)
②	(사)	(가)
③	(나)	(다)
④	(아)	(라)
⑤	(다)	(바)

2019년 기출문제

02 다음은 회계팀의 A, B, C, D, E가 근무하는 사무실 배치도와 이들의 대화 내용이다. 이들 중 2명은 거짓만 말하고 나머지는 진실만을 말할 때, 거짓을 말하는 사람으로 옳게 짝지어진 것은?

〈회계팀 자리배치도〉

<table>
<tr><td>자리1</td><td>자리2</td><td rowspan="2">자리5</td></tr>
<tr><td>자리3</td><td>자리4</td></tr>
</table>

※ 팀장은 자리5에 앉으며 팀원 모두를 바라보며 앉는다.

※ 자리1과 자리3에 앉은 사람은 서로 마주 보며 앉고 자리2와 자리4에 앉은 사람도 서로 마주 보며 앉는다.

A : 나는 모두가 보이는 자리에 앉아 있는데 사실 난 자리3에 앉아 있는 B가 부러워.
B : 나는 양옆에 팀원이 있어서 불편해.
C : 난 내 바로 왼쪽에 팀장님이 계셔서 오히려 편한 것 같고, A가 내 오른쪽 옆자리여서 좋아.
D : 팀장인 내가 할 소리는 아닌 것 같지만 내 자리가 제일 좋은 것 같아.
E : 내 앞에 B가 보이는데 옆자리 팀원도 1명뿐이잖아? 오히려 내 옆에 앉은 D가 불편해보여.

① A, B
② A, E
③ B, C
④ B, D
⑤ D, E

논리판단

03 다음 명제가 참일 때 추론할 수 있는 것은?

- 전날 야근을 하면 다음날 피곤하다.
- 피곤한 날에는 아침에 늦잠을 잔다.
- 늦잠을 자면 아침 조회에 늦는다.
- 목요일에만 아침 조회를 한다.

① 전날 야근을 하지 않으면 다음날 피곤하지 않다.
② 아침 조회에 늦지 않으려면 수요일에 야근을 하면 안 된다.
③ 목요일에는 피곤하면 안 된다.
④ 피곤한 날에는 아침 조회를 하지 않는다.
⑤ 아침에 늦잠을 자지 않으면 다음날 아침 조회를 한다.

논리판단

04 H사는 다음과 같이 통근버스를 운행하고 있다. H사 직원과 이용하는 통근버스로 바르게 짝지어진 것은?

- 본사에 근무하는 A과장, B대리와 본사 근처 지사에 근무하는 C주임, D사원은 통근버스를 이용한다.
- 본사와 본사 근처 지사에서 운행하는 통근버스는 빨간색 버스, 노란색 버스, 파란색 버스 총 3대이다.
- 빨간색 버스는 본사와 본사 근처 지사의 직원이 모두 이용할 수 있고, 노란색 버스는 본사 직원만, 파란색 버스는 본사 근처 지사의 직원만 이용할 수 있다.
- 빨간색 버스는 본사의 직원들을 먼저 내려준다.
- 빨간색 버스와 노란색 버스가 본사에 도착하는 시각과 파란색 버스가 본사 근처 지사에 도착하는 시각은 같다.
- A과장과 B대리는 서로 다른 통근버스를 이용한다.
- B대리가 이용하는 통근버스는 D사원의 이용이 불가능한 버스이다.
- A과장이 C주임보다 회사에 빨리 도착한다.
- 각 통근버스는 A과장, B대리, C주임, D사원 중 최소 1명씩은 이용한다.

① A과장 - 빨간색 버스
② A과장 - 노란색 버스
③ B대리 - 빨간색 버스
④ C주임 - 파란색 버스
⑤ D사원 - 빨간색 버스

2019년 기출문제

05 주어진 도표를 이용해 빈칸을 완성한 후 모든 숫자를 더하면?(단, 소수점 이하 셋째 자리에서 반올림한다)

〈기관유형별 정규직 과학기술연구개발인력 신규채용 및 직전경력〉

(단위 : 명)

구분		2018(직전경력)							
		합계	공공부문	민간부문	국내 타대학	해외대학	비영리단체	기타	경력없음
합계	여성	3,017	160	835	339	47	18	138	1,480
	남성	10,575	488	3,625	1,157	216	16	502	4,571
이공계 대학	여성	336	23	64	129	18	1	48	53
	남성	1,056	119	341	281	93	2	86	134
공공 연구기관	여성	430	116	74	60	20	3	23	134
	남성	1,290	308	192	154	114	2	81	439
민간기업 연구기관	여성	2,251	21	697	150	9	14	67	1,293
	남성	8,229	61	3,092	722	9	12	335	3,998

※ 빈칸에 소수점 이하는 점을 생략하고 기입한다.

	1.		2.
4.			
3.			

〈가로〉

1. 이공계 대학에서 신규 채용한 인원 중 직전경력이 공공부문, 민간부문, 국내 타대학 그리고 비영리단체인 남성은 여성보다 몇 명 더 많은가?
3. 남녀전체 신규 채용한 인원 중 이공계 대학과 공공연구기관에 채용된 여성 인원이 차지하는 비중(%)과 신규 채용된 전체 남성 인원 대비 경력없음인 전체 남성 인원이 차지하는 비중(%)의 합은?

〈세로〉

2. 공공연구기관 신규채용 전체 남성 인원 대비 전체 여성 인원 비율과 민간기업 연구기관 신규채용 인원 중 직전경력이 없는 남성 대비 여성 인원 비율(%)의 합은?
4. 신규 채용된 전체 여성들 중 직전경력에서 인원이 두 번째로 낮은 부문의 공공연구기관과 민간기업 연구기관에 신규 채용된 남성 인원 차와 해외대학 부문에서 민간기업 연구기관에 채용된 여성 인원과의 곱은?

① 64 ② 65

③ 66 ④ 67

⑤ 68

| 정보추론

06 다음 지문의 내용을 그래프로 바르게 옮긴 것은?

> 2019년을 기준으로 신규투자 금액은 평균 43.48백만 원으로 나타났으며, 유지보수 금액으로는 평균 32.29백만 원을 사용한 것으로 나타났다. 반면, 2020년 예상 투자액의 경우 신규투자 금액은 10.93백만 원 감소한 ㉠원으로 예상하였으며, 유지보수 금액의 경우 0.11백만 원 증가한 ㉡원으로 예상하고 있다.

①
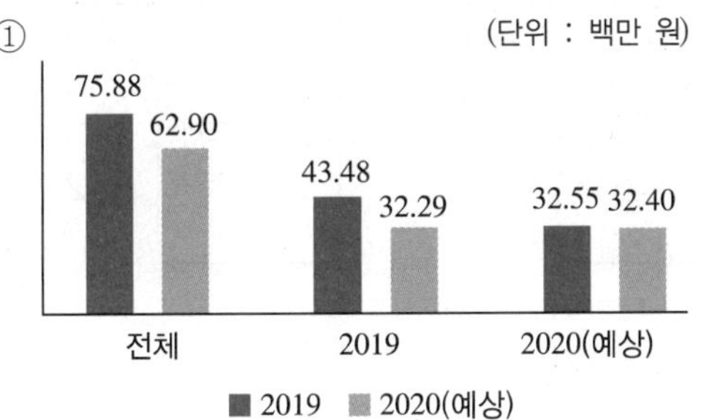

②
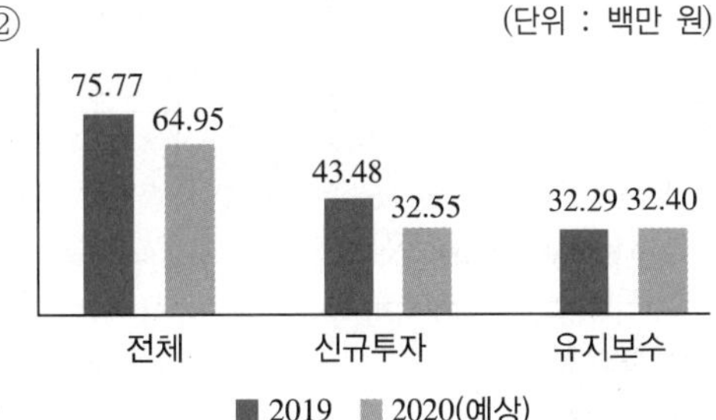

③
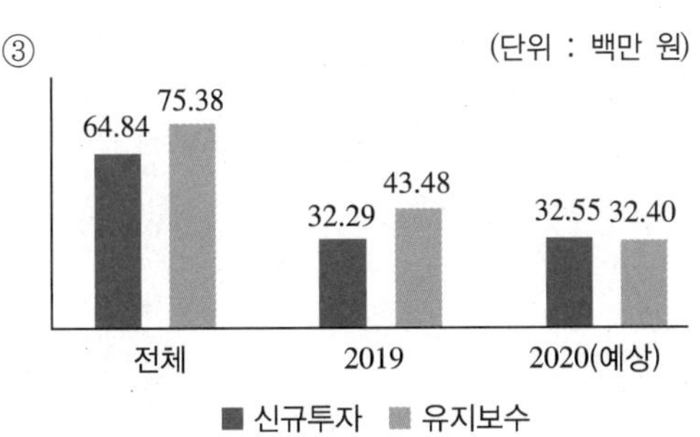

④
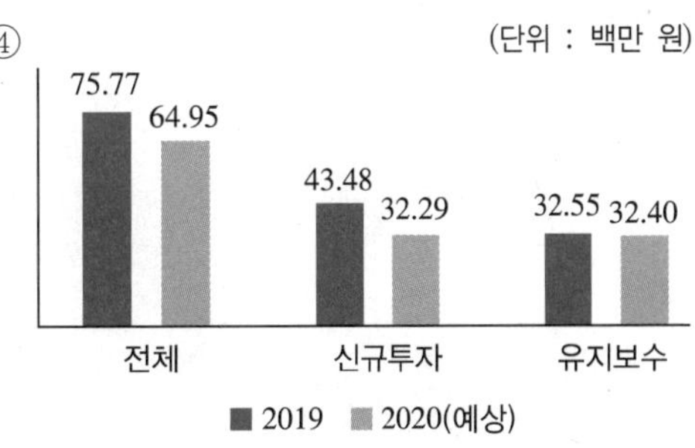

⑤
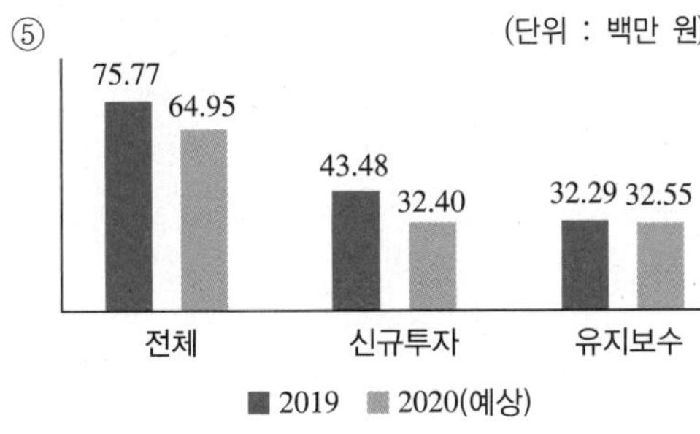

※ 다음 전개도를 접어 3차원 공간에서 이동시켰을 때, 처음과 끝이 다음과 같았다. 이동한 방향으로 옳은 것을 고르시오(단, 정육면체는 회전하면서 이동한다). **[7~8]**

공간지각

07

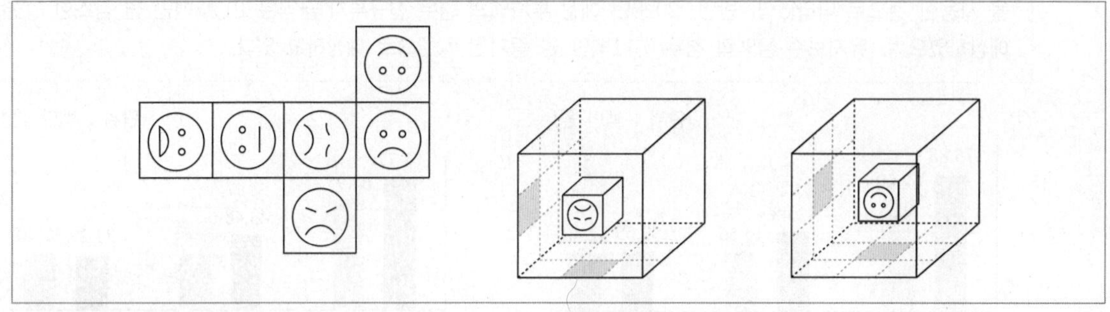

① 후좌후
② 후좌우
③ 우후좌
④ 후우좌
⑤ 좌좌후

공간지각

08

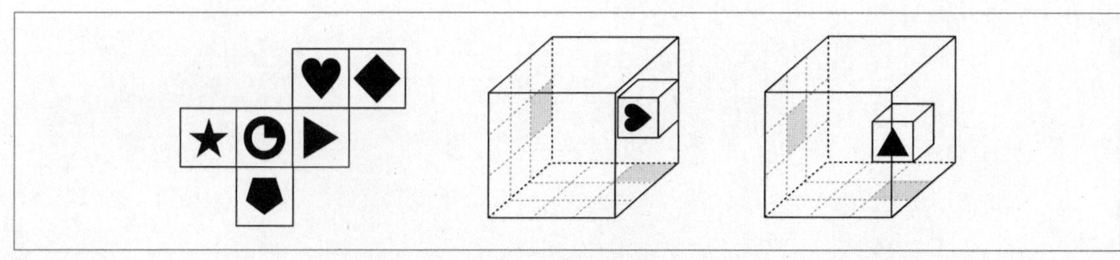

① 좌전우
② 좌우전
③ 전우좌
④ 전좌우
⑤ 전전후

CHAPTER 03 LG그룹

정답 및 해설 120p

❙ 언어이해

01 다음 글을 통해 글쓴이가 말하고자 하는 것으로 가장 적절한 것은?

> 프랜시스 베이컨은 사람을 거미와 같은 사람, 개미와 같은 사람, 꿀벌과 같은 사람 세 종류로 나누어 보았다.
> 첫째, '거미'와 같은 사람이 있다. 거미는 벌레들이 자주 날아다니는 장소에 거미줄을 쳐놓고 숨어 있다가, 벌레가 거미줄에 걸리면 슬그머니 나타나 잡아먹는다. 거미와 같은 사람은 땀 흘려 노력하지 않으며, 누군가 실수하기를 기다렸다가 그것을 약점으로 삼아 그 사람의 모든 것을 빼앗는다.
> 둘째, '개미'와 같은 사람이 있다. 개미는 부지런함의 상징이 되는 곤충이다. 더운 여름에도 쉬지 않고 땀을 흘리며 먹이를 물어다 굴속에 차곡차곡 저장한다. 그러나 그 개미는 먹이를 남에게 나누어 주지는 않는다. 개미와 같은 사람은 열심히 일하고 노력하여 돈과 재산을 많이 모으지만, 남을 돕는 일에는 아주 인색하여 주변 이웃의 불행을 모른 체하며 살아간다.
> 셋째, '꿀벌'과 같은 사람이 있다. 꿀벌은 꽃의 꿀을 따면서도 꽃에 상처를 남기지 않고, 이 꽃 저 꽃으로 날아다니며 열매를 맺도록 도와준다. 만약 꿀벌이 없다면 많은 꽃은 열매를 맺지 못할 것이다. 꿀벌과 같은 사람은 책임감을 갖고 열심히 일하면서도 남에게 도움을 준다. 즉, 꿀벌과 같은 사람이야말로 우리 사회에 반드시 있어야 할 이타적 존재이다.

① 노력하지 않으면서 성공을 바라는 사람은 결코 성공할 수 없다.
② 다른 사람의 실수를 모른 체 넘어가 주는 배려를 해야 한다.
③ 자신의 일만 열심히 하다 보면 누군가는 반드시 알아본다.
④ 맡은 바 책임을 다하면서도 남을 돌볼 줄 아는 사람이 되어야 한다.
⑤ 자신의 삶보다 이웃의 삶을 소중하게 돌봐야 한다.

| 언어추리

02 A, B, C, D, E, F 6명은 L카페에서 일을 하고 있다. L카페는 일주일을 매일 오전과 오후 2회로 나누고, 각 근무시간에 2명의 직원을 근무시키고 있다. 각 직원은 일주일 중에 최소 4회에서 최대 5회 근무를 해야 한다고 할 때, 다음 〈조건〉을 충족시키도록 근무 계획을 짜려고 한다. 항상 옳은 것은?

조건

- A는 오전에 근무하지 않으며 E와 2회 함께 근무한다.
- B는 수요일에 오전, 오후를 전부 근무한다.
- C는 월요일과 수요일을 제외하고는 매일 1회 근무한다.
- D와 F는 주말을 제외한 날의 오전에만 근무할 수 있다.
- E는 월요일부터 금요일까지는 근무하지 않는다.
- D는 F가 근무하는 시간에 근무했다.

① A는 C와 함께 일하지 않는다.
② B는 월요일에 일하지 않는다.
③ F는 오후에 한 번 근무한다.
④ 주말에는 E가 A, C와 근무를 한다.
⑤ D는 일주일에 총 5회 근무한다.

| 언어추리

03 늑대, 사자, 여우, 치타, 표범, 퓨마, 호랑이가 달리기 시합을 했다. 다음과 같은 결과가 나타났다고 할 때, 항상 참인 것은?

㉠ 여우는 치타보다 느리고 퓨마보다는 빠르다.
㉡ 늑대는 치타보다 빠르고 호랑이보다 느리다.
㉢ 사자와 동시에 도착한 동물이 있고, 치타보다 빠르다.
㉣ 치타는 두 마리 동물보다 빠르고 동시에 도착한 동물들보다 느리다.
㉤ 호랑이는 표범보다 느리고 동시에 도착한 동물들보다 빠르다.

① 사자는 호랑이보다 빠르다.
② 여우는 늑대보다 빠르다.
③ 호랑이는 늑대보다 느리다.
④ 사자는 늑대보다 느리다.
⑤ 늑대는 사자와 동시에 도착했다.

❙ 수리력

04 다음 시계는 일정한 규칙을 갖는다. $A\times B$의 값은?

① 55 ② 62
③ 65 ④ 70
⑤ 84

❙ 수리력

05 L사의 연구실에는 A, B, C 직원이 있다. 하나의 보고서를 혼자 작성하면 각각 A직원은 a일, B직원은 b일, C직원은 c일이 걸린다. 보고서를 A직원과 B직원이 함께 작성하면 3일이 걸리고, B직원과 C직원이 함께 작성하면 4일이 걸린다. A직원은 B직원보다 3배 빠른 속도로 일한다고 할 때, C직원 혼자 보고서를 쓰는 데 걸리는 기간은?

① 6일 ② 7일
③ 8일 ④ 9일
⑤ 10일

2019년 기출문제

❙ 수리력

06 가현이는 강의 A지점에서 B지점까지 일정한 속력으로 수영하여 왕복하였다. 가현이가 강물이 흐르는 방향으로 수영을 하면서 걸린 시간은 반대방향으로 거슬러 올라가며 걸린 시간의 0.2배라고 한다. 가현이가 수영한 속력은 강물의 속력의 몇 배인가?

① 0.5배 ② 1배
③ 1.5배 ④ 2배
⑤ 2.5배

07 다음은 사고유형별 사건 발생 현황에 관한 일부자료이다. 이에 대한 설명으로 옳지 않은 것은?

〈사고유형별 사건 발생 현황〉

(단위 : 건)

구분	2010년	2011년	2012년	2013년	2014년	2015년	2016년
전체	280,607	286,851	303,707	294,707	297,337	315,736	303,578
도로교통	226,878	221,711	223,656	215,354	223,552	232,035	220,917
화재	41,863	43,875	43,249	40,932	42,135	44,435	43,413
산불	282	277	197	296	492	623	391
열차	181	177	130	148	130	85	62
지하철	136	100	110	84	79	53	61
폭발	41	49	48	61	48	41	51
해양	1,627	1,750	1,632	1,052	1,418	2,740	2,839
가스	134	126	125	72	72	72	122
유도선	1	–	11	5	11	21	25
환경오염	102	68	92	244	316	246	116
공단내시설	22	11	11	20	43	41	31
광산	34	27	60	82	41	32	37
전기(감전)	585	581	557	605	569	558	546
승강기	129	97	133	88	71	61	42

① 전기(감전) 사고는 2013년부터 매년 계속 감소하는 모습을 보이고 있다.
② 화재 사고는 전체 사고 건수에서 매년 13% 이상 차지하고 있다.
③ 해양 사고는 2010년 대비 2016년에 약 74.5%의 증가율을 보였다.
④ 환경오염 사고는 2016년에 전년 대비 약 −45.3%의 감소율을 보였다.
⑤ 전체 사고 건수에서 도로교통 사고의 비율은 2010년에 가장 높았다.

정답 및 해설 122p

| 인지역량 I – 수리(검사 B)

01 길이가 1cm씩 일정하게 길어지는 사각형 n개의 넓이를 모두 더하면 255cm2이 된다. n개의 사각형을 연결했을 때 전체 둘레는?(단, 정사각형의 길이는 자연수이다)

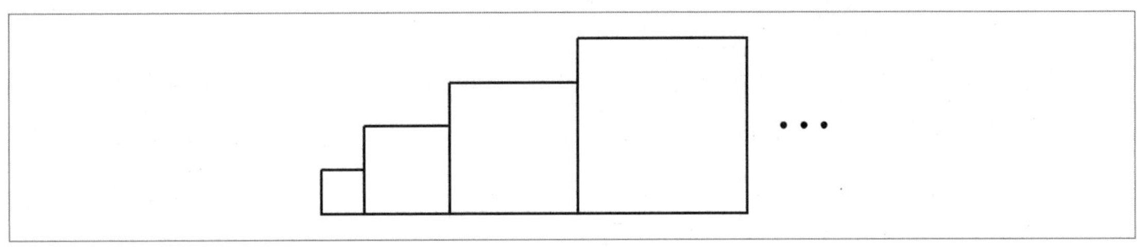

① 80cm
② 84cm
③ 88cm
④ 92cm
⑤ 96cm

| 인지역량 I – 수리(검사 B)

02 회사 직원 중 1,000명에게 사내 복지제도에 대한 설문조사를 하였다. 조사 결과 30%는 만족, 30%는 보통, 40%는 불만족을 선택했고, 불만족을 선택한 인원의 70%가 여직원이었다. 불만족을 선택한 여직원의 수는 회사 전체 여직원 수의 20%이고, 남직원의 수는 회사 전체 남직원의 10%라고 할 때, 회사 전체 직원 수는 총 몇 명인가?

① 2,440명
② 2,480명
③ 2,530명
④ 2,570명
⑤ 2,600명

| 인지역량 I – 수리(검사 B)

03 비밀번호가 4자리인 자물쇠의 비밀번호를 설정하려고 한다. 다음과 같이 정한다면 비밀번호는 무엇인가?

- 월을 분자로, 일을 분모로 하여 나오는 소수점 첫 번째, 두 번째 자리의 수를 비밀번호 첫 번째, 두 번째 자리로 한다.
- 소수점 세 번째 자리 숫자와 월의 최소공배수를 세 번째, 네 번째 자리에 넣는다.
- 주어진 날짜는 7월 12일이다.

① 1821
② 5821
③ 5801
④ 8521
⑤ 8101

04 다음은 제주도 감귤 생산량 및 면적을 연도별로 나타낸 자료이다. 〈보기〉에서 이를 올바르게 나타낸 그래프를 모두 고르면?(단, 그래프의 면적 단위가 만 ha일 때, 백의 자리에서 반올림한다)

〈연도별 제주도 감귤 생산량 및 면적〉

(단위 : 톤, ha)

구분	생산량	면적
2008년	19,725	536,668
2009년	19,806	600,511
2010년	19,035	568,920
2011년	18,535	677,770
2012년	18,457	520,350
2013년	18,279	655,046
2014년	17,921	480,556
2015년	17,626	500,106
2016년	17,389	558,942
2017년	17,165	554,007
2018년	16,941	573,442

보기

ㄱ. 2008～2013년 제주도 감귤 재배면적

ㄴ. 2013～2018년 감귤 생산량

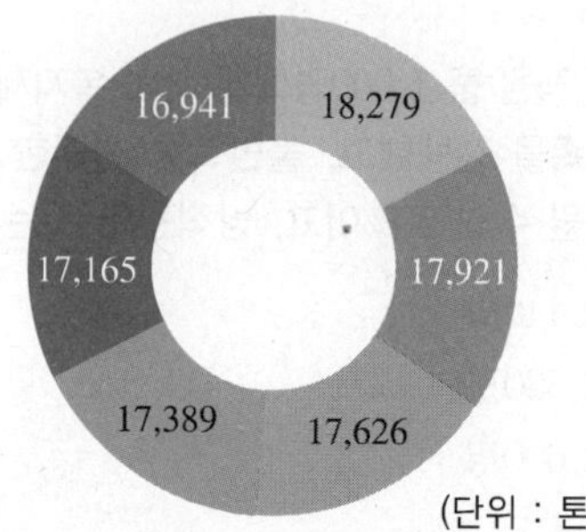

ㄷ. 2010～2018년 감귤 생산량과 면적 변화

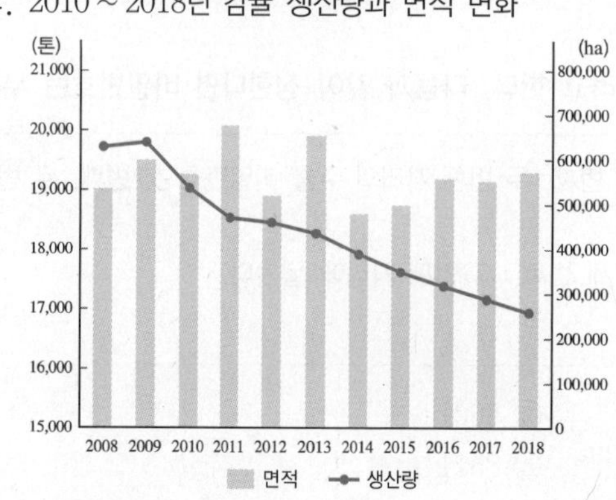

ㄹ. 2010～2018년 감귤 생산량 전년 대비 감소량

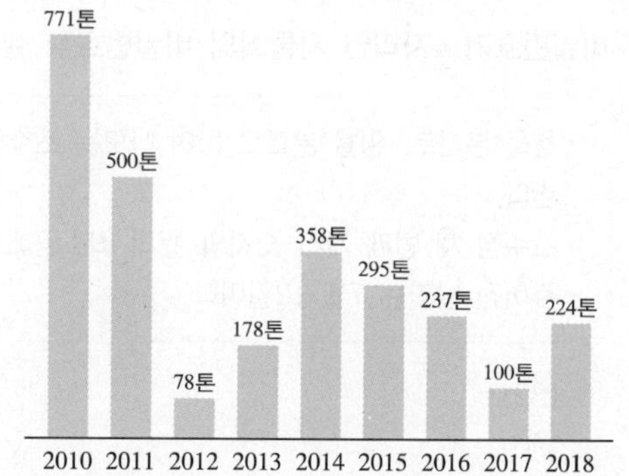

① ㄱ, ㄴ

② ㄱ, ㄷ

③ ㄴ, ㄷ

④ ㄴ, ㄹ

⑤ ㄷ, ㄹ

| 인지역량 Ⅱ – 언어(검사 C)

05 다음 글의 내용을 통해 추론할 수 없는 것은?

> 헝가리 출신의 철학자인 마이클 폴라니 교수는 지식(Knowledge)을 크게 명시적 지식(Explicit Knowledge)과 암묵적(Tacit Knowledge) 지식 두 가지로 구분했다. 이러한 구분은 흔히 자전거를 타는 아이에 비유되어, 이론과 실제로 간단히 나뉘어 소개되기도 한다. 하지만 암묵적 지식, 즉 암묵지를 단순히 '말로는 얻어지지 않는 지식'으로 단순화하여 이해하는 것은 오해를 낳을 소지가 있다. 암묵지는 지식의 배후에 반드시 '안다.'는 차원이 있음을 보여주는 개념이다. 이는 학습과 체험으로 습득되지만 겉으로 드러나지 않고 타인에게 말로 설명하기 힘들며, 무엇보다 본인이 지닌 지식이 얼마나 타인에게 유용한지 자각하지 못하는 일도 부지기수다.
> 일본의 경영학자 노나카 이쿠지로는 이러한 암묵지를 경영학 분야에 적용했다. 그는 암묵지를 크게 기술적 기능(Technical Skill)과 인지적 기능(Cognitive Skill)으로 나누었는데, 이중 기술적 기능은 몸에 체화된 전문성으로 수없이 많은 반복과 연습을 통해 습득된다. 반대로 인지적 기능은 개인의 정신적 틀로 기능하는 관점이나 사고방식으로 설명할 수 있다. 즉, 기업의 입장에서 암묵지는 직원 개개인의 경험이나 육감이며, 이것들이 언어의 형태로 명시화(Articulation)됨으로써 명시적 지식, 즉 형식지로 변환하고, 다시 이를 내면화하는 과정에서 새로운 암묵지가 만들어지는 상호순환작용을 통해 조직의 지식이 증대된다고 보았다.

① 암묵지를 통해 지식에도 다양한 층위의 앎이 존재함을 확인할 수 있다.
② 암묵지를 통해 책만으로 지식을 완전히 습득하기 어려운 이유를 설명할 수 있다.
③ 암묵지를 습득하기 위해선 수없이 많은 반복과 연습이 필수적이다.
④ 암묵지를 통해 장인의 역할이 쉽게 대체될 수 없는 이유를 설명할 수 있다.
⑤ 암묵지와 형식지의 상순환작용을 통해 지식이 발전해왔음을 알 수 있다.

06 다음 빈칸에 들어갈 내용으로 가장 적절한 것은?

> 미세먼지와 황사는 여러모로 비슷하면서도 뚜렷한 차이점을 지니고 있다. 삼국사기에도 기록되어 있는 황사는 중국 내륙 내몽골 사막에 강풍이 불면서 날아오는 모래와 흙먼지를 일컫는데, 장단점이 존재했던 과거와 달리 중국 공업지대를 지난 황사에 미세먼지와 중금속 물질이 더해지며 심각한 환경문제로 대두되었다. 이와 달리 미세먼지는 일반적으로는 대기오염물질이 공기 중에 반응하여 형성된 황산염이나 질산염 등 이온 성분, 석탄・석유 등에서 발생한 탄소화합물과 검댕, 흙먼지 등 금속화합물의 유해성분으로 구성된다.
> 미세먼지의 경우 통념적으로는 먼지를 미세먼지와 초미세먼지로 구분하고 있지만, 대기환경과 환경 보전을 목적으로 하는 환경정책기본법에서는 미세먼지를 PM(Particulate Matter)이라는 단위로 구분한다. 즉, 미세먼지(PM_{10})의 경우 입자의 크기가 $10\mu m$ 이하인 먼지이고, 미세먼지($PM_{2.5}$)는 입자의 크기가 $2.5\mu m$ 이하인 먼지로 정의하고 있다. 이에 비해 황사는 통념적으로는 입자 크기로 구분하지 않으나 주로 지름 $20\mu m$ 이하의 모래로 구분하고 있다. 때문에 [　　　　　　　　　　]

① 황사 문제를 해결하기 위해서는 근본적으로 황사의 발생 자체를 억제할 필요가 있다.
② 황사와 미세먼지의 차이를 입자의 크기만으로 구분 짓긴 어렵다.
③ 미세먼지의 역할 또한 분명히 존재함을 기억해야 할 것이다.
④ 황사와 미세먼지의 근본적인 구별법은 그 역할에서 찾아야 할 것이다.
⑤ 초미세먼지를 차단할 수 있는 마스크라 해도 황사와 초미세먼지를 동시에 차단하긴 어렵다.

07 다음 글의 내용과 일치하지 않는 것은?

> 경제학자인 사이먼 뉴컴이 소개한 화폐와 실물 교환의 관계식인 '교환방정식'을 경제학자인 어빙 피셔가 발전시켜 재소개한 것이 바로 '화폐수량설'이다. 사이먼 뉴컴의 교환방정식은 'MV=PQ'로 나타나는데, M(Money)은 화폐의 공급, V(Velocity)는 화폐유통속도, P(Price)는 상품 및 서비스의 가격, Q(Quantity)는 상품 및 서비스의 수량이다. 즉 화폐 공급과 화폐유통속도의 곱은 상품의 가격과 거래된 상품 수의 곱과 같다는 항등식이다.
> 어빙 피셔는 이러한 교환방정식을 인플레이션율과 화폐공급의 증가율 간 관계를 나타내는 이론인 화폐수량설로 재탄생시켰다. 이중 기본 모형이 되는 피셔의 거래모형에 따르면 교환방정식은 'MV=PT'로 나타나는데, M은 명목화폐수량, V는 화폐유통속도, P는 상품 및 서비스의 평균가격, T(Trade)는 거래를 나타낸다. 다만 거래의 수를 측정하기 어렵기 때문에 최근에는 총거래 수인 T를 총생산량인 Y로 대체하여 소득모형인 'MV=PY'로 사용되고 있다.

① 사이먼 뉴컴의 교환방정식 'MV=PQ'에서 Q는 상품 및 서비스의 수량을 의미한다.
② 어빙 피셔의 화폐수량설은 최근 총거래 수를 총생산량으로 대체하여 사용되고 있다.
③ 교환방정식 'MV=PT'은 화폐수량설의 기본 모형이 된다.
④ 어빙 피셔의 교환방정식 'MV=PT'의 V는 교환방정식 'MV=PY'에서 Y와 함께 대체되어 사용되고 있다.
⑤ 어빙 피셔는 사이먼 뉴컴의 교환방정식을 인플레이션율과 화폐공급의 증가율 간 관계를 나타내는 이론으로 재탄생시켰다.

08 S사에서는 A ~ N직원 중 면접위원을 선발하고자 한다. 면접위원의 구성 조건이 다음과 같을 때, 적절하지 않은 것은?

〈면접위원 구성 조건〉

- 면접관은 총 6명으로 구성한다.
- 이사 이상의 직급으로 50% 이상 구성해야 한다.
- 인사팀을 제외한 모든 부서는 두 명 이상 선출할 수 없고, 인사팀은 반드시 두 명 이상을 포함한다.
- 모든 면접위원의 입사 후 경력은 3년 이상으로 한다.

직원	직급	부서	입사 후 경력
A	대리	인사팀	2년
B	과장	경영지원팀	5년
C	이사	인사팀	8년
D	과장	인사팀	3년
E	사원	홍보팀	6개월
F	과장	홍보팀	2년
G	이사	고객지원팀	13년
H	사원	경영지원	5개월
I	이사	고객지원팀	2년
J	과장	영업팀	4년
K	대리	홍보팀	4년
L	사원	홍보팀	2년
M	과장	개발팀	3년
N	이사	개발팀	8년

① L사원은 면접위원으로 선출될 수 없다.
② N이사는 반드시 면접위원으로 선출된다.
③ B과장이 면접위원으로 선출됐다면 K대리도 선출된다.
④ 과장은 두 명 이상 선출되었다.
⑤ 모든 부서에서 면접위원이 선출될 수는 없다.

09 **갑, 을, 병 3명의 사람이 다트게임을 하고 있다. 다트 과녁은 색깔에 따라 다음과 같이 점수가 나눠진다. 〈조건〉과 같이 세 명이 다트게임을 했을 때 점수 결과로 나올 수 있는 경우의 수는?**

〈다트 과녁 점수〉

(단위 : 점)

구분	빨강	노랑	파랑	검정
점수	10	8	5	0

조건

- 모든 다트는 네 가지 색깔 중 한 가지를 맞힌다.
- 각자 다트를 5번씩 던진다.
- 을 - 갑 - 병 순서로 점수가 높다.
- 병의 점수는 5점 이상 10점 이하이고, 갑의 점수는 36점이다.
- 검정을 제외한 똑같은 색깔은 3번 이상 맞힌 적이 없다.

① 9가지
② 8가지
③ 6가지
④ 5가지
⑤ 4가지

CHAPTER 05 CJ그룹

정답 및 해설 | 124p

| 언어 I

01 다음 빈칸에 들어갈 말로 가장 적절한 것은?

> 최근 경제・시사분야에서 빈번하게 등장하는 단어인 탄소배출권(CER; Certified Emission Reduction)에 대한 개념을 이해하기 위해서는 먼저 교토메커니즘(Kyoto Mechanism)과 탄소배출권거래제(Emission Trading)를 알아둘 필요가 있다.
> 교토메커니즘은 지구 온난화의 규제 및 방지를 위한 국제 협약인 기후변화협약의 수정안인 교토 의정서에서, 온실가스를 보다 효과적이고 경제적으로 줄이기 위해 도입한 세 유연성체제인 '공동이행제도', '청정개발체제', '탄소배출권거래제'를 묶어 부르는 것이다.
> 이 중 탄소배출권거래제는 교토의정서 6대 온실가스인 이산화탄소, 메테인, 아산화질소, 과불화탄소, 수소불화탄소, 육불화황의 배출량을 줄여야하는 감축의무국가가 의무감축량을 초과 달성하였을 경우에 그 초과분을 다른 국가와 거래할 수 있는 제도로, [   ]
> 결국 탄소배출권이란 현금화가 가능한 일종의 자산이자 가시적인 자연보호성과인 셈이며, 이에 따라 많은 국가 및 기업에서 탄소배출을 줄임과 동시에 탄소감축활동을 통해 탄소배출권을 획득하기 위해 동분서주하고 있다. 특히 기업들은 탄소배출권을 확보하는 주요 수단인 청정개발체제 사업을 확대하는 추세인데, 청정개발체제 사업은 개발도상국에 기술과 자본을 투자해 탄소배출량을 줄였을 경우에 이를 탄소배출량 감축목표달성에 활용할 수 있도록 한 제도이다.

① 다른 국가를 도왔을 때, 그로 인해 줄어든 탄소배출량을 감축목표량에 더할 수 있는 것이 특징이다.
② 교토메커니즘의 세 유연성체제 중에서도 가장 핵심이 되는 제도라고 할 수 있다.
③ 6대 온실가스 중에서도 특히 이산화탄소를 줄이기 위해 만들어진 제도이다.
④ 의무감축량을 준수하지 못한 경우에도 다른 국가로부터 감축량을 구입할 수 있는 것이 특징이다.
⑤ 다른 감축의무국가를 도움으로써 획득한 탄소배출권이 사용되는 배경이 되는 제도이다.

2019년 기출문제

안심Touch

| 언어 I

02 민지, 아름, 진희, 희정, 세영은 함께 15시에 상영하는 영화를 예매하였고, 상영시간에 맞춰 영화관에 도착하는 순서대로 각자 상영관에 입장하였다. 다음 대화에서 한 사람이 거짓말을 하고 있을 때, 가장 마지막으로 영화관에 도착한 사람은 누구인가?(단, 다섯 명 모두 다른 시간에 도착하였다)

> 민지 : 나는 마지막에 도착하지 않았어. 다음에 분명 누군가가 왔어.
> 아름 : 내가 가장 먼저 영화관에 도착했어. 진희의 말은 진실이야.
> 진희 : 나는 두 번째로 영화관에 도착했어.
> 희정 : 나는 세 번째로 도착했고, 진희는 내가 도착한 다음에서야 왔어.
> 세영 : 나는 영화가 시작한 뒤에야 도착했어. 나는 마지막으로 도착했어.

① 민지
② 아름
③ 진희
④ 희정
⑤ 세영

| 언어 I

03 다음 명제가 참일 때, 빈칸에 들어갈 알맞은 것을 고르면?

> 전공 강의를 듣지 않는 대학생들은 교양 강의를 듣지 않는다.
> 모든 대학생들은 교양 강의를 듣는다.
> 전공 강의를 듣는 어떤 대학생들은 심화 강의를 듣는다.
> 그러므로 ______________________

① 모든 대학생들은 심화 강의를 듣는다.
② 모든 대학생들은 교양, 전공, 심화 강의를 듣는다.
③ 어떤 대학생들은 교양과 심화 강의만 듣는다.
④ 어떤 대학생들은 교양, 전공, 심화 강의를 듣는다.
⑤ 모든 대학생들은 교양 강의를 듣거나 전공 강의를 듣는다.

04 **다음 글의 순서를 고려하여 구조를 바르게 분석한 것은?**

(가) 이로부터 그가 퍼부은 욕설은 손상을 입지 않은 오른쪽 뇌에 저장되어 있었다는 사실을 알게 되었다. 여러 차례 반복된 욕설은 더 이상 의식적인 언어 조작을 필요로 하지 않게 되었고, 따라서 오른쪽 뇌는 마치 녹음기처럼 그 욕설을 틀어놓은 것이다.

(나) 우리는 일상적으로 몸에 익히게 된 행위의 대부분이 뇌의 구조나 생리학적인 상태에 의해 이미 정해진 방향으로 연결되어 있다는 사실을 알고 있다. 우리는 걷고, 헤엄치고, 구두끈을 매고, 단어를 쓰고, 익숙해진 도로로 차를 모는 일 등을 수행하는 동안에 거의 대부분 그런 과정을 똑똑히 의식하지 않는다.

(다) 언어 사용 행위에 대해서도 비슷한 이야기를 할 수 있다. 마이클 가자니가는 언어활동의 핵심이 되는 왼쪽 뇌의 언어 중추에 심한 손상을 입은 의사의 예를 들고 있다. 사고 후 그 의사는 세 단어로 된 문장도 만들 수 없게 되었다. 그런데 그 의사는 실제로 아무 효과가 없는데도 매우 비싼 값이 매겨진 특허 약에 대한 이야기를 듣자, 문제의 약에 대해 무려 5분 동안이나 욕을 퍼부어 댔다. 그의 욕설은 매우 조리 있고 문법적으로 완벽했다.

(라) 사람의 사유 행위도 마찬가지이다. 우리는 일상적으로 어떻게 새로운 아이디어를 얻게 되는가? 우리는 엉뚱한 생각에 골몰하거나 다른 일을 하고 있는 동안 무의식중에 멋진 아이디어가 떠오르곤 하는 경우를 종종 경험한다. '영감'의 능력으로 간주할 만한 이런 일들은 시간을 보내기 위해 언어로 하는 일종의 그림 맞추기 놀이와 비슷한 것이다. 그런 놀이를 즐길 때면 우리는 의식하지 못하는 사이에 가장 적합한 조합을 찾기도 한다. 이처럼 영감이라는 것도 의식적으로 발생하는 것이 아니라 자동화된 프로그램에 의해 나타나는 것이다.

①
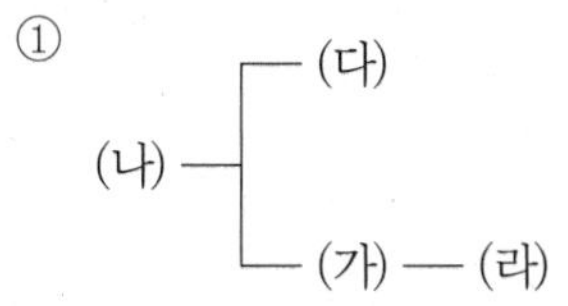

②
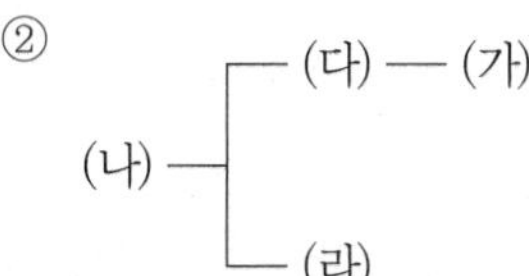

③
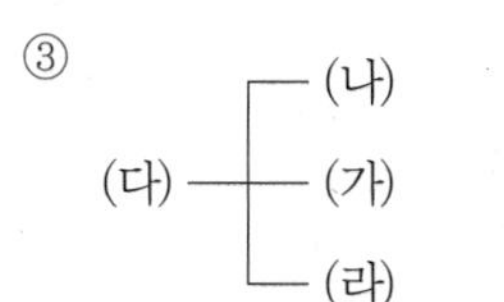

④
(라) — (다) — (가)
(나)

⑤
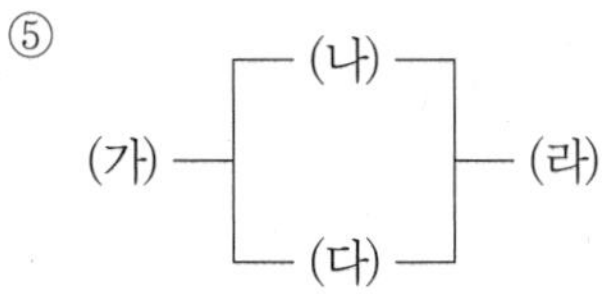

05 A는 다음과 같이 개요 (가)를 작성하였는데, 새로운 자료 (나)를 추가로 접하였다. A가 (가)와 (나)를 종합하여 새로 작성한 개요에 대한 내용으로 적절하지 않은 것은?

(가)

제목 : 4차 산업혁명에 대응하는 미래형 도시계획
Ⅰ. 살고 싶은 도시 만들기
Ⅱ. 도시정책 패러다임의 변화
  1. 시민들이 선호하는 새로운 도시
  2. 새로운 도시계획 세우기
Ⅲ. 4차 산업형 도시의 기대효과

(나)

최근 기후변화에 따른 불확실성 증가로 인해 폭우, 지진, 산사태 등의 재해 피해가 증가하고 있으며, 특히 도시 지역을 중심으로 재해 피해가 급격히 증가하는 추세이다. 우리나라 도시는 급격한 도시화에 따른 저지대 개발, 불투수율 증가로 재해 취약성이 높고, 자연 및 인공사면으로 재해 위험성이 증가하고 있다. 결국, 인구, 기반시설 등이 집적된 도시에서의 예방대책이 충분히 수립되지 못한 채 재해로 인한 피해가 커지는 형태로 도시가 개발되고 있다.

제목 : 재해 예방을 고려한 4차 산업형 도시계획 ………………………… ①
Ⅰ. 살고 싶은 도시 만들기
Ⅱ. 도시정책 패러다임의 변화
  1. 최첨단 스마트 미래형 도시 ………………………… ②
  2. 기후변화에 따른 재해 예방형 도시 ………………………… ③
  3. 저성장 시대에 재해 예방을 고려한 도시계획 세우기 ………………………… ④
Ⅲ. 안전한 미래형 도시의 기대 효과 ………………………… ⑤

| 수리

06 **다음은 C사 직원 1,200명을 대상으로 통근현황을 조사한 자료이다. 다음 중 자료에 대한 설명으로 옳지 않은 것은?**

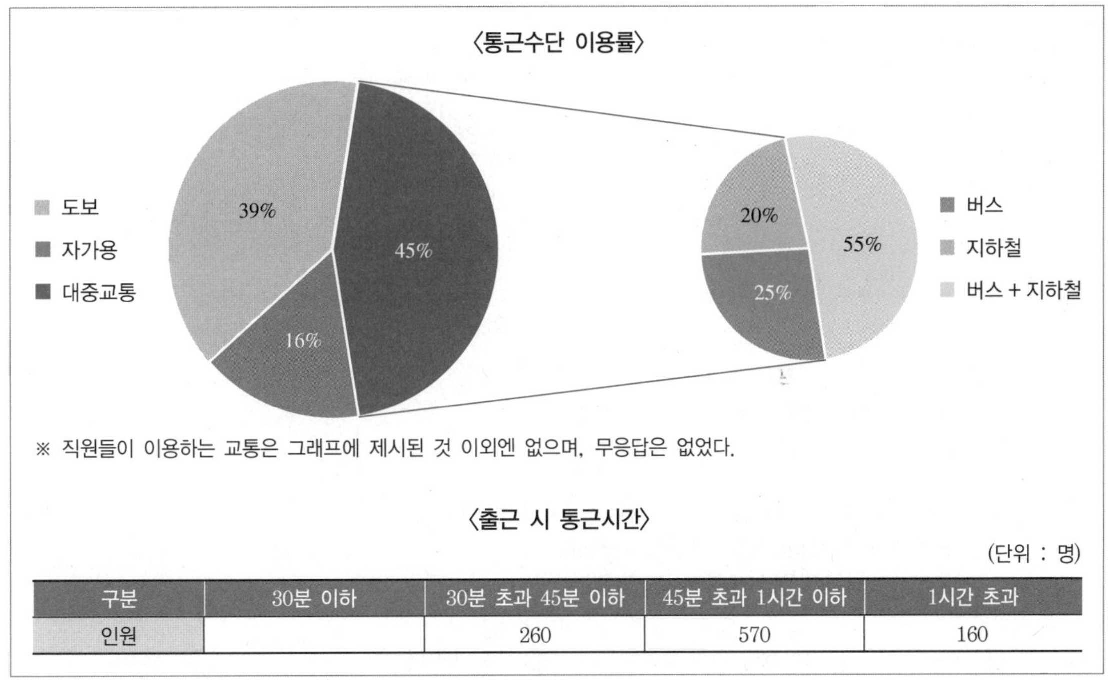

〈출근 시 통근시간〉

(단위 : 명)

구분	30분 이하	30분 초과 45분 이하	45분 초과 1시간 이하	1시간 초과
인원		260	570	160

① 통근시간이 30분 이하인 직원은 전체의 17.5%이다.

② 통근수단으로 대중교통을 이용하는 인원 모두 통근시간이 45분 초과하고, 그 중 25%의 통근시간이 60분 초과라고 할 때, 통근수단으로 대중교통을 이용하면서 통근시간이 60분을 초과하는 인원은 통근시간이 60분을 초과하는 전체 인원의 80% 이상을 차지한다.

③ 통근수단으로 버스와 지하철 모두 이용하는 직원 수는 통근수단으로 도보를 이용하는 직원 수보다 174명 적다.

④ 통근시간이 45분 이하인 직원은 1시간 초과인 직원의 3.5배 미만이다.

⑤ 조사에 응한 C사의 A부서 직원이 900명이라고 할 때, 조사에 응한 A부서의 인원 중 통근수단으로 자가용을 이용하는 인원은 192명 이하이다.

| 수리

07 **A고등학교는 도서관에 컴퓨터를 설치하려고 한다. 컴퓨터 구입 가격을 알아보니, 한 대당 100만 원이고 4대 이상 구매 시 3대까지는 한 대당 100만 원, 4대 이상부터는 한 대당 80만 원에 판매가 되고 있었다. 컴퓨터 구입에 배정된 예산이 2,750만 원일 때, 최대 몇 대의 컴퓨터를 구입할 수 있는가?**

① 33대
② 34대
③ 35대
④ 36대
⑤ 37대

08 다음 규칙에 따라 도형을 변화시켰을 때 물음표에 들어갈 도형으로 알맞은 것은?

〈기본규칙〉

각 열과 행, 칸의 명칭은 다음과 같다.

	A열	B열	C열
1행	A1	B1	C1
2행	A2	B2	C2
3행	A3	B3	C3

〈변형규칙〉

• ◐ ( ) → n : ( )행/열을 왼쪽/위로 n칸 이동한다.

예 ◐ 1 → 2 : 1행을 왼쪽 2칸씩 이동한다.

◐ A → 1 : A열을 위로 1칸씩 이동한다.

• ◑ ( ) → n : ( )행/열을 오른쪽/아래로 n칸 이동한다.

예 ◑ 2 → 1 : 2행을 오른쪽 1칸씩 이동한다.

◑ B → 2 : B열을 아래로 2칸씩 이동한다.

• ( ) ↔ ( ) : ( )의 해당 위치 도형끼리 자리를 서로 바꾼다.

예 A1 → B2 : A1 위치의 도형과 B2 위치의 도형 자리를 서로 바꾼다.

• ▥ n : 전체를 시계 방향으로 $n°$ 회전시킨다.

예 ▥ 270 : 전체를 시계 방향으로 270° 회전시킨다.

• ▤ n : 내부 도형을 시계 방향으로 $n°$ 회전시킨다.

예 ▤ 90 : 내부 도형을 제자리에서 시계 방향으로 90° 회전시킨다.

〈대조규칙〉

• ■, □ : 해당 위치 도형의 색상과 일치하는가?

예

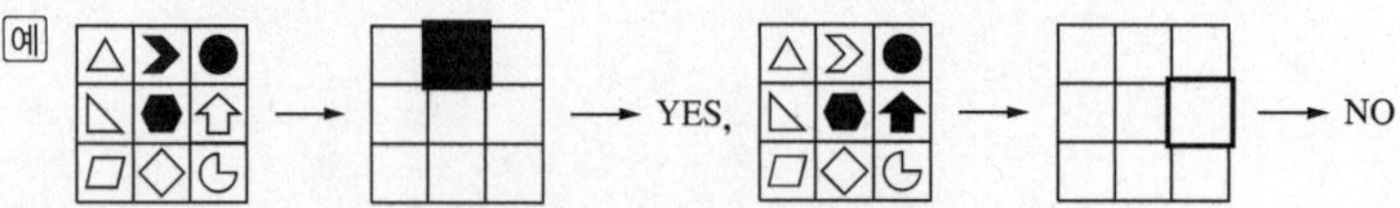

• ☆, ♡, ○, … : 해당 위치 도형의 모양과 일치하는가?

예

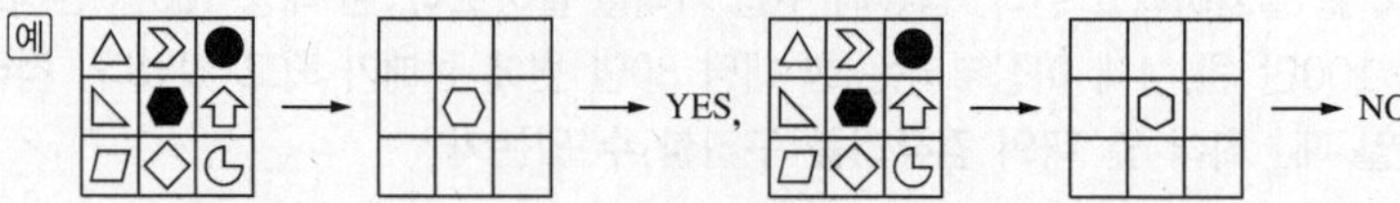

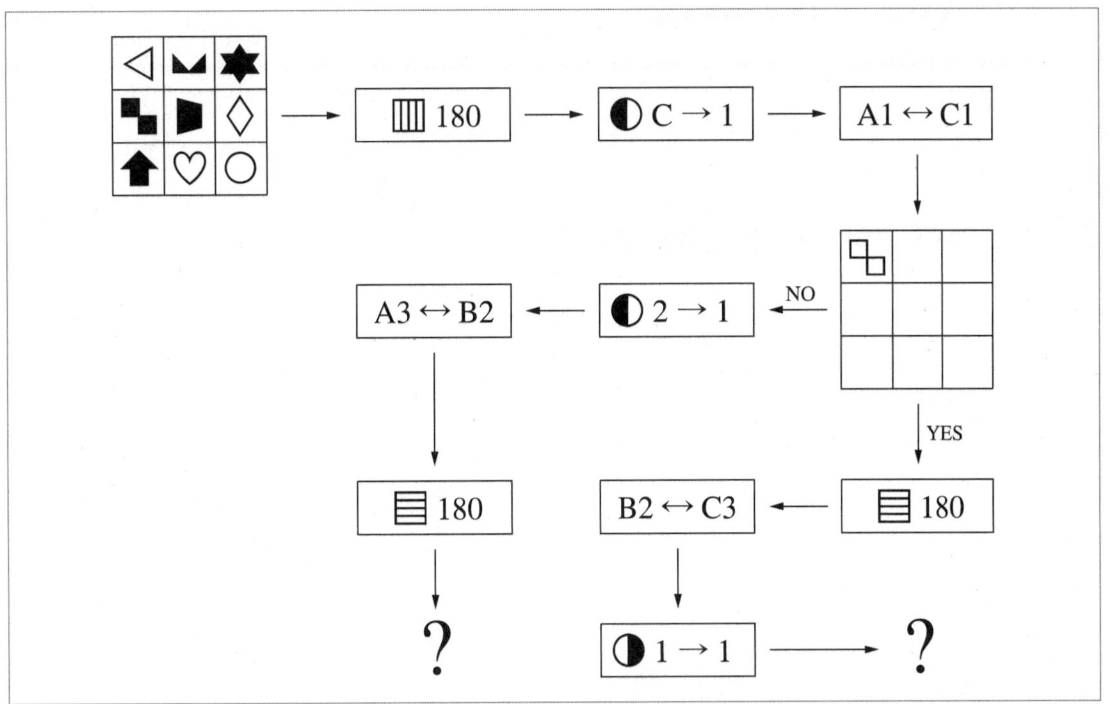

①

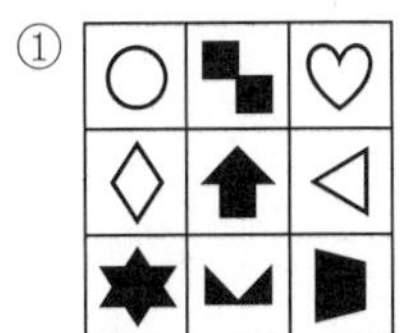

②

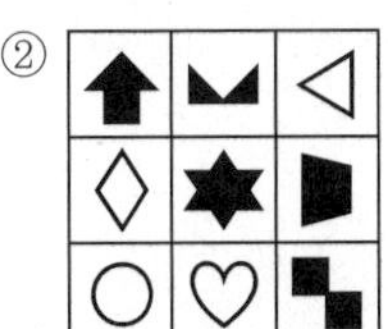

③

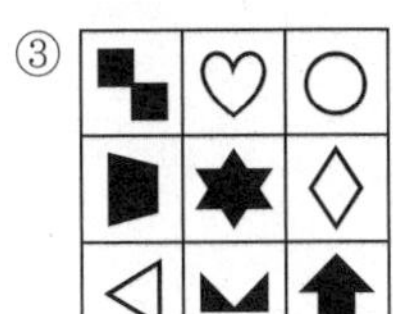

④

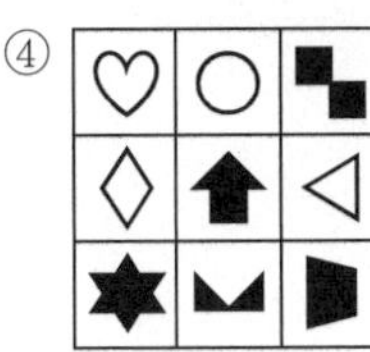

⑤

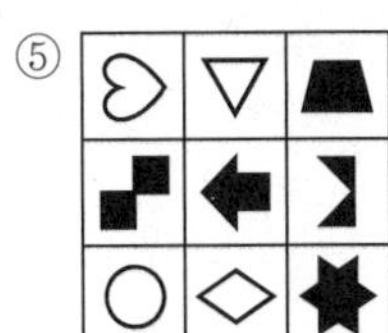

2019년 기출문제

안심Touch

CHAPTER 06 KT그룹

정답 및 해설 126p

▎지각정확력

01 다음 제시된 기호와 같은 것의 개수를 구하면?

ڞ

ڞ	گ	صـ	ص	ك	ص	صـ	ٽ	ك	گ	ص	ٽ
ٽ	صـ	ص	ڞ	ٽ	ك	گ	ڞ	ڞ	ڎ	ڎ	ص
ص	ص	ص	گ	ڞ	ص	گ	ص	ص	گ	ٽ	ڞ
گ	ٽ	ڞ	ٽ	صـ	گ	ك	ك	صـ	گ	ك	ڞ

① 4개
② 5개
③ 6개
④ 7개
⑤ 8개

▎지각정확력

02 다음 표에 제시되지 않은 문자는?

μF	MHz	dl	cal	MHz	nA	kcal	cm	kA	dl	μF	nA
cm^3	kcal	nA	kcal	kl	kcal	kHz	cal	μF	nA	MHz	kcal
nA	kHz	μF	kHz	μF	cal	kcal	nA	dl	kHz	pA	cm
kcal	cal	cm	kcal	μF	nA	μF	MHz	kcal	cm	kHz	cal

① pA
② kl
③ cm^3
④ kA
⑤ mm

※ 다음 제시문을 읽고, 각 문제가 항상 참이면 ①, 거짓이면 ②, 알 수 없으면 ③을 고르시오. **[3~4]**

- 비 오는 날을 좋아하면 물놀이를 좋아한다.
- 장화를 좋아하면 비 오는 날을 좋아한다.
- 여름을 좋아하지 않으면 물놀이를 좋아하지 않는다.
- 어떤 고양이는 장화를 좋아한다.

| 언어추리력

03 **어떤 고양이는 여름을 좋아한다.**

① 참　　② 거짓　　③ 알 수 없음

| 언어추리력

04 **비오는 날을 좋아하지 않는 고양이도 있다.**

① 참　　② 거짓　　③ 알 수 없음

| 판단력

05 **다음 문단을 논리적인 순서대로 바르게 배열한 것은?**

(가) 정해진 극본대로 연기를 하는 연극의 서사는 논리적이고 합리적이다. 그러나 연극 밖의 현실은 비합리적이고, 그 비합리성을 개인의 합리에 맞게 해석한다. 연극 밖에서도 각자의 합리성에 맞춰 연극을 하고 있는 것이다.
(나) 사전적 의미로 불합리한 것, 이치에 맞지 않는 것을 의미하는 부조리는 실존주의 철학에서는 현실에서는 전혀 삶의 의미를 발견할 가능성이 없는 절망적인 한계상황을 나타내는 용어이다.
(다) 이것이 비합리적인 세계에 대한 자신의 합목적적인 희망이라는 사실을 깨달았을 때, 삶은 허망해지고 인간은 부조리를 느끼게 된다.
(라) 부조리라는 개념을 처음 도입한 대표적인 철학자인 알베르 카뮈는 연극에 비유하여 부조리에 대해 설명한다.

① (나) – (다) – (가) – (라)
② (나) – (가) – (다) – (라)
③ (나) – (라) – (가) – (다)
④ (가) – (라) – (나) – (다)
⑤ (가) – (다) – (나) – (라)

┃판단력

06 **다음은 국내 수출물가지수에 대한 자료이다. 이에 대한 설명으로 옳은 것은?**

〈2018년 11월 ~ 2019년 2월 국내 수출물가지수〉

분야	2018년 11월	2018년 12월	2019년 1월	2019년 2월
총지수	85.82	83.80	82.78	82.97
농산물	153.48	179.14	178.17	178.24
수산물	92.40	91.37	92.29	90.02
공산품	85.71	83.67	82.64	82.84
식료품	103.76	103.30	103.89	103.78
담배	96.92	97.39	97.31	97.35
섬유 및 가죽제품	108.18	108.94	111.91	112.18
의약품	100.79	100.56	101.55	101.11
기타최종화학제품	106.53	105.31	103.88	103.57
플라스틱제품	90.50	90.13	90.63	91.40
전기기계 및 장치	93.11	92.64	92.35	92.32
반도체 및 전자표시장치	55.05	54.18	51.09	49.60
컴퓨터 및 주변기기	60.91	59.78	59.47	59.58
가정용 전기기기	92.53	92.08	91.94	91.94
정밀기기	76.03	75.72	74.10	74.12
자동차	99.97	99.66	99.54	99.48
기타 제조업제품	108.13	107.59	107.54	107.98

※ 2017년 동월 같은 분야의 물가지수를 기준(=100)으로 나타낸 지수이다.

① 2018년 11월 정밀기기 분야의 전년 동월 대비 감소율은 30% 이상이다.
② 2019년 2월 농산물 분야의 물가는 수산물 분야 물가의 2배 미만이다.
③ 물가지수의 2019년 1월 전월 대비 감소율은 담배 분야가 전기기계 및 장치 분야보다 높다.
④ 2018년 11월과 2018년 12월에 전년 동월 대비 물가가 증가한 분야의 수는 다르다.
⑤ 공산품 분야의 2017년 11월 물가를 250이라고 한다면, 2018년 11월 물가는 190 이상이다.

┃응용수리력

07 **미주는 집에서 백화점에 가기 위해 시속 8km의 속력으로 집에서 출발했다. 미주가 집에서 출발한 지 12분 후에 지갑을 두고 간 것을 발견한 동생이 시속 20km의 속력으로 미주를 만나러 출발했다. 미주와 동생은 몇 분 후에 만나게 되는가?(단, 미주와 동생은 쉬지 않고 일정한 속력으로 움직인다)**

① 11분
② 14분
③ 17분
④ 20분
⑤ 23분

| 응용수리력

08 한 학교의 올해 남학생과 여학생 수는 작년에 비해 남학생은 8% 증가, 여학생은 10% 감소했다. 작년의 전체 학생 수는 820명이고, 올해는 작년에 비해 10명이 감소하였다고 할 때, 작년의 여학생 수는?

① 400명 ② 410명
③ 420명 ④ 430명
⑤ 440명

| 단어연상력(인문계)

09 제시된 9개의 단어 중 3개의 단어와 공통 연상되는 단어는?

꽃	망원경	손톱
겨울	기차	봉숭아
도토리	발	날개

① 밤 ② 봉선화
③ 천문대 ④ 다람쥐
⑤ 해바라기

| 수추리력(이공계)

10 일정한 규칙으로 수를 나열할 때, 빈칸에 들어갈 알맞은 수를 고르면?

4　2　6　−2　14　−18　( )

① 46 ② −46
③ 52 ④ −52
⑤ 74

11 다음 도식에서 기호들은 일정한 규칙에 따라 문자를 변화시킨다. ?에 들어갈 알맞은 문자는?

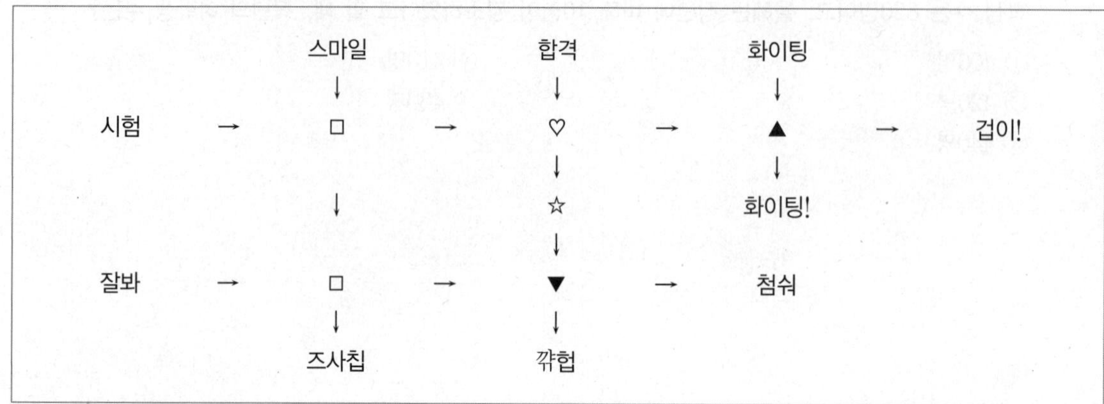

실력 → ♡ → ▼ → ?

① 력시
② 략실
③ 략시
④ 닥사
⑤ 달이

CHAPTER 07 롯데그룹

정답 및 해설 128p

| 언어이해

01 다음 글에 드러난 글쓴이의 생각과 거리가 먼 것은?

> 내 주변에는 나처럼 생기고 나와 비슷하게 행동하는 수많은 사람들이 있다. 나는 그들과 경험을 공유하며 살아간다. 그렇다면 그들도 나와 같은 느낌을 가지고 있을까? 가령, 나는 손가락을 베이면 아프다는 것을 다른 무엇으로부터도 추리하지 않고 직접 느낀다. 하지만 다른 사람의 경우에는 '아야!'라는 말과 움츠리는 행동을 통해 그가 아픔을 느꼈으리라고 추측할 수밖에 없다. 이때 그가 느낀 아픔은 내가 느낀 아픔과 같은 것일까?
> 물론 이 물음은 다른 사람이 실제로는 아프지 않은데 거짓으로 아픈 척했다거나, 그가 아픔을 느꼈을 것이라는 나의 추측이 잘못되었다는 것과는 관계가 없다. '아프냐? 나도 아프다.'라는 말에서처럼, 나는 다른 사람이 아픔을 느낀다는 것을 그의 말이나 행동으로 알고, 그 아픔을 함께 나눌 수도 있다. 하지만 그의 아픔이 정말로 나의 아픔과 같은 것인지 묻는 것은 다른 문제이다.
> 이 문제에 대한 고전적인 해결책은 유추의 방법을 사용하는 것이다. 나는 손가락을 베었을 때 느끼는 아픔을 '아야!'라는 말이나 움츠리는 행동을 통해 나타낸다. 그래서 다른 사람도 그러하리라 전제하고는, 다른 사람이 나와 같은 말이나 행동을 하면 '저 친구도 나와 같은 아픔을 느꼈겠군.'하고 추론한다. 말이나 행동의 동일성이 느낌의 동일성을 보장한다는 것이다. 그러나 이 논증의 결정적인 단점은 내가 아는 단 하나의 사례, 곧 나의 경험에만 의지하여 다른 사람도 나와 같은 아픔을 느낀다고 판단한다는 것이다.
> 이런 문제는 우리가 다른 사람의 느낌을 직접 관찰할 수 없기 때문에 생긴다. 만일 다른 사람의 느낌 자체를 관찰할 방법이 있다면 이 문제는 해결될 수 있을 것이다. 기술이 놀랍게 발달하여 두뇌 속 뉴런의 발화(發火)를 통해 인간의 모든 심리 변화를 관찰할 수 있다고 치자. 그러면 제삼자가 나와 다른 사람의 뉴런 변화를 비교하여 그것이 같은지 다른지 판단할 수 있다. 그러나 이때에도 나는 특정한 뉴런 변화가 나의 '이런' 느낌과 관련된다는 것은 분명히 알 수 있지만, 그 관련이 다른 사람의 경우에도 똑같이 적용되는가 하는 것까지는 알 수 없다.
> 일부 철학자와 심리학자는 아예 '느낌'을 '관찰할 수 있는 모습과 행동 바로 그것'이라고 정의하는 방식으로 해결책을 찾기도 한다. 그러나 이것은 분명히 행동 너머에 있는 것처럼 생각되는 느낌을 행동과 같다고 정의해버렸다는 점에서 문제의 해결이라기보다는 단순한 해소인 것처럼 보인다. 그보다는 다양한 가설을 설정하고 그들 간의 경쟁을 통해 최선의 해결책으로 범위를 좁혀가는 방법이 합리적일 것이다.

① 나의 경험이 다른 사람의 느낌을 파악하는 데 무엇보다 중요한 요소이다.
② 우리는 추측을 통해서만 다른 사람의 아픔을 느낄 수 있다.
③ 뉴런의 발화만으로는 인간의 모든 심리 변화를 이해할 수 없다.
④ 일부 철학자와 심리학자가 느낌을 정의한 방식에서 벗어나 새로운 가설을 설정해야 한다.

02 다음 글의 제목과 부제로 적절한 것은?

대개 우리는 그림을 볼 때 당연히 '무엇을 그린 것인가?'라고 묻게 된다. 우리의 일상적인 언어 습관에 따르면, '그리다'라는 동사 자체가 이미 그려지는 대상을 함축하고 있기 때문이다. 이어서 우리는 그림을 현실 혹은 허구 속의 대상과 동일시한다. 아리스토텔레스는 이것만으로도 '재인식'의 기쁨을 맛볼 수 있다고 했다. 하지만 미로의 「회화」와 같은 작품에는 우리가 그림을 볼 때 당연히 기대하는 것, 즉 식별 가능한 대상이 빠져 있다. 도대체 무엇을 그린 것인지 아무리 찾아봐도 알 수가 없다.

'대상성의 파괴'로 지칭되는 이러한 예술 행위는 형태와 색채의 해방을 가져온다. 이제 형태와 색채는 대상을 재현할 의무에서 해방되어 자유로워진다. 대상성에서 해방되어 형태와 색채의 자유로운 배열이 이루어질수록 회화는 점점 더 음악을 닮아간다. 왜냐하면, 음악 역시 전혀 현실을 묘사하지 않는 음표들의 자유로운 배열이기 때문이다. 실제로 「지저귀는 기계」와 같은 클레의 작품은 음악성을 띠고 있어, 섬세한 감성을 가진 사람은 그림의 형태와 색채에서 미묘한 음조를 느낄 수 있다고 한다. 시인 릴케는 어느 편지에서 "그가 바이올린을 연주한다고 얘기하지 않았더라도, 나는 여러 가지 점에서 클레의 그림들이 음악을 옮겨 적은 것임을 알 수 있었다."라고 말한 바 있다.

대상을 재현하려 했던 고전적 회화는 재현 대상을 가리키는 일종의 '기호'였지만 재현을 포기한 현대 미술은 더 이상 그 무언가의 '기호'이기를 거부한다. 기호의 성격을 잃은 작품이 논리적으로 일상적 사물과 구별되지 않고 그 자체가 하나의 아름다운 사물이 되어 버리는 경우도 존재하며, 여기서 현대 예술의 오브제화가 시작된다. '오브제'란 예술에 일상적 사물을 그대로 끌어들이는 것을 말한다. 예술 자체가 하나의 사물이 되어 작품과 일상적 사물의 구별은 이제 사라지게 된 것이다.

현대 미술은 그림 밖의 어떤 사물을 지시하지 않는다. 지시하는 게 있다면 오직 자기 자신뿐이다. 여기서 의미 정보에서 미적 정보로의 전환이 시작된다. 미술 작품의 정보 구조를 둘로 나눌 수 있는데, 미술 작품의 내용이나 주제에 관련된 것이 '의미 정보'에 해당한다면 색과 형태라는 형식 요소 자체가 가진 아름다움은 '미적 정보'에 해당한다. 고전 회화에서는 의미 정보를 중시하는 데 반해, 현대 회화에서는 미적 정보를 중시한다. 현대 미술 작품을 보고 '저게 뭘 그린 거야?'라고 물으면 실례가 되는 것은 이 때문이다.

① 현대 회화가 지닌 특징 – 구체적 대상의 재현에서 벗어나
② 현대 미술의 동향 – 음악이 그림에 미친 영향, 헤아릴 수 없어
③ 현대 미술의 철학적 의미 – 가상현실에 몰입하는 경향을 보여
④ 현대 미술의 모든 것 – 새로운 실험 정신, 아직 더 검증받아야

※ L기업은 새로 출시할 화장품과 관련하여 회의를 하였다. 다음 자료를 읽고 이어지는 질문에 답하시오. **[3~4]**

〈신제품 홍보 콘셉트 기획 1차 미팅〉

참여자	• 제품 개발팀 : A과장, B대리 • 기획팀 : C과장, D대리, E사원 • 온라인 홍보팀 : F대리, G사원		
회의 목적	• 신제품 홍보 방안 수립 • 제품명 개발	회의 날짜	2019.5.1.(수)

〈제품 특성〉

1. 여드름 치료에 적합한 화장품
2. 성분이 순하고, 향이 없음
3. 이용하기 좋은 튜브형 용기로 제작
4. 타사 여드름 관련 화장품보다 가격이 저렴함

〈회의 결과〉

• 제품 개발팀 : 제품의 특성을 분석
• 기획팀 : 특성에 맞고 소비자의 흥미를 유발하는 제품명 개발
• 온라인 홍보팀 : 현재 출시된 타사 제품에 대한 소비자 반응 확인, 온라인 설문조사 실시

| 문제해결

03 다음 회의까지 해야 할 일로 적절하지 않은 것은?

① B대리 : 우리 제품이 피부자극이 적은 성분을 사용했다는 것을 성분표로 작성해 확인해봐야겠어.
② C과장 : 여드름 치료 화장품이니 주로 청소년층이 우리 제품을 구매할 가능성이 커. 그러니 청소년층에게 흥미를 일으킬 수 있는 이름을 고려해야겠어.
③ D대리 : 현재 판매되고 있는 타사 여드름 제품의 이름을 조사해야지.
④ F대리 : 화장품과 관련된 커뮤니티에서 타사의 여드름 제품에 대한 반응을 확인해야겠다.

| 문제해결

04 온라인 홍보팀 G사원은 온라인에서 타사의 여드름 화장품에 대한 소비자의 반응을 조사해 추후 회의에 가져갈 생각이다. 다음 중 회의에 가져갈 반응으로 적절하지 않은 것은?

① A응답자 : 여드름용 화장품에 들어간 알코올 성분 때문에 얼굴이 화끈거리고 따가워요.
② B응답자 : 화장품이 유리용기에 담겨있어 쓰기에 불편해요.
③ C응답자 : 향이 강한 제품이 많아 거부감이 들어요.
④ D응답자 : 여드름용 화장품을 판매하는 매장이 적어 구입하기가 불편해요.

05 **L회사에서는 자사의 제품을 효과적으로 홍보하기 위하여 미디어 이용률을 조사하였으며, 다음과 같은 결과를 얻었다. 다음의 자료를 참고하여 직원들이 대화를 나눌 때, 다음 중 올바르지 않은 발언을 한 사람은 누구인가?**

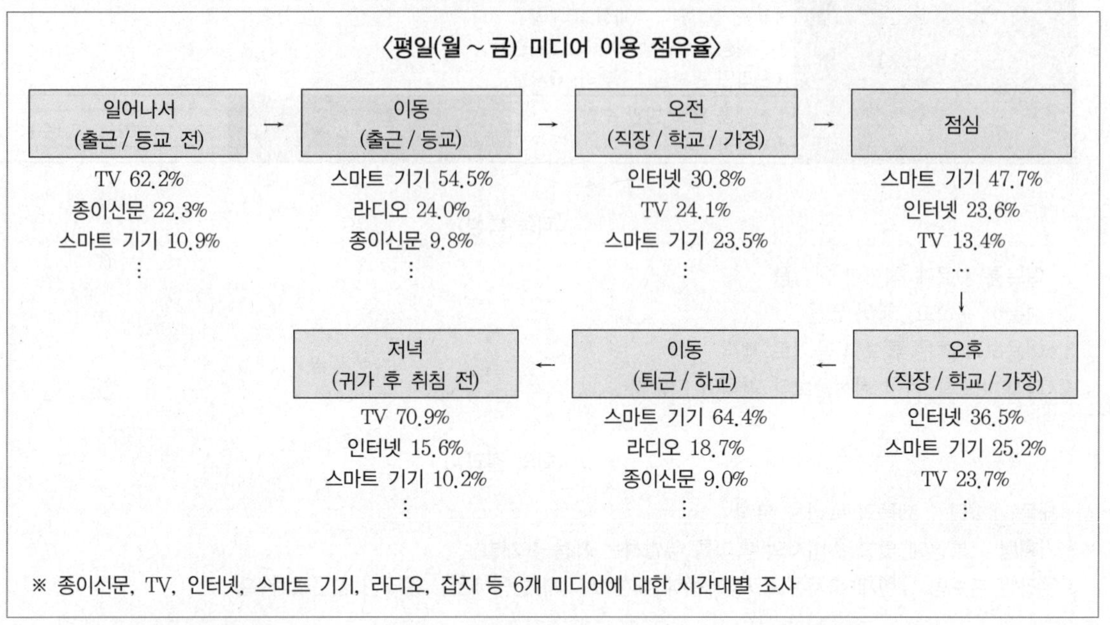

① A : 평일에는 일어나서 잠들기까지 'TV(출근 / 등교 전) → 스마트 기기(출근 / 등교 중) → 인터넷(직장 / 학교 / 가정) → 스마트 기기(퇴근 / 하교 중) → TV(귀가 후 취침 전)'를 주로 이용합니다.

② B : 저번 달에 자사 제품을 잡지에 실어 홍보했었는데, 각 시간대별 이용률이 10% 미만인 것을 보니 다른 홍보채널을 재검토하는 것이 좋을 것 같습니다.

③ C : 만약 자사 제품을 TV 광고로 노출시킨다면 저녁 시간대를 가장 먼저 고려하여야 할 것 같습니다.

④ D : 출퇴근 및 등하교 시에는 절반 이상이 스마트 기기를 이용하고 있습니다. 스마트 기기에 노출할 수 있는 홍보 전략을 수립해야겠습니다.

※ 다음은 각 국가별 활동 의사 수에 대한 자료이다. 이어지는 물음에 답하시오. **[6~7]**

〈국가별 활동 의사 수〉

(단위 : 천 명/십만 명당)

구분	2000년	2006년	2010년	2011년	2012년	2013년	2014년	2015년	2016년
캐나다	2.1	2.1	2.1	2.1	2.1	2.1	2.1	2.1	2.2
덴마크	-	2.5	2.7	2.7	2.8	2.9	3.0	3.1	3.2
프랑스	3.1	3.3	3.3	3.3	3.4	3.4	3.4	3.4	3.4
독일	-	3.1	3.3	3.3	3.3	3.4	3.4	3.4	3.5
그리스	3.4	3.9	4.3	4.4	4.6	4.8	4.9	5.0	5.4
헝가리	2.8	3.0	3.1	3.2	3.2	3.3	3.3	2.8	3.0
이탈리아	-	3.9	4.1	4.3	4.4	4.1	4.2	3.8	3.7
일본	1.7	-	1.9	-	2.0	-	2.0	-	2.1
한국	0.8	1.1	1.3	1.4	1.5	1.6	1.6	1.6	1.7
멕시코	1.0	1.7	1.6	1.5	1.5	1.6	1.7	1.8	1.9
네덜란드	2.5	-	3.2	3.3	3.4	3.5	3.6	3.7	3.8
뉴질랜드	1.9	2.1	2.2	2.2	2.1	2.2	2.2	2.1	2.3
노르웨이	-	2.8	2.9	3.0	3.4	3.4	3.5	3.7	3.8
미국	-	2.2	2.3	2.4	2.3	2.4	2.4	2.4	2.4

| 자료해석

06 〈보기〉 중 자료를 보고 판단한 내용으로 적절하지 않은 것을 모두 고르면?

보기

ㄱ. 2011년의 활동 의사 수는 그리스가 한국의 4배 이상이다.
ㄴ. 이 추이대로라면 활동 의사 수는 앞으로 10년 이내에 한국이 캐나다를 넘어설 것이다.
ㄷ. 2016년 활동 의사 수가 가장 많은 나라의 활동 의사 수는 가장 적은 나라의 3배 이상이다.

① ㄱ
② ㄴ
③ ㄱ, ㄴ
④ ㄴ, ㄷ

| 자료해석

07 다음 중 주어진 자료에 대한 설명으로 옳은 것은?

① 네덜란드의 2015년 활동 의사 수는 같은 해 활동 의사 수가 가장 많은 나라에 비해 1.7천 명 적다.
② 활동 의사 수가 의료환경과 비례한다면, 의료환경이 가장 열악한 나라는 멕시코이다.
③ 그리스의 활동 의사 수는 미국보다 매년 두 배 이상 높은 수치를 보인다.
④ 2014년 활동 의사 수가 가장 적은 나라는 한국이며, 가장 많은 나라는 그리스이다.

| 언어논리(인문계)

08 **갑, 을, 병, 정이 함께 중식당에서 음식을 주문했는데 각자 주문한 음식이 다르다. 그런데 짜장면을 주문한 사람은 언제나 진실을 말하고 볶음밥을 주문한 사람은 언제나 거짓을 말하며, 짬뽕과 우동을 주문한 사람은 진실과 거짓을 한 개씩 말한다. 이들이 다음과 같이 진술했을 때 주문한 사람과 음식이 일치하는 것은?**

> 갑 : 병은 짜장면, 을은 짬뽕을 시켰다.
> 을 : 병은 짬뽕, 정은 우동을 시켰다.
> 병 : 갑은 짜장면, 정은 우동을 시켰다.
> 정 : 을은 짬뽕, 갑은 볶음밥을 주문했다.

① 갑 – 짬뽕
② 을 – 볶음밥
③ 병 – 짜장면
④ 정 – 우동

| 언어논리(인문계)

09 **마지막 명제가 참일 때, 다음 빈칸에 들어갈 명제로 가장 적절한 것은?**

> 승용차를 탄다면 서울에 거주한다는 것이다.
> ______________________________
> 연봉이 높아졌다는 것은 야근을 많이 했다는 것이다.
> 그러므로 연봉이 높다는 것은 서울에 거주한다는 것이다.

① 서울에 거주한다면 연봉이 높다는 것이다.
② 야근을 많이 해도 서울에 거주하는 것은 아니다.
③ 승용차를 타지 않는다면 야근을 많이 하지 않는 것이다.
④ 승용차를 탄다고 해도 야근을 많이 하지는 않는다.

| 언어논리(인문계)

10 **다음 제시된 낱말의 대응 관계로 볼 때, 빈칸에 들어가기에 알맞은 것으로 짝지어진 것은?**

> 커피 : 카페인 = ( ) : ( )

① 레몬, 비타민
② 나무, 책
③ 얼음, 물
④ 녹차, 홍차

11 다음과 같은 정사각형의 종이를 화살표 방향으로 접고 〈보기〉의 좌표가 가리키는 위치에 구멍을 뚫었다. 다시 펼쳤을 때 뚫린 구멍의 위치를 좌표로 나타낸 것으로 옳은 것은?(단, 좌표가 그려진 사각형의 크기와 종이의 크기는 일치하며, 종이가 접힐 때 종이의 위치는 바뀌지 않는다)

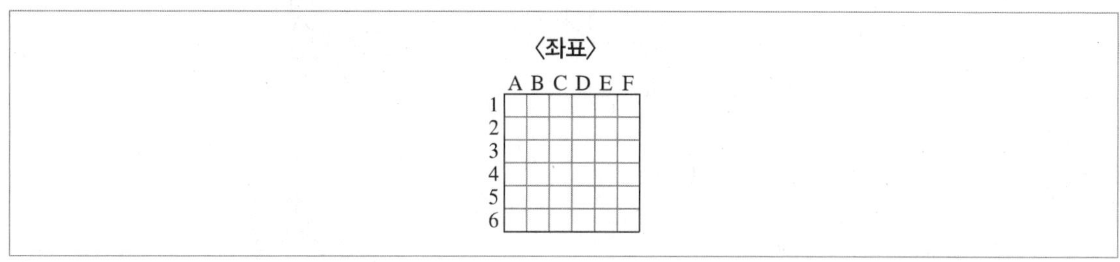

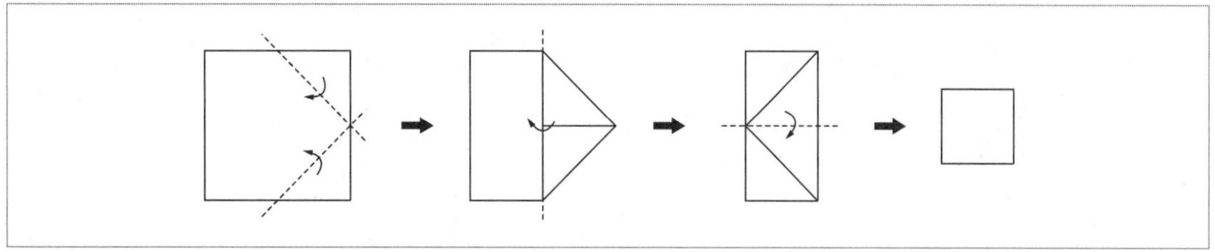

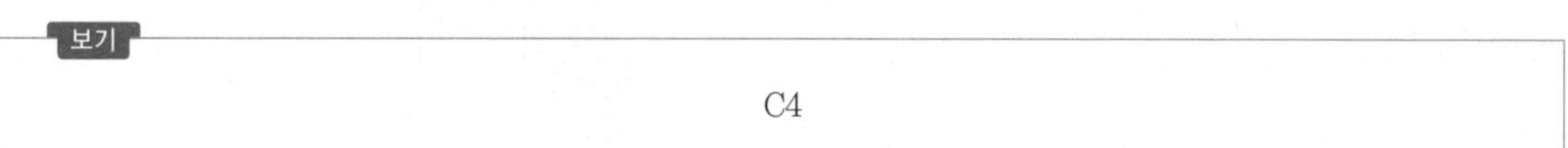

① C2, C4, D2, D4, F1, F6
② C3, C4, D3, D4, F1, F6
③ C4, D4, F1, F6
④ F1, F6

수리공간(이공계)

12 다음 두 블록을 합쳤을 때, 나올 수 있는 형태로 알맞은 것은?

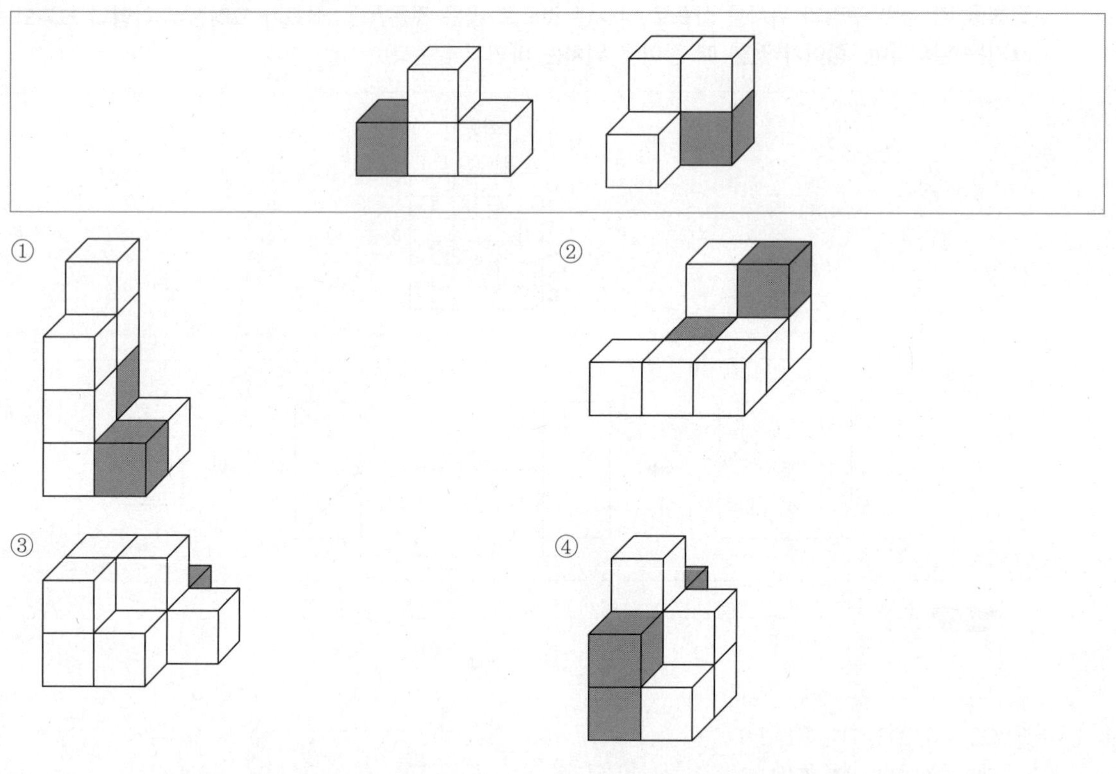

수리공간(이공계)

13 십의 자리 숫자와 일의 자리 숫자의 합은 10이고, 십의 자리 숫자와 일의 자리 숫자의 자리를 바꾼 수를 2로 나눈 값은 원래 숫자보다 14만큼 작다. 처음 숫자는 얼마인가?

① 43 ② 44
③ 45 ④ 46

수리공간(이공계)

14 L사는 신입사원 연수를 위해 숙소를 배정하려고 한다. 한 숙소에 4명씩 자면 8명이 남고, 5명씩 자면 방이 5개가 남으며 마지막 숙소에는 4명이 자게 된다. 이때 숙소의 수를 a개, 전체 신입사원 수를 b명이라고 한다면 $b-a$는?

① 105 ② 110
③ 115 ④ 120

CHAPTER 08 포스코그룹

정답 및 해설 131p

| 언어능력

01 **A는 서점에서 소설, 에세이, 만화, 수험서, 잡지를 구매했다. 〈조건〉이 참일 때 A가 세 번째로 구매한 책으로 옳은 것은?**

조건

- A는 만화와 소설보다 잡지를 먼저 구매했다.
- A는 수험서를 가장 먼저 구매하지 않았다.
- A는 에세이와 만화를 연달아 구매하지 않았다.
- A는 수험서를 구매한 다음 곧바로 에세이를 구매했다.
- A는 에세이나 소설을 마지막에 구매하지 않았다.

① 소설
② 만화
③ 에세이
④ 잡지

| 언어능력

02 **다음 제시된 명제가 모두 참일 때 추론할 수 있는 것은?**

- 아메리카노는 카페라테보다 많이 팔린다.
- 유자차는 레모네이드보다 덜 팔린다.
- 카페라테는 레모네이드보다 많이 팔리지만, 녹차보다는 덜 팔린다.
- 녹차는 스무디보다 덜 팔리지만, 아메리카노보다 많이 팔린다.

① 유자차는 가장 안 팔리지는 않는다.
② 가장 많이 팔리는 음료는 스무디이다.
③ 카페라테보다 덜 팔리는 음료는 3개이다.
④ 녹차가 가장 많이 팔린다.

※ 다음은 연도별 국내 크루즈 입국자 수에 대한 자료이다. 이를 보고 이어지는 물음에 답하시오. **[3~4]**

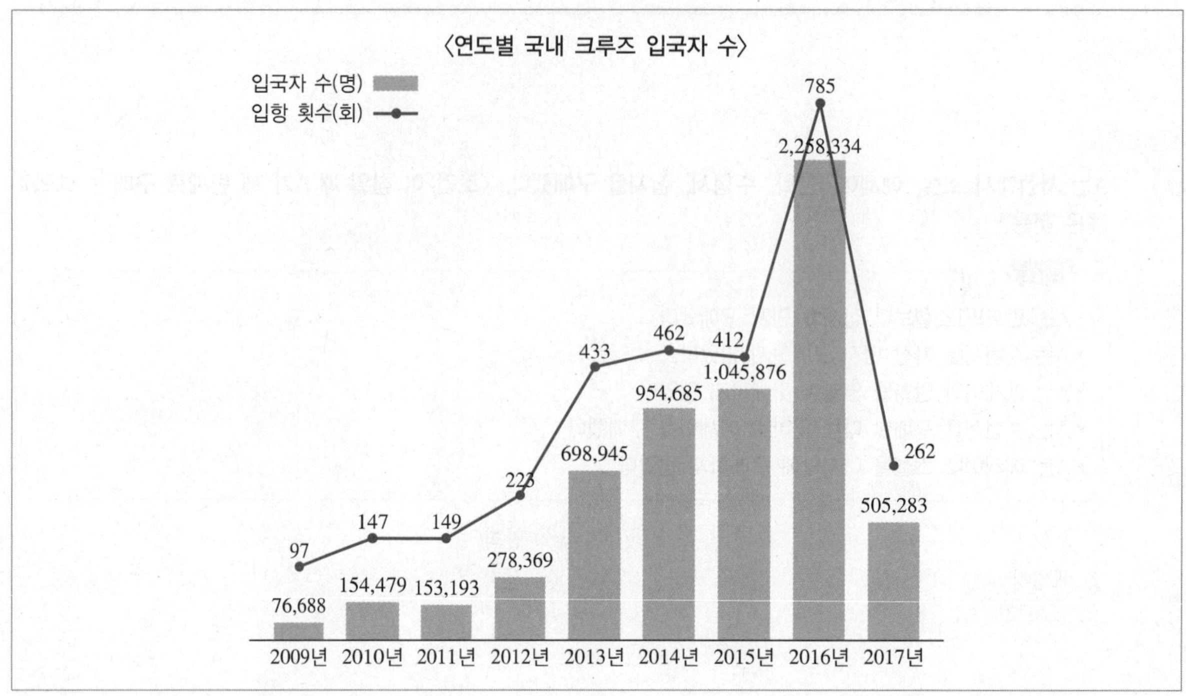

▎수리능력

03 다음 〈보기〉의 내용 중 옳은 것을 모두 고르면?

보기

ㄱ. 2010 ~ 2017년 동안 입국자 수의 전년 대비 증감량이 두 번째로 높은 해는 입항 횟수의 전년 대비 증감량이 가장 크다.
ㄴ. 입항 횟수는 2011년 대비 2015년에 150% 이상 증가하였다.
ㄷ. 입항 횟수당 입국자 수는 2014년이 2011년의 2배 이상이다.
ㄹ. 2013년 대비 2015년의 입국자 수 증가율은 60% 이상이다.

① ㄱ, ㄴ
② ㄱ, ㄷ
③ ㄴ, ㄷ
④ ㄴ, ㄹ

▎수리능력

04 다음 중 입항 횟수당 입국자 수가 가장 적은 해는?

① 2013년
② 2014년
③ 2015년
④ 2016년

❙ 공간/도식능력

05 다음 두 블록을 합쳤을 때, 나올 수 있는 형태로 알맞은 것은?

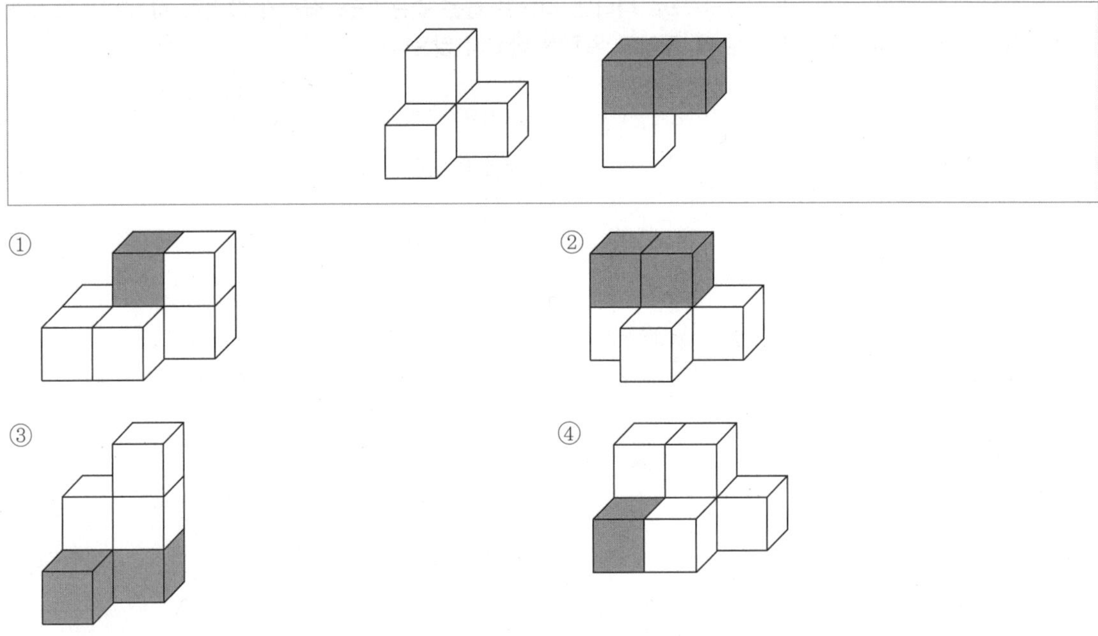

❙ 공간/도식능력

06 주어진 전개도를 접었을 때, 만들어질 수 있는 것은?

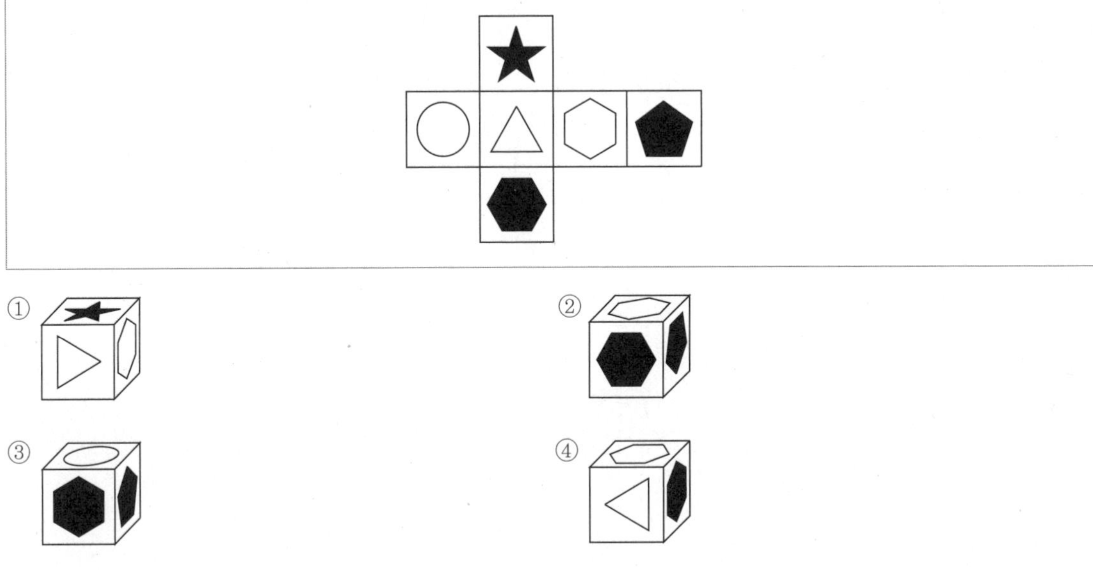

07 다음과 같은 정사각형의 종이를 화살표 방향으로 접고 〈보기〉의 좌표가 가리키는 위치에 구멍을 뚫었다. 다시 펼쳤을 때 뚫린 구멍의 위치를 좌표로 나타낸 것으로 옳은 것은?(단, 좌표가 그려진 사각형의 크기와 종이의 크기는 일치하며, 종이가 접힐 때 종이의 위치는 바뀌지 않는다)

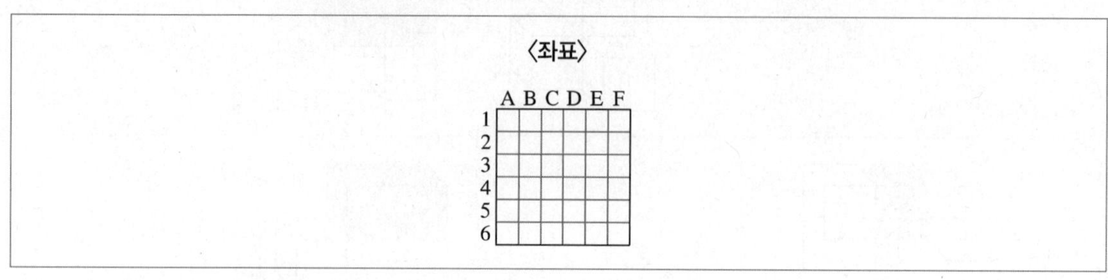

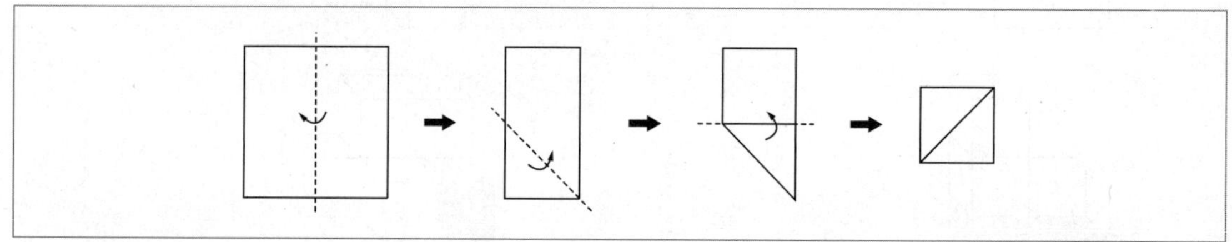

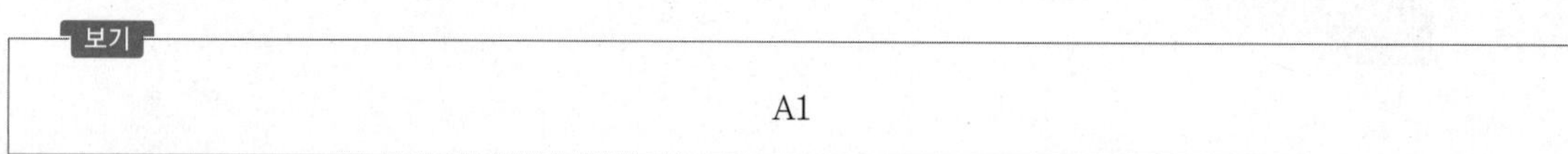

① A1, A6
② A1, F1
③ A1, A6, F1
④ A1, A6, F1, F6

CHAPTER 09 금호아시아나그룹

정답 및 해설 133p

| 언어능력

01 다음 중 맞춤법에 어긋나는 것은?

① 그는 목이 메어 한동안 말을 잇지 못했다.
② 어제는 종일 아이를 치다꺼리하느라 잠시도 쉬지 못했다.
③ 왠일로 선물까지 준비했는지 모르겠다.
④ 노루가 나타난 것은 나무꾼이 도끼로 나무를 베고 있을 때였다.

| 언어능력

02 다음 밑줄 친 단어와 같은 의미로 사용된 것은?

> 선물을 받고 좋아할 모습을 상상하니 저절로 입가에 웃음이 <u>돌았다</u>.

① 공장이 무리 없이 잘 <u>돌고</u> 있다.
② 무리한 운동으로 인해 머리가 핑 <u>돌았다</u>.
③ 아버지는 항상 아침 일찍 일어나 동네 한 바퀴를 <u>돌고</u> 오셨다.
④ 그는 냉기가 <u>도는</u> 차가운 바닥에 누워 생각에 잠겼다.

| 수리능력

03 다음의 주어진 계산식이 성립한다면 $(32+8)\times22$의 값은?

$$62\times(30+3)=52$$

① -18　② -6
③ 18　④ 6

| 수리능력

04 1부터 200까지의 숫자 중 약수가 3개인 수는 몇 개인가?

① 5개　② 6개
③ 7개　④ 8개

2019년 기출문제

수리능력

05 다음은 2018년에 가구주들이 노후준비방법에 대해 응답한 자료를 반영한 그래프이다. 다음 중 가장 구성비가 큰 항목의 구성비 대비 네 번째로 구성비가 큰 항목의 구성비의 비율로 옳은 것은?(단, 소수점 아래 둘째 자리에서 반올림한다)

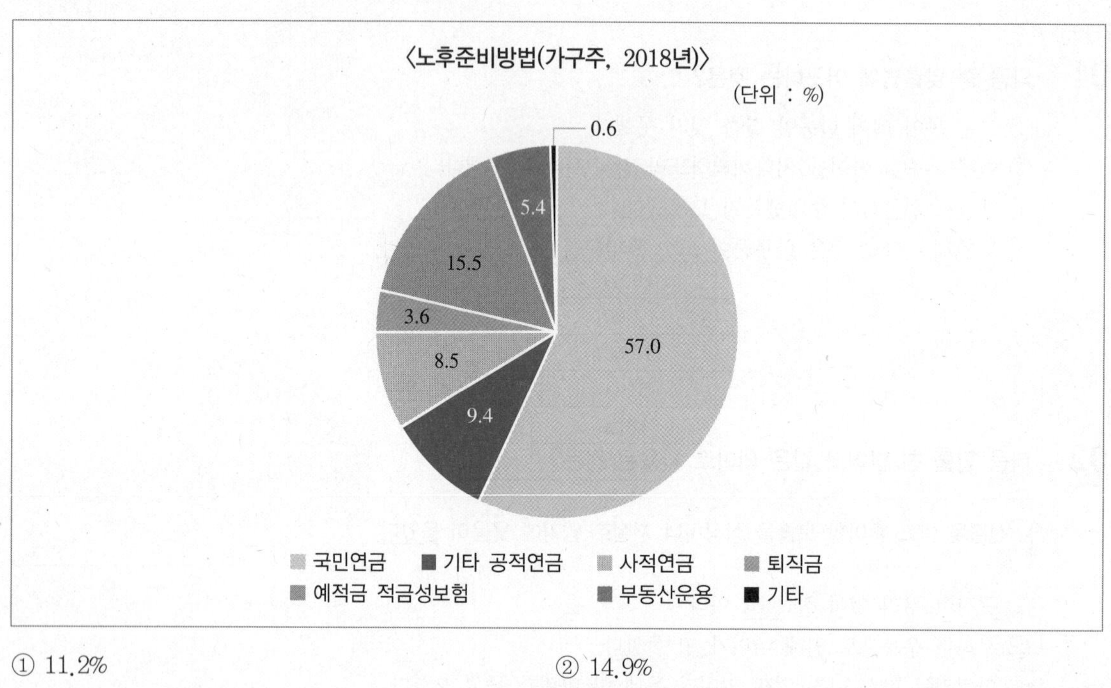

① 11.2%
② 14.9%
③ 17.4%
④ 19.1%

추리능력

06 일정한 규칙으로 수·문자를 나열할 때, 괄호 안에 들어갈 알맞은 것을 고르면?

캐 해 새 채 매 애 ( )

① 매
② 배
③ 래
④ 채

| 추리능력

07 **다음 제시된 낱말의 대응 관계로 볼 때, 빈칸에 들어갈 알맞은 것을 고르면?**

(　　) : 추출하다 = (　　) : 올리다

① 용질, 구름　　　　② 고체, 공기
③ 액체, 공간　　　　④ 용매, 물건

| 사무지각능력

08 **다음 중 제시된 문자와 다른 것은?**

밝붉볅븕벍벍밝볽빍

① 밝붉볅븕벍벍밝볽빍
② 붉붉볅븕벍벍밝볽빍
③ 붉붉볅븕벍벍빍볽빍
④ 붉붉볅븕벍벍밝볽빍

| 분석판단능력

09 **영업팀의 A, B, C, D, E사원은 출장으로 인해 ○○호텔에 투숙하게 되었다. ○○호텔은 5층 건물로 A ~ E사원이 서로 다른 층에 묵는다고 할 때, 다음에 근거하여 바르게 추론한 것은?**

• A사원은 2층에 묵는다. • B사원은 A사원보다 높은 층에 묵지만, C사원보다는 낮은 층에 묵는다. • D사원은 C사원 바로 아래층에 묵는다.

① E사원은 1층에 묵는다.
② B사원은 4층에 묵는다.
③ E사원은 가장 높은 층에 묵는다.
④ C사원은 D사원보다 높은 층에 묵지만, E사원보다는 낮은 층에 묵는다.

| 직무상식능력

10 다음 중 환율인상의 영향이 아닌 것은?

① 국제수지 개선효과
② 외채 상환 시 원화부담 가중
③ 수입 증가
④ 국내물가 상승

| 직무상식능력

11 다음 왕대의 업적으로 알맞은 것은?

근초고왕

① 율령 반포
② 마한 정복
③ 불교 공인
④ 웅진 천도

| 직무상식능력

12 다음 글을 읽고, 옳은 것을 고르면?

> Some people in the city like pigeons. These people think pigeons make the city people feel closer to nature. But some people in the city do not like pigeons at all. These people think pigeons carry diseases.

① Pigeons do not carry diseases.
② All city people like pigeons.
③ Not all city people like pigeons.
④ No city people like pigeons.

13 **다음 성어(成語)에서 뜻풀이로 적절한 것을 고르면?**

磨斧爲針

① 도끼를 갈아 바늘을 만든다.
② 숨기려던 정체가 드러나다.
③ 앞을 내다보는 안목
④ 많으면 많을수록 더욱 좋다.

CHAPTER 10 이랜드그룹

정답 및 해설 135p

| 언어비평검사 I (언어추리)

01 다음 빈칸에 들어갈 문장으로 알맞은 것은?

> 검은 양은 더위를 많이 탄다.
> 어미 양이 검은 양이면 새끼 양도 검은 양이다.
> 그러므로 ____________________

① 새끼 양이 검은 양이 아니면 어미 양은 검은 양이다.
② 어미 양이 더위를 많이 타면 새끼 양도 더위를 많이 탄다.
③ 새끼 양이 검은 양이면 어미 양은 더위를 많이 탄다.
④ 어미 양이 검은 양이면 새끼는 더위를 많이 탄다.
⑤ 어미 양이 검은 양이 아니면 새끼 양도 검은 양이 아니다.

| 언어비평검사 I (언어추리)

02 제시된 문장을 참고하여 내린 A, B의 결론에 대한 판단으로 옳은 것은?

> • 아침에 시리얼을 먹는 사람은 두뇌 회전이 빠르다.
> • 아침에 토스트를 먹는 사람은 피곤하다.
> • 에너지가 많은 사람은 아침에 밥을 먹는다.
> • 피곤하면 회사에 지각한다.
> • 두뇌 회전이 빠르면 일 처리가 빠르다.

> A : 회사에 지각하지 않은 사람은 아침에 토스트를 먹지 않았다.
> B : 일 처리가 빠른 사람은 아침에 시리얼을 먹은 것이다.

① A만 옳다.
② B만 옳다.
③ A, B 모두 옳다.
④ A, B 모두 틀리다.
⑤ A, B 모두 옳은지 틀린지 판단할 수 없다.

| 언어비평검사 Ⅱ(독해)

03 다음 중 빈칸 ㉠, ㉡에 들어갈 접속어가 바르게 연결된 것은?

평화로운 시대에 시인의 존재는 문화의 비싼 장식일 수 있다. [㉠] 시인의 조국이 비운에 빠졌거나 통일을 잃었을 때 시인은 장식의 의미를 떠나 민족의 예언가가 될 수 있고, 민족혼을 불러일으키는 선구자적 지위에 놓일 수도 있다. 예를 들면 스스로 군대를 가지지 못한 채 제정 러시아의 가혹한 탄압 아래 있던 폴란드 사람들은 시인의 존재를 민족의 재생을 예언하고 굴욕스러운 현실을 탈피하도록 격려하는 예언자로 여겼다. [㉡] 통일된 국가를 가지지 못하고 이산되어 있던 이탈리아 사람들은 시성 단테를 유일한 이탈리아로 숭앙했고, 제1차 세계대전 때 독일군의 잔혹한 압제 하에 있었던 벨기에 사람들은 베르하렌을 조국을 상징하는 시인으로 추앙하였다.

	㉠	㉡
①	그러므로	따라서
②	그러므로	반대로
③	그러나	반대로
④	그러나	또한
⑤	그리고	또한

| 언어비평검사 Ⅱ(독해)

04 다음 문장을 논리적 순서대로 알맞게 배열한 것은?

(가) 1970년 이후 적정기술을 기반으로 많은 제품이 개발되어 현지에 보급되어 왔지만, 그 성과에 대해서는 여전히 논란이 있다.
(나) 적정기술은 새로운 기술이 아닌 우리가 알고 있는 여러 기술 중의 하나로, 어떤 지역의 직면한 문제를 해결하는 데 적절하게 사용된 기술이다.
(다) 빈곤 지역의 문제 해결을 위해서는 기술 개발 이외에도 지역 문화에 대한 이해와 현지인의 교육까지도 필요하다.
(라) 이는 기술의 보급만으로는 특정 지역의 빈곤 탈출과 경제적 자립을 이룰 수 없기 때문이다.

① (가) – (나) – (다) – (라)
② (가) – (라) – (나) – (다)
③ (나) – (가) – (라) – (다)
④ (나) – (다) – (라) – (가)
⑤ (다) – (라) – (나) – (가)

05 다음 글의 내용과 일치하지 않는 것은?

사람의 눈이 원래 하나였다면 세계를 입체적으로 지각할 수 있었을까? 입체 지각은 대상까지의 거리를 인식하여 세계를 3차원으로 파악하는 과정을 말한다. 입체 지각은 눈으로 들어오는 시각 정보로부터 다양한 단서를 얻어 이루어지는데 이를 양안 단서와 단안 단서로 구분할 수 있다.
양안 단서는 양쪽 눈이 함께 작용하여 얻어지는 것으로, 양쪽 눈에서 보내오는 시차(視差)가 있는 유사한 상이 대표적이다. 단안 단서는 한쪽 눈으로 얻을 수 있는 것인데, 사람은 단안 단서만으로도 이전의 경험으로부터 추론에 의하여 세계를 3차원으로 인식할 수 있다. 망막에 맺히는 상은 2차원이지만 그 상들 사이의 깊이의 차이를 인식하게 해 주는 다양한 실마리들을 통해 입체 지각이 이루어진다.
동일한 물체의 크기가 다르게 시야에 들어오면 우리는 더 큰 시각(視角)을 가진 쪽이 더 가까이 있다고 인식한다. 이렇게 물체의 상대적 크기는 대표적인 단안 단서이다. 또 다른 단안 단서로는 직선 원근이 있다. 우리는 앞으로 뻗은 길이나 레일이 만들어 내는 평행선의 폭이 좁은 쪽이 넓은 쪽보다 멀리 있다고 인식한다. 또 하나의 단안 단서인 결 기울기는 같은 대상이 집단적으로 어떤 면에 분포할 때, 시야에 동시에 나타나는 대상들의 연속적인 크기 변화로 얻어진다. 예를 들면 들판에 만발한 꽃을 보면 앞쪽은 꽃이 크고 뒤로 가면서 서서히 꽃이 작아지는 것으로 보이는데 이러한 시각적 단서가 쉽게 원근감을 일으킨다.
어떤 경우에는 운동으로부터 단안 단서를 얻을 수 있다. 운동 시차는 관찰자가 운동할 때 정지한 물체들이 얼마나 빠르게 움직이는 것처럼 보이는지가 물체들까지의 상대적 거리에 대한 실마리를 제공하는 것이다. 예를 들어 기차를 타고 가다 창밖을 보면 가까이에 있는 나무는 빨리 지나가고 멀리 있는 산은 거의 정지해 있는 것처럼 보인다.

① 세계를 입체적으로 지각하기 위해서는 단서가 되는 다양한 시각 정보가 필요하다.
② 단안 단서에는 물체의 상대적 크기, 직선 원근, 결 기울기, 운동 시차 등이 있다.
③ 사고로 한쪽 눈의 시력을 잃은 사람은 입체 지각이 불가능하다.
④ 대상까지의 거리를 인식할 수 있어야 세계를 입체적으로 지각할 수 있다.
⑤ 이동하는 차 안에서 창밖을 보면 가까이에 있는 건물이 멀리 있는 건물보다 더 빨리 지나간다.

06 다음은 우리나라 건강보험 재정현황에 대한 자료이다. 이에 대한 설명으로 옳지 않은 것은?

〈건강보험 재정현황〉

(단위 : 조 원)

구분	2010년	2011년	2012년	2013년	2014년	2015년	2016년	2017년
수입	33.6	37.9	41.9	45.2	48.5	52.4	55.7	58.0
– 보험료수입 등	28.7	32.9	36.5	39.4	42.2	45.3	48.6	51.2
– 정부지원	4.9	5.0	5.4	5.8	6.3	7.1	7.1	6.8
지출	34.9	37.4	38.8	41.6	43.9	48.2	52.7	57.3
– 보험급여비	33.7	36.2	37.6	40.3	42.5	46.5	51.1	55.5
– 관리운영비 등	1.2	1.2	1.2	1.3	1.4	1.7	1.6	1.8
수지율(%)	104	98	93	92	91	92	95	99

※ 수지율(%)$=\frac{(\text{지출})}{(\text{수입})}\times 100$

① 2010년 대비 2017년 건강보험 수입의 증가율과 건강보험 지출의 증가율의 차이는 15%p 이상이다.
② 2011년부터 건강보험 수지율이 전년 대비 감소하는 해에는 정부지원 수입이 전년 대비 증가한다.
③ 2015년 보험료 수입 등이 건강보험 수입에서 차지하는 비율은 75% 이상이다.
④ 건강보험 수입과 지출의 전년 대비 증감 추이는 2012년부터 2015년까지 동일하다.
⑤ 2011년부터 2013년까지 건강보험 지출 중 보험급여비가 차지하는 비중은 매년 90%를 초과한다.

07 다음은 국가별 크루즈 외래객 점유율에 대한 자료이다. 이에 대한 〈보기〉의 설명 중 옳은 것을 모두 고르면?

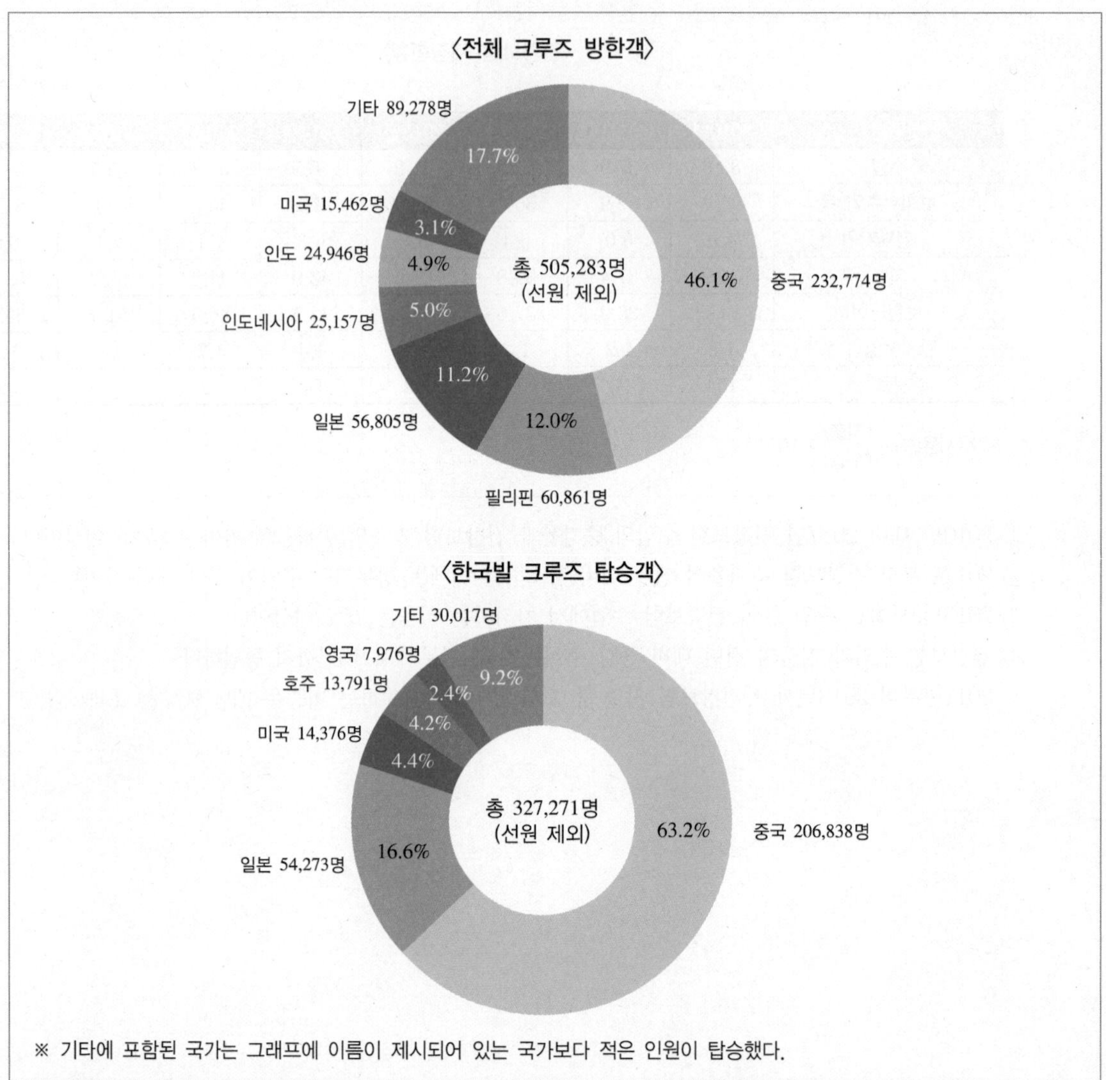

※ 기타에 포함된 국가는 그래프에 이름이 제시되어 있는 국가보다 적은 인원이 탑승했다.

보기

ㄱ. 전체 크루즈 방한객의 수와 한국발 크루즈 승객 수의 국가별 순위는 동일하다.
ㄴ. 미국 크루즈 방한객 수 대비 미국의 한국발 크루즈 탑승객 수의 비율은 85% 이상이다.
ㄷ. 필리핀의 크루즈 방한객 수는 필리핀의 한국발 크루즈 탑승객 수의 최소 8배 이상이다.
ㄹ. 영국의 한국발 크루즈 탑승객의 수는 일본의 한국발 크루즈 탑승객의 수의 20% 미만이다.

① ㄱ, ㄴ
② ㄱ, ㄷ
③ ㄴ, ㄷ
④ ㄴ, ㄹ
⑤ ㄷ, ㄹ

※ 제시된 선택지에서 자신이 가장 타당하다고 생각하는 것과 멀다고 생각하는 것을 각각 한 개씩 고르시오. [8~9]

※ 상황판단검사는 정답을 따로 제공하지 않는 영역이니 참고하시기 바랍니다.

08 **구매팀에 근무하는 A대리는 새로운 거래처를 찾기 위해 심사 중이었다. 최종 E와 G를 최종적으로 남겨 두고 고민하고 있는데, 그 중 G거래처 사장이 식사 도중 5만 원 상당의 선물을 건냈다. 당신이 A대리라면 어떻게 하겠는가?**

① 상사에게 G거래처 사장의 행동을 이야기하고 후보에서 탈락시킨다.
② 개인적인 선물이라고 생각하고 감사히 받는다.
③ 선물을 받으면서 이런 행동이 심사 결과에 아무런 영향을 끼치지 않는다는 것을 단호히 말한다.
④ 식사자리에서 바로 화를 내며 거절한다.
⑤ 정중히 거절하고 없었던 일처럼 행동한다.

09 **고객만족팀에서 일하는 P과장은 자사의 음식에서 이물질이 발생되었다는 전화를 받았다. 확인 결과 실제로 상품에 문제가 있었다. 이에 대해 P과장은 회사 내규에 따른 보상 절차를 설명했지만, 고객은 규정보다 더 큰 보상을 요구하고 있다. 당신이 P과장이라면 어떻게 하겠는가?**

① 사측의 실수이므로 고객이 원하는 보상을 모두 해줄 것을 요구한다.
② 규정에 없는 내용이므로 절대 불가능하다는 것을 설명한다.
③ 개인적인 비용으로 처리하고, 고객을 블랙컨슈머로 등록한다.
④ 회사에 공론화를 하여 문제해결 방안을 찾는다.
⑤ 고객에게 과한 요구를 하면 법적으로 대응하겠다고 설명한다.

CHAPTER 11 아모레퍼시픽그룹

정답 및 해설 137p

지각정확력

01 다음 제시된 문자와 같은 것의 개수를 고르면?

辰

辰	在	辰	無	長	防	丹	失	堂	亞	丹	防
江	無	在	丹	辰	京	代	長	辰	失	史	江
卞	手	辰	京	史	卞	江	手	史	代	卞	手
防	長	堂	失	辰	在	堂	亞	京	長	辰	無

① 4개
② 7개
③ 9개
④ 11개
⑤ 14개

언어유추력

02 다음 제시된 낱말의 대응 관계로 볼 때 빈칸에 들어갈 알맞은 것을 고르면?

자전거 : (　　) = 손 : 손톱

① 팔
② 운동
③ 도로
④ 지하철
⑤ 페달

| 언어유추력

03 다음 제시된 낱말의 대응 관계로 볼 때 빈칸에 들어가기에 알맞은 것끼리 짝지어진 것을 고르면?

낱말 : (A) = (B) : 속박

〈A〉 ① 언어 ② 문장 ③ 단어 ④ 국어 ⑤ 신문

〈B〉 ① 결정 ② 과속 ③ 희박 ④ 구속 ⑤ 정치

※ 다음 제시문을 읽고, 각 문제가 항상 참이면 ①, 거짓이면 ②, 알 수 없으면 ③을 고르시오. [4~6]

- 모든 손님들은 A와 B 중에서 하나만을 주문했다.
- A를 주문한 손님 중에서 일부는 C를 주문했다.
- B를 주문한 손님들만 추가로 주문할 수 있는 D도 많이 판매되었다.

| 언어추리력

04 B와 C를 동시에 주문하는 손님도 있었다.

① 참 ② 거짓 ③ 알 수 없음

| 언어추리력

05 D를 주문한 손님은 A를 주문하지 않았다.

① 참 ② 거짓 ③ 알 수 없음

| 언어추리력

06 C를 주문한 손님은 모두 A를 주문했다.

① 참 ② 거짓 ③ 알 수 없음

| 공간지각력

07 제시된 전개도를 접었을 때, 나타나는 입체도형으로 알맞은 것을 고르면?

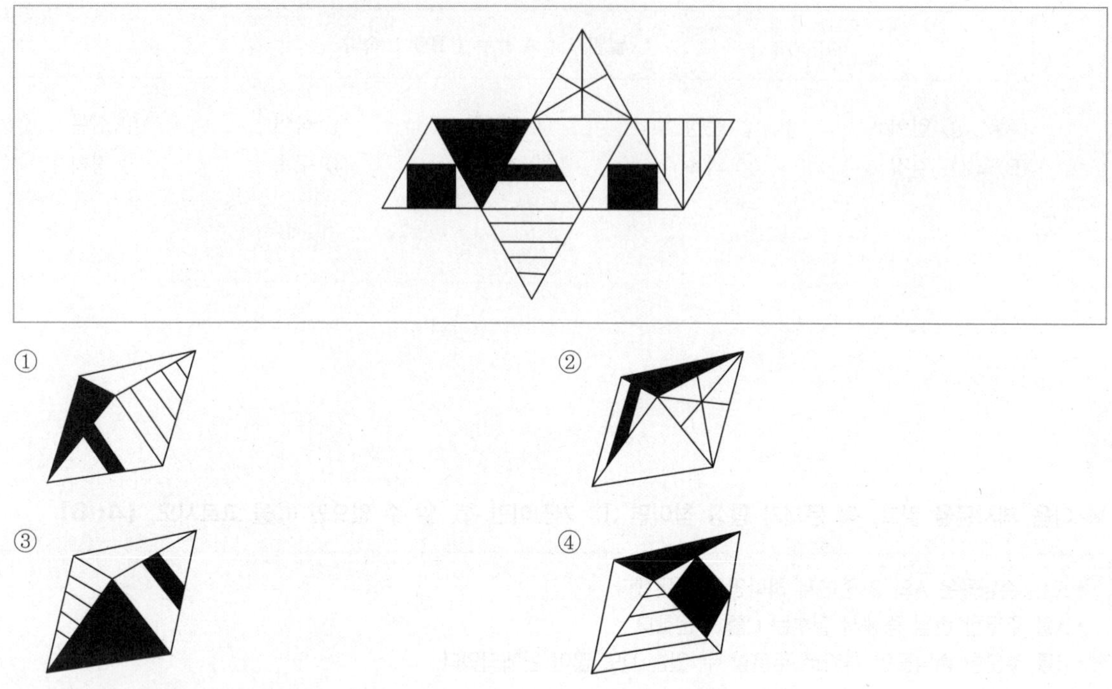

| 판단력

08 다음 글의 주제로 가장 적절한 것은?

> 표준화된 언어는 의사소통을 효과적으로 하기 위하여 의도적으로 선택해야 할 공용어로서의 가치가 있다. 반면에 방언은 지역이나 계층의 언어와 문화를 보존하고 드러냄으로써 국가 전체의 언어와 문화를 다양하게 발전시키는 토대로서의 가치가 있다. 이러한 의미에서 표준화된 언어와 방언은 상호 보완적인 관계에 있다. 표준화된 언어가 있기에 정확한 의사소통이 가능하며, 방언이 있기에 개인의 언어생활에서나 언어 예술 활동에서 자유롭고 창의적인 표현이 가능하다. 결국 우리는 표준화된 언어와 방언 둘 다의 가치를 인정해야 하며, 발화(發話) 상황(狀況)을 잘 고려해서 표준화된 언어와 방언을 잘 가려서 사용할 줄 아는 능력을 길러야 한다.

① 창의적인 예술 활동에서는 방언의 기능이 중요하다.
② 표준화된 언어와 방언에는 각각 독자적인 가치와 역할이 있다.
③ 정확한 의사소통을 위해서는 표준화된 언어가 꼭 필요하다.
④ 표준화된 언어와 방언을 구분할 줄 아는 능력을 길러야 한다.

| 판단력

09 다음은 전통사찰 지정등록 현황에 관한 자료이다. 이에 대한 설명으로 옳은 것은?

〈연도별 전통사찰 지정등록 현황〉

(단위 : 개소)

구분	2010년	2011년	2012년	2013년	2014년	2015년	2016년	2017년	2018년
지정등록	17	15	12	7	4	4	2	1	2

① 전통사찰로 지정등록되는 수는 계속 감소하고 있다.
② 2010년부터 2014년까지 전통사찰로 지정등록된 수의 평균은 11개소이다.
③ 2012년과 2016년에 지정등록된 전통사찰 수의 전년 대비 감소폭은 같다.
④ 전통사찰 지정등록 수가 가장 낮은 연도는 2015년이다.

| 응용수리력

10 C건설에서 백화점 건물을 짓기 위해 포크레인 A, B 두 대로 작업을 하고 있다. A로만 작업을 하면 건물 하나를 완성하는 데 40일 걸리고, B만 사용하면 20일 걸린다. 공사 감독이 A만으로 작업을 하다가 나중에는 B만 사용하여 총 21일 만에 건물 하나를 완공했다고 할 때, B로 작업한 날은 총 며칠인가?

① 11일
② 12일
③ 19일
④ 20일

| 수추리력

11 일정한 규칙으로 수를 나열할 때, 빈칸에 들어갈 알맞은 수를 고르면?

$$8 \quad 4 \quad \frac{4}{3} \quad \frac{1}{3} \quad (\quad) \quad \frac{1}{90} \quad \frac{1}{630}$$

① $\frac{1}{6}$
② $\frac{3}{8}$
③ $\frac{11}{12}$
④ $\frac{1}{15}$

2019년 기출문제

12 주어진 그림의 용도를 40가지 쓰시오.

※ 창의력 문제는 정답을 따로 제공하지 않는 영역입니다.

CHAPTER 12 GS그룹

정답 및 해설 | 139p

| 사무지각

01 다음 제시된 문자와 같은 것의 개수를 구하면?

ㄹㅂ

ㄹㅂ	ㅂㅌ	ㄹㅎ	ㄹㅁ	ㅂㅌ	ㄹㅂ	ㅅㄷ	ㄹㅎ	ㄹㅂ	ㄹㅂ	ㄹㅎ	ㄹㅂ
ㅂㅌ	ㄹㅄ	ㅂㅌ	ㄹㅂ	ㄹㅄ	ㄹㅎ	ㅂㅌ	ㄹㅂ	ㄹㅁ	ㄹㅄ	ㄹㅂ	ㄹㅄ
ㄹㅄ	ㄹㅁ	ㄹㅎ	ㅁㅅ	ㅅㄷ	ㄹㅄ	ㄹㅂ	ㅁㅅ	ㅅㄷ	ㅂㅌ	ㄹㅁ	ㅂㅌ
ㄹㅂ	ㅂㅌ	ㄹㅂ	ㄹㅂ	ㄹㅁ	ㅁㅅ	ㄹㅁ	ㄹㅎ	ㄹㅂ	ㄹㅁ	ㅁㅅ	ㄹㅂ

① 11개
② 12개
③ 13개
④ 14개
⑤ 15개

※ 다음 제시문을 읽고 각 문제가 항상 참이면 ①, 거짓이면 ②, 알 수 없으면 ③을 고르시오. [2~3]

- 영화관을 좋아하는 사람은 액션영화를 좋아한다.
- 공포영화를 좋아하는 사람은 팝콘을 싫어한다.
- 영화관을 싫어하는 사람은 집을 좋아한다.
- 다큐멘터리를 싫어하는 사람은 집을 싫어한다.
- 팝콘을 싫어하는 사람은 액션영화를 싫어한다.

| 언어추리

02 팝콘을 싫어하는 사람은 다큐멘터리를 좋아한다.

① 참 ② 거짓 ③ 알 수 없음

| 언어추리

03 집을 좋아하는 사람은 액션영화를 싫어한다.

① 참 ② 거짓 ③ 알 수 없음

2019년 기출문제

┃언어유추

04 **다음 제시된 낱말의 대응 관계로 볼 때, 빈칸에 들어갈 알맞은 것은?**

> 15세 : (　　) = 70세 : 고희

① 약관
② 지학
③ 진갑
④ 산수
⑤ 망팔

┃응용수리

05 **주영이는 친구와 함께 5km 떨어진 영화관에 다녀왔다. 영화관에 도착해서 30분간 식사를 하고, 2시간 동안 영화를 관람했다. 집으로 돌아올 때는 친구가 다리를 다쳐서 영화관에 갈 때의 $\frac{1}{4}$의 속력으로 돌아왔다고 할 때, 총 걸린 시간이 4시간 30분이었다. 영화관에 갈 때의 속력은 얼마인가?**

① 11.5km/h
② 12.0km/h
③ 12.5km/h
④ 13.0km/h
⑤ 13.5km/h

┃수추리

06 **일정한 규칙으로 수를 나열할 때 빈칸에 들어갈 알맞은 수는?**

$$3 \quad 3 \quad 4 \quad \frac{6}{5} \quad 4 \quad \frac{12}{25} \quad \frac{13}{3} \quad \frac{24}{125} \quad (\quad)$$

① $\frac{32}{12}$
② $\frac{40}{12}$
③ $\frac{53}{12}$
④ $\frac{61}{12}$
⑤ $\frac{72}{12}$

| 공간지각

07 제시된 전개도를 접었을 때 나타나는 입체도형으로 적절한 것은?

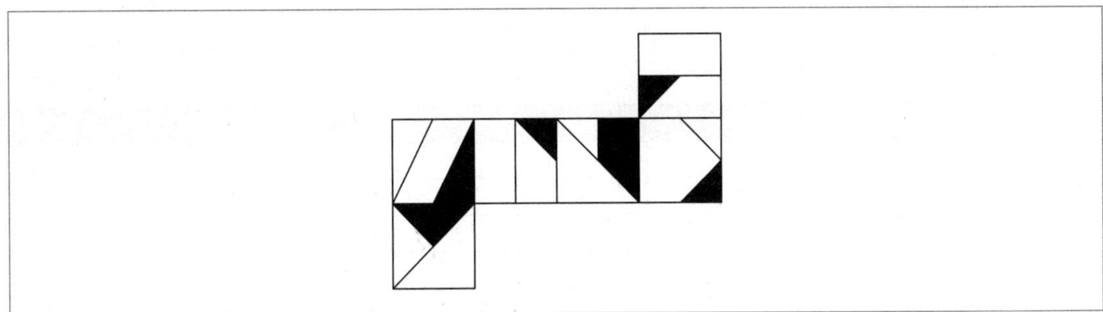

①
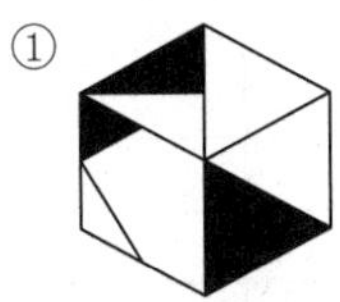

②
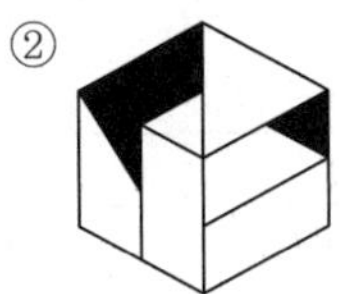

③
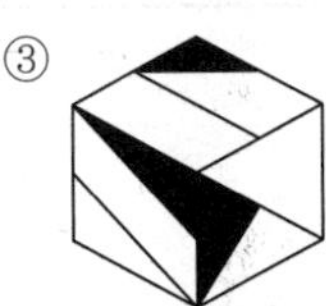

④
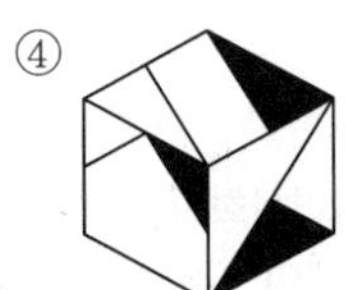

⑤
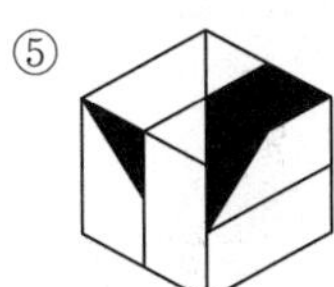

2019년 기출문제

| 단어연상

08 제시된 9개의 단어 중 3개의 단어와 공통으로 연상되는 단어는?

환자	소방관	달력
마이크	의사	노래
범죄	날짜	주사기

① 병원
② 뮤지컬
③ 휴가
④ 일기
⑤ 경찰서

09 다음은 국가별 연도별 이산화탄소 배출량에 관한 자료이다. 〈조건〉에 따라 빈칸 ㉠~㉣에 해당하는 국가명을 순서대로 나열한 것은?

(단위 : 백만 CO_2톤)

구분	1994년	2004년	2014년	2017년	2018년
일본	1,041	1,141	1,112	1,230	1,189
미국	4,803	5,642	5,347	5,103	5,176
㉠	232	432	551	572	568
㉡	171	312	498	535	556
㉢	151	235	419	471	507
독일	940	812	759	764	723
인도	530	890	1,594	1,853	2,020
㉣	420	516	526	550	555
중국	2,076	3,086	7,707	8,980	9,087
러시아	2,163	1,474	1,529	1,535	1,468

조건

- 한국과 캐나다는 5개 연도의 이산화탄소 배출량 순위에서 8위를 두 번 했다.
- 사우디의 2017년 대비 2018년의 이산화탄소 배출량 증가율은 5% 이상이다.
- 이란과 한국의 이산화탄소 배출량의 합은 2014년부터 이란과 캐나다의 배출량의 합보다 많아진다.

① 캐나다, 이란, 사우디, 한국
② 한국, 사우디, 이란, 캐나다
③ 한국, 이란, 캐나다, 사우디
④ 이란, 한국, 사우디, 캐나다
⑤ 한국, 이란, 사우디, 캐나다

▎언어이해

10 다음 글의 내용과 일치하는 것은?

> 중국에서 전해진 유전자 편집 아기의 탄생 소식은 전 세계에 커다란 충격을 주었다. 이 기술을 통해 에이즈에 걸리지 않는 아기를 출산하게 됐다는 것인데 이에 대해 많은 과학자들이 일제히 우려와 비판의 목소리를 높였다. 만약 유전자 맞춤 기술이 발달한다면 열등하다고 판단되는 유전자는 제거하고 최상의 유전자로만 맞춤형 인간을 설계할 수 있을까?
> 우울증이나 신경쇠약을 일으킬 수 있는 유전자가 확인된다면, 그 역시 제거 대상인 '열등한 유전자'에 속할 것이다. 그런데 역사상 잘 알려진 과학자나 예술가 중에는 이러한 정신 병리적인 성향을 보인 이들도 적지 않았다. 또한, 유전자 이상으로 생기는 질병 중에 '겸상적혈구 빈혈증'이 있다. 정상적인 적혈구는 둥근 모양인데 이 병에 걸린 사람은 적혈구의 모양이 낫 모양으로 바뀌게 된다. 이 병은 현재까지 마땅한 치료제가 없고 심한 빈혈을 일으키지만, 이 유전자를 이형접합자 형태로 가진 사람은 별다른 이상 증세를 느끼지 못하고, 오히려 말라리아에 걸릴 확률이 더 낮다. 이처럼 열등한 유전자가 사라지지 않고 건재한 이유가 바로 말라리아에 대한 강한 저항성 때문이다. 이처럼 우성이든, 열성이든 인간의 유전자는 오랜 세월에 걸친 진화의 결과물이다. 괜한 과욕은 도리어 개성의 상실뿐만 아니라 인류의 심각한 부작용과 재앙을 초래할 것이다.

① 중국의 유전자 편집 아기의 탄생 소식은 학계의 긍정적인 반응을 이끌었다.
② 역사상 업적을 남긴 인물들은 제거 대상인 '열등한 유전자'가 없었던 것으로 알려져 있다.
③ 이상이 있는 유전자는 항상 인간의 몸에 해롭다.
④ 어떤 유전자든지 오랜 세월에 걸친 진화의 결과물이다.
⑤ '겸상적혈구 빈혈증'을 가진 사람은 말라리아에 걸릴 확률이 높다.

▎한국사

11 다음 중 신석기 시대에 대한 특징으로 옳은 것은?

① 반달 돌칼을 만들어 곡식의 이삭을 자르는데 사용했다.
② 도구와 불을 사용하기 시작했고, 언어를 구사하였다.
③ 돌을 갈아 다양한 모양의 간석기를 만들고 조리나 식량 저장에 사용할 수 있는 토기를 만들었다.
④ 막강한 권력과 경제력을 가진 지배자인 군장이 등장하였다.

CHAPTER 13 두산그룹

정답 및 해설 141p

| 언어논리

01 **어느 편의점에서 도난 사건이 발생했다. CCTV 확인을 통해 그 시각 편의점을 들렀던 A, B, C, D, E, F를 조사하기로 했다. 이들 중 범인인 두 사람만 거짓말을 하고 있다면 범인은 누구인가?**

- A : F가 성급한 모습으로 편의점을 나가는 것을 봤어요.
- B : C가 가방 속에 훔친 물건을 넣는 모습을 봤어요.
- C : 나는 범인이 아닙니다.
- D : B 혹은 A가 훔치는 것을 봤어요.
- E : F가 범인인 게 확실해요. CCTV를 자꾸 신경 쓰고 있었거든요.
- F : 얼핏 봤는데, 제가 본 도둑은 C와 E 중 한 명이에요.

① A, B
② A, C
③ B, C
④ B, F
⑤ D, E

| 언어논리

02 **D기업 총무팀 7명이 중국집에 점심식사를 하러 가서 짜장면 2개, 짬뽕 3개, 볶음밥 2개를 주문했다. 다음과 같이 주문했다고 할 때, 옳지 않은 것은?**

- 팀원은 A팀장, K과장, S과장, N대리, J대리, D사원, P사원이다.
- 1인 1메뉴를 시켰는데, 좋아하는 메뉴는 반드시 시키고, 싫어하는 메뉴는 반드시 시키지 않았으며, 같은 직급끼리는 같은 메뉴를 시키지 않았다.
- A팀장은 볶음밥을 좋아한다.
- J대리는 짜장면을 싫어한다.
- D사원은 대리와 같은 메뉴를 시키지 않았다.
- S과장은 짬뽕을 싫어한다.
- K과장은 사원과 같은 메뉴를 시켰다.
- N대리는 볶음밥을 싫어한다.

① S과장은 반드시 짜장면을 시킨다.
② K과장은 반드시 짬뽕을 시킨다.
③ J대리가 볶음밥을 시키면 N대리는 짬뽕을 시킨다.
④ A팀장은 모든 직급의 팀원들과 같은 메뉴를 시킬 수 있다.
⑤ D사원은 짬뽕을 시킬 수 없다.

03 다음은 10대 무역수지 흑자국에 대한 자료이다. 이에 대한 설명으로 옳지 않은 것은?

〈10대 무역수지 흑자국〉

(단위 : 백만 달러)

순위	2016년		2017년		2018년	
	국가명	금액	국가명	금액	국가명	금액
1	중국	32,457	중국	45,264	중국	47,779
2	홍콩	18,174	홍콩	23,348	홍콩	28,659
3	마샬군도	9,632	미국	9,413	싱가포르	11,890
4	미국	8,610	싱가포르	7,395	미국	11,635
5	멕시코	6,161	멕시코	7,325	베트남	8,466
6	싱가포르	5,745	베트남	6,321	멕시코	7,413
7	라이베리아	4,884	인도	5,760	라이베리아	7,344
8	베트남	4,780	라이베리아	5,401	마샬군도	6,991
9	폴란드	3,913	마샬군도	4,686	브라질	5,484
10	인도	3,872	슬로바키아	4,325	인도	4,793

① 2016년부터 2018년까지 10대 무역수지 흑자국에 2번 이상 포함된 국가의 수는 9개국이다.
② 2018년 1위 흑자국의 액수는 10위 흑자국 액수의 10배 이상이다.
③ 싱가포르의 2016년 대비 2018년의 흑자액은 2배 이상이다.
④ 싱가포르를 제외하고 2016년 대비 2018년의 흑자 증가율이 가장 높은 나라는 베트남이다.
⑤ 2016년부터 2018년까지 매년 순위가 상승하는 나라는 2개국이다.

| 수리자료분석

04 영희는 3시에 학교 수업이 끝난 후 할머니를 모시고 병원에 간다. 학교에서 집으로 갈 때는 4km/h의 속력으로 이동하고 집에서 10분 동안 할머니를 기다린 후, 할머니와 병원까지 3km/h의 속력으로 이동한다고 한다. 학교와 집, 집과 병원 사이의 거리 비가 2 : 1일 때, 병원에 도착한 시각은 4시 50분이다. 병원에서 집까지의 거리는?

① 1km ② 2km
③ 3km ④ 4km
⑤ 5km

| 어휘유창성(인문계)

05 제시된 문장에서 사용이 적절하지 않은 단어는?

- 많은 사람이 이번 결정에 대해 공정성과 객관성이 (　　)됐다고 비판하였다.
- 드디어 기업이 (　　)을/를 충당하고 이익을 내기 시작했다.
- 겨울철에는 야외 활동이 적어 비타민 D의 (　　)이/가 오기 쉽다.
- 유명 컴퓨터 회사는 일부 제품에서 배터리 (　　)이/가 발견되자 리콜을 시행하였다.

① 결핍 ② 결함
③ 결여 ④ 결렬
⑤ 결손

※ 3×3×3 큐브를 다음과 같이 정의할 때, 이어지는 물음에 답하시오.

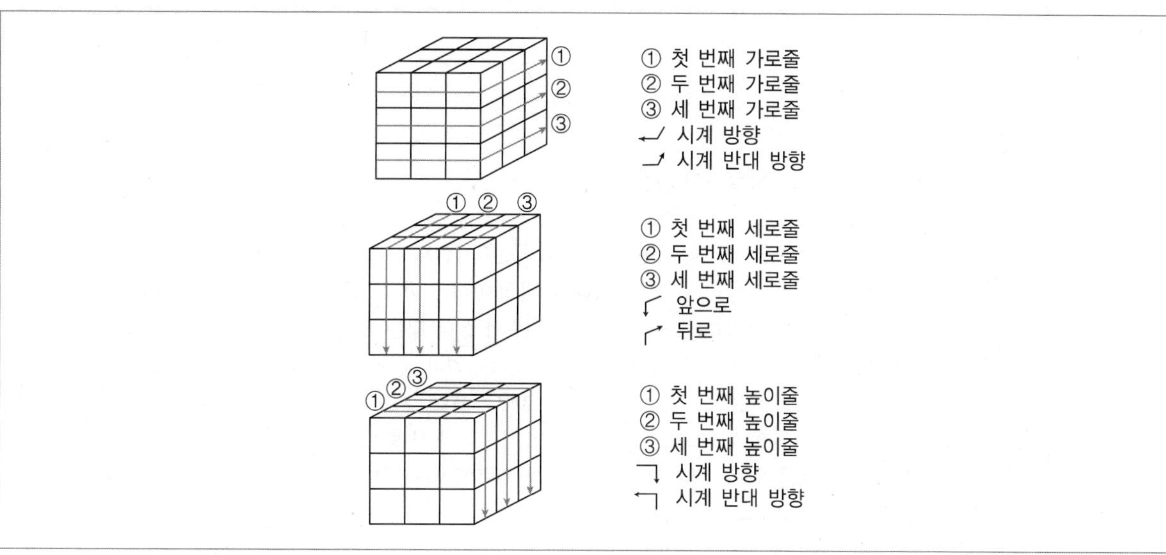

┃공간추리(이공계)

06 첫 번째 세로줄을 뒤로 90°, 두 번째 가로줄을 시계 방향으로 180°, 세 번째 높이줄을 시계 방향으로 90° 돌렸을 때, 나오는 모양을 다음과 같이 잘랐을 때의 단면은?

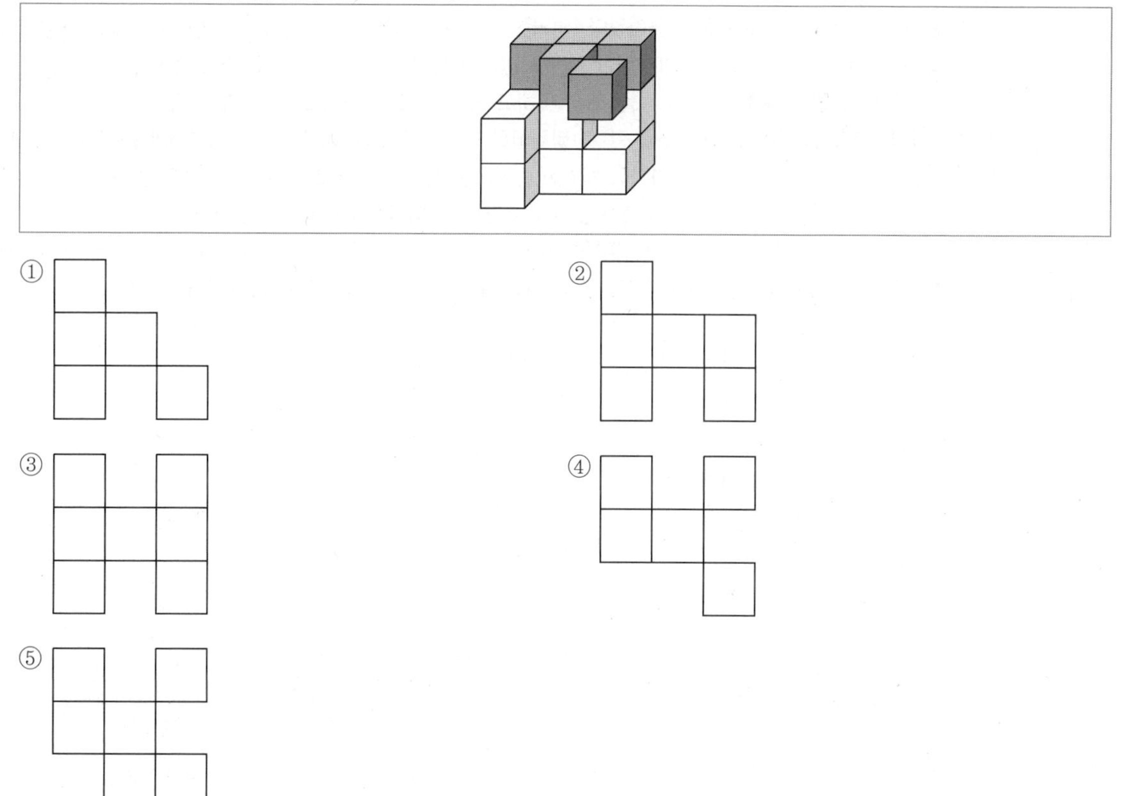

CHAPTER 14 샘표식품

정답 및 해설 143p

❙ 언어

01 다음 (가) ~ (마) 문단의 주제로 적절하지 않은 것은?

(가) 우리는 최근 '사회가 많이 깨끗해졌다.'라는 말을 많이 듣는다. 실제 우리의 일상생활은 정말 많이 깨끗해졌다. 과거에 비하면 일상생활에서 뇌물이 오가는 경우가 거의 없어진 것이다. 그런데 왜 부패인식지수가 나아지기는 커녕 도리어 나빠지고 있을까? 일상생활과 부패인식지수가 전혀 다른 모습을 보이는 이유는 어디에 있을까?

(나) 부패인식지수가 산출되는 과정에서 그 물음의 답을 찾을 수 있다. 부패인식지수는 국제투명성기구에서 매년 조사하여 발표하고 있는 세계적으로 가장 권위 있는 부패 지표로, 지수는 국제적인 조사 및 평가를 실시하고 있는 여러 기관의 조사 결과를 바탕으로 산출된다. 각 기관의 조사 항목과 조사 대상은 서로 다르지만, 주요 항목은 공무원의 직권 남용 억제 기능, 공무원의 공적 권력의 사적 이용, 공공서비스와 관련한 뇌물 등으로 공무원의 뇌물과 부패에 초점이 맞추어져 있다.

(다) 부패인식지수를 이해하는 데에 주목하여야 할 또 하나의 중요한 점은 부패인식지수 계산에 사용된 각 지수의 조사 대상이다. 조사에 따라 약간의 차이가 있기는 하지만 조사는 주로 해당 국가나 해당 국가와 거래하고 있는 고위 기업인과 전문가들을 대상으로 이루어진다. 일반 시민이 아닌 기업 활동에서 공직자들과 깊숙한 관계를 맺고 있어 공직자들의 행태를 누구보다 잘 알고 있을 것으로 추정되는 사람들의 의견을 대상으로 하는 것이다. 결국 부패인식지수는 고위 기업경영인과 전문가들의 공직 사회의 뇌물과 부패에 대한 평가라 할 수 있다.

(라) 그렇다면 부패인식지수를 개선하는 방법은 무엇일까? 그간 정부는 공무원행동강령, 청탁금지법, 부패방지기구 설치 등 많은 제도적인 노력을 기울여왔다. 이러한 정부의 노력에도 불구하고 정부 반부패정책은 대부분 효과가 없는 것으로 보인다. 정부 노력에 대한 일반 시민들의 시선도 차갑기만 하다. 결국 법과 제도적 장치는 우리 사회에 만연한 연줄 문화 앞에서 힘을 쓰지 못하고 있는 것으로 해석할 수 있다.

(마) 천문학적인 뇌물을 받아도 마스크를 낀 채 휠체어를 타고 교도소를 나오는 기업경영인과 공직자들의 모습을 우리는 자주 보아왔다. 이처럼 솜방망이 처벌이 반복되는 상황에서 부패는 계속될 수밖에 없다. 예상되는 비용에 비해 기대 수익이 큰 상황에서 부패는 끊어질 수 없는 것이다. 이러한 상황이 인간의 욕망을 도리어 자극하여 사람들은 연줄을 찾아 더 많은 부당이득을 노리려 할지 모른다. 연줄로 맺어지든 다른 방식으로 이루어지든 부패로 인하여 지불해야 할 비용이 크다면 부패에 대한 유인이 크게 줄어들 수 있을 것이다.

① (가) – 생활 속에 대한 인식과 부패인식지수의 상반되는 경향에 대한 의문
② (나) – 공공분야에 맞추어진 부패인식지수의 산출과정
③ (다) – 특정 계층으로 집중된 부패인식지수의 조사 대상
④ (라) – 부패인식지수의 효과적인 개선방안
⑤ (마) – 부패가 계속되는 원인

02 다음 글의 내용과 일치하지 않는 것은?

수박은 91% 이상이 수분으로 이뤄져 있어 땀을 많이 흘리는 여름철에 수분을 보충하고 갈증을 해소시키는 데 좋다. 또한 몸에 좋은 기능 성분도 많이 들어 있어 여름의 보양과일로 불린다. 수박 한 쪽이 약 100g이므로 하루에 6쪽이면 일일 권장량에 해당하는 대표적인 기능 성분인 라이코펜과 시트룰린을 섭취할 수 있다고 한다. 그렇다면 좋은 수박을 고르기 위해서는 어떻게 해야 할까. 우선 신선한 수박은 수박 꼭지를 보고 판단할 수 있다. 수박은 꼭지부터 수분이 마르므로 길이나 모양에 상관없이 꼭지의 상태로 신선도를 판단할 수 있는 것이다. 예전엔 T자 모양의 수박 꼭지로 신선도를 판단했지만, 최근에는 '수박 꼭지 절단 유통 활성화 방안'에 따라 T자 모양 꼭지를 찾기 어려워졌다. 대신에 우리는 잘 익은 수박은 소리와 겉모양으로 구분할 수 있다. 살짝 두드렸을 때 '통통'하면서 청명한 소리가 나면 잘 익은 수박이며, 덜 익은 수박은 '깡깡'하는 금속음이, 너무 익은 수박은 '퍽퍽'하는 둔탁한 소리가 나게 된다. 또한, 손에 느껴지는 진동으로도 구분할 수 있는데, 왼손에 수박을 올려놓고 오른손으로 수박의 중심 부분을 두드려 본다. 이때 잘 익었다면 수박 아래의 왼손에서도 진동이 잘 느껴진다. 진동이 잘 느껴지지 않는다면 너무 익었거나 병에 걸렸을 가능성이 있다. 겉모양의 경우 호피무늬 수박은 껍질에 윤기가 나며 검은 줄무늬가 고르고 진하게 형성돼 있어야 좋다. 그리고 줄기의 반대편에 있는 배꼽의 크기가 작은 것이 당도가 높다. 최근에는 일부 소비자 가운데 반으로 자른 수박의 과육에 나타나는 하트 모양 줄무늬를 바이러스로 잘못 아는 경우도 있다. 이는 수박씨가 맺히는 자리에 생기는 '태좌'라는 것으로 지극히 정상적인 현상이다. 바이러스 증상은 수박 잎에서 먼저 나타나기 때문에 농가에서 선별 후 유통한다. 또한 바이러스의 경우 꼭지에도 증상이 보이기 때문에 꼭지에 이상이 없다면 과육도 건강한 것이다.

① 수박은 91% 이상이 수분으로 이루어져 있어 여름철에 수분을 보충하기 좋은 과일이다.
② 수박 꼭지로부터 수박의 신선도를 판단할 수 있다.
③ 수박을 반으로 잘랐을 때 하트 모양의 줄무늬가 나타나면 바이러스에 감염된 것이다.
④ 잘 익은 수박의 경우, 살짝 두드렸을 때 '통통'하면서 청명한 소리가 난다.
⑤ 수박 600g을 섭취하면 일일 권장량에 해당되는 라이코펜과 시트룰린을 섭취할 수 있다.

| 수리

03 ○○식품에 다니는 B의 근속연수가 A의 2배가 되는 것은 몇 년 후인가?

- 현재 B와 A의 근속연수 합은 21년이다.
- 3년 전 B의 근속연수는 A의 4배였다.

① 3년 후　　② 4년 후
③ 5년 후　　④ 6년 후
⑤ 7년 후

| 수리

04 다음은 2017년 7월부터 2018년 6월까지 원/달러 추이(종가기준)에 관한 그래프이다. 다음 중 원/달러 환율의 전월 대비 변화율이 가장 큰 달은?

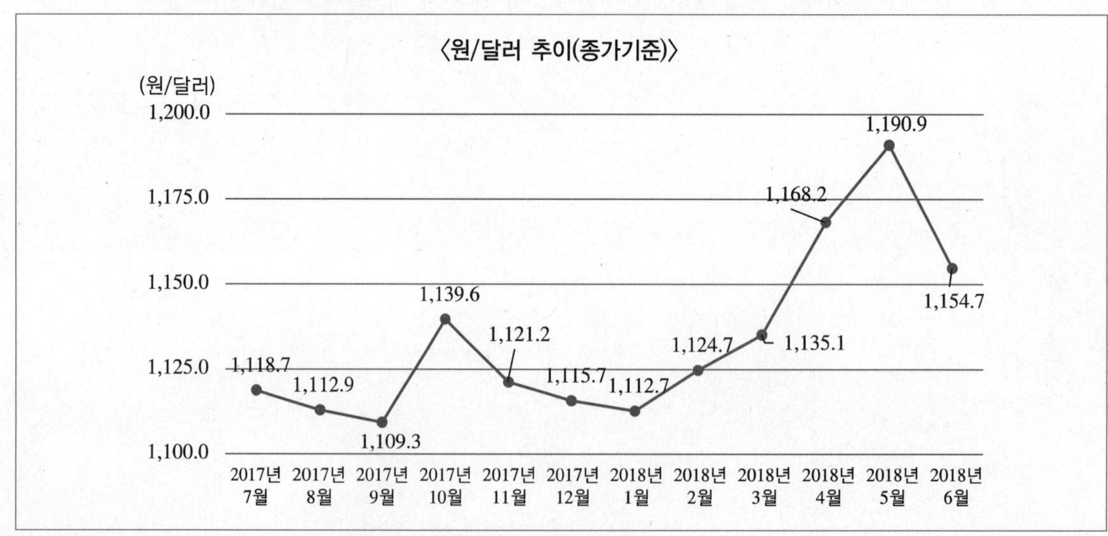

① 2017년 10월　　② 2018년 2월
③ 2018년 4월　　④ 2018년 5월
⑤ 2018년 6월

▎도형추리

05 **다음 제시된 도형의 규칙을 보고 ?에 들어갈 알맞은 것을 고르면?**

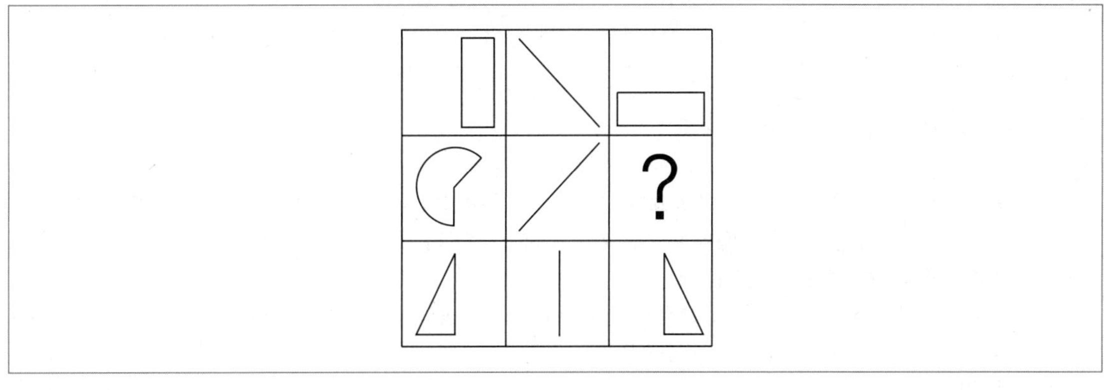

① 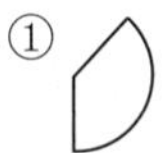

② 

③ 

④ 

⑤ 

CHAPTER 15 동원그룹

정답 및 해설 144p

I 언어

01 다음 중 글의 내용과 일치하는 것은?

> 인류가 남긴 수많은 미술 작품을 살펴보다 보면 다양한 동물들이 등장하고 있음을 알 수 있다. 미술 작품 속에 등장하는 동물에는 일상에서 흔히 접할 수 있는 개나 고양이, 꾀꼬리 등도 있지만 해태나 봉황 등 인간의 상상에서 나온 동물도 적지 않음을 알 수 있다.
>
> 미술 작품에 등장하는 동물은 그 성격에 따라 나누어 보면 종교적·주술적인 동물, 신을 위한 동물, 인간을 위한 동물로 구분할 수 있다. 물론 이 구분은 엄격한 것이 아니므로 서로의 개념을 넘나들기도 하며, 여러 뜻을 동시에 갖기도 한다.
>
> 종교적·주술적인 성격의 동물은 가장 오랜 연원을 가진 것으로, 사냥 미술가들의 미술에 등장하거나 신앙을 목적으로 형성된 토템 등에서 확인할 수 있다. 여기에 등장하는 동물들은 대개 초자연적인 강대한 힘을 가지고 인간 세계를 지배하거나 수호하는 신적인 존재이다. 인간의 이지가 발달함에 따라 이들의 신적인 기능은 점차 감소되어, 결국 이들은 인간에게 봉사하는 존재로 전락하고 만다.
>
> 동물은 절대적인 힘을 가진 신의 위엄을 뒷받침하고 신을 도와 치세(治世)의 일부를 분담하기 위해 이용되기도 한다. 이 동물들 역시 현실 이상의 힘을 가지며 신성시되는 것이 보통이지만, 이는 어디까지나 신의 권위를 강조하기 위한 것에 지나지 않는다. 이들은 신에게 봉사하기 위해서 많은 동물 중에서 특별히 선택된 것들이다. 그리하여 그 신분에 알맞은 모습으로 조형화되었다.

① 미술 작품 속에는 일상에서 흔히 접할 수 있는 개나 고양이, 꾀꼬리 등이 주로 등장하고, 해태나 봉황 등은 찾아보기 어렵다.

② 미술 작품에 등장하는 동물은 성격에 따라 종교적·주술적인 동물, 신을 위한 동물, 인간을 위한 동물로 엄격하게 구분한다.

③ 종교적·주술적 성격의 동물은 초자연적인 강대한 힘으로 인간 세계를 지배하거나 수호하는 신적인 존재로 나타난다.

④ 인간의 이지가 발달함에 따라 신적인 기능이 감소한 종교적·주술적 동물은 신에게 봉사하는 존재로 전락한다.

⑤ 신의 위엄을 뒷받침하고 신을 도와 치세의 일부를 분담하기 위해 이용되는 동물은 별다른 힘을 지니지 않는다.

| 수리

02 9%의 소금물 800g이 있다. 이 소금물을 증발시켜 16%의 소금물을 만들려면 몇 g을 증발시켜야 하는가?

① 300g
② 325g
③ 350g
④ 375g
⑤ 400g

| 수리

03 다음은 주요 국가별 · 연도별 청년층 실업률 추이를 나타낸 자료이다. 자료를 보고 판단한 내용 중 옳지 않은 것은?

〈주요 국가별 · 연도별 청년층(15 ~ 24세) 실업률 추이〉

(단위 : %)

구분	2013년	2014년	2015년	2016년	2017년	2018년
독일	13.6	11.7	10.4	11.0	9.7	8.5
미국	10.5	10.5	12.8	17.6	18.4	17.3
영국	13.9	14.4	14.1	18.9	19.3	20.0
일본	8.0	7.7	7.2	9.1	9.2	8.0
OECD 평균	12.5	12.0	12.7	16.4	16.7	16.2
대한민국	10.0	8.8	9.3	9.8	9.8	9.6

① 일본의 전년 대비 2014년도 청년층 실업률의 감소율은 3% 이상이다.
② 대한민국 청년층 실업률은 매년 OECD 평균보다 낮다.
③ 영국은 청년층 실업률이 주요 국가 중에서 매년 가장 높다.
④ 독일의 전년 대비 2016년도 청년층 실업률의 증가율은 대한민국보다 낮다.
⑤ 2015년 대비 2017년 청년층 실업률 증가량이 OECD 평균보다 높은 나라는 영국, 미국이다.

❙ 상황판단

※ 상황판단은 기업의 성향과 일치하는지를 확인하기 위한 영역으로 따로 정답을 제공하고 있지 않으니 참고하시기 바랍니다.

04 **A사원은 친구와 이번 주 주말여행을 위해 숙소 및 교통편을 다 예약해놓았다. 그런데 새롭게 진행하고 있는 팀 프로젝트를 위해 B팀장이 토요일 출근을 지시했다. 숙소 및 교통편의 예약을 취소하면 친구가 실망하는 것은 물론 친구의 것까지 2배의 수수료를 물어야 하는 상황이다. 이 상황에서 당신이 A사원이라면 어떻게 하겠는가?**

① B팀장에게 자신의 상황을 솔직하게 말한다.
② 팀장의 지시이므로 수수료를 물더라도 여행 및 예약을 취소한다.
③ 아픈 척 거짓말을 해서 당일 근무를 뺀다.
④ 친구에게 혼자라도 여행을 갈 것을 권유한다.
⑤ B팀장에게 주말에 해야 할 업무를 평일에 미리 다 하겠다고 말한다.

❙ 상식

05 **인공지능(AI) 기술을 이용해 특정 영상에 특정 인물의 얼굴을 합성한 편집물을 가리키는 용어는?**

① 딥페이크
② 미디어 리터러시
③ 마타도어
④ 낙인 효과
⑤ 케이퍼 무비

❙ 상식

06 **2019년 3월 31일부터 범죄인 인도법에 반대하며 반중국 성향 시위가 일어난 곳은?**

① 대만
② 홍콩
③ 필리핀
④ 베트남
⑤ 싱가포르

❙ 상식

07 **소비자가 온라인 · 오프라인 · 모바일 등 다양한 경로를 넘나들며 상품을 검색하고 구매할 수 있도록 한 서비스를 가리키며, 각 유통 채널의 특성을 결합해 어떤 채널에서든 같은 매장을 이용하는 것처럼 느낄 수 있도록 한 쇼핑 환경은?**

① 옴니채널
② 체리피킹
③ 쇼루밍
④ 크리슈머
⑤ O2O

CHAPTER 16 한국철도공사

정답 및 해설 146p

01 다음 중 밑줄 친 단어와 같은 의미로 사용된 것은?

> 과열된 분위기를 띠다.

① 미소를 띠다.
② 전문성을 띠다.
③ 임무를 띠다.
④ 홍조를 띠다.
⑤ 허리에 띠를 띠다.

02 S회사에 입사한 A ~ E신입사원은 각각 2개 항목의 물품을 신청하였다. 5명의 신입사원 중 2명의 진술이 거짓일 때, 다음 중 신청 사원과 신청 물품이 바르게 연결된 것은?

> ※ 신입사원이 신청한 항목은 4개이며, 항목별 신청 사원의 수는 다음과 같다.
> • 필기구 : 2명 • 의자 : 3명
> • 복사용지 : 2명 • 사무용 전자제품 : 3명

> A : 나는 필기구를 신청하였고, E는 거짓말을 하고 있다.
> B : 나는 의자를 신청하지 않았고, D는 진실을 말하고 있다.
> C : 나는 의자를 신청하지 않았고, E는 진실을 말하고 있다.
> D : 나는 필기구와 사무용 전자제품을 신청하였다.
> E : 나는 복사용지를 신청하였고, B와 D는 거짓말을 하고 있다.

① A – 복사용지
② A – 의자
③ C – 필기구
④ C – 사무용 전자제품
⑤ E – 필기구

03 다음 글을 읽고 추론한 내용으로 적절하지 않은 것은?

세계적으로 저명한 미국의 신경과학자들은 '의식에 관한 케임브리지 선언'을 통해 동물에게도 의식이 있다고 선언했다. 이들은 포유류와 조류 그리고 문어를 포함한 다른 많은 생물도 인간처럼 의식을 생성하는 신경학적 기질을 갖고 있다고 주장하였다. 즉, 동물도 인간과 같이 의식이 있는 만큼 합당한 대우를 받아야 한다는 이야기이다. 그러나 이들과 달리 아직도 동물에게 의식이 있다는 데 회의적인 과학자가 많다.

인간의 동물관은 고대부터 두 가지로 나뉘어 왔다. 그리스의 철학자 피타고라스는 윤회설에 입각하여 동물에게 경의를 표해야 한다는 것을 주장했으나, 아리스토텔레스는 '동물에게는 이성이 없으므로 동물은 인간의 이익을 위해서만 존재한다.'고 주장했다. 이러한 동물관의 대립은 근세에도 이어졌다. 17세기 철학자 데카르트는 '동물은 정신을 갖고 있지 않으며, 고통을 느끼지 못하므로 심한 취급을 해도 좋다.'라고 주장한 반면, 18세기 계몽철학자 루소는 「인간불평등 기원론」을 통해 인간과 동물은 동등한 자연의 일부라는 주장을 처음으로 제기했다.

그러나 인간은 오랫동안 동물의 본성이나 동물답게 살 권리를 무시한 채로 소와 돼지, 닭 등을 사육해왔다. 오로지 더 많은 고기와 달걀을 얻기 위해 '공장식 축산' 방식을 도입한 것이다. 공장식 축산이란 가축 사육 과정이 공장에서 규격화된 제품을 생산하는 것과 같은 방식으로 이루어지는 것을 말하며, 이러한 환경에서는 소와 돼지, 닭 등이 몸조차 자유롭게 움직일 수 없는 좁은 공간에 갇혀 자라게 된다. 가축은 스트레스를 받아 면역력이 떨어지게 되고, 이는 결국 항생제 대량 투입으로 이어질 수밖에 없다. 우리는 그렇게 생산된 고기와 달걀을 맛있다고 먹고 있는 것이다.

이와 같은 공장식 축산의 문제를 인식하고, 이를 개선하려는 동물 복지 운동은 1960년대 영국을 중심으로 유럽에서 처음 시작됐다. 인간이 가축의 고기 등을 먹더라도 최소한의 배려를 함으로써 항생제 사용을 줄이고, 고품질의 고기와 달걀을 생산하자는 것이다. 한국도 올해부터 먼저 산란계를 시작으로 '동물 복지 축산농장 인증제'를 시행하고 있다. 배고픔·영양 불량·갈증으로부터의 자유, 두려움·고통으로부터의 자유 등의 5대 자유를 보장하는 농장만이 동물 복지 축산농장 인증을 받을 수 있다.

동물 복지는 가축뿐만이 아니라 인간의 건강을 위한 것이기도 하다. 따라서 정부와 소비자 모두 동물 복지에 좀 더 많은 관심을 가져야 한다.

① 피타고라스는 동물에게도 의식이 있다고 생각했군.
② 아리스토텔레스와 데카르트의 동물관에는 일맥상통하는 점이 있어.
③ 좁은 공간에 갇혀 자란 돼지는 그렇지 않은 돼지에 비해 면역력이 낮겠네.
④ 공장식 축산에서의 항생제 대량 사용은 결국 인간에게 안 좋은 영향을 미치겠군.
⑤ 동물 복지 축산농장 인증제는 1960년대 영국에서 처음 시행되었어.

04 K공사의 사원 월급과 사원수를 알아보기 위해 다음과 같은 〈정보〉를 얻었다. 아래 〈정보〉를 참고하여 구한 K공사의 사원수와 사원 월급 총액으로 바르게 짝지어진 것은 무엇인가?(단, 월급 총액은 K공사가 사원 모두에게 주는 한 달 월급의 합을 말한다)

〈정보〉

- 사원은 모두 동일한 월급을 받는다.
- 사원이 10명 더 늘어나면, 기존 월급보다 100만 원 작아지고, 월급 총액은 기존의 80%이다.
- 사원이 20명 줄어들면, 월급은 기존과 동일하고, 월급 총액은 기존의 60%가 된다.

	사원수	월급 총액
①	45명	1억 원
②	45명	1억 2천만 원
③	50명	1억 2천만 원
④	50명	1억 5천만 원
⑤	55명	1억 5천만 원

05 희재는 수국, 작약, 장미, 카라 4종류의 꽃을 총 12송이 가지고 있다. 이 꽃들을 12명의 사람에게 한 송이씩 주려고 한다. 다음 주어진 〈정보〉가 모두 참일 때, 〈보기〉에서 옳은 것을 모두 고른 것은?

〈정보〉

- 꽃 12송이는 수국, 작약, 장미, 카라 4종류가 모두 1송이 이상씩 있다.
- 작약을 받은 사람은 카라를 받은 사람보다 적다.
- 수국을 받은 사람은 작약을 받은 사람보다 적다.
- 장미를 받은 사람은 수국을 받은 사람보다 많고, 작약을 받은 사람보다 적다.

보기

ㄱ. 카라를 받은 사람이 4명이면, 수국을 받은 사람은 1명이다.
ㄴ. 카라와 작약을 받은 사람이 각각 5명, 4명이면, 장미를 받은 사람은 2명이다.
ㄷ. 수국을 받은 사람이 2명이면, 작약을 받은 사람이 수국을 받은 사람보다 2명 많다.

① ㄱ
② ㄴ
③ ㄱ, ㄴ
④ ㄷ
⑤ ㄴ, ㄷ

06 다음은 2018년 공항철도를 이용한 월별 여객 수송실적이다. 다음 표를 보고 (A), (B), (C)에 들어갈 알맞은 수를 옳게 짝지은 것은?

〈공항철도 이용 여객 현황〉

(단위 : 명)

구분	수송인원	승차인원	유입인원
1월	209,807	114,522	95,285
2월	208,645	117,450	(A)
3월	225,956	133,980	91,976
4월	257,988	152,370	105,618
5월	266,300	187,329	78,971
6월	(B)	189,243	89,721
7월	328,450	214,761	113,689
8월	327,020	209,875	117,145
9월	338,115	(C)	89,209
10월	326,307	219,077	107,230

※ 유입인원은 환승한 인원이다.

※ (수송인원)=(승차인원)+(유입인원)

	(A)	(B)	(C)
①	101,195	278,884	243,909
②	101,195	268,785	243,909
③	91,195	268,785	248,906
④	91,195	278,964	248,906
⑤	90,095	278,964	249,902

07 다음은 연도별 아르바이트 소득에 관한 자료이다. 다음 자료에 대한 해석으로 옳은 것은?

〈아르바이트 월 소득 및 시급〉

(단위 : 원, 시간)

구분	2014년	2015년	2016년	2017년	2018년
월 평균 소득	641,000	682,000	727,000	761,000	788,000
평균 시급	6,200	6,900	7,200	7,400	7,900
주간 평균 근로시간	24	23.5	22	23	23.4

① 2015 ~ 2018년 동안 전년 대비 월 평균 소득의 증가율이 가장 높은 해는 2018년이다.

② 주간 평균 근로시간이 많을수록 평균 시급이 낮다.

③ 전년 대비 2016년 평균 시급 증가액은 전년 대비 2018년 증가액보다 100원 적다.

④ 2014년 월 평균 소득은 2018년 월 평균 소득의 70% 이하이다.

⑤ 평균 시급에 대한 월 평균 소득의 비율이 가장 적은 해는 2015년이다.

2019년 기출문제

08 ○○전자회사는 LED를 생산할 수 있는 기계 A, B, C 3대를 가지고 있다. 기계에 따른 불량률이 다음과 같을 때, 3대를 하루 동안 가동할 경우 전체 불량률은 얼마인가?(단, 소수점 이하 셋째 자리에서 버림한다)

〈기계별 하루 생산량 및 불량률〉

구분	하루 생산량(개)	불량률(%)
A기계	5,000	0.7
B기계	A기계보다 10% 더 생산	1.0
C기계	B기계보다 500개 더 생산	0.3

① 0.78%

② 0.75%

③ 0.71%

④ 0.65%

⑤ 0.62%

※ 다음은 우리나라 전국 및 시도별 이동인구 및 이동률을 나타낸 자료이다. 다음 표를 보고 이어지는 질문에 답하시오. [9~10]

〈전국 이동인구 및 이동률〉

(단위 : 천 명, %, %p)

구분		이동인구				이동률			
		총 이동	전년 (동월)비	시도 내	시도 간	총 이동	전년 (동월)차	시도 내	시도 간
2017년	1월	577	−3.0	369	208	13.3	−0.5	8.5	4.8
	2월	749	5.6	469	280	19.1	1.5	11.9	7.1
	3월	673	−1.9	432	241	15.5	−0.4	9.9	5.5
	4월	532	−5.7	354	178	12.6	−0.8	8.4	4.2
	5월	578	−1.9	388	190	13.3	−0.3	8.9	4.4
	6월	541	−4.6	362	179	12.8	−0.7	8.6	4.2
	7월	543	−0.3	366	178	12.5	−0.1	8.4	4.1
	8월	628	−2.1	418	210	14.4	−0.4	9.6	4.8
	9월	591	8.3	405	186	14.0	1.0	9.6	4.4
	10월	529	−14.2	365	164	12.1	−2.1	8.4	3.8
	11월	597	−7.4	410	187	14.2	−1.2	9.7	4.4
	12월	615	−8.6	405	210	14.1	−1.4	9.3	4.8
2018년	1월	662	14.8	425	237	15.2	1.9	9.8	5.5
	2월	698	−6.8	444	254	17.7	−1.3	11.3	6.4
	3월	708	5.1	464	244	16.3	0.8	10.7	5.6
	4월	594	11.6	399	194	14.1	1.4	9.5	4.6
	5월	600	3.7	410	189	13.8	0.5	9.4	4.4
	6월	544	0.5	370	174	12.9	0.0	8.8	4.1
	7월	569	4.7	381	188	13.0	0.6	8.7	4.3
	8월	592	−5.7	390	202	13.6	−0.8	9.0	4.6
	9월	462	−21.8	311	151	11.0	−3.1	7.4	3.6
	10월	637	20.5	439	198	14.6	2.5	10.1	4.5
	11월	615	2.9	425	190	14.6	0.4	10.1	4.5
	12월	617	0.3	409	208	14.2	0.0	9.4	4.8

※ $[\text{전년 (동월)비}]=\frac{(\text{당월 이동자})-(\text{전월 동월 이동자})}{(\text{전년 동월 이동자})}\times 100$

※ 월별 이동률은 연간 수준으로 환산한 수치임

〈시도별 이동인구 추이〉

(단위 : 천 명)

구분	2017년			2018년		
	순 이동	총 전입	총 전출	순 이동	총 전입	총 전출
서울	−99	1,472	1,571	−113	1,438	1,551
부산	−27	440	467	−24	418	442
대구	−11	322	333	−15	320	335
인천	0	410	410	−2	433	435
광주	−9	208	217	−5	219	224
대전	−17	211	228	−16	212	228
울산	−12	135	147	−12	128	140
세종	32	81	49	31	85	54
경기	117	1,889	1,772	170	2,042	1,872
강원	1	211	210	−5	217	222
충북	3	197	194	6	219	213
충남	18	288	270	10	293	283
전북	−7	232	239	−14	242	256
전남	−5	226	231	−10	225	235
경북	−6	310	316	−10	309	319
경남	5	413	408	−6	388	394
제주	12	104	92	12	104	92

※ (순 이동)=(총 전입)−(총 전출)

09 **전국 및 시도별 이동인구 추이에 대한 해석으로 옳지 않은 것은?**

① 2017년과 2018년에 전국 총 이동률이 가장 높은 달은 같다.
② 2018년도 전년 대비 시도별 총 전입자 수가 증가한 지역은 9곳이다.
③ 2월부터 6월까지 전월 대비 전국 총 이동률 증감추이는 2017년도와 2018년도가 같다.
④ 2017년도 전국 시도 내와 시도 간 이동률 차이는 매월 3%p 이상이다.
⑤ 2017 ~ 2018년 동안 매년 시도별 총 전출자 수가 많은 지역 수가 총 전입자 수가 많은 지역보다 많다.

10 **시도별 이동인구 추이에서 2017년 순 이동인구 절댓값이 세 번째로 많은 지역의 전년 대비 2018년 총 전입자와 총 전출자 증감률은 얼마인가?(단, 증감률은 소수점 이하 둘째 자리에서 반올림한다)**

	총 전입자 증감률	총 전출자 증감률
①	4.9%	10.2%
②	5.0%	10.0%
③	5.0%	10.2%
④	4.9%	10.0%
⑤	5.2%	10.0%

CHAPTER 17 한국전력공사

정답 및 해설 150p

01 다음 글을 통해 추론할 수 있는 내용으로 적절하지 않은 것은?

인류는 미래의 에너지로 청정하고 고갈될 염려가 없는 풍부한 에너지를 기대하며, 신재생에너지인 태양광과 풍력에너지에 많은 기대를 걸고 있다. 그러나 태양광이나 풍력으로는 화력발전을 통해 생산되는 전력 공급량을 대체하기 어렵고, 기상 환경에 많은 영향을 받는다는 점에서 한계가 있다. 이에 대한 대안으로 많은 전문가들은 '핵융합 에너지'에 기대를 걸고 있다.

핵융합발전은 핵융합 현상을 이용하는 발전 방식으로, 핵융합은 말 그대로 원자의 핵이 융합하는 것을 말한다. 우라늄의 원자핵이 분열하면서 방출되는 에너지를 이용하는 원자력발전과 달리, 핵융합발전은 수소 원자핵이 융합해 헬륨 원자핵으로 바뀌는 과정에서 방출되는 에너지를 이용해 물을 가열하고 수증기로 터빈을 돌려 전기를 생산한다.

핵융합발전이 다음 세대를 이끌어갈 전력 생산 방식이 될 수 있는 이유는 인류가 원하는 에너지원의 조건을 모두 갖추고 있기 때문이다. 우선 연료가 거의 무한대라고 할 수 있을 정도로 풍부하다. 핵융합발전에 사용되는 수소는 일반적인 수소가 아닌 수소의 동위원소로, 지구의 70%를 덮고 있는 바닷물을 이용해서 얼마든지 생산할 수 있다. 게다가 적은 연료로 원자력발전에 비해 훨씬 많은 에너지를 얻을 수 있다. 1g으로 석유 8톤(t)을 태워서 얻을 수 있는 전기를 생산할 수 있고, 원자력발전에 비하면 같은 양의 연료로 3 ~ 4배의 전기를 생산할 수 있다.

무엇보다 오염물질을 거의 배출하지 않는 점이 큰 장점이다. 미세먼지와 대기오염을 일으키는 오염물질은 전혀 나오지 않고 오직 헬륨만 배출된다. 약간의 방사선이 방출되지만, 원자력발전에서 배출되는 방사성 폐기물에 비하면 거의 없다고 볼 수 있을 정도다.

핵융합발전은 안전 문제에서도 자유롭다. 원자력발전은 수개월 혹은 1년 치 연료를 원자로에 넣고 연쇄적으로 핵분열 반응을 일으키는 방식이라 문제가 생겨도 당장 가동을 멈춰 사태가 악화되는 것을 막을 수 없다. 하지만 핵융합발전은 연료가 아주 조금 들어가기 때문에 문제가 생겨도 원자로가 녹아내리는 것과 같은 대형 재난으로 이어지지 않는다. 문제가 생기면 즉시 핵융합 반응이 중단되고 발전장치가 꺼져버린다. 핵융합 반응을 제어하는 일이 극도로 까다롭기 때문에 오히려 발전장치가 꺼지지 않도록 정밀하게 제어하는 것이 중요하다.

현재 세계 각국은 각자 개별적으로 핵융합발전 기술을 개발하는 한편 프랑스 남부 카다라슈 지역에 '국제핵융합실험로(ITER)'를 건설해 공동으로 실증 실험을 할 준비를 진행하고 있다. 한국과 유럽연합(EU), 미국, 일본, 러시아, 중국, 인도 등 7개국이 참여해 구축하고 있는 ITER는 2025년 12월 완공될 예정이며, 2025년 이후에는 그동안 각국이 갈고 닦은 기술을 적용해 핵융합 반응을 일으켜 상용화 가능성을 검증하게 된다. 불과 10년 내로 세계 전력산업의 패러다임을 바꾸는 역사적인 핵융합 실험이 지구상에서 이뤄지게 되는 것이다.

① 핵융합발전이 태양열발전보다 더 많은 양의 전기를 생산할 수 있겠어.
② 핵융합발전과 원자력발전은 원자의 핵을 다르게 이용한다는 점에서 차이가 있군.
③ 같은 양의 전력 생산을 목표로 한다면 원자력발전의 연료비는 핵융합발전의 3배 이상이겠어.
④ 헬륨은 대기오염을 일으키는 오염물질에 해당하지 않는군.
⑤ 핵융합발전에는 발전장치를 제어하는 사람의 역할이 중요하겠어.

02 **한국전력공사는 필리핀의 신재생에너지 시장에 진출하려고 한다. 전략기획팀의 M대리는 3C 분석 방법을 통해 다음과 같은 결과를 도출하였다. 한국전력공사의 필리핀 시장 진출에 대한 판단으로 가장 적절한 것은?**

3C	상황분석
고객(Customer)	• 아시아국가 중 전기요금이 높은 편에 속함 • 태양광, 지열 등 훌륭한 자연환경 조건 기반 • 신재생에너지 사업에 대한 정부의 적극적 추진 의지
경쟁사(Competitor)	• 필리핀 민간 기업의 투자 증가 • 중국 등 후발국의 급속한 성장 • 체계화된 기술 개발 부족
자사(Company)	• 필리핀 화력발전사업에 진출한 이력 • 필리핀의 태양광 발전소 지분 인수 • 현재 미국, 중국 등 4개국에서 풍력과 태양광 발전소 운영 중

① 필리핀은 전기요금이 높아 국민들의 전력 사용량이 많지 않을 것으로 예상되며, 열악한 전력 인프라로 신재생에너지 시장의 발전 가능성 또한 낮을 것으로 예상되므로 자사의 필리핀 시장 진출은 바람직하지 않다.

② 필리핀은 정부의 적극적 추진 의지로 신재생에너지 시장이 급성장하고 있으나, 민간 기업의 투자와 다른 아시아 국가의 급속한 성장으로 경쟁이 치열하므로 자사는 비교적 경쟁이 덜한 중국 시장으로 진출하는 것이 바람직하다.

③ 풍부한 자연환경 조건을 가진 필리핀 신재생에너지 시장의 성장 가능성은 높지만, 경쟁사에 비해 체계적이지 못한 자사의 기술 개발 역량이 필리핀 시장 진출에 걸림돌이 될 것이다.

④ 훌륭한 자연환경 조건과 사업에 대한 정부의 추진 의지를 바탕으로 한 필리핀의 신재생에너지 시장에서는 필리핀 민간 기업이나 후발국과의 치열한 경쟁이 예상되나, 자사의 진출 이력을 바탕으로 경쟁력을 확보할 수 있을 것이다.

⑤ 필리핀 시장에 대한 정보가 부족한 자사가 성장 가능성이 높은 신재생에너지 시장에 진출하기 위해서는 현재 급속한 성장을 보이고 있는 중국 등과 협력하여 함께 진출하는 것이 바람직하다.

03 **다음은 한국전력공사가 추진 중인 '그린수소' 사업에 관한 보도 자료와 한국전력공사에 대한 SWOT 분석 결과이다. SWOT 분석 결과를 참고할 때, '그린수소' 사업이 해당하는 전략은 무엇인가?**

> 한국전력공사는 전라남도, 나주시와 '그린수소 사업 협력 MOU'를 체결하였다. 지난 5월 정부는 탄소 배출 없는 그린수소 생산을 위해 한국전력공사를 사업자로 선정하였고, 재생에너지 잉여전력을 활용한 수전해(P2G) 기술을 통해 그린수소를 만들어 저장하는 사업을 정부 과제로 선정하여 추진하기로 하였다.
> 그린(Green)수소란 이산화탄소 배출을 수반하지 않는 수소로, 주로 수전해(P2G) 기술을 통해 생산된다. 현재 국내에서 생산되는 수소는 그레이(Gray)수소로, 추출·생산하는 과정에서 질소산화물, 이산화탄소 등을 배출한다.
> 수전해(P2G) 기술은 재생에너지 잉여전력을 활용하여 물의 전기분해를 통해 수소(H_2)를 생산 및 저장하거나, 생산된 수소와 이산화탄소(CO_2)를 결합하여 천연가스의 주성분인 메탄(CH_4)으로 전환함으로써 수송, 발전 및 도시가스 연료로 활용하는 전력 가스화(P2G, Power To Gas) 기술을 말한다.
> 그린수소 사업은 정부의 '재생에너지 3020 계획'에 따라 계속 증가하는 재생에너지를 활용해 수소를 생산함으로써 재생에너지 잉여전력 문제를 해결할 것으로 예상된다.
> MOU 체결식에서 한국전력공사 사장은 "한국전력공사는 전라남도, 나주시와 지속적으로 협력하여 정부 에너지전환 정책에 부응하고, 사업에 필요한 기술개발을 위해 더욱 노력할 것"이라고 밝혔다.
>
> 〈SWOT 분석 결과〉

장점(Strength)	약점(Weakness)
• 적극적인 기술개발 의지 • 차별화된 환경기술 보유	• 해외시장 진출에 대한 두려움 • 경험 많은 기술 인력의 부족
기회(Opportunity)	**위협(Threat)**
• 발전설비를 동반한 환경설비 수출 유리 • 세계 전력 시장의 지속적 성장	• 재생에너지의 잉여전력 증가 • 친환경 기술 경쟁 심화

① SO전략　　② ST전략
③ WO전략　　④ WT전략
⑤ OT전략

04 K공사에 다니는 W사원은 해외로 출장을 가기로 하였다. 이번 달 영국에서 5일 동안 일을 마치고 한국에 돌아와 일주일 후 다시 스페인으로 4일간의 출장을 간다고 한다. 다음 자료를 참고하여 W사원이 영국과 스페인 출장 시 들어갈 총비용을 A, B, C은행에서 환전할 때 필요한 원화의 최댓값과 최솟값의 차이는 얼마인가?(단, 출장비는 해외여비와 교통비의 합이다)

〈국가별 1일 여비〉

구분	영국	스페인
1일 해외여비	50파운드	60유로

〈국가별 교통비 및 추가 지급비용〉

구분	영국	스페인
교통비(비행시간)	380파운드(12시간)	870유로(14시간)
초과 시간당 추가 지급비용	20파운드	15유로

※ 교통비는 편도 항공권 비용이며, 비행시간도 편도에 해당한다.

※ 편도 비행시간이 10시간을 초과하면 시간당 추가 비용이 지급된다.

〈은행별 환율 현황〉

구분	매매기준율(KRW)	
	원/파운드	원/유로
A은행	1,470	1,320
B은행	1,450	1,330
C은행	1,460	1,310

① 31,900원
② 32,700원
③ 33,500원
④ 34,800원
⑤ 35,200원

05 다음 중 기사의 내용과 일치하지 않는 것은?

〈에너지밸리, 4차 산업혁명의 요람으로 태동〉

한국전력공사(이하 '한전')는 3월 27일 한전 본사에서 광주광역시, 전라남도, 한전KDN과 함께 23개사와 에너지밸리 투자유치협약을 체결하였다. 이번 협약을 통해 한전은 지금까지 200개의 기업과 에너지밸리 투자협약을 체결하였으며, 누적 투자금액 8,810억 원 및 6,086명의 고용창출 효과를 거두었다.
이번 투자협약을 체결한 기업들은 ESS 분야의 에너지신산업 기업 13개사와 수배전반 제조분야의 신창전설 등 전력기자재 기업 10개사 등 총 23개사로 4차 산업혁명을 이끌 강소기업들이 다수 포함되어 있으며, 투자지역으로는 6개사가 광주전남공동혁신도시에, 7개사가 광주지역에, 10개사가 나주지역에 투자를 실행할 예정이다.
2015년부터 본격화된 에너지밸리 조성 사업은 도입기를 거쳐 2016년까지 177개사의 기업유치를 달성하였으며, 이번 협약을 통해 총 200개사의 기업과 투자협약을 체결하여 본격적인 성장기로 접어들었다.
한전은 올해 250개사의 기업유치 목표와 함께 대기업과 외국기업의 대규모 투자유치를 중점적으로 추진하여 에너지밸리의 성공기반을 확고히 하기 위해 노력 중이다.
협약식에서 한전 사장은 "올해는 GE의 HVDC 융합클러스터 구축 등과 같은 대규모 투자실행과 함께 ICT 기업유치 및 육성에 역점을 둘 것"이라며, "에너지밸리를 에너지신산업이 집약된 스마트시티로 조성하여 4차 산업혁명의 핵심 클러스터로 키워나갈 계획"이라고 밝혔다.
특히, 지난 2월에 개소한 빛가람창조경제혁신센터와 나주혁신산단에 조성될 에너지밸리 산학융합원 등 에너지밸리의 창업지원과 인력양성을 위한 인프라 구축이 본격화 되고, 광주 도첨산단에 2018년부터 투자기업의 입주가 시작되면 에너지밸리 투자가 더욱 증가할 것으로 기대된다고 강조하였다. 이를 위해 한전은 "광주광역시 및 전라남도와도 지속적인 협력을 통해 기업유치 목표를 차질 없이 달성하고, 투자기업과의 소통을 통해 기업이 안심하고 경영활동에 매진할 수 있는 환경조성을 위해 최선을 다하겠다."고 말했다.

① 한국전력공사는 광주광역시, 전라남도, 한전KDN과 함께 23개사와 에너지밸리 투자유치협약을 체결하였다.
② 투자지역은 각각 광주전남공동혁신도시, 광주지역, 나주지역이다.
③ 에너지밸리 조성 사업은 2015년부터 본격화되었다.
④ 올해 한국전력공사의 기업유치 목표는 250개사이다.
⑤ 2018년부터 투자기업의 입주가 시작되면 에너지밸리 투자는 다소 감소할 것으로 예상된다.

06 다음은 바코드의 구성에 관한 자료이다. 자료를 참고할 때, 〈보기〉의 빈칸에 들어갈 체크디지트로 옳은 것은?

〈바코드의 구성〉

- 바코드는 13자리 숫자로 구성되어 있다.
- 바코드의 숫자 중 처음 세 자리는 국가코드, 다음 네 자리는 제조회사코드, 다음 다섯 자리는 상품코드이다.
- 국가코드, 제조회사코드, 상품코드를 제외한 마지막 한 자리는 체크디지트이다.
- 체크디지트 계산방법 : (바코드 홀수자리 수의 합)+3×(바코드 짝수자리 수의 합)+(체크디지트)=(10의 배수)

※ 바코드 880105500005□의 체크디지트 : (8+0+0+5+0+0)+3×(8+1+5+0+0+5)+□=(10의 배수)

→ 13+3×19+□=(10의 배수) → 70+□=(10의 배수)

따라서 70은 10의 배수이므로 체크디지트는 0이다.

보기

9 791525 45813□

① 1
② 3
③ 5
④ 7
⑤ 9

07 다음은 전국의 전력발전량 및 소비량에 관한 자료이다. 자료에 대한 〈보기〉의 설명으로 옳은 것은 총 몇 개인가? (단, 자립도 및 비율은 소수점 이하 둘째 자리에서 반올림한다)

〈전국의 전력발전량 및 소비량〉

구분	전력발전량(GWh)	전력소비량(GWh)	자립도(%)
서울	1,384	46,903	
인천	68,953	22,241	
경기	23,791	97,003	
대전	156	9,060	
충북	1,580	20,453	
충남	118,041	42,650	
광주	37	8,047	
전북	7,181	21,168	
전남	69,481	27,137	
부산	39,131	20,562	
대구	198	14,822	
울산	10,750	28,198	
경북	71,706	44,167	
경남	69,579	33,071	
강원	12,047	15,876	
제주	2,878	3,710	

※ [자립도(%)]=(전력발전량)÷(전력소비량)×100

※ 수도권 : 서울, 인천, 경기

※ 충청권 : 대전, 충북, 충남

※ 호남권 : 광주, 전북, 전남

※ 영남권 : 부산, 대구, 울산, 경북, 경남

보기

ㄱ. 서울지역의 자립도는 5% 미만이다.

ㄴ. 인천지역의 자립도와 부산지역의 자립도 차이는 109.7%p이다.

ㄷ. 서울과 충남지역의 전력소비량의 합은 경기지역의 전력소비량보다 적다.

ㄹ. 전력발전량이 가장 많은 지역의 전력소비량은 전국에서 세 번째로 많다.

ㅁ. 호남권의 전력소비량 대비 수도권의 전력발전량 비율은 170% 이상이다.

① 1개
② 2개
③ 3개
④ 4개
⑤ 5개

08 **다음 중 워드프로세서의 하이퍼텍스트(Hypertext)에 대한 설명으로 옳지 않은 것은?**

① 문서와 문서가 순차적인 구조를 가지고 있어서 관련된 내용을 차례대로 참조하는 기능이다.
② Windows의 도움말이나 인터넷 웹 페이지에 사용된다.
③ 하이퍼텍스트에서 다른 문서간의 연결을 링크(Link)라고 한다.
④ 하나의 문서를 보다가 내용 중의 특정 부분과 관련된 다른 부분을 쉽게 참조할 수 있다.
⑤ 하이퍼텍스트 구조를 멀티미디어까지 이용 범위를 확장시켜 정보를 활용하는 방법은 하이퍼미디어(Hyper-media)라고 한다.

09 **다음은 주택용 전력 요금에 관한 자료이다. 단독주택에 거주하는 A씨는 전력을 저압으로 공급받고, 빌라에 거주하는 B씨는 전력을 고압으로 공급받는다. 이번 달 A씨의 전력사용량은 285kWh이고, B씨의 전력사용량은 410kWh 일 때, A씨와 B씨의 전기요금으로 올바르게 짝지어진 것은?**

〈주택용 전기요금〉

구분	기본요금(원/호)		전력량요금(원/kWh)	
주택용 전력(저압)	200kWh 이하 사용	910	처음 200kWh 까지	93.3
	201 ~ 400kWh 사용	1,600	다음 200kWh 까지	187.9
	400kWh 초과 사용	7,300	400kWh 초과	280.6
주택용 전력(고압)	200kWh 이하 사용	730	처음 200kWh 까지	78.3
	201 ~ 400kWh 사용	1,260	다음 200kWh 까지	147.3
	400kWh 초과 사용	6,060	400kWh 초과	215.6

※ (전기요금)=(기본요금)+(전력량요금)+(부가가치세)+(전력산업기반기금)
※ (부가가치세)=[(기본요금)+(전력량요금)]×0.1(10원 미만 절사)
※ (전력산업기반기금)=[(기본요금)+(전력량요금)]×0.037(10원 미만 절사)
※ 전력량요금은 주택용 요금 누진제 적용(10원 미만 절사)
 – 주택용 요금 누진제는 사용량이 증가함에 따라 순차적으로 높은 단가가 적용되며, 현재 200kWh 단위로 3단계 운영

	A씨의 전기요금	B씨의 전기요금
①	41,190원	55,830원
②	40,500원	55,300원
③	41,190원	60,630원
④	46,890원	55,830원
⑤	40,500원	60,630원

10 K공사의 A사원은 지사방문 일정으로 여수와 순천으로 출장을 다녀와야 한다. 다음은 용산역 – 여수EXPO역, 여수EXPO역 – 순천역 및 순천역 – 용산역 KTX 운행시간 및 요금에 관한 일부 자료이다. A사원이 용산역에서 07:30에 출발해서 일정을 마친 뒤 최대한 일찍 용산역에 도착하려고 할 때, 다음 중 A사원이 가장 일찍 용산역에 도착할 수 있는 시각과 총 요금으로 올바르게 짝지어진 것은?(단, A사원은 여수를 처음으로 방문하고, 점심식사 시간은 12:00 ~ 13:00이며, 열차 운행의 지연은 없다고 가정한다)

〈용산역 – 여수EXPO역 KTX 운행시간 및 요금〉

열차	출발 – 도착 시각	요금(원)
KTX 703	07:15 – 10:18	47,200
KTX 781	07:45 – 11:19	46,000
KTX 705	08:40 – 11:40	47,200

※ 여수 지사방문 일정에는 40분이 소요된다(이동시간 포함).

〈여수EXPO역 – 순천역 KTX 운행시간 및 요금〉

열차	출발 – 도착 시각	요금(원)
KTX 710	12:00 – 12:20	8,400
KTX 782	12:10 – 12:27	8,400
KTX 712	13:05 – 13:22	8,400
KTX 714	14:05 – 14:25	8,400
KTX 716	15:00 – 15:18	8,400

※ 순천 지사방문 일정에는 2시간이 소요된다(이동시간 포함).

〈순천역 – 용산역 KTX 운행시간 및 요금〉

열차	출발 – 도착 시각	요금(원)
KTX 716	15:20 – 17:59	44,000
KTX 718	16:57 – 19:31	44,000
KTX 720	18:21 – 21:03	44,000
KTX 784	19:10 – 22:29	43,000
KTX 724	22:10 – 00:38	44,000

	용산역 도착 시각	총 요금
①	17:59	99,600원
②	19:31	98,400원
③	21:03	98,600원
④	22:29	97,400원
⑤	00:38	98,400원

11 **다음 글을 참고했을 때, 태양열 발전기의 구조 중 분산전원에 사용되지 않는 형태는 총 몇 가지인가?**

> 지난 2009년 독일에서는 사상 최대의 태양열 발전 계획인 '데저텍 프로젝트'가 발표됐다. 북아프리카의 사하라 사막과 중동에 태양광 발전소를 설치하고, 해저케이블을 이용해 여기에서 생산된 전기를 유럽으로 보내는 사업이다. 12개 업체가 참여한 이 프로젝트는 4,000억 유로, 우리 돈으로 약 620조 원을 투자하여 사하라 사막에 태양열 발전소를 건설해 2050년까지 유럽연합(EU) 전력사용량의 15%를 공급한다는 야심찬 계획이다.
> 시장이 고사위기에 빠진 국내와 달리 해외에서는 태양열 보급 열기가 뜨겁게 타오르고 있다. 각국 정부가 보급을 장려하고 있고 기업들도 이에 적극 호응하고 있기 때문이다.
> 태양열 발전기의 구조는 크게 집열・축열・발전장치 등 세 부분으로 나뉘며, 집열 방법에 따라 파라볼릭형, 타워형, 접시형, 프레넬형의 네 가지 형태로 구분된다.
> 파라볼릭형은 긴 원통을 반으로 자른 모양의 반사경으로 빛을 모으는 방식으로 시스템 안정성이 좋고 높은 효율이 가능해 전 세계 태양열 발전의 90% 이상을 차지할 정도로 대세를 이루고 있다. 파라볼릭형은 최대 25%의 효율을 낼 수 있다.
> 타워형은 여러 개의 반사거울을 설치하고 그 중앙에 위치한 타워에 빛을 집중하는 방식이며, 접시형은 접시 형태의 집열기로 빛을 한 곳에 모으는 형태다.
> 프레넬형은 파라볼릭형과 유사한 방법을 사용하지만 평면거울을 사용한다는 점이 다르다. 일반적으로 접시형은 소규모 분산전원에 사용되며, 나머지는 대규모 발전소에 사용된다.
> 지금은 90% 이상이 파라볼릭 방식을 사용하고 있지만 향후 계획 중인 태양열 발전소의 76%만이 이 방식을 사용할 예정이며, 접시형(13%)과 타워형(8%)이 점유율을 점차 늘려나갈 것으로 예상된다. 한편, 2012년까지 미국 태양열 발전 시장의 40%를 파라볼릭형이, 31%를 접시형이 차지할 것으로 예상되는데 반해, 스페인은 96%를 파라볼릭형이 차지할 것으로 예상된다. 스페인은 발전소가 주류를 차지하고 미국은 발전소와 일반 가정용으로 시장이 양분될 것임을 시사하는 대목이다.

① 없음
② 한 가지
③ 두 가지
④ 세 가지
⑤ 네 가지

12 **다음 중 엑셀의 차트와 스파크라인에 대한 공통점을 설명한 것으로 옳지 않은 것은?**

① 작성 시 반드시 원본 데이터가 있어야 한다.
② 데이터의 추이를 시각적으로 표현한 것이다.
③ 데이터 레이블을 입력할 수 있다.
④ 원본 데이터를 변경하면 내용도 자동으로 함께 변경된다.
⑤ 디자인 도구를 활용하여 디자인 편집이 가능하다.

CHAPTER 18 국민건강보험공단

정답 및 해설 153p

01 다음 중 기사의 내용과 일치하는 것은?

국민건강보험공단은 한국개발연구원(KDI)이 발주하는 '「2018 ~ 2019년 경제발전경험공유사업(KSP)」 OECD – 인도네시아 국제기구와의 공동컨설팅사업(이하 인도네시아 KSP)'의 일환으로 인도네시아 건강보험 정책실무자를 초청하여 5일간 건강보험 정책연수 과정을 운영한다.

국민건강보험공단은 2018년 12월 인도네시아 현지 착수보고회 및 실태조사 일정을 시작으로 인도네시아 현지 전문가를 활용한 양국의 제도에 대한 비교・분석 연구를 수행하여 왔으며, 그간의 연구 결과를 발표하는 중간보고회를 이번 초청 연수에서 함께 실시할 예정이다. 중간보고회 발표주제는 인도네시아 KSP 사업의 건강보험 정책컨설팅 수행과제인 건강보험재정 지속가능성 제고, 전략적 구매자로서 보험자 기능 강화, 의료전달체계 강화이며, 인도네시아 정책실무자와 인도네시아 UHC(보편적 건강보장) 달성에 대한 심도 있는 논의가 진행될 것으로 기대하고 있다.

인도네시아는 다보험자 체계를 유지하다 2014년 통합건강보험공단인 BPJS Kesehatan을 설립하고 올해 UHC의 체계적・효율적 달성을 목표로 하고 있으나, 가입자 확대에 따른 의료비용 급증, 가입자 본인부담금 전무로 인한 재정 취약 문제, 서비스 구매 및 질 관리 분야의 보험자 기능 취약, 의료 인프라의 부족, 지역별 편차로 인한 의료 접근성 및 서비스 질 제고 필요 등의 문제를 안고 있는 상황이다.

이에 국민건강보험공단은 한국의 단일보험자로서 그간 개도국을 대상으로 다양한 건강보험 제도 컨설팅을 수행해온 경험을 바탕으로 이번 인도네시아 건강보험 정책실무자 연수 과정 및 중간보고회를 통해 인도네시아 상황에 적합한 맞춤형 정책자문을 제공하고 한국의 건강보험 운영 노하우를 전수할 계획이다. 국민건강보험공단 관계자는 "KSP 사업의 일환으로 '콜롬비아 및 페루 건강보험 제도 개선사업'에 이어 세 번째인 이번 인도네시아 건강보험 정책실무자 대상 역량 강화 초청 연수 과정을 통해 정책의 방향을 제시하고 향후 고위정책자와의 후속 사업 논의도 가질 계획이다." 라고 밝혔다.

※ KSP(Knowledge Sharing Program) : 개도국의 경제발전을 위한 기획재정부 주관의 '경제발전 경험 공유 사업'으로 한국의 발전 경험을 토대로 협력대상국의 수요 및 여건을 고려한 맞춤형 정책자문을 제공하는 사업

① 국민건강보험공단은 인도네시아의 건강보험 정책실무자에게 정책자문을 제공한다.
② 국민건강보험공단은 이번 정책연수 과정에서 인도네시아와 우리나라의 제도를 비교 분석할 예정이다.
③ 국민건강보험공단이 첫 번째로 참여한 이번 건강보험 정책연수는 인도네시아 KSP 사업의 일환이다.
④ 인도네시아는 2014년 통합건강보험공단을 설립함으로써 UHC를 체계적・효율적으로 달성하였다.

02 다음은 아이돌봄서비스에 대한 글이다. 다음 〈보기〉에서 아이돌봄서비스에 관한 설명으로 적절하지 않은 것을 모두 고른 것은?

> 아이돌봄서비스는 만 12세 이하 아동을 둔 맞벌이 가정 등에 아이돌보미가 직접 방문하여 아동을 안전하게 돌봐주는 서비스로, 정부 차원에서 취업 부모들을 대신하여 그들의 자녀에 대한 양육 및 이와 관련된 활동을 지원해 준다. 가정의 아이 돌봄을 지원하여 아이의 복지증진과 보호자의 일·가정 양립을 통한 가족구성원의 삶의 질 향상과 양육 친화적인 사회 환경을 조성하는 데 목적이 있다. 아동의 안전한 보호를 위해 영아 및 방과 후 아동에게 개별 가정의 특성과 아동발달을 고려하여 아동의 집에서 돌봄 서비스를 제공하며, 취업 부모의 일·가정 양립을 위해 야간·주말 등 틈새시간의 '일시 돌봄' 및 '영아 종일 돌봄' 등 수요자가 원하는 서비스를 제공한다.
> 서비스는 이용 구분에 따라 시간제돌봄서비스, 영아종일제돌봄서비스, 기관연계돌봄서비스, 질병감염아동특별지원서비스로 나뉜다. 시간제돌봄서비스의 이용 대상은 만 3개월 이상 만 12세 이하의 아동이며, 주 양육자가 올 때까지 임시보육, 놀이 활동, 식사 및 간식 챙겨 주기, 보육시설이나 학교, 학원의 등·하원 등의 서비스를 받을 수 있다. 영아종일제돌봄서비스의 이용 대상은 만 3개월 이상 만 24개월 이하의 영아이며, 이유식, 젖병 소독, 기저귀 갈기, 목욕 등 영아돌봄과 관련된 건강·영양·위생·교육 등의 서비스를 지원받을 수 있다. 기관연계돌봄서비스는 사회복지시설이나 학교·유치원·보육시설 등 만 0세 이상 12세 이하 아동에 대한 돌봄 서비스가 필요한 기관이 이용 대상이다. 돌보미 1인당 돌볼 수 있는 최대 아동수의 제한이 있으며, 한 명의 돌보미가 여러 연령대의 아동을 대상으로 동시에 서비스를 제공할 수는 없다. 질병감염아동특별지원서비스의 이용 대상은 수족구병 등 법정 전염성 및 유행성 질병에 감염되어 사회복지시설, 유치원, 보육시설 등을 이용하고 있는 만 12세 이하 아동으로 다른 서비스에 반해 별도로 정부의 지원시간 제한이 없으며, 비용의 50%를 정부가 지원한다. 해당하는 아동은 아동의 병원 이용 동행 및 재가 돌봄 서비스를 제공받을 수 있다.

보기

㉠ 12세를 초과한 아동은 아이돌봄서비스를 이용할 수 없다.
㉡ 장애 아동의 경우 질병감염아동특별지원서비스를 제공받을 수 있다.
㉢ 맞벌이 가정뿐만 아니라 학교·유치원·보육시설도 아이돌봄서비스를 이용할 수 있다.
㉣ 야간이나 주말에는 아이돌봄서비스를 이용할 수 없다.

① ㉠, ㉡　② ㉡, ㉢
③ ㉢, ㉣　④ ㉡, ㉣

03 다음은 남성과 여성의 암 발생률에 대한 글이다. 다음 중 글의 내용과 일치하지 않는 것은?

> 보건복지부와 중앙암등록본부는 2015년 국가암등록통계 분석 결과를 발표했다. 2015년에 새로 발생한 암 환자 수는 21만 4,701명으로 전년 대비 4,253명(1.9%) 감소했다. 연령표준화 암 발생률은 인구 10만 명당 275.8명으로 2011년 325.4명, 2012년 324.0명, 2013년 315.1명, 2014년 291.5명에 이어 4년 연속 감소하였고, 2012년 이후 암 발생률은 매년 6.1%씩 감소하는 추세이다.
> 암 종별로는 갑상선암 발생자 수가 전년보다 19.5%(6,050명) 감소해 암 발생률 하락에 가장 큰 영향을 미쳤다. 위암과 대장암도 각각 2.7%, 1.6% 줄었다. 반면 유방암, 전립선암, 췌장암은 각각 4.3%, 3.5%, 5.7% 증가했다. 국가가 검진비를 지원하는 5대 주요 암(위암, 대장암, 간암, 자궁경부암, 유방암) 가운데 발생률이 계속 증가하고 있는 암 종은 유방암이 유일하며, 2007년 이후 연평균 증가율은 4.0%였다.
> 남녀를 통틀어 가장 많이 발생한 암은 위암으로 2만 9,207명의 환자가 나왔다. 그다음으로는 대장암, 갑상선암, 폐암, 유방암, 간암, 전립선암 순서였다. 2009년부터 2014년까지는 발생순위 1위였던 갑상선암은 초음파 검진의 확대로 암 확진이 빠르게 증가하였다가 과잉진단 논란이 제기되면서 발생률이 감소한 것으로 분석된다.
> 성별 암 발생률은 인구 10만 명당 남자 301.2명, 여자 266.1명이었다. 남자는 위암, 폐암, 대장암, 간암, 전립선암 순서로, 여자는 갑상선암, 유방암, 대장암, 위암, 폐암 순서로 많이 발생했다. 남자는 44세까지는 갑상선암이, 45 ~ 69세에는 위암이, 70세 이후에는 폐암이 가장 많이 발생하였다. 여자의 경우 39세까지는 갑상선암이, 40세 ~ 64세까지는 유방암이, 65세 이후에는 대장암이 가장 많이 발생했다.
> 한편, 우리나라 국민이 기대수명(82세)까지 생존할 경우 암에 걸릴 확률은 35.3%였으며, 남자(79세)는 5명 중 2명(37.9%), 여자(85세)는 3명 중 1명(32.0%)에서 암이 발생할 것으로 추정된다. 세계표준인구로 보정한 우리나라 암 발생률은 인구 10만 명당 253.8명으로, 경제협력개발기구(OECD) 평균(270.3명)보다 낮은 수준이다.

① 2011년 이후 암 발생률은 4년 연속 감소하였다.
② 전년 대비 갑상선암 발생자 수가 가장 많이 감소하였다.
③ 남성의 경우 전립선암으로 인한 사망률이 가장 높다.
④ 여성의 경우 갑상선암의 발생률이 가장 높다.

04 **다음은 업무에서 사용되는 문서의 일부이다. 다음 밑줄 친 단어를 어법에 맞게 수정한 것으로 적절하지 않은 것은?**

> 공고 제○○ - ○○호
>
> **입찰공고**
>
> 1. 입찰에 <u>붙이는</u> 사항
>   가. 입찰건명 : 미래<u>지향</u>적 경영체계 구축을 위한 조직진단
>   나. 계약기간(용역기한) : 계약<u>채결</u>일부터 6개월
>   다. 총 사업예산 : 400,000,000원(VAT 등 모든 비용 포함)
>
> 2. 입찰방법 : 제한경쟁 / 협상에 의한 계약
>
> **〈입찰주의사항〉**
>
> - 입찰금액은 반드시 부가가치세 등 모든 비용을 포함한 금액으로 써내야 하며, 입찰결과 낙찰자가 면세사업자인 경우 낙찰금액에서 부가가치세 상당액을 <u>합산한</u> 금액을 계약금액으로 함
> - 기한 내 미제출 업체의 입찰서는 무효처리함
> - 접수된 서류는 일체 반환하지 않음

① 붙이는 → 부치는
② 지향 → 지양
③ 채결 → 체결
④ 합산한 → 차감한

2019년 기출문제

05 **다음 CCL 마크가 있는 저작물을 사용할 때 지켜야 할 조건은 무엇인가?**

① 저작자 이름, 출처 등 저작자에 대한 사항을 반드시 표시해야 한다.
② 저작물을 영리 목적으로 이용해서는 안 된다.
③ 저작물을 활용하여 2차 저작물 제작 시 동일한 라이선스를 표시해야 한다.
④ 저작물을 변경하거나 저작물을 이용한 2차 저작물 제작을 해서는 안 된다.

안심Touch

06 다음은 노인장기요양보험법의 일부 내용이다. 다음 중 법령을 잘못 이해한 것은?

제4조(국가 및 지방자치단체의 책무 등)

① 국가 및 지방자치단체는 노인이 일상생활을 혼자서 수행할 수 있는 온전한 심신상태를 유지하는데 필요한 사업(이하 "노인성질환예방사업"이라 한다)을 실시하여야 한다.

② 국가는 노인성질환예방사업을 수행하는 지방자치단체 또는 국민건강보험법에 따른 국민건강보험공단(이하 "공단"이라 한다)에 대하여 이에 소요되는 비용을 지원할 수 있다.

③ 국가 및 지방자치단체는 노인인구 및 지역특성 등을 고려하여 장기요양급여가 원활하게 제공될 수 있도록 적정한 수의 장기요양기관을 확충하고 장기요양기관의 설립을 지원하여야 한다.

④ 국가 및 지방자치단체는 장기요양급여가 원활히 제공될 수 있도록 공단에 필요한 행정적 또는 재정적 지원을 할 수 있다.

⑤ 국가 및 지방자치단체는 장기요양요원의 처우를 개선하고 복지를 증진하며 지위를 향상시키기 위하여 적극적으로 노력하여야 한다.

⑥ 국가 및 지방자치단체는 지역의 특성에 맞는 장기요양사업의 표준을 개발·보급할 수 있다.

제5조(장기요양급여에 관한 국가정책방향)

국가는 제6조의 장기요양기본계획을 수립·시행함에 있어서 노인뿐만 아니라 장애인 등 일상생활을 혼자서 수행하기 어려운 모든 국민이 장기요양급여, 신체활동지원서비스 등을 제공받을 수 있도록 노력하고 나아가 이들의 생활안정과 자립을 지원할 수 있는 시책을 강구하여야 한다.

제6조(장기요양기본계획)

① 보건복지부장관은 노인 등에 대한 장기요양급여를 원활하게 제공하기 위하여 5년 단위로 다음 각 호의 사항이 포함된 장기요양기본계획을 수립·시행하여야 한다.

1. 연도별 장기요양급여 대상인원 및 재원조달 계획
2. 연도별 장기요양기관 및 장기요양전문인력 관리 방안
3. 장기요양요원의 처우에 관한 사항
4. 그 밖에 노인등의 장기요양에 관한 사항으로서 대통령령으로 정하는 사항

② 지방자치단체의 장은 제1항에 따른 장기요양기본계획에 따라 세부시행계획을 수립·시행하여야 한다.

① 보건복지부장관은 5년 단위로 장기요양기본계획을 수립한다.

② 노인성질환예방사업을 수행하는 데에 소요되는 비용은 지방자치단체가 지원한다.

③ 국가는 공단의 장기요양급여 제공에 있어 행정적 또는 재정적으로 지원한다.

④ 장기요양기본계획에 따른 세부시행계획은 지방자치단체의 장이 수립·시행한다.

07 다음 중 공문서 작성 요령으로 적절하지 않은 것은?

① 전문 용어 사용을 지양한다.

② 1. → 1) → (1) → 가. → 가)와 같이 항목을 순서대로 표시한다.

③ 첨부물이 있다면 붙임 표시문 다음에 '끝'을 표시한다.

④ 뜻을 정확하게 전달하기 위해 괄호 안에 한자를 함께 적을 수 있다.

08 **다음은 가전제품 핵심부품의 보증기간에 관한 자료이다. 다음 중 제품별 핵심부품의 품질보증기간이 올바르지 않은 것은?**

공정거래위원회는 가전제품에서 중추적인 기능을 하는 부품을 핵심부품으로 정해 소비자분쟁해결기준에 명시하고 있다. 핵심부품은 제품별로 분쟁이 주로 발생하는 부품과 A/S 시 소비자 입장에서 서비스비용이 가장 부담되는 부품 위주로 선정된다. 에어컨·냉장고의 컴프레서, 세탁기의 모터 등이 대표적인 핵심부품이다. 이 부품의 보증기간은 3～4년으로 통상 1년으로 정해지는 일반부품보다 월등히 길다.

핵심부품에 대한 보증기간은 제조업체들이 자체적으로 정할 수 있어 실제로는 소비자분쟁해결기준이 명시하고 있는 것보다 더 긴 경우가 많다. S전자와 L전자는 세탁기 모터의 보증기간을 10년 이상으로 정하고 있다.

스마트폰의 경우 핵심부품이 별도로 정해져 있지 않다. 공정거래위원회 측은 “플렉시블 디스플레이 등 새로운 기술이 빠르게 도입되는 스마트폰의 경우 핵심부품을 별도로 정하는 게 소비자들의 권리를 오히려 제약하는 상황이라 판단했다.”며 “핵심부품에 대해서만 보증기간을 2년으로 연장하는 안을 검토하기도 했지만, 소비자들이 약정으로 사용하는 측면을 감안해 모든 부품을 2년으로 연장하게 되었다.”고 밝혔다.

해당 업계 관계자는 “제품의 성능을 좌우하는 중요한 부품을 핵심부품으로 보고 별도의 보증기간을 책정하고 있다.”며 “보증기간 이내라면 수리비, 출장비, 부품비가 모두 무료”라고 말했다.

〈소비자분쟁해결기준이 정하고 있는 품목별 핵심부품〉

제품	부품	보증기간	비고
LCD TV, 모니터	패널	2년	노트북 제외
PDP TV			
LED TV, 모니터			노트북 제외
퍼스널 컴퓨터	메인보드		
세탁기	모터	3년	
TV, 모니터	CPT		
전자레인지	마그네트론		
VTR	헤드드럼		
비디오카메라			
팬히터, 로터리히터	버너		
냉장고	컴프레서		
에어컨		4년	

※ TV, 모니터 패널의 경우 소비자가 확인 가능한 타이머 부착 제품으로 5,000시간 초과한 경우 기간 만료로 보증에서 제외됨

① 에어컨 – 4년
② 냉장고 – 4년
③ 스마트폰 – 2년
④ 세탁기 – 3년

09 남자 2명, 여자 3명 중 두 명의 대표를 선출하고자 한다. 이때, 대표가 모두 여자로 선출될 확률은?

① 70% ② 60%
③ 50% ④ 30%

10 은경이는 직접 믹서기를 사용하여 오렌지 주스를 만들기로 하였다. 오렌지 두 개로 주스 125mL를 만들 수 있다고 할 때, 오렌지 14개로 만들 수 있는 주스 용량은 몇 mL인가?

① 625mL ② 750mL
③ 875mL ④ 950mL

11 K회사는 휴대폰 부품 a, b를 생산하고 있다. 각 부품에 대한 불량률이 다음과 같을 때, 한 달간 생산되는 a, b부품의 불량품 개수 차이는?

〈부품별 한 달 생산 개수 및 불량률〉

구분	a부품	b부품
생산 개수	3,000개	4,100개
불량률	25%	15%

① 120개 ② 125개
③ 130개 ④ 135개

CHAPTER 19 한국수자원공사

정답 및 해설 156p

01 다음은 일정한 규칙으로 배열한 수열이다. 빈칸에 들어갈 알맞은 수는?

6 10 37　14 27 12　20 ( ) 7　43 1 9

① 20　② 23
③ 26　④ 29
⑤ 32

02 ○○영화관에서 관객 50명에게 A, B영화 관람여부를 조사한 결과, 두 영화를 모두 관람한 관객은 20명이고, 영화를 하나도 보지 않은 사람은 15명이다. A영화를 관람한 관객이 28명일 때, 모든 관객 중 관객 한 명을 택할 경우 그 관객이 B영화만 관람한 관객일 확률은 얼마인가?

① $\frac{22}{50}$　② $\frac{3}{10}$
③ $\frac{13}{50}$　④ $\frac{9}{50}$
⑤ $\frac{7}{50}$

03 K회사의 연구부서에 4명의 연구원 A, B, C, D가 있다. B, C연구원의 나이의 합은 A, D연구원 나이의 합보다 5살 적고, A연구원은 C연구원보다 2살 많으며, D연구원보다 5살 어리다. A연구원이 30살일 때, B연구원의 나이는 얼마인가?

① 28살　② 30살
③ 32살　④ 34살
⑤ 36살

04 다음은 한국수자원공사의 기록물 관리 규정의 일부이다. 다음 규정을 이해한 내용으로 적절하지 않는 것은?

> **제44조(비밀기록물의 관리)**
> ① 비밀기록물을 생산할 때에는 기록물분류기준표의 보존기간과 보존기간별 분류기준을 참고하여 해당 비밀원본의 보존기간을 비밀보호기간의 책정과 동시에 정하여야 한다.
> ② 비밀기록물의 원본에 다음 각 호의 어느 하나에 해당하는 사유가 발생한 경우에는 사유발생일이 속하는 해의 다음 연도 중에 당해 기록물을 기록관으로 이관하여야 한다. 다만, 업무활용 및 그 밖의 부득이한 사유로 이관이 곤란하다고 인정되는 비밀기록물의 원본은 기록관장과 협의하여 이관시기를 연장할 수 있다.
> 1. 일반문서로 재분류한 경우
> 2. 예고문에 의하여 비밀보호기간이 만료된 경우
> 3. 생산 후 30년이 경과한 경우
>
> ③ 제2항에 따라 기록관으로 이관하는 기록물 중 비밀기록물은 건별로 봉투에 넣어 봉인한 후 기록물 이관목록과 함께 이관하여야 한다.
> ④ 기록관장은 비밀기록물 중 다음 각 호의 어느 하나에 해당하는 기록물에 대하여 재분류를 실시할 수 있다.
> 1. 보존기간의 기산일부터 30년이 경과한 비밀기록물. 다만, 예고문에 의하여 비밀보호기간이 남아있는 비밀기록물인 경우에는 생산부서와의 협의를 거쳐야 한다.
> 2. 생산부서와 협의하여 재분류를 위임받은 비밀기록물
> 3. 해당 기록물의 생산부서가 폐지되고 그 기능을 승계한 부서가 분명하지 아니한 비밀기록물
>
> ⑤ 기록관장은 비밀기록물을 위한 별도의 전용서고를 설치하고 비밀기록물 관리요원을 지정하여야 하며, 비밀기록물의 취급과정에서 기밀이 누설되지 아니하도록 필요한 보안대책을 수립·시행하여야 한다.
>
> **제46조(비밀기록물의 전산관리)**
> ① 기록관장은 제44조에 따라 이관받은 비밀기록물의 목록이나 내용을 전산으로 관리하고자 할 때에는 비밀기록물 전용의 전산장비를 따로 설치·운영하여야 한다.
> ② 제1항에 따라 비밀기록물을 수록한 전산자료는 정보통신망에 의한 외부연결을 차단하거나 통신보안조치를 강구하여 정보통신망에 의하여 비밀이 유출되지 아니하도록 관리하여야 한다.

① 비밀기록물의 비밀보호기간을 책정할 때 비밀원본의 보존기간도 함께 정해야 한다.
② 올해로 생산한 지 30년이 된 비밀기록물의 원본은 내년 중에 기록관으로 이관해야 한다.
③ 비밀기록물 관리요원은 비밀기록물 취급과정에서 필요한 보안대책을 수립해야 한다.
④ 비밀기록물의 목록은 비밀기록물 전용 전산장비를 통해 관리해야 한다.
⑤ 생산부서가 폐지되고 그 기능을 승계한 부서가 분명하지 않은 비밀기록물의 경우 기록관장이 재분류를 실시할 수 있다.

※ 다음은 한국수자원공사의 '단비톡톡'에 대한 기사이다. 다음을 읽고 이어지는 질문에 답하시오. **[5~6]**

K-water는 최근 '청와대 국민청원', '국민 신문고' 등 공공부문의 온라인 기반 국민소통 노력이 큰 호응을 얻은 것을 바탕으로, 정책·제도 개선에 대한 국민의 다양한 의견을 모으고자 누구나 물 관련 아이디어와 의견을 나눌 수 있는 온라인 소통 플랫폼, '단비톡톡'을 개설했다. '단비톡톡'은 국민의 제안·아이디어 등 다양한 의견이 K-water 물관리 혁신과 성장에 '단비'가 된다는 뜻으로, 별도의 회원가입 없이 개인의 SNS 계정이나 공인인증서 인증을 통해 간편히 이용할 수 있다.
'단비톡톡'은 '제안톡톡, 제안발전소, 생각공모' 3개의 메뉴로 구성된다. '제안톡톡'은 물 관련 아이디어와 의견을 자유롭게 등록하는 공간으로 누구나 등록된 제안에 공감 / 비공감을 표시하거나 댓글을 달 수 있으며, 이슈 확산을 위한 SNS 공유도 가능하다. K-water는 등록된 제안을 10일간 모니터링하며, 국민의 관심이 높다고 판단되거나 도입을 검토할 필요성이 있는 제안을 채택하여 '제안발전소'로 이동시킨다. '제안발전소'에서는 일정기간 동안 심층설문, 투표, 토론 등을 거쳐 제안을 고도화하며, 제안 내용별로 담당 부서를 배정해 실현 가능성, 기대효과 등을 검토한다. K-water는 지속적으로 제안의 진행 과정을 '단비톡톡'에 공지하며, 완성된 국민제안은 K-water의 물관리 사업과 서비스에 반영한다. '생각공모'는 K-water가 제시하는 물 관련 특정주제에 대한 국민의 생각을 구하는 공간으로, 국민소통 활성화를 위한 다양한 이벤트가 함께 열린다. 또한 K-water가 추진하는 각종 대국민 공모정보를 한눈에 확인할 수 있다.
K-water는 그간 홈페이지를 통해 운영하던 고객제안을 '단비톡톡'으로 통합 관리할 계획이며, 기존 1 : 1 형식의 제안에서 나아가 다수가 제안과정에 참여하는 열린 채널을 통해 국민과의 소통을 더욱 강화할 것으로 기대한다.
K-water 사장은 "새롭게 선보이는 국민과의 쌍방향 소통창구인 '단비톡톡'에 많은 관심과 참여를 부탁드린다. 한분 한분의 의견을 경청하고 면밀히 검토해 국민이 체감할 수 있는 물관리 실현에 최선을 다하겠다."고 밝혔다.

05 다음 중 '단비톡톡'을 이해한 내용으로 적절하지 않은 것은?

① 별도의 회원가입을 하지 않고도 이용할 수 있겠어.
② 물과 관련된 아이디어와 의견이라면 누구나 자유롭게 등록할 수 있어.
③ 아이디어를 1 : 1 형식으로 제안한다는 것은 조금 부담스러울 수 있겠어.
④ '청와대 국민청원'의 영향을 받았다고 볼 수 있어.
⑤ 내 제안이 선정된다면 K-water의 서비스에 반영될 수도 있겠군.

2019년 기출문제

06 다음 〈보기〉의 ⓐ~ⓕ를 실행할 수 있는 '단비톡톡'의 메뉴가 바르게 연결된 것은?

보기

ⓐ 등록된 제안을 SNS로 공유하기
ⓑ K-water의 이벤트에 참여하기
ⓒ 등록된 제안에 관한 투표하기
ⓓ K-water의 대국민 공모정보 확인하기
ⓔ 등록된 제안에 대한 의견 댓글 달기
ⓕ 등록된 제안에 공감 표시하기

	제안톡톡	제안발전소	생각공모
①	ⓐ, ⓔ	ⓑ, ⓔ	ⓒ, ⓓ
②	ⓐ, ⓔ	ⓑ, ⓕ	ⓒ, ⓓ
③	ⓐ, ⓕ	ⓒ	ⓑ, ⓓ, ⓔ
④	ⓐ, ⓔ, ⓕ	ⓒ	ⓑ, ⓓ
⑤	ⓐ, ⓔ, ⓕ	ⓑ, ⓒ	ⓓ

07 다음 (가)~(라) 문단을 논리적인 순서대로 바르게 연결한 것은?

(가) 마침내 정부조직법과 물관리기본법, 물기술산업법으로 법률적 토대를 마련한 물관리 일원화는 수량과 수질, 재해 예방이 일관된 체계 내에서 물 관련 의사 결정을 내려 균형 잡힌 물관리, 지속 가능한 물관리를 이끌어낸다. 정부조직법은 국토부의 '수자원의 보전・이용・개발' 기능을 환경부로 이관하고, 하천에 관한 사무는 국토부에 존치한다는 내용을 담고 있다. 물기술산업법은 관련 산업을 진흥하는 계획과 물 기술 종합 정보 시스템 구축, 실증화 시설 및 클러스터 조성과 운영에 대한 내용을 골자로 한다. 물관리기본법에는 물관리의 기본 이념과 원칙을 바로 세우고, 국가와 유역의 물을 관리하는 기본 계획과 종합 계획, 각 위원회의 구성 및 운영에 대한 내용이 담겼다.

(나) 세계적 패러다임이 된 물관리 일원화와 통합물관리는 제도적 한계를 뛰어넘어 물 순환 전반에 걸친 관리 체계를 마련하는 일이다. 특히 전문가와 국민 사이에서 수량과 수질의 관리 부처가 서로 달라 종합적 관점의 물관리가 어려웠던 데에 경각심을 갖고, 수량과 수질, 본류와 지류, 시설과 정보를 총체적으로 아울러야 한다는 목소리가 높아졌다.

(다) 이러한 물관리 일원화를 향한 발걸음은 국민의 환경 의식이 높아짐에 따라 더욱 정밀한 물 관련 정책과 기술을 요구하는 시대적 배경에서 시작했다. 기존 물관리가 수량과 개발에 집중돼 있어 수질이나 생태 등 물 환경을 충분히 고려하지 못한 데다, 댐과 하천 본류를 중심으로 관리하다 보니 지류의 관리나 도시 전체의 물 순환 체계가 취약하다는 점이 지적돼 왔다. 재해나 수질오염에 노출되거나 지역 간 물 갈등이 심해진 것 또한 통합물관리가 필요해진 이유다.

(라) 지난 50년간 우리나라 물 정책은 수량과 개발 중심의 물관리에 중점을 두고, 국가 경제 발전을 이끄는 데 앞장서왔다. 그러다 보니 국민의 기대치에 미치지 못한 부분도 있었다. 이에 정부는 부처별로 나뉘어 있던 물관리 체계를 하나로 합쳐 물을 종합적으로 관리할 필요성을 인지해왔고 드디어 그 결실을 맺게 되었다.

① (가) – (다) – (라) – (나)
② (나) – (다) – (라) – (가)
③ (다) – (라) – (가) – (나)
④ (라) – (나) – (다) – (가)
⑤ (라) – (다) – (나) – (가)

08 다음 중 〈보기〉의 문장이 들어갈 위치로 가장 적절한 것은?

우리나라의 4대강에서 녹조 현상이 두드러지게 나타나고 있다. 지난 여름 낙동강에서 심한 녹조 현상이 나타남에 따라 '녹조라테'라는 말이 등장했다. 녹조라테란 녹조 현상을 녹차라테에 빗대어, 녹색으로 변한 강을 비꼬아 이르는 말이다.
(가) 녹조는 부영양화된 호수나 유속이 느린 하천이나 정체된 바다에서 부유성의 조류가 대량 증식하여 물색을 녹색으로 변화시키는 현상을 말한다. (나) 부영양화는 물에 탄소, 질소 및 인과 같은 플랑크톤의 번식에 양분이 되는 물질들이 쌓여 일어난다. 이런 물질들은 주로 공장폐수나 가정하수 등에 많이 들어 있고, 연못처럼 고여 있는 물에서 빠른 속도로 부영양화가 진행된다. (다) 대량으로 증식된 조류는 물속의 산소량을 줄여 수중생물들의 생명을 위협하고, 독성물질을 생성하면서 악취를 풍긴다.
(라) 사실 조류는 물속에 있어서 꼭 필요한 존재이다. 조류는 먹이사슬의 1차 생산자로 수생태계 유지에 중요한 역할을 담당하기 때문이다. (마) 단지 인간에 의해 과도한 조류로 발생한 녹조가 문제일 뿐, 적당한 녹조는 생태계에 꼭 필요한 존재이다.

보기

물론 녹조라고 해서 무조건 나쁜 것은 아니다.

① (가)
② (나)
③ (다)
④ (라)
⑤ (마)

2019년 기출문제

안심Touch

09 **한국수자원공사는 주요시설 및 보안구역의 시설물 안전관리를 위해 적외선 카메라 2대, 열선감지기 2대, 화재경보기 2대를 수도권본부, 강원본부, 경북본부, 금강본부 4곳에 나누어 설치하려고 한다. 다음 〈조건〉을 참고할 때, 반드시 참인 것은?**

조건

- 모든 본부에 반드시 하나 이상의 기기를 설치해야 한다.
- 한 본부에 최대 두 대의 기기까지 설치할 수 있다.
- 한 본부에 같은 종류의 기기 2대를 설치할 수는 없다.
- 수도권본부에는 적외선 카메라를 설치하였다.
- 강원본부에는 열선감지기를 설치하지 않았다.
- 경북본부에는 화재경보기를 설치하였다.
- 경북본부와 금강본부 중 한 곳에 적외선 카메라를 설치하였다.

① 수도권본부에는 적외선 카메라만 설치하였다.
② 강원본부에 화재경보기를 설치하였다.
③ 경북본부에 열선감지기를 설치하였다.
④ 금강본부에 화재경보기를 설치하였다.
⑤ 금강본부에 열선감지기를 설치하였다.

10 **한국수자원공사는 경인 아라뱃길사업을 활성화하기 위한 방안으로 푸드트럭을 유치하고자 한다. 서로 다른 음식을 판매하는 총 여섯 대의 푸드트럭이 이 사업에 신청하였고, 이들 중 세 대의 푸드트럭이 최종 선정될 예정이다. 다음 〈조건〉을 참고할 때, 공사의 사업에 선정될 수 있는 푸드트럭이 판매하는 음식을 모두 고르면?**

조건

- 치킨을 판매하는 푸드트럭이 선정되면, 핫도그를 판매하는 푸드트럭은 선정되지 않는다.
- 커피를 판매하는 푸드트럭이 선정되지 않으면, 피자를 판매하는 푸드트럭이 선정된다.
- 솜사탕을 판매하는 푸드트럭이 선정되면, 치킨을 판매하는 푸드트럭도 선정된다.
- 핫도그를 판매하는 푸드트럭이 최종 선정되었다.
- 피자를 판매하는 푸드트럭과 떡볶이를 판매하는 푸드트럭 중 하나만 선정된다.
- 솜사탕을 판매하는 푸드트럭이 선정되지 않으면, 떡볶이를 판매하는 푸드트럭이 선정된다.

① 치킨, 커피, 핫도그
② 피자, 솜사탕, 핫도그
③ 피자, 커피, 핫도그
④ 핫도그, 커피, 떡볶이
⑤ 피자, 핫도그, 떡볶이

CHAPTER 20 한국토지주택공사

정답 및 해설 158p

01 다음 중 밑줄 친 단어와 의미가 같은 것은?

> 잡지에서 처음 보는 단어를 발견했다.

① 교차로를 건널 때에는 신호등을 잘 보고 건너야 한다.
② 소년의 사정을 보니 딱하게 되었다.
③ 그는 연극을 보는 재미로 극장에서 일한다.
④ 그녀는 아이를 봐 줄 사람을 구하였다.
⑤ 장맛을 보면 그 집의 음식 솜씨를 알 수 있다.

02 다음 중 밑줄 친 단어와 바꿔 사용할 수 있는 것은?

> 최저임금법 시행령 제5조 제1항 제2호 및 제3호는 주 단위 또는 월 단위로 지급된 임금에 대해 1주 또는 월의 소정근로시간 수로 나눈 금액을 시간에 대한 임금으로 규정하고 있다. 그러나 최저임금 산정을 위한 소정근로시간 수에 대해 고용노동부와 대법원의 해석이 어긋나 눈길을 끈다. 고용노동부는 소정근로시간에 유급주휴시간을 포함하여 계산하여 통상임금 산정기준 근로시간 수와 동일하게 본 반면, 대법원은 최저임금 산정을 위한 소정근로시간 수에 유급주휴시간을 제외하고 산정하였다.

① 배치되다
② 도치되다
③ 대두되다
④ 전도되다
⑤ 발생되다

03 다음 중 밑줄 친 단어와 의미가 같은 것은?

> 주거안정정책으로 불황의 긴 터널에서 벗어나고 있다.

① 예의에 벗어난 행동은 사람들의 눈살을 찌푸리게 한다.
② 영조의 눈에 벗어나는 행동을 해서는 안 된다.
③ 그는 하루빨리 가난에서 벗어나기 위해 열심히 일했다.
④ 노비는 그 문서가 따로 있어 대대로 그 신분을 벗어나지 못하였다.
⑤ 취업준비생들이 시험장에서 벗어나 자유를 만끽했다.

04 다음 중 빈칸에 들어갈 접속어로 적절한 것은?

소독이란 물체의 표면 및 그 내부에 있는 병원균을 죽여 전파력 또는 감염력을 없애는 것이다. 이때, 소독의 가장 안전한 형태로는 멸균이 있다. 멸균이란 대상으로 하는 물체의 표면 또는 그 내부에 분포하는 모든 세균을 완전히 죽여 무균의 상태로 만드는 조작으로, 살아있는 세포뿐만 아니라 포자, 박테리아, 바이러스 등을 완전히 파괴하거나 제거하는 것이다. 멸균은 크게 물리적 멸균법과 화학적 멸균법이 있다.
물리적 멸균법은 열, 햇빛, 자외선, 초단파 따위를 이용하여 균을 죽여 없애는 방법이다. 열(Heat)에 의한 멸균에는 건열 방식과 습열 방식이 있는데, 건열 방식은 소각과 건식오븐을 사용하여 멸균하는 방식이다. 건열 방식이 활용되는 예로는 미생물 실험실에서 사용하는 많은 종류의 기구를 물 없이 멸균하는 것이 있다. 이는 습열 방식을 활용했을 때 유리를 포함하는 기구가 파손되거나 금속 재질로 이루어진 기구가 습기에 의해 부식할 가능성을 보완한 방법이다. 그러나 건열 멸균법은 습열 방식에 비해 멸균 속도가 느리고 효율이 떨어지며, 열에 약한 플라스틱이나 고무제품은 대상물의 변성이 이루어져 사용할 수 없다. 예를 들어 많은 세균의 내생포자는 습열 멸균 온도 조건(121℃)에서는 5분 이내에 사멸되나, 건열 멸균법을 활용할 경우 이보다 더 높은 온도(160℃)에서도 약 2시간 정도가 지나야 사멸되는 양상을 나타낸다. 반면, 습열 방식은 바이러스, 세균, 진균 등의 미생물들을 손쉽게 사멸시킨다. 습열은 효소 및 구조단백질 등의 필수 단백질의 변성을 유발하고, 핵산을 분해하며 세포막을 파괴하여 미생물을 사멸시킨다. 끓는 물에 약 10분간 노출하면 대개의 영양세포나 진핵포자를 충분히 죽일 수 있으나, 100℃의 끓는 물에서는 세균의 내생포자를 사멸시키지는 못한다. 따라서 물을 끓여서 하는 열처리는 소독을 시킬 수는 있으나, 멸균을 시킬 수는 없다. 멸균을 시키기 위해서는 100℃가 넘는 온도(일반적으로 121℃)에서 압력(약 $1.1kg/cm^2$)을 가해 주는 고압증기멸균기를 이용한다. 고압증기멸균기는 물을 끓여 증기를 발생시키고 발생한 증기와 압력에 의해 멸균을 시키는 장치이다. 고압증기멸균기 내부가 적정 온도와 압력(121℃, 약 $1.1kg/cm^2$)에 이를 때까지 뜨거운 포화 증기를 계속 유입시킨다. 해당 온도에서 포화 증기는 15분 이내에 모든 영양세포와 내생포자를 사멸시킨다. 고압증기멸균기에 의해 사멸되는 미생물은 고압에 의해서라기보다는 고압 하에서 수증기가 얻을 수 있는 높은 온도에 의해 사멸되는 것이다.
화학적 멸균법은 승홍수($HgCl_2$ 용액), 석탄산수용액, 크레졸액, 알코올 등의 화학약품을 사용하여 균을 죽여 없애는 방법이다. 배지나 기구 등에는 사용하지 않으나 소규모의 작업실, 무균상자, 손 등의 멸균하는 것이 있다. 미생물의 생장을 제어하는 방법 중 가스를 사용하는 이유 중 가장 큰 목적은 열에 민감한 기구를 멸균시키는 데에 있다. 또한, 열에 대한 변성이 없고, 비교적 형태가 보존되기 때문에 미생물에 오염된 기구들을 재사용이 가능하게 하는 목적도 일부 존재한다. 미생물을 제어하기 위한 가스 중에서 가장 많이 사용하는 것은 Ethylene Oxide(EtO, 산화에틸렌) 가스이며, 이를 이용해 멸균 시 E.O 가스 멸균이라고도 한다. 산화 에틸렌은 반응성이 매우 큰 알킬화 시약으로 DNA와 단백질의 주요 작용기와 반응하여 DNA 복제와 효소작용을 차단하여 멸균한다. 따라서, 세포 단백질 등과 결합하여 미생물과 포자를 모두 사멸시킬 수 있다.
________ 자외선이나 방사선과 같은 전자파를 사용하는 멸균법도 있다. 방사선(Radiation)은 에너지가 높아 불안한 물질이 안정된 상태를 찾기 위해 방출하는 에너지의 흐름으로 자외선(UV), X-선, 감마선 등을 적당한 강도와 조사 시간에 따라 미생물의 생장을 제어할 수 있다. 크게 이온화와 비이온화 방법으로 나눌 수 있고, 이온화 방법에는 X-선, 감마선 등이 포함되며 비이온화 방법에는 자외선 조사가 포함된다. 자외선은 고체성 물질이나, 불투명한 물질, 빛이 흡수되는 표면을 투과할 수 없어서 자외선에 직접적으로 노출되는 부분만 살균되므로 공기와 노출된 표면을 멸균하기 위해 무균 시험대 위에 설치하는 등 일부 특별한 상황에 사용하는 멸균 방법이다. 이온화방사선은 유용하게 사용되는 멸균 수단으로 물체 속 깊이 투과하여 세균의 내생포자를 파괴하는 등 모든 미생물을 사멸시키지만, 바이러스 모두에게 효과적이지는 않다.

① 그러나 ② 그래서
③ 즉 ④ 그로 인해
⑤ 또한

05 **한국토지주택공사에서 신입사원을 채용하였으며, 다음과 같이 부서별 배치를 한다고 할 때, 전체 신입사원은 몇 명인가?(단, 부서는 인사, 총무, 연구, 마케팅 4개 부서만 있다)**

전체 신입사원 중 $\frac{1}{5}$은 인사부서, $\frac{1}{4}$은 총무부서, $\frac{1}{2}$의 인원은 연구부서이며, 마케팅부서는 100명이다.

① 1,000명
② 1,200명
③ 1,500명
④ 2,000명
⑤ 2,100명

06 **〈조건〉이 다음과 같을 때, 자연수로 옳은 것은?**

조건

- 두 자리 자연수이다.
- 이 자연수는 각 자릿수를 더한 값의 8배이다.
- 이 자연수는 각 자릿수의 자리를 바꾼 값보다 45가 많다.

① 55
② 27
③ 68
④ 86
⑤ 72

2019년 기출문제

07 **올해의 매출액과 순이익에 대한 진술이 다음과 같을 때, 올해 매출액은 얼마인가?[단, (순이익)=(매출액)-(원가)이다]**

- 작년 매출액보다 올해 매출액은 120% 증가했다.
- 올해의 원가는 작년과 같고, 올해 순이익은 1억 4천만 원이다.
- 작년 원가는 작년 매출액의 50%이다.

① 2억 원
② 2억 4천만 원
③ 2억 8천만 원
④ 3억 원
⑤ 3억 2천만 원

08 한국토지주택공사에서 하계 체육대회를 한다고 한다. 다음 〈조건〉과 같이 팀을 구성한다고 할 때, 경우의 수는 얼마인가?

조건

- 신입사원은 여자 4명, 남자 6명이다.
- 신입사원 중 무작위로 5명을 뽑아 경기에 출전시킨다.

① 45가지
② 210가지
③ 252가지
④ 495가지
⑤ 792가지

09 한국토지주택공사에서 주요 고객을 대상으로 설문조사를 실시하려고 한다. 설문조사를 3일 안에 끝내기 위해 필요한 아르바이트생은 최소 몇 명인가?

- 주요 고객 3,200명에게 설문조사를 할 것이다.
- 고객 한 명당 설문조사 시간은 3분이 걸린다.
- 아르바이트생 한 명은 하루에 400분 동안 일을 할 수 있다.

① 4명
② 5명
③ 6명
④ 7명
⑤ 9명

10 다음은 한국토지주택공사 직원을 대상으로 실시한 진급시험의 점수 분포표이다. 다음 표를 참고할 때, 평균점수는 몇 점인가?

(단위 : 점, 명)

점수	인원	점수	인원
55	9	80	5
60	7	85	4
65	0	90	6
70	6	95	3
75	8	100	2

① 70점
② 72점
③ 74점
④ 76점
⑤ 78점

PART

4

2018년 대기업 · 공기업 기출문제

CHAPTER 01 삼성그룹

정답 및 해설 | 162p

ㅣ수리논리

01 다음은 우리나라 강수량에 관한 자료이다. 이를 그래프로 올바르게 변환한 것은?

〈2017년 우리나라 강수량〉

(단위 : mm, 위)

구분	1월	2월	3월	4월	5월	6월	7월	8월	9월	10월	11월	12월
강수량	15.3	29.8	24.1	65.0	29.5	60.7	308.0	241.0	92.1	67.6	12.7	21.9
역대순위	32	23	39	30	44	43	14	24	26	13	44	27

①
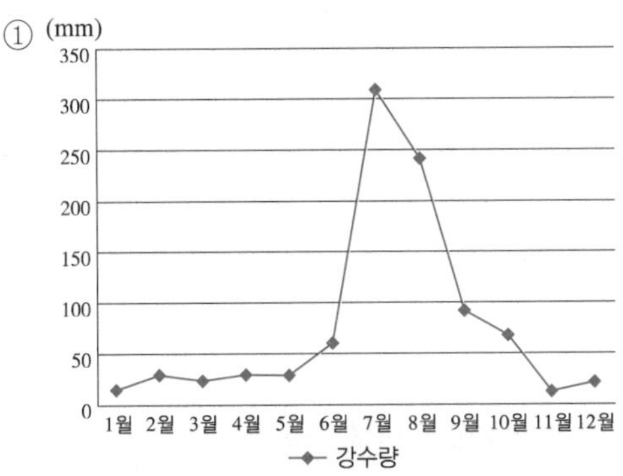

②
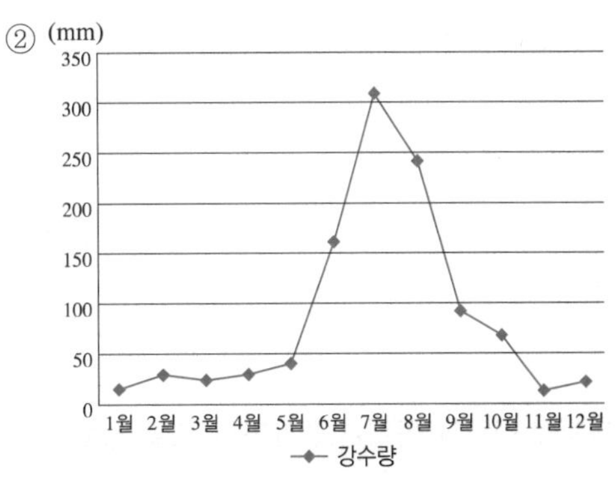

③
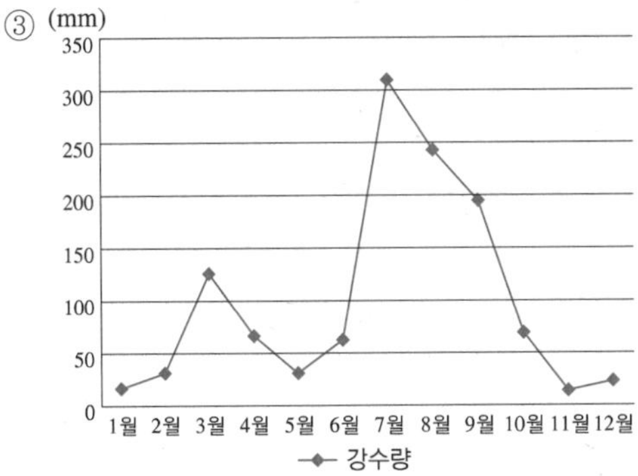

④
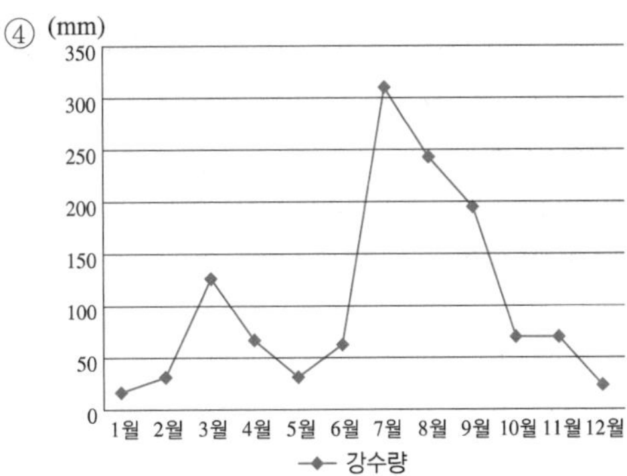

⑤
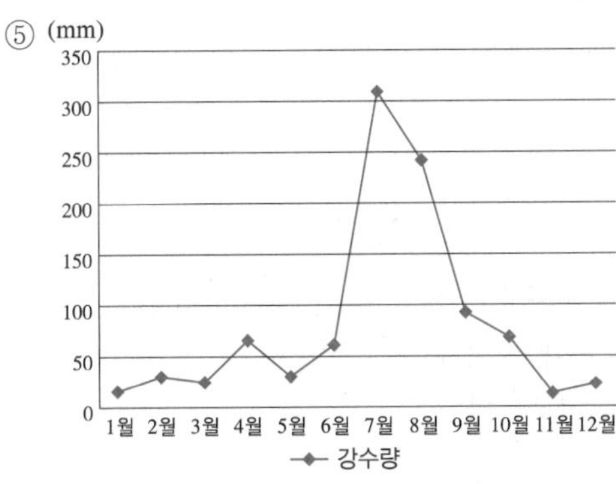

수리논리

02 S연구소에서 식물 배양세포의 증식이 얼마나 빠른지 알아보기 위해 두 가지 세포의 증식 속도를 측정해 보았다. A세포는 한 개당 하루에 4개로 분열되며, B세포는 한 개당 하루에 3개로 분열된다. A세포 한 개와 B세포 두 개가 있을 때, 두 세포의 개수가 각각 250개 이상이 되는 것은 며칠 후부터인가?(단, $\log 2=0.30$, $\log 3=0.48$, $\log 10=1$로 계산한다)

	A세포	B세포
①	5일	4일
②	5일	5일
③	4일	4일
④	4일	5일
⑤	4일	6일

추리

03 제시된 낱말과 동일한 관계가 되도록 괄호 안에 들어갈 가장 적절한 단어를 고르면?

용호상박 : 용, 호랑이 = 토사구팽 : (　　)

① 뱀, 토끼
② 개, 토끼
③ 뱀, 개
④ 토끼, 호랑이
⑤ 개, 호랑이

추리

04 다음 짝지어진 단어 사이의 관계가 나머지와 다른 하나를 고르면?

① 원자 – 분자
② 우유 – 치즈
③ 단어 – 문장
④ 고무 – 바퀴
⑤ 돈 – 지갑

CHAPTER 02 현대자동차그룹

정답 및 해설 163p

❙ 언어이해

01 **제시된 문장을 논리적인 순서대로 알맞게 배열했을 때 다음 순서에 들어갈 문단으로 옳은 것을 고르면?**

(가) 이러한 과정에서 문제는 압축 정도가 제한된다는 것이다. 만일 기화된 가솔린에 너무 큰 압력을 가하면 멋대로 점화되어 버리는데 이것이 엔진의 노킹 현상이다.
(나) 이전에 오토가 발명한 가솔린 엔진의 효율은 당시에 무척 떨어졌으며, 널리 사용된 증기 기관의 효율 역시 10%에 불과했고 가동 비용도 많이 드는 단점이 있었다.
(다) 이처럼 디젤 기관은 연료의 품질에 민감하지 않고, 연료의 소비 면에서도 경제성이 뛰어나 오늘날 자동차 엔진용으로 확고한 자리를 잡았다.
(라) 환경론자들이 걱정하는 디젤 엔진의 분진 배출 역시 필터 기술이 발전하면서 점차 극복되고 있다.
(마) 이와 달리 디젤 엔진의 기본 원리는 실린더 안으로 공기만을 흡입하여 피스톤으로 강하게 압축시킨 다음 그 압축 공기에 연료를 분사시켜 저절로 점화되도록 하는 것이다.
(바) 독일의 발명가 루돌프 디젤이 새로운 엔진에 대한 아이디어를 내고 특허를 얻은 것은 1892년의 일이었다.
(사) 또 디젤 엔진은 압축 과정에서 연료가 혼합되지 않았기 때문에 가솔린 엔진보다 훨씬 더 높은 25 : 1 정도의 압축 비율을 사용할 수 있다. 압축 비율이 높다는 것은 그만큼 효율이 높다는 것을 의미한다.
(아) 보통의 가솔린 엔진은 기화기에서 공기와 연료를 먼저 혼합하고, 그 혼합 기체를 실린더 속으로 흡입하여 압축한 후, 점화 플러그로 스파크를 일으켜 동력을 얻는다.

	2번째	4번째
①	(아)	(다)
②	(바)	(가)
③	(가)	(다)
④	(나)	(마)
⑤	(나)	(가)

2018년 기출문제

안심Touch

02 A, B, C, D, E 다섯 명은 팀을 이루어 총싸움을 하는 온라인 게임에 한 팀으로 참전하였다. 이때, 팀의 개인은 늑대 인간과 드라큘라 중 하나의 캐릭터를 선택할 수 있다. 주어진 〈조건〉이 다음과 같을 때, 다음 중 항상 옳은 것은?

조건

- A, B, C는 상대팀을 향해 총을 쏘고 있다.
- D, E는 상대팀에게 총을 맞은 상태로 관전만 가능하다.
- 늑대 인간은 2명만이 살아남아 총을 쏘고 있다.
- A는 늑대 인간 캐릭터를 선택하였다.
- D와 E의 캐릭터는 서로 같지 않다.

① 3명은 늑대 인간 캐릭터를, 2명은 드라큘라 캐릭터를 선택했다.
② B는 드라큘라 캐릭터를 선택했다.
③ C는 늑대 인간 캐릭터를 선택했다.
④ 드라큘라의 수가 늑대 인간의 수보다 많다.
⑤ D는 드라큘라, E는 늑대 인간 캐릭터를 각각 선택했다.

| 자료해석

03 주어진 도표를 이용해 빈칸을 완성한 후 모든 숫자를 더하면?(단, 소수점 이하 첫째 자리에서 반올림한다)

〈아시아 국가별 취업자 수〉

(단위 : 만 명)

구분	2013년		2014년		2015년		2016년		2017년	
	남자	여자	남자	여자	남자	여자	남자	여자	남자	여자
한국	1,498	1,056	1,518	1,115	1,517	1,102	1,524	1,117	1,537	1,136
이스라엘	191	169	193	171	193	172	197	177	202	181
일본	3,599	2,734	3,614	2,736	3,622	2,754	3,639	2,801	3,672	2,859
터키	1,826	793	1,849	802	1,858	804	1,890	832	1,946	873

2.			
		3.	
1.			

〈가로〉

1. 터키의 2013년도 남자와 여자의 취업자 수 차이와 2017년도 이스라엘 취업자 수를 합하면 몇 만 명인가?

〈세로〉

2. 2014년도 남자 취업자 수가 두 번째로 적은 인원과 2016년도 여자 취업자 수가 가장 많은 인원을 합하면 몇 만 명인가?
3. 2015년도 한국 남자 취업자 수 대비 터키 여자 취업자 수 비율과 2014년도 일본 남자 취업자 수 대비 이스라엘 남자 취업자 수 비율을 합한 값의 2배는?

① 31
② 32
③ 33
④ 34
⑤ 35

04 다음은 2017년 우리나라 시·도별 연평균 문화예술 및 스포츠 관람횟수에 대해 조사한 자료이다. 다음 중 자료에 대한 설명으로 옳지 않은 것은?

〈2017년 시·도별 연평균 문화예술 및 스포츠 관람횟수〉

(단위 : 회)

구분	음악·연주회	연극·마당극·뮤지컬	무용	영화	박물관	미술관	스포츠
전국	2.5	2.4	2.7	6.6	2.6	2.5	3.5
서울특별시	2.9	2.5	2.7	7.2	2.8	2.9	3.9
부산광역시	2.0	2.0	2.0	6.6	2.7	2.0	3.2
대구광역시	2.7	2.2	3.4	6.3	2.5	1.9	2.9
인천광역시	2.2	2.4	2.8	6.3	2.5	2.5	3.6
광주광역시	2.4	2.1	2.7	6.8	2.6	2.3	3.5
대전광역시	2.9	2.1	3.2	6.9	3.1	2.2	3.1
울산광역시	2.2	2.0	2.3	6.2	2.4	2.3	2.9
세종특별자치시	2.7	2.2	3.0	6.8	2.9	2.4	3.2
경기도	2.3	2.5	2.4	6.6	2.4	2.5	3.5
강원도	2.7	2.0	4.9	6.9	2.7	2.5	3.5
충청북도	2.3	2.2	2.3	6.5	2.4	1.9	2.8
충청남도	2.1	2.3	2.2	6.1	2.7	2.0	2.8
전라북도	2.1	2.6	2.6	6.2	2.5	2.1	2.9
전라남도	2.2	2.0	3.5	5.7	2.5	2.5	3.2
경상북도	2.4	2.1	2.9	6.1	2.7	2.1	2.9
경상남도	2.3	2.1	3.4	6.9	2.6	2.4	3.8
제주특별자치도	2.5	2.0	2.1	6.2	2.9	2.7	3.2

① 모든 시·도는 연평균 무용 관람횟수보다 연평균 영화 관람횟수가 더 많다.
② 경상남도에서 영화 다음으로 연평균 관람횟수가 많은 항목은 스포츠 관람이다.
③ 연평균 무용 관람횟수가 가장 많은 시·도는 연평균 스포츠 관람횟수도 가장 높다.
④ 대구광역시의 연평균 박물관 관람횟수는 제주특별자치도의 연평균 박물관 관람횟수의 80% 이상이다.
⑤ 대전광역시는 연극·마당극·뮤지컬을 제외한 모든 항목에서 충청북도보다 연평균 관람횟수가 높다.

05 다음 기호들은 일정한 규칙에 따라 도형을 변화시킨다. 주어진 도형을 도식에 따라 변화시켰을 때 결과로 알맞은 것을 고르면?

〈규칙〉

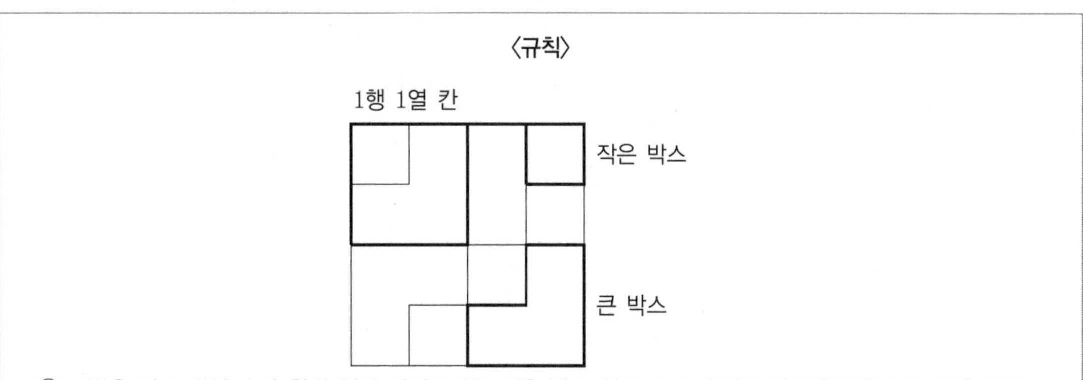

- Ⓐ : 작은 박스 안의 숫자 합의 일의 자릿수만큼 작은 박스 안의 숫자 위치만 반시계 방향으로 전체 회전
- Ⓑ : 각 칸의 작은 박스 안의 숫자와 큰 박스 안의 숫자를 곱한 값의 십의 자릿수는 큰 박스, 일의 자리 수는 작은 박스 안에 수로 교체
- Ⓒ : 각 칸을 시계 방향으로 1칸씩 이동(각 칸의 작은 박스, 큰 박스 위치 및 각 박스 안의 위치 고정하여 각 칸단위로 이동)
- Ⓓ : 각 칸의 작은 박스와 큰 박스 크기 교체
- Ⓧ : 작은 박스 안의 숫자 합(□)과 큰 박스 안의 숫자 합(▭)을 비교하여 맞으면 YES, 틀리면 NO
- Ⓨ : 각 칸마다 작은 박스가 위에 위치한 수(x)를 비교하여 맞으면 YES, 틀리면 NO
- 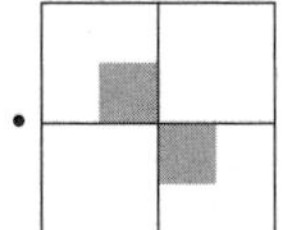 : 색칠된 위치의 작은 박스 안의 숫자(□)와 큰 박스 안의 숫자 (▭)를 비교하여 맞으면 YES, 틀리면 NO

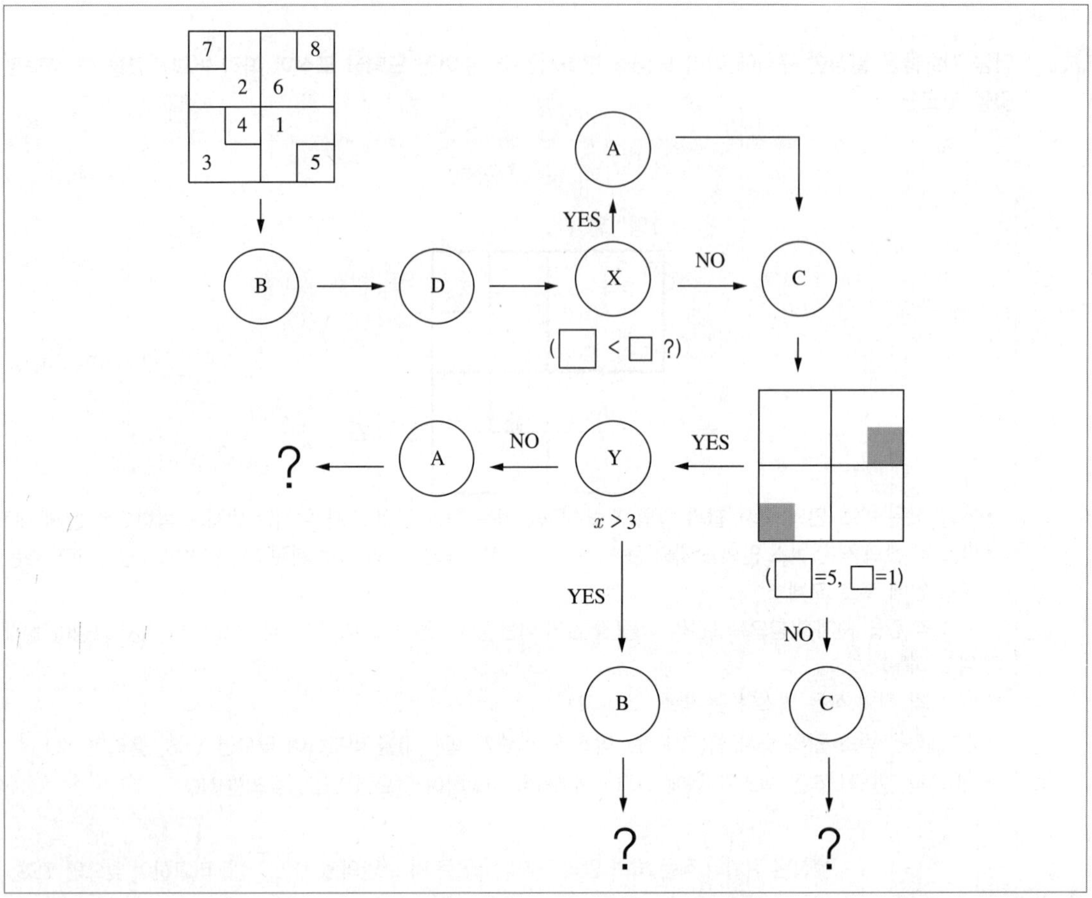

7			8
	2	6	
	4	1	
3			5

B → D → X (□ < □ ?)

X — YES → A → C

X — NO → C

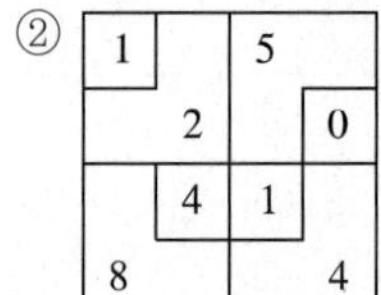

(□ =5, □ =1)

C → YES → Y ($x > 3$)

Y — NO → A → ?

Y — YES → B → ?

C → NO → C → ?

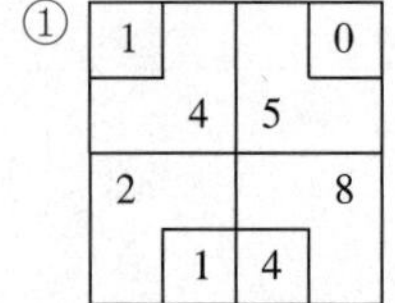

①

1			0
	4	5	
2			8
	1	4	

②

1		5	
	2		0
	4	1	
8			4

③

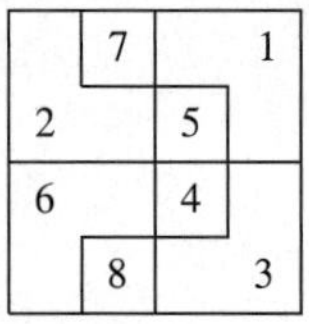

	7		1
2		5	
6		4	
	8		3

④

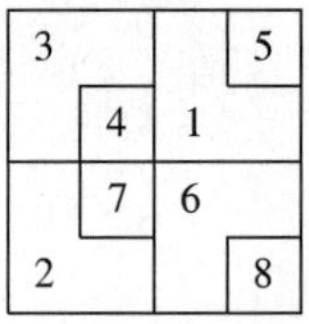

3			5
	4	1	
	7	6	
2			8

⑤

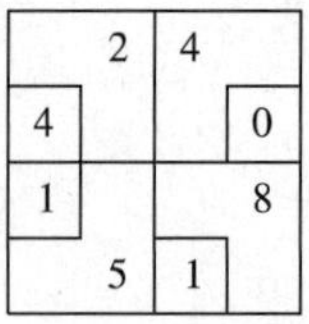

	2	4	
4			0
1			8
	5	1	

06 다음 Ⓐ, Ⓑ, Ⓒ의 전개도를 [⇧] 면이 전면에 오도록 접은 후 주어진 방향으로 회전하여 아래의 결합 모양과 같이 붙인 그림으로 알맞은 것을 고르면?

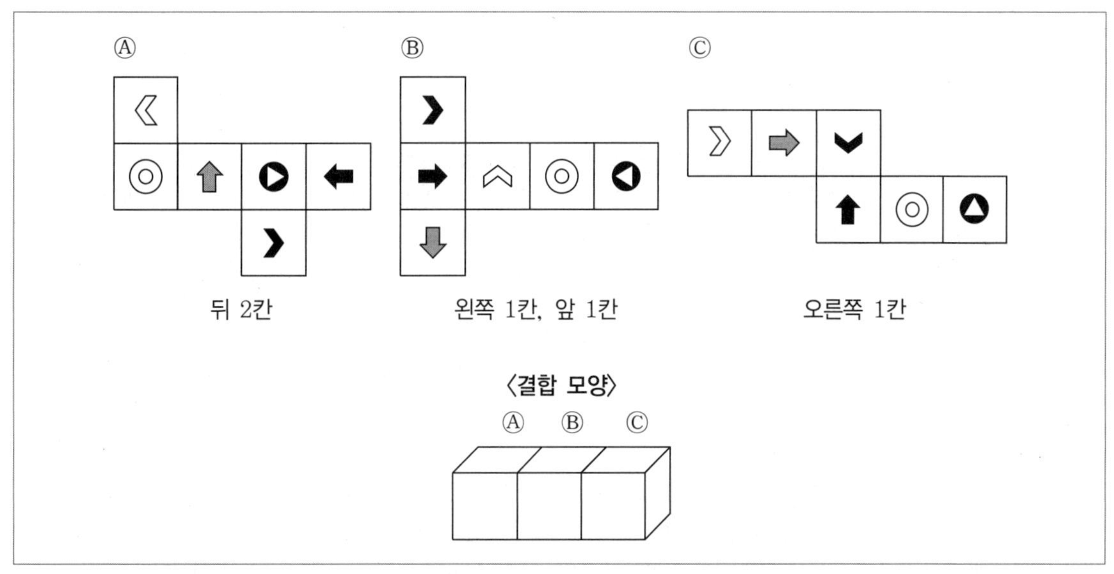

① 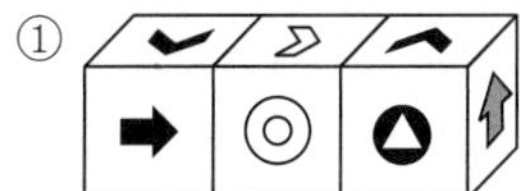

② 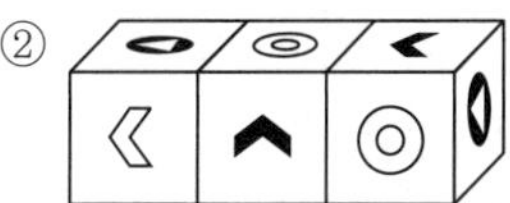

③ 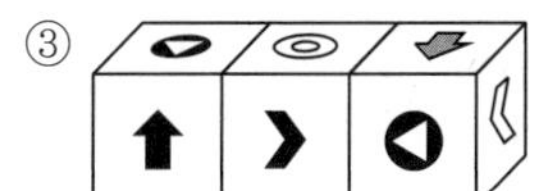

④ 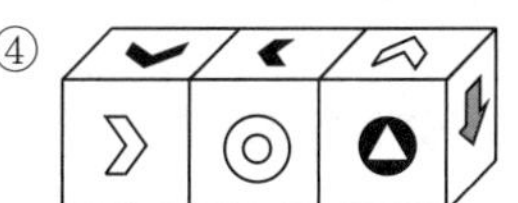

⑤ 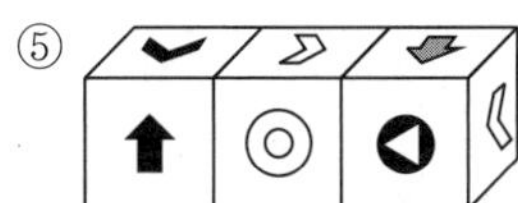

CHAPTER 03 LG그룹

정답 및 해설 165p

언어이해

01 다음 글의 내용을 통해 추론할 수 없는 것은?

> 우리는 일상생활 속에서 아직 알지 못하는 '미래'에 대하여 많은 관심을 갖는다. 우리가 관심을 갖는 '미래'에는 과학자들의 미래 기후 예측이나 점쟁이들의 사주 등이 포함된다. 그렇다면 미래를 예상하는 점쟁이의 예언과 과학자의 예측은 어떻게 다를까?
>
> 먼저 점쟁이란 '관상, 사주 등처럼 한 개인의 사적인 개인정보를 이용하여 그 사람 고유의 미래를 예언해 주는 일을 직업으로 삼는 사람'을 의미한다. 반면 과학자는 '생물, 물리, 화학, 환경 등 과학 분야 전반에 걸쳐서 나타나는 여러 가지 현상들을 연구하고, 이를 토대로 새로운 과학적 원리를 발견하거나 이를 실생활에 적용하는 일을 하는 사람'을 의미한다. 이러한 점쟁이와 과학자 사이에 존재하는 가장 큰 공통점은 '미래를 예상한다는 것'이다. 여기서 '미래'는 현재의 상황 이후의 시간을 나타내는 용어로써 이미 지난 시간이나 지금 이 순간이 아닌, 곧 다가올 시간의 매 순간이 미래가 될 수 있다.
>
> 점쟁이는 주로 사적인 일을 예상한다. '당신은 미래에 재물 복이 많을 것입니다.' 혹은 '당신은 ○○년 ○○월 ○○일에 태어났으므로 평생 운이 따를 것입니다.' 등 점쟁이의 말을 들어본 적이 있을 것이다. 점쟁이는 이처럼 각 개인에게 개인 고유의 운세나 미래 등을 이야기해 준다. 이때, 이들은 대체로 모호한 표현을 사용한다. '언젠가는', '어느 순간'과 같은 애매한 표현을 주로 사용함으로써 그들이 예상하는 어떤 일이 미래의 어느 시점에서 어떻게 일어날지 그 누구도 정확하게 알 수 없는 것이다. 그 결과 당혹스러운 상황이 발생하기도 한다. 한 고대 국가의 왕이 점쟁이에게 나라의 미래를 점쳐 달라고 요청하자 점쟁이는 '전쟁을 하면 나라가 크게 승리할 것이다.'라고 예언하였다. 왕은 점쟁이의 예언을 믿고 전쟁을 일으켰지만 결국 전쟁에서 대패하였고, 이후 점쟁이를 찾아가 예언이 어긋난 이유를 물었다. 그 점쟁이는 당시 자신이 말했던 '나라'는 왕의 나라가 아닌 상대편 나라를 의미했다고 변명하였다. 이처럼 점쟁이들은 모호한 표현을 사용하여 자신의 말이 반드시 미래와 일치하도록 하는 것이다.
>
> 그러나 과학자가 미래를 예측하는 활동은 점쟁이와는 매우 다르다. 점쟁이가 사적인 일을 예언해 준다면, 과학자는 대부분 모든 사람에게 똑같이 발생하는 미래의 현상들을 예측해 준다. 지구 온난화현상이나 화석 연료의 고갈 속도 등에 대한 예측이 그 예이다. 또 점쟁이는 모호한 표현을 사용해서 그 예언이 사실인지 아닌지에 대한 실험을 할 수 없으므로 그 예언의 진실 여부를 확인할 수도 없다. 그러나 과학자는 정확하고 전문적인 용어를 사용하여 미래를 예측하기에 자신의 예측에 대한 과학적인 근거를 제시할 수 있고, 사실 판단에 대해 실험도 할 수 있다. 예를 들어 한 과학자가 'A금속은 물속에 담가 놓은 채로 10분이 경과하면 녹이 슬기 시작할 것이다.'라는 예측을 하면, 실제로 A금속을 물속에 담가 과학자의 예측이 진실인지 거짓인지 확인할 수 있다.

① 점쟁이는 한 사람의 미래를 예언할 때 주로 그 사람의 관상이나 사주 등의 개인정보를 이용한다.
② 전쟁에서 승리할 것이라는 점쟁이의 예언이 어긋난 이유는 상대 나라에 대한 정보가 부족했기 때문이다.
③ 여러 현상에 대한 연구를 바탕으로 이루어지는 과학자의 예측은 점쟁이의 예언보다 공적인 성격을 띤다.
④ 주로 사적인 일을 모호하게 표현하는 점쟁이의 예언은 과학자의 예측에 비해 신뢰성이 낮다.
⑤ 점쟁이의 예언과 과학자의 예측은 예상하는 내용과 그 내용을 표현하는 방법에서 차이가 있다.

| 언어추리

02 **매주 화요일에 진행되는 취업스터디에 A, B, C, D, E 5명의 친구가 함께 참여하고 있다. 스터디 불참 시 벌금이 부과되는 스터디 규칙에 따라 지난주 불참한 2명은 벌금을 내야 한다. 이들 중 2명이 거짓말을 하고 있다고 할 때, 다음 중 옳은 것은?(단, 모든 사람은 거짓만 말하거나 진실만 말한다)**

> A : 내가 다음 주에는 사정상 참석할 수 없지만, 지난주에는 참석했어!
> B : 지난주 불참한 C가 반드시 벌금을 내야 해.
> C : 지난주 스터디에 A가 불참한 건 확실해!
> D : 사실 나는 지난주 스터디에 불참했어.
> E : 지난주 스터디에 나는 참석했지만, B는 불참했어.

① A는 반드시 벌금을 내야 한다.
② B는 반드시 벌금을 내야 한다.
③ C는 반드시 벌금을 내야 한다.
④ D는 반드시 벌금을 내야 한다.
⑤ E는 반드시 벌금을 내야 한다.

| 수리력

03 **다음 전개도는 일정한 규칙에 따라 나열된 수열이다. ?에 들어갈 값으로 알맞은 것을 고르면?**

	2		
	3		5
	4		

	6		
3	2	1	4
	?		

① 2
② 3
③ 4
④ 5
⑤ 6

04 다음은 세계 주요 터널 화재 사고 A～F에 관한 자료이다. 이에 대한 설명으로 옳은 것은?

〈세계 주요 터널 화재 사고 통계〉

사고	터널 길이(km)	화재 규모(MW)	복구 비용(억 원)	복구 기간(개월)	사망자(명)
A	50.5	350	4,200	6	1
B	11.6	40	3,276	36	39
C	6.4	120	72	3	12
D	16.9	150	312	2	11
E	0.2	100	570	10	192
F	1.0	20	18	8	0

※ (사고 비용)=(복구 비용)+{(사망자 수)×5억 원}

① 터널 길이가 길수록 사망자가 많다.
② 화재 규모가 클수록 복구 기간이 길다.
③ 사고 A를 제외하면 복구 기간이 길수록 복구 비용이 크다.
④ 사망자가 가장 많은 사고 E는 사고 비용도 가장 크다.
⑤ 사망자가 30명 이상인 사고를 제외하면 화재 규모가 클수록 복구비용이 크다.

CHAPTER 04 SK그룹

정답 및 해설 167p

▎인지역량 I – 수리(검사 B)

01 각기 다른 무게의 A～E 다섯 개의 추를 가지고 있다. 이 중 다섯 개의 추에서 3개의 추를 골라 무게를 재었을 때, 무게가 다음과 같았다. A～E 중 가장 무거운 추의 무게는?

A+B+C=46kg	B+C+D=41kg
A+B+D=37kg	B+C+E=43kg
A+B+E=39kg	B+D+E=34kg
A+C+D=29kg	A+D+E=22kg
A+C+E=31kg	C+D+E=26kg

① 20kg
② 21kg
③ 22kg
④ 23kg
⑤ 24kg

▎인지역량 I – 수리(검사 B)

02 새로 얻은 직장의 가까운 곳에 자취를 시작하게 된 한별이는 도어 록의 비밀번호를 새로 설정하려고 한다. 한별이의 도어 록 번호판은 다음과 같이 0을 제외한 1～9 숫자로 되어 있다. 비밀번호를 서로 다른 4개의 숫자로 구성한다고 할 때, 5와 6을 제외하고, 1과 8이 포함된 4자리 숫자로 만들 확률은?

〈도어 록 비밀번호〉

1	2	3
4	5	6
7	8	9

① $\frac{5}{63}$
② $\frac{2}{21}$
③ $\frac{1}{7}$
④ $\frac{10}{63}$
⑤ $\frac{13}{63}$

❙ 인지역량 Ⅱ – 언어(검사 C)

03 다음 빈칸에 들어갈 내용으로 가장 적절한 것은?

> 중세 이전에는 예술가와 장인의 경계가 분명치 않았다. 화가들도 당시에는 왕족과 귀족의 주문을 받아 제작하는 일종의 장인 취급을 받아왔다. 근대에 접어들면서 예술은 독창적인 창조 활동으로 존중받게 되었고, 아름다움의 가치를 만들어내는 예술가들의 독창성이 인정받게 된 것이다. 이 가치의 중심에 작가가 있다. 작가가 담으려 했던 의도, 그것이 바로 아름다움을 창조하는 예술의 가치인 셈이다. 예술작품은 작가의 의도를 담고 있고, 작가의 의도가 없다면 작품은 만들어질 수 없다. 이것이 작품에 포함된 작가의 권위를 인정해야 하는 이유이다.
> 또한 예술은 예술가가 표현하고자 하는 것을 창작해내는 그 과정 자체로 완성되는 것이지 독자의 해석으로 완성되는 게 아니다. 설사 작품을 감상하고 해석해 줄 독자가 없어도 예술은 그 자체로 가치있는 법이다. 예술가는 독자를 위해 작품을 창작하는 것이 아니라 자신의 열정과 열망으로 표현하고자 하는 바를 표현해내는 것이다. 물론 예술작품을 해석하고 이해하는 데에 독자의 역할도 분명 존재하고 필요한 것이 사실이다. 하지만 그렇다고 해도 이는 예술적 가치가 있는 작품에서 파생된 2차적인 활동이지 작품을 새롭게 완성하는 창조적 활동이라고 보기 어렵다. 따라서 독자의 수용과 이해는 [　　　　　　　　　　]

① 독자가 가지고 있는 작품에 대한 사전 정보에 따라 다르게 나타날 것이다.
② 작품에 담긴 아름다움의 가치를 독자가 나름대로 해석하는 활동으로 볼 수 있다.
③ 권위가 높은 작가의 작품에서 더욱 다양하게 나타난다.
④ 작가의 의도와 작품을 왜곡하지 않는 범위에서 이루어져야 한다.
⑤ 작품이 만들어진 시대적 배경과 문화적 배경을 고려하여야 한다.

❙ 인지역량 Ⅲ – 직무(검사 D)

04 S기업은 일주일 동안 매일 한 명씩 당직근무를 한다. A, B, C, D, E, F, G는 다음 주 당직근무 순서를 정하기 위해 모였다. 다음과 같이 근무 순서를 정할 때, D가 근무하는 전날과 다음날 당직근무자는 누구인가?(단, 한 주의 시작은 월요일이다)

> • A가 가장 먼저 근무한다.
> • F는 E보다 먼저 근무한다.
> • G는 A와 연이어 근무한다.
> • F가 근무하고 3일 뒤에 C가 근무한다.
> • C가 B보다 먼저 근무한다.
> • E는 목요일에 근무한다.

① C, F　　② E, C
③ F, B　　④ A, G
⑤ G, C

CHAPTER 05 CJ그룹

정답 및 해설 169p

| 언어능력

01 다음 빈칸에 들어갈 단어로 적절한 것은?

> 야시장은 상인들과 손님들이 (　　) 외치는 소리에 활기가 넘쳤다.

① 깨단하며
② 포롱거리며
③ 표명하며
④ 아스라이
⑤ 복대기며

| 언어능력

02 C사의 인사부, 홍보부, 총무부, 기획부, 비서부는 부서이동을 하려고 한다. 다음 〈조건〉을 참고할 때, 2층으로 이동하는 부서는?

조건

- 회사 건물은 5층짜리이고, 각 층마다 한 개의 부서가 위치한다.
- 홍보부는 회의가 가장 많기 때문에 회의실이 있는 층으로 이동하고, 회의실은 건물의 중간에 위치해 있다.
- 총무부는 기획부와 비서부 사이로 이동한다.
- 기획부는 총무부와 인사부 사이로 이동한다.
- 비서부는 사장실과 같은 층으로 이동한다.
- 사장실은 5층이다.

① 인사부
② 홍보부
③ 총무부
④ 기획부
⑤ 비서부

| 수리능력

03 IT부서에서는 중요한 프로젝트를 위해 24시간 동안 3교대 근무를 하기로 하였다. IT부서에는 총 10명의 사람이 근무하고 있는데, 인턴은 내규에 따라 교대근무를 시킬 수 없다. 교대근무 시간표를 짜려고 할 때, 가능한 경우의 수는?(단, 인턴은 한 명이고, 한 조에 3명씩 편성된다)

① 210가지
② 420가지
③ 840가지
④ 1,680가지
⑤ 3,360가지

| 공간능력

04 다음 두 블록을 합쳤을 때, 나올 수 없는 형태를 고르면?

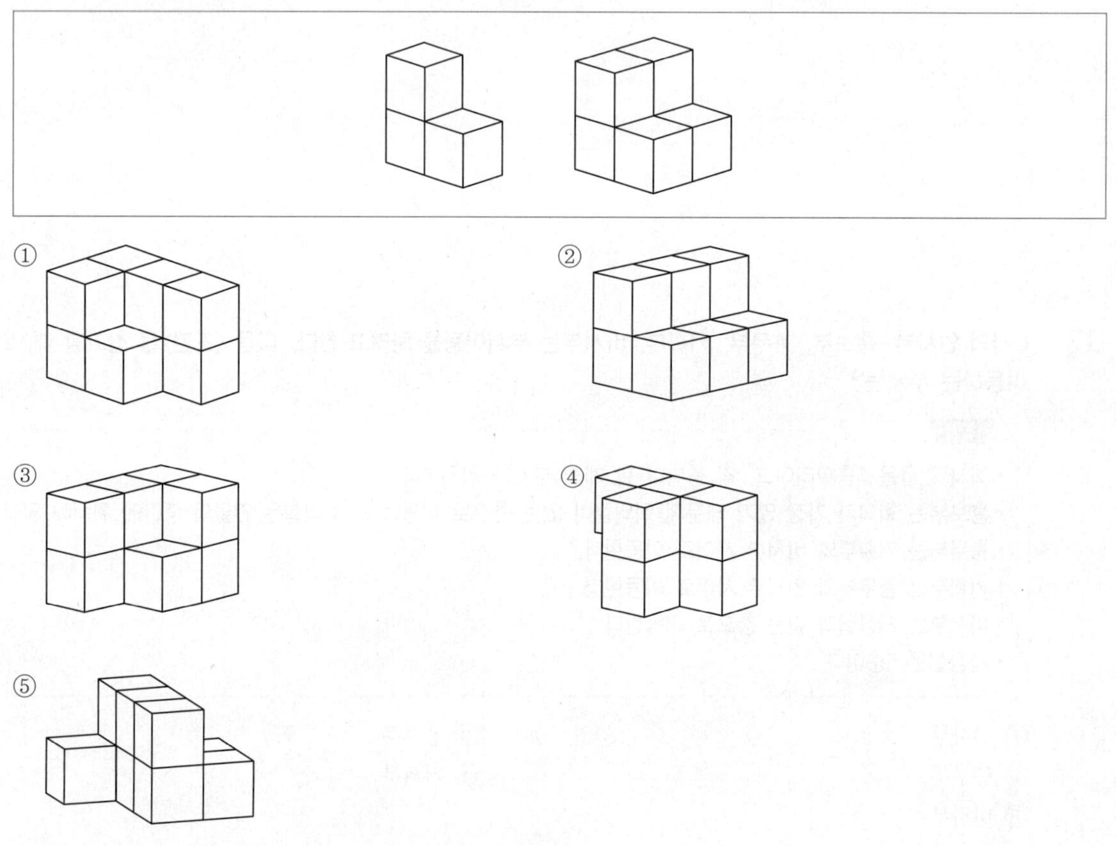

CHAPTER 06 KT그룹

정답 및 해설 170p

지각정확력

01 다음 표에 제시되지 않은 문자를 고르면?

겹	겚	겧	괧	곯	겲	괥	겵	겶	걆	걇	걊
겵	겲	걅	곯	겚	겵	걅	걇	괱	겛	궱	겧
걆	겛	걆	걊	걀	곮	겶	겚	걆	괧	겶	곯
걊	꼃	괧	겛	괱	겲	곯	괥	겹	곮	겲	갧
걅	겶	걆	걊	겧	괥	걆	펾	규	걊	걇	겚

① 걀 ② 꼃
③ 펾 ④ 갧
⑤ 귖

※ 다음 제시문을 읽고, 각 문제가 항상 참이면 ①, 거짓이면 ②, 알 수 없으면 ③을 고르시오. [2~3]

- 이틀 동안 비가 내리면 다음날 날씨는 맑다.
- 하루 동안 눈이 내리면 다음날 날씨는 맑다.
- 비가 내린 삼 일 후에는 항상 눈이 내린다.

언어추리력

02 비가 내린 사 일 후에는 날씨가 흐리다.

① 참 ② 거짓 ③ 알 수 없음

언어추리력

03 이틀 동안 눈이 내리면 삼 일 후의 날씨는 맑다.

① 참 ② 거짓 ③ 알 수 없음

| 판단력

04 다음은 주요 산업국의 연구개발비에 대한 자료이다. 이에 대한 〈보기〉의 설명 중 옳은 것을 모두 고르면?

〈주요 산업국 연도별 연구개발비〉

(단위 : U.S 백만 달러)

구분	2013년	2014년	2015년	2016년	2017년	2018년
한국	23,587	28,641	33,684	31,304	29,703	37,935
중국	29,898	37,664	48,771	66,430	84,933	–
일본	151,270	148,526	150,791	168,125	169,047	–
독일	69,317	73,737	84,148	97,457	92,552	92,490
영국	39,421	42,693	50,016	47,138	40,291	39,924
미국	325,936	350,923	377,594	403,668	401,576	–

보기

ㄱ. 2017년도 연구개발비가 전년 대비 감소한 곳은 4곳이다.
ㄴ. 2013년에 비해 2017년도 연구개발비 증가율이 가장 높은 곳은 중국이고, 가장 낮은 곳은 일본이다.
ㄷ. 전년 대비 2015년 한국의 연구개발비 증가율은 독일보다 높고, 중국보다 낮다.

① ㄱ
② ㄴ
③ ㄱ, ㄴ
④ ㄱ, ㄷ
⑤ ㄴ, ㄷ

| 응용수리력

05 가로, 세로의 길이가 각각 432m, 720m인 직사각형 모양의 공원에 나무를 심으려고 한다. 네 귀퉁이에는 반드시 나무를 심고 서로 간격이 일정하게 떨어지도록 심으려고 할 때, 최소한 몇 그루를 심어야 하는가?

① 16그루
② 24그루
③ 36그루
④ 48그루
⑤ 60그루

❙ 단어연상력(인문계)

06 제시된 9개의 단어 중 3개의 단어와 공통 연상되는 단어를 고르면?

밤	모자	장갑
고등어	삼치	목걸이
반지	고구마	감

① 실
② 손
③ 생선
④ 화로
⑤ 금속

❙ 실제업무력(인문계)

07 업무 협조를 요청한 담당자와 이메일을 주고받을 때, 유의해야 할 사항으로 적절하지 않은 것은?

① 내용을 보낼 때는 용건을 간단히 하여 보낸다.
② 용량이 큰 파일은 반드시 압축하여 첨부한다.
③ 업무 보안상 제목에 메일의 내용이 드러나지 않도록 유의한다.
④ 메일 내용은 첫인사 → 내용 → 끝인사 순서로 작성해야 하며 소속과 직책을 밝혀야 한다.
⑤ 문장 구성 요소를 생략하거나 줄임말을 사용하지 말고 내용을 간결하게 정리한다.

❙ 수추리력(이공계)

08 일정한 규칙으로 수를 나열할 때, 빈칸에 들어갈 알맞은 수를 고르면?

4　6　9　14　21　32　(　)

① 41
② 45
③ 49
④ 52
⑤ 57

09 **다음 도식에서 기호들은 일정한 규칙에 따라 문자를 변화시킨다. ?에 들어갈 알맞은 문자를 고르면?**

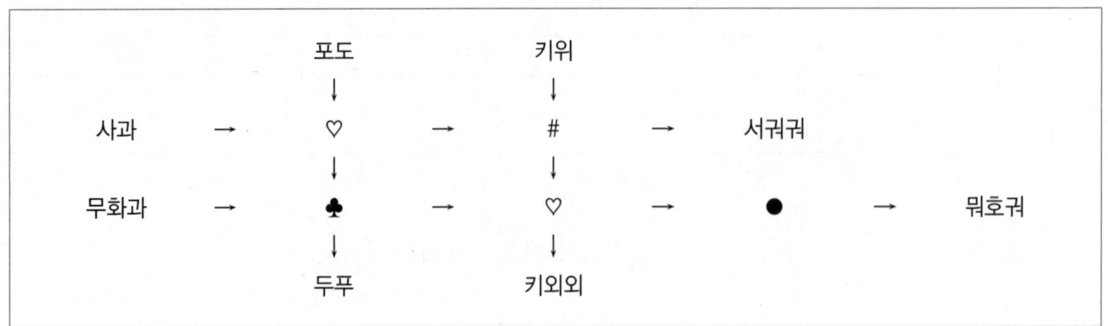

크리스마스 → ● → ♡ → ?

① 크리사마스
② 르시므서크
③ 르사므사크
④ 스마스크리
⑤ 스라시크미

CHAPTER 07 롯데그룹

정답 및 해설 172p

※ 다음 글을 읽고 물음에 답하시오. [1~2]

(가) 메디치 가문은 15세기 유럽 문화의 부흥을 일으킨 이탈리아 피렌체의 명문 가문으로, 금융업을 통해 축적한 부와 권력을 통해 100년의 세월 동안 서로 다른 분야의 지식에 통달한 철학자와 시인, 예술가와 시인들을 후원해왔다. 이렇게 모인 서로 다른 분야의 전문가들이 자연스럽게 교류하고 발전하면서 15세기 유럽은 문화적 전성기인 르네상스 시대를 맞이하게 된다.

(나) 메디치 효과(Medici Effect)는 유럽의 르네상스 시대에서 나타난 사례와 같이 서로 다른 영역의 지식인들이 아이디어를 공유하며 모인 교차점에서 예상치 못한 혁신이 일어나는 현상을 의미한다. 메디치 효과는 개별 학문의 탐구 결과를 통해 자칫 단편적이고 일면적인 현상으로 이해하기 쉬운 사회 문화 현상을 복합적으로 파악함은 물론 기존에 없던 전혀 새로운 결과물을 탄생시키기도 한다.

(다) 아프리카 짐바브웨의 수도인 하라레에 있는 이스트 게이트 센터는 메디치 효과를 설명할 때 빠지지 않고 등장하는 대표적인 사례다. 건축가 마이크 피어스는 에어컨이 없는 건물을 만들어달라는 주문을 받고 생물학자로부터 자문을 구해 흰개미가 개미집을 일정한 온도로 유지하는 방법을 건축물에 적용해 냉난방 장치가 없는 건물을 만들었다. 이렇게 만들어진 건물이 바로 이스트 게이트 센터이며, 메디치 효과를 잘 보여주고 있다.

(라) 또한 메디치 효과는 지나치게 복잡하고 다양해진 오늘날의 사회문제를 해결할 수 있는 실마리로 언급되고 있다. 전문가의 맹점은 세분화되고 복잡해진 전반적인 시스템에 대한 몰이해로 인해 문제가 발생했을 시 대응하기 어려워지는 현상을 뜻한다. 메디치 효과는 이러한 문제를 보다 [　　　　]으로 파악해 적합한 해결책을 제시할 가능성을 내포하고 있다.

| 언어이해

01 윗글의 주제로 가장 적절한 것은?

① 메디치 효과의 장단점
② 건축학과 메디치 효과
③ 메디치 효과의 적용 사례
④ 메디치 효과의 특징

| 언어이해

02 (라) 문단의 빈칸에 들어가기에 가장 적절한 것은?

① 거시적
② 미시적
③ 세부적
④ 논리적

2018년 기출문제

03 다음은 L공장에서 안전을 위해 정기적으로 실시하는 검침에 대한 안내사항이다. L공장의 기계조작실에서 근무하는 B사원은 월요일 아침 9시가 되자 계기판을 점검하여 검침일지를 쓰려고 한다. 오늘 실외 온도계 수치는 −4℃이고, 실내 온도계의 수치는 22℃였으며, 계기판의 수치는 아래와 같았다. B사원이 눌러야 하는 버튼은 무엇이며, 이를 본 상황통제실에서는 어떤 조치를 취해야 하는가?

〈계기판 검침 안내사항〉

정기적으로 매일 오전 9시에 다음의 안내사항에 따라 검침을 하고 그에 따른 조치를 취하도록 한다.

〈계기판 A · B · C의 표준 수치〉

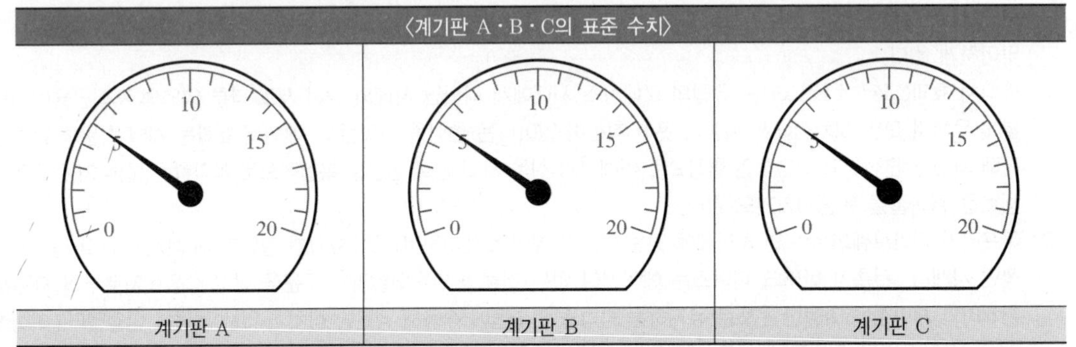

[기계조작실]

1. 계기판을 확인하여 PSD 수치를 구한다.
   ※ 검침하는 시각에 실외 온도계의 온도가 영상이면 B계기판은 고려하지 않는다.
   ※ 검침하는 시각에 실내 온도계의 온도가 20℃ 미만이면 Parallel Mode를, 20℃ 이상이면 Serial Mode를 적용한다.
   - Parallel Mode
     PSD=검침 시각 각 계기판 수치의 평균
   - Serial Mode
     PSD=검침 시각 각 계기판 수치의 합
2. PSD 수치에 따라서 알맞은 버튼을 누른다.

수치	버튼
PSD ≤ 기준치	정상
기준치 < PSD < 기준치+5	경계
기준치+5 ≤ PSD	비정상

※ 화요일과 금요일은 세 계기판의 표준 수치의 합의 1/2을 기준치로 삼고, 나머지 요일은 세 계기판의 표준 수치의 합을 기준치로 삼는다(단, 온도에 영향을 받지 않는다).

3. 기계조작실에서 버튼을 누르면 버튼에 따라 상황통제실의 경고등에 불이 들어온다.

버튼	경고등
정상	녹색
경계	노란색
비정상	빨간색

[상황통제실]
들어온 경고등의 색을 보고 필요한 조치를 취한다.

경고등	조치
녹색	정상 가동
노란색	안전요원 배치
빨간색	접근제한 및 점검

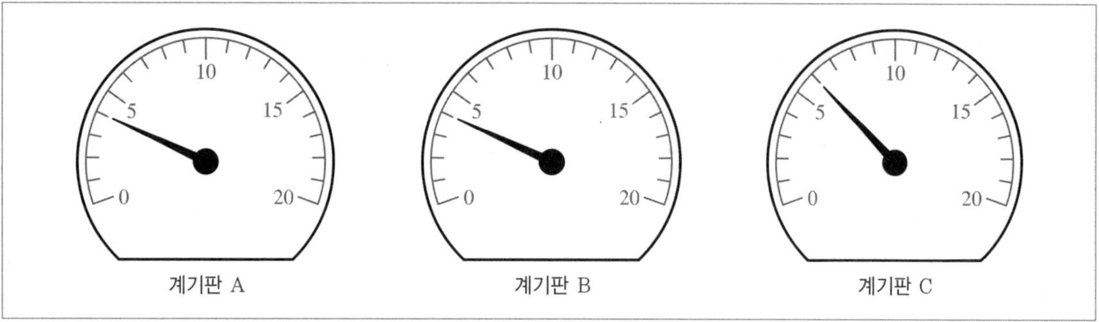

	버튼	조치
①	정상	정상 가동
②	정상	안전요원 배치
③	경계	안전요원 배치
④	비정상	접근제한 및 점검

04 다음 도서기호 생성 방법을 참고하여 부여한 도서기호 중 옳은 것은?

〈도서기호 생성 방법〉

- 도서기호 1번 자리=저자의 성
- 도서기호 2번 숫자=저자 이름 첫 글자의 자음기호 번호
- 도서기호 3번 숫자=저자 이름 첫 글자의 모음기호 번호
- 도서기호 4번 자리=책 제목 첫 글자의 자음

자음기호				모음기호	
ㄱㄲ	1	ㅇ	6	ㅏ	2
ㄴ	19	ㅈㅉ	7	ㅐ(ㅑㅒ)	3
ㄷㄸ	2	ㅊ	8	ㅓ(ㅔㅕㅖ)	4
ㄹ	29	ㅋ	87	ㅗ(ㅘㅙㅚㅛ)	5
ㅁ	3	ㅌ	88	ㅜ(ㅝㅞㅟㅠ)	6
ㅂㅃ	4	ㅍ	89	ㅡ(ㅢ)	7
ㅅㅆ	5	ㅎ	9	ㅣ	8

① 전61ㄱ : 공자를 찾아가는 인문학 여행, 전용주 지음
② 안56ㄴ : 노자와 공자가 만났을 때, 안성재 지음
③ 김54ㅈ : 죽기 전에 논어를 읽으며 장자를 꿈꾸고 맹자를 배워라, 김세중 엮음
④ 김63ㅎ : 한비자, 관계의 기술, 김원중 지음

| 언어논리

05 **원탁에 사장을 중심으로 부사장, 전무, 상무, 이사, 과장 다섯 명이 둘러앉아 있다. 다음 〈조건〉을 만족할 때 사장의 맞은편에 앉은 사람은?**

> **조건**
> - 사장의 바로 옆에는 부사장이 앉아 있다.
> - 이사와 전무는 붙어 앉아 있다.
> - 과장은 전무의 바로 옆 오른편에 앉아 있다.
> - 부사장은 상무의 바로 옆 왼편에 앉아 있다.

① 과장 ② 상무
③ 전무 ④ 이사

| 수리공간

06 **다음 도형을 합쳤을 때, 나올 수 있는 형태를 고르면?**

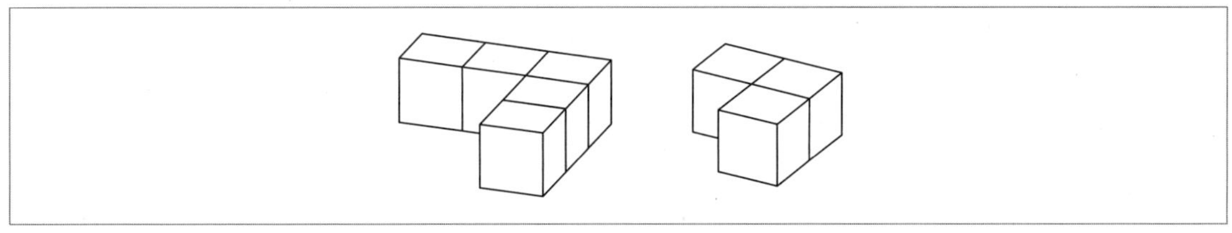

①
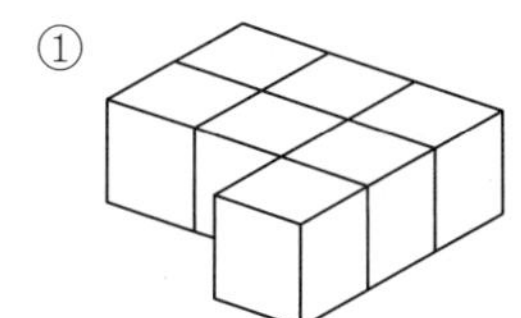

②
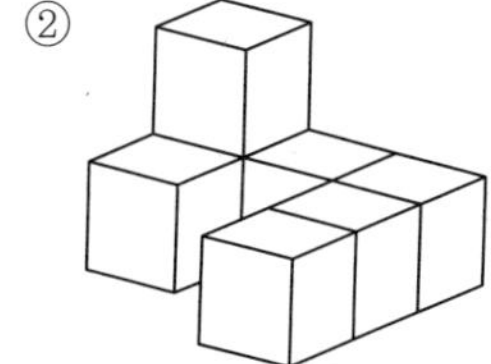

③
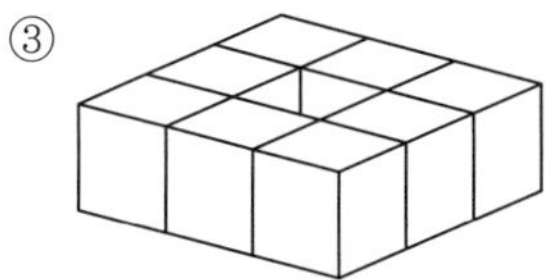

④
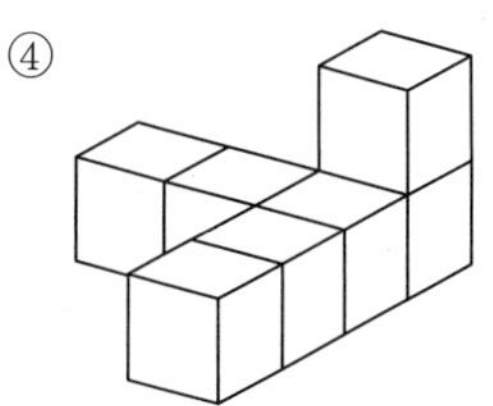

CHAPTER 08 포스코그룹

정답 및 해설 173p

언어능력

01 주어진 명제가 참일 때 다음 중 반드시 옳은 것은?

- 사자는 많은 양의 고기를 먹는다.
- 모든 건강한 동물은 고기를 먹는다.
- 모든 코끼리는 힘이 세다.
- 많이 먹는 동물은 힘이 세다.

① 코끼리는 고기를 먹는다.
② 사자는 힘이 세다.
③ 힘이 약한 동물은 고기를 먹지 않는다.
④ 건강한 동물은 많이 먹는다.

수리능력

02 다음은 A지역의 연령별 인구수 현황을 나타낸 그래프이다. 다음 그래프를 볼 때, 각 연령대를 기준으로 남성 인구가 40% 이하인 연령대 ㉠과 여성 인구가 50% 초과 60% 이하인 연령대 ㉡이 올바르게 연결된 것은?

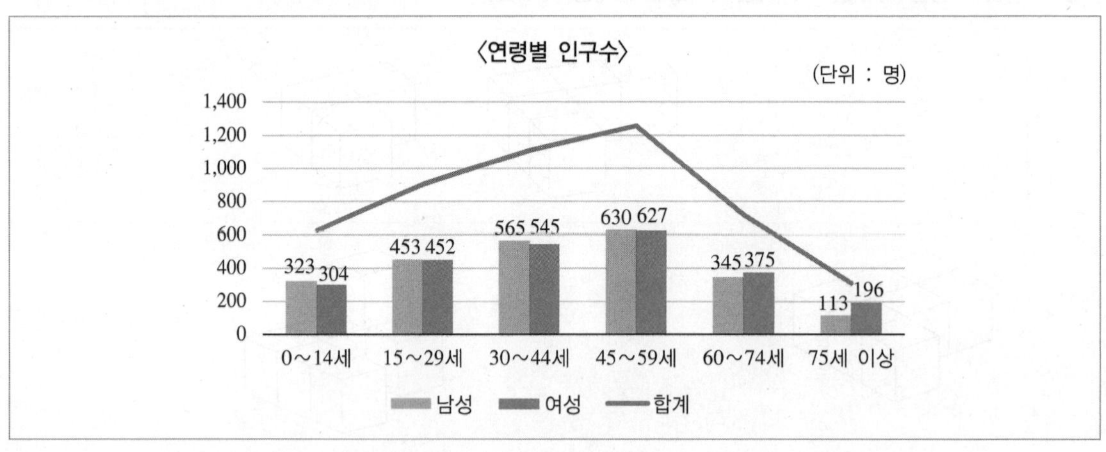

	㉠	㉡
①	0~14세	15~29세
②	30~44세	15~29세
③	45~59세	60~74세
④	75세 이상	60~74세

┃공간/도식능력

03 **다음 도형은 일정한 규칙에 따라 변화한다. ?에 들어갈 도형으로 알맞은 것은?**

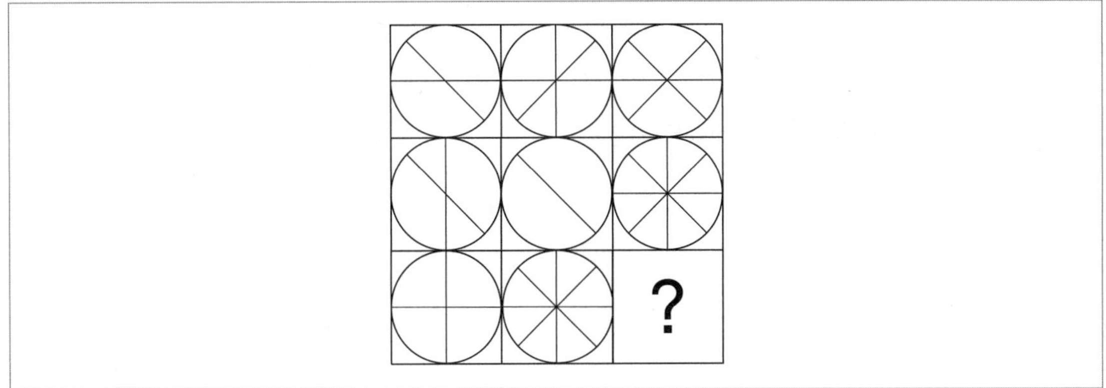

① 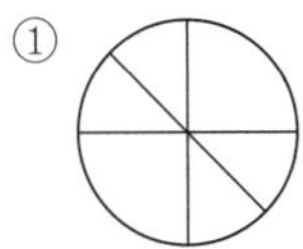

② 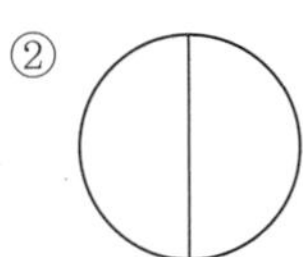

③ 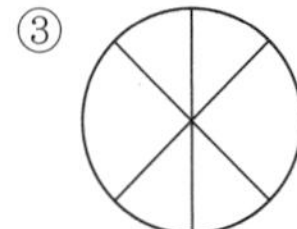

④ 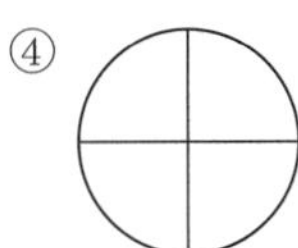

┃상식

04 **다음 중 OPEC(석유수출국기구)에 관한 설명으로 옳지 않은 것은?**

① 설립목적은 국제석유자본에 대한 발언권 강화이다.
② 주요 활동 및 업무는 국제 석유가격 조정 및 회원국 간의 협력이다.
③ 초창기 결성국가는 총 5개국이다.
④ 소재지는 이라크 바그다드이다.

┃상식

05 **다음 중 포스코그룹의 계열사가 아닌 것은?**

① 포스코켐텍
② 포스메이트
③ 포스코특수강
④ 엔투비

CHAPTER 09 금호아시아나그룹

정답 및 해설 175p

| 언어능력

01 다음 제시된 단어의 순우리말로 옳은 것은?

웰빙

① 참살이　　② 다래끼
③ 끼니　　④ 건강

| 수리능력

02 다음의 주어진 계산식이 성립한다면 $(45 \div 2) \times 20$의 값은?

$20 \times (22 \div 3) = 86$

① 68　　② 77
③ 110　　④ 450

| 추리능력

03 일정한 규칙으로 수·문자를 나열할 때, 괄호 안에 들어갈 알맞은 것을 고르면?

Z　Y　V　Q　J　(　)

① D　　② C
③ B　　④ A

| 사무지각능력

04 다음 제시된 좌우의 문자 중 다른 문자의 개수는?

라랴러려러류료러려리 – 라랴러려러루류러러리

① 1개　　② 2개
③ 3개　　④ 4개

| 분석판단능력

05 다음 명제를 통해 얻을 수 있는 결론으로 타당한 것은?

- 모든 꽃은 식물이다.
- 어떤 꽃은 곤충을 잡아먹는다.

① 어떤 꽃은 식물이 아니다.
② 어떤 식물은 곤충을 잡아먹는다.
③ 어떤 곤충은 식물에게 잡아먹히지 않는다.
④ 모든 식물은 꽃이다.

| 상황판단능력

06 K사에 근무하는 E사원은 얼마 전부터 타 부서의 J사원 때문에 고민이다. J사원은 E사원보다 4살이 어리고 입사일도 늦은데도 업무를 핑계로 자신을 묘하게 하대하거나 반말을 섞으며 대화하기 때문이다. 무엇보다 J사원의 부서에서는 이러한 상황을 어느 정도 묵인하는 분위기이다. 당신이 E사원이라면 어떻게 하겠는가?

① 정식으로 문제를 삼아 상부에 보고한다.
② J사원을 따로 불러 문제해결을 위해 대화를 시도한다.
③ J사원의 부서를 찾아가 정식으로 항의한다.
④ 우리 부서의 평화를 위해 참는다.

┃직무상식능력

07 다음 주어진 글의 주제로 가장 적절한 것은?

Migrating birds face dangers when they migrate. Sometimes they are hunted by other animals. The noises and lights of cities can also be dangerous to them. The worst thing is that humans destroy the places they can live.

① 생태계 파괴의 위험성
② 새들의 이주 시기
③ 철새들의 생태계 교란
④ 이주 시 새들이 직면하는 위험들

┃한자시험

08 다음 성어(成語)의 뜻풀이로 적절한 것을 고르면?

起死回生

① 아홉 번 죽을 뻔하다가 한 번 살아나다.
② 평생에 단 한 번 만남
③ 거의 죽을 뻔하다 도로 살아나다.
④ 사람은 죽어서 이름을 남긴다.

CHAPTER 10 이랜드그룹

정답 및 해설 177p

| 언어비평검사 I (언어추리)

01 **다음 제시된 오류와 관련 있는 것을 고르면?**

> 판단의 기준이 절대적인 것이 아닌 다른 대상과의 비교를 통해서 평가하는 오류이다. 대비되는 정보로 인해 평가자의 판단이 왜곡되는 현상이라고 볼 수 있다.

① 민아는 철수의 여자친구니까, 이번 회장으로 뽑아야겠다.
② TV에 나오는 여배우는 참 예쁘구나. 그럼 나는 못생긴 것 같다.
③ (두 명의 학생이 인사하는 것을 보고) 우리 학교 학생들은 참 인사를 잘하는구나.
④ A작가의 B소설 내용이 사회비판적인 것을 보니, A작가는 사회비판적인 소설가이다.
⑤ C가 아이스 커피를 싫어하는 것을 보니 뜨거운 커피를 좋아하는 게 확실하다.

| 언어비평검사 I (언어추리)

02 **제시된 문장을 참고하여 내린 A, B의 결론에 대한 판단으로 옳은 것은?**

> • 운동화는 슬리퍼보다 비싸다.
> • 구두는 운동화보다 비싸다.
> • 부츠는 슬리퍼보다 싸다.

> A : 운동화는 부츠보다 비싸다.
> B : 슬리퍼는 구두보다 싸다.

① A만 옳다.
② B만 옳다.
③ A, B 모두 옳다.
④ A, B 모두 틀리다.
⑤ A, B 모두 옳은지 틀린지 판단할 수 없다.

03 **다음 중 ㉠, ㉡에 들어갈 접속어가 바르게 연결된 것은?**

> 일반적으로 공황발작이란 극심한 불안을 말한다. 사람은 누구나 생명의 위협을 느끼거나 매우 놀라는 위기상황에서 극심한 불안을 느끼며, 이는 정상적인 생리 반응이다. [㉠] 공황장애에서의 공황발작은 아무런 이유 없이 아무 때나 예기치 못하게 반복적으로 발생한다. 공황발작이 발생하게 되면 심장이 두근거리기도 하고 가슴이 답답하고 아플 수도 있으며, 숨쉬기 어렵거나 숨이 막힐 것 같은 기분이 들 수 있다. 또, 구역질이 나거나 복통이 있을 수도 있고, 두통이나 어지러움이 느껴져 기절할 것 같은 느낌이 들고 땀이 나면서 온몸에 힘이 빠지거나 손발이 저릿할 수도 있다. 이러한 여러 가지 증상들이 모두 다 나타날 수도 있고, 이 중에 몇 가지만 나타날 수도 있는데, 특징적으로 이러다 미쳐버릴 것 같거나, 이러다 죽을지도 모른다는 공포감을 느끼게 된다. 특별한 위기 상황이나 스트레스 상황이 아닌데도 길을 걷다가, 앉아서 수업을 듣다가, 자려고 누웠다가 공황발작이 발생할 수 있다. [㉡] 예기치 못하게 공황발작이 나타나게 되면 다음에 또다시 발작이 생길까 걱정하며 본인 나름의 발작 이유나 결과에 대해 생각하며 행동의 변화가 생기게 된다. 특히 언제 다시 발작이 생길지 몰라 불안해하며, 발작이 생기면 도움을 청할 수 있는 사람과 함께 있으려 한다든지, 혼자 외출을 못하고 집에만 있으려고 해 일상생활이 어려워지는 경우도 많다.

	㉠	㉡
①	그리고	그러므로
②	그리고	그러므로
③	그러나	하지만
④	그러나	이와 같이
⑤	그러므로	이와 같이

▎수리비평검사

04 **다음은 2008년부터 2017년까지의 주택전세가격 동향에 대한 자료이다. 이에 대한 해석으로 옳지 않은 것은?**

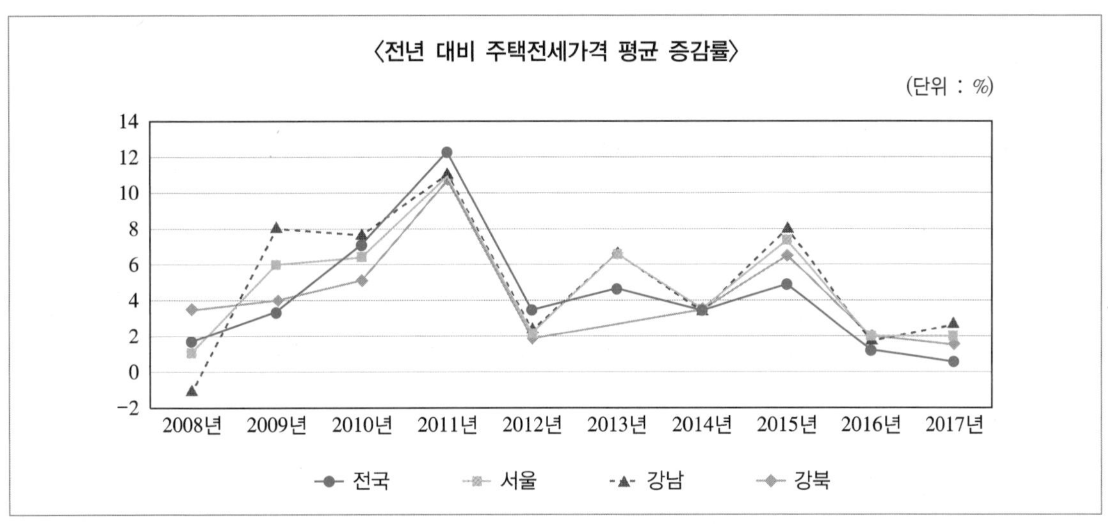

① 전국 주택전세가격은 2008년부터 2017년까지 매년 증가하고 있다.

② 2011년 강북의 주택전세가격은 2009년과 비교해 20% 이상 증가했다.

③ 2014년 이후 서울의 주택전세가격 증가율은 전국 평균 증가율보다 높다.

④ 강남 지역의 전년 대비 주택전세가격 증가율이 가장 높은 시기는 2011년이다.

⑤ 2008년부터 2017년까지 전년 대비 주택전세가격이 감소한 적이 있는 지역은 한 곳뿐이다.

2018년 기출문제

▎상황판단검사

05 **고객지원팀에 근무하는 C대리는 여러 가지 트집을 잡아 자주 보상을 요구하는 블랙컨슈머 때문에 고민을 하고 있다. 그러던 어느 날 자사의 주력 식당인 A에서 이물질이 나왔다며 보상을 해주지 않으면 인터넷에 올리겠다는 전화를 받았다. 당신이 C대리라면 어떻게 하겠는가?**

① 인터넷에 올라가면 회사에 막대한 손해를 끼칠 것이므로 보상해주고 사과한다.

② 잦은 항의를 하는 블랙컨슈머의 말은 믿을 수 없으므로 무시한다.

③ 상사에게 보고한 후, 사실관계를 파악한다.

④ 사실관계를 파악한 후, 내규상 금전적인 보상이 불가하다는 것을 안내한다.

CHAPTER 11 아모레퍼시픽그룹

정답 및 해설 178p

▎지각정확력

01 다음 제시된 문자와 같은 것의 개수를 고르면?

ㅀ

ㅀ	ᄘ	ㅀ	ㅷ	ㅃ	ㄸ	ㅀ	ᄺ	ᄘ	ㅷ	ㄹ	ㅷ
ㄹ	ㅷ	ㅃ	ᄺ	ᄱ	ᄘ	ㅷ	ㅃ	ᄨ	ᄨ	ㅃ	ㅀ
ᄘ	ᄱ	ㅀ	ㄸ	ㅷ	ᄺ	ㄹ	ᄨ	ᄱ	ᄺ	ᄱ	ㅃ
ㅃ	ᄺ	ㄹ	ᄘ	ㅀ	ㅃ	ㄸ	ㅀ	ㅷ	ᄓ	ㅀ	ᄘ

① 6개　② 7개
③ 8개　④ 9개
⑤ 10개

▎언어유추력

02 다음 제시된 낱말의 대응 관계로 볼 때, 빈칸에 들어갈 알맞은 것을 각각 고르면?

지청구 : (A) = 겸손 : (B)

A　① 부추　② 타박　③ 우리　④ 지부　⑤ 칭찬
B　① 판결　② 공정　③ 보상　④ 심술　⑤ 거드름

※ 다음 제시문을 읽고, 각 문제가 항상 참이면 ①, 거짓이면 ②, 알 수 없으면 ③을 고르시오. [3~4]

- 스트레스를 받으면 매운 음식을 먹는다.
- 아이스크림을 먹으면 운동을 한다.
- 아이스크림을 먹지 않으면 매운 음식을 먹지 않는다.
- 운동을 하면 야근을 하지 않는다.
- 야근을 하지 않으면 친구를 만난다.

| 언어추리력

03 **아이스크림을 먹지 않는다면 스트레스를 받지 않았다.**

① 참　　② 거짓　　③ 알 수 없음

| 언어추리력

04 **친구를 만나지 않았다면 매운 음식을 먹는다.**

① 참　　② 거짓　　③ 알 수 없음

| 공간지각력

05 **제시된 전개도를 접었을 때, 나타나는 입체도형으로 알맞은 것은?**

①

②
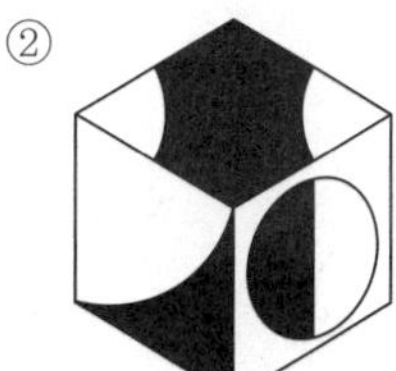

③
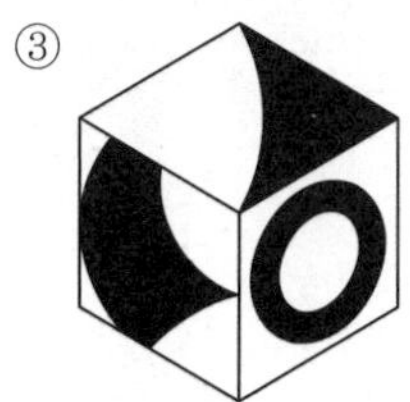

④
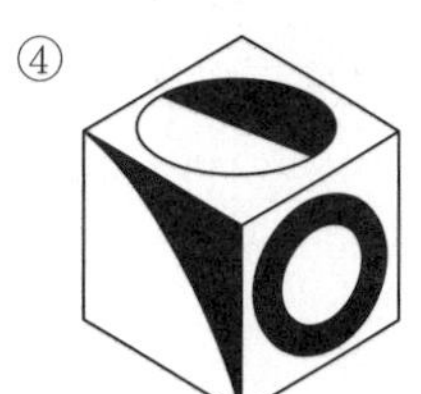

2018년 기출문제

| 판단력

06 다음 글의 내용을 추론한 것으로 적절하지 않은 것은?

미세먼지가 피부의 염증 반응을 악화시키고, 재생을 둔화시키는 등 피부의 적이라는 연구 결과가 지속적으로 발표되고 있다. 최근 어떤 연구 결과에 따르면 초미세먼지 농도가 짙은 지역에 거주하는 사람은 공기가 가장 깨끗한 지역에 사는 사람보다 잡티나 주름이 생길 확률이 높았고, 고령일수록 그 확률은 증가했다.
그렇다면 미세먼지 차단 화장품은 효과가 있을까? 정답은 '제대로 된 제품을 고른다면 어느 정도 효과가 있다.'이다. 그러나 식품의약품안전처에서 발표한 내용에 따르면 미세먼지에 효과가 있다고 광고하는 제품 중 절반 이상이 효과가 없는 것으로 드러났다. 무엇보다 미세먼지 차단지수가 표준화되어 있지 않고, 각 나라와 회사별로 다른 지수를 제안하고 있어서 이를 검증하고 표준화시키는 데는 좀 더 시간이 걸릴 것으로 보고 있다.
피부를 미세먼지로부터 보호하는 방법은 애초에 건강한 피부를 유지하는 것이다. 미세먼지가 가장 많이 침투하는 부위를 살펴보면 피부가 얇거나 자주 갈라지는 눈 근처, 코 옆, 입술 등이다. 평소 세안을 깨끗이 하고, 보습제와 자외선 차단제를 잘 바르는 생활습관만으로도 피부를 보호할 수 있다. 특히, 메이크업을 즐겨하는 사람들은 색조 제품의 특성상 노폐물이 더 잘 붙을 수밖에 없으므로 주의해야 한다.
다음으로 체내 면역력을 높이는 것이다. 미세먼지는 체내의 면역체계를 약하게 만들어서 비염, 편도선염, 폐질환, 피부염 등의 원인이 된다. 이를 막기 위해서는 건강한 음식과 꾸준한 운동으로 체내의 면역력을 높이면 미세먼지를 방어하는 데 효과적이다.

① 나이가 많은 사람일수록 미세먼지에 취약하다.
② 각 국가별로 표준화된 미세먼지 차단지수를 발표했지만, 세계적으로 표준화하는 데는 시간이 걸릴 것이다.
③ 미세먼지는 피부가 약한 부위일수록 침투하기 쉽다.
④ 메이크업을 즐겨하는 사람은 그렇지 않은 사람보다 미세먼지에 더 많이 노출되어 있다.

| 응용수리력

07 8%의 소금물 200g에서 한 컵의 소금물을 떠내고 떠낸 양만큼 물을 부었다. 그리고 다시 2%의 소금물을 더 넣었더니 3%의 소금물 320g이 되었다고 할 때 떠낸 소금물의 양은?

① 100g
② 110g
③ 120g
④ 130g

| 수추리력

08

2 11 16 5 10 11 7 12 ( )

① 8
② 10
③ 13
④ 15

▎창의력

09 **다음 질문에 대한 자신의 생각을 40가지 쓰시오.**

맑은 날 우산을 쓰고 가는 남자가 있다. 우산을 쓴 이유가 무엇일까?

CHAPTER 12 GS그룹

정답 및 해설 180p

| 사무지각

01 **다음 표에 제시된 문자와 같은 것의 개수를 고르면?**

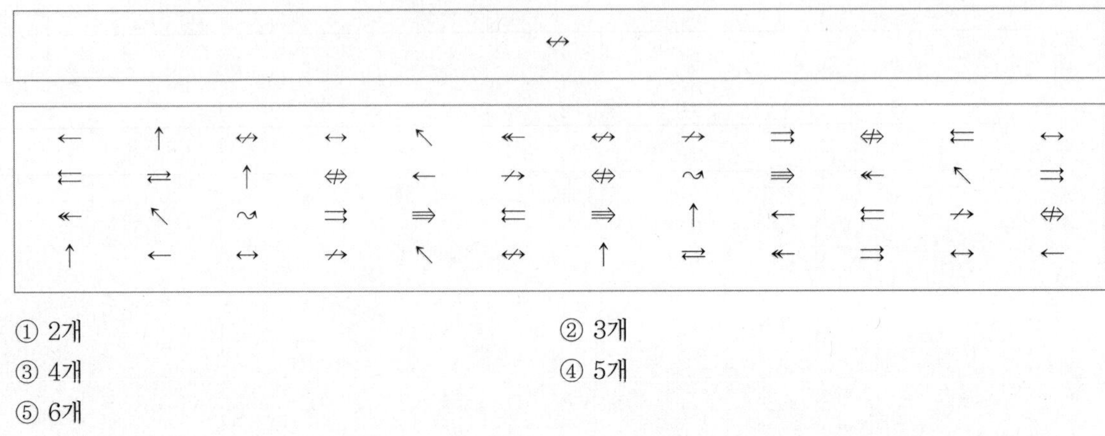

↮

←	↑	↮	↔	↖	↞	↮	↛	⇉	⇹	⇇	↔
⇇	⇄	↑	⇹	←	↛	⇹	↝	⇛	↞	↖	⇉
↞	↖	↝	⇉	⇛	⇇	⇛	↑	←	⇇	↛	⇹
↑	←	↔	↛	↖	↮	↑	⇄	↞	⇉	↔	←

① 2개
② 3개
③ 4개
④ 5개
⑤ 6개

| 언어추리

02 **다음 명제가 항상 참일 때, 빈칸에 들어갈 알맞은 것은?**

> 화가들은 가로등을 좋아한다.
>
> ________________
>
> 그러므로 화가들은 낙엽을 좋아한다.

① 낙엽을 좋아하면 화가이다.
② 가로등을 좋아하면 화가이다.
③ 낙엽을 좋아하지 않으면 가로등을 좋아하지 않는다.
④ 낙엽을 좋아하면 가로등을 좋아하지 않는다.
⑤ 가로등을 좋아하면 낙엽을 좋아하지 않는다.

| 언어유추

03 다음 제시된 낱말의 대응 관계로 볼 때, 빈칸에 들어갈 알맞은 것은?

브라만 : 수드라 = 진골 : (　)

① 전문의
② 계급
③ 상사
④ 6두품
⑤ 박사

| 응용수리

04 운동회를 위해 축구 조별리그를 시작한다. 1반은 다음과 같은 조에 편성되었고 조에서 2승 이상을 하면 본선에 진출한다. 1반이 본선에 진출할 확률은?(단, 소수점 넷째 자리에서 반올림한다)

구분	1반과 경기했을 때 승률
2반	0.82
3반	0.65
4반	0.40

① 0.205
② 0.21
③ 0.305
④ 0.31
⑤ 0.315

| 수추리

05 일정한 규칙으로 수를 나열할 때, 빈칸에 들어갈 알맞은 것을 고르면?

$10 \quad 5 \quad \frac{5}{3} \quad \frac{5}{12} \quad \frac{1}{12} \quad (\quad)$

① $\frac{3}{12}$
② $\frac{1}{3}$
③ $\frac{1}{60}$
④ $\frac{1}{72}$
⑤ $\frac{5}{72}$

2018년 기출문제

안심Touch

▎공간지각

06 **다음 전개도를 접었을 때 만들어 질 수 없는 것은?**

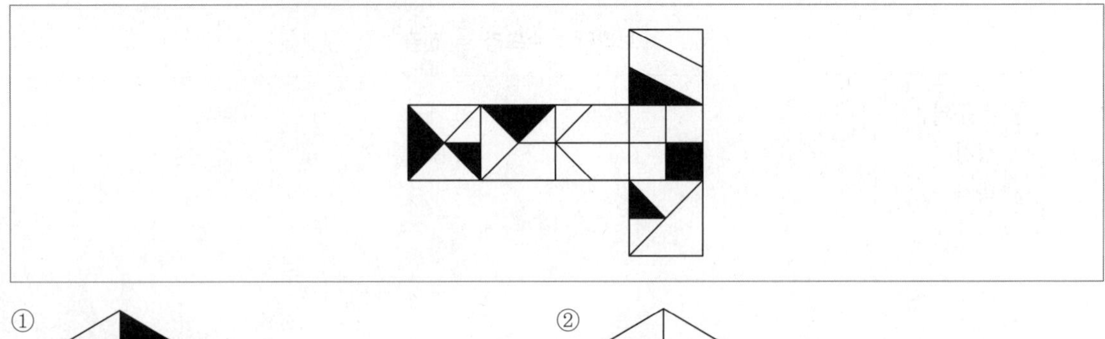

①

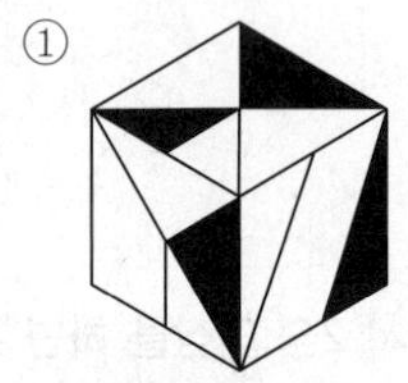

②

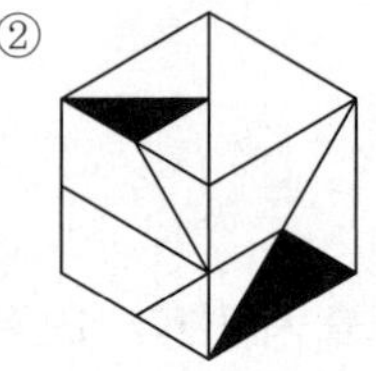

③

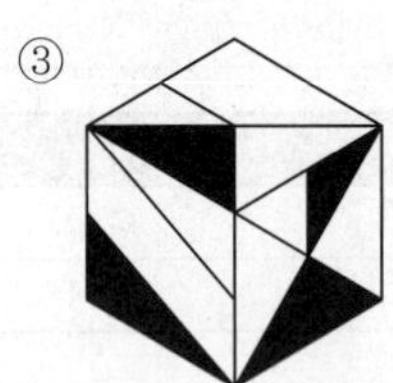

④

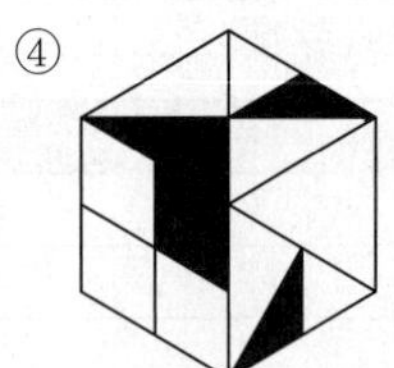

⑤

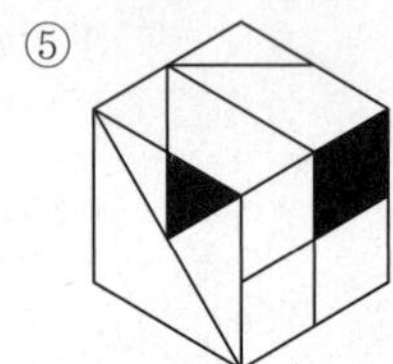

▎단어연상

07 **제시된 9개의 단어 중 3개의 단어와 공통으로 연상되는 단어를 고르면?**

수영	눈	판자
뮤지컬	점프	구름
비	얼음	프리스타일

① 노래
② 경기
③ 춤
④ 스키
⑤ 게임

08 다음은 2014년부터 2016년까지의 시 · 도별 체납세 현황이다. 이 자료를 바탕으로 작성한 기사가 보기와 같을 때, 다음 중 옳은 내용을 모두 고른 것은?

〈2014 ~ 2016년 시 · 도별 체납세 현황〉

구분	2014년		2015년		2016년	
	건수(건)	세액(천 원)	건수(건)	세액(천 원)	건수(건)	세액(천 원)
전국	16,031,915	1,330,442,067	20,402,115	1,600,301,744	18,797,368	1,619,582,774
서울	3,162,790	298,004,309	3,552,640	332,199,073	3,166,359	304,711,518
부산	1,140,762	63,079,365	1,279,470	74,767,279	1,215,922	80,617,991
대구	658,975	32,129,122	929,763	47,168,973	827,172	48,327,419
인천	1,015,397	98,279,068	1,137,703	113,154,868	957,422	111,181,062
광주	341,361	19,080,547	515,384	40,597,759	491,722	31,803,536
대전	385,421	23,794,531	554,743	33,397,450	518,402	34,460,459
울산	270,165	20,670,879	378,549	30,178,489	357,720	29,666,399
세종	41,130	4,194,163	71,945	5,538,334	78,944	10,409,874
경기	4,322,465	424,257,177	5,533,493	482,842,890	5,227,316	503,328,852
강원	519,701	36,504,086	690,796	47,105,722	615,642	45,106,504
충북	437,532	38,665,097	628,713	50,106,474	609,182	47,296,542
충남	685,756	56,109,311	949,515	67,836,031	846,736	69,443,676
전북	520,814	27,933,459	732,015	42,873,043	682,580	60,038,879
전남	558,708	30,468,533	718,891	43,455,079	671,114	39,796,149
경북	830,695	56,168,984	1,120,478	74,090,424	1,059,867	78,427,526
경남	970,113	84,895,548	1,356,230	96,733,333	1,248,409	105,271,808
제주	170,130	16,207,888	251,787	18,256,523	222,859	19,694,580

보기

통계청은 지난 5일 2014년부터 2016년까지의 시도별 체납세 현황을 발표하였다. 발표에 따르면, ㉠ 전국 체납세 총액은 2014년에 약 1조 3304억 원, 2015년에 약 1조 6,003억 원이었고, 2016년에는 약 1조 6,196억 원으로 매년 증가세를 보였다. 하지만 체납건수의 경우 2015년에 전년 대비 증가하였으나 2016년에는 전년 대비 감소하는 추세를 보였다.
시 · 도별로 체납세를 살펴보면, ㉡ 서울이 매년 체납세액이 가장 많았고, 부산은 매년 세 번째로 체납세액이 많았다. ㉢ 대구는 2015년에 전년 대비 40% 이상의 증가율을 보이는 등 각 시도들의 체납세액 증가세가 뚜렷했다. 체납건수의 경우, 충북과 충남은 2015년에 전년 대비 증가세를 보였으나 2016년에 다시 감소하였고, 세종은 매년 꾸준한 증가세를 보였다. 또한 ㉣ 경북은 2014년 대비 2016년 체납건수가 50% 이상 증가하였으며, 경남은 20% 이상 증가하였다. 반면 인천의 경우, 2014년 대비 2016년에 체납건수가 오히려 감소하는 경향을 보였다.

① ㉠, ㉡
② ㉠, ㉢
③ ㉡, ㉢
④ ㉡, ㉣
⑤ ㉢, ㉣

2018년 기출문제

안심Touch

09 다음 중 우리나라 5대 국경일이 아닌 것은?

① 개천절
② 3·1절
③ 한글날
④ 현충일
⑤ 광복절

CHAPTER 13 두산그룹

정답 및 해설 182p

| 언어논리

01 다음 글에 나타난 필자의 의도를 바르게 파악한 것은?

> 세상은 수많은 뉴스로 넘쳐난다. 어떤 뉴스는 사람들에게 유용한 지식과 정보를 제공하고, 살아가는 데 힘이 된다. 하지만 어떤 뉴스는 사람들에게 거짓 정보를 흘려 현실을 왜곡하거나 잘못된 정보와 의도로 우리를 현혹하기도 한다. 우리는 흔히 뉴스를 볼 때 우리가 선택해서 이용한다고 생각하지만, 사실은 뉴스가 보여주거나 알려주는 것만을 볼 수밖에 없다. 더구나 뉴스로 선택된 주제는 기자와 언론사의 판단을 통해 해석되고 재구성되는 과정을 거치기 마련이다. 아무리 객관적인 보도라 할지라도 해당 매체의 가치 판단을 거친 결과라는 말이다. 더군다나 스마트폰과 소셜미디어로 대표되는 인터넷을 통한 뉴스 이용은 언론사라는 뉴스 유통 단계를 거치지 않고 곧바로 독자에게 전달되어 가짜 뉴스와 같은 문제를 일으키기도 한다.
> 2016년 미국 대통령 선거에서 떠들썩했던 가짜 뉴스 사례는 가짜 뉴스의 영향력과 심각성이 얼마나 대단한지를 보여 준다. 당시 가짜 뉴스는 소셜미디어를 통해 확산되었다. 소셜 미디어를 통한 뉴스 이용은 개인적인 차원에서 이루어져 뉴스가 제공하는 정보의 형태와 출처가 뒤섞이거나, 지인의 영향력에 의해 뉴스의 신뢰도가 결정되는 등의 부작용을 낳는다.

① 뉴스의 가치는 다양성에 있다.
② 뉴스는 생산자에 따라 다양하게 구성된다.
③ 뉴스는 이용자의 특성에 따라 다양하게 구성된다.
④ 뉴스는 이용자가 선택할 때 가치가 있다.
⑤ 뉴스 이용자의 올바른 이해와 판단이 필요하다.

| 수리자료분석

02 다음은 2012년부터 2017년까지 우체국 수 연도별 분포현황이다. 다음 자료에 대한 설명으로 옳은 것은?

〈우체국 수 연도별 분포현황〉

(단위 : 개)

우체국 종류	2012년	2013년	2014년	2015년	2016년	2017년
지방우정청	9	9	9	9	9	9
4급국(서기관국)	121	121	120	138	138	139
5급국(사무관국)	133	135	138	180	171	169
6급국(주사국)	1,673	1,678	1,567	1,493	1,501	1,501
7급국(분국)	50	47	28	22	16	17
군우국	21	21	21	21	21	21
출장소	112	112	104	104	100	101
별정국	757	755	754	750	745	737
취급국	774	762	810	810	805	782
합계	3,650	3,640	3,551	3,527	3,506	3,476

① 5급국의 수와 6급국의 수는 2013년부터 2017년까지 전년 대비 증감추이가 동일하다.
② 4급국의 수는 2015년에 전년 대비 20% 이상 증가하였다.
③ 2014년 취급국의 수는 별정국의 수보다 15% 이상 많다.
④ 2016년 출장소 수 대비 군우국 수의 비율은 전년 대비 감소하였다.
⑤ 7급국이 전체 우체국 중 차지하는 비율은 2013년에 비해 2016년에 감소하였다.

| 어휘유창성(인문)

03 다음 중 맞춤법이 옳게 사용된 것끼리 바르게 짝지은 것은?

- 이번 일은 (금새/금세) 끝날 것이다.
- 이 사건에 대해 (일절/일체) 말하지 않았다.
- 새 프로젝트가 최고의 결과를 (낳았다/나았다).

① 금세, 일체, 낳았다
② 금새, 일체, 나았다
③ 금세, 일절, 나았다
④ 금새, 일절, 나았다
⑤ 금세, 일절, 낳았다

04 3×3×3 큐브를 다음과 같이 정의하여 두 번째 가로줄을 시계 반대 방향으로 90°, 세 번째 높이줄을 시계 반대 방향으로 90°, 첫 번째 가로줄을 시계 반대 방향으로 90° 돌렸을 때, 나오는 모양을 다음과 같이 잘랐을 때의 단면은?

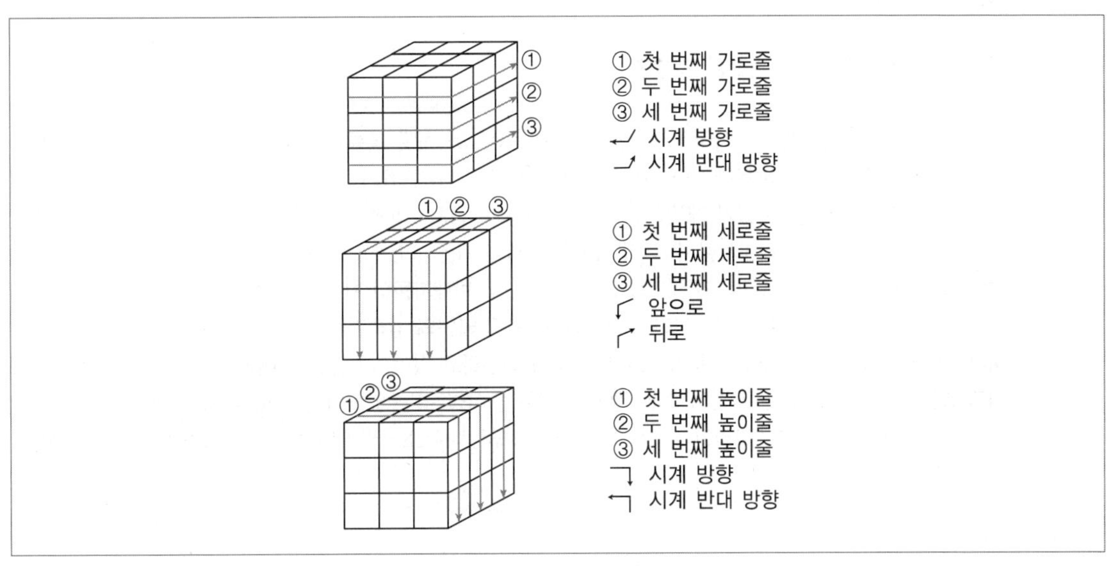

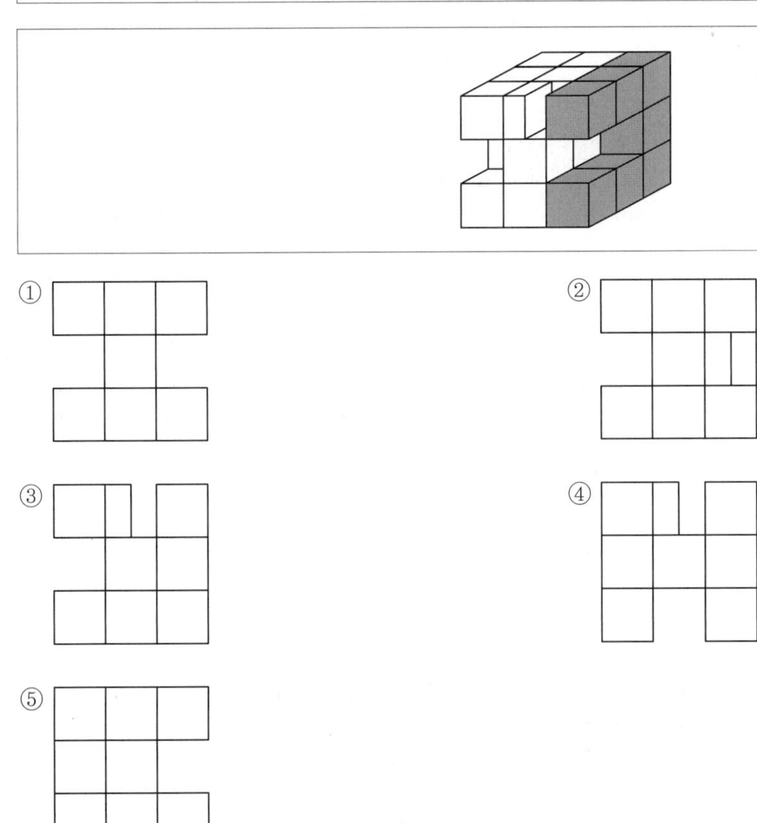

CHAPTER 14 샘표식품

정답 및 해설 183p

| 언어

01 다음 글의 제목으로 가장 적절한 것은?

반대는 필수불가결한 것이다. 지각 있는 대부분의 사람이 그러하듯 훌륭한 정치가는 항상 열렬한 지지자보다는 반대자로부터 더 많은 것을 배운다. 만약 반대자들이 위험이 있는 곳을 지적해 주지 않는다면, 그는 지지자들에 떠밀려 파멸의 길을 걷게 될 수 있기 때문이다. 따라서 현명한 정치가라면 그는 종종 친구들로부터 벗어나기를 기도할 것이다. 친구들이 자신을 파멸시킬 수도 있다는 것을 알기 때문이다. 그리고 비록 고통스럽다 할지라도 결코 반대자 없이 홀로 남겨지는 일이 일어나지 않기를 기도할 것이다. 반대자들이 자신을 이성과 양식의 길에서 멀리 벗어나지 않도록 해준다는 사실을 알기 때문이다. 자유의지를 가진 국민의 범국가적 화합은 정부의 독단과 반대당의 혁명적 비타협성을 무력화시키는 정치권력의 충분한 균형에 의존하고 있다. 그 균형이 어떤 상황 때문에 강제로 타협하게 되지 않는 한, 그리고 모든 시민이 어떤 정책에 영향을 미칠 수는 있으나 누구도 혼자 정책을 지배할 수 없다는 것을 느끼게 되지 않는 한, 그리고 습관과 필요에 의해서 서로 조금씩 양보하지 않는 한, 자유는 유지될 수 없기 때문이다.

① 민주주의와 사회주의
② 반대의 필요성과 민주주의
③ 민주주의와 일방적인 의사소통
④ 권력을 가진 자와 혁명을 꿈꾸는 집단
⑤ 혁명의 정의

| 수리

02 S사 마케팅 팀에는 여자 사원 5명, 남자 사원 7명으로 총 12명의 신입사원이 입사했다. 12명이 일렬로 설 때, 여자 사원끼리 이웃하여 서는 경우는 몇 가지인가?

① 8!×4!가지
② 8!×5!가지
③ 7!×5!가지
④ 7!×6!가지
⑤ 7!×8!가지

| 도형추리

03 다음 제시된 도형의 규칙을 보고 ?에 들어갈 알맞은 것을 고르면?

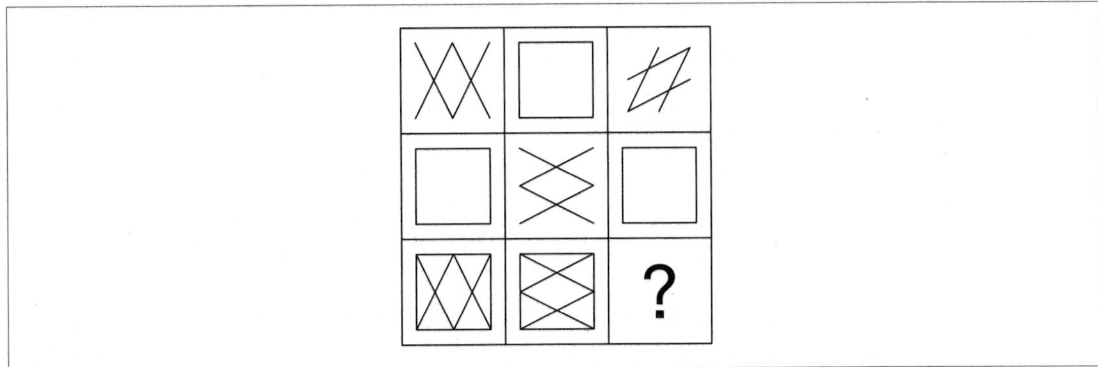

①
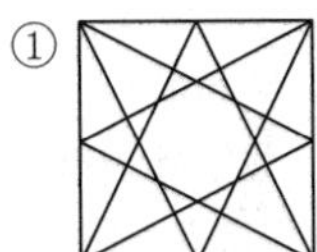

②
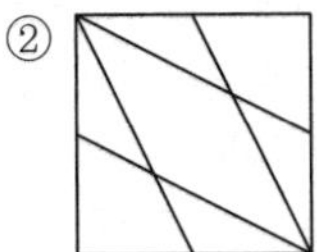

③
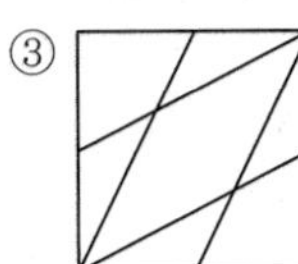

④
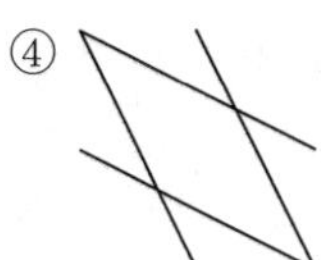

⑤
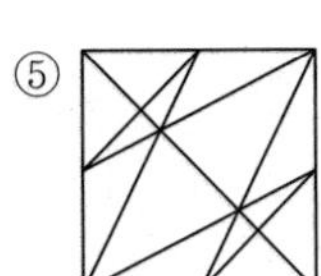

2018년 기출문제

안심Touch

CHAPTER 15 동원그룹

정답 및 해설 184p

| 언어

01 다음 글의 내용을 통해 추론할 수 없는 것은?

> 바나나는 칼륨 함유량이 많아서 신경을 안정시키고 혈압을 떨어뜨리는 효능이 있다. 또한 육류 섭취 후에 먹으면 철분 흡수를 돕기도 하는 만능 과일로도 알려져 있다. 그러나 사람들이 이런 바나나를 먹으면서 불편함을 느끼기도 한다.
>
> 먼저, 껍질을 벗기다 보면 정체 모를 흰색 줄이 있는데 이 줄을 '체관부 다발'이라고 한다. 대다수의 사람들은 이 줄이 식감을 망치고 맛이 없어서 버리기도 하는데, 체관부 다발이야 말로 영양 덩어리이다. 체관부는 식물의 뿌리에서 끌어올린 수분과 영양분을 바나나 열매에 공급한다. 덕분에 바나나가 두툼한 과육으로 성장할 수 있고, 달콤한 맛이 생성된다. 또한, 풍부한 섬유질을 갖고 있어서 영양 측면에서도 바나나의 알맹이보다 우수하다.
>
> 다음으로 검은 색으로 변한 바나나이다. 이런 바나나를 보면 상한 것은 아닌지에 대한 의심이 들면서 기피한다. 그러나 바나나에 검은 색 반점이 보인다는 것은 그만큼 바나나가 숙성됐다는 의미이다. 실제로 먹으면 노란색 바나나보다 더 달콤한 맛을 느낄 수 있다. 하지만 온몸이 까매지고 냄새나는 바나나는 피해야 한다. 바나나 속까지 변했다면 상했다는 의미이므로, 표면을 약 50% 정도 덮었을 때가 가장 먹기 좋다.

① 칼륨은 신경을 안정시키고 혈압을 떨어뜨리는 효과가 있다.
② 사람들은 바나나를 먹을 때 체관부 다발을 선호하지 않는다.
③ 체관부 다발이 질길수록 바나나의 성장에 도움이 된다.
④ 검은 색 반점이 있는 바나나는 노란 바나나보다 훨씬 단맛이 난다.
⑤ 과육이 까만 바나나는 상한 것이다.

| 수리

02 다음 중 빈칸에 들어갈 수로 적절한 것을 고르면?

$$\frac{2,700}{145} < (\quad) < \frac{13,200}{691}$$

① 18
② 19
③ 20
④ 21
⑤ 22

| 수리

03 원가가 x원인 음식에 40% 이익을 붙여서 정가를 책정했다. 신메뉴 할인 판매 이벤트로 정가에 1,200원을 할인해 판매하여 한 접시당 원가의 10%에 해당하는 이익을 얻었다면, 이 제품의 원가는 얼마인가?

① 3,200원
② 3,400원
③ 3,600원
④ 3,800원
⑤ 4,000원

| 상황판단

04 C사원은 제품에 곰팡이가 슬었다며 항의하는 B고객의 전화를 받았다. B고객은 매달 회사 제품에 꼬투리를 잡아 보상을 받아가는 블랙컨슈머로 악명이 높고, 사실을 확인해 본 결과 제품에 이상은 없었다. 당신이 C사원이라면 어떻게 행동할 것인가?

① B고객의 행동이 잘못되었으므로 맞서 싸운다.
② B고객에게 내규를 설명하고 불이익을 받을 수 있음을 알린다.
③ 자신이 감당하기 어려우므로 자신의 사수에게 보고한다.
④ 대화를 통해 B고객이 자신의 잘못을 인정하게 만든다.
⑤ 흔한 블랙컨슈머 중 한 명이므로 무시한다.

| 상식

05 다음 중 평창 동계패럴림픽의 종목이 아닌 것은?

① 바이애슬론
② 알파인스키
③ 스피드스케이팅

④ 크로스컨트리
⑤ 아이스하키

CHAPTER 16 한국철도공사

정답 및 해설 185p

01 A회사 A ~ F인턴사원들의 인턴과정이 끝났고, 다음은 인턴사원들의 최종 평가 점수를 나타낸 표이다. 최종 평가 점수의 중앙값과 최빈값은 얼마인가?

〈최종 평가 점수〉

(단위 : 점)

구분	A	B	C	D	E	F
점수	12	17	15	13	20	17

	중앙값	최빈값
①	14점	13점
②	15점	15점
③	15점	17점
④	16점	17점
⑤	16점	20점

02 M사원은 신제품 홍보물 제작을 위해 A3용지 8,500장을 구매하려고 하며, 용지는 A ~ E쇼핑몰 중에서 구매할 생각이다. 용지 가격 및 배송비가 다음과 같을 때, 가장 저렴하게 살 수 있는 쇼핑몰은?

구분	용지 가격 및 배송비용
A쇼핑몰	1묶음(200장)에 5,000원이며, 배송비는 수량과 관계없이 5,000원이다.
B쇼핑몰	1묶음(2,500장)에 47,000원이며, 배송비는 무료이다.
C쇼핑몰	1묶음(1,000장)에 18,500원이며, 배송비는 수량과 관계없이 6,000원이다.
D쇼핑몰	장당 20원이며, 배송비는 무료이다.
E쇼핑몰	1묶음(500장)에 9,000원이며, 배송비는 전체 주문금액의 10%이다.

① A쇼핑몰
② B쇼핑몰
③ C쇼핑몰
④ D쇼핑몰
⑤ E쇼핑몰

03 **다음은 한국철도공사의 최근 3년간 주요 경영 실적에 대한 보고서이다. 다음 보고서를 읽고, 이해한 내용으로 적절하지 않은 것은?**

- 세계 최고수준의 안전성 유지
  - 안전데이터 전수관리를 통한 시스템적 위험분석 체계 구축
  - ICT, 드론, 기관사 지원 내비게이션 등 첨단 과학 기술을 접목한 안전시스템 강화

    ※ 철도사고 예방률은 0.022건/백만km으로 유럽연합철도 비교 시 1위 수준(2014년 스위스 0.032건/백만km)
- 고객만족도 향상
  - 광역급행열차 확대, 환승동선 개선, KTX셔틀버스, 마일리지 도입 등 고객편익 증대
  - 코레일톡$^{+}$, 무료 Wi-Fi 확대 등 IT기반 첨단 서비스 확대
- 수송 수요 확대 노력
  - 광명역 KTX셔틀버스 운행, 다양한 특가상품 도입, 픽업존 서비스 등 신규 수송 수요 창출 노력
  - 다각적 노력에도 불구하고 고속철도 분리 운영으로 인해 여객 수송량 및 영업수익은 감소

    ※ 경쟁노선 수송량은 일 30천 명 감소, 비경쟁노선은 일 15천 명 증가
- 민간부문 일자리 창출
  - 취업 취약 계층에 대한 사회적 일자리 지원, 중소기업 성장 지원을 위한 제도개선
  - 철도차량 구매 확대 등 연관 산업 활성화, 지역 연계 관광 상품 개발 등 지역 경제 활성화

① 한국철도공사는 지역과 연계한 관광 상품을 개발하여 해당 지역 경제 활성화에 도움을 주고 있다.

② 한국철도공사는 민간부문의 일자리 창출을 위해 취업이 어려운 계층을 대상으로 일자리를 지원하고 있다.

③ 한국철도공사는 KTX셔틀버스를 도입하고, 무료 Wi-Fi를 확대하는 등 고객만족도 향상에 힘쓰고 있다.

④ 한국철도공사의 철도사고 예방률은 유럽연합철도와 비교하였을 때 1위 수준으로, 세계 최고수준의 안정성을 유지하고 있다.

⑤ 한국철도공사는 수송수요를 확대하기 위해 고속철도를 분리 운영하여 여객 수송량과 영업수익을 증가시키고 있다.

※ 다음은 항공마일리지 관리지침에 관한 글이다. 이어지는 질문에 답하시오. [4~6]

제1조(목적) 이 지침은 임직원이 회사의 용무로 항공을 이용하여 국내 및 국외에 출장할 때 발생하는 항공마일리지에 관한 사항에 대하여 정함을 목적으로 한다.

제2조(적용범위) 이 지침은 임직원(이하 "직원"이라 한다)이 회사의 용무로 항공을 이용하여 국내 및 국외 출장(이하 "출장"이라 한다)의 경우 발생하는 항공마일리지에 대하여 적용한다. 단, 이 지침의 시행 이전에 발생한 항공마일리지에 대해서는 그러하지 아니하다.

제3조(항공마일리지의 정의) 항공마일리지라 함은 항공사가 항공기 이용 실적에 따라 이용자에게 부여하는 점수를 말하며, 직원이 출장을 통해 적립한 항공마일리지는 공무 항공마일리지라 한다.

제4조(항공마일리지의 적립 및 신고) ① 출장자는 항공을 교통수단으로 하는 출장의 시작 전에 항공사의 항공마일리지 회원에 개인명의로 가입하여 개인별로 항공마일리지를 적립하고, 항공사에 적립한 항공마일리지에 대하여 회사에서 지정한 업무시스템에 공무 항공마일리지로 적립하여야 한다.
② 공무 항공마일리지는 출장 비용의 지급 주체와 관계없이 적립하여야 한다.

제5조(항공마일리지의 사용)

(가) 적립된 공무 항공마일리지는 보너스 항공권 확보에 우선 사용한다. 이때 확보하는 항공권 좌석 등급은 여비규정 별표 3 국외 항공운임 정액표에 따른 출장자의 항공권 좌석 등급에 따른다.
(나) 적립된 공무 항공마일리지는 직원이 항공을 교통수단으로 하는 출장 시 사용하여야 하며, 사적으로 사용할 수 없다. 또한, 공무 항공마일리지 사용으로 인한 운임 등의 절감된 비용은 출장비 지급 시 제외한다. 다만 보너스 항공권 확보 또는 좌석 승급으로 절감된 비용에 따른 일비의 추가지급은 여비규정에 따른다.
(다) 제2항에도 불구하고 보너스 항공권 확보가 어려운 경우에는 좌석 승급(업그레이드)에 사용할 수 있다. 이때, 좌석 승급의 활용기준은 여비규정에 따른 출장자의 항공권 좌석 등급의 아래 등급에 해당하는 운임을 지급받고, 공무 항공마일리지를 활용하여 한 등급 위의 좌석으로 조정하는 것으로 한다.

④ 제2항 및 제3항에도 불구하고 출장자의 항공 좌석 등급이 여비규정에 따른 Economy Class의 항공 좌석 등급일 경우, 다음 각호에 한하여 공무 항공마일리지를 사용하여 Business Class의 보너스 항공권을 확보하거나, Business Class로 좌석 승급(업그레이드)할 수 있다.
1. 출장자가 우리나라 또는 우리 회사를 대표하여 국제회의 등에 참석하는 경우(단, 단순 현지조사나 세미나 참석 등은 제외)
2. 비행 소요시간이 편도 8시간 이상인 경우

⑤ 공무 항공마일리지로 보너스 항공좌석 및 좌석 승급 이외에 항공마일리지를 사용하는 항공사의 초과수하물, 리무진버스, 렌터카 등의 부가서비스를 이용할 수 있다. 단, 부가서비스 이용은 명백히 출장과 관련된 사항으로 제한하며, 이용에 대한 명령권자의 승인을 받고, 이용내역에 대한 증거서류를 제출해야 한다.

제6조(항공마일리지의 관리) ① 본사 각 처(실) 주무부서 및 사업소 출장담당부서는 직원의 개인별 공무 항공마일리지가 효율적으로 관리 및 활용될 수 있도록 노력하여야 한다.
② 적립한 공무 항공마일리지의 관리기간은 마일리지를 부여받은 날로부터 10년으로 하고, 직원이 퇴직 시에는 그 퇴직일까지로 한다.
③ 퇴직 후 직원으로 다시 채용하는 인력에 대해서는 재직 시 적립한 공무 항공마일리지를 재채용 후 14일 이내에 회사 시스템에 입력하고, 그 관리기간은 제2항에 따른다.

04 운영지침을 읽고 이해한 것으로 올바른 것은?

① 지침의 목적은 임직원의 국외 공무여행에서 발생하는 마일리지를 관리하는 것이다.
② 공무 항공마일리지는 비용지급 주체에 따라 적립하여야 한다.
③ 퇴직 후 재채용한 직원의 경우 이미 적립된 마일리지는 사용이 불가하다.
④ 마일리지는 공무여행에 필요한 용도에만 활용할 수 있다.
⑤ 좌석 승급이 불가능할 경우 마일리지를 보너스 항공권 확보에 활용할 수 있다.

05 (가) ~ (다)를 올바른 순서대로 나열한 것은?

① (가) – (나) – (다)
② (가) – (다) – (나)
③ (나) – (가) – (다)
④ (나) – (다) – (가)
⑤ (다) – (나) – (가)

2018년 기출문제

06 A씨가 관리지침에 따라 실행한 것으로 올바르지 않은 것은?

> A씨는 ① 출장 전 항공사의 마일리지 회원에 개인명의로 가입하였으며, 공무 항공마일리지로 적립하여 왔다. A씨는 제주도에서 열리는 세미나 참석에 마일리지를 사용하고자 ② 우선 보너스 항공권을 받을 수 있는지 알아보았다. 항공편 사정상 보너스 항공권 확보가 어렵다는 답변을 들은 A씨는 ③ 대신 좌석 승급에 마일리지를 사용하였다. A씨는 세미나를 마친 후 제주도에 사는 오랜 친구를 만나기 위해 ④ 남은 마일리지에서 차감하여 렌터카 대여를 신청하였다. 세미나에서 돌아온 A씨는 여비규정에 따라 ⑤ 승급된 좌석 아래 등급에 해당하는 운임을 지급받았다.

CHAPTER **17** # 한국전력공사

정답 및 해설 186p

01 다음 자료의 유형에 대한 설명으로 적절한 것은?

> • 한국전력공사는 8월 14일(화) 오후 2시 전남 나주 한전 본사 재난상황실에서 전력수급 비상상황 발생에 대비한 '전력수급 비상훈련'을 실시하였음
> – 이날 훈련은 올여름 재난 수준의 폭염으로 전력수요가 급증하는 상황에서 발전기 고장의 극단적인 상황을 가정하였고, '관심·주의·경계·심각' 등 4개 비상단계별로 대응 훈련을 진행해 분야별 조치사항을 면밀하게 점검하였음
> • 주요 훈련 시나리오
> – 오후 2시에 전력예비력이 400만kW 이하로 떨어지는 전력수급 비상 '관심' 단계가 발령되어 재난상황실 직원들은 핫라인·휴대폰 문자·팩스 등 모든 통신수단을 활용해 비상상황을 방송사와 유관기관에 신속히 알림
> – 회사 소셜미디어와 홈페이지에 전력수급상황을 실시간으로 공지하여 국민들에게 신속히 알리고, 냉난방기기 원격제어 시스템을 설치한 고객의 설비를 제어하여 예비력을 확보함
> – 이후 전력예비력이 100만kW 이하로 떨어지는 전력수급 비상 '심각' 단계 발령까지 대국민 절전홍보, 긴급절전 약정고객의 수요조정, 순환단전 조치 등을 단계별로 시행함
> • 올여름은 예상치 못한 폭염의 영향으로 지난 7월 하계 최대수요를 경신하였고 기상청은 무더위가 당분간 이어질 것으로 전망하고 있지만, 한전 관계자는 "전력예비력에 충분히 여유가 있고, 전력수급 비상상황에 대비하여 철저히 준비하고 있어 전력공급에는 문제가 없을 것"이라고 전망함
> • 공사의 사장은 이날 훈련에 참가한 직원들에게 "지금의 전력수급 비상훈련은 국가적으로 큰 재난을 일으킬 수 있는 긴급 상황을 대비한 것"이라고 강조하면서 "무더위가 이어지는 9월까지는 긴장의 끈을 놓지 말고 전력수급에 만전을 기해야 한다."고 당부하였음
> • 기타 문의사항이 있을 시 공사 홍보팀으로 연락주시기 바랍니다.

① 자신의 아이디어를 상대방에게 보고하기 위한 목적으로 작성되는 문서이다.
② 기자들에게 자신들의 정보가 기사로 보도되도록 하기 위해 보내는 문서이다.
③ 정부 행정기관에서 대내적, 혹은 대외적 공무를 집행하기 위해 작성하는 문서이다.
④ 업무의 진행 상황과 결과를 파악하기 위해 작성하는 문서이다.
⑤ 상대방에게 회사의 업무에 대한 협조를 요청할 때 작성하는 공식적인 문서이다.

02 사내 시설 예약을 담당하는 K사원은 ○○ 서포터즈 발대식 안내문을 받고 다음 〈조건〉에 따라 시설을 예약하려고 한다. 다음 중 K사원이 예약할 시설로 가장 적절한 것은?

〈○○ 서포터즈 발대식 안내〉

- 일 시 : 8월 17 ~ 18일(1박 2일)
- 대상인원 : 서포터즈 선발인원 117명, 아나운서 6명

… (하략) …

〈사내 시설 현황〉

구분	최대 수용 인원	시설 예약완료 현황			부대시설	
		8월 16일	8월 17일	8월 18일	마이크	프로젝터
한빛관	166명	–	–	09:00 ~ 11:00	○	×
비전홀	158명	15:00 ~ 17:00	–	–	○	○
대회의실 1	148명	09:00 ~ 10:00	–	–	○	○
대회의실 2	136명	–	–	15:00 ~ 17:00	○	○
세미나실 4	124명	–	–	–	×	×

조건

- 운영 인원 10명을 포함한 전체 참여 인원을 수용할 수 있어야 한다.
- 전체 참여 인원의 10%를 추가로 수용할 수 있는 여유 공간이 있어야 한다.
- 마이크와 프로젝터가 모두 있어야 한다.
- 발대식 전날 정오부터 대여가 가능해야 한다.

① 한빛관
② 비전홀
③ 대회의실 1
④ 대회의실 2
⑤ 세미나실 4

03 ◇◇기업의 인사팀 R대리는 올해 하반기 인사평가를 위해 직원들의 업무 부문별 평가 점수표를 만들려고 한다. B과장의 업무 부문별 평가 점수에 관한 자료가 다음과 같을 때, B과장의 업무평가 점수를 구하면?

〈업무 부문별 평가 점수〉

(단위 : 점)

구분	실적 · 성과	외국어 능력	전문성	태도
B과장	15	18	20	10

※ 각 항목은 20점 만점이다.

〈업무평가 점수 산출방법〉

- 전문성, 태도 부문 점수의 가중치는 각각 1.5이다.
- 실적 · 성과, 외국어 능력 부문 점수가 각각 17점 이상이면 2점씩 가산한다.
- 업무평가 점수 총점은 100점 만점이지만 가산점으로 인해 초과될 수 있다.

① 80점
② 90점
③ 100점
④ 102점
⑤ 105점

04 한국전력공사에서 2019년도 상반기 신입사원 채용을 위해 면접을 실시한다고 한다. A ~ E면접관 5명은 2명 또는 3명의 두 팀으로 나누어 면접실에 들어간다. 1차 서류 및 필기시험을 통과한 사람들은 30명이며, 205 ~ 209호 면접실에 면접자는 5 ~ 7명이 들어가 면접을 진행한다고 한다. 다음 〈조건〉을 참고하여 호실 숫자가 큰 면접실부터 면접을 본다고 할 때, C면접관이 처음 들어갈 면접실은 몇 호인가?(단, 205 ~ 209호 면접실만 있다)

조건

- A면접관과 E면접관은 같은 팀이다.
- B면접관과 D면접관은 같은 팀이 아니다.
- 205호에는 5명, 208호에는 6명의 면접자들이 앉아 있다.
- 연달아 있는 면접실에는 면접자들의 인원이 같지 않다.
- 2명인 면접관 팀은 면접자 인원수가 5명인 면접실만 맡는다.
- 면접실은 205호를 시작으로 왼쪽부터 차례로 배치되어 있다.

① 205호
② 206호
③ 207호
④ 208호
⑤ 209호

05 다음 기사를 읽고 추론한 것으로 적절하지 않은 것은?

> 최초의 전기자동차는 1884년 영국에서 토머스 파커에 의해 개발됐다. 전기자동차는 내연기관을 장착한 자동차와 다르게 전기만 사용해 구동하는 차를 의미한다. 1913년에는 에디슨이 10년 동안 5만 번의 시험 끝에 개발한 배터리를 내장한 전기자동차를 만들기도 했다. 하지만 전기자동차는 편리성에서 뒤처져 역사 속으로 사라졌다. 소비자로부터 외면받은 것이다.
>
> 그러나 시장에서 도태된 전기자동차가 거의 100년이 지나 다시 돌아왔다. 사람들이 자동차를 구매할 때 고려하는 요소는 다양한데, 보통 라이프스타일에 맞는 기능과 디자인을 고려하고 가격대를 살펴 자동차를 선택한다. 이때 가격은 자동차 구매에 결정적인 요인으로 작용한다. 오늘날 전기자동차는 이러한 소비자들의 욕구를 훌륭하게 만족시키고 있다.
>
> 이처럼 전기자동차는 환경친화적이라는 이미지에 더구나 고급스러움까지 갖춰지고 있어 소비자는 가격만 적당하면 구매할 의향을 가지고 있다. 하지만 전기자동차 제조비용은 여전히 비싸며, 제조원가를 반영한 그 가격 그대로일 경우 전기자동차는 팔리지 못한다. 그렇다면 지금 전기자동차가 팔리고 있는 이유는 무엇일까? 바로 정부의 보조금 덕분이다. 정부가 전기자동차를 구매하는 소비자에게 보조금을 주어 싸게 살 수 있도록 하는 것이다. 예를 들면 우리나라에서는 4,000만 원이 넘는 전기자동차 가격이 정부와 지자체 보조금까지 받으면 2,000만 원 초반대로 낮아진다고 한다. 올해 승용차 기준으로 전기자동차 국고보조금이 최소치로는 기아자동차의 레이 EV가 706만 원, 최대치로는 테슬라가 1,200만 원이다. 게다가 지자체 보조금은 최대 1,100만 원이다. 여기에 취·등록세 감면 등 자동차세 할인이 더해진다. 이처럼 세계 최고 수준의 보조금을 정부가 구매자 대신 지급하고 있는 것이다.
>
> 이처럼 현재 전기자동차 시장은 규제와 보조금 한도만큼 팔릴 수 있는 구조다. 전기자동차 판매 비중이 1% 수준으로 미약한 것은 규제의 강도와 보조금의 한도를 무한정 높일 수 없기 때문이다. 사실 비싼 차를 다른 사람의 부담을 통해 구매하도록 하는 것은 지속가능한 비즈니스가 아니다. 전기자동차는 팔수록 기업에도 손해고 정부와 국민의 부담도 늘어난다.
>
> 전기자동차는 운영과정에서도 숨겨진 비용이 크다. 전기 생산에는 정부 보조금이 들어가지만, 휘발유와 경유 소비에는 세금을 부과할 수 있다. 전기자동차 사용 비중이 늘수록 정부의 보조금 증가와 세수 감소도 커지는 구조인 것이다.
>
> 이처럼 전기자동차로의 패러다임 전환이 일어날지는 아직 알 수 없다. 분명한 것은 친환경이라는 이미지와 기대감만으로는 그런 변화를 기대할 수 없다는 점이다. 정부의 규제와 보조금 없이 내연기관 자동차와 경쟁할 수 있을 만큼의 경쟁력을 갖춘 전기자동차가 나올 수 있어야 한다. 그런 혁신을 끌어내는 기업가 정신이 요구되는 상황이다. 그렇지 못하면 전기자동차는 또다시 역사 속으로 사라질 것이다. 규제와 보조금에 기대온 분야에서는 그런 혁신이 좀처럼 나오지 않았다는 것이 역사의 교훈이다.

① 전기자동차가 팔릴수록 정부와 국민에 손해인 이유는 전기자동차 운영과정의 비용 구조가 비경제적이기 때문이다.

② 전기자동차의 사용 비중이 늘어나면 국민의 세금도 늘어나게 된다.

③ 전기자동차 구매의 결정적 요인은 자동차 가격이다.

④ 정부의 보조금이 없다면 전기자동차의 판매 비중은 더 줄어들 것이다.

⑤ 전기자동차는 내연기관을 장착한 자동차를 이길 수 있는 경쟁력을 갖춘 상황이다.

CHAPTER 18 국민건강보험공단

정답 및 해설 187p

01 다음 표를 해석한 것으로 올바른 것은?(단, 소수점 이하 첫째 자리에서 버림한다)

〈2017년 천식 의사진단율〉

구분	남학생		여학생	
	분석대상자 수(명)	진단율(%)	분석대상자 수(명)	진단율(%)
중1	5,178	9.1	5,011	6.7
중2	5,272	10.8	5,105	7.6
중3	5,202	10.2	5,117	8.5
고1	5,069	10.4	5,096	7.6
고2	5,610	9.8	5,190	8.2
고3	5,293	8.7	5,133	7.6

① 분석대상자 수는 남학생과 여학생 모두 학년이 올라갈수록 증가한다.
② 중학교와 고등학교 모두 학년별 남학생의 수가 여학생의 수보다 많다.
③ 중학교 때는 남학생의 천식 진단율이 여학생보다 높았지만 고등학교 때는 반대이다.
④ 천식 진단을 받은 여학생의 수는 중·고등학교 모두 남학생보다 적다.

02 2009년 우리나라에 거주하는 외국인 중 결핵환자는 580명이었다. 9년 후 2.8배로 증가하였으며 매년 외국인 결핵환자 수의 25%가 베트남 출신이라고 할 때, 2018년 베트남 결핵환자 수는?

① 400명 ② 406명
③ 417명 ④ 423명

※ 다음은 간호·간병통합서비스를 설명하여 놓은 글이다. 이어지는 질문에 답하시오. [3~4]

1. **간호·간병통합서비스 개념**

간호·간병통합서비스는 적정 간호인력 배치를 통한 팀 간호체계의 총체적인 전문 간호 제공과 병동 환경개선 및 환자 안전관리 등 간호·간병통합서비스 제공에 필요한 여건을 갖춘 병동에서 제공하는 입원서비스를 의미한다.

2. **목적 및 기대효과**

가. 목적

1) 간호인력에 의한 간호·간병통합서비스 제공으로 입원서비스의 질적 향상을 도모한다.

2) 가족 간병으로 인한 사회적 부담 및 개인 간병인 고용에 따른 경제적 부담을 경감시킨다.

나. 기대효과

1) 입원서비스의 질적 향상

가) 환자에 대한 총체적 간호를 지속적으로 제공한다.

나) 환자 간호에 대한 간호사의 책임 강화로 간호의 전문성을 제고한다.

다) 병실 환경개선으로 환자의 안전관리를 강화한다(안전사고 발생 방지, 응급 상황 대응, 모니터링 강화).

2) 병동 내 보호자나 간병인이 상주하지 않으므로 쾌적한 병동 환경을 유지할 수 있다.

3) 환자 간병으로 인한 사회적·경제적 부담 경감

가) 간병인을 사적으로 고용함으로써 발생하는 경제적 부담과 가족 간병으로 인한 사회적 비용을 경감시킨다.

4) 환자의 자가간호 능력 향상으로 조기회복 촉진

가) 교육과 상담을 통해 환자의 자가간호 능력을 향상시켜 질병으로부터의 조기회복을 도모한다.

3. **간호·간병통합서비스 모형**

가. 원칙

1) 간호·간병통합서비스는 별도 병동운영을 전제로 하여 병동 단위로 제공하며 환자 입원에 따르는 모든 간호·간병서비스를 병원이 책임지고 제공한다.

2) 간호·간병통합서비스는 병동에는 사적 고용 간병인이나 보호자가 상주하지 않도록 제한하고, 병문안 기준을 마련하여 운영하는 등 쾌적한 입원 환경이 제공되도록 한다.

나. 인력 구성 및 업무분담

1) 간호인력은 '간호사'와 간호업무를 보조하는 '간호조무사'로 구성한다.

2) 간호사와 간호조무사 간 업무분담은 '팀 간호체계'의 특성을 감안하여 간호·간병통합서비스 제공기관에서 다음을 참고하여 자율적으로 결정한다.

가) '간호사'는 환자 안전과 직접 연관이 있고, 의학적 지식 요구도가 높은 전문 영역의 간호 행위를 수행한다.

나) '간호조무사'는 간호사의 지도·감독 하에 간호 보조, 환자의 기본적인 일상생활(위생, 식사, 체위변경 등)을 보조하는 업무를 수행한다.

3) 간호인력이 간호·간병통합서비스에 전념할 수 있도록 병동의 행정 업무보조, 검체의 이송, 환자 이송, 환경정리 등을 담당하는 간병지원인력을 배치한다.

다. 보호자 및 병문안객 관리방안 마련

간호·간병통합서비스 병동의 감염관리 및 안정적인 병실환경 유지를 위해 보호자 및 병문안객 관리방안에는 "의료기관 입원환자 병문안 기준"을 적용하여 다음의 내용을 포함한다.

1) 입원환자의 병문안 자제를 기본 원칙으로 한다. 다만, 의료인과의 환자 진료상담 등을 위한 직계가족의 방문은 환자 병문안에 포함하지 않는다.

2) 예외적으로 병문안을 허용하고자 할 때는 평일(18:00 ~ 20:00), 주말·공휴일(10:00 ~ 12:00, 18:00 ~ 20:00) 내에서 면회시간을 설정한다.

3) 병원은 '병문안객 기록지'를 비치하여 환자별 병문안객 성명, 방문날짜 등을 기록하여 관리한다.

03 **위 내용과 일치하지 않는 것은?**

① 간호·간병통합서비스는 간호사와 간호조무사가 팀을 이루어 환자에게 제공하는 입원서비스이다.
② 간호·간병통합서비스 시행으로 입원환자 가족의 간병비가 줄어드는 효과를 기대할 수 있다.
③ 환자의 자가간호 능력 향상을 위해 교육과 상담을 제공한다.
④ 병동 내 전문 간병인이 상주하여 보호자가 본인의 생활을 유지할 수 있도록 한다.

04 **국민건강보험공단에 근무 중인 A씨는 간호·간병서비스를 자세히 설명해 달라는 요청을 받았다. 글을 바탕으로 한 A씨의 설명으로 올바르지 않은 것은?**

① 간호·간병통합서비스는 별도의 병동을 운영하여 제공하는 서비스입니다.
② 간병지원인력인 간호조무사는 간호사가 업무에 집중할 수 있도록 보조하는 역할을 합니다.
③ 간호·간병통합서비스 병동은 감염 예방과 쾌적한 병실환경을 위해 자유로운 병문안이 불가합니다.
④ 다만, 입원환자의 진료상담을 위한 직계가족의 방문은 병문안에 포함되지 않으므로 걱정하지 않으셔도 됩니다.

CHAPTER 19 한국수자원공사

정답 및 해설 188p

01 다음 명제가 모두 참일 때, 〈보기〉 중 반드시 참인 명제를 모두 고른 것은?

- 물을 마시면 기분이 상쾌해진다.
- 물을 마시지 않으면 피부가 건조해진다.

보기

ㄱ. 기분이 상쾌해지지 않으면 피부가 건조해진다.
ㄴ. 기분이 상쾌해지지 않은 것은 물을 마시지 않았다는 것이다.
ㄷ. 피부가 건조해진 것은 물을 마시지 않았다는 것이다.
ㄹ. 피부가 건조해지지 않았다는 것은 물을 마셨다는 것이다.

① ㄴ, ㄷ
② ㄱ, ㄴ, ㄷ
③ ㄱ, ㄴ, ㄹ
④ ㄴ, ㄷ, ㄹ

02 다음은 일정한 규칙으로 배열한 수열이다. 빈칸에 들어갈 알맞은 수를 고르면?

4	64
1	256

1	3
0	( )

① 1
② 2
③ 3
④ 4

※ 한국수자원공사에서 근무하는 K사원은 한강, 낙동강, 영산강의 BOD와 COD 추이를 다음과 같이 그래프로 작성하였다. 이어지는 질문에 답하시오. **[3~4]**

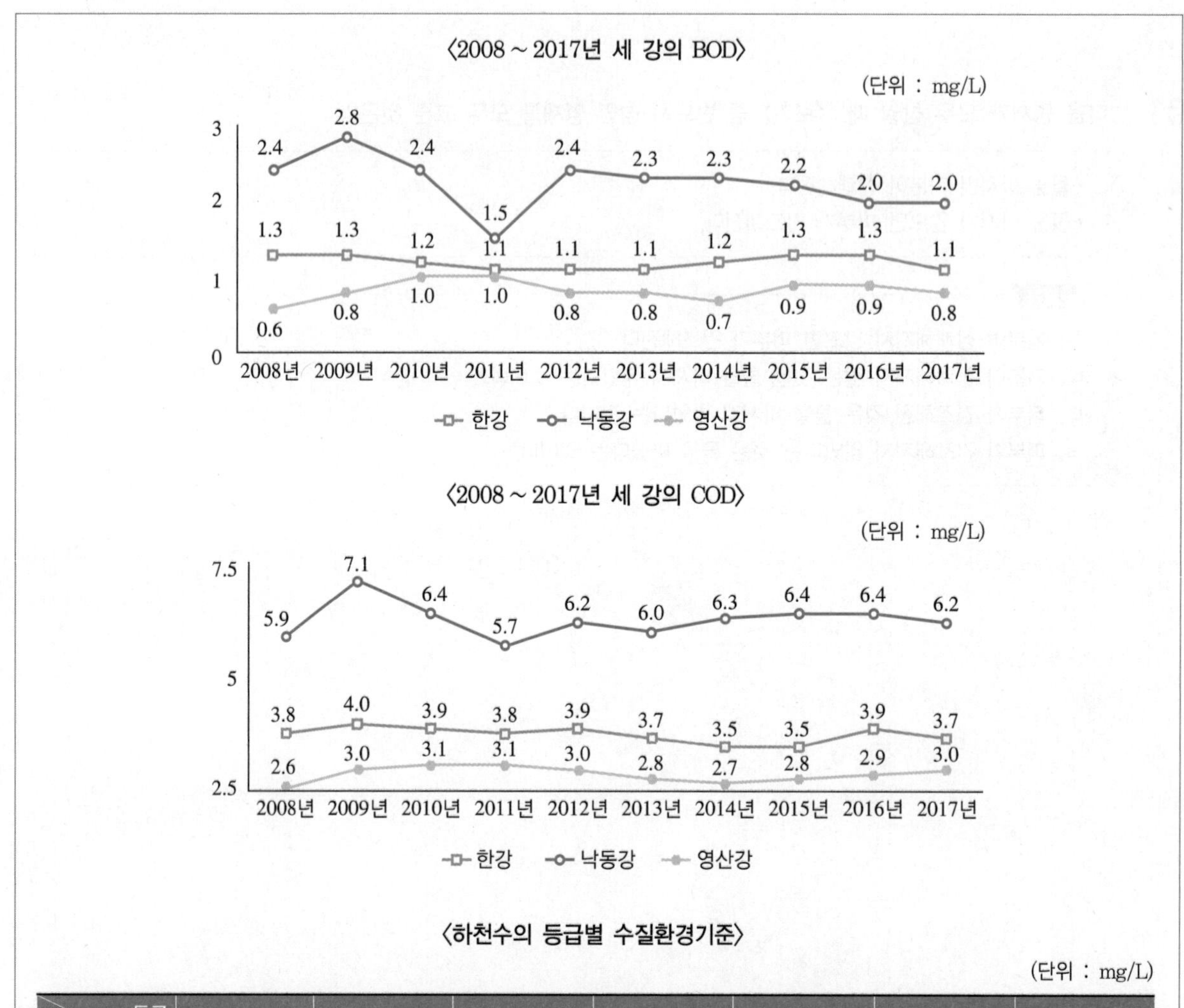

〈하천수의 등급별 수질환경기준〉

(단위 : mg/L)

구분 \ 등급	Ia(매우 좋음)	Ib(좋음)	II(약간 좋음)	III(보통)	IV(약간 나쁨)	V(나쁨)	VI(매우 나쁨)
BOD	1 이하	2 이하	3 이하	5 이하	8 이하	10 이하	10 초과
COD	2 이하	4 이하	5 이하	7 이하	9 이하	11 이하	11 초과

03 **K사원은 자료를 요약해 상사에게 제출해야 한다. 다음 중 수정이 필요한 설명은?**

① 2008 ~ 2017년 한강의 BOD 평균은 1.2mg/L이다.

② 낙동강의 COD와 BOD 수치는 2011년에 가장 낮았으며, BOD와 COD 모두 Ib등급을 받았다.

③ 2009 ~ 2012년 영산강의 BOD와 COD의 전년 대비 증감 추이는 같다.

④ 2008 ~ 2017년 한강과 영산강의 BOD 등급은 변함이 없었다.

04 **P대리는 K사원에게 수질상태를 쉽게 알 수 있도록 캐릭터를 활용하라는 피드백을 주었다. 다음 수질별 캐릭터를 보고 세 강의 연도별 수질상태(COD 기준)를 나타내는 캐릭터를 올바르게 연결하지 못한 것은?**

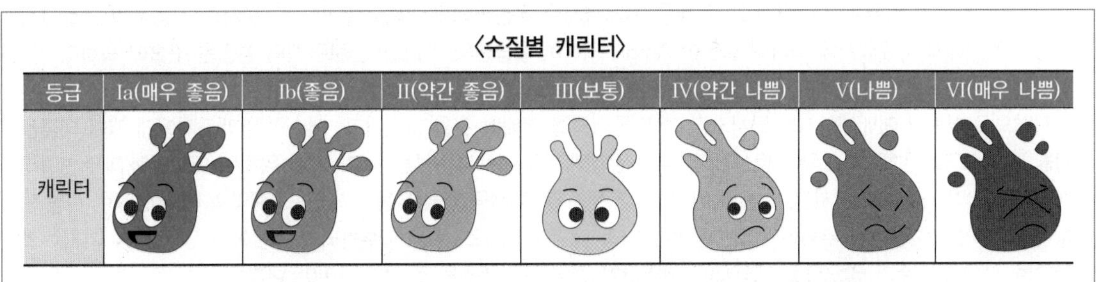

〈수질별 캐릭터〉

등급	Ia(매우 좋음)	Ib(좋음)	II(약간 좋음)	III(보통)	IV(약간 나쁨)	V(나쁨)	VI(매우 나쁨)
캐릭터							

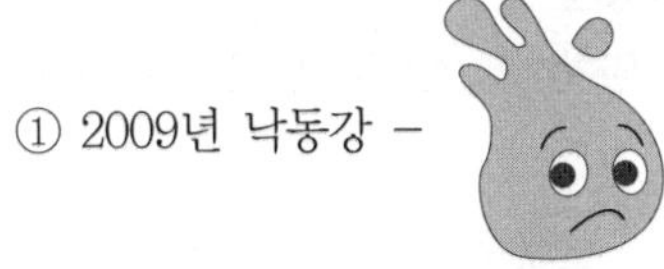

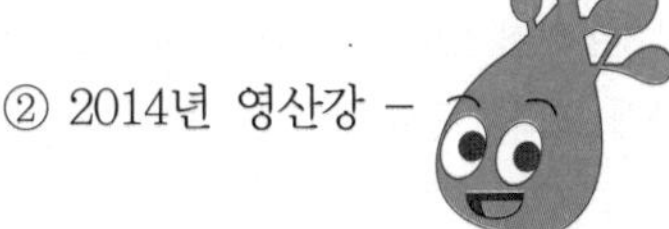

④ 2017년 낙동강 –

CHAPTER 20 한국토지주택공사

정답 및 해설 189p

※ 다음 글을 읽고 이어지는 질문에 답하시오. [1~2]

계약서란 계약의 당사자 간의 의사표시에 따른 법률행위인 계약 내용을 문서화한 것으로 당사자 사이의 권리와 의무 등 법률관계를 규율하고 의사표시 내용을 항목별로 구분한 후, 구체적으로 명시하여 어떠한 법률 행위를 어떻게 ㉠ 하려고 하는지 등의 내용을 특정한 문서이다. 계약서의 작성은 미래에 계약에 관한 분쟁 발생 시 중요한 증빙자료가 된다.
계약서의 종류를 살펴보면, 먼저 임대차계약서는 임대인 소유의 부동산을 임차인에게 임대하고, 임차인은 이에 대한 약정을 합의하는 내용을 담고 있다. 임대차는 당사자의 한쪽이 상대방에게 목적물을 사용·수익하게 할 수 있도록 약정하고, 상대방이 이에 대하여 차임을 지급할 것을 ㉡ 약정함으로써 그 효력이 생긴다. 부동산 임대차의 경우 목적 부동산의 전세, 월세에 대한 임차보증금 및 월세를 지급할 것을 내용으로 하는 계약이 여기에 해당하며, 임대차계약서는 주택 등 집합건물의 임대차계약을 작성하는 경우에 사용되는 계약서이다. 주택 또는 상가의 임대차계약은 민법에 대한 특례를 규정한 주택임대차보호법 및 상가건물 임대차보호법의 적용을 받으며, 이 법의 적용을 받지 않은 임대차에 관하여는 민법상의 임대차 규정을 적용하고 있다.
다음으로 근로계약서는 근로자가 회사(근로기준법에서는 '사용자'라고 함)의 지시 또는 관리에 따라 일을 하고 이에 대한 ㉢ 댓가로 회사가 임금을 지급하기로 한 내용의 계약서로 유상·쌍무계약을 말한다. 근로자와 사용자의 근로관계는 서로 동등한 지위에서 자유의사에 의하여 결정한 계약에 의하여 성립한다. 이러한 근로관계의 성립은 구술에 의하여 약정되기도 하지만 통상적으로 근로계약서 작성에 의하여 행해지고 있다.
마지막으로 부동산 매매계약서는 당사자가 계약 목적물을 매매할 것을 합의하고, 매수인이 매도자에게 매매 대금을 지급할 것을 약정함으로 인해 그 효력이 발생한다. 부동산 매매계약서는 부동산을 사고, 팔기 위하여 매도인과 매수인이 약정하는 계약서로 매매대금 및 지급시기, 소유권 이전, 제한권 소멸, 제세공과금, 부동산의 인도, 계약의 해제에 관한 사항 등을 약정하여 교환하는 문서이다. 부동산거래는 상황에 따라 다양한 매매조건이 ㉣ 수반되기 때문에 획일적인 계약내용 외에 별도 사항을 기재하는 수가 많으므로 계약서에 서명하기 전에 계약내용을 잘 확인하여야 한다.
이처럼 계약서는 계약의 권리와 의무의 발생, 변경, 소멸 등을 도모하는 중요한 문서로 계약서를 작성할 때에는 신중하고 냉철하게 판단한 후, 권리자와 의무자의 관계, 목적물이나 권리의 행사방법 등을 명확하게 전달할 수 있도록 육하원칙에 따라 간결하고 명료하게 그리고 정확하고 ㉤ 평이하게 작성해야 한다.

01 다음 중 글의 내용과 일치하지 않는 것은?

① 계약 체결 이후 관련 분쟁이 발생할 경우 계약서가 중요한 증빙자료가 될 수 있다.
② 주택 또는 상가의 임대차계약은 민법상의 임대차규정의 적용을 받는다.
③ 근로계약을 통해 근로자와 사용자가 동등한 지위의 근로관계를 성립한다.
④ 부동산 매매계약서는 획일적인 계약내용 외에 별도 사항을 기재하기도 한다.
⑤ 계약서를 작성할 때는 간결·명료하고 정확한 표현을 사용하여야 한다.

02 밑줄 친 ㉠~㉤ 중 맞춤법이 잘못된 경우는?

① ㉠
② ㉡
③ ㉢
④ ㉣
⑤ ㉤

03 다음 ㉠~㉤ 중 단어들의 관계가 유사한 유형으로 묶인 것은?

㉠ [가위 : 절단]	㉡ [생성 : 소멸]
㉢ [물감 : 채색]	㉣ [연필 : 필기]
㉤ [결석 : 출석]	

① ㉠, ㉡, ㉢
② ㉠, ㉢, ㉣
③ ㉡, ㉣, ㉤
④ ㉡, ㉢, ㉤

⑤ ㉢, ㉣, ㉤

MEMO

I wish you the best of luck!

앞선 정보 제공! 도서 업데이트

언제, 왜 업데이트될까?

도서의 학습 효율을 높이기 위해 자료를 추가로 제공할 때!
기업체 인적성검사의 변동사항 발생 시 정보 공유를 위해!
기업체 채용 및 시험 관련 중요 이슈가 생겼을 때!

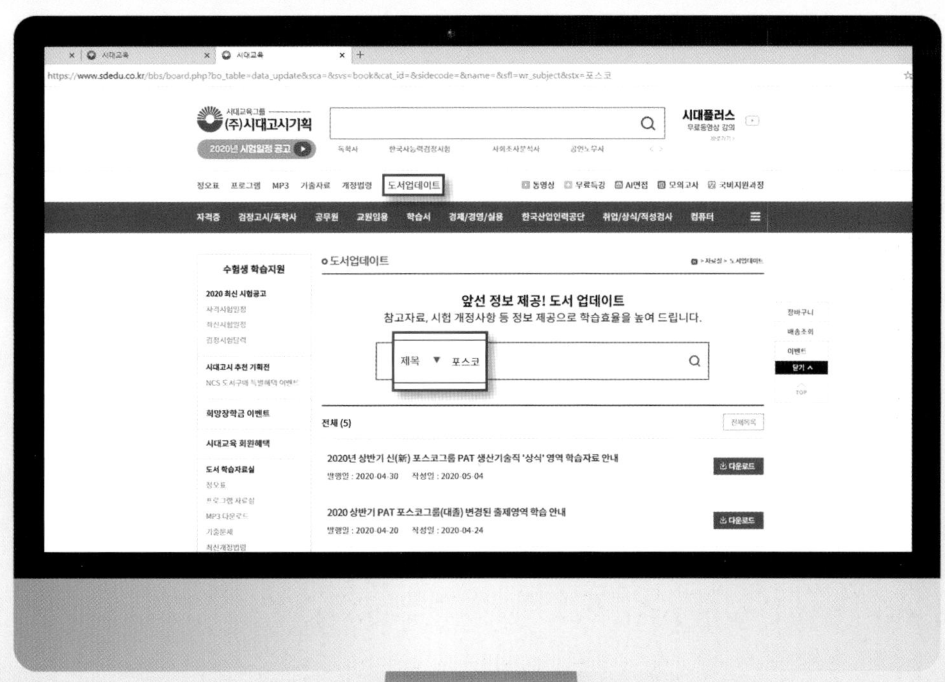

01 시대에듀 도서 www.sdedu.co.kr/book 홈페이지 접속

02 상단 카테고리 「도서업데이트」 클릭

03 해당 기업명으로 검색

참고자료, 시험 개정사항 등 정보 제공으로 학습효율을 높여 드립니다.

합격의 길, 열쇠를 제시하다!

대기업 인적성검사 시리즈

알차다!
꼭 알아야 할 내용을 담고 있으니까

친절하다!
핵심내용을 쉽게 설명하고 있으니까

명쾌하다!
상세한 풀이로 완벽하게 익힐 수 있으니까

핵심을 뚫는다!
시험 유형과 흡사한 문제를 다루니까

Formula Of Pass

신뢰와 책임의 마음으로
수험생 여러분에게 다가갑니다.
(주)시대고시기획

대기업 인적성검사
누적 판매량
1위

항균99.9% 안심도서
본 도서는 항균잉크로 인쇄하였습니다.

2021 채용대비

20대기업

최근 3년간 기출문제집

합격의 공식 시대에듀

삼성
LG
SK
롯데
포스코
KT
두산
GS
효성
현대백화점
이랜드
KCC
CJ
샘표
아모레퍼시픽
한국철도공사
한국전력공사
국민건강보험공단
한국토지주택공사
서울교통공사

정답 및 해설

(주)시대고시기획

PART

1

2020년 대기업 기출문제

CHAPTER 01 삼성그룹

문제 003p

1 수리논리

01	02	03	04	05	06	07	08	09	10	11	12	13	14						
③	②	④	③	②	②	③	③	①	④	⑤	③	⑤	①						

01 정답 ③

주어진 정보를 표로 나타내고 미지수를 설정한다.

구분	소금물 1		소금물 2		섞은 후
농도	25%	+	10%	=	$\frac{55}{y}\times100$
소금의 양	50g		$x\times0.1$g		55g
소금물의 양	200g		xg		yg

섞기 전과 섞은 후의 소금의 양과 소금물의 양으로 다음과 같이 식을 세울 수 있다.

$50+x\times0.1=55$

$200+x=y$

계산하면 $x=50$, $y=250$이다.

문제에서 섞은 후의 소금물의 농도를 구하라고 하였으므로 $\frac{55}{y}\times100=\frac{55}{250}\times100=22\%$이다.

02 정답 ②

(이익)=(할인가)−(원가)이므로 이익이 생산비용보다 같거나 많아야 손해를 보지 않을 수 있다.

S사에서 생산하는 A상품의 개수를 x개라고 하면 다음과 같다.

(A상품 1개당 할인가)=300×(1−25%)=225원

(A상품 1개당 이익)=(A상품 1개당 할인가)−(A상품 1개당 원가)=225−200=25원

(생산비용)=10억 원=1,000,000,000원

(A상품 x개의 이익)≥(생산비용)

$25\times x\geq1,000,000,000$

→ $x\geq40,000,000$

따라서 A상품을 4천만 개 이상 생산해야 손해를 보지 않는다.

03 정답 ④

20억 원을 투자하였을 때 기대수익은 (원가)×(기대수익률)로 구할 수 있다. 기대수익률은 {(수익률)×(확률)의 합}으로 구할 수 있으므로 기대수익은 (원가)×{(수익률)×(확률)의 합}이다.

20×{10%×50%+0%×30%+(−10%)×20%}=0.6억 원이다. 따라서 기대수익은 0.6억 원=6,000만 원이다.

(원가)+(수익)을 구하여 마지막에 (원가)를 빼서 (수익)을 구하는 방법도 있다.

{(원가)+(수익)}은 20×(110%×50%+100%×30%+90%×20%)=20.6억 원이다. 따라서 기대수익은 20.6−20=0.6억 원=6,000만 원이다.

04 정답 ③

일의 양을 1이라고 하고 A, B, C가 각자 혼자 일을 하였을 때 걸리는 기간을 각각 a, b, c일이라고 하면 다음과 같다.

- A가 혼자 하루에 할 수 있는 일의 양 : $\frac{1}{a}$
- B가 혼자 하루에 할 수 있는 일의 양 : $\frac{1}{b}$
- C가 혼자 하루에 할 수 있는 일의 양 : $\frac{1}{c}$

A, B, C 모두 혼자 일했을 때의 능률과 함께 일을 하였을 때의 능률이 같다고 하였으므로 다음과 같다.

- A, B, C가 하루에 할 수 있는 일의 양 : $\frac{1}{a}+\frac{1}{b}+\frac{1}{c}=\frac{1}{6}$ …㉠
- A, B가 하루에 할 수 있는 일의 양 : $\frac{1}{a}+\frac{1}{b}=\frac{1}{12}$ …㉡
- B, C가 하루에 할 수 있는 일의 양 : $\frac{1}{b}+\frac{1}{c}=\frac{1}{10}$ …㉢

B가 혼자 일을 하였을 때 걸리는 기간을 구하는 문제이므로 ㉠, ㉡, ㉢을 다음과 같이 연립할 수 있다.

- ㉡+㉢ → $\frac{1}{a}+\frac{2}{b}+\frac{1}{c}=\frac{1}{12}+\frac{1}{10}=\frac{11}{60}$
- (㉡+㉢)−㉠ → $\frac{1}{a}+\frac{2}{b}+\frac{1}{c}-\left(\frac{1}{a}+\frac{1}{b}+\frac{1}{c}\right)=\frac{11}{60}-\frac{1}{6}$

→ $\frac{1}{b}=\frac{1}{60}$

따라서 B가 혼자 일을 하면 60일이 걸린다.

05 정답 ②

총 9장의 손수건을 구매했으므로 B손수건 3장을 제외한 나머지 A, C, D손수건은 각각 $\frac{9-3}{3}$=2장씩 구매하였다. 먼저 3명의 친구들에게 서로 다른 손수건을 3장씩 나눠 줘야하므로 B손수건을 1장씩 나눠준다. 나머지 A, C, D손수건을 서로 다른 손수건으로 2장씩 나누면 (A, C), (A, D), (C, D)로 묶을 수 있다. 이 세 묶음을 3명에게 나눠주는 방법은 $3!=3\times2=6$가지가 나온다. 따라서 친구 3명에게 종류가 다른 손수건 3장씩 나눠주는 경우의 수는 6가지이다.

06 정답 ②

A사와 B사로부터 동일한 양의 부품을 공급받는다고 하였으므로 x개라고 하자.

구분	A사	B사
개수	x	x
불량률	0.1%	0.2%
선별률	50%	80%

S사가 선별한 A사 부품의 개수는 $x\times50\%$개, B사 부품의 개수는 $x\times80\%$개다.

S사가 선별한 부품 중 불량품의 개수는 A사는 $x\times50\%\times0.1\%$개, B사는 $x\times80\%\times0.2\%$개다.

S사가 선별한 부품 중 불량품의 개수는 $x\times50\%\times0.1\%+x\times80\%\times0.2\%$개이므로 하자가 있는 제품이 B사 부품일 확률은 다음과 같다.

$$\frac{x\times80\%\times0.2\%}{x\times50\%\times0.1\%+x\times80\%\times0.2\%}=\frac{x\times80\times0.2}{x\times50\times0.1+x\times80\times0.2}=\frac{16}{5+16}=\frac{16}{21}$$

07 정답 ③

영희는 철수보다 높은 수가 적힌 카드를 뽑는 경우는 다음과 같다.

구분	철수	영희
카드에 적힌 수	1	2~9
	2	3~9
	…	…
	8	9

따라서 영희가 철수보다 큰 수가 적힌 카드를 뽑는 모든 경우의 수는 1부터 8까지의 합이므로 $\frac{8\times9}{2}=36$가지이다.

08 정답 ③

이벤트를 정리해보면 다음과 같다.

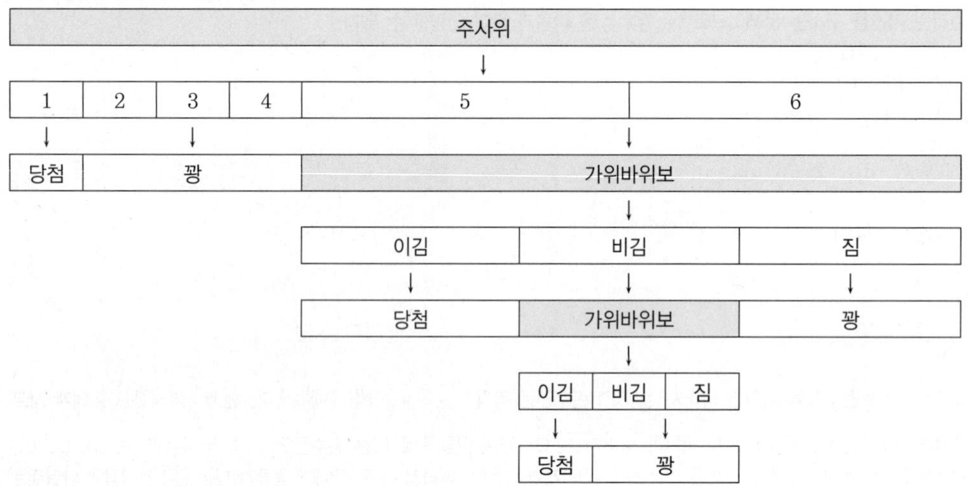

- 전체 경우의 수 : $4+2\times2+2\times1\times3=14$
- 당첨 경우의 수 : $1+2\times1+2\times1\times1=5$

따라서 이벤트에 당첨될 확률은 $\frac{5}{14}$이다.

09 정답 ①

작년 직원 중 안경을 쓴 사람을 x명, 안경을 쓰지 않은 사람은 y명이라고 하면 $x+y=45$이므로 $y=45-x$이다.
또한 올해는 작년보다 $58-45=13$명 증가하였으므로 다음과 같다.

$x\times0.2+(45-x)\times0.4=13$

→ $-0.2x=13-45\times0.4$

→ $-0.2x=-5$

→ $x=25$

따라서 올해 입사한 사람 중 안경을 쓴 사람의 수는 $x\times0.2=25\times0.2=5$명이다.

10 정답 ④

지방 전체 주택 수의 10%(1,115×0.1=111.5만 호) 이상을 차지하는 수도권 외(지방) 지역은 부산, 경북, 경남이다. 이 중 지방 주택보급률인 109%보다 낮은 지역은 부산(103%)이며, 부산의 주택보급률과 전국 주택보급률의 차이는 약 104−103=1%p이다.

오답분석

① 전국 주택보급률(104%)보다 낮은 지역은 수도권(서울, 인천, 경기), 지방에는 부산, 대전이 있다.
② 수도권 외(지방) 지역 중 주택 수가 가장 적은 지역은 12만 호인 세종이며, 세종의 주택보급률 109%보다 높은 지역은 '울산, 강원, 충북, 충남, 전북, 전남, 경북, 경남'으로 여덟 곳이다.
③ 가구 수가 주택 수보다 많은 지역은 주택보급률이 100% 미만인 서울이며, 전국에서 가구 수가 두 번째로 많다.
⑤ 주택 수가 가구 수의 1.1배 이상인 지역은 주택보급률이 110% 이상인 지역을 말한다. '울산, 강원, 충북, 충남, 전북, 전남, 경북, 경남'에서 가구 수가 세 번째로 적은 지역인 충북의 주택보급률은 지방 주택보급률보다 약 113−109=4%p 높다.

11 정답 ⑤

ㄷ. 출산율은 2017년까지 계속 증가하였으며, 2018년에는 감소하였다.
ㄹ. 출산율과 남성 사망률의 차이는 2014년부터 2018년까지 각각 18.2%p, 20.8%p, 22.5%p, 23.7%p, 21.5%p로 2017년이 가장 크다.

오답분석

ㄱ. 2014년 대비 2018년의 전체 인구수의 증감률은

$\frac{12,808-12,381}{12,381}\times 100 \fallingdotseq 3.4\%$이다.

ㄴ. 가임기 여성의 비율과 출산율은 서로 증감 추이가 다르다.

12 정답 ③

㉡ 전체 인구수는 계속하여 증가하고 있다.
㉣ 여성 사망률이 가장 높았던 해는 7.8%로 2017년이다.
㉤ 2018년은 출산율이 계속 증가하다가 감소한 해이다.

13 정답 ⑤

첫 항은 220개이고 n시간($n\geq 1$) 경과할 때마다 2^{n-1}개가 증가한다. n시간 경과했을 때의 세포 수를 a_n개라고 하면 $a_n=220+\sum_{k=1}^{n}2^{k-1}$이고 $\sum_{k=1}^{n}2^{k-1}$ $=\frac{2^n-1}{2-1}=2^n-1$이므로 $a_n=220+2^n-1=219+2^n$이다. 따라서 9시간 경과 후인 a_9는 $219+2^9=731$개이다.

14 정답 ①

X조건에서 Z세균은 계차가 피보나치 수열로 번식한다. 따라서 (A)=1,090+680=1,770이다.

구분	1일 차	2일 차	3일 차	4일 차	5일 차	6일 차	7일 차	8일 차	9일 차	10일 차
X조건에서의 Z세균	10	30	50	90	150	250	410	670	1,090	(A)
계차		20	20	40	60	100	160	260	420	680

Y조건에서 Z세균은 전날의 2배로 번식한다. 따라서 (B)=1×2^9=512이다.

구분	1일 차	2일 차	3일 차	4일 차	5일 차	6일 차	7일 차	8일 차	9일 차	10일 차
Y조건에서의 Z세균	1	1×2^1	1×2^2	1×2^3	1×2^4	1×2^5	1×2^6	1×2^7	1×2^8	(B)

2 추리

01	02	03	04	05	06	07	08	09	10	11	12	13	14	15	16	17			
②	③	②	①	⑤	⑤	②	⑤	④	①	①	④	⑤	①	⑤	④	②			

01 정답 ②

'야근을 하는 사람'을 A, 'X분야의 업무를 하는 사람'을 B, 'Y분야의 업무를 하는 사람'을 C라고 하면, 전제1과 전제2는 다음과 같은 벤다이어그램으로 나타낼 수 있다.

1) 전제1

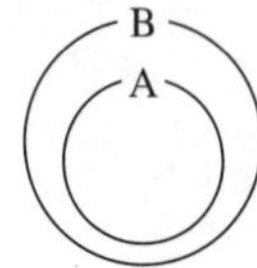

2) 전제2

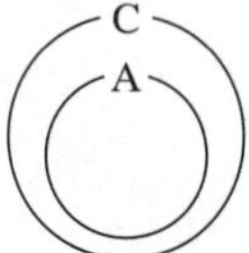

이를 정리하면 다음과 같은 벤다이어그램이 성립한다.

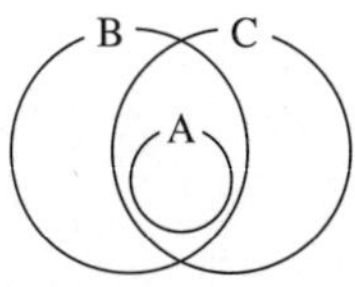

따라서 'Y분야의 업무를 하는 어떤 사람은 X분야의 업무를 한다.'라는 결론이 도출된다.

02 정답 ③

1행과 2행에 빈자리가 한 곳씩 있고 a자동차는 대각선을 제외하고 주변에 주차된 차가 없다고 하였으므로 a자동차는 1열이나 3열에 주차되어 있다. b자동차와 c자동차는 바로 옆에 주차되어 있다고 하였으므로 같은 행에 주차되어 있다. 1행과 2행에 빈자리가 한 곳씩 있다고 하였으므로 b자동차와 c자동차가 주차된 행에는 a자동차와 d자동차가 주차되어 있을 수 없다. 따라서 a자동차와 d자동차는 같은 행에 주차되어 있다. 이를 정리하면 다음과 같다.

• 경우 1

a		d
	b	c

• 경우 2

a		d
	c	b

• 경우 3

d		a
b	c	

• 경우 4

d		a
c	b	

오답분석

① 경우 1, 4에서는 b자동차의 앞 주차공간이 비어있지만, 경우 2, 3에서는 b자동차의 앞 주차공간에 d자동차가 주차되어 있으므로 항상 거짓은 아니다.
② 경우 1, 4에서는 c자동차의 옆 주차공간에 빈자리가 없지만, 경우 2, 3에서는 c자동차의 옆 주차공간에 빈자리가 있으므로 항상 거짓은 아니다.
④ 경우 1, 2, 3, 4에서 모두 a자동차와 d자동차는 1행에 주차되어 있으므로 항상 참이다.

⑤ 경우 1, 4에서는 d자동차와 c자동차가 같은 열에 주차되어 있지만, 경우 2, 3에서는 d자동차와 c자동차가 같은 열에 주차되어 있지 않으므로 항상 거짓은 아니다.

03 정답 ②

가장 최근에 입사한 사람이 D이므로 D의 이름은 가장 마지막인 다섯 번째에 적혔다. C와 D의 이름은 연달아 적히지 않았으므로 C의 이름은 네 번째에 적힐 수 없다. 또한 E는 C보다 먼저 입사하였으므로 E의 이름은 C의 이름보다 앞에 적는다. 따라서 C의 이름은 첫 번째에 적히지 않았다. 이를 정리하면 다음과 같이 3가지 경우가 나온다.

구분	첫 번째	두 번째	세 번째	네 번째	다섯 번째
경우 1	E	C			D
경우 2	E		C		D
경우 3		E	C		D

여기서 경우 2와 경우 3은 A와 B의 이름이 연달아서 적혔다는 조건에 위배된다. 경우 1만 성립하므로 정리하면 다음과 같다.

구분	첫 번째	두 번째	세 번째	네 번째	다섯 번째
경우 1	E	C	A	B	D
경우 2	E	C	B	A	D

E의 이름은 첫 번째에 적혔으므로 E는 가장 먼저 입사하였다. 따라서 B가 E보다 먼저 입사하였다는 ②는 항상 거짓이다.

오답분석

① C의 이름은 두 번째로 적혔고 A의 이름은 세 번째나 네 번째에 적혔으므로 항상 옳다.
③ E의 이름은 첫 번째에 적혔고 C의 이름은 두 번째로 적혔으므로 항상 옳다.
④ A의 이름이 세 번째에 적히면 B의 이름은 네 번째에 적혔고, A의 이름이 네 번째에 적히면 B의 이름은 세 번째에 적혔다. 따라서 참일 수도, 거짓일 수도 있다.
⑤ B의 이름은 세 번째 또는 네 번째에 적혔고, C는 두 번째에 적혔으므로 항상 옳다.

04 정답 ①

K씨는 2020년 상반기에 입사하였으므로 K씨의 사원번호 중 앞의 두 자리는 20이다. 또한 K씨의 사원번호는 세 번째와 여섯 번째 자리의 수가 같다고 하였으므로 세 번째와 여섯 번째 자리의 수를 x, 나머지 네 번째, 다섯 번째 자리의 수는 차례로 y, z라고 하자.

자리	첫 번째	두 번째	세 번째	네 번째	다섯 번째	여섯 번째
사원번호	2	0	x	y	z	x

사원번호 여섯 자리의 합은 9이므로 $2+0+x+y+z+x=9$이다. 이를 정리하면 $2x+y+z=7$이다. K씨의 사원번호 자리의 수는 세 번째와 여섯 번째 자리의 수를 제외하고 모두 다르다는 것을 주의하며 1부터 대입해보면 다음과 같다.

구분	x	y	z
경우 1	1	2	3
경우 2	1	3	2
경우 3	2	0	3
경우 4	2	3	0
경우 5	3	0	1
경우 6	3	1	0

네 번째 조건에 따라 y와 z자리에는 0이 올 수 없으므로 경우 1, 경우 2만 성립하고 K씨의 사원번호는 '201231'이거나 '201321'이다.

오답분석

② '201321'은 가능한 사원번호이지만 문제에서 항상 옳은 것을 고르라고 하였으므로 답이 될 수 없다.
③ K씨의 사원번호는 '201231'이거나 '201321'이다.
④ 사원번호 여섯 자리의 합이 9가 되어야 하므로 K씨의 사원번호는 '211231'이 될 수 없다.
⑤ K씨의 사원번호 네 번째 자리의 수가 다섯 번째 자리의 수보다 작다면 '201231'과 '201321' 중 K씨의 사원번호로 적절한 것은 '201231'이다.

05 정답 ⑤

제시된 단어의 대응관계는 유의관계이다.
'변변하다'는 '지체나 살림살이가 남보다 떨어지지 아니하다.'는 뜻으로 '살림살이가 모자라지 않고 여유가 있다.'라는 뜻인 '넉넉하다'와 유의관계이다. 따라서 '여럿이 떠들썩하게 들고일어나다.'는 뜻을 가진 '소요(騷擾)하다'와 유의관계인 단어는 '시끄럽고 어수선하다.'라는 뜻인 '소란하다'이다.

오답분석

① 치유하다 : 치료하여 병을 낫게 하다.
② 한적하다 : 한가하고 고요하다.
③ 공겸하다 : 삼가는 태도로 겸손하게 자기를 낮추다.
④ 소유하다 : 가지고 있다.

06 정답 ⑤

제시된 단어의 대응관계는 유의관계이다.
'공시하다'는 '일정한 내용을 공개적으로 게시하여 일반에게 널리 알리다.'는 뜻으로 '세상에 널리 퍼뜨려 모두 알게 하다.'라는 뜻인 '반포하다'와 유의관계이다. 따라서 '서로 이기려고 다투며 덤벼들다.'는 뜻을 가진 '각축하다'와 유의관계인 단어는 '같은 목적에 대하여 이기거나 앞서려고 서로 겨루다.'라는 뜻인 '경쟁하다'이다.

오답분석

① 공들이다 : 어떤 일을 이루는 데 정성과 노력을 많이 들이다.
② 통고하다 : 서면(書面)이나 말로 소식을 전하여 알리다.
③ 독점하다 : 혼자서 모두 차지하다.
④ 상면하다 : 서로 만나서 얼굴을 마주 보다.

07 정답 ②

제시된 단어의 대응관계는 반의관계이다.
'침착하다'는 '행동이 들뜨지 아니하고 차분하다.'는 뜻으로 '말이나 행동이 조심성 없이 가볍다.'라는 뜻인 '경솔하다'와 반의관계이다. 따라서 '곱고 가늘다.'라는 뜻을 가진 '섬세하다'와 반의관계인 단어는 '거칠고 나쁘다.'라는 뜻인 '조악하다'이다.

오답분석

① 찬찬하다 : 동작이나 태도가 급하지 않고 느릿하다.
③ 감분(感憤)하다 : 마음속 깊이 분함을 느끼다.
④ 치밀하다 : 자세하고 꼼꼼하다.
⑤ 신중하다 : 매우 조심스럽다.

08 정답 ⑤

제시된 단어의 대응관계는 유의관계이다.
'겨냥하다'는 '목표물을 겨누다.'는 뜻으로 '목표나 기준에 맞고 안 맞음을 헤아려 보다.'라는 뜻인 '가늠하다'와 유의관계이다. 따라서 '기초나 터전 따위를 굳고 튼튼하게 하다.'는 뜻을 가진 '다지다'와 유의관계인 단어는 '세력이나 힘을 더 강하고 튼튼하게 하다.'라는 뜻인 '강화하다'이다.

오답분석

① 진거하다 : 앞으로 나아가다.
② 겉잡다 : 겉으로 보고 대강 짐작하여 헤아리다.
③ 요량하다 : 앞일을 잘 헤아려 생각하다.
④ 약화하다 : 세력이나 힘이 약해지다.

09 정답 ④

'유지(維持)'는 '어떤 상태나 상황을 그대로 보존하거나 변함없이 계속하여 지탱함'이라는 뜻이므로 '상당히 어렵게 보존하거나 유지하여 나감'이라는 뜻인 '부지(扶持/扶支)'과 유의관계이고, 나머지는 반의관계이다.

오답분석

① • 황혼 : 해가 지고 어스름해질 때. 또는 그때의 어스름한 빛
 • 여명 : 희미하게 날이 밝아 오는 빛. 또는 그런 무렵
② • 유별 : 여느 것과 두드러지게 다름
 • 보통 : 특별하지 아니하고 흔히 볼 수 있음
③ • 낭설 : 터무니없는 헛소문
 • 진실 : 거짓이 없는 사실
⑤ • 서막 : 일의 시작이나 발단
 • 결말 : 어떤 일이 마무리되는 끝

10 정답 ①

규칙은 가로 방향으로 적용된다.
두 번째는 첫 번째 도형을 시계 반대 방향으로 120° 회전시킨 도형이다.
세 번째는 두 번째 도형을 시계 방향으로 60° 회전시킨 도형이다.

11 정답 ①

• 규칙
▼ : 1234 → 4321
△ : −1, +1, −1, +1
● : 0, −1, 0, −1
□ : 1234 → 1324

ㅅㄴㄹㅁ	→	ㅁㄹㄴㅅ	→	ㅁㄴㄹㅅ
	▼		□	

12 정답 ④

isog	→	irof	→	hsng
	●		△	

13 정답 ⑤

wnfy	→	yfnw	→	yenv
	▼		●	

14 정답 ①

ㅈㄹㅋㄷ	→	ㅈㅋㄹㄷ	→	ㅇㅌㄷㄹ
	□		△	

15 정답 ⑤

케플러식 망원경은 상의 상하좌우가 뒤집힌 도립상을 보여주며, 갈릴레이식 망원경은 상의 상하좌우가 같은 정립상을 보여준다.

오답분석

① 최초의 망원경은 네덜란드의 안경 제작자인 한스 리퍼쉬(Hans Lippershey)에 의해 만들어졌지만, 이 최초의 망원경 발명에는 리퍼쉬의 아들이 발견한 렌즈 조합이 계기가 되었다.
② 갈릴레오는 초점거리가 긴 볼록렌즈를 망원경의 대물렌즈로 사용하고 초점 거리가 짧은 오목렌즈를 초점면 앞에 놓아 접안렌즈로 사용하였다.
③ 갈릴레오는 자신이 발명한 망원경으로 금성의 각크기가 변한다는 것을 관측함으로써 금성이 지구를 중심으로 공전하는 것이 아니라 태양을 중심으로 공전하고 있다는 것을 증명하였다.
④ 케플러식 망원경은 장초점의 볼록렌즈를 대물렌즈로 하고 단초점의 볼록렌즈를 초점면 뒤에 놓아 접안렌즈로 사용한 구조이다.

16 정답 ④

지문에서는 비타민D의 결핍으로 인해 발생하는 건강문제를 근거로 신체를 태양빛에 노출하여 건강을 유지해야 한다고 주장하고 있다. 따라서 태양빛에 노출되지 않고도 충분한 비타민D 생성이 가능하다는 근거가 있다면 지문에 대한 반박이 되므로 ④가 정답이 된다.

오답분석

① 태양빛에 노출될 경우 피부암 등의 질환이 발생하는 것은 사실이나, 이것이 비타민D의 결핍을 해결하는 또 다른 방법을 제시하거나 지문에서 주장하는 내용을 반박하고 있지는 않다.
② 비타민D는 칼슘과 인의 흡수 외에도 흉선에서 면역세포를 생산하는 작용에 관여하고 있다. 따라서 칼슘과 인의 주기적인 섭취만으로는 문제를 해결할 수 없으며, 지문에 대한 반박이 되지 못한다.
③ 지문에서는 비타민D 보충제에 대해 언급하고 있지 않다. 따라서 비타민D 보충제가 태양빛 노출을 대체할 수 있을지 판단하기 어렵다.
⑤ 지문에서는 자외선 차단제를 사용했을 때 중파장 자외선이 어떻게 작용하는지 언급하고 있지 않다. 또한 자외선 차단제를 사용한다는 사실이 태양빛에 노출되어야 한다는 지문의 주장을 반박한다고는 보기 어렵다.

17 정답 ②

지문에서는 제품의 굽혀진 곡률을 나타내는 R의 값이 작을수록 패널이 받는 폴딩 스트레스가 높아진다고 언급하고 있다. 따라서 1.4R의 곡률인 S전자의 인폴딩 폴더블 스마트폰은 H기업의 아웃폴딩 스마트폰보다 곡률이 작을 것이므로 폴딩 스트레스가 높다고 할 수 있다.

오답분석

① H기업은 아웃폴딩 패널을 사용하였다.
③ 동일한 인폴딩 패널이라고 해도 S전자의 R값이 작으며, R값의 차이에 따른 개발 난이도는 지문에서 확인할 수 없다.
④ 인폴딩 패널은 아웃폴딩 패널보다 상대적으로 곡률이 작아 개발 난이도가 높다. 따라서 아웃폴딩 패널을 사용한 H기업의 폴더블 스마트폰의 R값이 인폴딩 패널을 사용한 A기업의 폴더블 스마트폰보다 작을 것이라고 보기엔 어렵다.
⑤ 지문에서 여러 층으로 구성된 패널을 접었을 때 압축응력과 인장응력이 동시에 발생한다고는 언급하고 있으나 패널의 수가 스트레스와 연관된다는 사실은 확인할 수 없다. 따라서 S전자의 폴더블 스마트폰의 R값이 작은 이유라고는 판단하기 어렵다.

CHAPTER 02 LG그룹

문제 017p

1 언어이해

01	02	03							
②	⑤	③							

01 정답 ②

제시문은 '분노'에 대한 것으로, 사람의 경우와 동물의 경우를 나누어 분노가 어떻게 공격과 복수의 행동을 유발하는지에 대해 서술하고 있다.

오답분석

① 분노에 대한 공격과 복수 행동만 서술할 뿐 공격을 유발하는 원인에 대한 언급은 없다.
③ 탈리오 법칙에 대한 언급은 했으나, 이에 대한 실제 사례 등 구체적인 서술은 없다.
④ 동물과 인간이 가지는 분노에 대한 감정 차이보다는, '분노했을 때의 행동'에 대한 공통점에 주안점을 두고 서술하였다.
⑤ 분노 감정의 처리는 글의 도입부에 탈리오 법칙으로 설명될 뿐, 중심내용으로 볼 수 없다.

02 정답 ⑤

고전주의 범죄학에서는 인간의 모든 행위는 자유 의지에 입각한 합리적 판단에 따라 이루어지므로 범죄에 비례해 형벌을 부과할 경우 범죄가 억제될 수 있다고 주장한다. 따라서 이러한 주장에 대한 반박으로는 사회적 요인의 영향 등을 고려할 때 범죄는 개인의 자유 의지로 통제할 수 없다는 내용의 ⑤가 가장 적절하다.

오답분석

②・③・④ 고전주의 범죄학의 입장에 해당한다.

03 정답 ③

제시문은 황사의 정의와 위험성, 그리고 대응책에 대하여 설명하고 있는 글이다. 따라서 황사를 단순한 모래바람으로 치부할 수는 없다.'는 단락의 뒤에는 (다) 중국의 전역을 거쳐 대기 물질을 모두 흡수하고 한국으로 넘어오는 황사 → (나) 매연과 화학물질 등 유해물질이 포함된 황사 → (가) 황사의 장점과 방지의 강조 → (라) 황사의 개인적・국가적 대응책의 순서로 나열하는 것이 적절하다.

2 언어추리

01	02	03	04	05					
②	⑤	③	②	②					

01 정답 ②

하루살이는 인생보다 짧고, 인생은 예술보다 짧다. 즉, 하루살이는 인생과 예술보다 짧다.

02 정답 ⑤

모든 미술가는 피카소를 좋아한다. 그러나 미술가가 아닌 사람(나)이 피카소를 좋아하는지 아닌지는 알 수 없다.

03 정답 ③

은호의 신발 사이즈는 235mm이며, 은호 아빠의 신발 사이즈는 270mm이므로 은호 아빠와 은호의 신발 사이즈 차이는 270−235=35mm이다.

오답분석

① 은호의 엄마는 은호보다 5mm 큰 신발을 신으므로 은호 엄마의 신발 사이즈는 240mm이다. 따라서 은호 아빠와 엄마의 신발 사이즈 차이는 270−240=30mm이다.

② 은수의 신발 사이즈는 230mm 이하로 엄마의 신발 사이즈와 최소 10mm 이상 차이가 난다.

④ 235mm인 은호의 신발 사이즈와 230mm 이하인 은수의 신발 사이즈는 최소 5mm 이상 차이가 난다.

⑤ 은수의 정확한 신발 사이즈는 알 수 없다.

04 정답 ②

주어진 조건을 세 번째까지 고려하면 'C−K−A−B' 또는 'K−C−A−B' 순으로 대기하고 있다는 것을 알 수 있다. 그중 K−C−A−B의 경우에는 마지막 조건을 만족시킬 수 없으므로 대기자 5명은 'C−K−A−B−D' 순서로 대기하고 있다.
따라서 K씨는 두 번째로 진찰을 받을 수 있다.

05 정답 ②

세 번째, 네 번째, 다섯 번째 조건에 의해 8등(꼴찌)이 될 수 있는 사람은 A 또는 C인데, C는 7등인 D와 연속해서 들어오지 않았으므로 8등은 A이다. 또한 두 번째 조건에 의해 B는 4등이고, 네 번째 조건에 의해 E는 5등이다. 마지막으로 첫 번째 조건에 의해 C는 6등이 될 수 없으므로 1, 2, 3등 중에 하나이다.

3 자료해석

01	02	03							
④	⑤	②							

01 정답 ④

ㄱ. 영어 관광통역 안내사 자격증 취득자 수는 2019년에 2018년 대비 감소하였으며, 스페인어 관광통역 안내사 자격증 취득자 수는 2020년에 2019년 대비 감소하였다.

ㄷ. 2017 ~ 2019년까지 태국어 관광통역 안내사 자격증 취득자 수 대비 베트남어 취득자 수 비율은 다음과 같다.

- 2017년 : $\frac{4}{8}\times 100=50.0\%$
- 2018년 : $\frac{15}{35}\times 100 \fallingdotseq 42.9\%$
- 2019년 : $\frac{5}{17}\times 100 \fallingdotseq 29.4\%$

따라서 매년 감소하고 있다.

ㄹ. 2018년에 불어 관광통역 안내사 자격증 취득자 수는 전년 대비 불변인 반면, 스페인어 관광통역 안내사 자격증 취득자 수는 전년 대비 증가하였다.

오답분석

ㄴ. 2018 ~ 2020년의 일어 관광통역 안내사 자격증 취득자 수의 8배는 다음과 같다.

- 2018년 : 266×8=2,128명
- 2019년 : 137×8=1,096명
- 2020년 : 153×8=1,224명

중국어 관광통역 안내사 자격증 취득자 수는 각각 2,468명, 1,963명, 1,418명이므로 8배 이상이다.

02 정답 ⑤

3호선과 4호선의 7월 승차인원은 같으므로 1 ~ 6월 승차인원만 비교하면 다음과 같다.

- 1월 : 1,692−1,664=28만 명
- 2월 : 1,497−1,475=22만 명
- 3월 : 1,899−1,807=92만 명
- 4월 : 1,828−1,752=76만 명
- 5월 : 1,886−1,802=84만 명
- 6월 : 1,751−1,686=65만 명

따라서 3호선과 4호선의 승차인원 차이는 3월에 가장 컸다.

오답분석

① · ② 제시된 자료를 통해 확인할 수 있다.

③ 8호선 7월 승차인원의 1월 대비 증가율은 $\frac{566-548}{548}\times 100 \fallingdotseq 3.28\%$이다.

④ • 2호선의 2 ~ 7월의 전월 대비 증감추이 : 감소 – 증가 – 감소 – 증가 – 감소 – 증가
  • 8호선의 2 ~ 7월의 전월 대비 증감추이 : 감소 – 증가 – 감소 – 증가 – 감소 – 증가
  따라서 증감추이는 동일하다.

03 정답 ②

ㄴ. 2019년 우유생산량이 4,000톤 이상인 지역은 '대구광역시, 인천광역시, 울산광역시'로 이 세 지역의 2017년 우유생산량은 모두 4,000톤 이상이다.

ㄹ. 2019년 부산광역시 우유생산량의 2017년 대비 감소율은 $\frac{2,481-2,433}{2,481}\times 100 \fallingdotseq 1.9\%$로 3% 미만이다.

오답분석

ㄱ. 2018 ~ 2019년 동안 전년 대비 우유생산량이 증가하는 지역은 '서울특별시, 인천광역시, 울산광역시'이며, 감소하는 지역은 '부산광역시, 대구광역시, 광주광역시'이다. 따라서 증가하는 지역과 감소하는 지역의 수는 동일하다.

ㄷ. 2018년 우유생산량이 두 번째로 많은 지역은 대구광역시이며, 2017년에는 우유생산량이 두 번째로 많은 지역은 울산광역시이다.

4 창의수리

01	02	03	04	05					
④	③	④	②	①					

01 정답 ④

가운데 숫자는 $+1$, $+3$, $+5$, …인 수열이다.

A : $11+1=12$

(시침의 숫자)+(분침의 숫자)+(가운데 숫자)=30

B : $30-20-5=5$

$\therefore A+B=12+5=17$

02 정답 ③

제시된 퍼즐의 각 열을 기준으로, 각 퍼즐의 상－좌－우－하 순서로 중복 없이 숫자를 나열하면 다음과 같다.

- 1열 : 1 1 (A) 3 5 8 13 21 34 55
- 2열 : 1 (A) 3 5 8 13 (B) 34 55 89
- 3열 : 2 3 5 8 13 21 34 55 (C) 144

즉, 앞의 두 자리 수의 합이 뒷자리 수가 되는 규칙을 갖고 있다.

$(A)=1+1=2$

$(B)=8+13=21$

$(C)=34+55=89$

$\therefore (A)+(B)+(C)=2+21+89=112$

03 정답 ④

9% 소금물 200g에 들어있는 소금의 양은 $\frac{9}{100}\times200=18$g이므로, 100g에 들어있는 소금의 양은 9g이다. 또한 4% 소금물 150g에 들어있는 소금의 양은 $\frac{4}{100}\times150=6$g이다. 따라서 그릇 B에 들어있는 소금물의 농도는 $\frac{9+6}{100+150}\times100=6$%이다.

04 정답 ②

제품 1개를 판매했을 때 얻는 이익은 $2,000\times0.15$원이므로 정가는 2,300원이다.

판매이익은 $160\times300=48,000$원이고, 하자 제품에 대한 보상금액은 $8\times2\times2,300=36,800$원이다.

따라서 얻은 이익은 $48,000-36,800=11,200$원이다.

05 정답 ①

현재 현식이의 나이를 x세라고 하면 아버지의 나이는 $(x+18)$세이다.

$3(x+4)=x+18+4 \rightarrow x=5$

따라서 현식이의 2년 전 나이는 3세이다.

CHAPTER 03 SK그룹

문제 026p

1 인지역량 I - 수리(검사 B)

01	02	03	04	05					
①	⑤	②	④	④					

01 정답 ①

A상품 6개와 B상품 5개 구매 가격 : 7,500×6+8,000×5=85,000원

A상품과 B상품 반품 배송비 : 5,000원

C상품 배송비 : 3,000원

→ C상품을 구매할 수 있는 금액 : 85,000−(5,000+3,000)=77,000원

∴ C상품 구매 개수 : 77,000÷5,500=14개

02 정답 ⑤

주어진 정보는 미지수가 3개씩인 방정식이므로 연립하여 미지수를 2개로 줄인다.

조합1+조합3 : (A+B+C)+(A+D+E)=2A+B+C+D+E=10+13=23

(조합1+조합3)−조합4 : (2A+B+C+D+E)−(B+C+D)=2A+E=23−12=11 … ㉠

조합1−조합2=(A+B+C)−(B+C+E)=A−E=10−15=−5 … ㉡

A와 E에 대한 방정식 ㉠, ㉡을 연립하면 다음과 같다.

㉠+㉡ : 3A=6 → A=2, E=7

A=2, E=7을 조합3에 대입하면 D=4이다.

D=4, E=7을 조합5에 대입하면 B=3이다.

A=2, B=3을 조합1에 대입하면 C=5이다.

∴ A=2, B=3, C=5, D=4, E=7이므로 가장 무거운 추는 E이고 그 무게는 7kg이다.

03 정답 ②

첫 번째에서 세 번째 자리까지 변경할 수 있는 경우의 수는 0 ~ 9의 숫자를 사용하고 중복해서 사용할 수 있으므로 10×10×10가지, 네 번째 자리를 변경할 수 있는 경우의 수는 특수기호 #, * 두 가지를 사용하므로 2가지이다. 그러므로 변경할 수 있는 비밀번호의 경우의 수는 10×10×10×2가지이다.

변경된 비밀번호와 기존 비밀번호 네 자리 중 자리와 그 문자가 하나만 같은 경우는 비밀번호가 네 자리이므로 모두 4가지이다. 앞서 구한 변경할 수 있는 비밀번호의 경우의 수로 변경된 비밀번호와 기존 비밀번호의 각 자리가 일치할 확률을 구하면 다음과 같다.

• 변경된 비밀번호와 기존 비밀번호의 첫 번째 자리가 일치하는 경우의 수

  변경된 비밀번호와 기존 비밀번호의 첫 번째 자리가 8로 일치하고 나머지 세 자리는 일치하지 않아야 한다. 그러므로 변경된 비밀번호의 두 번째 자리는 기존 비밀번호의 두 번째 자리의 기호였던 6이 될 수 없다. 변경된 비밀번호의 세 번째도 마찬가지로 2를 제외한 기호가 들어갈 수 있다. 마지막 네 번째 자리는 기존 비밀번호의 네 번째 자리의 기호가 #이므로 *이 되어야 한다.

  1×9×9×1=81

• 변경된 비밀번호와 기존 비밀번호의 두 번째 자리가 일치하는 경우의 수

  9×1×9×1=81

2020년 대기업

• 변경된 비밀번호와 기존 비밀번호의 세 번째 자리가 일치하는 경우의 수
$9\times9\times1\times1=81$
• 변경된 비밀번호와 기존 비밀번호의 네 번째 자리가 일치하는 경우의 수
$9\times9\times9\times1=729$

따라서 변경된 비밀번호가 기존 비밀번호 네 자리 중 한 자리와 그 문자가 같을 확률은 $\frac{81+81+81+729}{10\times10\times10\times2}=\frac{972}{2,000}=\frac{486}{1,000}$

04 정답 ④

구분	필요한 타일 개수(개)	가격(원)
A타일	(8m÷20cm)×(10m÷20cm)=2,000	2,000×1,000+50,000=2,050,000
B타일	(8m÷250mm)×(10m÷250mm)=1,280	1,280×1,500+30,000=1,950,000
C타일	(8m÷25cm)×(10m÷20cm)=1,600	1,600×1,250+75,000=2,075,000

따라서 가장 저렴한 타일은 B타일이고 가격은 1,950,000원이다.

05 정답 ④

주사위 2개를 한 번 던졌을 때

• 0점을 얻을 확률(=주사위 눈의 합이 2, 6, 9, 11, 12일 확률) : $\frac{1}{36}+\frac{5}{36}+\frac{4}{36}+\frac{2}{36}+\frac{1}{36}=\frac{13}{36}$

• 1점을 얻을 확률(=주사위 눈의 합이 4, 7, 8일 확률) : $\frac{3}{36}+\frac{6}{36}+\frac{5}{36}=\frac{14}{36}$

• 2점을 얻을 확률(=주사위 눈의 합이 3, 5, 10일 확률) : $\frac{2}{36}+\frac{4}{36}+\frac{3}{36}=\frac{9}{36}$

게임판에서 얻을 수 있는 점수는 0점, 1점, 2점이므로 A가 첫 판에 던진 주사위의 눈의 합이 4(1점)였을 때 B가 이길 수 있는 경우는 오른쪽 표와 같다.

$\therefore$ B가 이길 확률 : $\frac{13}{36}\times\frac{13}{36}\times\frac{9}{36}+\frac{14}{36}\times\left\{\frac{13}{36}\times\left(\frac{14}{36}+\frac{9}{36}\right)+\frac{14}{36}\times\frac{9}{36}\right\}+\frac{9}{36}\times\left\{\frac{13}{36}\times\left(\frac{13}{36}+\frac{14}{36}+\frac{9}{36}\right)+\frac{14}{36}\times\left(\frac{14}{36}+\frac{9}{36}\right)+\frac{9}{36}\times\frac{9}{36}\right\}=\frac{1,521}{36^3}+\frac{5,950}{36^3}+\frac{7,839}{36^3}=\frac{15,310}{36^3}$

<table>
<tr><th colspan="2">첫 번째 판</th><th colspan="2">두 번째 판</th></tr>
<tr><th>A</th><th>B</th><th>A</th><th>B</th></tr>
<tr><td rowspan="10">1점</td><td>0점</td><td>0점</td><td>2점</td></tr>
<tr><td rowspan="3">1점</td><td rowspan="2">0점</td><td>1점</td></tr>
<tr><td>2점</td></tr>
<tr><td>1점</td><td>2점</td></tr>
<tr><td rowspan="6">2점</td><td rowspan="3">0점</td><td>0점</td></tr>
<tr><td>1점</td></tr>
<tr><td>2점</td></tr>
<tr><td rowspan="2">1점</td><td>1점</td></tr>
<tr><td>2점</td></tr>
<tr><td>2점</td><td>2점</td></tr>
</table>

2 인지역량Ⅱ - 언어(검사 C)

01	02	03							
④	④	③							

01 정답 ④

1998년 개발도상국에 대한 은행 융자 총액은 500억 달러였는데, 2005년에는 670억 달러가 되었으므로 1998년 수준을 회복하였다.

오답분석

① 경제적 수익을 추구하기 위한 것으로 포트폴리오 투자를 들 수 있으며, 회사 경영에 영향력을 행사하기 위한 것으로 외국인 직접투자를 들 수 있다.
② 지금까지 해외 원조는 개발도상국에 대한 경제적 효과가 있다고 여겨져 왔으나 최근 경제학자들 사이에서는 그러한 경제적 효과가 없다는 주장이 힘을 얻고 있다고 하였다.
③ 개발도상국으로 흘러드는 외국자본은 크게 원조, 부채, 투자가 있는데, 그중 부채는 은행 융자와 채권, 투자는 포트폴리오 투자와 외국인 직접투자로 나눌 수 있다.
⑤ 개발도상국에 대한 포트폴리오 투자액은 90억 달러에서 410억 달러로 320억 달러 증가하였고, 채권은 230억 달러에서 440억 달러로 210억 달러 증가하였다. 따라서 포트폴리오의 증감액이 더 크다.

02 정답 ④

신경교 세포가 전체 뉴런을 조정하면서 기억력과 사고력을 향상시킨다는 가설하에, 인간의 신경교 세포를 갓 태어난 생쥐의 두뇌에 주입하는 실험을 하였다. 그리고 그 실험결과는 이 같은 가설을 뒷받침해주는 결과를 가져왔으므로 옳은 내용이라고 할 수 있다.

오답분석

① 인간의 신경교 세포를 생쥐의 두뇌에 주입하였더니 쥐가 자라면서 주입된 인간의 신경교 세포도 성장했고, 이 세포들이 주위의 뉴런들과 완벽하게 결합되어 쥐의 두뇌 전체에 걸쳐 퍼지게 되었다고 하였다. 그러나 이 과정에서 쥐의 뉴런에 어떠한 영향을 주는지에 대해서는 언급하고 있지 않다.
②・③ 제시문의 실험은 인간의 신경교 세포를 쥐의 두뇌에 주입했을 때의 변화를 살펴본 것이지 인간의 뉴런 세포를 주입한 것이 아니므로 추론할 수 없는 내용이다.
⑤ 쥐에 주입된 인간의 신경교 세포는 그 기능을 그대로 간직한다고 하였으므로 옳지 않은 내용이다.

03 정답 ③

혁신적 기술 등에 의한 성장이 아닌 외형성장에 주력해온 국내 경제의 체질을 변화시키기 위해 벤처기업 육성에 관한 특별조치법이 제정되었다고 하는 부분을 통해 알 수 있는 내용이다.

오답분석

① 해외 주식시장의 주가 상승과 국내 벤처버블 발생이 비슷한 시기에 일어난 것은 알 수 있으나 전자가 후자의 원인이라는 것은 제시문을 통해서는 알 수 없는 내용이다.
② 벤처버블이 1999 ~ 2000년 동안의 기간 동안 국내 뿐 아니라 미국, 유럽 등 전세계 주요 국가에서 나타난 것은 알 수 있으나 전세계 모든 국가에서 일어났는지는 알 수 없다.
④ 뚜렷한 수익모델이 없다고 하더라도 인터넷을 활용한 비즈니스를 내세우면 높은 잠재력을 가진 기업으로 인식되었다는 부분을 통해 벤처기업이 활성화되었으리라는 것을 유추할 수는 있다. 하지만 그것이 대기업과 어떠한 연관을 가지는지는 제시문을 통해서는 알 수 없는 내용이다.
⑤ 외환위기로 인해 우리 경제에 고용창출과 경제성장을 주도할 새로운 기업군이 필요해졌다는 부분은 알 수 있으나, 외환위기가 해외 주식을 대규모로 매입하는 계기가 되었는지는 알 수 없다.

3 인지역량Ⅲ - 직무(검사 D)

01	02								
②	⑤								

01 정답 ②

F와 G지원자는 같은 학과를 졸업하였으므로 2명 이상의 신입사원을 뽑은 배터리개발부나 품질보증부에 지원하였다. 그런데 D지원자가 배터리개발부의 신입사원으로 뽑혔다고 했으므로 F와 G지원자는 품질보증부에 신입사원으로 뽑혔다. 또한 C지원자는 품질보증부에 지원하였다고 하였고 복수전공을 하지 않았으므로 C, F, G지원자가 품질보증부의 신입사원임을 알 수 있다. B지원자는 경영학과 정보통신학을 전공하였으므로 전략기획부와 품질보증부에서 뽑을 수 있다. 하지만 품질보증부는 이미 3명의 신입사원이 뽑혔으므로 B지원자는 전략기획부이다. E지원자는 화학공학과 경영학을 전공하였으므로 생산기술부와 전략기획부에서 뽑을 수 있다. 하지만 전략기획부는 1명의 신입사원을 뽑는다고 하였으므로 E지원자는 생산기술부의 신입사원으로 뽑혔음을 알 수 있다. A지원자는 배터리개발부와 생산기술부에 지원하였지만 생산기술부는 1명의 신입사원을 뽑으므로 배터리개발부에 뽑혔음을 알 수 있다.

구분	배터리개발부	생산기술부	전략기획부	품질보증부
A지원자	○	○		
B지원자			○	○
C지원자				○
D지원자	○			
E지원자		○	○	
F지원자				○
G지원자				○

02 정답 ⑤

2019년 1분기와 2분기의 수출국경기 EBSI는 모두 100 미만이므로, 2018년 4분기부터 2019년 2분기까지 수출국경기가 더욱 악화될 것임을 전망하고 있다.

오답분석

① 2019년 1 ~ 4분기의 국제수급상황 EBSI는 모두 100 미만이므로 기업들은 2019년 3분기까지 뿐만 아니라 4분기에도 국제수급상황이 직전분기 대비 악화될 것으로 전망하고 있다.
② 2020년 1분기 자금사정 EBSI는 100 이상이므로 기업들은 자금사정이 개선될 것이라고 생각한다.
③ 수출단가 EBSI는 2019년 2분기에 100을 초과하므로 직전분기 대비 개선될 것이라고 생각한다.
④ 2019년 3분기까지는 수출채산성 EBSI가 100 미만과 초과를 반복하며 악화와 개선을 반복할 것이라고 기대되지만, 2019년 4분기 EBSI는 3분기와 마찬가지로 100 미만이다. 따라서 4분기에도 3분기에 이어 전분기 대비 수출채산성 여건이 악화될 것으로 전망한다.

CHAPTER 04 롯데그룹

문제 034p

1 언어이해

01	02	03	04						
③	②	③	①						

01 정답 ③

할랄식품 시장의 확대로 많은 유통업계들이 할랄식품을 위한 생산라인을 설치 중이다.

오답분석

①·② 할랄식품은 엄격하게 생산·유통되기 때문에 일반 소비자들에게도 평이 좋다.
④ 세계 할랄 인증 기준은 200종에 달하고 수출하는 무슬림 국가마다 별도의 인증을 받아야 한다.

02 정답 ②

첫 번째 문장에서는 신비적 경험이 살아갈 수 있는 힘으로 밝혀진다면 그가 다른 방식으로 살아야 한다고 주장할 근거는 어디에도 없다고 하였으며, 이어지는 내용은 신비적 경험이 신비주의자들에게 살아갈 힘이 된다는 근거를 제시하고 있다. 따라서 보기 중 빈칸에 들어갈 내용으로 '신비주의자들의 삶의 방식이 수정되어야 할 불합리한 것이라고 주장할 수는 없다.'가 가장 적절하다.

03 정답 ③

제시된 글은 치매의 정의, 증상, 특성 등에 대한 내용이다. 따라서 '치매의 의미'가 글의 주제로 적절하다.

04 정답 ①

'미국 사회에서 동양계 ~ 구성된다.'에서 '모범적 소수 인종'의 인종적 정체성은 백인의 특성이 장점이라고 생각하는 것과 동양인의 특성이 단점이라고 생각하는 것의 사이에서 구성된다. 따라서 '모범적 소수 인종'은 특유의 인종적 정체성을 내면화하고 있음을 추론할 수 있다.

오답분석

② 제시문의 논점은 '동양계 미국인 학생들(모범적 소수 인종)'이 성공적인 학교생활을 통해 주류 사회에 동화되고 있는 것이 사실인지 여부이다. 그에 따라 사회적 삶에서 인종주의의 영향이 약화될 수 있는지에 대한 문제이다. 따라서 '모범적 소수 인종'의 성공이 일시적·허구적인지에 대한 논점은 확인할 수 없다.
③ 동양계 미국인 학생들은 인종적인 차별을 의식하고 있다고 말할 수 있지만 소수 인종 모두가 의식하고 있는지는 제시문을 통해서 추측할 수 없다.
④ 인종차별을 의식하는 것은 알 수 있지만 한정된 자원의 배분을 놓고 갈등하는지는 알 수 없다.

2 문제해결

01	02	03	04						
③	①	③	②						

01 정답 ③

11월 18일 중간보고에는 보고자인 J대리를 포함해 A팀장, B주임, C주임, D책임연구원까지 총 5명이 참석하므로 J대리는 적어도 5인 이상을 수용할 수 있는 세미나실을 대여해야 한다. 그런데 '호텔 아뜰리에'는 보수공사로 인해 4인실만 이용가능하며, '경주 베일리쉬'의 세미나실은 4인실이므로 '호텔 아뜰리에'와 '경주 베일리쉬'는 고려하지 않는다.
나머지 호텔들의 총비용을 계산하면 다음과 같다.

호텔명	총비용
글래드 경주	(78,000×2)+48,000=204,000
스카이뷰 호텔	(80,000×0.90×2)+50,000=194,000
이데아 호텔	(85,000×0.95×2)+30,000=191,500
경주 하운드	(80,000×2)+(80,000×0.60)=208,000

'글래드 경주'과 '경주 하운드'의 경우 예산범위인 200,000원을 초과하므로 J대리가 예약 가능한 호텔은 '스카이뷰 호텔'과 '이데아 호텔'이다.

02 정답 ①

오늘 검침 일지에 기입되는 사항을 보면 실내 온도는 9℃이므로 PSD 수치는 Parallel Mode를 적용하고, 오후 1시부터 5시까지 매 정각의 각 계기판 수치 중 가장 높은 수치의 평균은 $\frac{10+9+11}{3}=10$이 된다. 기준치는 수요일일 때 세 계기판의 표준수치 합이므로 $8+2+6=16$이 된다.
따라서 PSD 수치가 포함된 버튼 범위는 PSD≤16−3 → PSD≤13으로 '정상'이며, 경고등은 파란색, 이에 대한 조치는 '정상가동'이다.

03 정답 ③

02번 문제에서 실내 온도가 16℃로 수정되면 PSD 수치는 B계기판을 제외한 Serial Mode가 적용되고, 오후 6시 정각 각 계기판 수치의 합으로 $6+4=10$이 된다. 기준치는 수요일로 세 계기판의 표준수치 합이므로 $8+2+6=16$이 된다.
따라서 PSD 수치가 포함된 버튼 범위는 PSD≤16−3 → PSD≤13으로 '정상'이며, 경고등은 파란색, 이에 대한 조치는 '정상가동'이다.

04 정답 ②

먼저 작성일은 금요일이므로 기준치는 세 계기판의 표준수치 합의 $\frac{1}{2}$로 $\frac{8+2+6}{2}=8$이다. 버튼에 따라 PSD 수치 범위를 구하면 다음 표와 같다.

수치	버튼
PSD ≤ 5	정상
5 < PSD < 13	주의
13 ≤ PSD	비정상

선택지에서 온도 범위에 따라 〈수정된 Mode별 PSD 수치 계산방법〉을 이용하여 PSD 수치를 구하면 다음과 같다.

- 8℃일 경우

  온도가 10℃ 미만이면 Parallel Mode가 적용되고 수정된 계산방법에 의해 오후 6시 정각 각 계기판 수치의 평균인 $\frac{9+7+3}{3}=\frac{19}{3}$로 해당되는 버튼은 '주의'이다.

• 10℃일 경우
온도가 10℃ 이상이면 Serial Mode가 적용되고 수정된 계산방법에 의해 오후 1시부터 5시까지 매 정각의 B계기판 수치가 가장 높은 시각의 각 계기판 수치의 합으로 오후 1시 수치가 된다. 따라서 PSD 수치는 11+5+4=20으로 해당되는 버튼은 '비정상'이다.
• 16℃, 17℃ 일 경우
온도가 10℃ 이상이면 Serial Mode가 적용되고, 16℃ 이상이면 B계기판 수치는 제외되므로 PSD 수치는 5+4=9이며, 해당되는 버튼은 '주의'이다.
따라서 T대리가 작성한 검침 일지에서 버튼이 '비정상'에 해당하는 온도는 10℃이다.

3 자료해석

01	02	03	04						
①	④	①	③						

01 정답 ①
이메일 스팸 수신량이 가장 높은 시기는 2017년 하반기이지만, 휴대폰 스팸 수신량이 가장 높은 시기는 2016년 하반기이다.

오답분석
② 제시된 자료를 통해 모든 기간 이메일 스팸 수신량이 휴대폰 스팸 수신량보다 많음을 확인할 수 있다.
③ 이메일 스팸 수신량의 증가・감소 추이와 휴대폰 스팸 수신량의 증가・감소 추이가 일치하지 않으므로 서로 밀접한 관련이 있다고 보기 어렵다.
④ 이메일 스팸 총수신량의 평균은 약 0.6통이고 휴대폰 스팸 총수신량의 평균은 약 0.19통이다. 따라서 $\frac{0.6}{0.19} \fallingdotseq 3.16$으로 3배 이상이다.

02 정답 ④
2019년 소포우편 분야의 2015년 대비 매출액 증가율은 $\frac{5,017-3,390}{3,390} \times 100 \fallingdotseq 48.0\%$이므로 옳지 않은 설명이다.

오답분석
① 제시된 자료를 통해 매년 매출액이 가장 높은 분야는 일반통상 분야인 것을 확인할 수 있다.
② 일반통상 분야의 매출액은 2016년, 2017년, 2019년, 특수통상 분야의 매출액은 2018년, 2019년에 감소했고, 소포우편 분야는 매년 매출액이 꾸준히 증가한다.
③ 2019년 1분기 특수통상 분야의 매출액이 차지하고 있는 비율은 $\frac{1,406}{5,354} \times 100 \fallingdotseq 26.3\%$이므로 20% 이상이다.

03 정답 ①
해상 교통서비스 수입액이 많은 국가부터 차례대로 나열하면 '인도 – 미국 – 한국 – 브라질 – 멕시코 – 이탈리아 – 터키' 순서이다.

04 정답 ③
해상 교통서비스 수입보다 항공 교통서비스 수입이 더 높은 국가는 미국과 이탈리아이다.

오답분석
① 터키의 교통서비스 수입에서 항공 수입이 차지하는 비중은 $\frac{4,003}{10,157} \times 100 \fallingdotseq 39.4\%$이다.
② 교통서비스 수입액이 첫 번째(미국)와 두 번째(인도)로 높은 국가의 차이는 94,344−77,256=17,088백만 달러이다.
④ 제시된 자료를 통해 확인할 수 있다.

4 언어논리(인문계)

01	02	03	04	05	06				
④	④	④	②	③	①				

01 정답 ④

두 번째 조건에 의해, B는 항상 1과 5 사이에 앉는다. E가 4와 5 사이에 앉으면 2와 3 사이에는 A, C, D 중 누구나 앉을 수 있다.

오답분석

① A가 1과 2 사이에 앉으면 네 번째 조건에 의해, E는 4와 5 사이에 앉는다. 그러면 C는 3 옆에 앉고 D는 1 옆에 앉을 수 없게 된다. 이는 세 번째 조건과 모순이 된다.
② D가 4와 5 사이에 앉으면 네 번째 조건에 의해, E는 1과 2 사이에 앉는다. 그러면 C는 3 옆에 앉고 D는 1 옆에 앉을 수 없게 된다. 이는 세 번째 조건과 모순이 된다.
③ C가 2와 3 사이에 앉으면 세 번째 조건에 의해, D는 1과 2 사이에 앉는다. 또한 네 번째 조건에 의해, E는 3과 4 사이에 앉을 수 없다. 따라서 A는 반드시 3과 4 사이에 앉는다.

02 정답 ④

규칙에 따라 사용할 수 있는 숫자는 1, 5, 6을 제외한 나머지 2, 3, 4, 7, 8, 9의 총 6개이다. (한 자리 수)×(두 자리 수)=156이 되는 수를 알기 위해서는 156의 소인수를 구해보면 된다. 156의 소인수는 3, 2^2, 13으로 여기서 156이 되는 수의 곱 중에 조건을 만족하는 것은 2×78과 4×39이다. 따라서 선택지 중에 A팀 또는 B팀에 들어갈 수 있는 암호배열은 39밖에 없으므로 정답은 ④이다.

03 정답 ④

제시된 명제와 그 대우 명제를 정리하면 다음과 같다.
[ ]는 대우 명제이다.

- 액션영화 ○ → 팝콘 ○ [팝콘 × → 액션영화 ×]
- 커피 × → 콜라 × [콜라 ○ → 커피 ○]
- 콜라 × → 액션영화 ○ [액션영화 × → 콜라 ○]
- 팝콘 ○ → 나쵸 × [나쵸 ○ → 팝콘 ×]
- 애니메이션 ○ → 커피 × [커피 ○ → 애니메이션 ×]

따라서 위 조건을 정리하면 '애니메이션 ○ → 커피 × → 콜라 × → 액션영화 ○ → 팝콘 ○'이다.

04 정답 ②

행위와 결과의 관계이다.
'소독'은 '세균'을 없애고, '탈취'는 '냄새'를 없앤다.

05 정답 ③

한 개인이 그 집단에 소속되어 구성원 간에 우리라는 공동체 의식이 강한 집단을 내집단(우리 집단)이라고 한다. 반면에 한 개인이 소속감을 갖지 않으며 이질감이나 적대 의식을 가지는 집단을 외집단(타인 집단)이라고 한다. 따라서 할머니를 기준으로 '소녀'는 내집단(우리 집단)에 속해있는 '내부인'이고, '늑대'는 외집단(그들 집단)에 속해있는 '외부인'이다.

06 정답 ①

제시문의 (a) 다리와 (b) 다리는 포함 관계이다.
게의 (a) 다리는 (b) 다리의 상위어이고, '매체'는 '신문'의 상위어이다.

오답분석

②·③·④는 유의 관계이다.

5 수리공간(이공계)

01	02	03	04	05	06				
④	③	①	②	④	③				

01 정답 ④

(열차가 이동한 거리)=(열차의 길이)+(터널의 길이)
열차의 길이와 속력을 각각 xm, ym/s라고 하자.
$x+50=10y$ ··· ㉠
$x+200=25y$ ··· ㉡
㉠과 ㉡을 연립하면
$-150=-15y$ → $y=10$
∴ $x=50$

02 정답 ③

• 2km=2,000m(1km=1,000m)
• $3\text{m}^2=3\times100^2\text{cm}^2=30{,}000\text{cm}^2$ ($1\text{m}^2=10{,}000\text{cm}^2$)
• 1시간=3,600초(1시간=60분=3,600초)
• 68℉=(68℉−32)÷1.8=20℃
따라서 빈칸에 해당하는 숫자의 합은 2,000+30,000+3,600+20=35,620이다.

03 정답 ①

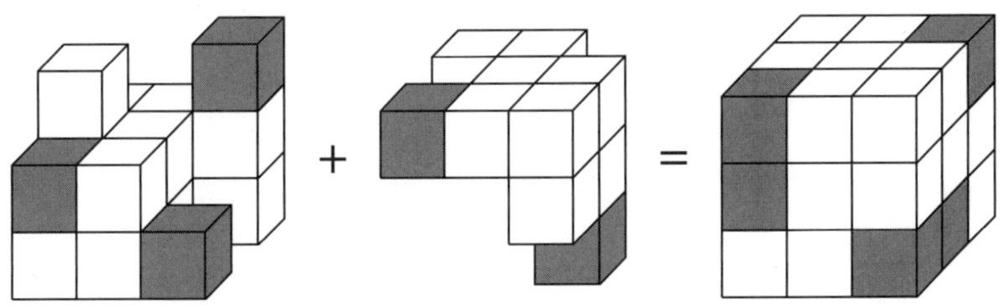

04 정답 ②

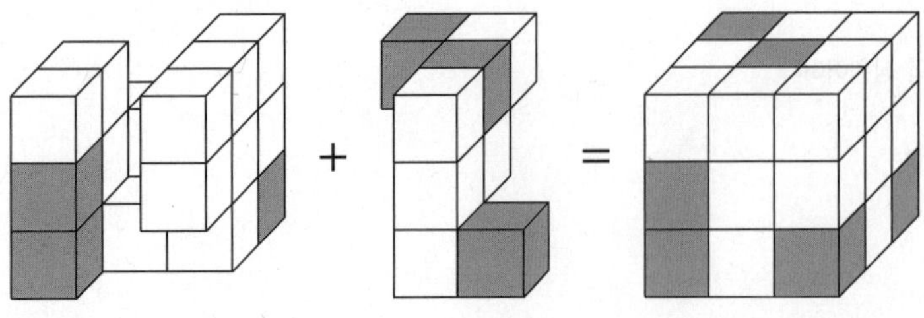

05 정답 ④

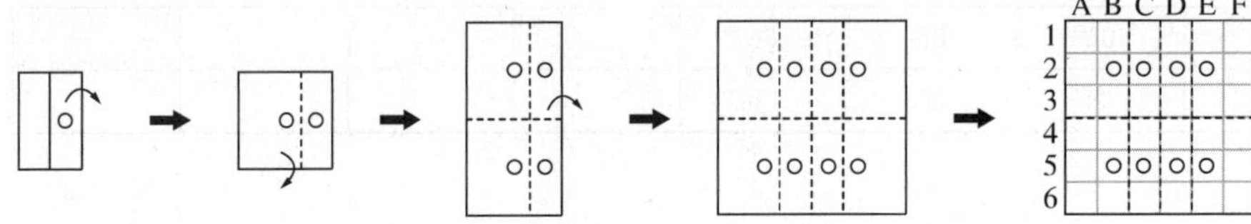

06 정답 ③

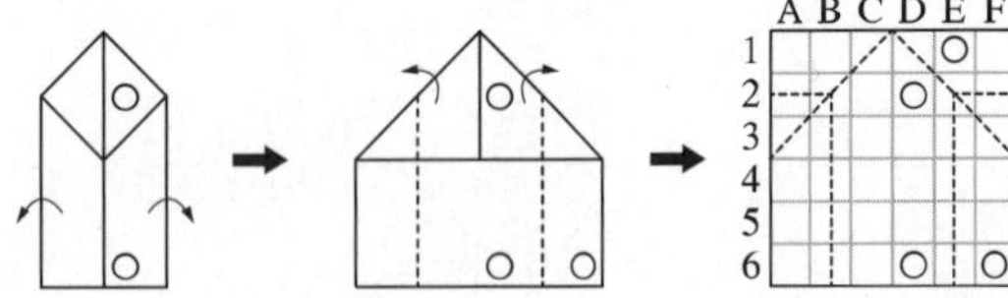

CHAPTER 05 포스코그룹

문제 050p

1 언어이해

01	02	03							
①	④	③							

01 정답 ①

매슬로우의 인간 욕구 5단계 이론을 소개한 (나), 다섯 가지 욕구와 그 우선순위를 설명하는 (라), 다섯 단계의 욕구를 더 자세히 설명하는 (다), 인간 욕구 5단계 이론이 경영학 중 하나인 인사 분야에서 사용됨을 설명하는 (가), 마지막으로 경영학 중 다른 하나인 마케팅 분야에서 사용됨을 설명하는 (마) 순서로 나열된다.

02 정답 ④

행복한 가정을 이루고 싶어 하는 것은 소속과 애정의 욕구로 볼 수 있다.

오답분석

① 첫 번째 단계인 생리적 욕구에 해당한다.
② (라) 문단을 통해 확인할 수 있다.
③ (가) 문단을 통해 확인할 수 있다.

03 정답 ③

노후 대비를 위해 연금보험에 가입한 것은 경제적 위험으로부터 보호받고 싶어 하는 안전 욕구로 볼 수 있다.

오답분석

① 자아실현 욕구 사례이다.
② 생리적 욕구 사례이다.
④ 소속과 애정의 욕구 사례이다.

2 자료해석

01	02	03	04						
④	④	④	③						

01 정답 ④

2019년 5월 발화요인별 화재발생 건수는 부주의가 1,374건으로 가장 많으며, 그 다음으로는 전기적 요인 819건, 기타 405건, 기계적 요인 340건, 교통사고 46건, 화학적 요인 32건, 가스누출 22건 순서로 많다.

02 정답 ④

ㄷ. 10월의 경우, 기계적 요인으로 인한 화재발생 건수는 405건으로, 기타 요인으로 인한 화재발생 건수인 394건보다 많음을 알 수 있다.
ㄹ. 2019년에 합계 값이 두 번째로 큰 발화요인은 부주의 다음으로 큰 전기적 요인이다.

오답분석

ㄱ. 가스누출로 인한 화재발생 건수는 10월에 18건, 11월에 25건으로 증가하였다.
ㄴ. 2월 부주의로 인한 화재발생 건수는 2,707건으로, 기타 요인으로 인한 화재발생 건수의 3배인 550×3=1,650건보다 많다.

03 정답 ④

2017년부터 2019년까지 3년 간 경기도에서 수거한 방치자전거의 수거 총 대수는 4,919+6,402+5,839=17,160대이다.

04 정답 ③

ㄱ. 전국의 방치자전거 수거 대수는 2017년 대비 2018년에는 증가하였으나, 2019년에는 27,571대로 2018년의 33,731대보다 감소였다.
ㄷ. 2017년의 방치자전거 수거 대수가 600대 이상인 시도는 서울특별시, 부산광역시, 인천광역시, 경기도, 경상북도, 제주특별자치도로 6곳이다.

오답분석

ㄴ. 부산광역시의 방치자전거 수거 대수는 2018년에 1,170대로 417대인 울산보다 크며, 2019년에도 834건으로 54건인 울산광역시보다 많다.

3 문제해결

01	02								
①	④								

01 정답 ①

등수별 선호도가 가장 높은 상품은 1등은 무선 청소기, 2등은 에어프라이와 전기 그릴, 3등은 백화점 상품권 2매이다. 2등은 선호도가 동일하므로 세 번째 조건에서 1등으로 선정된 상품의 총금액보다 저렴한 상품을 택해야 한다. 에어프라이와 전기 그릴을 구매할 경우 각각에 해당하는 비용을 계산하면 다음과 같다.

- 에어프라이(특가 상품으로 15% 할인) 2개 구매할 경우
  300,000×0.85×2=510,000원
- 전기 그릴(온라인 구매로 8% 할인) 2개 구매할 경우
  250,000×0.92×2=460,000원

2등 상품 두 가지 모두 1등 상품인 무선 청소기(80만 원)보다 더 저렴하므로 두 상품 중 가장 비싼 에어프라이를 구매한다.
따라서 모든 상품의 구매비용은 800,000+510,000+(50,000×2×3)=1,610,000원이다.

02 정답 ④

각 등수별 가장 낮은 선호도의 상품을 제외하고 상품의 구매비용을 구하면 다음과 같다.

등수	구매 개수	품목	할인 혜택 적용 후 구매금액
1등	1개	무선 청소기	800,000원
		호텔 숙박권	600,000×0.93=558,000원
2등	2개	에어프라이	300,000×0.85×2=510,000원
		전기 그릴	250,000×0.92×2=460,000원
3등	3개	백화점 상품권 2매	50,000×2×3=300,000원
		커피 쿠폰	50,000×3=150,000원

① (호텔 숙박권)+(에어프라이)+(커피 쿠폰)=558,000+510,000+150,000=1,218,000원
② (호텔 숙박권)+(전기 그릴)+(커피 쿠폰)=558,000+460,000+150,000=1,168,000원
③ (무선 청소기)+(전기 그릴)+(백화점 상품권)=800,000+460,000+300,000=1,560,000원
④ (무선 청소기)+(에어프라이)+(커피 쿠폰)=800,000+510,000+150,000=1,460,000원
따라서 최대한 예산에 가까운 상품 목록은 1등 무선 청소기, 2등 에어프라이, 3등 커피 쿠폰이다.

5 공간지각(이공계)

01	02								
④	①								

01 정답 ④

④의 블록 개수는 보이는 곳만 8개로 총 8개 이상이다. 그런데 주어진 두 도형의 블록 개수는 각각 4개와 3개로 총 7개이다. 그러므로 두 도형을 결합하였을 때 나올 수 있는 도형의 블록 개수는 7개이며, 보이지 않는 곳의 블록을 고려하여 보이는 블록의 개수는 7개 이하일 수 있지만 7개를 초과할 수는 없다. 따라서 답은 ④이다.

오답분석

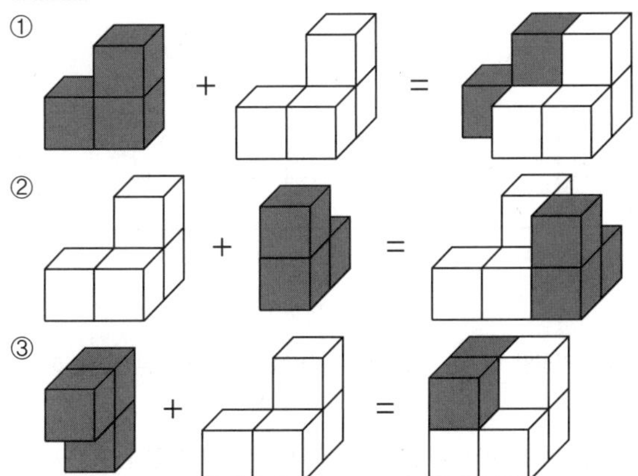

02 정답 ①

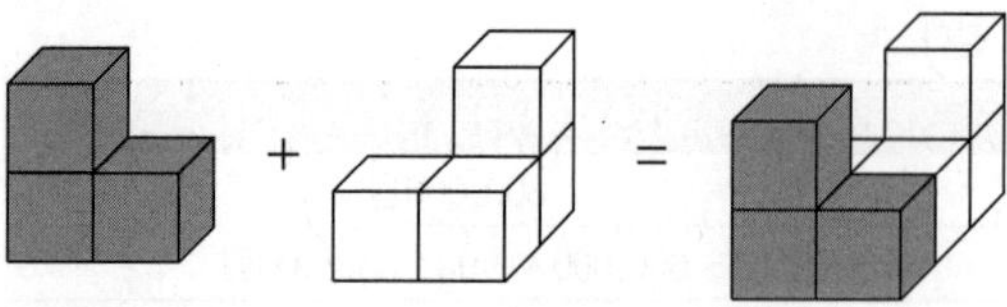

오답분석

결합 형태를 판단할 때 주어진 두 도형 중 한 도형을 기준으로 생각해보면 쉽다. 주어진 두 도형 중 찾기 쉬운 간단한 도형을 먼저 찾고 남은 모양이 주어진 도형 중 나머지 한 도형과 일치하는지를 판단한다.

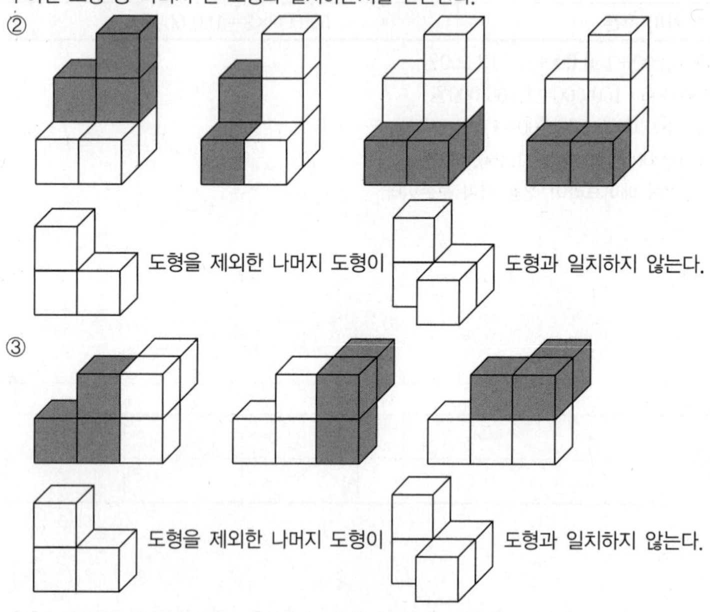
②
도형을 제외한 나머지 도형이
도형과 일치하지 않는다.
③
도형을 제외한 나머지 도형이
도형과 일치하지 않는다.

④ 보이지 않는 블록이 없는 도형이다. 따라서 개수로 판단해볼 수 있다. 블록 개수는 총 6개로 주어진 두 도형을 합친 7개보다 적다.

6 사회지각(인문사회계)

01	02	03	04						
④	①	②	②						

01 정답 ④

환자의 환자번호 마지막 네 자리가 N000으로 표기된 것으로 보아 경증이며 증상은 기침만 있다는 것을 알 수 있으므로 가장 적절한 설명이다.

오답분석

① 맨 앞자리가 국내에서 전염되었는지(I) 해외에서 전염되었는지(O)를 알려주는 정보이다. 따라서 환자는 국내에서 감염되었음을 알 수 있다.
② 두 번째·세 번째 자리가 02인 것을 보아 인천에서 감염된 것임을 알 수 있다.
③ 네 번째 자리가 바이러스의 염기서열을 나타내는 자리이다. 환자는 3으로 표기되어 있으므로 염기서열이 G그룹임을 알 수 있다.

02 정답 ①

확진자 A에 대한 정보를 환자번호 구성 순서로 정리하면 다음과 같다.

- 유학 중 귀국해오던 비행 도중 감염 증상 보임 : 해외유입(O)
- 대구에서 코로나 확정판정 : 대구(09)
- 검사결과 S그룹 감염으로 판정 : S그룹(1)
- 27세 : 20대 ~ 30대(A)
- 중등도 분류 : 중등도(D)
- 기침과 발열 증상을 보임 : 기침 · 발열(010)

따라서 환자번호는 'O091AD010'이다.

03 정답 ②

㉠ I<u>00</u>2AN000 : 2 ~ 3번째 자리는 확진 지역 자리로 01부터 14번까지만 존재하므로 00번은 옳지 않다.

㉢ O124F<u>N</u>111 : 6번째 자리는 증상 정도를 나타내고 7 ~ 9번째 자리는 증상 내용을 나타낸다. 폐렴은 최종증에서만 나타난다고 하였는데 이 환자번호는 증상 정도는 경증(N)인데 반해 증상 내용은 발열 · 폐렴(111)으로 적절하지 않다.

오답분석

㉡ O031AD010 : 해외유입 – 경기 – S그룹 – 20대 ~ 30대 – 중등도 – 기침 · 발열

㉣ I143KL011 : 국내발생 – 제주 – G그룹 – 10대 – 중증 – 기침 · 발열 · 호흡곤란

㉤ O024FN001 : 해외유입 – 인천 – L그룹 – 40대 ~ 50대 – 경증 – 발열

04 정답 ②

갦	갫	갮	갷	갰	갮	갰	갷	갦	**갪**	갷	갮
갪	갰	갷	갰	갫	갳	갦	갮	갫	갰	갦	갫
갫	갦	갳	갮	갦	갷	갫	갳	갰	갦	갫	갷
갮	갷	**갪**	갦	갮	갳	갰	갫	갮	갷	갳	**갪**

2020년 대기업

CHAPTER 06 KT그룹

문제 061p

1 언어능력

01	02	03	04	05	06				
②	①	④	⑤	②	④				

01 정답 ②

제시된 글은 제4차 산업혁명으로 인한 노동 수요 감소로 인해 나타날 수 있는 문제점으로 대공황에 대한 위험을 설명하면서도, 긍정적인 시각으로 노동 수요 감소를 통해 인간적인 삶 향유가 이루어질 수 있다고 말한다. 따라서 제4차 산업혁명의 밝은 미래와 어두운 미래를 나타내는 ②가 제목으로 적절하다.

02 정답 ①

제시문은 사회 윤리의 중요성과 특징, 향후 발전 방법에 대하여 설명하고 있다. 이때 글의 구조를 파악해 보면, (가)는 대전제, (다)는 소전제, (마)는 (다)에 대한 보충 설명, (라)는 (마)에 대한 보충 설명, (나)는 결론의 구조를 취하고 있다.
따라서 (가) 현대 사회에서 대두되는 사회 윤리의 중요성 → (다) 개인의 윤리와 다른 사회 윤리의 특징 → (마) 개인 윤리와 사회 윤리의 차이점 → (라) 개인과 사회의 차이와 특성 → (나) 현대 사회의 특성에 맞는 사회 윤리의 정의의 순서로 배열하는 것이 적절하다.

03 정답 ④

제시된 글에서는 편리성, 경제성, 객관성 등을 이유로 인공 지능 면접을 지지하고 있다. 따라서 객관성보다 면접관의 생각이나 견해가 회사 상황에 맞는 인재를 선발하는 데 적합하다는 논지로 반박하는 것은 옳다.

오답분석

①·③·⑤ 제시된 글의 주장에 반박하는 것이 아니라 제시된 글의 주장을 강화하는 근거에 해당한다.
② 인공 지능 면접에 필요한 기술과 인간적 공감의 관계는 제시된 글에서 주장한 내용이 아니므로 반박의 근거로도 적당하지 않다.

04 정답 ⑤

경험론자들은 인식의 근원을 오직 경험에서만 찾을 수 있다고 주장한다. 따라서 파르메니데스의 주장과 대비된다.

오답분석

① 파르메니데스의 존재론의 의의는 존재라는 개념을 시간적, 물리적인 감각적 대상으로 보는 것이 아니라, 예리한 인식으로 파악하는 로고스와 같은 것이라고 주장했으므로 옳은 말이다.
② 플라톤은 이데아를 감각 세계의 너머에 있는 실재이자 모든 사물의 원형으로 파악하고 있다. 이는 파르메니데스의 존재개념과 유사하며, 윗글에서도 언급되어 있듯이 파르메니데스에 대한 플라톤의 평가에서 파르메니데스에게 영향을 받았음을 알 수 있다.
③ '감각적으로 지각할 수 있는 세계 전체를 기만적인 것으로 치부하고 유일하게 실재하는 것은 존재라고 생각했다.'는 구절에서 파르메니데스는 지각 및 감성보다 이성 및 지성을 우위에 두었을 것이라 추측할 수 있다.
④ 윗글의 내용 중 파르메니데스는 '예리한 인식에는 감각적 지각이 필요 없다고 주장'하면서 '존재는 로고스에 의해 인식되며, 로고스와 같은 것'이란 주장에서 추론할 수 있다.

05 정답 ②

첩보 위성은 임무를 위해 낮은 궤도를 비행해야 하므로, 높은 궤도로 비행시키면 수명은 길어질 수 있으나 임무의 수행 자체가 어려워질 수 있다.

06 정답 ④

민간 부문에서 역량 모델의 도입에 대한 논의가 먼저 이루어진 것으로 짐작할 수는 있지만, 이것이 민간 부문에서 더욱 효과적으로 작용한다는 것을 의미한다고 보기는 어렵다.

2 언어 · 수추리력

01	02	03	04	05	06	07			
②	③	①	②	①	①	②			

01 정답 ②

'을'과 '정'이 서로 상반된 이야기를 하고 있으므로 둘 중 한 명이 거짓말을 하고 있다. 만일 '을'이 참이고 '정'이 거짓이라면 화분을 깨뜨린 사람은 '병', '정'이 되는데, 화분을 깨뜨린 사람은 1명이어야 하므로 모순이다.
따라서 거짓말을 한 사람은 '을'이다.

02 정답 ③

i) B가 부정행위를 했을 경우
두 번째와 세 번째 조건에 따라 C와 E도 함께 부정행위를 하게 되므로 첫 번째 조건에 부합하지 않는다. 따라서 B는 부정행위를 하지 않았으며, 두 번째 조건에 따라 C도 부정행위를 하지 않았다.

ii) D가 부정행위를 했을 경우
다섯 번째 조건의 대우인 'D가 부정행위를 했다면, E도 부정행위를 했다.'와 세 번째 조건에 따라 E와 A가 함께 부정행위를 하게 되므로 첫 번째 조건에 부합하지 않는다. 따라서 D 역시 부정행위를 하지 않았다.

결국 B, C, D를 제외한 A, E가 시험 도중 부정행위를 했음을 알 수 있다.

03 정답 ①

'경지가 도서관에 간다.'를 A, '정민이가 도서관에 간다.'를 B, '보현이가 도서관에 간다.'를 C, '영경이가 도서관에 간다.'를 D, '근희가 도서관에 간다.'를 E라고 하자.
세 번째와 네 번째 조건에 따라 '$\sim A \rightarrow B \rightarrow C$'가 성립하고, 다섯 번째 조건과 여섯 번째 조건에 따라 '$\sim D \rightarrow E \rightarrow \sim A$'가 성립한다.
따라서 '$\sim D \rightarrow E \rightarrow \sim A \rightarrow B \rightarrow C$'이므로 첫 번째 조건에 따라 근희가 금요일에 도서관에 가면 정민이와 보현이도 도서관에 간다.

04 정답 ②

앞의 두 항의 합이 다음 항이 되는 피보나치수열이다.
따라서 (　)$=5+8=13$이다.

05 정답 ①

앞의 항에 -2, 3, -4, 5, -6, …을 곱하는 수열이다.
따라서 ( )$=2\times3=6$이다.

06 정답 ①

홀수 항은 $\times2+0.2$, $\times2+0.4$, $\times2+0.6$, …인 수열이고, 짝수 항은 $\times3-0.1$인 수열이다.
따라서 ( )$=12.2\times3-0.1=36.5$이다.

07 정답 ②

앞의 항에 2.5, 3.5, 4.5, 5.5, 6.5, …씩 더하는 수열이다.
따라서 ( )$=-1+4.5=3.5$이다.

3 수리능력

01	02	03	04	05	06	07	08		
②	④	⑤	②	③	③	④	①		

01 정답 ②

12와 32의 최소공배수는 96이므로 100 이하 자연수 중 96의 배수는 1개이다.

02 정답 ④

처음 숫자의 십의 자리 숫자를 x, 일의 자리 숫자를 y라고 하면
$x+y=10$ … ㉠
$(10y+x)\div2=10x+y-14 \rightarrow 19x-8y=28$ … ㉡
㉠과 ㉡을 연립하면 $x=4$, $y=6$이다.
따라서 처음 숫자는 $4\times10+6=46$이다.

03 정답 ⑤

불만족을 선택한 직원은 $1,000\times0.4=400$명이고, 이 중 여직원은 $400\times0.7=280$명, 남직원은 $400\times0.3=120$명이다. 불만족을 표현한 직원 중 여직원 수는 전체 여직원의 20%이므로 전체 여직원 수는 $280\times5=1,400$명이고, 남직원 수는 전체의 10%이므로 $120\times10=1,200$명이다.
따라서 전체 직원 수는 $1,400+1,200=2,600$명이다.

04 정답 ②

분수 쇼는 시작하고 나서 매 45분마다 시작이며, 퍼레이드는 60분마다 하고 있다. 그러므로 45와 60의 최소공배수를 구하면 180분이 나온다. 즉, 두 이벤트의 시작을 함께 볼 수 있는 시간은 10시 이후 3시간마다 가능하다.
따라서 오후 12시부터 오후 6시 사이에서는 오후 1시와 오후 4시에 볼 수 있으므로 2번 볼 수 있다.

05 정답 ③

5장의 카드에서 2장을 뽑아 두 자리 정수를 만드는 전체 경우의 수 : $4\times4=16$가지(∵ 십의 자리에는 0이 올 수 없다)
십의 자리가 홀수일 때와 짝수일 때를 나누어 생각해보면

- 십의 자리가 홀수, 일의 자리가 짝수일 경우의 수 : $2\times3=6$가지
- 십의 자리가 짝수, 일의 자리가 짝수일 경우의 수 : $2\times2=4$가지

따라서 구하는 확률은 $\frac{6+4}{16}=\frac{10}{16}=\frac{5}{8}$이다.

06 정답 ③

$3,000\times(0.582+0.615)=3,000\times1.197=3,591$명

07 정답 ④

2016년과 2020년에는 출생아 수와 사망자 수의 차이가 20만 명이 되지 않는다.

08 정답 ①

자료는 비율을 나타내기 때문에 실업자의 수는 알 수 없다.

오답분석

② 실업자 비율은 2%p 증가하였다.
③ 경제활동인구 비율은 80%에서 70%로 감소하였다.
④ 취업자 비율은 12%p 감소했지만 실업자 비율은 2%p 증가하였기 때문에 취업자 비율의 증감 폭이 더 크다.
⑤ 비경제활동인구의 비율은 20%에서 30%로 증가하였다.

4 도식추리력

01	02								
⑤	③								

01 정답 ⑤

A : 도형 및 색상 상하 위치 변경
B : 시계 방향으로 도형 및 색상 한 칸 이동
C : 도형 및 색상 좌우 위치 변경

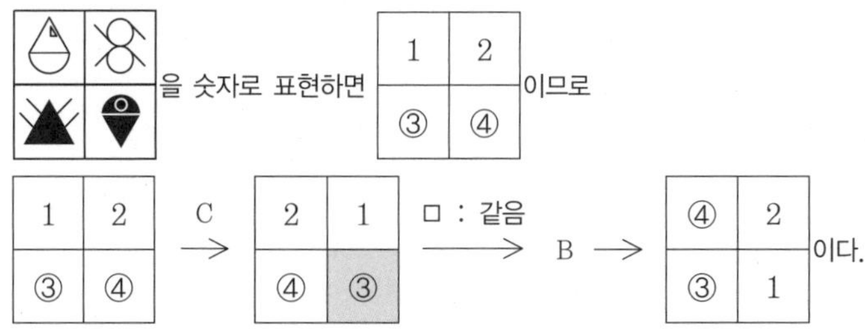

2020년 대기업

02 정답 ③

• A :

외부도형	1	2
내부도형	3	4

→

1	3
2	4

• B :

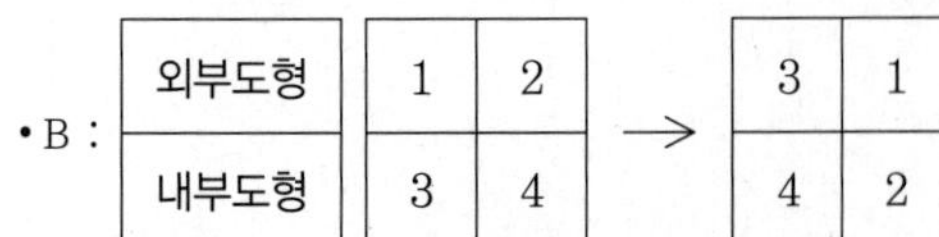

• C :

외부도형	1	2
내부도형	3	4

→

1	3
4	2

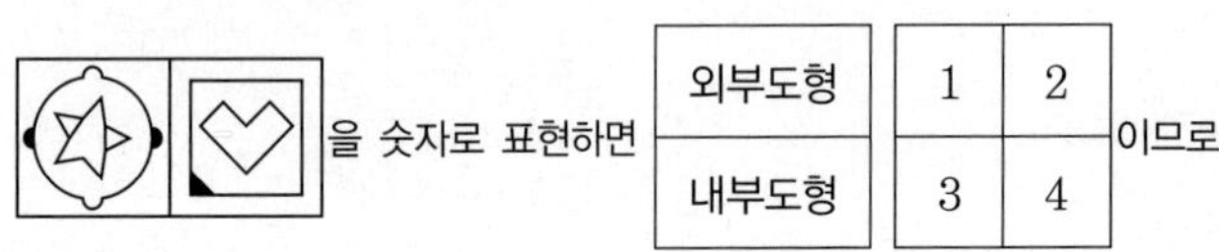

1	2
3	4

C →

1	3
4	2

B →

4	1
2	3

A →

4	2
1	3

이다.

CHAPTER 07 두산그룹

문제	072p

1 언어논리

01	02	03	04	05	06				
⑤	①	⑤	④	③	③				

01 정답 ⑤

월요일부터 토요일까지 각 팀의 회의 진행 횟수가 같으므로 6일 동안 6개 팀은 각각 두 번씩 회의를 진행해야 한다. 주어진 〈조건〉에 따라 A～F팀의 회의 진행 요일을 정리하면 다음과 같다.

월	화	수	목	금	토
C, B	D, B	C, E	A, F	A, F	D, E
		D, E			C, E

오답분석

① E팀은 수요일과 토요일에 모두 회의를 진행한다.
② 화요일에 회의를 진행한 팀은 B팀과 D팀이다.
③ C팀과 E팀은 수요일 또는 토요일 중 하루 함께 회의를 진행한다.
④ C팀은 월요일에 한 번 회의를 진행하였고, 수요일 또는 토요일 중 하루만 회의를 진행한다.

02 정답 ①

오른쪽 끝자리에는 30대 남성이, 왼쪽에서 두 번째 자리에는 40대 남성이 앉고, 네 번째 조건에 따라 30대 여성은 왼쪽에서 네 번째 자리에 앉아야 한다. 이때, 40대 여성은 세 번째 조건에 의해 왼쪽에서 첫 번째 자리에 앉아야 하므로 남은 자리에 20대 남녀가 앉을 수 있다.

〈경우 1〉

40대 여성	40대 남성	20대 여성	30대 여성	20대 남성	30대 남성

〈경우 2〉

40대 여성	40대 남성	20대 남성	30대 여성	20대 여성	30대 남성

따라서 항상 옳은 것은 ①이다.

03 정답 ⑤

주어진 조건을 바탕으로 먹은 음식을 정리하면 다음과 같다.

구분	쫄면	라면	우동	김밥	어묵
민하	×	×	×	×	○
상식	×	○	×	×	×
은희	×	×	○	×	×
은주	×	×	×	○	×
지훈	○	×	×	×	×

따라서 바르게 연결된 것은 민하 – 어묵, 상식 – 라면의 ⑤이다.

04 정답 ④

기술을 통한 제조 주기의 단축과 하나의 공장에서 다양한 제품군을 생산하는 것은 '기술적 혁명'을 통한 생산성 향상, 생산 공정 최적화 등과 관련이 있다. 따라서 GE의 제조 공장은 ⓒ 제조업의 스마트화 사례에 해당한다.

05 정답 ③

현재 에너지 비용을 지원하는 단기적인 복지 정책은 효과가 지속되지 않고, 오히려 에너지 사용량이 늘어나 에너지 절감과 같은 환경 효과를 볼 수 없으므로 '효율형'과 '전환형'의 복합적인 에너지 복지 정책을 추진해야 한다는 내용의 글이다. 따라서 에너지 비용을 지원하는 정책의 효과가 지속되지 않는다는 데에는 ⓛ이, 일자리 창출 효과의 '효율형' 정책과 환경 보호 효과의 '전환형' 정책을 복합적으로 추진해야 한다는 데에는 ⓒ이 각각 필자의 논거로 사용될 수 있다.

06 정답 ③

차로 유지기능을 작동했을 때 운전자가 직접 운전을 해야 했던 '레벨2'와 달리 '레벨3'은 운전자가 직접 운전하지 않아도 긴급 상황에 대응할 수 있는 자동차로 유지기능이 탑재되어 있다. 이러한 '레벨3' 안전기준이 도입된다면, 지정된 영역 내에서 운전자가 직접 운전하지 않고도 주행이 가능해질 것이다. 따라서 빈칸에 들어갈 내용으로 운전자가 운전대에서 손을 떼고도 자율주행이 가능해진다는 ③이 가장 적절하다.

오답분석

① 레벨3 부분자율주행차는 운전자 탑승이 확인된 후에만 작동할 수 있다.
②·④ 제시문에서는 레벨3 부분자율주행차의 자동차로 유지기능에 관해 이야기하고 있으며, 자동 속도 조절이나 차량 간 거리 유지기능에 관해서는 제시문을 통해 알 수 없다.
⑤ 레벨2에 대한 설명이다. 레벨3 부분자율주행차의 자동차로 유지기능은 운전자가 직접 운전하지 않아도 차선을 유지하고, 긴급 상황에 대응할 수 있다.

2 수리자료분석

01	02	03	04	05	06				
②	②	⑤	⑤	④	③				

01 정답 ②

실용성 전체 평균점수 $\frac{103}{6} \fallingdotseq 17$점보다 높은 방식은 ID/PW 방식, 이메일 및 SNS 방식, 생체인증 방식 총 3가지이다.

오답분석

① 생체인증 방식의 선호도 점수는 $20+19+18=57$점이고, OTP 방식의 선호도 점수는 $15+18+14=47$점, I-pin 방식의 선호도 점수는 $16+17+15=48$점이다. 따라서 생체인증 방식의 선호도는 나머지 두 방식의 선호도 합보다 $47+48-57=38$점 낮다.
③ 유효기간이 '없음'인 방식들은 ID/PW 방식, 이메일 및 SNS 방식, 생체인증 방식이며, 세 인증수단 방식의 간편성 평균점수는 $\frac{16+10+18}{3} \fallingdotseq 15$점이다.
④ 공인인증서 방식의 선호도가 51점일 때, 보안성 점수는 $51-(16+14+3)=18$점이다.
⑤ 유효기간이 '없음'인 방식들은 ID/PW 방식, 이메일 및 SNS 방식, 생체인증 방식이며, 실용성 점수는 모두 18점 이상이다.

02 정답 ②

매출액 규모가 클수록 업종 전환 이유에 대해 영업이익 감소를 선택한 비율이 높다.

오답분석

① 프랜차이즈 형태로 운영하는 경우(1.3%), 그렇지 않은 경우(2.3%)보다 업종 전환 의향에 대한 긍정적 응답 비율이 낮다.
③ 매출액 규모가 1억 원 미만인 경우, 업종 전환 이유에 대해 구인의 어려움을 선택한 응답자 비율이 0이므로 옳지 않다.
④ 비(非)프랜차이즈 형태로 운영하는 경우, 업종 전환의 가장 큰 이유는 57.9%가 응답한 영업이익 감소이다.
⑤ 매출액이 5억 원 이상인 경우, 업종 전환의 가장 큰 이유는 61.4%가 응답한 영업이익 감소이다.

03 정답 ⑤

2015 ~ 2019년 동안 매년 생산량은 두류가 잡곡보다 많음을 알 수 있다.

오답분석

① 잡곡의 생산량이 가장 적은 해는 2016년이고, 재배면적이 가장 적은 해는 2019년이다.
② 2019년의 경우 잡곡의 재배면적은 208ha이며, 서류 재배면적의 2배인 138×2=276ha보다 작다.
③ 두류의 생산량이 가장 많은 해는 2015년이고, 같은 해에 재배면적이 가장 큰 곡물은 미곡이다.
④ 2017 ~ 2019년 동안 미곡의 전년 대비 생산량 증감 추이는 '감소 – 증가 – 증가'이고, 두류의 경우 계속 증가했다.

04 정답 ⑤

처음 소금물의 농도를 x%라 하자.

$\frac{x}{100}\times 160=\frac{8}{100}\times(160+40) \rightarrow 160x=1,600 \rightarrow x=10$

따라서 물을 넣기 전 처음 소금물의 농도는 10%이다.

05 정답 ④

흡연자 A씨가 금연프로그램에 참여하면서 진료 및 상담과 금연보조제(니코틴패치) 구매에 지불해야하는 부담금은 지원금 비율을 제외한 나머지 비율이다.

따라서 A씨가 부담하는 금액은 총 30,000×0.1×6+12,000×0.25×3=18,000+9,000=27,000원이다.

06 정답 ③

맨 처음 접시에 있었던 과자의 개수를 x개라고 하면, 먹은 과자의 개수와 먹고 난 후 남은 과자의 개수는 다음과 같다.

구분	먹은 과자개수	남은 과자개수
민우	$\frac{1}{2}x$	$\frac{1}{2}x$
지우	$\frac{1}{2}x\times\frac{1}{2}=\frac{1}{4}x$	$\frac{1}{2}x-\frac{1}{4}x=\frac{1}{4}x$
경태	$\frac{1}{4}x\times\frac{1}{4}=\frac{1}{16}x$	$\frac{1}{4}x-\frac{1}{16}x=\frac{3}{16}x$
수인과 진형	$\frac{3}{16}x=6$	0

따라서 처음 접시에 있었던 과자의 개수는 $\frac{3}{16}x=6 \rightarrow x=32$개이다.

2020년 대기업

3 어휘유창성(인문계)

01	02	03	04						
③	④	⑤	①						

01 정답 ③

'벼슬을 깎다.'에서 '깎다'는 주었던 권력이나 지위를 빼앗는다는 의미로 쓰인 것이므로 적절하지 않다. '체면이나 명예를 상하게 하다.'의 의미의 '깎다'는 '다른 사람의 체면을 깎다.'와 같이 활용된다.

02 정답 ④

오답분석

① '소위'가 '이른바(세상에서 말하는 바)'의 뜻으로 '말하는'과 의미가 중복된다.
② '미리'와 '예측(미리 헤아려 짐작함)'이 의미상 중복된다.
③ '올해 추수한'과 '햅쌀(그 해에 새로 난 쌀)'이 의미상 중복된다.
⑤ '전진'은 '앞으로 나아감'을 의미한다. 따라서 '앞으로'와 의미가 중복된다.

03 정답 ⑤

'만'은 횟수를 나타내는 말 뒤에 쓰여 '앞말이 가리키는 횟수를 끝으로'의 뜻을 나타내는 의존 명사이므로 '한 번 만에'와 같이 띄어 써야 한다.

오답분석

① '들'은 두 개 이상의 사물을 나열할 때, 그 열거한 사물 모두를 가리키거나 그 밖에 같은 종류의 사물이 더 있음을 나타내는 의존 명사이므로 앞말과 띄어 쓴다.
② 용언의 관형사형 뒤에 나타나는 '뿐'은 다만 어떠하거나 어찌할 따름이라는 뜻을 나타내는 의존 명사이므로 앞말과 띄어 쓴다.
③ 체언 바로 뒤에 붙어 나타나는 '–만큼'은 앞말과 비슷한 정도나 한도임을 나타내는 격조사이므로 붙여 쓴다.
④ '듯하다'는 앞말이 뜻하는 사건이나 상태 따위를 짐작하거나 추측함을 나타내는 보조 형용사이므로 한 단어로 붙여 쓴다.

04 정답 ①

제시문에서는 대형마트와 백화점 중 판매되는 곳에 따라 나타나는 상품에 대한 구매 선호도의 차이를 이야기하고 있다. 따라서 제시문과 관련 있는 한자성어로는 '회남의 귤을 회북에 옮겨 심으면 탱자가 된다.'는 뜻의 '환경에 따라 사람이나 사물의 성질이 변함'을 의미하는 '귤화위지(橘化爲枳)'가 가장 적절하다.

오답분석

② 좌불안석(坐不安席) : 앉아도 자리가 편안하지 않다는 뜻으로, 마음이 불안하거나 걱정스러워서 한군데에 가만히 앉아 있지 못하고 안절부절못하는 모양을 이르는 말
③ 불문가지(不問可知) : 묻지 아니하여도 알 수 있음
④ 전화위복(轉禍爲福) : 재앙과 근심, 걱정이 바뀌어 오히려 복이 됨
⑤ 일망타진(一網打盡) : 한 번 그물을 쳐서 고기를 다 잡는다는 뜻으로, 어떤 무리를 한꺼번에 모조리 다 잡음을 이르는 말

4 공간추리(이공계)

01	02								
⑤	④								

01 정답 ⑤

오답분석

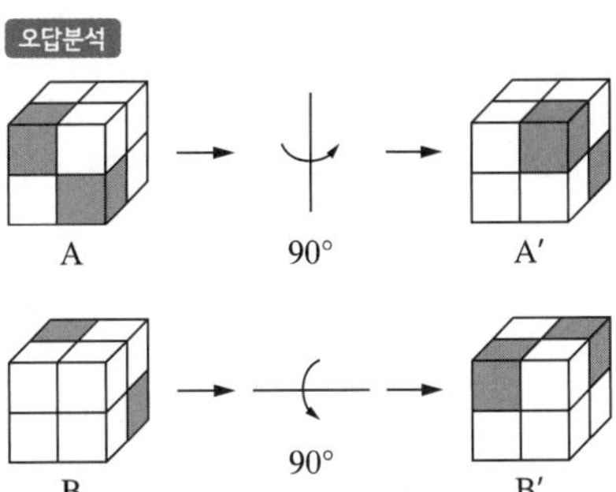

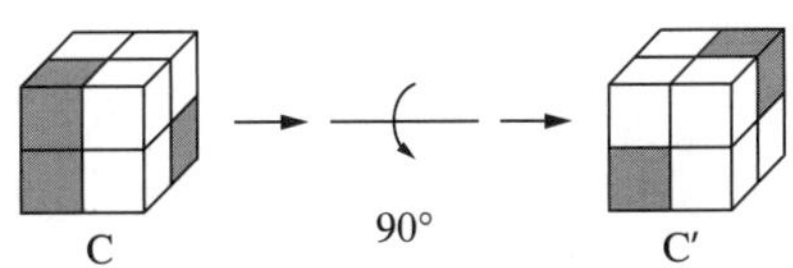

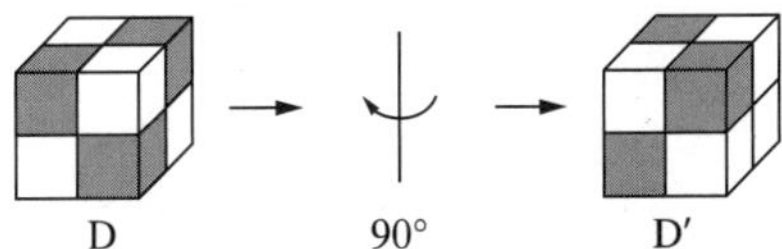

① 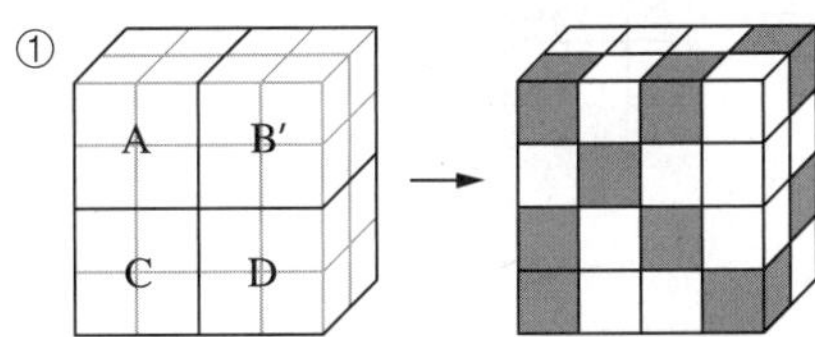

② 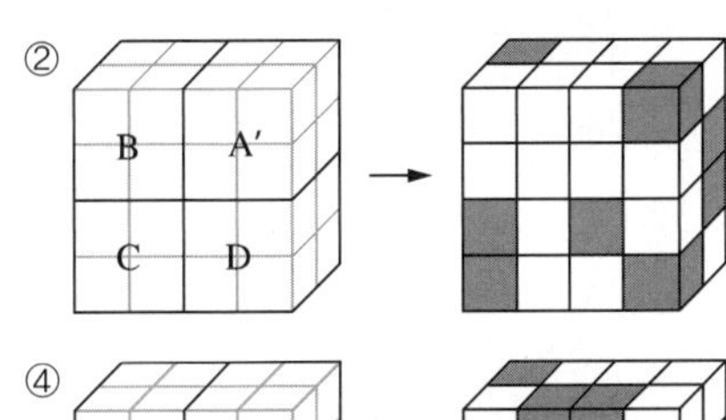

③ 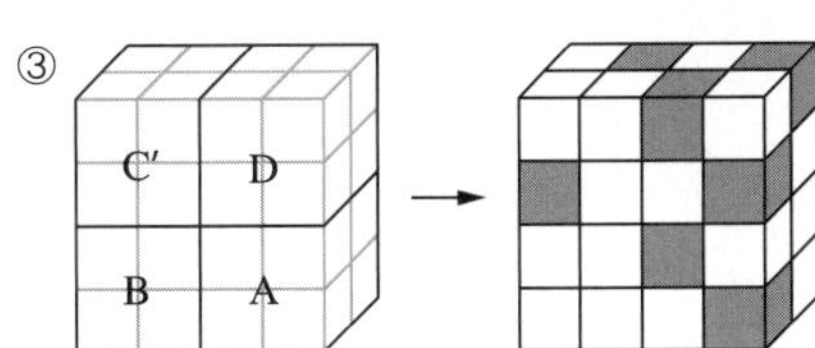

④ 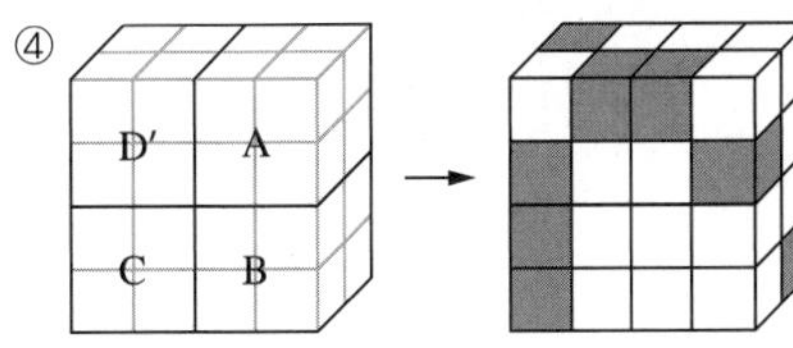

2020년 대기업

02 **정답 ④**

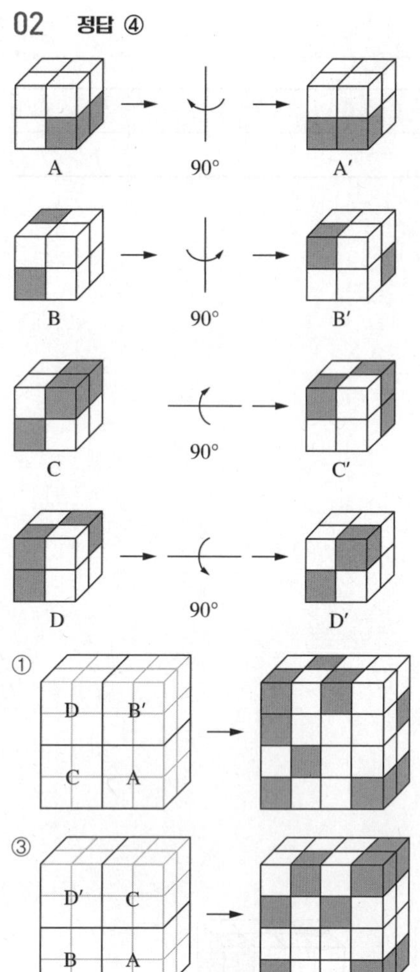

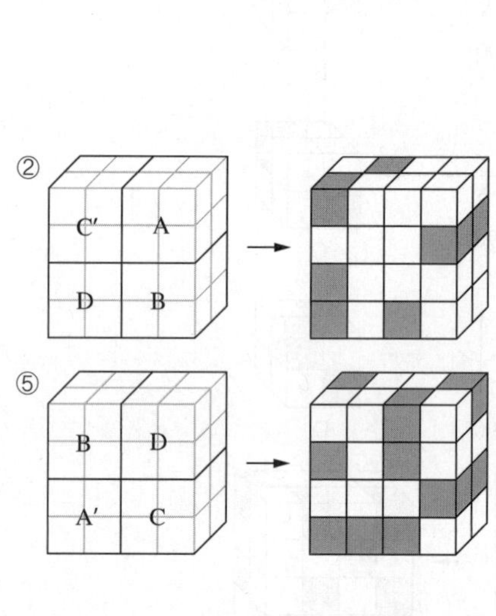

CHAPTER 08 GS그룹

문제	085p

1 사무지각

01	02								
③	①								

01 정답 ③

감자	감사	강사	검지	검수	강사	검지	검사	감사	검수	감지	강사
검정	검사	감지	감사	강사	감지	검정	강사	검지	검사	감자	검지
감사	검정	검사	검수	검정	감사	검정	검진	검수	검진	검정	감지
검사	검수	검지	감자	검지	검수	감지	강사	감지	감사	검진	검사

02 정답 ①

cloth	cut	celery	call	cut	celery	cut	carrot	cut	cry	call	crown
cut	cap	cloth	cross	celery	cross	cap	celery	cry	cut	cloth	cross
corn	call	celery	cut	call	cloth	cup	cloth	cap	cut	cut	cloth
celery	cup	cloth	cross	cast	call	cut	cover	cup	cry	cross	celery

2 언어추리

01	02	03	04	05	06				
①	②	①	①	①	⑤				

01 정답 ①

주어진 조건에 따라 다섯 지역의 개나리 개화일을 정리하면 다음 표와 같다.

광주	대구	대전	서울	강릉	평균
3.20		3.23	3.27		3.22

대구와 강릉 중 한 곳의 개화일은 대전의 개화일과 같으며, 다섯 지역의 평균 개화일은 3월 22일이므로 나머지 한 곳의 개화일을 구하면,

$\frac{20+23+27+23+x}{5}=22 \rightarrow x=22\times5-93=17$일

따라서 개나리 개화 시기가 가장 늦은 지역은 3월 27일의 서울임을 알 수 있다.

02 정답 ②

01번 해설에 따르면 다섯 지역 중 평균 개화일인 3월 22일보다 개화일이 빠른 지역은 광주, 대구 또는 광주, 강릉이므로 거짓임을 알 수 있다.

03 정답 ①

01번 해설에 따르면 대구와 대전의 개화일이 같다면 강릉의 개화일은 3월 17일이 되므로 강릉의 개화 시기가 가장 빠른 것을 알 수 있다.

04 정답 ①

제시문은 원천 봉쇄의 오류로 나올 법한 반대 의견을 아예 묵살해버리는 오류이다.

오답분석

② 무지에 호소하는 오류
③ 군중에 호소하는 오류
④ 결합의 오류
⑤ 원인 오판의 오류

05 정답 ①

B와 E의 말이 서로 모순되므로 둘 중 한 명은 반드시 거짓을 말하고 있다.

1) B의 말이 거짓일 경우
E의 말이 참이 되므로 D의 말에 따라 아이스크림을 사야 할 사람은 A가 된다. 또한 나머지 A, C, D의 말 역시 모두 참이 된다.

2) E의 말이 거짓일 경우
B의 말이 참이 되므로 아이스크림을 사야 할 사람은 C가 된다. 그러나 B의 말이 참이라면 참인 C의 말에 따라 D의 말은 거짓이 된다. 결국 D와 E 2명이 거짓을 말하게 되므로 한 명만 거짓말을 한다는 조건이 성립하지 않으며, A의 말과도 모순된다.

따라서 거짓말을 하는 사람은 B이며, 아이스크림을 사야 할 사람은 A이다.

06 정답 ⑤

'훠궈를 먹는다.'를 A, '디저트로 마카롱을 먹는다.'를 B, '아메리카노를 마신다.'를 C라고 하면 전제는 'A → B'이다. 'A → C'라는 결론을 얻기 위해서는 'B → C' 또는 '~C → ~B'라는 명제가 필요하므로 정답은 ⑤이다.

3 언어유추

01	02	03							
②	④	③							

01 정답 ②

제시된 낱말은 유의 관계이다.

조직이나 기구, 사업체 따위를 운용하고 경영함을 뜻하는 '운영'은 '운용'과 유의 관계이며, 크게 웃음을 뜻하는 '대소'는 '방소'와 유의 관계이다.

오답분석

① 미소 : 소리 없이 빙긋이 웃음. 또는 그런 웃음
③ 다소 : 분량이나 정도의 많음과 적음
④ 최소 : 양 따위가 가장 적음
⑤ 해소 : 어려운 일이나 문제가 되는 상태를 해결하여 없애 버림

02 정답 ④

제시된 낱말은 포함 관계이다.
'한국'은 '아시아'에 포함되어 있고, '마름모'는 '사각형'에 포함되어 있다.

03 정답 ③

제시된 낱말은 왼쪽 낱말이 오른쪽 낱말을 상징하는 관계이다.
'비둘기'의 상징은 '평화'이고, '백합'의 상징은 '순결'이다.

4 응용수리

01	02								
①	②								

01 정답 ①

올라갈 때 걸은 거리를 $x$km라고 하자.
내려올 때의 거리는 $(x+5)$km이므로

$\frac{x}{3}+x+\frac{x+5}{4}=3 \rightarrow 4x+3(x+5)=36$

$\therefore x=3$

02 정답 ②

처음에 빨간색 수건을 꺼낼 확률은 $\frac{3}{3+4+3}=\frac{3}{10}$이고, 다음에 수건을 꺼낼 때는 빨간색 수건이 한 장 적으므로 파란색 수건을 꺼낼 확률은 $\frac{3}{2+4+3}=\frac{3}{9}=\frac{1}{3}$이다.

따라서 처음에 빨간색 수건을 뽑고, 다음에 파란색 수건을 뽑을 확률은 $\frac{3}{10}\times\frac{1}{3}=\frac{1}{10}$이다.

5 수추리

01	02	03							
②	②	⑤							

01 정답 ②

앞의 항에 $\times 6$, $\div 3$을 번갈아 가며 적용하는 수열이다.
따라서 ( )$=16\times 6=96$이다.

02 정답 ②

앞의 항에 -0.8, $+1.5$를 번갈아 가며 적용하는 수열이다.
따라서 ( )$=6.2+1.5=7.7$이다.

03 정답 ⑤

앞의 항에 $\times \frac{2}{3}$을 하는 수열이다.

따라서 ( )$=\frac{13}{18}\times\frac{2}{3}=\frac{13}{27}$이다.

6 공간지각

01	02	03	04						
②	④	②	②						

01 정답 ②

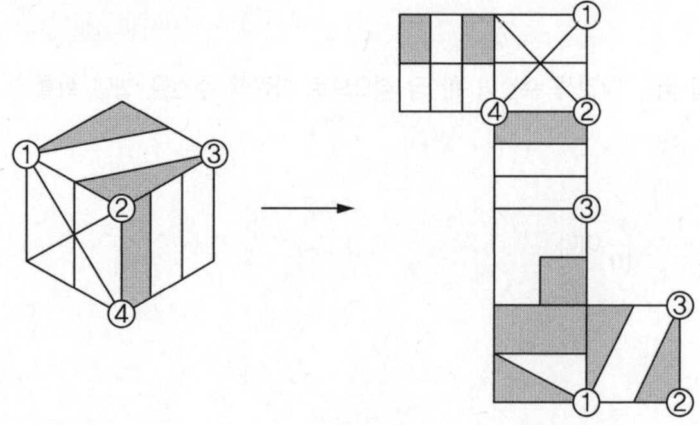

02 **정답** ④

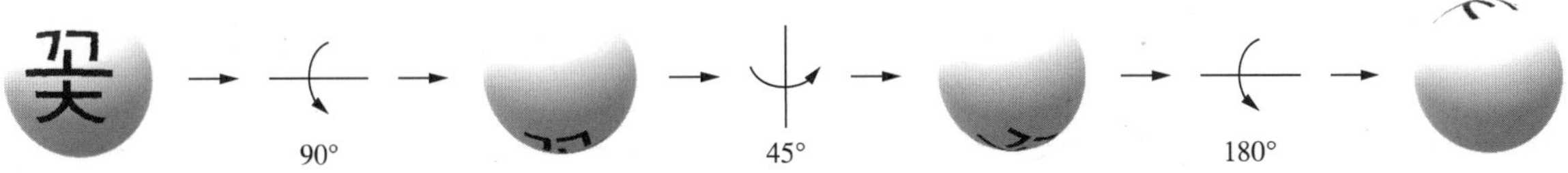

03 **정답** ②

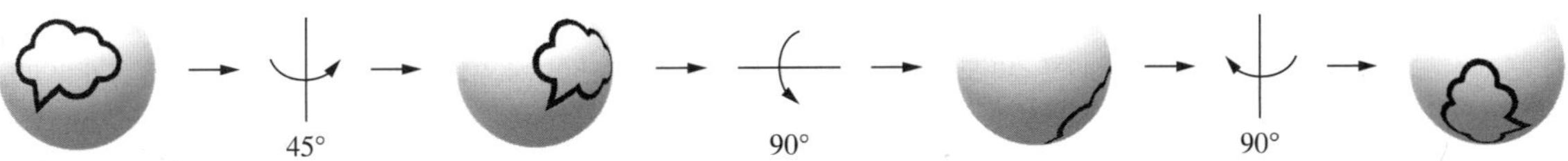

04 **정답** ②

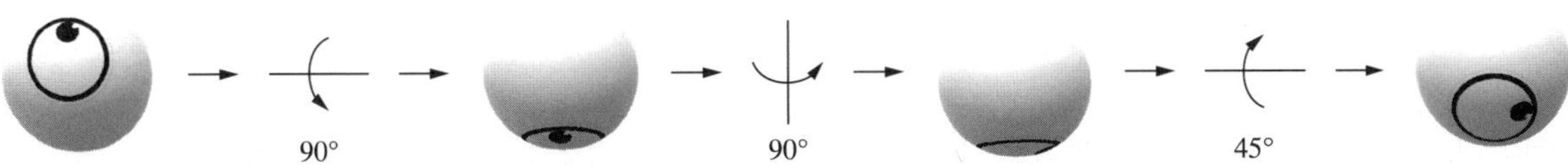

7 단어연상

01	02	03							
④	②	②							

01 **정답** ④

오작교, 은하수, 칠석을 통해 '견우직녀'를 연상할 수 있다.

02 **정답** ②

영국, 증기기관, 석탄을 통해 '산업혁명'을 연상할 수 있다.

03 **정답** ②

기타, 가야금, 해금을 통해 '현악기'를 연상할 수 있다.

8 자료해석

01	02	03	04						
③	②	②	③						

01 정답 ③

2018년 3/4분기에도 감소하였다.

오답분석

② 2018년 2/4분기 조회 서비스 이용 실적은 849천 건이고, 전 분기의 이용 실적은 817천 건이므로 849−817=32, 즉 3만 2천 건 증가하였다.

02 정답 ②

뉴질랜드 수출수지는 8월에서 10월까지 증가했다가 11월에 감소한 후 12월에 다시 증가했다.

오답분석

① 한국의 수출수지 중 전월 대비 수출수지가 증가한 달은 9월, 10월, 11월이며 증가량이 가장 많았던 달은 45,309−41,983=3,326백만USD인 11월이다.

③ 그리스의 12월 수출수지는 2,426백만USD이며 11월 수출수지는 2,409백만USD이므로, 전월 대비 12월의 수출수지 증가율은 $\frac{2,426-2,409}{2,409}\times 100 \fallingdotseq 0.7\%$이다.

④ 10월부터 12월 사이 한국의 수출수지는 '증 → 감'의 추이이다. 이와 같은 양상을 보이는 나라는 독일과 미국으로 2개국이다.

⑤ 제시된 자료를 통해 쉽게 알 수 있다.

03 정답 ②

직접 계산을 하면, $\frac{78,855}{275,484}\times 100 \fallingdotseq 28.6\%$이다. 하지만 직접 계산을 하지 않더라도 2016년과 2017년을 비교하면, 2017년이 전체 공무원 수는 적지만 여성공무원 수는 더 많다. 따라서 2017년 여성공무원 비율인 29.3%보다 낮다는 것을 알 수 있다.

04 정답 ③

㉡ (교원 1인당 원아 수)=$\frac{\text{(원아 수)}}{\text{(교원 수)}}$이다. 따라서 원아 수 대비 교원 수가 늘어나기 때문에 교원 1인당 원아 수가 줄어드는 것이다.

㉣ 제시된 자료를 통해서는 알 수 없다.

9 언어이해

01	02	03	04	05	06				
⑤	④	②	①	②	④				

01 정답 ⑤

한글 맞춤법에 따르면 모음이나 'ㄴ' 받침 뒤에 이어지는 '률'은 '율'로 적어야 한다. 따라서 '범죄율'이 올바른 표기이다.

02 정답 ④

'내'가 일부 시간적·공간적 범위를 나타내는 명사와 함께 쓰여, 일정한 범위의 안을 의미할 때는 의존 명사이므로 띄어 쓴다.

오답분석

① 짓는데 → 짓는 데
② 김철수씨는 → 김철수 씨는
③ 해결할 게 → 해결할게
⑤ 안됐다. → 안 됐다.

03 정답 ②

읍참마속(泣斬馬謖)은 큰 목적을 위하여 귀중한 것을 희생함을 이르는 말로, 중국 촉나라 제갈량이 군령을 어기어 전투에서 패한 마속을 눈물을 머금고 참형에 처하였다는 데서 유래하였다. 그밖에 빈칸에 들어갈 수 있는 말로는 자기 몸을 상해 가면서까지 꾸며 내는 계책이라는 뜻의 '고육지책(苦肉之策)'이 있다.

오답분석

① 전전반측(輾轉反側) : '이리 뒤척 저리 뒤척 한다'는 뜻으로, 원래는 미인을 사모(思慕)하여 잠을 이루지 못함을 이르는 표현
③ 오매불망(寤寐不忘) : 자나깨나 잊지 못함을 이르는 표현
④ 간담상조(肝膽相照) : '간과 쓸개를 내놓고 서로에게 내보인다'라는 뜻으로, 서로 마음을 터놓고 친밀히 사귐을 이르는 표현
⑤ 대기만성(大器晩成) : '큰 그릇은 늦게 이루어진다'는 뜻으로, 크게 될 인물은 오랜 공적을 쌓아 늦게 이루어짐을 이르는 표현

04 정답 ①

'갑돌'의 성품이 탁월하다고 볼 수 있는 것은 그의 '성품이 곧고 자신감이 충만'하며, 다수의 옳지 않은 행동에 대하여 '비판의 목소리를 낼 것이며 그렇게 하는 데에 별 어려움을 느끼지 않을 것'이기 때문이다. 또한 세 번째 문단에 따르면 탁월한 성품은 올바른 훈련을 통해 올바른 일을 바르고 즐겁게 그리고 어려워하지 않으며 처리할 수 있는 능력을 뜻한다. 따라서 아리스토텔레스의 입장에서는 '엄청난 의지를 발휘'하고 자신과의 '힘든 싸움'을 해야 했던 '병식'보다는 잘못된 일에 '별 어려움' 없이 '비판의 목소리'를 내는 '갑돌'의 성품을 탁월하다고 여길 것이다.

05 정답 ②

제시문은 '예술 작품에 대한 감상과 판단'에 대해서 첫째 단락에서는 '어떤 사람의 감상이나 판단은 다른 사람들보다 더 좋거나 나쁠 수도 있지 않을까? 혹은 덜 발달되었을 수도, 더 세련되었을 수도 있지 않을까'라는 의문을, 셋째 단락에서는 '예술 비평가들의 판단이나 식별이 올바르다는 것은 어떻게 알 수 있는가'라는 의문을, 마지막 단락에서는 '자격을 갖춘 비평가들, 심지어는 최고의 비평가들에게서조차 의견의 불일치가 생겨나는 것'에 대한 의문을 제기하면서 이에 대해 흄의 견해에 근거하여 순차적으로 답변하며 글을 전개하고 있다.

06 정답 ④

〈돈키호테〉에 나오는 일화에 등장하는 두 명의 전문가는 둘 다 포도주의 맛이 이상하다고 하였는데 한 사람은 쇠 맛이 살짝 난다고 했고, 또 다른 사람은 가죽 맛이 향을 망쳤다고 했다. 이렇게 포도주의 이상한 맛에 대한 원인을 다르게 판단한 것은 비평가들 사이에서 비평의 불일치가 생겨난 것에 해당한다고 볼 수 있다.

10 한국사

01	02	03	04						
②	②	③	①						

01 정답 ②

고조선의 세력범위를 알 수 있는 고인돌 유적은 탁자식 고인돌(북방식 고인돌)이다. 바둑판식 고인돌은 남방식 고인돌이며 주로 전라도, 경상도 등 한강이남 지역에 분포하고 있다.

02 정답 ②

ㄴ. 4C 백제 근초고왕 → ㄹ. 5C 고구려 장수왕 → ㄷ. 6C 신라 진흥왕 → ㄱ. 7C 백제 의자왕

03 정답 ③

모스크바 3상 회의

1945년 12월 16일부터 26일까지 소련의 모스크바에서 개최된 미국, 영국, 소련의 외무장관 회의로, 제2차 세계대전 이후의 일본 점령지역의 관리 문제를 비롯하여 얄타 회담에서 비롯된 한반도 독립 문제를 논했다.

오답분석

① 카이로 회담 : 일본이 점령했던 모든 영토를 빼앗고 한국의 독립보장을 선언한 회담
② 얄타 회담 : 제2차 세계대전 중 얄타에서 미국·영국·소련의 대표들이 가진 회담
④ 포츠담 선언 : 일본에 대해서 항복을 권고하고 제2차 세계대전 후의 대일처리방침을 표명한 선언

04 정답 ①

• 의금부 : 조선 시대의 사법(司法)기관

오답분석

삼사(三司)

조선 시대 언론을 담당한 사헌부·사간원·홍문관을 가리키는 말

CHAPTER 09 효성그룹

문제	103p

1 지각정확력

01	02	03	04	05	06				
②	②	③	⑤	⑤	①				

01 정답 ②

◐	●	◕	◑	◎	◔	◒	**◐**	◑	●	◒	**◐**
◒	◎	◗	◒	◖	**◐**	●	◍	◑	**◐**	◎	◍
◕	◔	**◐**	◑	◑	◕	◒	●	◎	**◐**	◔	◖
◎	◑	◔	◍	◔	◒	◎	**◐**	◔	◕	**◐**	◑

02 정답 ②

▤	▥	▧	▨	▥	▩	▤	▧	▨	▩	▥	▧
▧	▩	▥	▧	**▦**	▥	▨	▩	▤	▨	▧	▩
▩	▤	▧	▩	▥	▤	▨	▤	▧	▩	**▦**	▨
▨	▤	▨	▥	▤	▩	▧	▥	▨	▧	▥	▤

03 정답 ③

努	务	**努**	奴	奴	助	協	另	劦	怒	劦	**努**
劦	協	怒	怒	劦	**努**	劦	怒	务	協	务	另
怒	奴	另	助	奴	务	另	奴	**努**	怒	奴	協
另	**努**	協	另	务	助	協	另	助	奴	**努**	怒

04 정답 ⑤

자각	촉각	매각	**소각**	기각	내각	후각	감각	둔각	망각	각각	엇각
기각	내각	청각	조각	갑각	해각	종각	자각	주각	간각	매각	**시각**
망각	**지각**	갑각	엇각	주각	촉각	매각	청각	**부각**	내각	조각	기각
대각	후각	촉각	자각	후각	망각	조각	내각	기각	촉각	청각	감각

05 정답 ⑤

Ⅸ	ⅳ	Ⅷ	Ⅸ	Ⅱ	Ⅺ	Ⅴ	Ⅶ	ⅳ	Ⅷ	ⅱ	**Ⅲ**
Ⅷ	Ⅺ	Ⅴ	Ⅴ	**Ⅹ**	Ⅶ	Ⅷ	**ⅷ**	Ⅱ	Ⅺ	Ⅶ	ⅱ
Ⅴ	ⅻ	**ⅰ**	Ⅶ	Ⅷ	Ⅸ	Ⅸ	ⅳ	ⅱ	ⅻ	ⅳ	Ⅷ
ⅱ	Ⅷ	ⅳ	Ⅺ	ⅳ	Ⅱ	ⅱ	Ⅺ	Ⅶ	Ⅴ	Ⅸ	ⅻ

06 정답 ①

土士	土毛	土類	土葬	土爐	土着	土漿	土手	土漿	土類	土爐	土毛
土手	土道	土偶	土兵	土風	土類	土士	土塘	土偶	土着	土道	土兵
土漿	土爐	土着	**土亭**	土塘	土手	土道	**土墳**	土價	土葬	**土地**	土偶
土價	土毛	土類	土塘	土葬	**土砂**	土漿	土爐	土兵	土士	土偶	土道

2 언어유추력

01	02	03	04	05					
③	②	④	②	③					

01 정답 ③

제시된 단어의 관계는 반의 관계이다.

• 호황 : 경기가 좋음 또는 그런 상황

오답분석

① 호재 : 좋은 재료, (경제) 증권 거래에서 시세 상승의 요인이 되는 조건

02 정답 ②

제시문은 유의 관계이다.

'후회'의 유의어는 '회환'이고 '억지'의 유의어는 '떼'이다.

• 후회 : 이전의 잘못을 깨치고 뉘우침
• 회한 : 뉘우치고 한탄함
• 떼 : 부당한 요구나 청을 들어 달라고 고집하는 것
• 억지 : 잘 안될 일을 무리하게 기어이 해내려는 고집

03 정답 ④

제시문은 상위어와 하위어 관계이다.

'이란'은 '중동'의 국가 중 하나이고 '목성'은 '태양계'의 행성 중 하나이다.

04 정답 ②

제시된 관계는 유의 관계이다.

• 암상 : 남을 시기하고 샘을 잘 내는 마음이나 행동
• 답습 : 예로부터 해 오던 방식이나 수법을 좇아 그대로 행함

05 정답 ③

제시된 단어는 유의 관계로, '만족하다'의 유의어는 '탐탁하다'이다.

3 언어추리력

01	02	03	04						
①	②	①	②						

01 정답 ①

제시된 조건을 통해 결승점에 들어온 순서대로 정리하면 병, 을, 정, 갑 순서이다.

02 정답 ②

결승점에 가장 늦게 들어온 사람은 갑이다.

03 정답 ①

B는 A보다 위층에 살고 있고, C와 D가 이웃한 층에 살고 있으려면 3～5층 중에 두 층을 차지해야 하므로 1층에 사는 것은 E이다.

04 정답 ②

B가 4층에 살면 C와 D가 이웃한 층에 살 수 없다. 따라서 B는 4층에 살 수 없다.

4 공간지각력

01	02								
①	④								

01 정답 ①

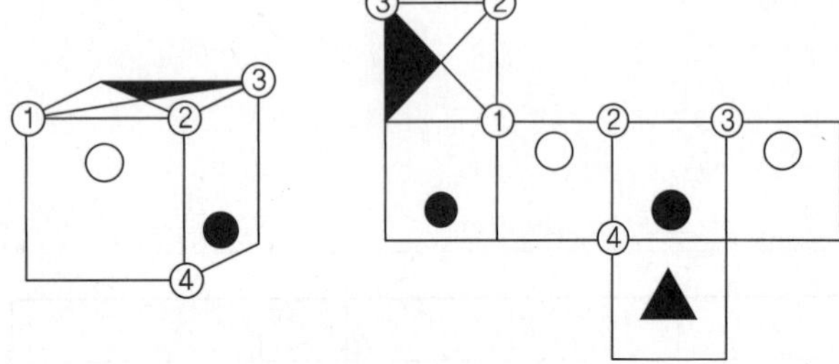

02 정답 ④

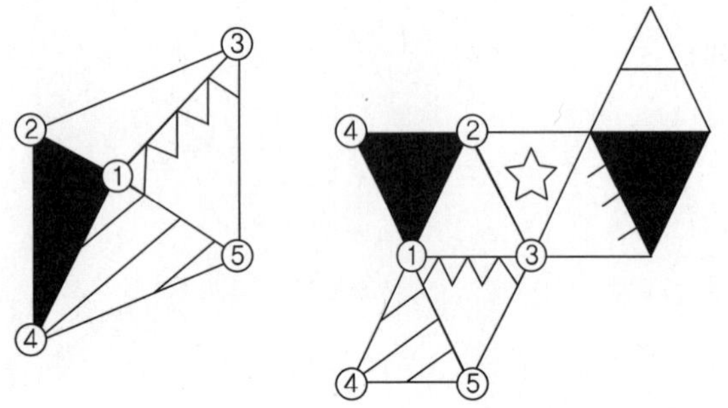

5 판단력

01	02	03	04	05					
④	①	③	③	④					

01 정답 ④

브랜다이스는 독점 규제를 통해 소비자의 이익이 아닌 독립적 소생산자의 경제를 보호함으로써 시민 자치를 지키고자 하였다.

오답분석

① 첫 번째 문단과 두 번째 문단에 따르면 셔먼과 브랜다이스의 견해는 모두 시민 자치를 중시하는 공화주의 전통에 기반을 두고 있음을 알 수 있다.
② 반독점법의 목적을 셔먼은 소비자의 이익 보호와 소생산자의 탈집중화된 경제 보호로, 아놀드는 소비자 복지 증진으로 보았다. 따라서 셔먼과 아놀드는 소비자 이익을 보호한다는 점에서 반독점법을 지지했다는 것을 알 수 있다.
③ 1930년대 후반 아놀드가 법무부 반독점국의 책임자로 임명되면서 반독점법의 근거로 소비자 복지를 주장하는 아놀드의 견해가 널리 받아들여졌다.

02 정답 ①

ㄱ. 근이 든 해에는 대부 이하 벼슬하는 사람들은 모두 봉록의 5분의 1을 감봉한다고 하였고, 궤가 든 해에는 5분의 4를 감봉한다고 하였다. 따라서 근이 든 해에는 5분의 4만큼의 봉록을, 궤가 든 해에는 5분의 1만큼의 봉록을 받게 되므로 근이 들었을 때 받을 수 있는 봉록은 궤가 들었을 때 받을 수 있는 봉록의 4배일 것이다.

오답분석

ㄴ. 다섯 가지 곡식 모두 제대로 수확되지 않은 것을 기라고 하였는데 '기가 든 해에는 아예 봉록을 주지 않고 약간의 식량만을 지급할 뿐이다.'라고 하였다. 따라서 식량까지 전혀 지급받지 못한 것은 아니다.

ㄷ. 군주가 행차할 때 수레를 끄는 말의 수를 반으로 줄여 두 마리만으로 수레를 끌게 한다.'고 하였고, 말에게 곡식을 먹이지 않는다고 하였다.

ㄹ. '곡식이 제대로 수확되지 않으면 군주는 먹던 요리의 5분의 3을 줄였다.'고 하였으므로 평상시의 5분의 2를 먹었을 것이다.

03 정답 ③

제시문의 소재는 '회전문'이며 (나)에서는 그보다 더 포괄적인 개념인 '문'에 대한 일반적인 내용을 서술하고 있으므로 가장 앞에 위치해야 함을 알 수 있다. '그 대표적인 예가 회전문이다.'라고 언급하고 있는 부분을 통해서도 이를 유추해볼 수 있다. 또한 (나)의 후반부에는 '회전문의 구조와 기능'이라는 부분이 언급되어 있다. 따라서 이 문구를 통해 (나) 다음에 위치할 문단은 '구조와 기능'을 구체화시킨 (가)가 됨을 알 수 있으며, 그 뒤에는 이를 구체적인 사례를 들며 비판한 (라)가 위치하는 것이 가장 적절하다. 마지막으로는 이를 종합하여 회전문을 가장 미개한 형태의 문으로 규정한 (다)가 들어가야 자연스럽다.

04 정답 ③

제시문의 내용을 토대로 빈칸을 추론해본다면, 남을 속이는 사기꾼과는 반대의 뉘앙스를 지닌 어구가 들어가야 함을 알 수 있다. 이는 빈칸의 뒤 문장에서 '기생 식물이 양분을 빨아먹기 위해서는 건강한 나무가 있어야 하는 것과 같다.'라는 비유로도 나타나고 있는데, 이를 종합하면 빈칸에는 '건강한 나무'의 이미지를 지니는 어구가 들어가야 한다. 따라서 이와 가장 유사한 의미를 지니는 것은 ③이다.

05 정답 ④

제시문에서는 인지부조화의 개념과 과정을 설명한 후, 이러한 인지부조화를 감소시키는 행동에 자기방어적인 행동을 유발하는 비합리적인 면이 있음을 지적하며, 이러한 행동이 부정적 결과를 초래할 수 있다고 밝히고 있다.

6 응용계산력

01	02	03	04	05	06	07			
②	②	③	①	①	④	④			

01 정답 ②

철수와 영희가 처음 만날 때까지 걸린 시간을 x분이라고 하자.

x분동안 철수와 영희의 이동거리는 각각 $70x$m, $30x$m이므로

$70x+30x=1,000$

$\therefore x=10$

02 정답 ②

배의 속력을 x라고 하면, 강물을 거슬러 올라갈 때의 속력은 $(x-3)$이다.
$(x-3)\times1=9$이므로, 배의 속력은 시속 12km이다.
강물을 따라 내려올 때의 속력은 시속 $12+3=15$km이고, 걸린 시간을 y라고 하면
$15\times y=9 \rightarrow y=\frac{9}{15}$시간, 즉 36분이다.

03 정답 ③

4%의 소금물의 양을 xg이라고 하자. 10%의 소금물의 양은 $(600-x)$g이다.
$\frac{4}{100}x+\frac{10}{100}(600-x)=\frac{8}{100}\times600$
$\rightarrow 4x+10(600-x)=4,800$
$\rightarrow 6x=1,200 \rightarrow x=200$
따라서 처음 컵에 들어있던 4%의 소금물의 양은 200g이다.

04 정답 ①

이 물건의 정가를 x라고 하면
$0.8x-3,000=0.5x$
$\rightarrow 0.3x=3,000$
$\therefore x=10,000$

05 정답 ①

진희를 포함한 친구들이 임의로 야구장에 입장하는 방법의 수는 7!이다. 첫 번째와 마지막에 들어가는 두 명의 남자친구를 뽑는 경우의 수는 ${}_4C_2$이고, 첫 번째와 마지막에 들어가는 순서를 서로 바꾸어 입장할 수 있으므로 입장하는 방법의 수는 ${}_4C_2\times2=4\times3$이다. 또한 남은 남자친구 2명, 진희, 여자친구 2명이 입장하는 방법의 수는 5!이다.
$\therefore \frac{4\times3\times5!}{7!}=\frac{2}{7}$

06 정답 ④

초대장을 만드는 일의 양을 1이라고 가정하자. 혼자서 만들 때 걸리는 기간은 A대리는 6일, B사원은 12일이므로 각각 하루에 끝낼 수 있는 일의 양은 $\frac{1}{6}$, $\frac{1}{12}$이다. 두 사람이 함께 일할 경우 하루에 끝내는 양은 $\frac{1}{6}+\frac{1}{12}=\frac{3}{12}=\frac{1}{4}$이다. 따라서 A대리와 B사원이 함께 초대장을 만들 경우 하루에 할 수 있는 일의 양은 $\frac{1}{4}$이므로 완료하는 데 걸리는 시간은 4일이다.

07 정답 ④

(A의 톱니 수)×(A의 회전 수)=(B의 톱니 수)×(B의 회전 수)
A의 톱니 수를 x라 하면 B의 톱니 수는 $x-20$이므로
$x\times6=(x-20)\times10 \rightarrow 6x=10x-200 \rightarrow 4x=200$
$\therefore x=50$

7 수추리력

01	02	03	04						
②	③	②	②						

01 정답 ②

앞의 항×2−2=뒤의 항

02 정답 ③

(1항)−(3항)=(2항), (2항)−(4항)=(3항), (3항)−(5항)=(4항) …이 반복된다.
따라서 11−( )=−15 → ( )=26이다.

03 정답 ②

분자는 +5이고, 분모는 ×3+1인 수열이다.

따라서 ( )$=\frac{6+5}{10\times3+1}=\frac{11}{31}$ 이다.

04 정답 ②

×1, ×2, ×3, …인 수열이다.

따라서 ( )$=\frac{4}{3}\times2=\frac{8}{3}$ 이다.

CHAPTER 10 현대백화점그룹

문제 119p

1 언어이해

01	02	03	04	05					
③	②	①	④	④					

01 정답 ③

• 조달(調達) : 자금이나 물자 따위를 대어 줌
• 공급(供給) : 요구나 필요에 따라 물품 따위를 제공함

오답분석

① 참관(參觀) : 어떤 자리에 직접 나아가서 봄
② 조직(組織) : 짜서 이루거나 얽어서 만듦
④ 달관(達觀) : 사소한 사물이나 일에 얽매이지 않고 세속을 벗어난 활달한 식견이나 인생관에 이름. 또는 그 식견이나 인생관

02 정답 ②

• 가맹(加盟) : 동맹이나 연맹, 단체에 가입함
• 탈퇴(脫退) : 관계하고 있던 조직이나 단체 따위에서 관계를 끊고 물러남

오답분석

① 사고(事故) : 뜻밖에 일어난 불행한 일
③ 연결(連結) : 사물과 사물 또는 현상과 현상이 서로 이어지거나 관계를 맺음
④ 통과(通過) : 어떤 곳이나 때를 거쳐서 지나감

03 정답 ①

• 설피다 : 짜거나 엮은 것이 성기고 거칠다.

오답분석

② 살피다 : 두루두루 주의하여 자세히 보다.
③ 구성지다 : 천연스럽고 구수하며 멋지다.
④ 각지다 : 물체의 모양이 부드럽지 아니하고 각이 져 있다.

04 정답 ④

밑줄 친 '던지다'는 '재물이나 목숨을 아낌없이 내놓다.'의 의미로 쓰였으며, 이와 유사한 의미로 사용된 것은 ④이다.

오답분석

① 어떤 행동을 상대편에게 하다.
② 바둑이나 장기에서, 도중에 진 것을 인정하고 끝내다.
③ 손에 든 물건을 다른 곳에 떨어지게 팔과 손목을 움직여 공중으로 내보내다.

05 정답 ④

제시된 글은 국제사회에서의 개인의 위상과 국력의 관계를 통하여 국력의 중요성을 말하고 있다. 따라서 이 글의 주제로 ④가 가장 적절하다.

2 언어추리

01	02	03							
①	④	③							

01 정답 ①

'승우가 도서관에 간다.'를 A, '민우가 도서관에 간다.'를 B, '견우가 도서관에 간다.'를 C, '연우가 도서관에 간다.'를 D, '정우가 도서관에 간 다.'를 E라고 하면 '~D → E → ~A → B → C'이므로 정우가 금요일에 도서관에 가면 민우와 견우도 도서관에 간다.

02 정답 ④

오답분석

① 1번째 명제와 2번째 명제로 알 수 있다.
② 3번째 명제의 대우와 1번째 명제를 통해 추론할 수 있다.
③ 1번째 명제와 4번째 명제로 추론할 수 있다.

03 정답 ③

제시된 조건의 '비주얼 머천다이징팀과 광고그래픽팀에 둘 다 지원', '광고홍보팀과 경영지원팀에 둘 다 지원' 중 어느 하나를 만족시키면 된다. 세 번째 조건에서 'H아울렛 지원자 모두 인테리어팀이나 액세서리 디자인팀 가운데 적어도 한 팀에 지원하고 있다.'라고 했으므로 혜진이는 최소한 비주얼 머천다이징팀이나 광고홍보팀 중 한 팀에 지원했을 것이다. 만일, 혜진이가 광고그래픽팀이나 경영지원팀에 지원했다면 비주얼 머천다이징팀이나 광고그래픽팀 또는 광고홍보팀이나 경영지원팀에 지원했다는 정보를 만족시키기 때문에 패션디자인팀에 지원하고 있다는 결론을 내릴 수 있다.

3 수 계산

01	02	03	04	05					
②	②	②	②	①					

01 정답 ②

K씨의 집과 휴가지 사이의 거리를 $x$km라고 하자.
갈 때와 돌아올 때의 시간차이가 1시간 20분이므로

$\frac{x}{80}-\frac{x}{120}=\frac{80}{60}$ → $3x-2x=320$

$\therefore x=320$

02 정답 ②

아이스크림을 구매한 개수를 x라고 하자.
$600x+1,000(17-x)\leq 15,000$ → $400x\geq 2,000$ → $x\geq 5$
따라서 아이스크림은 최소 5개를 사야한다.

2020년 대기업

03 정답 ②

• 첫 번째에 2의 배수(2, 4, 6, 8, 10)가 적힌 공을 뽑을 확률 : $\frac{5}{10}=\frac{1}{2}$

• 두 번째에 3의 배수(3, 6, 9)가 적힌 공을 뽑을 확률 : $\frac{3}{10}$(∵ 뽑은 공은 다시 넣음)

∴ 구하는 확률: $\frac{1}{2}\times\frac{3}{10}=\frac{3}{20}$

04 정답 ②

36÷4=(25−□)÷2□)÷2

→ $9=\frac{(25-\square)}{2}$ → 18=25−□ → □=25−18

∴ □=7

05 정답 ①

연속하는 5개의 정수의 합은 중간 값의 5배와 같다.
(102+103+104+105+106)÷5=104×5÷5=104

4 자료해석

01	02	03	04						
③	①	④	③						

01 정답 ③

먼저 기획팀의 성과 평가 결과에 대해 성과급 지급 기준(가중치 적용)에 따라 점수를 산정하면 다음과 같다.

(단위 : 점)

구분	1/4분기	2/4분기	3/4분기	4/4분기
유용성	3.2	3.2	4.0	3.2
안전성	3.2	2.4	3.2	3.2
서비스 만족도	1.2	1.6	2.0	1.6
평점	7.6	7.2	9.2	8.0
성과급(만 원)	80	80	100+10	90

따라서 기획팀의 성과급의 총금액은 80+80+110+90=360만 원이다.

02 정답 ①

성과평가 등급이 A이면 직전분기 차감액의 50%를 가산하여 지급한다. 따라서 4/4분기의 성과급 지급액은 마케팅팀(100만)+전략팀(100만 원+5만 원)+영업팀(100만 원+10만 원)으로 315만 원이다.

03 정답 ④

세로로 합계에서 나머지 수를 빼거나 더하면 빈칸의 각 수치들을 구할 수 있다.

ㄹ : 145−21−28−17−30−20=29

오답분석

① ㄱ－866

② ㄴ－73

③ ㄷ－202

04 정답 ③

ㄴ. 2017년 고덕 차량기지의 안전체험 건수 대비 인원수는 $\frac{633}{33}$ ≒19.2로, 도봉 차량기지의 안전체험 건수 대비 인원수인 $\frac{432}{24}$ =18보다 크다.

ㄷ. 2016년부터 2018년까지 고덕 차량기지의 안전체험 건수와 인원수는 둘 다 계속 감소하는 것으로 동일함을 알 수 있다.

오답분석

ㄱ. 2019년에 방화 차량기지 견학 안전체험 건수는 2018년과 동일한 29건이므로 틀린 설명이다.

ㄹ. 신내 차량기지의 안전체험 인원수는 2019년에 385명이다. 이는 692명인 2015년의 약 55%로, 인원수는 50% 미만의 감소율로 감소하였음을 알 수 있다.

2020년 대기업

5 수열추리

01	02	03	04	05	06				
①	②	④	③	④	④				

01 정답 ①

앞의 항에 -2^1, $+2^2$, -2^3, $+2^4$, -2^5, …를 하는 수열이다.

따라서 ( )=(−18)+2^6=(−18)+64=46이다.

02 정답 ②

홀수 항은 −4, 짝수 항은 −7을 하는 수열이다.

따라서 ( )=25−4=21이다.

03 정답 ④

각 자릿수의 합이 다음 항의 수인 수열이다.

따라서 ( ) = 1+6 = 7이다.

04 정답 ③

×1, +1, −1, ×2, +2, −2, ×3, +3을 하는 수열이다.

ㄴ	ㄴ	ㄷ	ㄴ	ㄹ	ㅂ	ㄹ	ㅌ	(ㄱ)
2	2	3	2	4	6	4	12	15(1)

05 정답 ④

앞 문자에 +2를 하는 수열이다.

H	J	L	(N)	P	R
8	10	12	14	16	18

06 정답 ④

1, 2, 3, 4, …인 수열의 대문자, 한글 자음, 숫자, 한자 순서이다.

A	ㄴ	3	(四)	E	ㅂ	7	八
1	2	3	4	5	6	7	8

6 시각적주의집중력

01	02	03	04	05	06				
①	②	③	②	③	①				

01 정답 ①

notanymore – notanymora

02 정답 ②

≠@!=:&?%";()/* – ≠@!=;&?%";()/*

03 정답 ③

좌우 문자열 같음

04 정답 ②

abcdefghijklmn –abcdefghijblmn

05 정답 ③

좌우 문자열 같음

06 정답 ①

♩♪♫♬♭#♬♪ – ♩♪♫♬♭#♫♪

7 형태 · 공간지각

01	02								
①	①								

01 정답 ①

오답분석

② 
③ 
④ 

02 정답 ①

8 공간 · 상징추리

01	02	03	04						
③	④	②	④						

01 정답 ③

거실(▽) 안 책상(∞) 왼쪽에는 책(◆)이 놓인 작은 침대(∝)가 있다.

02 정답 ④

거실(▽) 안 책상(∞) 위에는 먼지 쌓인 책(◆)이 있고, 밖에는 포근한 침대(∝∝)가 두 개 있다.

03 정답 ②

나는 어제 누나 에게 부탁 을 했다. – ☎▲◆▤♥♠☆

04 정답 ④

누나 는 어제 동생 에게 선물 을 주었다. – ◆◐▲◑▤□♠▷

CHAPTER 11 이랜드그룹

문제 132p

1 언어비평검사 I (언어추리)

01	02	03	04						
⑤	③	①	⑤						

01 정답 ⑤

제시된 오류는 결론에서 주장하고자 하는 것을 전제로 제시하는 '순환 논증의 오류'에 해당한다. 이와 동일한 오류를 범하고 있는 것은 ⑤이다.

오답분석

① 사적 관계에 호소하는 오류
② 성급한 일반화의 오류
③ 의도 확대의 오류
④ 합성의 오류

02 정답 ③

제시된 내용은 '원천 봉쇄의 오류'에 대한 것으로, 원천 봉쇄의 오류는 '우물에 독약 치는 오류'라고도 불린다. 이와 동일한 오류를 범하고 있는 것은 ③이다.

오답분석

① 인신 공격의 오류
② 군중에의 호소
④ 논점 일탈의 오류
⑤ 복합 질문의 오류

03 정답 ①

• A : 테니스를 친다.
• B : 마라톤을 한다.
• C : 축구를 한다.
• D : 등산을 한다.

[제시문 A]를 간단히 나타내면 A → B, B → ~C, C → D이다. 이를 연립하면 C → ~A와 C → D가 성립한다. 따라서 [제시문 B]는 참이다.

04 정답 ⑤

• A : 연차를 쓸 수 있다.
• B : 제주도 여행을 한다.
• C : 회를 좋아한다.
• D : 배낚시를 한다.
• E : 다른 계획이 있다.

제시된 명제들을 간단히 나타내면, A → B, C → D, E → ~D, ~E → A이다. 이를 연립하면 D → ~E → A → B가 되므로 D → B가 성립한다. 따라서 그 대우 명제인 '제주도 여행을 하지 않으면 배낚시를 하지 않는다.'가 옳다.

2 언어비평검사Ⅱ(독해)

01	02	03	04	05					
③	③	④	⑤	④					

01 정답 ③

㉠의 앞 문장에서는 지방 분해 과정에서 나타나는 체내 세포들의 글리코겐 양 감소에 대해 말하고 있고, 뒤의 문장에서는 이러한 현상이 간세포에서 두드러지게 나타난다고 하면서 앞의 내용을 강조하고 있으므로 빈칸에는 '특히'가 들어가야 한다. 또한, ㉡의 뒤에 이어지는 문장에서는 ㉡의 앞 문장에서 나타나는 현상이 어떤 증상으로 나타나는지 설명하므로 빈칸에는 '이로 인해'가 들어가야 하고, ㉢의 앞에 서술된 내용이 그 뒤에 이어지는 주장의 근거가 되므로 ㉢에는 '따라서'가 들어가는 것이 적절하다.

02 정답 ③

두 번째 문단에서 부조화를 감소시키는 행동은 비합리적인 면이 있는데, 그러한 행동들이 자신들의 문제에 대해 실제적인 해결책을 찾지 못하도록 할 수 있다고 하였다.

오답분석

① 인지부조화는 불편함을 유발하기 때문에 사람들은 이것을 감소시키려고 한다.
② 제시문에는 부조화를 감소시키는 행동의 합리적인 면이 나타나 있지 않다.
④ 부조화를 감소시키는 행동으로 사람들은 자신의 긍정적인 측면의 이미지를 유지하게 되는데, 이를 통해 부정적인 이미지를 감소시키는지는 알 수 없다.
⑤ 제시문에서 부조화를 감소시키려는 자기방어적인 행동은 부정적인 결과를 초래한다고 하였다.

03 정답 ④

앞의 내용에 따르면 인지부조화 이론에서 '사람들은 현명한 사람을 자기 편, 우매한 사람을 다른 편이라 생각할 때 마음이 편안해질 것이다.'라고 하였다. 따라서 자신의 의견과 동일한 주장을 하는 글은 논리적인 글을 기억하고, 자신의 의견과 반대되는 주장을 하는 글은 형편없는 글을 기억할 것이라 예측할 수 있다.

04 정답 ⑤

제시문을 통해 여러 신문들이 '우리의 행동양식은 유전자가 환경과 상호작용함으로써 결정된다.'는 내용의 기사를 실었음을 알 수 있으나, 그렇다고 하여 이것이 정설로 받아들여지는지는 알 수 없다.

오답분석

① 세 번째 문장을 통해 처음에 인간의 유전자 수를 10만 개로 추정했음을 알 수 있다.
② 네 번째 문장을 통해 크레이그 벤터 박사의 주장을 인용하여 쓴 기사임을 알 수 있다.
③ 제시된 기사에서는 인간의 행동양식이 유전자와 환경의 상호작용으로 결정된다고 보았다.
④ 인간의 행동을 결정하는 것에 대해 '본성 대 양육이라는 해묵은 논쟁'이라 한 것으로 보아, 이와 관련한 논쟁은 이전부터 있었던 것임을 짐작할 수 있다.

05 정답 ④

㉠의 뒤에 나오는 내용을 살펴보면, 양안시에 대해 설명하면서 양안시차를 통해 물체와의 거리를 파악한다고 하였으므로 ㉠에 거리와 관련된 내용이 나왔음을 짐작해 볼 수 있다. 따라서 ㉠에 들어갈 내용은 ④이다.

3 수리비평검사

01	02	03	04						
④	②	③	③						

01 정답 ④

2017년 9월 온라인쇼핑 거래액 모두 전년 동월보다 같거나 높다.

오답분석

① 2017년 9월 온라인쇼핑 거래액은 7조억 원으로 전년 동월 대비 $\frac{70,000-50,000}{50,000}\times100=40\%$ 증가했다.

② 2017년 9월 온라인쇼핑 거래액 중 모바일쇼핑 거래액은 4조 2,000억 원으로 전년 동월 대비 $\frac{42,000-30,000}{30,000}\times100=40\%$ 증가했다.

③ 2017년 9월 모바일 거래액 비중은 전체 온라인쇼핑 거래액의 $\frac{42,000}{70,000}\times100=60\%$를 차지한다.

⑤ 2017년 9월 온라인쇼핑 중 모바일 거래액의 비중이 가장 작은 상품군은 $\frac{10}{50}\times100=20\%$로 소프트웨어이다.

02 정답 ②

2015년 주암댐은 2014년에 비해서 BOD가 증가하였다.

오답분석

① 대청댐은 주어진 자료에서 항상 BOD 1.0mg/L 이하였다.
③ BOD 수치가 가장 컸던 때는 2.4mg/L로 2012년 낙동강이었다.
④ 가장 적게 오염이 되었다는 것은 BOD 수치가 가장 적다는 것이다. 따라서 BOD 수치가 다른 곳보다 항상 적거나 같았던 영산강이 가장 오염이 적다고 볼 수 있다.
⑤ 낙동강은 2011년과 2016년에 '좋음' 등급이었고, 나머지는 '약간 좋음' 등급이었다.

03 정답 ③

- K자재 : 2,000×20+1,200×70+1,500×100+2,700×5=287,500원
- L자재 : 2,200×20+1,200×70+1,500×100+2,500×5=290,500원
- H자재 : 2,000×20+1,000×70+1,600×100+2,600×5=283,000원
- D자재 : 2,200×20+1,100×70+1,500×100+2,500×5=283,500원
- A자재 : 2,200×20+1,100×70+1,600×100+2,700×5=294,500원

04 정답 ③

제일 저렴한 H자재와 그 다음으로 저렴한 D자재는 500원 차이이고, 바닥재는 D자재가 H자재보다 100원 저렴하므로 D자재가 H자재보다 저렴해지려면 바닥재 주문량을 11roll 이상 주문해야한다. 따라서 여전히 H자재가 가장 저렴하다.

CHAPTER 12 KCC그룹

문제 141p

1 언어영역(인문계)

01	02	03	04	05	06				
③	①	③	②	①	③				

01 정답 ③

사람이 다른 사람과 교제를 할 때, 상대방에 대한 자신의 인상을 관리하려는 속성이 있다는 것이지 타인에 의해 자신의 인상이 관리된다는 내용은 본문에 나와 있지 않다.

02 정답 ①

광고 혹은 내가 다른 사람의 눈에 어떻게 보일 것인가 하는 점에서 20세기 대중문화는 새로운 인간형을 탄생시켰다.

03 정답 ③

해당 내용은 본문에 나와 있지 않으므로 알 수 없다.

04 정답 ②

제시문에서 새로운 사회의 도래는 베블런의 과시소비이론으로 설명하기 어려운 소비행태인 상류층이 '아래로 내려가는 현상'을 가져왔다고 언급하고 있다.

05 정답 ①

제시문에 따르면 현대사회에서는 서민들이 사치품을 쓸 수 있게 되었기 때문에 더 이상 사치품의 사용이 상류층을 표시하는 상징이 될 수 없으므로, 상류층은 서민들과 구별되기 위해 오히려 '아래로 내려가는' 소비행태를 보인다. 따라서 서민들의 사치품 소비로 인해 오히려 상류층은 사치품 소비를 지양한다.

06 정답 ③

서민들이 사치스러운 생활을 한다고 해서 물질만능주의가 가속화되는지 아닌지는 제시문의 내용만으로 알 수 없다.

2 오류찾기(이공계)

01	02								
①	④								

01 정답 ①

● : 시계 반대 방향으로 90° 회전
○ : 상하대칭
△ : 색 반전
▼ : 좌우대칭

02 정답 ④

□ : 좌우대칭
■ : 상하대칭
☆ : 시계 방향으로 90° 회전
★ : 색 반전

3 자료해석

01	02	03							
③	④	②							

01 정답 ③

• 지연 중 A/C 정비가 차지하는 비율 : $\frac{117}{2,968} \times 100 \fallingdotseq 4\%$

• 결항 중 기상이 차지하는 비율 : $\frac{17}{70} \times 100 \fallingdotseq 24\%$

따라서 지연 중 A/C 정비가 차지하는 비율은 결항 중 기상의 $\frac{4}{24} = \frac{1}{6}$ 이다.

오답분석

① 118÷17≒6.9배이므로 옳지 않다.
② 기타를 제외하고 지연이 발생한 원인 중 가장 높은 비중을 차지하고 있는 것은 A/C 접속이며, 결항이 발생한 원인 중 가장 높은 비중을 차지하고 있는 것은 기상이다.
④ 기상 원인으로 지연 및 결항된 비행기는 모두 135편이다. 하지만 이 비행기가 모두 같은 날 지연 및 결항이 되었을 수도 있고, 모두 다른 날 지연 및 결항되었을 수도 있으므로 제시된 자료만으로는 날씨를 판단할 수 없다.

02 정답 ④

2016 ~ 2019년 음원 매출액의 2배를 구한 뒤 게임 매출액과 비교하면 다음과 같다.

- 2016년 : 199×2=398백만 원<485백만 원
- 2017년 : 302×2=604백만 원>470백만 원
- 2018년 : 411×2=822백만 원>603백만 원
- 2019년 : 419×2=838백만 원>689백만 원

따라서 2016년 게임 매출액은 음원 매출액의 2배 이상이지만, 2017~2019년 게임 매출액은 음원 매출액의 2배 미만이다.

오답분석

① 제시된 자료를 통해 확인할 수 있다.

② 유형별로 전년 대비 2019년 매출액 증가율을 구하면 다음과 같다.

- 게임 : $\frac{689-603}{603}\times 100 \fallingdotseq 14.26\%$
- 음원 : $\frac{419-411}{411}\times 100 \fallingdotseq 1.95\%$
- 영화 : $\frac{1,510-1,148}{1,148}\times 100 \fallingdotseq 31.53\%$
- SNS : $\frac{341-104}{104}\times 100 \fallingdotseq 227.88\%$

따라서 2019년의 전년 대비 매출액 증가율이 가장 큰 콘텐츠 유형은 SNS이다.

③ 2012 ~ 2019년 전체 매출액에서 영화 매출액이 차지하는 비중을 구하면 다음과 같다.

- 2012년 : $\frac{371}{744}\times 100 \fallingdotseq 49.87\%$
- 2013년 : $\frac{355}{719}\times 100 \fallingdotseq 49.37\%$
- 2014년 : $\frac{391}{797}\times 100 \fallingdotseq 49.06\%$
- 2015년 : $\frac{508}{1,020}\times 100 \fallingdotseq 49.80\%$
- 2016년 : $\frac{758}{1,500}\times 100 \fallingdotseq 50.53\%$
- 2017년 : $\frac{1,031}{2,111}\times 100 \fallingdotseq 48.84\%$
- 2018년 : $\frac{1,148}{2,266}\times 100 \fallingdotseq 50.66\%$
- 2019년 : $\frac{1,510}{2,959}\times 100 \fallingdotseq 51.03\%$

따라서 영화 매출액은 매년 전체 매출액의 40% 이상이다.

03 정답 ②

- 2013년 전체 관람객 : 6,688+3,355=10,043명
- 2013년 전체 관람객 중 외국인 관람객이 차지하는 비중 : $\frac{1,877}{10,043}\times 100 \fallingdotseq 18.69\%$
- 2019년 전체 관람객 : 6,188+6,259=12,447명
- 2019년 전체 관람객 중 외국인 관람객이 차지하는 비중 : $\frac{3,849}{12,447}\times 100 \fallingdotseq 30.92\%$

따라서 2013년과 2019년의 전체 관람객 중 외국인 관람객이 차지하는 비중의 차는 30.92−18.69=12.23%p이므로 15% 미만 증가했다.

오답분석

① 2013년 외국인 관람객 수는 1,877명이고, 2019년 외국인 관람객 수는 3,849명이다. 따라서 2013년 대비 2019년 외국인 관람객 수의 증가율은 $\frac{3,849-1,877}{1,877}\times 100 \fallingdotseq 105.06\%$이다.

③ 2019년을 제외한 나머지 해의 경우 유료관람객 수가 무료관람객 수보다 많음을 확인할 수 있다.

④ 제시된 자료를 통해 알 수 있다.

4 도식추리

01									
②									

01 정답 ②

a	3	4.5	6	7.5
n	1	4	10	22

따라서 $3a<n+1 \rightarrow 3\times7.5<22+1 \rightarrow 22.5<23$이므로 $a=7.5$이다.

5 시사상식

01	02	03	04	05	06				
③	④	②	①	②	④				

01 정답 ③

디마케팅은 기업들이 자사의 상품을 많이 판매하기보다는 오히려 고객들의 구매를 의도적으로 줄임으로써 적절한 수요를 창출하고, 장기적으로는 수익의 극대화를 꾀하는 마케팅 전략이다.

02 정답 ④

데카콘(Decacorn)은 머리에 10개의 뿔이 달린 상상 속의 동물을 의미한다. 이러한 데카콘은 경제 분야에서 기업 가치가 100억 달러 이상이 된 신생벤처기업을 지칭하는 용어로 사용된다. 전 세계적으로 유명한 차량 공유 서비스 '우버', 숙박 공유 서비스 '에어비앤비' 등을 대표적인 데카콘 기업의 예로 들 수 있다.

오답분석

① 보나콘 : 똥을 흩뿌려서 몸을 지킨다는 상상 속의 동물
② 헥토콘 : 기업가치 1,000억 달러 이상의 신생벤처기업
③ 유니콘 : 이마에 한 개의 뿔이 있고 아름다운 말의 모습을 한 상상 속의 동물

03 정답 ②

「기생충」은 2019년 개봉한 봉준호 감독의 작품이다. 부유층과 빈곤층을 코믹하고 시니컬하게 대비시켜 좋은 평을 받았으며, 2019년 칸 영화제에서 황금종려상을, 2020년 아카데미 시상식에서 작품상 외 3개 상을 수상했다.

04 정답 ①

우리나라 세계기록문화유산

훈민정음, 조선왕조실록, 직지심체요절, 승정원일기, 해인사 대장경판 및 제경판, 조선왕조 의궤, 동의보감, 일성록, 5 · 18 민주화운동 기록물, 난중일기, 새마을운동 기록물, 한국의 유교책판, KBS 특별생방송 「이산가족을 찾습니다」 기록물

05 정답 ②

롱테일 법칙은 하위 80%의 '사소한 다수'가 상위 20%의 '핵심 소수'보다 더 큰 가치를 창출하는 것을 말하며, '역파레토 법칙'이라고도 한다.

오답분석

① 파레토 법칙 : 상위 20%가 부 또는 매출의 80%를 창출한다는 법칙이다.
③ 파킨슨의 법칙 : 공무원 수의 증가와 업무량의 증가는 아무런 관계가 없으며, 공무원 수는 일의 분량과 관계없이 증가한다는 내용의 법칙이다.
④ 하인리히 법칙 : 대형 사고가 일어나기 전에는 그와 유사한 수많은 작은 사고 및 징후가 나타난다는 내용의 법칙이다.

06 정답 ④

레드존(Red Zone)은 유해환경으로부터 청소년을 보호하기 위해서 청소년의 통행을 제한한 구역을 말한다.

CHAPTER 13 CJ그룹

문제 150p

1 언어 I

01	02	03	04	05	06				
⑤	③	②	②	④	⑤				

01 정답 ⑤

ㄷ. 마켓홀의 천장벽화인 '풍요의 뿔'은 시장에서 판매되는 먹을거리가 하늘에서 떨어지는 모습을 표현하기 위해 4,500개의 알루미늄 패널을 사용했으며, 이 패널은 실내의 소리를 흡수, 소음을 줄여주는 기능 또한 갖추고 있다.

ㄹ. 마켓홀은 전통시장의 상설화와 동시에 1,200대 이상의 차량을 주차할 수 있는 규모의 주차장을 구비해 그들이 자연스레 로테르담의 다른 상권에 찾아갈 수 있도록 도왔다.

오답분석

ㄱ. 마켓홀 내부에 4,500개의 알루미늄 패널을 설치한 것은 네덜란드의 예술가 아르노 코넨과 이리스 호스캄이다.

ㄴ. 마켓홀이 로테르담의 무역 활성화에 기여했다는 내용은 본문에서 찾아볼 수 없다.

02 정답 ③

이소크라테스는 영원불변하는 보편적 지식의 무용성을 주장했을 뿐, 존재 자체를 부정했다는 내용은 본문에서 확인할 수 없다.

오답분석

① 플라톤의 이데아론은 삶과 행위의 구체적이고 실제적인 일상이 무시된 채 본질적이고 이념적인 영역을 추구하고 있다는 비판을 받고 있다.

② 물질만능주의는 모든 관계를 돈과 같은 가치에 연관시켜 생각하는 행위로, 탐욕과 사리사욕을 위한 교육에 매진하는 소피스트들과 일맥상통하는 면이 있다.

④ 이소크라테스는 이데아론의 무용성을 주장하면서 동시에 비도덕적이고 지나치게 사리사욕을 위한 소피스트들의 교육을 비판했다.

⑤ 이소크라테스는 삶과 행위의 문제를 이론적이고도 실제적으로 해석하면서도, 도덕이나 정당화의 문제보다는 변화하는 실제적 행위만 추구한 소피스트들을 비판했기에 훌륭한 말(실제적 문제)과 미덕(도덕과 정당화)를 추구했음을 알 수 있다.

03 정답 ②

지문에서는 좌뇌형 인간과 우뇌형 인간이라는 개념이 지닌 허점에 대하여 지적할 뿐, 브로카 영역과 베르니케 영역이 존재하는 좌반구가 손상을 받으면 언어 장애가 생긴다는 사실에 대해서는 긍정하고 있다. 실제로 베르니케 영역이 손상되면 '베르니케 실어증'이 생기며, 청각이나 시각은 정상이지만 말을 듣거나 읽었을 경우 그 내용을 이해할 수 없게 된다.

04 정답 ②

제시문은 첫 문단에서 유행에 따라 변화하는 흥행영화 제목의 글자 수에 대한 이야기를 언급한 뒤 다음 문단에서 2000년대에 유행했던 영화의 제목 글자 수와 그 예시를, 그 다음 문단에서는 2010년대에 유행했던 영화의 제목 글자 수와 그 사례, 그리고 흥행에 실패한 사례를 예시로 들고 있다.

05 정답 ④

'운동을 꾸준히 한다.'를 A, '스트레스를 많이 받는다.'를 B, '술을 많이 마신다.'를 C, '간에 무리가 간다.'를 D라고 한다면 첫 번째 명제는 C → D, 세 번째 명제는 B → C, 네 번째 명제는 ~A → D이므로 네 번째 명제가 도출되기 위해서는 빈칸에 ~A → B가 필요하다. 따라서 대우 명제인 ④는 답이 된다.

06 정답 ⑤

A나 C가 농구를 한다면 진실만 말해야 하는데, 모두 다른 사람이 농구를 한다고 말하고 있으므로 거짓을 말한 것이 되어 모순이 된다. 따라서 농구를 하는 사람은 B 또는 D이다.

• B가 농구를 하는 경우 : C는 야구, D는 배구를 하고 남은 A가 축구를 한다. A가 한 말은 모두 거짓이고, C와 D는 진실과 거짓을 한 개씩 말하므로 모든 조건이 충족된다.
• D가 농구를 하는 경우 : B은 야구, A는 축구, C는 배구를 한다. 이 경우 A가 진실과 거짓을 함께 말하고, B와 C는 거짓만 말한 것이 되므로 모순이 된다. 따라서 D는 농구를 하지 않는다.

따라서 A는 축구, B는 농구, C는 야구, D는 배구를 한다.

2020년 대기업

2 언어Ⅱ

01	02	03	04						
②	①	④	②						

01 정답 ②

제시문은 관객이 영화를 수용할 때 자주 쓰이는 동일시 이론에 대해 문제를 제기하며 칸트의 '무관심성', 그리고 '방향 공간'과 '감정 공간'으로 관객이 영화를 지각할 수 있는 원리를 설명할 수 있음을 주장하고 있다. 따라서 (나) 영화를 보면서 흐름을 지각하는 것을 제대로 설명하지 못하는 '동일시 이론' → (가) 영화 흐름의 지각에 대해 설명할 수 있는 칸트의 '무관심성' → (라) 영화의 생동감을 체험할 수 있게 하는 '방향 공간' → (마) 영화의 생동감을 체험할 수 있게 하는 또 다른 이유인 '감정 공간' → (다) 관객이 영화를 지각하는 과정에 대한 정리의 순서대로 연결하는 것이 올바르다. 따라서 글의 순서는 (나) – (가) – (라) – (마) – (다)이며, 글의 구조로는 ②가 가장 적절하다.

02 정답 ①

제시문은 진리에 대한 세 가지 이론인 대응설, 정합설, 실용설을 소개하고 그 한계점에 대하여 설명하고 있다. 따라서 (나) 대응설 이론 소개 → (바) 대응설의 한계점 → (가) 정합설 이론 소개 → (마) 정합설의 한계점 → (다) 실용설 이론 소개 → (라) 실용설의 한계점의 순서대로 이어져야 한다. 따라서 글의 순서는 (나) – (바) – (가) – (마) – (다) – (라)이며, 글의 구조로는 ①이 가장 적절하다.

03 정답 ④

'Ⅱ – 2 – (1)'은 국내에 있는 외국인 노동자가 국내 문화에 적응을 하지 못하고 있다는 점을 지적하고 있다. 따라서 ㉣에는 국내 외국인 노동자가 국내 문화에 잘 적응할 수 있도록 하는 방안이 제시되어야 한다.

04 정답 ②

용해는 '물질이 액체 속에서 균일하게 녹아 용액이 만들어지는 현상'이고, 융해는 '고체에 열을 가했을 때 액체로 되는 현상'을 의미한다. 따라서 글의 맥락상 '용해되지'가 적절하다.

3 수리이해

01	02	03	04	05	06				
⑤	③	④	⑤	②	③				

01 정답 ⑤

영등포구의 고등학생 수는 영등포구 전체 학생 수의 $\frac{6,713}{26,822}\times100 \fallingdotseq 25.0\%$이므로 30% 미만이다.

오답분석

① 학생 수가 초등학교, 중학교, 고등학교 순서로 많은 지역은 중랑구, 성북구, 강북구, 서대문구, 마포구, 양천구, 동작구로 총 7곳이다. 따라서 5곳 이상이므로 옳지 않다.
② 중학교의 학급당 학생 수가 가장 많은 지역은 27.2명으로 강남구이다.
③ 중학교와 고등학교의 전체 학생 수는 합계에서 초등학교 학생 수를 뺀 것과 같으므로 900,684−424,800=475,884명이다. 따라서 초등학교의 전체 학생 수가 더 적다.
④ 고등학교의 학급 수가 가장 많은 상위 3개 지역은 노원구 869개, 강남구 730개, 강서구 668개이다. 이 지역 학급 수의 합은 869+730+668=2,267개이고 전체의 $\frac{2,267}{9,685}\times100 \fallingdotseq 23.4\%$로 25% 이하이다.

02 정답 ③

매년 조사대상의 수는 동일하게 2,500명이므로 비율의 누적 값으로만 판단한다. 3년간의 월간 인터넷 쇼핑 이용 누적 비율을 구하면 다음과 같다.

- 1회 미만 : 30.4+8.9+18.6=57.9%
- 1회 이상 2회 미만 : 24.2+21.8+22.5=68.5%
- 2회 이상 3회 미만 : 15.9+20.5+19.8=56.2%
- 3회 이상 : 29.4+48.7+39.0=117.1%

따라서 두 번째로 많이 응답한 인터넷 쇼핑 이용 빈도수는 1회 이상 2회 미만이다.

오답분석

① 제시된 자료를 통해 알 수 있다.
② 2017년 월간 인터넷 쇼핑을 3회 이상 이용했다고 응답한 사람은 2,500×0.487=1,217.5명이다.
④ 매년 조사 대상이 2,500명씩 동일하므로 비율만 비교한다. 2018년 월간 인터넷 쇼핑을 2회 이상 3회 미만 이용했다고 응답한 비율은 19.8%이고, 2017년 1회 미만으로 이용했다고 응답한 비율은 8.9%이다. 따라서 8.9×2=17.8<18.6이므로 2배 이상 많다.
⑤ 1회 이상 2회 미만 쇼핑했다고 응답한 사람의 2017년 비율은 21.8%이고, 2018년은 22.5%이다. 따라서 $\frac{22.5-21.8}{21.8}\times100 \fallingdotseq 3.2\%$이므로 3% 이상 증가했다.

03 정답 ④

A사원이 걸어간 시간을 x분, 뛴 시간을 y분이라고 하자.

$x+y=24$ … ㉠

$\frac{x}{60}\times4+\frac{y}{60}\times10=2.5$ … ㉡

㉠과 ㉡을 연립하면

$x=15,\ y=9$

따라서 A사원이 뛴 거리는 $\frac{9}{60}\times10=1.5$km이다.

04 정답 ⑤

물건을 200개 구입했을 때 A제품의 가격은 $200\times0.85\times20=3,400$만 원이다.
구입하려는 A제품의 개수를 n개라고 하자. 10%를 할인했을 때의 가격은 $n\times0.9\times20=18n$만 원이다.
$18n>3,400 \rightarrow n>188.9$
따라서 189개 이상을 구입하면 200개의 가격으로 사는 것이 이익이다.

05 정답 ②

전체 일의 양을 1이라고 하면 A, B가 각각 1시간 동안 일할 수 있는 일의 양은 각각 $\frac{1}{2}$, $\frac{1}{3}$이다.
A 혼자 일하는 시간을 x시간, B 혼자 일하는 시간을 y시간이라고 하자.
$x+y=\frac{9}{4}$ … ㉠
$\frac{1}{2}x+\frac{1}{3}y=1$ … ㉡
㉠과 ㉡을 연립하면
$x=\frac{3}{2}$, $y=\frac{3}{4}$
따라서 A 혼자 일한 시간은 1시간 30분이다.

06 정답 ③

여직원 수를 x명이라고 하자(단, $x>0$).
여직원 x명 중 2명을 회장과 총무로 선출하는 경우의 수는 ${}_{x}P_{2}=x(x-1)$가지이고, 16명의 회원 중 2명을 회장과 총무로 선출하는 경우의 수는 ${}_{16}P_{2}=16\times15=240$가지이다.
여직원이 회장과 총무로 선출될 확률이 $\frac{3}{8}$이므로
$\frac{x(x-1)}{240}=\frac{3}{8} \rightarrow x(x-1)=90 \rightarrow (x+9)(x-10)=0$
$\therefore x=10$

4 도식적 추리

01	02	03							
③	①	⑤							

01 정답 ③

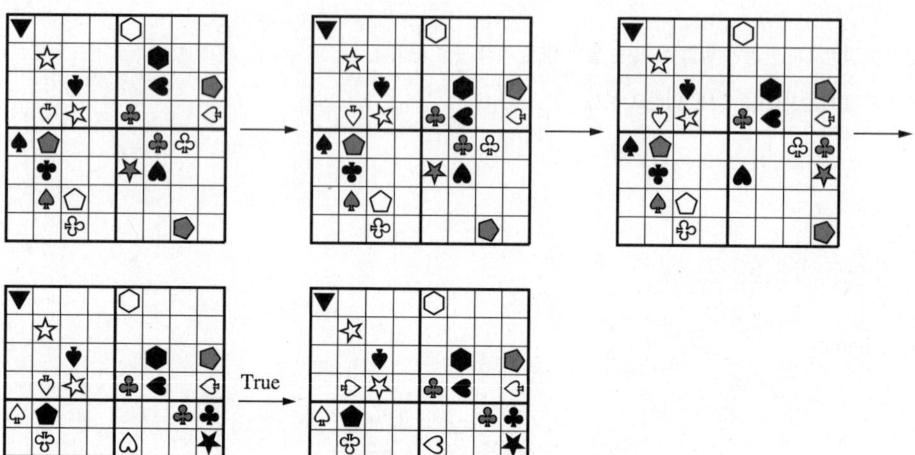

02 정답 ①

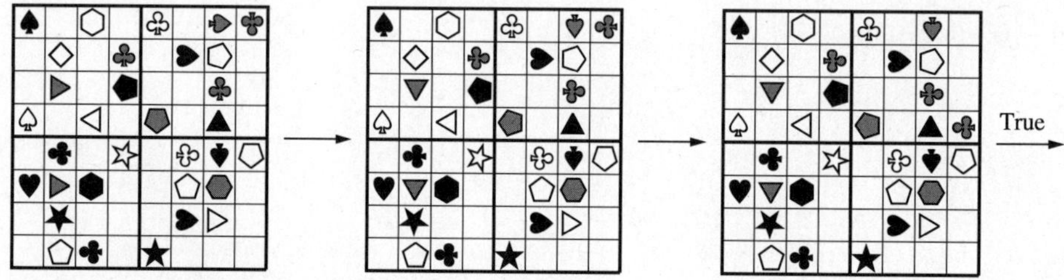

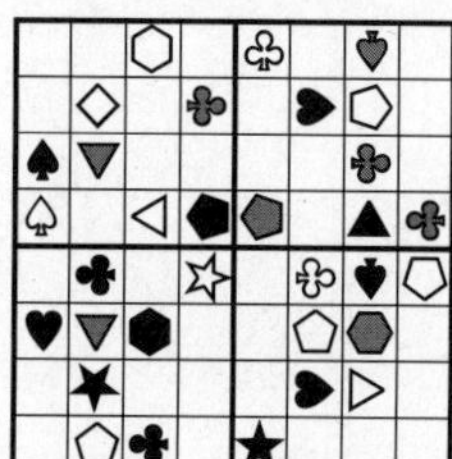

03 정답 ⑤

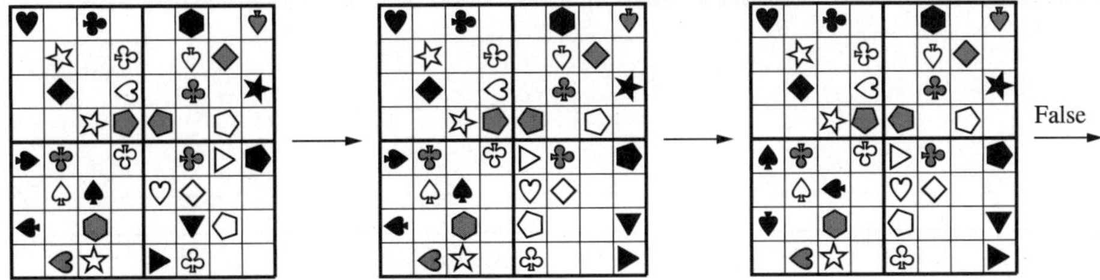

CHAPTER 14 샘표식품

문제 167p

1 언어

01	02	03	04	05					
④	①	④	④	②					

01 정답 ④

제시문은 현대 건축가 르 꼬르뷔지에의 업적에 대해 설명하고 있다. 먼저, 현대 건축의 거장으로 불리는 르 꼬르뷔지에를 소개하는 (라) 문단이 나오고, 이어서 르 꼬르뷔지에가 만든 도미노 이론의 정의를 설명하는 (가) 문단이 나와야 한다. 다음으로 도미노 이론을 설명하는 (다) 문단이 나오고 마지막으로 도미노 이론의 연구와 적용되고 있는 다양한 건물을 설명하는 (나) 문단이 나오는 것이 적절하다.

02 정답 ①

첫 번째 문단에 '우리 조상은 화재를 귀신이 장난치거나, 땅에 불의 기운이 넘쳐서라 여겼다.'라고 하면서 화재 예방을 위해 조상들이 시도했던 여러 가지 노력을 제시하고 있다.

03 정답 ④

수필이라는 장르적 특성으로 살펴보았을 때 자신이 경험한 이야기를 서술한다는 것은 옳다고 할 수 있다. 하지만 글쓴이는 '주제의식의 간접화'를 통해 수필의 문학성을 형상화하였다. 그러므로 주제에 대해 직접적인 서술방식을 취하고 있다는 설명은 옳지 않다.

04 정답 ④

제시문은 '쓰기(Writing)'의 문화사적 의의를 기술한 글이다. '복잡한 구조나 지시 체계'는 이미 '소리 속에서' 발전해왔는데 그러한 복잡한 개념들을 시각적인 코드 체계인 '쓰기'를 통해 기록할 수 있게 되었다. 또한 그러한 '쓰기'를 통해 인간의 문명과 사고가 더욱 발전하게 되었다. ④는 '쓰기'가 '복잡한 구조나 지시 체계'를 이루는 시초가 되었다고 보고 있으므로 이는 잘못된 해석이다.

05 정답 ②

제시문은 인권 신장을 위해 빈곤 퇴치가 UN의 핵심적인 목표가 되어야 한다는 주장을 시작으로 UN과 시민사회의 긴밀한 협력, 그리고 UN과 인도네시아 정부가 노력하여 평화와 독립 의지 실현을 이루길 바라는 내용을 담고 있다. 따라서 UN이 세계 평화와 번영을 위한 사명을 수행하는 것을 지지하는 ②가 결론으로 오는 것이 가장 적절하다.

오답분석

①·④ 구체적인 사실에 대한 논의이므로 결론의 내용으로 적당하지 않다.
③ 과제 제시와 해결 방안 모색을 촉구하는 내용이므로 서론에 적당하다.
⑤ 마지막 단락의 내용과 이어지지만 글의 전체적인 내용을 포괄하지 못하므로 결론으로 적절하지 않다.

2 수리

01	02	03	04	05					
②	④	⑤	③	④					

01 정답 ②

K씨의 집과 휴가지 사이의 거리를 $x$km라고 하자.
갈 때와 돌아올 때의 시간 차이가 1시간 20분이므로

$\frac{x}{80}-\frac{x}{120}=\frac{80}{60}$

$\rightarrow 3x-2x=320$

$\therefore\ x=320$

02 정답 ④

• 흰 구슬을 먼저 뽑고, 검은 구슬을 뽑을 확률 : $\frac{4}{10}\times\frac{6}{9}=\frac{4}{15}$

• 검은 구슬을 먼저 뽑고, 흰 구슬을 뽑을 확률 : $\frac{6}{10}\times\frac{4}{9}=\frac{4}{15}$

$\therefore\ \frac{4}{15}+\frac{4}{15}=\frac{8}{15}$

03 정답 ⑤

4% 소금물의 양을 xg이라 하면,

$\frac{24\times\frac{8}{100}+x\times\frac{4}{100}}{24+x}\times100=5 \rightarrow \frac{192+4x}{24+x}=5$

$192+4x=5(24+x) \rightarrow 192+4x=120+5x$

$\therefore\ x=72$

04 정답 ③

A국가 하층 비율의 증가폭은 59－26＝33%p이고, B국가의 증가폭은 66－55＝11%p이다.

오답분석

① A국가의 상층 비율은 11%p 증가하였다.
② 중층 비율은 A국가는 44%p, B국가는 17%p 감소하였다.
④ B국가는 2000년과 2020년 모두 하층 비율이 가장 높다.
⑤ 2000년 대비 2020년 B국가의 하층 비율의 증가율 : $\frac{66-55}{55}\times100=20\%$

05 정답 ④

ㄹ. 농가 소득 중 농업 이외 소득이 차지하는 비율을 각각 살펴보면 다음과 같다.

- 2014년 : $\frac{22,023}{32,121} \times 100 ≒ 68.56\%$
- 2015년 : $\frac{21,395}{30,148} \times 100 ≒ 70.97\%$
- 2016년 : $\frac{21,904}{31,031} \times 100 ≒ 70.59\%$
- 2017년 : $\frac{24,489}{34,524} \times 100 ≒ 70.93\%$
- 2018년 : $\frac{24,647}{34,950} \times 100 ≒ 70.52\%$
- 2019년 : $\frac{25,959}{37,216} \times 100 ≒ 69.75\%$

따라서 매년 증가하지 않는다.

ㅁ. $\frac{11,257-10,303}{10,303} \times 100 ≒ 9.26\%$

오답분석

ㄱ. 그래프를 통해 쉽게 확인할 수 있다.

ㄴ. 농가 수 그래프에서 감소폭이 큰 것은 2018년과 2019년인데, 2018년에는 21천 호가 줄고, 2019년에는 41천 호가 줄었으므로 전년 대비 농가 수가 가장 많이 감소한 해는 2019년이다.

ㄷ. 2014년 대비 2019년 농가 인구의 감소율은 $\frac{3,063-2,569}{3,063} \times 100 ≒ 16.13\%$이다.

3 도형추리

01	02	03	04						
⑤	③	①	②						

01 정답 ⑤

규칙은 가로로 적용된다. 첫 번째 도형을 색 반전시킨 도형이 두 번째 도형이고, 두 번째 도형을 시계 방향으로 90° 회전시킨 도형이 세 번째 도형이다.

02 정답 ③

규칙은 세로로 적용된다. 위쪽 도형과 가운데 도형을 더하면 아래쪽 도형이 되고 색칠된 부분이 중복되는 경우 흰색으로 바뀐다.

03 정답 ①

규칙은 가로로 적용된다. ○+□=◇, ●+■=◆, ○+■=●+□=◈의 규칙이 적용된다.

04 정답 ②

규칙은 가로로 적용되며, 규칙은 다음과 같다.

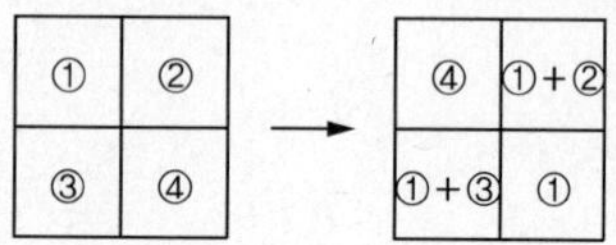

CHAPTER 15 아모레퍼시픽그룹

문제 177p

1 지각정확력

01	02	03	04						
②	③	④	③						

01 정답 ②

mm	nm	mm	nn	nn	mn	mm	mn	Mn	mn	mm	mn
Nn	nn	mn	nm	mm	mn	Nn	mm	nn	Nn	mm	nn
nn	mm	nn	Mn	nn	nm	mm	Nn	mm	Mn	nm	Mn
mm	nn	mn	mn	Mn	NN	Nn	mm	Mn	NN	mm	mm
mn	mn	nm	mm	mm	mm	NN	Nn	mm	Nn	mm	nn
mn	mm	nn	mn	Mn	mm	NN	Nn	Mn	nm	mm	nn

02 정답 ③

88	83	88	33	68	88	88	33	88	68	88	68
86	83	86	88	33	88	33	83	68	33	33	83
88	33	33	68	83	33	89	33	88	68	88	68
33	88	88	33	89	68	88	68	86	88	68	86
88	83	86	88	88	88	83	33	88	68	33	88
89	88	33	88	89	86	89	88	86	33	88	88

03 정답 ④

◷	◴	◳	◶	◱	◔	◒	◳	◓	◔	◳	◶
◔	◲	◕	◳	◴	◳	◕	◓	◶	◷	◒	◶
◲	◕	◲	◴	◔	◑	◴	◴	◔	◶	◕	◳
◕	◓	◱	◳	◲	◐	◔	◐	◐	◕	◑	◔
◳	◴	◔	◳	◐	◴	◔	◕	◴	◱	◳	◐
◒	◑	◕	◑	◔	◒	◳	◓	◴	◶	◓	◶

04 정답 ③

기	리	히	니	리	지	비	티	리	시	니	히
리	히	비	시	니	비	니	리	니	비	히	리
지	키	니	티	히	디	시	디	지	리	디	티
피	티	히	리	피	시	피	디	니	시	리	디
지	이	키	디	리	이	이	히	키	디	피	키
비	리	디	이	비	지	디	리	지	비	히	디

2 언어유추력

01	02	03	04						
②	①	⑤, ④	⑤, ②						

01 정답 ②

제시문은 유의 관계이다.

'개선'의 유의어는 '수정'이고, '긴요'의 유의어는 '중요'이다.

- 개선(改善) : 잘못된 것이나 부족한 것을 고쳐 더 좋게 만듦
- 수정(修正) : 바로잡아 고침
- 긴요(緊要) : 꼭 필요하고 중요함
- 중요(重要) : 귀중하고 요긴함

오답분석

① 긴밀(緊密) : 서로 관계가 매우 가까워 빈틈이 없음

③ 경중(輕重) : 가벼움과 무거움. 중요함과 중요하지 않음

④ 사소(些少) : 보잘것없이 작거나 적음

⑤ 친밀(親密) : 지내는 사이가 매우 친하고 가까움

02 정답 ①

제시문은 유의 관계이다.

'괄목상대(刮目相對)'의 유의어는 '일취월장(日就月將)'이고, '관포지교(管鮑之交)'의 유의어는 '막역지우(莫逆之友)'이다.

- 괄목상대(刮目相對) : 상대방의 학식이나 재주가 갑자기 놀랄 만큼 나아졌음을 의미
- 일취월장(日就月將) : 나날이 발전해 나간다는 의미
- 관포지교(管鮑之交) : 변하지 않는 친구 사이의 우정을 의미
- 막역지우(莫逆之友) : 허물없이 친한 친구를 의미

오답분석

② 전전반측(輾轉反側) : 근심과 걱정으로 잠을 이루지 못함을 의미

③ 낙화유수(落花流水) : 힘과 세력이 약해져 쇠퇴해간다는 의미

④ 망운지정(望雲之情) : 멀리 떨어져 있는 부모님을 그리워한다는 의미

⑤ 혼정신성(昏定晨省) : 부모님께 효도하는 도리를 의미

03 정답 ⑤, ④

제시문은 포함 관계이다.
'송편'은 '떡'의 종류 중 하나이고, '꽈배기'는 '빵'의 종류 중 하나이다.

04 정답 ⑤, ②

제시문은 반의 관계이다.
'의무'의 반의어는 '권리'이고, '용기'의 반의어는 '비겁'이다.

3 언어추리력

01	02	03							
①	③	①							

01 정답 ①

D가 A와 C가 이용한 두 길 모두 가도 된다면 D는 일대로나 삼대로로 갈 수 있는 아웃렛이 목적지일 것이다. D가 아웃렛을 가게되면 아웃렛과 편의점에 갈 수 있는 일대로를 이용한 A의 목적지는 편의점이다. C의 목적지도 학교가 되므로 B의 목적지는 도서관이다.

구분	A	B	C	D
학교	×	×	○	×
도서관	×	○	×	×
편의점	○	×	×	×
아웃렛	×	×	×	○

02 정답 ③

B가 일대로를 이용하면 B는 편의점과 아웃렛을 갈 수 있고, 이에 따라 주어진 조건을 정리하면 다음과 같다.

구분	A	B	C	D
학교	×	×	○	×
도서관	×	×	×	○
편의점	△	△	×	×
아웃렛	△	△	×	×

따라서 편의점을 갈 수 있는 사람은 A와 B이므로 알 수 없다.

2020년 대기업

03 정답 ①

D가 일대로를 이용했을 때, 주어진 조건을 정리하면 다음과 같다.

구분	A	B	C	D
학교	×	×	○	×
도서관	×	○	×	×
편의점	△	×	×	△
아웃렛	△	×	×	△

A와 D가 어느 대로를 이용했을지는 모르지만, 같은 곳을 갈 수 없으므로 A가 편의점을 갔을 확률은 50%이다.

4 공간지각력

01	02								
④	④								

01 정답 ④

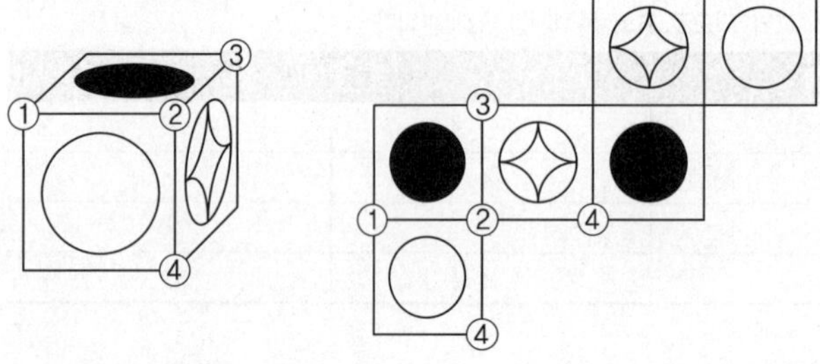

02 정답 ④

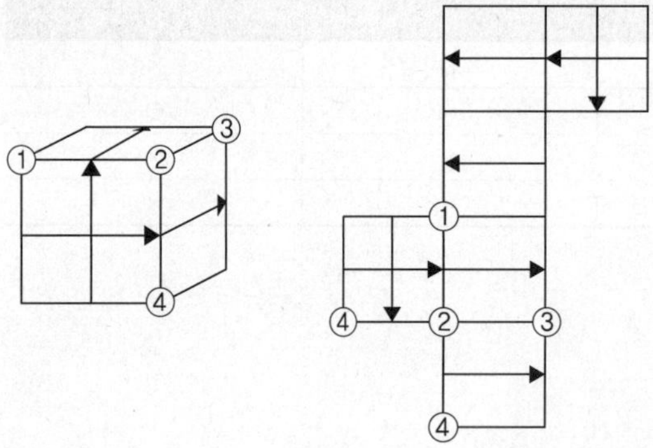

5 판단력

01	02	03							
①	②	②							

01 정답 ①

첫째 문단에서는 기업에서 사용하는 인성검사의 종류를 소개하며 인성검사를 채용에 이용하는 것이 바람직한지 묻고 있고, 둘째 문단부터 그에 대한 내용을 다루고 있으므로 글의 주제는 ①이 적절하다.

02 정답 ②

명반응에서 빛에 의해 만들어진 물질이 암반응에서 이산화탄소와 결합하여 포도당이 만들어지는 것을 광합성 작용이라 하고, 빛과 이산화탄소가 동시에 필요하지 않다.

03 정답 ②

2012년에 업체 수의 증감률이 78.5%로 가장 크다.

오답분석

① 업체 수는 제조업체 중 생산실적을 보고한 업체만 포함한 것이므로 옳은 설명이다.
③ 전년 대비 생산실적의 증가 여부는 표의 전년 대비 성장률 항목에서 확인할 수 있다. 주어진 기간 동안 성장률이 양수이므로 항상 증가했음을 알 수 있다.
④ 품목 수의 증감률을 보면 2013년에 음수였으므로 품목 수가 감소한 해가 있었음을 알 수 있다.

2020년 대기업

6 응용수리력

01	02	03	04						
④	③	①	④						

01 정답 ④

5% 설탕물에 들어있는 설탕의 양은 $100\times\frac{5}{100}=5$g이다. xg의 물을 증발시켜 10%의 농도가 되게 하려면 $\frac{5}{100-x}\times100=10\%$이므로, 50g만큼 증발시켜야 한다. 따라서 한 시간에 2g씩 증발된다고 했으므로 $50\div2=25$시간이 소요된다.

02 정답 ③

A씨가 걸어갈 속력을 $x$km/h라고 하면 $\frac{50-\left(\frac{1}{2}\times80\right)}{x}\le\frac{1}{2}$이므로, 최소 20km/h로 가야 면접 장소에 늦지 않게 도착한다.

03 정답 ①

25와 30의 최소공배수는 150이다. 따라서 $150 \div 7 = 21 \cdots 3$이므로 일요일이다.

04 정답 ④

$4! \times \frac{4}{20} \times \frac{4}{19} \times \frac{4}{18} \times \frac{3}{17} = \frac{64}{1,615}$

7 수추리력

01	02	03							
③	④	①							

01 정답 ③

앞의 항에 $+(-2)^1$, $+(-2)^2$, $+(-2)^3$, $+(-2)^4$, $+(-2)^5$, …인 수열이다.

따라서 ($)=11+(-2)^5=11-32=-21$이다.

02 정답 ④

홀수 항은 $+\frac{1}{4}$, 짝수 항은 $-\frac{1}{6}$인 수열이다.

따라서 ($)=\frac{5}{4}+\frac{1}{4}=\frac{6}{4}=\frac{3}{2}$이다.

03 정답 ①

$\underline{A\ B\ C} \rightarrow A \times C = B$

따라서 ($)=\frac{12}{3}=4$이다.

8 한국사

01	02	03	04						
①	④	④	④						

01 정답 ①

㉣ 갑오의병(1894) → ㉢ 을미의병(1895) → ㉠ 을사의병(1905) → ㉡ 정미의병(1907)

02 정답 ④

동학농민운동은 전봉준 등을 지도자로 하여 동학교도와 농민들이 일으킨 농민운동이다. 대외적으로는 열강의 침탈에 적극적으로 대응하지 못한 것과 대내적으로는 농민 수탈, 일본의 경제적 침투 등이 원인이 되었다. 1차 봉기에서는 정읍 황토현 전투에서 승리하여 전주를 점령하고 정부와 전주화약을 맺었지만, 2차 봉기에서는 공주 우금치 전투에서 패배하였고 결국 실패하였다.

03 정답 ④

군국기무처는 갑오개혁(1894) 때 설치된 관청이다.

오답분석

독립협회(1896 ~ 1898)는 아관파천으로 인한 국가 위신의 추락이 배경이 되어 조직되었고, 국권・이권수호 운동, 민중계몽운동 등의 활동을 하였으며, 입헌군주제를 주장하였다.

04 정답 ④

간도 참변은 국외 항일운동이다.

오답분석

신간회, 6・10 만세 운동, 광주학생 항일운동은 국내 항일운동이다.

MEMO

I wish you the best of luck!

PART

2

2020년 공기업 기출문제

CHAPTER 01 한국철도공사

문제 191p

01	02	03	04	05	06	07	08	09	10	11	12	13	14	15	16	17	18	19	20
⑤	⑤	②	③	③	⑤	③	③	②	⑤	③	④	③	③	⑤	②	⑤	②	③	⑤
21	22																		
③	③																		

01 정답 ⑤

이곡의 차마설은 말을 빌려 탄 개인적인 경험을 통해 소유에 대한 보편적인 깨달음을 제시하고 올바른 삶의 태도를 촉구하는 교훈적 수필로, 개인적 일상의 경험을 먼저 제시하고 이에 대한 자신의 의견을 제시하고 있다.

오답분석

① 말을 빌려 탄 개인의 경험을 소유에 대한 욕망이라는 추상적 대상으로 확장하는 유추의 방법을 사용하고 있다.
② 말을 빌려 탄 개인적 경험의 예화를 통해 소유에 대한 반성의 교훈을 제시하는 2단 구성 방식을 취하고 있다.
③ 주관적인 개인적 경험을 통해 소유에 대한 보편적인 의견을 제시하고 있다.
④ 맹자의 말을 인용하여 사람들의 그릇된 소유 관념을 비판하고 있다.

02 정답 ⑤

제시문에 따르면 작업으로서의 일과 고역으로서의 일의 구별은 단순히 지적 노고와 육체적 노고의 차이에 의해 결정되지 않는다. 구별의 근본적 기준은 인간의 존엄성과 관련되므로 작업으로서의 일은 자의적·창조적 활동이 되며, 고역으로서의 일은 타의적·기계적 활동이 된다. 따라서 작업과 고역을 지적 노동과 육체적 노동으로 각각 구분한 ⑤는 옳지 않다.

오답분석

① 고역은 상품 생산만을 목적으로 하며, 작업은 상품 생산을 통한 작품 창작을 목적으로 한다. 즉, 작업과 고역 모두 생산 활동이라는 목적을 지닌다.
② 작업은 자의적인 활동이며, 고역은 타의에 의해 강요된 활동이다.
③ 작업은 창조적인 활동이며, 고역은 기계적인 활동이다.
④ 작업과 고역을 구별하는 근본적 기준은 그것이 인간의 존엄성을 높이는 것이냐, 아니면 타락시키는 것이냐에 있다.

03 정답 ②

제시문에 따르면 플레밍은 전구의 내부가 탄화되어 효율이 떨어지는 '에디슨 효과'의 해결책을 찾기 위해 연구를 진행하였고, 연구에서 발견한 원리를 바탕으로 2극 진공관을 발명하였다. 따라서 제시문을 통해 에디슨이 발명한 전구의 문제점은 알 수 있지만, 플레밍의 2극 진공관 발명 과정에서의 문제점은 알 수 없다.

오답분석

① 플레밍의 기초연구는 1889년에 이루어졌고, 2극 진공관은 1904년에 발명되었다.
③ 플레밍이 발견한 전극과 전구의 필라멘트 사이에 전류가 항상 일정한 방향으로 흐른다는 원리를 통해 2극 진공관이 발명되었다.
④ 국가는 과학의 과학문화로서의 가치와 학생들의 창의적 교육을 위해 기초과학 연구를 지원해야 한다.
⑤ 기초과학과 기초연구는 창의적 기술, 문화, 교육의 토대가 되므로 중요하다.

04 정답 ③

신영복의 당신이 나무를 더 사랑하는 까닭은 글쓴이가 소나무 숲의 장엄한 모습을 보고 그에 대한 감상과 깨달음을 적은 수필이다. 글쓴이는 가상의 청자인 '당신'을 설정하여 엽서의 형식으로 서술하고 있으며, 이를 통해 독자들은 '당신'의 입장에서 글쓴이의 메시지를 전달받는 것 같은 효과와 친근감을 느낄 수 있다. 즉, '당신'은 소나무를 사랑하는 사람이자 나무의 가치를 이해할 수 있는 독자를 의미하며, 글쓴이는 그러한 '당신'과 뜻을 같이하고 있음을 알 수 있다. 따라서 소나무에 대한 독자의 의견을 비판한다는 ③은 옳지 않다.

오답분석

①·②·④·⑤ 이기적이고 소비적인 인간과 대조적인 존재로 소나무를 설정하여 무차별적인 소비와 무한 경쟁의 논리가 지배하는 현대 사회를 비판하고, 소나무처럼 살아가는 바람직한 삶의 태도를 제시한다.

05 정답 ③

순환성의 원리에 따르면 화자와 청자의 역할은 원활하게 교대되어 정보가 순환될 수 있어야 한다. 그러나 대화의 상황에 맞게 원활한 교대가 이루어져야 하므로 대화의 흐름을 살펴 순서에 유의하여 말하는 것이 좋으며, 상대방의 말을 가로채는 것은 바람직하지 않다.

오답분석

① 공손성의 원리
② 적절성의 원리
④ 순환성의 원리
⑤ 관련성의 원리

06 정답 ⑤

'경위'를 A, '파출소장'을 B, '30대'를 C라고 하면, 첫 번째 명제와 마지막 명제는 다음과 같은 벤다이어그램으로 나타낼 수 있다.

1) 첫 번째 명제

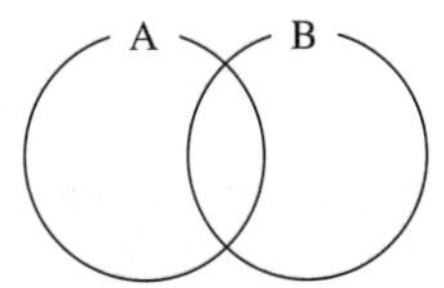

2) 마지막 명제

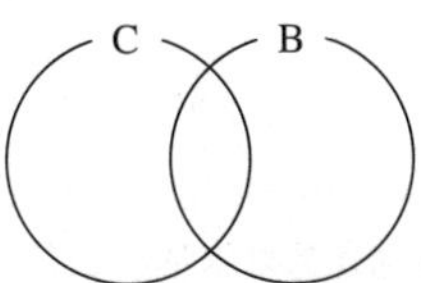

마지막 명제가 참이 되기 위해서는 B와 공통되는 부분의 A와 C가 연결되어야 하므로 A를 C에 모두 포함시켜야 한다. 즉, 다음과 같은 벤다이어그램이 성립할 때 마지막 명제가 참이 될 수 있으므로 빈칸에 들어갈 명제는 '모든 경위는 30대이다.'이다.

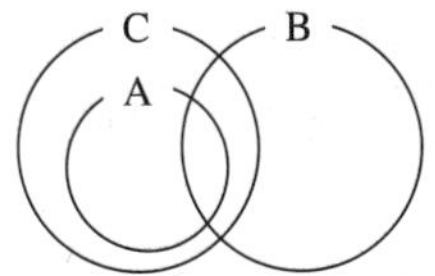

오답분석

①·② 다음과 같은 경우 성립하지 않는다.

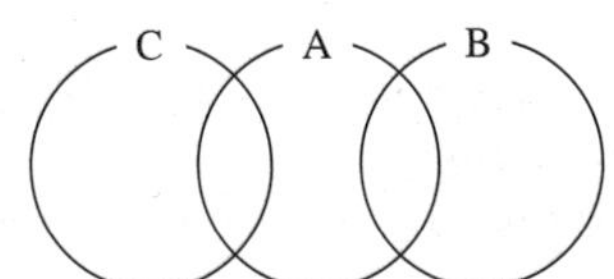

③ 다음과 같은 경우 성립하지 않는다.

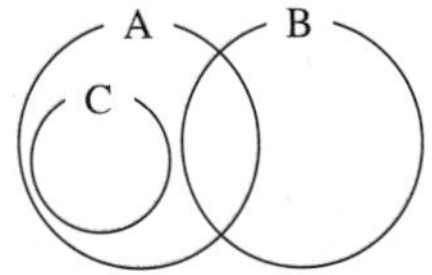

2020년 공기업

안심Touch

07 정답 ③

먼저 진구가 장학생으로 선정되지 않으면 광수가 장학생으로 선정된다는 전제(~진구 → 광수)에 따라 광수가 장학생으로 선정될 것이라고 하였으므로 '진구가 장학생으로 선정되지 않는다(~진구).'는 내용의 전제가 추가되어야 함을 알 수 있다. 따라서 〈보기〉 중 진구와 관련된 내용의 전제인 ㄴ이 반드시 추가되어야 한다. 이때, 지은이가 선정되면 진구는 선정되지 않는다고(지은 → ~진구) 하였으므로 지은이가 선정된다(지은)는 전제 ㄷ도 함께 필요한 것을 알 수 있다. 결국 ㄴ과 ㄷ이 전제로 추가되면, '지은이가 선정됨에 따라 진구는 선정되지 않으며, 진구가 선정되지 않으므로 광수가 선정된다(지은 → ~진구 → 광수).'가 성립한다.

08 정답 ③

조선시대의 미(未)시는 오후 1 ~ 3시를, 유(酉)시는 오후 5 ~ 7시를 나타낸다. 오후 2시부터 오후 4시 30분까지 운동을 하였다면, 조선시대 시간으로 미(未)시 정(正)부터 신(申)시 정(正)까지 운동을 한 것이 되므로 옳지 않다.

오답분석

① 초등학교의 점심 시간이 오후 1시부터 2시까지라면, 조선시대 시간으로 미(未)시(1 ~ 3시)에 해당한다.
② 조선시대의 인(寅)시는 현대 시간으로 오전 3 ~ 5시를 나타낸다.
④ 축구 경기가 전반전 45분과 후반전 45분으로 총 90분 동안 진행되었으므로 조선시대 시간으로 한시진(2시간)이 되지 않는다.
⑤ 조선시대의 술(戌)시는 오후 7 ~ 9시를 나타내므로 오후 8시 30분은 술(戌)시에 해당한다.

09 정답 ②

제시된 논문에서는 '교통안전사업'을 시설개선, '교통 단속', 교육홍보연구라는 3가지 범주로 나누어 '비용감소효과'를 분석하였고, 그 결과 사망자 사고비용 감소를 위해 가장 유효한 사업은 '교통 단속'이며, 중상자 및 경상자 사고비용 감소를 위해 가장 유효한 사업은 '보행환경조성'으로 나타났다고 이야기한다. 따라서 논문의 내용을 4개의 단어로 요약하였을 때 가장 적절하지 않은 단어는 '사회적 비용'이다.

10 정답 ⑤

최근 5년간 최저기온이 0℃ 이하이면서 일교차가 9℃를 초과하는 일수가 1일 증가할 때마다 하루 평균 59건의 사고가 증가하였다는 내용과 온도가 급격히 떨어질 때 블랙아이스가 생성된다는 내용을 통해 블랙아이스(결빙) 교통사고는 기온과 상관관계가 높은 것을 알 수 있다. 또한, 마지막 문단의 겨울철 급격한 일교차 변화에 따른 블랙아이스가 대형사고로 이어질 위험성이 크다는 수석연구원의 의견을 통해서도 이를 확인할 수 있다.

오답분석

① 인천광역시의 결빙교통사고율이 평균보다 높다는 것은 알 수 있지만, 교통사고 사망자 수에 대한 정보는 알 수 없다.
② 최근 5년간 결빙으로 인한 교통사고 건수는 6,548건, 사망자 수는 199명이므로 사망자 수는 사고 100건당 $\frac{199}{6,548}\times 100 \fallingdotseq 3.0$명이다.
③ 블랙아이스 사고가 많은 겨울철 새벽에는 노면 결빙에 주의해 안전운전을 해야 한다.
④ 충남 지역의 경우 통과 교통량이 많은 편에 속하지만, 전체시고 대비 결빙시고 사망자 비율은 충북 지역이 7.0%로 가장 높다.

11 정답 ③

- (가) : 고용으로 얽혀 있는 건설사의 하도급 건설노동자가 적정한 임금을 받을 수 있도록 제도를 마련한 한국토지주택공사의 사례는 공공기관으로서 외부조직의 사회적 가치 실현을 위해 지원하는 가치사슬상 사회적 가치 이행 및 확산에 해당한다. → 타입 3
- (나) : 한국수자원공사의 기존 일상 업무였던 수도 검침 작업을 통해 사회적 가치를 실현한 사례이므로 조직 운영상 사회적 책임 이행에 해당한다. → 타입 2
- (다) : 한국철도공사법 제1조에 사회적 가치 실현을 위한 문구를 추가하여 한국철도공사의 설립 목적을 정비한 사례이므로 기관 설립 목적 및 고유사업 정리에 해당한다. → 타입 1

12 정답 ④

공공기관의 사회적 가치 실현과 관련된 다섯 가지 원칙에 관한 내용은 제시문에서 찾아볼 수 없다.

오답분석

① 국민 인식조사 결과, 국민들은 공공기관의 사회적 가치 실현이 현재 미흡하다고 인식한다.
② 사회적 가치를 추구하는 과정에서 공공성과 효율성을 어떻게 조화시킬 것인가에 대한 고민이 계속될 것이라는 담당자의 발언을 통해 알 수 있다.
③ 기관의 사회적 가치 실현을 위해 외부 기관의 진단이나 평가 등을 제도화하는 것이 중요하다는 담당자의 당부 내용을 통해 알 수 있다.
⑤ 공공기관의 사회적 가치 실현을 위해 기관 전체 차원에서 관점의 변화가 필요하다는 담당자의 발언을 통해 알 수 있다.

13 정답 ③

오답분석

- 웬지 → 왠지
- 어떡게 → 어떻게
- 말씀드리던지 → 말씀드리든지
- 바램 → 바람

14 정답 ③

'가정의 행복'의 '의'는 조사이므로 표준 발음법 제5항에 따라 [의]로 발음하는 것이 원칙이지만, '다만 4'에 따라 [에]로도 발음할 수 있다. 따라서 '가정의'는 [가정의], [가정에]가 표준 발음에 해당한다.

15 정답 ⑤

제시문에 따르면 열원에서 만들어진 냉온수를 압력 손실 없이 실별로 분배한 뒤 환수하는 분배기는 주로 난방용으로 이용되어 왔으나, 냉방기에도 이용이 가능하다.

오답분석

① 분배기는 냉온수를 압력 손실 없이 실별로 분배한 뒤 환수한다.
② 열원은 난방 시 열을 공급하고 냉방 시 열을 제거하는 열매체를 생산한다.
③ 패널은 각 실의 바닥, 벽, 천장 표면에 설치되어 열매체를 순환시킨다.
④ 복사 냉난방 패널 시스템은 열매체의 온도가 낮아 난방 시 에너지 절약 성능이 뛰어나다.

16 정답 ②

먼저, 네 번째 조건에 따라 마 지사장은 D지사에 근무하며 다섯 번째 조건에 따라 바 지사장은 본사와 두 번째로 가까운 B지사에 근무하는 것을 알 수 있다. 다 지사장은 D지사에 근무하는 마 지사장 바로 옆 지사에 근무하지 않는다는 두 번째 조건에 따라 C 또는 E지사에 근무할 수 없다. 이때, 다 지사장은 나 지사장과 나란히 근무해야 하므로 F지사에 다 지사장이, E지사에 나 지사장이 근무하는 것을 알 수 있다. 마지막으로 라 지사장이 가 지사장보다 본사에 가깝게 근무한다는 세 번째 조건에 따라 라 지사장이 A지사에, 가 지사장이 C지사에 근무하게 된다.

본사	A	B	C	D	E	F
	라	바	가	마	나	다

따라서 A ~ F지사로 발령받은 지사장을 순서대로 나열하면 '라 – 바 – 가 – 마 – 나 – 다'이다.

17 정답 ⑤

먼저 두 번째 조건에 따라 사장은 은지에게 '상'을 주었으므로 나머지 지현과 영희에게 '중' 또는 '하'를 주었음을 알 수 있다. 이때, 인사팀장은 영희에게 사장이 준 점수보다 낮은 점수를 주었다는 네 번째 조건에 따라 사장은 영희에게 '중'을 주었음을 알 수 있다. 따라서 사장은 은지에게 '상', 영희에게 '중', 지현에게 '하'를 주었고, 세 번째 조건에 따라 이사 역시 같은 점수를 주었다. 한편, 사장이 영희 또는 지현에게 회장보다 낮거나 같은 점수를 주었다는 두 번째 조건에 따라 회장이 은지, 영희, 지현에게 줄 수 있는 경우는 다음과 같다.

구분	은지	지현	영희
경우 1	중	하	상
경우 2	하	상	중

또한 인사팀장은 '하'를 준 영희를 제외한 은지와 지현에게 '상' 또는 '중'을 줄 수 있다. 따라서 은지, 영희, 지현이 회장, 사장, 이사, 인사팀장에게 받을 수 있는 점수를 정리하면 다음과 같다.

구분	은지	지현	영희
회장	중	하	상
	하	상	중
사장	상	하	중
이사	상	하	중
인사팀장	상	중	하
	중	상	하

따라서 인사팀장이 은지에게 '상'을 주었다면, 은지는 사장, 이사, 인사팀장 3명에게 '상'을 받으므로 은지가 최종 합격하게 된다.

18 정답 ②

H공사에서는 출발역과 350km, 840km, 도착역(1,120km)에 기본으로 4개 역을 새로 세우고, 모든 구간에 일정한 간격으로 역을 신설할 계획이다. 출발역을 제외한 350km, 840km, 1,120km 지점을 포함하는 일정한 간격인 거리를 구하기 위해 이 세 지점의 최대공약수를 구하면 10×7=70임을 알 수 있다.

```
10) 350  840  1,120
 7)  35   84    112
      5   12     16
```

따라서 출발역에서 70km 간격으로 역을 세우면 도착역까지 $\frac{1,120}{70}$=16개이며, 출발역까지 합하면 역은 최소 17개가 된다.

19 정답 ③

수열 1은 '2, 5, 3'과 '−2, −5, −3'이 번갈아 나열되는 수열로 빈칸에 들어갈 수는 3이다. 수열 2는 홀수 번째 숫자는 ÷3, 짝수 번째 숫자는 ×3인 수열이다. 빈칸에 들어갈 수는 5번째 숫자로 9÷3=3이 된다. 따라서 두 수열의 빈칸에 공통으로 들어갈 수는 3이다.

20 정답 ⑤

등락률은 전일 대비 주식 가격에 대한 비율이다. 1월 7일의 1월 2일 가격 대비 증감율은 1.1×1.2×0.9×0.8×1.1=1.04544이므로 매도 시 주식가격은 100,000×1.04544=104,544원이다.

오답분석

① 1월 2일 대비 1월 5일 주식가격 증감율은 1.1×1.2×0.9=1.188이며, 매도할 경우 100,000×1.188=118,800원에 매도 가능하므로 18,800원 이익이다.

②·④ 1월 6일에 주식을 매도할 경우 가격은 100,000×(1.1×1.2×0.9×0.8)=95,040이다. 따라서 100,000−95,040=4,960원 손실이며, 1월 2일 대비 주식가격 감소율(이익률)은 $\frac{100,000-95,040}{100,000}$×100=4.96%이다.

③ 1월 4일에 주식을 매도할 경우 가격은 100,000×(1.1×1.2)=132,000원이므로, 이익률은 $\frac{132,000-100,000}{100,000}$×100=32%이다.

21 정답 ③

배차간격은 동양역에서 20분, 서양역에서 15분이며, 두 기차의 속력은 같다. 그러므로 배차시간의 최소공배수를 구하면 $5\times4\times3=60$으로 60분마다 같은 시간에 각각의 역에서 출발하여 10시 다음 출발시각은 11시가 된다. 동양역과 서양역의 편도 시간은 1시간이므로 50km 지점은 출발 후 30분에 도달한다. 따라서 두 번째로 50km 지점에서 두 기차가 만나는 시각은 11시 30분이다.

22 정답 ③

김 대리는 시속 80km로 대전에서 200km 떨어진 K지점으로 이동했으므로 소요시간은 $\frac{200}{80}=2.5$시간이다. 이때, K지점의 위치는 두 가지 경우로 나눌 수 있다.

1) K지점이 대전과 부산 사이에 있어 부산에서 300km 떨어진 지점인 경우
   이 대리가 이동한 거리는 300km, 소요시간은 김 대리보다 4시간 30분(=4.5시간) 늦게 도착하여 $2.5+4.5=7$시간이다. 이 대리의 속력은 시속 $\frac{300}{7}\fallingdotseq42.9$km로 김 대리의 속력보다 느리므로 네 번째 조건과 맞지 않는다.
2) K지점이 대전에서 부산방향의 반대 방향으로 200km 떨어진 지점인 경우
   부산에서 K지점까지는 $200+500=700$km 거리이다. 따라서 이 대리는 시속 $\frac{700}{7}=100$km로 이동했다.

2020년 공기업

안심Touch

CHAPTER 02 한국전력공사

문제 207p

01	02	03	04	05	06	07	08	09	10	11	12	13	14	15	16	17	18	19	20
③	②	⑤	⑤	①	⑤	②	⑤	③	④	③	④	①	④	②	①	①	②	③	④

01 정답 ③

'주차 공간에 차가 있는지 여부를 감지하는 센서를 설치한 스마트 주차'라고 했으므로 주차를 해주는 것이 아니라 주차공간이 있는지의 여부를 확인해 주는 것이다.

오답분석

① '각국 경제 및 발전 수준, 도시 상황과 여건에 따라 매우 다양하게 정의 및 활용되고, 접근 전략에도 차이가 있다.'라고 하였으므로 적절하다.
② 두 번째 문단에서 '이 스마트 가로등은 … 인구 밀집도까지 파악할 수 있다.'라고 하였으므로 적절하다.
④ 세 번째 문단에서 항저우를 비롯한 중국의 여러 도시들은 알리바바의 알리페이를 통해 항저우 택시의 98%, 편의점의 95% 정도에서 모바일 결제가 가능하고, 정부 업무, 차량, 의료 등 60여 종에 달하는 서비스 이용이 가능하다고 하였으므로 지갑을 가지고 다니지 않아도 일부 서비스를 이용할 수 있다.
⑤ 마지막 문단에서 '세종에서는 … 개인 맞춤형 의료 서비스 등을 받을 수 있다.'라고 하였으므로 적절하다.

02 정답 ②

'전기사고를 방지하기 위한 안전장치가 필요한데 그중에 하나가 접지이다.'라는 내용에서 접지 이외에도 다른 방법이 있음을 알 수 있다.

오답분석

① '위험성이 높을수록 이러한 안전장치의 필요성이 높아진다.'라고 하였으므로 위험성이 낮다고 안전장치가 필요치 않다는 설명은 적절하지 않다.
③ '전류는 전위차가 있을 때에만 흐르므로'라고 하였으므로 전위차가 없으면 전류가 흐르지 않는다.
④ '정전기 발생을 사전에 예방하기 위해 접지를 해둬야 한다.'에서 알 수 있듯이 접지를 하게 되면 정전기 발생을 막을 순 있지만, 접지를 하지 않는다고 정전기가 무조건 발생하는 것은 아니다.
⑤ 저항 또는 임피던스의 크기가 작으면 통신선에 유도장애가 커지고, 크면 평상시 대지 전압이 높아지는 등의 결과가 나타나지만, 저항 크기와 임피던스의 크기에 대한 상관관계는 글에서 확인할 수 없다.

03 정답 ⑤

먼저 하나의 사례를 제시하면서 글의 서두가 전개되고 있으므로 이와 비슷한 사례를 제시하고 있는 (다)가 이어지는 것이 적절하다. 이어서 (다) 사례의 내용이 비현실적이라고 언급하고 있는 (나)가 오는 것이 적절하며, 다음으로 (나)에서 언급한 사물인터넷과 관련된 설명의 (라)가 이어지는 것이 적절하다. 마지막으로 (가)는 (라)에서 언급한 지능형 전력망을 활용함으로써 얻게 되는 효과를 설명하는 내용이므로 문단의 순서는 (다) – (나) – (라) – (가)가 적절하다.

04 정답 ⑤

카드 결제 시스템에 특수 장치를 설치하여 불법으로 카드 정보를 복사하는 방식은 스키밍(Skimming)이다. 폼재킹이란 사용자의 결제 정보 양식을 중간에서 납치한다는 의미의 합성어로, 해커들이 온라인 쇼핑몰 등의 웹 사이트를 악성코드로 미리 감염시키고, 구매자가 물건을 구입할 때 신용카드 등의 금융정보를 입력하면 이를 탈취한다.

05 정답 ①

먼저 첫 번째 조건과 세 번째 조건에 따라 하경이의 바로 오른쪽 자리에는 성준, 민준, 민지가 앉을 수 없으므로 하경이의 오른쪽 자리에는 슬기 또는 경서만 앉을 수 있다. 하경이의 자리를 1번으로 가정하여 이를 기준으로 바로 오른쪽 6번 자리에 슬기가 앉은 경우와 경서가 앉은 경우를 나누어 보면 다음과 같다.

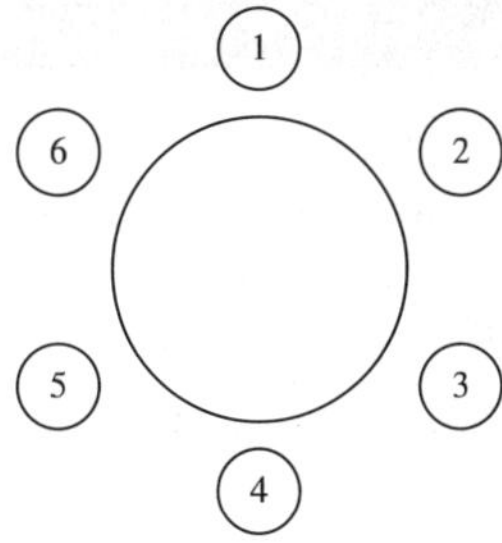

1) 6번 자리에 슬기가 앉은 경우

네 번째 조건에 따라 민준이는 4번 또는 2번에 앉을 수 있지만, 첫 번째 조건에 따라 하경이의 바로 옆 자리인 2번에는 앉을 수 없으므로 결국 4번에 앉은 것을 알 수 있다. 또한 두 번째 조건에 따라 5번 자리에는 경서 또는 성준이가 앉을 수 있지만, 세 번째 조건에 따라 경서는 반드시 민지의 왼쪽에 앉아야 하므로 5번 자리에는 성준이가 앉고 나머지 2번과 3번 자리에 민지와 경서가 나란히 앉은 것을 알 수 있다.

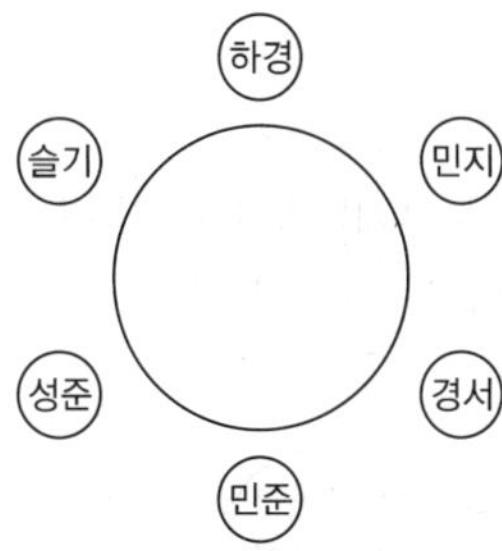

2) 6번 자리에 경서가 앉은 경우

세 번째 조건에 따라 5번 자리에는 민지가 앉으므로 첫 번째 조건에 따라 2번 자리에는 슬기만 앉을 수 있다. 이때, 두 번째 조건에 따라 슬기는 성준이 옆 자리에 앉아야 하므로 3번에는 성준이가 앉고, 나머지 4번에 민준이가 앉은 것을 알 수 있다.

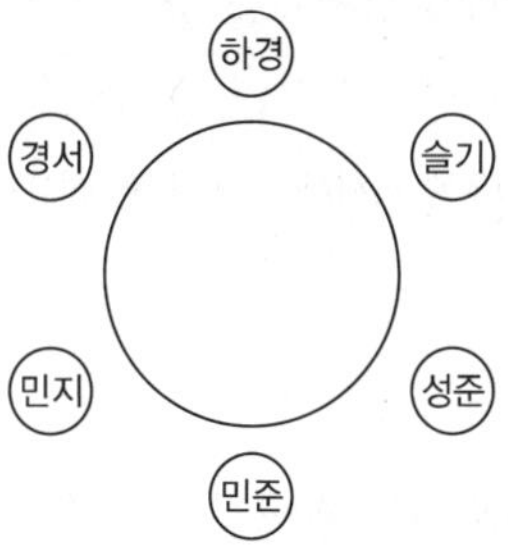

따라서 항상 참이 되는 것은 '하경이와 민준이가 서로 마주 보고 앉아 있다.'이다.

06 정답 ⑤

홍보팀장의 요청에 따라 인지도가 높으면서도 자사와 연관될 수 있는 캐릭터를 활용하여 홍보 전략을 세워야 하므로 대중적으로 저금통의 이미지를 상징하는 돼지 캐릭터와 자사의 마스코트인 소를 캐릭터로 함께 사용하는 홍보 방안이 가장 적절하다.

07 정답 ②

pH가 가장 높은 구역은 8.2인 D구역이며, BOD농도는 0.9mg/L, DO농도는 7.9mg/L이므로 <수질 등급 기준>표에서 D구역이 해당하는 등급은 '매우 좋음'인 1a등급이다.

상수도 구역별 각 농도 및 pH에 맞는 등급을 정리하면 다음 표와 같다.

구분	A구역	B구역	C구역	D구역	E구역	F구역
DO(mg/L)	4.2	5.2	1.1	7.9	3.3	2.4
BOD(mg/L)	8.0	4.8	12	0.9	6.5	9.2
pH	5.0	6.0	6.3	8.2	7.6	8.1
등급	pH 수치가 기준 범위에 속하지 않는다.	약간 나쁨	매우 나쁨	매우 좋음	약간 나쁨	나쁨
		4	6	1a	4	5

오답분석

① BOD농도가 5mg/L 이하인 상수도 구역은 B구역과 D구역이며, 3등급은 없다.

③ 상수도 구역에서 등급이 '약간 나쁨(4등급)' 또는 '나쁨(5등급)'인 구역은 B, E, F구역으로 세 곳이다.

④ 수질 등급 기준을 보면 DO농도는 높을수록, BOD농도는 낮을수록 좋은 등급을 받는다.

⑤ 수소이온농도가 높을수록 pH의 수치는 0에 가까워지고, '매우 좋음' 등급의 pH 수치 범위는 6.5 ~ 8.5이기 때문에 옳지 않은 내용이다.

08 정답 ⑤

살인 신고건수에서 여성피해자가 남성피해자의 2배일 때, 남성피해자의 살인 신고건수는 $1.32 \div 3 = 0.44$백 건이다. 따라서 남성피해자 전체 신고건수인 $132 \times 0.088 = 11.616$백 건에서 살인 신고건수가 차지하는 비율은 $\frac{0.44}{11.616} \times 100 \fallingdotseq 3.8\%$로 3% 이상이다.

오답분석

① 2019년 데이트 폭력 신고건수는 피해유형별 신고건수를 모두 합하면 총 $81.84 + 22.44 + 1.32 + 6.6 + 19.8 = 132$백 건$=13,200$건이다. 신고유형별 신고건수에서도 $5.28 + 14.52 + 10.56 + 101.64 = 132$백 건임을 알 수 있다.

② 112신고로 접수된 건수는 체포감금, 협박 피해자로 신고한 건수의 $\frac{101.64}{22.44} \fallingdotseq 4.5$배이다.

③ 남성 피해자의 50%가 폭행, 상해 피해자로 신고건수는 $132 \times 0.088 \times 0.5 = 5.808$백 건이며, 폭행, 상해의 전체 신고건수 중 $\frac{5.808}{81.84} \times 100 \fallingdotseq 7.1\%$이다.

④ 방문신고 건수의 25%($14.52 \times 0.25 = 3.63$백 건)가 성폭행 피해자일 때, 전체 신고건수에서 차지하는 비율은 $\frac{3.63}{132} \times 100 \fallingdotseq 2.8\%$이다.

09 정답 ③

나무(섬유소식물체) – 가스화(8점) – 합성가스 – 보일러(2점) – 열 : $8 \times 5 + 2 \times 3 = 46$만 원

오답분석

① 옥수수(전분작물) – 당화(9점) – 당분 – 알콜발효(3점) – 바이오알콜(에탄올) : $9 \times 5 + 3 \times 3 = 54$만 원

② 유채(유지작물) – 추출(4점) – 채종유 – 에스테르화(5점) – 바이오디젤(에스테르) : $4 \times 4 + 5 \times 4 = 36$만 원

④ 음식물쓰레기(유기성폐기물) – 혐기발효(6점) – 메탄가스 – 가스 : $6 \times 4 = 24$만 원

⑤ 볏짚(섬유소식물체) – 효소당화(7점) – 당분 – 알콜발효(3점) – 바이오알콜(에탄올) : $7 \times 4 + 3 \times 3 = 37$만 원

10 정답 ④

전분작물인 보리, 옥수수 등은 당화와 알콜발효의 공정을 거쳐 에탄올(바이오알콜)로 변환된다. 메탄올 연료는 섬유소식물체(나무, 볏짚 등)에서 얻을 수 있다.

오답분석

① 바이오에너지는 에너지를 이용하여 자연환경을 깨끗하게 유지할 수 있다.
② 바이오에너지 원리 및 구조에서 과열증기(열에너지)로 터빈 발전기를 가동(운동에너지)시켜 전력을 생산(전기에너지)하는 과정을 확인할 수 있다.
③ 바이오에너지 변환 시스템에서 섬유소식물체인 나무, 볏짚 등을 이용하여 '바이오알콜(에탄올), 메탄올, 열, 전기'를 얻을 수 있다.
⑤ 바이오에너지 원리 및 구조의 '잔열의 재사용'을 보면 터빈과 발전기 가동 시 증기의 일부가 급수의 가열에 재사용함을 알 수 있다.

11 정답 ③

A는 2019년 매출원가의 전년 대비 증감률이고, B는 당기순이익 전년 대비 증감률로 각각을 구하면 다음과 같다.

- A : $\frac{4,959.4-5,108.1}{5,108.1}\times 100 \fallingdotseq -2.9\%$
- B : $\frac{2,067.6-1,810.4}{1,810.4}\times 100 \fallingdotseq 14.2\%$

따라서 A, B에 들어갈 알맞은 수치는 각각 '−2.9, 14.2'이다.

오답분석

① 매출액은 매출원가와 매출총이익의 합과 같다.
  - 2018년 : (매출원가)+(매출총이익)=(매출액) → 5,108.1+4,622.4=9,730.5억 원
  - 2019년 : (매출원가)+(매출총이익)=(매출액) → 4,959.4+5,365.2=10,324.6억 원

② 매출총이익에서 판매비와 관리비를 제외한 값은 영업이익이다.
  - 2018년 : (매출총이익)−(판매비와 관리비)=(영업이익) → 4,622.4−2,174.7=2,447.7억 원
  - 2019년 : (매출총이익)−(판매비와 관리비)=(영업이익) → 5,365.2−2,891.6=2,473.6억 원

④ 영업이익과 영업외수익 합에서 영업외비용을 뺀 값은 당기순이익과 법인세비용을 합이다.
  → (영업이익)+(영업외수익)−(영업외비용)=(당기순이익)+(법인세비용)
  - 2018년 : 2,447.7+482.6−542.3=1,810.4+577.6=2,388억 원
  - 2019년 : 2,473.6+485.1−380.2=2,067.6+510.9=2,578.5억 원

⑤ 2018 ~ 2019년 동안 각 연도별 매출액 대비 당기순이익 비율은 다음과 같고, 비율은 2018년도보다 2019년도가 더 높다.
  - 2018년 : $\frac{1,810.4}{9,730.5}\times 100 \fallingdotseq 18.6\%$
  - 2019년 : $\frac{2,067.6}{10,324.6}\times 100 \fallingdotseq 20\%$

손익계산서 구성항목의 관계식

- (매출총이익)=(매출액)−(매출원가)
- (영업이익)=(매출총이익)−(판매비와 관리비)
- (법인세비용 차감 전 순손익)=(영업이익)+(영업외수익)−(영업외비용)
- (당기순이익)=(법인세비용 차감 전 순손익)−(법인세비용)

12 정답 ④

㉠ 제로 트러스트 모델(Zero Trust Model)이란 아무도 신뢰하지 않는다는 뜻으로 내・외부를 막론하고 적절한 인증 절차 없이는 그 누구도 신뢰하지 않는다.
㉢ 기업 내부에서 IT 인프라 시스템에 대한 접근 권한이 있는 내부인에 의해 보안 사고가 발생함에 따라 만들어진 IT 보안 모델이다.
㉣ MFA(Multi Factor Authentication)란 사용자 다중 인증을 말하며, 패스워드 강화 및 추가적인 인증 절차를 통해 접근 권한을 부여하는 것이다. IAM(Identity and Access Management)은 식별과 접근 관리를 말하며, ID와 패스워드를 종합적으로 관리해 주는 역할 기반의 사용자 계정 관리 솔루션이다.

오답분석

㉡ 네트워크 설계의 방향은 내부에서 외부로 설정한다.

13 정답 ①

ㄴ. 회색 티셔츠를 추가로 50벌을 서울 공장에서 2020년 1월 24일에 생산하였다.

→ OTGR-200124-475ccc

의류 종류 코드에서 'OP'를 'OT'로 수정해야한다.

오답분석

② ㄷ. 흰색 청바지를 전주 공장에서 265벌을 납품일(2020년 7월 23일) 전날에 생산하였다. 납품일 전날에 생산하였으므로 생산날짜는 2020년 7월 22일이다.

→ OJWH-200722-935baa

③ ㄱ. 2019년 12월 4일에 붉은색 스커트를 창원 공장에서 120장 생산하였다.

→ OHRD-191204-753aaa

④ ㄹ. 티셔츠와 스커트를 노란색으로 178벌씩 수원 공장에서 2020년 4월 30일에 생산했다.

→ 티셔츠 : OTYL-200430-869aab, 스커트 : OHYL-200430-869aab

⑤ ㅁ. 생산날짜가 2019년 7월 5일인 푸른색 원피스는 창원 공장에서 227벌 생산되었다.

→ OPBL-190705-753aba

14 정답 ④

청구범위를 넓게 설정할 경우 선행기술들과 저촉되어 특허가 거절될 가능성이 높아지므로 특허 등록의 가능성이 줄어들게 되지만, 청구범위를 좁게 설정할 경우에는 특허등록 가능성이 높아지게 된다.

오답분석

① 변리사를 통해 특허출원 명세서를 기재할 수 있다.

② 특허출원은 주로 경쟁자로부터 자신의 제품을 지키기 위해 이루어지나, 기술적 우위를 표시하기 위해 이루어지기도 한다.

③ 특허출원서에는 출원인이나 발명자 정보 등을 기재한다. 발명의 명칭, 발명의 효과, 청구범위 등은 특허명세서에 작성한다.

⑤ 청구범위가 좁을 경우 보호 범위가 좁아져 제3자가 특허 범위를 회피할 가능성이 높아지게 된다.

15 정답 ②

제시문에 따르면 의료기관 외 생활치료센터에 입소한 환자에게서 발생하는 모든 폐기물 역시 격리의료폐기물로 처리한다. 따라서 코로나19 확진 판정을 받고 생활치료센터에서 생활 중인 B씨의 폐기물은 격리의료폐기물에 해당하므로 합성수지의 전용 용기에 담아 밀폐 처리해야 한다. 골판지 전용 용기는 일반의료폐기물에 사용한다.

16 정답 ①

보행 동선의 분기점에 설치하는 것은 점형블록이며, 선형블록은 보행 동선의 분기점에 설치된 점형블록과 연계하여 목적 방향으로 설치한다.

17 정답 ①

스틱형 커피는 최근 다양한 유형으로 출시되고 있으며, 인스턴트 커피는 로스팅 커피에 비해 저렴한 가격을 무기로 성장세를 이어가고 있다. 따라서 차별화된 프리미엄 상품을 스틱형으로 출시한다는 마케팅 전략은 적절하지 않다.

18 정답 ②

학생과 성인의 연령별 독서형태를 보면 종이책은 2018년에 비해 2019년의 독서량 비율이 전부 작아졌고, 전자책 사용비율은 모두 높아졌다.

오답분석

① 성인 중 오디오북을 본 사람은 6,000×0.035=210명, 학생 중 오디오북을 본 사람은 3,126×0.187≒584명으로 학생이 더 많다.
③ 오디오북 독서량은 중년기인 40대는 1,158×0.042≒48명, 50대는 1,192×0.016≒19명이며, 성년기에 속하는 20대는 1,057×0.065≒68명, 30대는 1,022×0.062≒63명이다. 따라서 중년기 오디오북 독서량은 48+19=67명이므로 성년기의 독서량 68+63=131명보다 적다.
④ 노년기(60세 이상)의 전자책 독서량은 1.3%에서 2.0%로 늘어났다.
⑤ 2018년 아동기(초등학생)의 종이책을 본 학생은 1,005×0.968≒972명이고, 청소년기에 속하는 중학생은 985×0.925≒911명, 고등학생은 1,136×0.872≒990명이므로 청소년기 학생 수가 더 많다.

19 정답 ③

INDEX함수는 '=INDEX(배열로 입력된 셀의 범위, 배열이나 참조의 행 번호, 배열이나 참조의 열 번호)' MATCH함수는 '=MATCH(찾으려고 하는 값, 연속된 셀 범위, 되돌릴 값을 표시하는 숫자)'로 표시되기 때문에 '=INDEX(E2:E9,MATCH(0,D2:D9,0))'을 입력하면 근무년수가 0인 사람의 근무월수가 셀에 표시된다. 따라서 2이다.

20 정답 ④

a라는 변수에 0을 저장한다. range함수는 'range(start, stop, step)'로 표시되기 때문에 'range(1, 11, 2)'를 입력하면 1부터 10까지의 생성된 수를 2씩 증가시켜 합을 출력한다(range함수의 2번째 파라미터는 출력되지 않는 값이다). 따라서 누적된 a의 값인 25가 출력된다.

2020년 공기업

CHAPTER 03 국민건강보험공단

문제 224p

01	02	03	04	05	06	07	08	09	10	11	12	13	14	15					
③	④	②	①	④	③	③	②	④	③	④	③	④	④	③					

01 정답 ③

ㄱ. 부산광역시의 감기 환자의 수는 37,101명으로 경상남도의 감기 환자의 수인 43,694명보다 적다.
ㄴ. 대구광역시의 질병 환자가 가입한 의료보험의 수는 56,985×1.2=68,382개로 6만 5천 개 이상이다.
ㄹ. 질병 환자 한 명당 발열 환자 수는 서울이 129,568÷246,867≒0.52로 가장 크다. 그 외 지역들은 발열 환자 수가 전체 질병 환자의 반이 되지 않는다.

오답분석

ㄷ. 질병 환자 한 명당 발열 환자 수는 강원도의 경우 15,516÷35,685≒0.43이지만, 울산광역시의 경우는 12,505÷32,861≒0.38이므로 옳지 않다.

02 정답 ④

해당 그래프는 질병 환자 한 명당 발열 환자 수가 아닌 질병 환자 한 명당 감기 환자 비율을 나타낸 그래프이다.

03 정답 ②

오답분석

ㄴ. 순직군경에 해당되는 내용이다.
ㄹ. 전상군경에 해당되는 내용이다.

04 정답 ①

등록대상 유가족 및 가족요건의 배우자를 보면 배우자 및 사실상의 배우자가 독립유공자와 혼인 또는 사실혼 후 당해 독립유공자외의 자와 사실혼 중에 있거나 있었던 경우는 제외되므로, 이혼한 경우는 유족으로서 인정받을 수 없다.

오답분석

② 등록대상 유가족 및 가족요건의 자녀를 보면 직계비속이 없어 입양한 자 1인에 한하여 자녀로 본다고 되어 있다.
③ 등록대상 유가족 및 가족요건의 배우자를 보면 사실상의 배우자를 포함한다고 되어 있다.
④ 친자녀는 특별한 조건이 없이 2순위로 해당된다.

05 정답 ④

국가유공자 유족의 선순위자로서 배우자인 어머니가 사망하였으므로, A가 최선순위자로서 국가유공자 유족 등록 신청을 할 수 있다. 또한 A의 아버지는 전몰군경에 해당되므로 제출해야 하는 서류는 다음과 같다.

- 등록신청서 1부
- 병적증명서나 전역증(군인이 아닌 경우 경력증명서) 1부
- 고인의 제적등본(사망일자 확인) 1통
- 신청인의 가족관계 기록사항에 관한 증명서 1통
- 신청인의 반명함판 사진 1매

- 요건관련확인서 발급신청서 1부
- 사망입증서류 각 1부

혼인관계증명서는 배우자인 경우에만 제출하면 되므로, A가 제출할 필요가 없는 서류이다.

06 정답 ③

사회적 약자에 대한 채용혜택을 살펴보면, 먼저 채용인원 수 측면에서는 상반기가 65명, 하반기가 120명이므로 하반기에 더 중점을 두었음을 알 수 있다. 또한 사회적 약자에 대한 범위 역시 상반기에는 장애인과 국가유공자에 대해서만 혜택을 부여했지만, 하반기에서는 이에 더 나아가 고졸 및 국가유공자, 한부모가정, 북한이탈주민까지 범위를 더 넓혔다. 따라서 하반기가 상반기에 비해 사회적 가치 실현에 더 중점을 두었음을 알 수 있다.

오답분석

① 전체 채용 인원은 상반기가 458명, 하반기가 465명이고, 일반채용인원은 상반기가 393명, 하반기가 345명이다.
② 국가유공자 채용인원은 상반기와 하반기 모두 동일하게 50명이다.
④ 상반기 보도자료에서 '근무조건을 모집지역 5년 이상 근무하는 것으로 하여 지원자 본인은 생활권을 고려하여 지원해야 할 것으로 보인다.'라고 했으며, 하반기 보도자료에서도 '근무조건 또한 모집지역 내에서 5년 이상 근무하는 것으로 이 역시 상반기와 동일하다.'라고 했으므로 하반기 지원 역시 상반기처럼 본인의 생활권을 고려하여 지원해야 할 것이라고 볼 수 있다.

07 정답 ③

2018년과 2019년의 총 표본수를 구하는 것으로 (가)와 (나)를 계산할 수 있다. 2018년의 총 표본 수는 10,558명이며, 2019년의 총 표본 수는 10,102명이다.

(가)=10,558−(3,206+783+1,584+1,307+1,910)=10,558−8,790=1,768

(나)=10,102−(3,247+740+1,655+1,891+1,119)=10,102−8,652=1,450

따라서, (가)+(나)=1,768+=1,450=3,218이다.

08 정답 ②

ㄴ. 2018년에 문화예술행사를 관람한 70대 이상의 사람의 수는 1,279×53.1%≒679명이며 2019년에 문화예술행사를 관람한 70대 이상의 사람의 수는 1,058×49.9%≒528명이다.

ㄷ. 2018년에 소득이 100만 원 이상 300만 원 미만인 사람의 총 수는 3,007명이다. 문화예술행사를 관람한 사람의 수는 1,204×41.6%+1,803×24.1%=501+435≒936명으로 관람 비율은 936÷3,007×100≒31.1이다. 2019년에 소득이 100만 원 이상 200만 원 미만인 사람 중 문화예술행사를 관람하지 않은 사람의 비율은 39.6이다.

오답분석

ㄱ. 2018년에 가구소득이 100만 원 미만이면서 문화예술행사를 관람한 사람의 수는 869×57.5%≒500명이며, 가구소득이 100만 원 이상 200만원 미만이면서 문화예술행사를 관람한 사람의 수는 1,204×41.6%≒501명이다.

ㄹ. 2019년에 문화예술행사를 관람한 40대인 사람의 수는 1,894×89.1%≒1,688명, 50대인 사람의 수는 1,925×80.8%≒1,555명이다.

09 정답 ④

E회사의 근로자 수는 8명이므로 고용보험과 국민연금의 80%를 지원받을 수 있으며, 사업주는 0.8+0.25=1.05%의 고용보험료율이 적용된다.

• 고용보험
  - 보험료 총액 : 1,800,000×(1.05+0.8)%=33,300원
  - 사업주 지원액 : 1,800,000×1.05%×80%=15,120원
  - 근로자 지원액 : 1,800,000×0.8%×80%=11,520원

구분	보험료 총액 (A)	사업주 지원액 (B)	근로자 지원액 (C)	지원액 합계 (D=B+C)	납부할 보험료 (A−D)
신규지원자	33,300원	15,120원	11,520원	26,640원	6,660원

2020년 공기업

• 국민연금
- 보험료 총액 : 1,800,000×9%=162,000원
- 사업주 지원액 : 1,800,000×4.5%×80%=64,800원
- 근로자 지원액 : 1,800,000×4.5%×80%=64,800원

구분	보험료 총액 (A)	사업주 지원액 (B)	근로자 지원액 (C)	지원액 합계 (D=B+C)	납부할 보험료 (A−D)
신규지원자	162,000원	64,800원	64,800원	129,600원	32,400원

따라서 이번 달 E회사의 사업주와 K씨가 납부할 보험료의 합은 6,660+32,400=39,060원이다.

10 정답 ③

지난달 한 명의 직원이 그만두어 이번 달 근로자 수가 9명이 되었으나, 전년도 근로자 수가 월평균 10명이었으므로 전년도에 근로자 수가 월평균 10명 미만이어야 하는 조건에 부합하지 않는다. 또한 전년도 근로자 수가 월평균 10명 이상일 경우에는 지원신청일이 속한 달의 직전 3개월 동안 근로자 수가 연속하여 10명 미만이어야 하는데 이번 달부터 근로자 수가 9명이므로 해당 조건에도 부합하지 않는다.

오답분석

① 비과세 근로소득을 제외하면 전년도 근로소득은 2,550만 원이 되므로 전년도 월평균보수는 212.5만 원이 된다. 따라서 A는 월평균보수 215만 원 미만의 지원금액 조건을 충족한다.
② 전년도 근로자 수가 10명 미만인 사업이 지원대상이다.
④ 두루누리 사회보험료 지원사업은 고용보험과 국민연금의 일부를 국가에서 지원한다.

11 정답 ④

근로기준법 제109조(벌칙)에 따르면 제76조의3 제6항을 위반한 자는 3년 이하의 징역 또는 3천만 원 이하의 벌금에 처한다는 벌칙에 따라 불리한 처우를 한 사용자는 2년의 징역에 처할 수 있다.

오답분석

① 근로기준법 제76조의3 제1항에 따라 누구든지 직장 내 괴롭힘 발생 사실을 알게 된 경우 그 사실을 사용자에게 신고할 수 있지만, 반드시 신고해야 하는 것은 아니다.
② 근로기준법 제76조의3 제2항에 따라 사용자는 신고를 접수하거나 직장 내 괴롭힘 발생 사실을 인지한 경우에는 지체 없이 그 사실 확인을 위한 조사를 실시하여야 한다.
③ 근로기준법 제76조의3 제4항에 따라 사용자는 조사 결과 직장 내 괴롭힘 발생 사실이 확인된 때에는 피해근로자가 요청하면 근무장소의 변경, 배치전환, 유급휴가 명령 등 적절한 조치를 하여야 한다. 따라서 피해자의 요청 없이도 반드시 적절한 조치를 취해야 하는 것은 아니다.

12 정답 ③

의류팀 T팀장의 행위는 성과 향상을 위한 업무 독려 및 지시 행위로 볼 수 있으며, 업무상 적정 범위를 넘는 행위에 해당한다고 보기 어렵다. 따라서 J씨가 T팀장의 행위로 인해 스트레스를 받았더라도 관련법상 직장 내 괴롭힘에 해당하지 않는다.

오답분석

① R이사의 이유 없는 회식 참여 강요, 메신저로 부당 업무지시는 직장 내 괴롭힘에 해당한다.
② 성적 언동으로 Q씨에게 피해를 준 R이사의 행동은 성희롱에 해당하므로 남녀고용평등과 일·가정 양립지원에 관한 법에 적용된다. 일반적으로 성적 언동이 문제가 된 사안이라면 남녀고용평등과 일·가정 양립지원에 관한 법이 우선 적용된다.
④ X본부장은 L씨에게 업무와 관계없는 사적인 일을 지시하였으므로 직장 내 괴롭힘에 해당하며, 이를 알게 된 근로자는 신고를 할 수 있다.

13 정답 ④

멤버십 VIP 혜택은 프리미엄 요금제로 가입할 경우에만 받을 수 있으며, 가입 후 다다음 달 1일부터 등급이 상향되므로 바로 다음 달이 아닌 다다음 달부터 혜택을 받을 수 있다.

14 정답 ④

(89,000×0.2×24)+(69,000×0.15×12)=427,200+124,200=551,400원

오답분석

① 49,000×0.25×36=441,000원
② (69,000×0.15×12)+(49,000×0.2×24)=124,200+235,200=359,400원
③ (69,000×0.2×24)+(89,000×0.15×12)=331,200+160,200=491,400원

15 정답 ③

ㄱ. 동지역 종합병원을 방문하였지만, 나이가 65세 이상이므로 본인부담금 비율이 다르게 적용된다. 진료비가 20,000원 초과 25,000원 이하이므로 요양급여비용 총액의 20%를 부담하여 67세 이○○씨의 본인부담금은 21,500×0.2=4,300원이다.
ㄴ. P읍에 사는 34세 김□□씨는 의원에서 진찰비 12,000원이 나오고, 처방전을 받아 약국에서 총액은 10,000원이었다. 본인부담금 비율은 의원은 총액의 30%, 약국도 30%이므로 김□□씨가 지불하는 본인부담금은 (12,000+10,000)×0.3=6,600원이다.
ㄷ. M면 지역 일반병원에 방문한 60세 최△△씨의 본인부담금 비율은 총액의 35%이고, 약국은 30%이다. 따라서 최△△씨의 본인부담금 총액은 25,000×0.35+60,000×0.3=8,750+18,000=26,750원이다.
∴ 세 사람의 본인부담금은 4,300+6,600+26,750=37,650원이다.

CHAPTER 04 한국토지주택공사

문제 239p

01	02	03	04	05	06	07	08	09	10	11	12	13	14	15	16	17	18	19	20
⑤	⑤	④	②	①	⑤	⑤	⑤	③	④	①	②	②	③	①	④	④	④	①	②
21	22																		
②	①																		

01 정답 ⑤

'개성 있는 단독주택에서 살고 싶다는 욕구를 가진 사람들이 증가하고 있다지만 아파트가 주는 편안한 생활을 포기할 사람이 많지 않을 것이라는 분석인 셈이다.'라는 내용을 통해 유추해 볼 수 있다.

오답분석

① 모듈러 주택과 콘크리트 주택의 비용의 차이는 글에서 알 수 없다.
② 모듈러 주택의 조립과 마감에 걸리는 시간은 30 ~ 40일이다.
③ 모듈러 공법은 주요 자재의 최대 80 ~ 90퍼센트가량을 재활용할 수 있다는 내용만 있을 뿐 일반 철근콘크리트 주택의 재활용에 대해서는 글에서 확인할 수 없다.
④ 모듈러 주택이 처음 한국에 등장한 시기는 해외 대비 늦지만, 해외보다 소요되는 비용이 적을 것이라는 것은 알 수 없다.

02 정답 ⑤

'외부 전문가의 심사를 거쳐 대상을 포함해 총 31점을 당선작으로 선정하였다.'라고 했으므로 내부 심사로만 진행하지 않았다는 것을 알 수 있다.

오답분석

① '제8회 대학생 광고공모전'이라고 표기되어 있으므로 대학생만 지원이 가능한 것을 유추할 수 있다.
② '신데렐라, 백설공주 등 디즈니사의 유명 만화영화가 모두 해피엔딩으로 끝나는 점에서 아이디어를 착안해'라는 내용에서 '오래오래'는 긍정적인 의미를 담고 있다고 볼 수 있다.
③ '심사위원 만장일치로 대상에 선정되었다.'라는 내용에서 심사위원 전원 긍정적인 반응을 보였다고 볼 수 있다.
④ '저소득층의 주거 복지 향상을 위한 LH의 영구임대주택을 참신하고 흥미롭게 표현했다.'라는 내용에서 LH가 저소득층 주거 복지를 위해 영구임대주택 사업을 하고 있음을 알 수 있다.

03 정답 ④

㉠ B의 발언은 내용만 보면 선정적이지만, 업무에 대한 내용으로 A도 이를 인지하였으므로 직장 내 성희롱에 해당하지 않는다.
㉡ C의 발언은 성적인 내용을 포함하지만, D는 이에 대해 성적수치심을 느꼈다고 볼 수 없으므로 직장 내 성희롱에 해당하지 않는다.
㉣ 성희롱이란 성적 수치심을 일으키는 말과 행동을 하는 경우를 말하는데, H는 G의 말에 대하여 성적 수치심을 느꼈다고 볼 수 없으므로 성희롱에 해당하지 않는다.

오답분석

㉢ E는 직위를 이용해 거부하는 D에게 신체접촉을 요구했으므로 직장 내 성희롱에 해당된다.

04 정답 ②

㉣ 성적인 내용이 담겨있는 발언이더라도 상대방이 성적 수치심을 느끼지 않는다면 직장 내 성희롱이라고 볼 수 없다.

오답분석

㉠ 직장 내 성적인 소문을 의도적으로 퍼뜨려 심적 고통을 느끼게 하는 것도 직장 내 성희롱에 해당된다.
㉡ 직위를 이용한 상대방과의 신체적 접촉은 직장 내 성희롱에 해당된다.
㉢ 퇴근 후라도 문자나 전화 등을 통해 상대방이 성적 수치심을 느낄 수 있는 발언을 했을 때는 직장 내 성희롱이 성립된다.

05 정답 ①

'참석'은 비교적 작은 규모의 모임이나 행사, 회의 등에 단순히 출석하는 것을 뜻한다. 반면, '참여'와 '참가'는 단순한 출석 이상으로 그 일에 관계하여 개입한다는 의미가 있다. 둘 모두 행사나 모임 등이 이루어지도록 하는 일에 적극적으로 관여한다는 것을 뜻하지만, '참여'는 주로 '참가'보다 관여 대상이 다소 추상적이고 규모가 클 때 사용한다.

㉠ 참석(參席) : 모임이나 회의 따위의 자리에 참여함
㉡ 참가(參加) : 모임이나 단체 또는 일에 관계하여 들어감
㉢ 참여(參與) : 어떤 일에 끼어들어 관계함

06 정답 ⑤

'천문학적 세금이 투입되는 사업이라 누구도 선뜻 나서지 못하는 것이 현 상황이다.'라는 내용에 비추어 볼 때, 상대적으로 저소득 국가는 고소득 국가에 비해 하기 힘든 사업임을 예측할 수 있다.

오답분석

① '우주 쓰레기들이 서로 충돌하면서 작은 조각으로 부서지기도 한다.'라는 내용으로 개수는 이전보다 더 많아질 것임을 추측할 수 있다.
② '우주 쓰레기가 지상에 떨어지는 경우가 있어 각국에서는 잇따른 피해가 계속 보고되고 있다.'라는 내용으로 보아 우주 쓰레기는 우주에서만 떠돌 뿐 아니라 지구 내에도 떨어져 지구 내에서도 피해가 발생함을 알 수 있다.
③ 우주 쓰레기 수거 로봇은 스위스에서 개발한 것임으로 유럽에서 개발한 것은 맞으나, 2025년에 우주 쓰레기 수거 로봇을 발사할 계획이라고 했으므로 아직 그 결과를 얻지 못했으므로 성공적이라고 할 수 없다.
④ '2018년 영국에서 작살과 그물을 이용해 우주 쓰레기를 수거하는 실험에 성공한 적이 있다.'라는 내용이 있으므로 옳지 않은 설명이다.

07 정답 ⑤

제시문과 ⑤의 '말'은 '일정한 주제나 줄거리를 가진 이야기'를 의미한다.

오답분석

① 사람의 생각이나 느낌 따위를 표현하고 전달하는 데 쓰는 음성 기호
② 단어, 구, 문장 따위를 통틀어 이르는 말
③ 음성 기호로 생각이나 느낌을 표현하고 전달하는 행위. 또는 그런 결과물
④ 소문이나 풍문 따위를 이르는 말

08 정답 ⑤

㉠ '이따가'는 '조금 지난 뒤에'를 의미하는 부사로 주로 시간 표현과 관련하여 사용되며, '있다가'는 동사 '있-'에 '-다가'가 결합한 형태로 주로 일정한 장소와 관련하여 사용된다. 제시된 문장은 '조금 지난 뒤에 다시 전화하겠다.'는 의미이므로 ㉠은 '이따가'가 옳은 표기이다.
㉡ '되다'의 어간 '되-'와 연결 어미 '-어서'가 결합한 '되어서'의 준말은 '돼서'로 표기하므로 ㉡은 '돼서'가 옳은 표기이다.
㉢ '뵈다'의 어간 '뵈-'와 연결 어미 '-어'가 결합한 '뵈어'의 준말은 '봬-'로 표기하므로 보조사 '요'가 붙을 때는 '봬요'의 형태로 표기한다. 따라서 ㉢은 '봬요'가 옳은 표기이다.

09 정답 ③

예금할 일정한 금액을 a원이라 하면 3년 후의 원리합계는 다음과 같다.

$a+a(1+0.05)+a(1+0.05)^2=40,000,000$

$\frac{a(1.05^3-1)}{1.05-1}=\frac{a(1.16-1)}{0.05}=40,000,000$

$a=\frac{40,000,000\times0.05}{0.16}=12,500,000$

따라서 매년 1,250만 원의 임대료를 받아야 한다.

10 정답 ④

작년 동아리에 가입한 남자 사원의 수를 x명, 여자 사원의 수를 y명이라고 하자.

$x+y=90$ … ㉠

$0.90x+1.12y=92$ … ㉡

㉠과 ㉡을 연립하면, $x=40$, $y=50$

따라서 올해 동아리에 가입한 여성 사원의 수는 56명이다.

11 정답 ①

먼저 세 자연수의 합이 6이 되는 경우의 수를 구하여야 한다.

- 자연수의 합이 6이 되는 경우는 (4, 1, 1), (2, 2, 2), (3, 2, 1)이다.
- 3개의 주사위를 던졌을 때 나올 수 있는 모든 사건의 수는 $6\times6\times6=216$이다.
- 주사위가 (4, 1, 1)인 경우는 (1, 1, 4), (1, 4, 1), (4, 1, 1)로 총 3가지이다.
- 주사위가 (2, 2, 2)인 경우는 (2, 2, 2)로 1가지이다.
- 주사위가 (3, 2, 1)인 경우는 (1, 2, 3), (1, 3, 2), (2, 1, 3), (2, 3, 1), (3, 1, 2), (3, 2, 1)로 총 6가지이다.

따라서 3개의 주사위를 동시에 던질 때 나온 숫자의 합이 6이 되는 확률은 $\frac{10}{216}=\frac{5}{108}$이다.

12 정답 ②

작업량에 대한 식은 1=(작업 시간)×(작업 속도)로 표현된다.

- A사원의 작업 속도 : $\frac{1}{24}$
- B사원의 작업 속도 : $\frac{1}{120}$
- C사원의 작업 속도 : $\frac{1}{20}$

세 사람의 작업 속도를 더하면 $\frac{1}{24}+\frac{1}{20}+\frac{1}{120}=\frac{12}{120}=\frac{1}{10}$

따라서 세 사람이 함께 일을 진행하면 10일이 걸린다.

13 정답 ②

움직인 시간을 x초라고 하면 $x=15-2x$ → $3x=15$ → $x=5$

따라서 5초 움직였으므로, 두 사람이 같은 층이 되는 층은 5층이다.

14 정답 ③

규칙을 찾아보면 신입사원의 수는 총 4년을 주기로 변화하는 것을 알 수 있다.
사원의 수는 4년 주기 중, 첫 해에는 전년 대비 1명이 증가하며, 두 번째 해에는 전년 대비 2명이 증가하고, 3번째 해에는 전년 대비 2배가 되며, 네 번째 해에는 전년 대비 1명이 감소한다. 이를 통해 2020년까지 신입사원의 수를 구하면 다음과 같다.

2014년	2015년	2016년	2017년	2018년	2019년	2020년
36	38	76	75	76	78	156

모든 2002 ~ 2020년 신입사원의 수를 더하면 700명이다.

15 정답 ①

마지막 규칙에 따라 C대리가 가장 먼저 출근하며, 세 번째 규칙에 따라 그 다음에 B과장이 출근한다. 팀원이 총 5명이므로 다섯 번째 규칙에 따라 D주임이 세 번째로 일찍 출근하며, 나머지 팀원인 E사원과 A팀장 중 첫 번째 규칙에 따라 E사원이 먼저 출근한다. 따라서 출근 순서는 C대리 – B과장 – D주임 – E사원 – A팀장이다.

16 정답 ④

우선, 물품비는 5,000×2+1,000×4+2,000×1+1,500×2=19,000원이 든다. 또한, 서울 지부에서 김포공항까지 택시비가 소요된다. 세미나 시작 2시간 전인 12시 정각까지 세미나 장소인 부산 본사에 도착하여야 하며, 그러기 위해서는 택시로 이동하는 시간을 고려하여 11시 반에는 김해공항에 도착하여야 한다. 따라서 탑승이 가능한 항공편은 AX381뿐이다. 김해공항에서 내린 후 부산 본사까지 이동과정에서 다시 택시비가 소요된다. 세미나 종료 후 다시 택시를 타고 김해 공항으로 이동하게 되며, 공항에 도착하면 18:30이 된다. 따라서 탑승이 가능한 항공편은 YI830뿐이다. 김포공항에서 다시 택시로 서울 지부로 이동하는 과정에서 택시비를 지불하게 된다. 따라서 19,000+20,000+38,500+20,000+20,000+48,000+20,000=185,500원이다.

17 정답 ④

7월에 비해 8월에 변경된 사항을 반영하여 지급내역을 계산하면 다음과 같다. 또한 인상된 건강보험료율은 5%이므로, 3,500,000×0.05=175,000원이다.

지급내역	
기본급	1,350,000
직책수당	400,000
직무수당	450,000
연장근로	350,000
심야근로	250,000
휴일근로	300,000
월차수당	400,000
합계	3,500,000

공제내역	
갑근세	900,000
주민세	9,000
건강보험	175,000
국민연금	135,000
고용보험	24,000
근태공제	–
기타	–
합계	1,243,000

따라서 실수령액은 3,500,000−1,243,000=2,257,000원이다.

18 정답 ④

- 딸기 쿠키 1개(박력분 10g, 버터 5g, 설탕 8g, 딸기잼 20g)
- 마카다미아 쿠키 4개(박력분 40g, 버터 40g, 설탕 32g, 마카다미아 12개

→ 박력분 50g, 버터 45g, 설탕 40g, 딸기잼 20g, 마카다미아 12개
따라서 버터가 40g을 초과하므로 옳지 않다.

2020년 공기업

오답분석

① 스모어스 쿠키 4개(박력분 40g, 버터 20g, 설탕 32g, 초코시럽 40g, 마시멜로 4개)
② • 스모어스 쿠키 2개(박력분 20g, 버터 10g, 설탕 16g, 초코시럽 20g, 마시멜로 2개)
 • 초코칩 쿠키 1개(박력분 10g, 버터 5g, 설탕 8g, 초코시럽 5g, 초코칩 10개)
 → 박력분 30g, 버터 15g, 설탕 24g, 초코시럽 25g, 마시멜로 2개, 초코칩 10개
③ • 딸기 쿠키 1개(박력분 10g, 버터 5g, 설탕 8g, 딸기잼 20g)
 • 초코칩 쿠키 3개(박력분 30g, 버터 15g, 설탕 24g, 초코시럽 15g, 초코칩 30개)
 → 박력분 40g, 버터 20g, 설탕 32g, 초코시럽 15g, 딸기잼 20g, 초코칩 30개
⑤ • 초코칩 쿠키 3개(박력분 30g, 버터 15g, 설탕 24g, 초코시럽 15g, 초코칩 30개)
 • 마카다미아 쿠키 2개(박력분 20g, 버터 20g, 설탕 16g, 마카다미아 6개)
 → 박력분 50g, 버터 35g, 설탕 40g, 초코칩 30개, 마카다미아 6개

19 정답 ①

ㄱ. 제34조 제11호의 경우, 배우자만 1년 이상 해외에서 연구를 진행하는 경우에도 휴직이 가능하다.
ㄴ. 제34조 제7호의 경우, 3년에 2년을 연장하여 최대 5년간 휴직이 가능하다.

오답분석

ㄷ. 제34조 제2호인 경우 C에게는 최대 3년의 휴직이 명해진다.
ㄹ. 제34조 제4호인 경우 3개월 이내의 휴직이 명해진다.

20 정답 ②

가옥(家屋)은 집을 의미하는 한자어이므로 ㉠과 ㉡의 관계는 동일한 의미를 지니는 한자어와 고유어의 관계이다. ②의 수확(收穫)은 익은 농작물을 거두어들이는 것 또는 거두어들인 농작물의 의미를 가지므로 벼는 수확의 대상이 될 뿐 수확과 동일한 의미를 지니지 않는다.

21 정답 ②

㉡에는 고르거나 가지런하지 않고 차별이 있음을 의미하는 '차등(差等)'이 사용되어야 한다.
• 차등(次等) : 다음가는 등급

오답분석

① 자생력(自生力) : 스스로 살길을 찾아 살아나가는 능력이나 힘
③ 엄선(嚴選) : 엄격하고 공정하게 가리어 뽑음
④ 도출(導出) : 판단이나 결론 따위를 이끌어 냄
⑤ 지속적(持續的) : 어떤 상태가 오래 계속되는

22 정답 ①

세 번째 조건에서 중앙값이 28세이고, 최빈값이 32세라고 했으므로 신입사원 5명 중 2명은 28세보다 어리고, 28세보다 많은 사람 2명은 모두 32세가 되어야 한다. 또한 두 번째 조건에서 신입사원 나이의 총합은 28.8×5=144세라 하였으므로, 27세 이하인 2명의 나이 합은 144−(28+32+32)=52세가 된다. 그러므로 2명의 나이는 (27세, 25세), (26세, 26세)가 가능하지만 최빈값이 32세이기 때문에 26세는 불가능하다. 따라서 28세보다 어린 2명은 25세와 27세이며, 가장 어린 사람과 가장 나이가 많은 사람의 나이 차는 32−25=7세이다.

CHAPTER 05 서울교통공사

문제 251p

01	02	03	04	05	06	07	08	09	10	11									
④	③	①	②	④	⑤	③	②	④	④	②									

01 정답 ④

숨겨진 자아는 타인은 모르지만, 나는 아는 나의 모습을 의미한다. 자신의 평판에 대해 직장 동료나 상사에게 물어보는 것은 타인은 알고 있지만, 나는 알지 못하는 나의 모습을 의미하는 눈먼 자아와 연결된다.

조해리의 창(Johari's Window)

조해리의 창은 대인관계에 있어서 자신이 어떻게 보이고, 또 어떤 성향을 가지고 있는지를 파악할 수 있도록 한 심리학 이론으로, 미국의 심리학자 조셉 루프트와 해리 잉햄이 고안하였다.

- 눈먼 자아 : 나에 대해 타인은 알고 있지만, 나는 알지 못하는 모습
- 아무도 모르는 자아 : 타인도 나도 모르는 나의 모습
- 공개된 자아 : 타인도 나도 아는 나의 모습
- 숨겨진 자아 : 타인은 모르지만, 나는 아는 나의 모습

02 정답 ③

스마트 스테이션에서는 분산되어 있는 분야별 역사 관리 정보를 정보통신기술을 기반으로 통합 관리한다. 따라서 현재 스마트 스테이션을 시범 운영하고 있는 5호선 군자역에서는 역사 관리 정보가 통합되어 관리되고 있음을 알 수 있다.

오답분석

① 서울교통공사는 스마트 스테이션을 2021년 3월까지 2호선 50개 전 역사에 구축할 예정이다.
② 스마트 스테이션은 올해 2020년 4월 지하철 5호선 군자역에서 시범 운영되었다.
④ 모바일 버전의 구축은 이번에 체결한 계약의 주요 개선사항 중 하나이므로 현재는 모바일을 통해 역사를 모니터링할 수 없다.
⑤ 스마트 스테이션은 기존 통합 모니터링 시스템을 개량하는 방식으로 도입될 예정이므로 앞으로 도입될 스마트 스테이션에는 새롭게 개발된 모니터링 시스템이 아닌 보완·개선된 기존의 모니터링 시스템이 적용될 것이다.

03 정답 ①

스마트 스테이션이 군자역에서 시범 운영된 결과, 순회 시간이 평균 28분에서 10분으로 줄었다. 따라서 일반 역의 순찰 시간은 스마트 스테이션의 순찰 시간보다 더 긴 것을 알 수 있다.

오답분석

② 스마트 스테이션이 시범 운영된 결과, 운영 효율이 향상된 것으로 나타났으므로 일반 역은 스마트 스테이션에 비해 운영비용이 많이 드는 것을 알 수 있다.
③ 스마트 스테이션이 시범 운영된 결과, 돌발 상황에 대한 대응 시간이 평균 11분에서 3분으로 단축되었으므로 일반 역의 대응 시간은 스마트 스테이션보다 더 긴 것을 알 수 있다.
④ 스마트 스테이션이 도입되면 3D맵과 지능형 CCTV를 통해 가상순찰이 가능해지므로 스마트 스테이션에서는 일반 역보다 적은 인력이 필요할 것이다.
⑤ 스마트 스테이션의 경우 지능형 CCTV를 통해 무단침입이나 역사 화재 등을 실시간으로 인지할 수 있지만, 일반 역에서는 이를 실시간으로 인지하기 어렵다.

04 정답 ②

지능형 CCTV(◎)의 경우 높은 화소와 객체 인식 기능을 통해 사물이나 사람의 정확한 식별이 가능하다. 따라서 ATM기 맞은편에 설치된 일반 CCTV(○)보다 ATM기 오른쪽에 설치된 지능형 CCTV(◎)를 통해 범죄자 얼굴을 쉽게 파악할 수 있다.

오답분석

① 일반 CCTV(○)는 유지보수가 용이하다는 장점이 있다.
③ 제시된 3D맵을 보면 모든 지능형 CCTV(◎)는 IoT센서(●)와 함께 설치되어 있음을 알 수 있다.
④ 지능형 CCTV(◎)는 객체 인식 기능을 통해 제한구역의 무단침입 등이 발생할 경우 이를 실시간으로 알려 준다.
⑤ 지하철 역사 내부를 3차원으로 표현한 3D맵에서는 지능형 CCTV(◎)와 IoT 센서(●) 등을 통해 가상순찰이 가능하다.

05 정답 ④

시설 노후화로 각종 안전사고가 빈발하는 도시철도(서울·부산)의 노후 시설물 개량 지원을 414억 원에서 566억 원으로 확대한다고 하였으므로 예산을 새로 편성한 것이 아니라 기존의 예산에서 확대 편성하였음을 알 수 있다.

오답분석

① 철도국 예산안을 5.3조 원이었던 지난해 대비 19.3% 증가한 6.3조 원으로 편성하였으므로 철도국의 2020년 예산은 지난해보다 1조 원이 증가하였다.
② 철도안전 분야 예산을 10,360억 원에서 15,501억 원으로 증액하였으므로 철도안전 분야 예산은 약 $\frac{15,501-10,360}{10,360}\times 100 \fallingdotseq 49.6\%$ 증가하였다.
③ 수도권 동북부와 남부지역을 잇는 GTX－C노선의 민간투자시설사업기본계획(RFP) 수립 등을 위해 10억 원을 신규 반영하였다.
⑤ 철도차량 및 철도시설 이력 관리 정보시스템 구축에 대한 지원을 41억 원에서 94억 원으로 확대 편성하였다.

06 정답 ⑤

철도국 2020년 예산안에 따르면 각종 안전사고가 빈발하는 노후 시설물 개량과 철도 이용객 안전을 위한 안전시설의 확충 등을 위해 철도안전 투자가 강화되었다. 따라서 철도안전 사고 등을 선제적으로 예방하기 위해 철도안전에 예산을 집중·확대 투자하였음을 추론할 수 있다.

07 정답 ③

지점이동을 원하는 직원들 중 1차 희망지역에 서울을 신청한 직원은 C, E, I이고, 경기를 적은 직원은 D, G, L이다. 하지만 조건에서 희망지역을 신청한 사람 중 2명만 이동할 수 있으며, 3명 이상이 지원하면 경력이 높은 사람이 우선된다고 했으므로 서울을 신청한 직원 중 경력이 6년인 E, I가 우선이며, 경기는 경력이 2년인 D, L이 우선이 된다. 따라서 서울 지역으로 이동할 직원은 E, I이며, 경기 지역은 D, L이다.

08 정답 ②

지점이동을 원하는 직원들 중 첫 번째와 두 번째 조건에 따라 1차 희망지역으로 발령을 받는 직원을 정리하면 다음과 같다.

서울	경기	대구	대전
E, I	D, L	J, N	B
부산	**광주**	**포항**	**울산**
F, M	K		

1차 희망지역에 탈락한 직원은 A, C, G, H이며, 4명의 2차 희망지역에서 순위 선정 없이 바로 발령을 받는 직원은 울산을 지원한 A이다. G와 H는 광주를 지원했지만 광주에는 K가 이동하여 한 명만 더 갈 수 있기 때문에 둘 중 보직 우선순위에 따라 차량관리를 하고 있는 G가 이동하게 된다. H는 3차 희망지역으로 울산을 지원하여 울산에 배정된 직원은 A 1명이므로 울산으로 이동한다. C의 경우 2·3차 희망지역인 경기, 대구 모두 2명의 정원이 배정되어 있으므로 이동하지 못한다. 따라서 지점이동을 하지 못하는 직원은 C이다.

09 정답 ④

통돌이 세탁기 기능 조작부 설명에 따르면 세탁통 청소 시 사용하는 통세척 코스에서는 냉수만 선택 가능하다. 따라서 통세척 코스를 선택한 뒤에 온수세탁을 선택할 수 없다.

오답분석

① 통돌이 세탁기 기능 조작부 설명에 따르면 작동 중 세탁기 문을 열고자 할 때는 동작 / 일시정지 버튼을 눌러 세탁기가 정지한 후에 세탁기 문을 열어야 한다.
② 통돌이 세탁기 기능 조작부에는 물높이에 따른 세제량이 그림으로 표시되어 있어 물높이에 맞는 세제량을 확인할 수 있다.
③ 통돌이 세탁기의 세탁 코스 설명에 따르면 급속 코스의 적정 세탁량은 5.5kg 이하이며, 급속 코스에서는 4 이상의 물높이가 선택되지 않는다.
⑤ 통돌이 세탁기의 예약 옵션 설명에 따르면 예약 시간은 3 ~ 18시간까지 설정 가능하며, 3시간 미만은 예약되지 않는다.

10 정답 ④

먼저 세탁기의 전원 버튼을 1번 눌러야 하며, 세탁 버튼은 19분이 선택될 수 있도록 총 7번 눌러야 한다. 이때, 온수로 세탁하므로 온수세탁 버튼도 1번 눌러야 한다. 또한 헹굼 버튼은 3회가 선택되도록 3번, 탈수 버튼은 '약'이 선택되도록 2번 눌러야 한다. 마지막으로 모든 세탁 과정을 예약 세탁으로 설정해야 하므로 예약 버튼을 1번 누른 후 예약 시간이 4:00가 되도록 예약 버튼을 1번 더 눌러야 한다(3 ~ 12시간까지는 1시간 단위로 예약이 가능하다). 따라서 A씨는 세탁기 조작부의 버튼을 총 1+7+1+3+2+2=16번 눌러야 한다.

11 정답 ②

불림 10분, 냉수세탁 12분, 헹굼 10×2=20분, 탈수(강) 15분으로 총 10+12+20+15=57분이 소요된다.

오답분석

① 14(온수세탁)+10×3(헹굼 3회)+10[탈수(약)]=54분
③ 12(냉수세탁)+10×3(헹굼 3회)+10[탈수(약)]=52분
④ 12(냉수세탁)+10×2(헹굼 2회)+8[탈수(섬세)]=40분
⑤ 12(냉수세탁)+10×2(헹굼 2회)=32분

MEMO

I wish you the best of luck!

PART

3

2019년 대기업 · 공기업 기출문제

CHAPTER 01 삼성그룹

문제 265p

01	02	03	04	05	06	07	08	09	10
④	④	⑤	⑤	③	⑤	②	②	①	④

01 정답 ④

O사원이 걸어간 거리는 1.8×0.25=0.45km이고, 자전거를 탄 거리는 1.8×0.75=1.35km이다. 3km/h와 30km/h를 각각 분단위로 환산하면 각각 0.05km/분, 0.5km/분이다. 이를 기준으로 이동시간을 계산하면 O사원이 걸은 시간은 $\frac{0.45}{0.05}$=9분이고, 자전거를 탄 시간은 $\frac{1.35}{0.5}$=2.7분이다. 즉, 총 이동시간은 9+2.7=11.7분이고, 0.7분을 초로 환산하면 0.7×60=42초이다. 따라서 O사원이 출근하는 데 걸린 시간은 11분 42초이다.

02 정답 ④

증발하기 전 농도가 15%인 소금물의 양을 xg이라고 하자. 이 소금물의 소금의 양은 $0.15x$이고, 5% 증발했으므로 증발한 후의 소금물의 양은 $0.95x$g이다. 또한, 농도가 30%인 소금물의 소금의 양은 200×0.3=60g이다.

$\frac{0.15x+60}{0.95x+200}=0.2 \rightarrow 0.15x+60=0.2(0.95x+200) \rightarrow 0.15x+60=0.19x+40 \rightarrow 0.04x=20 \rightarrow x=500$

따라서 증발 전 농도가 15%인 소금물의 양은 500g이다.

03 정답 ⑤

작년에 입사한 남자 신입사원 수를 x명, 여자 신입사원 수를 y명이라고 하자.

$x+y=55$ … ㉠

$1.5x+0.6y=60$ … ㉡

㉠과 ㉡을 연립하면

$x=30,\ y=25$

따라서 올해 여자 신입사원 수는 25×0.6=15명이다.

04 정답 ⑤

3월의 개체 수는 1월과 2월의 개체 수를 합한 것과 같고, 4월의 개체 수는 2월과 3월을 합한 것과 같다. 즉, 물고기의 개체 수는 피보나치수열로 증가하고 있다.

n을 월이라고 하고 A물고기의 개체 수를 a_n이라고 하자.

$a_1=1,\ a_2=1,\ a_n=a_{n-1}+a_{n-2}(n \geq 3)$

구분	1월	2월	3월	4월	5월	6월	7월	8월	9월	10월	11월	12월
개체 수	1	1	2	3	5	8	13	21	34	55	89	144

따라서 12월의 A물고기 수는 144마리이다.

05 정답 ③

㉡ 국가채권 중 조세채권의 전년 대비 증가율은 다음과 같다.

- 2015년 : $\frac{30-26}{26}\times 100 ≒ 15.4\%$
- 2017년 : $\frac{38-34}{34}\times 100 ≒ 11.8\%$

따라서 조세채권의 전년 대비 증가율은 2017년에 비해 2015년이 높다.

㉢ 융자회수금의 국가채권과 연체채권의 총합이 가장 높은 해는 142조 원으로 2017년이다. 연도별 경상 이전수입의 국가채권과 연체채권의 총합을 구하면 각각 15, 15, 17, 18조 원이므로 2017년이 가장 높다.

오답분석

㉠ 2014년 총 연체채권은 27조 원으로 2016년 총 연체채권의 80%인 36×0.8=28.8조 원보다 작다.

㉣ 2014년 대비 2017년 경상 이전수입 중 국가채권의 증가율은 $\frac{10-8}{8}\times 100=25\%$이며, 경상 이전수입 중 연체채권의 증가율은 $\frac{8-7}{7}\times 100 ≒$ 14.3%로 국가채권 증가율이 더 높다.

06 정답 ⑤

'응분'은 '어떤 정도나 분수에 맞음'을 의미하며, '분수에 넘침'을 의미하는 '과분'과 반의 관계이다. '겸양하다'는 '겸손한 태도로 양보하거나 사양하다.'라는 의미로, '잘난 체하다.'라는 의미의 '젠체하다'와 반의 관계이다.

07 정답 ②

오디는 뽕나무의 열매이고, 뽕잎은 뽕나무의 잎이다.

오답분석

①·③·④·⑤는 앞의 단어가 뒤의 단어의 재료가 된다. 즉, 재료와 가공품의 관계이다.

- 견사(絹絲) : 깁이나 비단을 짜는 명주실

08 정답 ②

A는 B와 C를 범인으로 지목하고, D는 C를 범인으로 지목하고 있다. A의 진술은 진실인데 D는 거짓일 수 없으므로 A와 D의 진술이 모두 진실인 경우와, A의 진술이 거짓이고 D의 진술은 참인 경우, 그리고 A와 D의 진술이 모두 거짓인 경우로 나누어 볼 수 있다.

i) A와 D의 진술이 모두 진실인 경우 : B와 C가 범인이므로 B와 C가 거짓을 말해야 하며, A, D, E는 반드시 진실을 말해야 한다. 그런데 E가 거짓을 말하고 있으므로 2명만 거짓을 말해야 한다는 조건에 위배된다.

ii) A의 진술은 거짓, D의 진술은 진실인 경우 : B는 범인이 아니고 C만 범인이므로 B는 진실을 말하고, B가 범인이 아니라고 한 E도 진실을 말한다. 따라서 A와 C가 범인이다.

iii) A와 D의 진술이 모두 거짓일 경우 : 범인은 A와 D이고, B, C, E는 모두 진실이 된다.

따라서 A와 C 또는 A와 D가 동시에 범인이 될 수 있다.

09 정답 ①

6명이 앉은 테이블은 빈 자리가 없고, 4명이 앉은 테이블에만 빈 자리가 있으므로 첫 번째, 세 번째 조건에 따라 A, I, F는 4명이 앉은 테이블에 앉아 있음을 알 수 있다. 4명이 앉은 테이블에서 남은 자리는 1개뿐이므로, 두 번째, 다섯 번째, 여섯 번째 조건에 따라 C, D, G, H, J는 6명이 앉은 테이블에 앉아야 한다. 마주보고 앉는 H와 J를 6명이 앉은 테이블에 먼저 배치하면 G는 H의 왼쪽 또는 오른쪽 자리에 앉고, 따라서 C와 D는 J를 사이에 두고 앉아야 한다. 이때 네 번째 조건에 따라 어떤 경우에도 E는 6명이 앉은 테이블에 앉을 수 없으므로, 4명이 앉은 테이블에 앉아야 한다. 따라서 4명이 앉은 테이블에는 A, E, F, I가, 6명이 앉은 테이블에는 B, C, D, G, H, J가 앉는다. 이를 정리하면 다음과 같다.

• 4명이 앉은 테이블 : A와 I 사이에 빈 자리가 하나 있고, F는 양 옆 중 오른쪽 자리만 비어 있다. 따라서 다음과 같이 4가지 경우의 수가 발생한다.

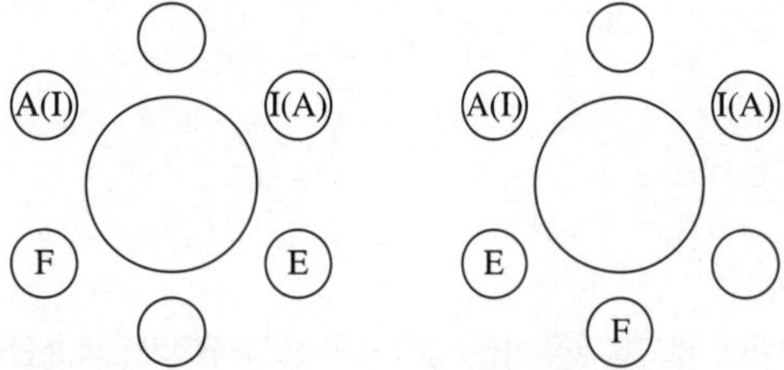

• 6명이 앉은 테이블 : H와 J가 마주본 상태에서 G가 H의 왼쪽 또는 오른쪽 자리에 앉고, C와 D는 J를 사이에 두고 앉는다. 따라서 다음과 같이 4가지 경우의 수가 발생한다.

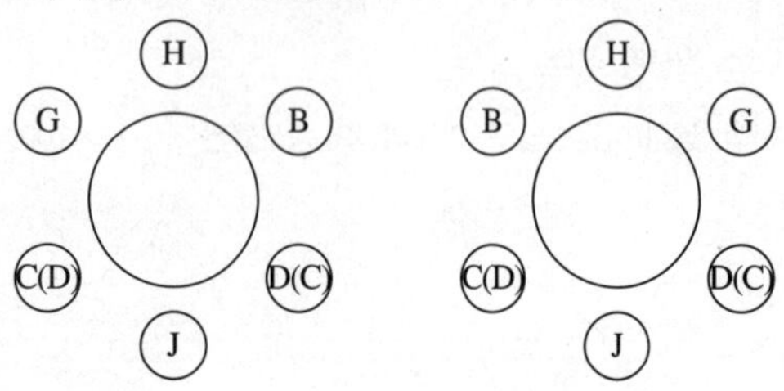

어떤 경우에도 A와 B는 다른 테이블이므로, ①은 항상 거짓이다.

10 정답 ④

규칙은 세로로 적용된다. 첫 번째 도형과 두 번째 도형의 색칠된 부분을 합치면 세 번째 도형이 된다.

CHAPTER 02 현대자동차그룹

문제 269p

01	02	03	04	05	06	07	08		
②	②	②	①	②	②	③	①		

01 정답 ②

제시된 지문은 지구의 하루가 길어지는 이유에 대해서 설명하는 글이다. 지구의 하루가 길어지는 이유는 달의 인력 때문이라고 설명하는 (아) → 달의 인력을 지칭하는 '이 힘'이 지구에 미치는 영향을 설명하는 (마) → 달의 인력으로 인해 지구의 자전이 느려지는 원리를 설명하는 (사) → 한편 달의 경우에는 자전이 더 느려진다는 (다) → 지구와 달의 자전 속도가 줄어드는 것을 공전 궤도가 늘어나는 것으로 보존한다는 (바) → 공전 궤도는 늘어나고 달은 지구로부터 점점 멀어진다는 (가) → 지구의 자전 주기와 달의 공전 궤도가 실제로 어떻게 변화되고 있는지 설명하는 (나) → 그러나 아주 미세하게 변화하고 있어 엄청난 시간이 흘러야 눈에 띄는 변화가 있다는 (라) 순서가 옳다.

따라서 (아) → (마) → (사) → (다) → (바) → (가) → (나) → (라) 순서이므로 3번째와 6번째에 오는 문단은 (사)와 (가)이다.

02 정답 ②

A와 D 모두 자신이 팀장이라고 말하고 있으므로 둘 다 진실일 수는 없다. 따라서 A가 진실이고 D가 거짓인 경우, A가 거짓이고 D가 진실인 경우, A와 D가 모두 거짓인 경우로 나눌 수 있다.

i) A와 D가 모두 거짓인 경우
나머지 B, C, E는 모두 진실을 말하고, 셋 중에 한 사람은 반드시 팀장이다. 그런데 B, C, E의 말에 따르면 팀장인 사람은 아무도 없으므로 모순이다. 따라서 A와 D 중 한 명이 반드시 진실을 말하고 있다.

ii) A가 진실, D가 거짓인 경우
A는 팀장이고 자리5에 앉고, B는 자리3에 앉으며, 따라서 B의 말은 거짓이다. 나머지 C, E의 말은 모두 진실이 되어야 하므로 C의 말에 따라 C는 자리2에 앉고, A는 자리1에 앉는데, 이는 A가 자리5에 앉고 팀장이라는 조건과 모순이 된다. 따라서 A는 거짓을 말한다.

iii) A가 거짓, D가 진실인 경우
D가 팀장이고 자리5에 앉으며, 따라서 E의 말은 거짓이다. 나머지 B, C의 말은 모두 진실이 되어야 하므로 C의 말에 따라 C는 자리2에 앉고 A는 자리1에 앉으며, B는 자리4에 앉고 나머지 자리3에 E가 앉는다.

03 정답 ②

목요일에만 아침 조회를 하고, 늦잠을 자면 아침 조회에 늦으므로 늦잠을 자지 않아야 하고 아침에 늦잠을 자지 않는 날은 피곤하지 않은 날이다. 수요일 다음날인 목요일에 피곤하지 않으려면 전날 야근을 하면 안 된다. 따라서 아침 조회에 늦지 않으려면 수요일에 야근을 하면 안 된다.

04 정답 ①

본사에 근무하는 B대리가 이용하는 통근버스는 D사원의 이용이 불가능한 버스이므로 B대리는 본사로만 가는 노란색 버스를 이용하는 것을 알 수 있다. A과장과 B대리는 다른 통근버스를 이용한다고 하였으므로 A과장은 빨간색 버스를 이용한다. 빨간색 버스와 노란색 버스가 본사에 도착하는 시각과 파란색 버스가 본사 근처 지사에 도착하는 시각은 같다고 하였으므로 본사에 근무하는 A과장이 본사 근처 지사에 근무하는 C주임보다 회사에 빨리 도착하려면 C주임은 빨간색 버스를 이용해야 한다. 마지막으로 각 통근버스에는 최소 1명씩은 이용해야 하므로 D사원은 파란색 버스를 이용한다.

05 정답 ②

〈가로〉

1. 이공계 대학에서 신규 채용한 인원 중 직전경력이 공공부문, 민간부문, 국내 타대학 그리고 비영리단체에 속하는 여성과 남성의 인원수는 다음과 같다.
   - 여성 인원 : 23+64+1291+=217명
   - 남성 인원 : 119+341+281+2=743명

   따라서 남성은 여성보다 743−217=526명이 많다.
3. 남녀전체 신규 채용한 인원 중 이공계 대학과 공공연구기관에 채용된 여성 인원이 차지하는 비중은 (336+430)÷(3,017+10,575)×100≒5.64%이며, 신규 채용된 남성 전체인원 대비 경력없음인 남성 인원이 차지하는 비중은 4,571÷10,575×100≒43.22%이다.
   따라서 두 비율의 합은 5.64+43.22=48.86%임을 알 수 있다.

〈세로〉

2. 공공연구기관에서 신규 채용한 남성 전체인원 대비 여성 전체인원 비율은 430÷1,290×100≒33.33%이고, 민간기업 연구기관 신규채용 인원 중 직전경력이 없는 남성 대비 여성 인원 비율은 1,293÷3,998×100≒32.34%이다. 따라서 두 비율의 합은 33.33+32.34=65.67%이다.
4. 신규 채용된 전체 여성들 중 직전경력이 두 번째로 낮은 부문은 '해외대학'이다. 해외대학부문에서 공공연구기관과 민간기업 연구기관에 신규 채용된 남성 인원 차이는 114−9=105명이며, 민간기업 연구기관에 신규 채용된 여성 인원은 9명이다. 따라서 남성 인원 차이와 민간기업 연구기관에 신규 채용된 여성 인원의 곱은 105×9=945명임을 알 수 있다.

■	5	2	6
9	■	■	5
4	8	8	6
5	■	■	7

따라서 빈칸의 모든 수의 합은 5+2+6+9+5+4+8+8+6+5+7=65임을 알 수 있다.

06 정답 ②

지문의 내용을 보고 먼저 2020년 신규투자 금액은 43.48백만 원−10.93백만 원=32.55백만 원이고, 유지보수 금액은 32.29백만 원+0.11백만 원=32.40백만 원이다.

그래프의 기준을 보고 알맞은 금액이 표시되었는지 따져봐야 하며, 알맞은 그래프는 ②이다.

오답분석

① 그래프의 막대가 정확히 무엇을 뜻하는지 모른다.
③ 2019년도 신규투자와 유지보수 금액이 바뀌어 나왔다.
④ 2019년 유지보수와 2020년 신규투자 금액이 바뀌어 나왔다.
⑤ 2020년 신규투자와 유지보수 금액이 바뀌어 나왔다.

07 정답 ③

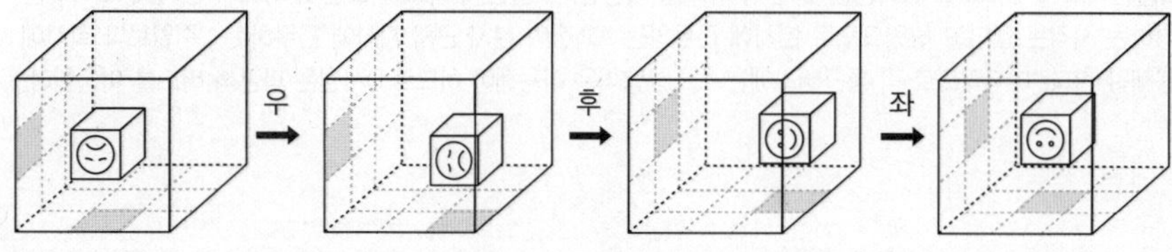

08 **정답** ①

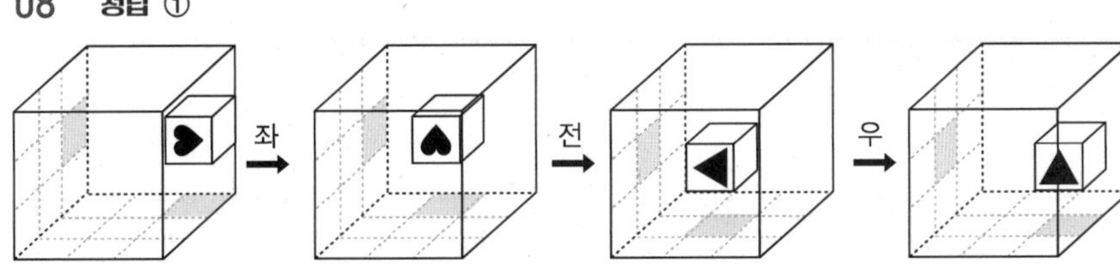

CHAPTER 03 LG그룹

문제 275p

01	02	03	04	05	06	07			
④	④	⑤	④	①	③	④			

01 정답 ④

제시문에서는 사람을 삶의 방식에 따라 거미와 같은 사람, 개미와 같은 사람, 꿀벌과 같은 사람의 세 종류로 나누어 설명하고 있다. 거미와 같은 사람은 노력하지 않으면서도 남의 실수를 바라는 사람이며, 개미와 같은 사람은 자신의 일은 열심히 하지만 주변을 돌보지 못하는 사람이다. 이와 반대로 꿀벌과 같은 사람은 자신의 일을 열심히 하면서, 남도 돕는 이타적 존재이다. 이를 통해 글쓴이는 가장 이상적인 인간형으로 거미나 개미와 같은 사람이 아닌 꿀벌과 같은 이타적인 존재라고 이야기한다. 따라서 글쓴이가 말하고자 하는 바로 가장 적절한 것은 ④이다.

02 정답 ④

제시된 조건을 정리하면 다음과 같다.

시간대 \ 요일	월	화	수	목	금	토	일
오전	D, F	D, F	B, F	D, F	D, F	C, E	C, E
오후	A, B	C, A or B	A, B	C, A or B	C, A or B	A, E	A, E

- B가 수요일 오전, 오후를 전부 근무하는 상황에서 D는 주말을 제외한 오전에만 근무하는데, D는 F가 근무하는 시간에 같이 근무했으므로, B가 있는 수요일을 제외한 월, 화, 목, 금 오전에는 D와 F가 함께 근무함을 알 수 있다.
- E는 평일 근무를 하지 않으므로, 주말 오전, 오후를 모두 근무해야 조건을 만족한다. C는 월요일과 수요일을 제외하고 매일 근무하므로, 주말에도 근무하는데, 오전에 근무하지 않는 A가 E와 함께 2회 근무한다고 했으므로, 오전에는 C와 E가, 오후에는 A와 E가 함께 근무함을 알 수 있다.
- 위 조건이 정리된 상황에서 남은 근무시간대는 월요일 오후 2자리, 화요일 오후 1자리, 수요일 오전 및 오후 각 1자리, 목요일 오후 1자리, 금요일 오후 1자리까지 총 7자리이다. 최대 5회 근무가 가능한 상황에서 C가 5회, D와 E가 4회 근무하는 것이 확정되었으므로 평일 오전에만 근무하는 F가 수요일 오전에 1회, A가 월요일과 수요일을 포함한 평일 오후 3회, B가 월요일을 포함한 평일 오후 3회를 근무하게 한다.

03 정답 ⑤

- ㉢, ㉣에 의해 치타는 뒤에서 세 번째이며, 동시에 도착한 동물 중 한 마리가 사자임을 알 수 있다.
- ㉤에 의해 호랑이는 치타와 사자를 포함한 5마리보다 빠르지만 표범보다 느린 두 번째이며, 표범이 첫 번째로 도착한 동물임을 알 수 있다.
- ㉠, ㉡을 통해 늑대는 치타와 호랑이 사이의 세 번째임과 동시에 사자와 동시에 도착한 동물이며, 퓨마보다 빠른 여우가 여섯 번째, 가장 마지막 동물이 퓨마임을 확인할 수 있다.

따라서 표범 – 호랑이 – 사자·늑대 – 치타 – 여우 – 퓨마의 순서로 도착했으며 늑대가 사자와 동시에 도착했음을 알 수 있다.

04 정답 ④

$(\text{가운데 숫자})=\frac{(\text{시침의 숫자})+(\text{분침의 숫자})}{2}$인 수열이다.

$A : \frac{12+2}{2}=7$

$B : 2\times11-12=10$

$\therefore A\times B=7\times10=70$

05 정답 ①

A, B, C직원이 하루에 할 수 있는 일의 양은 각각 $\frac{1}{a}$, $\frac{1}{b}$, $\frac{1}{c}$이다.

A직원이 B직원보다 3배 빠른 속도로 일한다고 했으므로 $\frac{1}{a}=\frac{3}{b}$이고, 함께 보고서를 완성하는 데 걸리는 기간이 3일이라고 했으므로, 두 직원이 하루 동안 할 수 있는 일의 양은 $\frac{1}{a}+\frac{1}{b}=\frac{1}{3} \rightarrow \frac{1}{b}=\frac{1}{12}$

B직원과 C직원이 함께 보고서를 완성하는 데 하루 동안 할 수 있는 일의 양은 $\frac{1}{b}+\frac{1}{c}=\frac{1}{4}$이다.

$\frac{1}{b}+\frac{1}{c}=\frac{1}{4} \rightarrow \frac{1}{12}+\frac{1}{c}=\frac{1}{4} \rightarrow \frac{1}{c}=\frac{3}{12}-\frac{1}{12} \rightarrow \frac{1}{c}=\frac{1}{6}$

따라서 C직원이 혼자 보고서를 완성하는 데 걸리는 시간은 6일이다.

06 정답 ③

가현이가 수영하는 속력을 xm/s, A지점에서 B지점까지의 거리를 ym, 강물의 속력을 zm/s라고 하자.

가현이가 강물이 흐르는 방향으로 가는 속력은 $(x+z)$m/s, 거슬러 올라가는 속력은 $(x-z)$m/s이다.

$\frac{y}{x+z}=\frac{y}{x-z}\times 0.2 \rightarrow 10(x-z)=2(x+z) \rightarrow 2x=3z$

따라서 가현이가 수영한 속력 xm/s는 강물의 속력 zm/s의 $x=\frac{3}{2}z$, 즉 1.5배이다.

07 정답 ④

환경오염 사고는 2016년에 전년 대비 $\frac{246-116}{246}\times 100 \fallingdotseq 52.8\%$ 감소했다.

오답분석

① 전기(감전) 사고는 2013년부터 2016년까지 매년 605건, 569건, 558건, 546건으로 감소하는 모습을 보이고 있다.

② 전체 사고 건수에서 화재 사고는 2010년부터 2016년까지 약 14.9%, 15.3%, 14.2%, 13.9%, 14.2%, 14.1%, 14.3%로 매년 13% 이상 차지하고 있다.

③ 해양 사고는 2010년 대비 2016년에 $\frac{2,839-1,627}{1,627}\times 100 \fallingdotseq 74.5\%$ 증가했다.

⑤ 전체 사고 건수에서 도로교통 사고의 비율은 2010년에 $\frac{226,878}{280,607}\times 100 \fallingdotseq 80.9\%$로 가장 높았다.

CHAPTER 04 SK그룹

문제 279p

01	02	03	04	05	06	07	08	09	
③	⑤	②	③	③	②	④	③	②	

01 정답 ③

가장 큰 정각형의 한 변의 길이를 $a$cm라고 하자. 가장 큰 정사각형의 넓이가 255cm^{2}을 넘으면 안되므로 $a<16$cm이다. 다음으로 가장 큰 $a$cm 정사각형과 그 다음으로 큰 $(a-1)$cm 정사각형의 넓이를 더했을 때, 255cm^{2}을 넘지 않아야 한다.

$15^2+14^2=225+196=421$cm^2 → ×

$14^2+13^2=196+169=365$cm^2 → ×

$13^2+12^2=169+144=313$cm^2 → ×

$12^2+11^2=144+121=265$cm^2 → ×

$11^2+10^2=121+100=221$cm^2 → ○

이런 방법으로 개수를 늘리면서 a, $(a-1)$, $(a-2)$, …의 넓이 합을 구하면 다음과 같다.

$11^2+10^2+9^2=121+100+81=302$cm^2 → ×

$10^2+9^2+8^2+7^2=100+81+64+49=294$cm^2 → ×

$9^2+8^2+7^2+6^2+5^2=81+64+49+36+25=255$cm^2 → ○

정사각형의 한 변의 길이는 각각 5, 6, 7, 8, 9cm이다.

이 사각형의 둘레를 구하면 세로 길이는 9cm이고, 가로 길이는 $5+6+7+8+9=35$cm이다.

따라서 $(35+9)\times2=44\times2=88$cm이다.

02 정답 ⑤

불만족을 선택한 직원은 $1,000\times0.4=400$명이고, 이 중 여직원은 $400\times0.7=280$명, 남직원은 $400\times0.3=120$명이다. 불만족을 표현한 직원 중 여직원 수는 전체 여직원의 20%이므로 전체 여직원 수는 $280\times5=1,400$명이고, 남직원 수는 전체의 10%이므로 $120\times10=1,200$명이다. 따라서 전체 직원 수는 $1,400+1,200=2,600$명이다.

03 정답 ②

$7\div12=0.583333333\cdots$이므로 비밀번호의 첫 번째와 두 번째 자리의 수는 5와 8이다.

다음으로 소수점 세 번째 자리 수는 3, 주어진 날짜의 월은 7이므로, 이의 최소공배수는 21이다. 즉, 세 번째와 네 번째 자리 수는 2와 1이다. 따라서 자물쇠의 비밀번호는 5821이다.

04 정답 ③

오답분석

ㄱ. 재배면적 수치가 제시된 표와 다르다.

ㄹ. 2017년 전년 대비 감소량은 2018년 전년 대비 감소량인 224톤과 같다.

05 정답 ③

일본의 경영학자 노나카 이쿠지로는 암묵지를 크게 기술적 기능과 인지적 기능으로 나누었는데, 이 중 기술적 기능은 체화된 전문성으로 수없이 많은 반복과 연습을 통해 습득된다고 설명하고 있지만 인지적 기능의 경우 개개인의 경험이나 육감이 다시 언어의 형태로 명시화되어 형식지로 변화하고, 이 과정에서 다시 새로운 암묵지가 만들어지는 상호순환작용을 통해 조직의 지식이 증대된다고 하였다. 따라서 암묵지를 습득하는 데 있어 수없이 많은 반복과 연습이 필수적이라고는 확신할 수 없다.

06 정답 ②

미세먼지의 경우 최소 10μm 이하의 먼지로 정의되고 있지만, 황사의 경우 주로 지름 20μm 이하의 모래로 구분하되 통념적으로는 입자 크기로 구분하지 않는다. 따라서 10μm 이하의 황사의 경우 크기만으로 미세먼지와 구분 짓기는 어렵다.

오답분석

①・⑤ 제시문을 통해서 알 수 없는 내용이다.
③ 미세먼지의 역할에 대한 설명을 찾을 수 없다.
④ 제시문에서 설명하는 황사와 미세먼지의 근본적인 구별법은 구성성분의 차이이다.

07 정답 ④

어빙 피셔의 교환방정식 'MV=PT'에서 V는 화폐유통 속도를 나타낸다. 따라서 사이먼 뉴컴의 교환방정식인 'MV=PQ'에서 사용하는 V(Velocity), 즉 화폐유통 속도와 동일하며 대체되어 사용되지 않는다.

오답분석

① 사이먼 뉴컴의 교환방정식 'MV=PQ'에서 Q(Quantity)는 상품 및 서비스의 수량이다.
② 어빙 피셔의 화폐수량설은 최근 총 거래 수 T(Trade)를 총생산량 Y로 대체하여 사용하고 있다.
③ 교환방정식 'MV=PT'은 화폐수량설의 기본 모형인 거래모형이며, 'MV=PY'은 소득모형으로 사용된다.
⑤ 어빙 피셔는 사이먼 뉴컴의 교환방정식을 인플레이션율과 화폐공급의 증가율 간 관계를 나타내는 이론인 화폐수량설로 재탄생시켰다.

08 정답 ③

먼저 모든 면접위원의 입사 후 경력은 3년 이상이어야 한다는 조건에 따라 A, E, F, H, I, L직원은 면접위원으로 선정될 수 없다. 이사 이상의 직급으로 6명 중 50% 이상 구성되어야 하므로 자격이 있는 C, G, N은 반드시 면접위원으로 포함한다. 다음으로 인사팀을 제외한 부서는 두 명 이상 구성할 수 없으므로 이미 N이사가 선출된 개발팀은 더 선출할 수 없고, 인사팀은 반드시 2명을 포함해야 하므로 D과장은 반드시 선출된다. 이를 정리하면 다음과 같다.

구분	1	2	3	4	5	6
경우 1	C이사	D과장	G이사	N이사	B과장	J과장
경우 2	C이사	D과장	G이사	N이사	B과장	K대리
경우 3	C이사	D과장	G이사	N이사	J과장	K대리

따라서 B과장이 면접위원으로 선출됐더라도 K대리가 선출되지 않는 경우도 있다.

09 정답 ②

네 번째 조건에서 갑의 점수가 될 수 있는 경우는 빨강 2회, 노랑 2회, 검정 1회이거나 빨강 1회, 노랑 2회, 파랑 2회로 2가지이다.
다음으로 병의 점수가 될 수 있는 경우를 정리하면 다음과 같다.

구분	빨강	노랑	파랑	검정
경우 1	–	–	1	4
경우 2	–	1	–	4
경우 3	1	–	–	4
경우 4	–	–	2	3

또한 을의 점수는 갑의 점수보다 높아야 하므로 빨강, 노랑에 각각 2회, 파랑에 1회로 41점인 경우가 된다. 그러나 나머지 경우는 빨강 또는 노랑에 3회를 맞춰야 하므로 다섯 번째 조건에 부합하지 않는다.
따라서 갑, 을, 병의 점수로 가능한 경우의 수는 총 2×4×1=8가지이다.

CHAPTER 05 CJ그룹

문제 285p

01	02	03	04	05	06	07	08		
④	⑤	④	②	④	③	①	①		

01 정답 ④

탄소배출권거래제는 의무감축량을 초과 달성했을 경우 초과분을 거래할 수 있는 제도이다. 따라서 온실가스의 초과 달성분을 구입 혹은 매매할 수 있음을 추측할 수 있으며, 빈칸 이후 문단에서도 탄소배출권을 일종의 현금화가 가능한 자산으로 언급함으로써 이러한 추측을 돕고 있다. 따라서 ④가 빈칸에 들어갈 말로 가장 적절하다.

오답분석

① 청정개발체제에 대한 설명이다.
② 제시문에는 탄소배출권거래제가 가장 핵심적인 유연성체제라고는 언급되어 있지 않다.
③ 제시문에서 탄소배출권거래제가 6대 온실가스 중 이산화탄소를 줄이는 것을 특히 중요시한다는 내용은 확인할 수 없다.
⑤ 탄소배출권거래제가 탄소배출권이 사용되는 배경이라고는 볼 수 있으나, 다른 감축의무국가를 도움으로써 탄소배출권을 얻을 수 있다는 내용은 제시문에서 확인할 수 없다.

02 정답 ⑤

먼저 거짓말은 한 사람만 하는데 진희와 희정의 말이 서로 다르므로, 둘 중 한 명이 거짓말을 하고 있음을 알 수 있다. 이때, 반드시 진실인 아름의 말에 따라 진희의 말은 진실이 되므로 결국 희정이가 거짓말을 하고 있음을 알 수 있다. 따라서 영화관에 아름 – 진희 – 민지 – 희정 – 세영 순서로 도착하였으므로, 가장 마지막으로 영화관에 도착한 사람은 세영이다.

03 정답 ④

첫 번째 명제의 대우와 두 번째 명제를 정리하면 '모든 대학생 → 교양 강의 → 전공 강의'가 되어 '모든 대학생은 교양 강의와 전공 강의를 듣는다.'가 성립한다. 세 번째 명제에서 전공 강의를 듣는 '어떤' 대학생들이 심화 강의를 듣는다고 했으므로, '어떤 대학생들은 교양, 전공, 심화 강의를 듣는다.'가 성립한다.

04 정답 ②

(나)는 우리가 몸에 익히게 된 일상적 행위의 대부분을 의식하지 않고도 수행할 수 있음을 설명하며, (다)와 (가)를 통해 이러한 현상이 우리의 언어 사용 행위에서도 나타남을 설명한다. (라)는 언어 사용 행위뿐만 아니라 사유 행위도 일상적 행위와 같이 의식하지 않고도 수행할 수 있음을 설명한다. 따라서 글의 순서는 (나) – (다) – (가) – (라)이며, 글의 구조로는 ②가 가장 적절하다.

05 정답 ④

기존의 개요 (가)와 자료 (나)에서 저성장과 관련된 내용은 확인할 수 없다. 따라서 저성장 시대에 재해 예방을 고려한 도시계획 세우기가 아니라, 4차 산업혁명과 관련된 '최첨단', '스마트', '똑똑한', '편리함' 등의 키워드를 넣은 재해 예방을 고려한 도시계획 세우기가 적절하다.

06 정답 ③

통근수단으로 버스와 지하철을 모두 이용하는 직원은 1,200×0.45×0.55=297명이고, 도보를 이용하는 직원 수는 1,200×0.39=468명이다. 따라서 통근수단으로 버스와 지하철 모두 이용하는 직원 수는 통근수단으로 도보를 이용하는 직원 수보다 468−297=171명 적다.

오답분석

① 통근시간이 30분 이하인 직원은 1,200−(260+570+160)=210명으로 전체 직원 수의 $\frac{210}{1,200}\times100=17.5\%$를 차지한다.

② 통근수단으로 대중교통을 이용하는 직원 수는 1,200×0.45=540명이고, 이 중의 25%는 135명이다. 통근시간이 60분을 초과하는 인원의 80%는 160×0.8=128명이므로 대중교통을 이용하면서 통근시간이 60분을 초과하는 인원은 통근시간이 60분을 초과하는 전체 인원의 80% 이상을 차지한다.

④ 통근시간이 45분 이하인 직원은 210+260=470명이고 1시간 초과인 직원의 $\frac{470}{160}\fallingdotseq2.9$배이다.

⑤ 전체 직원 중 통근수단으로 자가용을 이용하는 인원은 1,200×0.16=192명이므로 조사에 응한 A부서의 인원 중 통근수단으로 자가용을 이용하는 인원은 192명 이하이다.

07 정답 ①

구입할 수 있는 컴퓨터를 x대라고 하자. 3대까지는 한 대당 100만 원을 지불해야 하므로 80만 원에 구입할 수 있는 컴퓨터는 $(x-3)$대이다.

$100\times3+80\times(x-3)\le2,750 \rightarrow 80(x-3)\le2,450$

$\rightarrow x-3\le30.625 \rightarrow x\le33.625$

따라서 컴퓨터는 최대 33대 구입 가능하다.

08 정답 ①

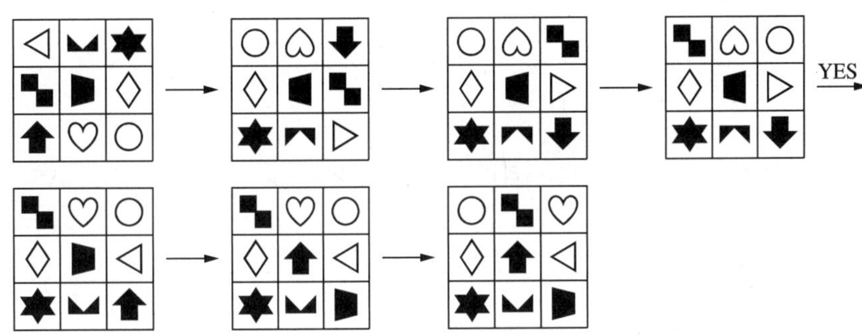

CHAPTER 06 KT그룹

문제 292p

01	02	03	04	05	06	07	08	09	10	11									
⑤	⑤	①	③	③	⑤	④	③	②	①	②									

01 정답 ⑤

ڞ	گ	صـ	ص	ك	ص	صـ	ٹ	ك	گ	ص	ٹ
ٹ	صـ	ص	ڞ	ٹ	ك	گ	ڞ	ڞ	ڌ	ڌ	ص
ص	ص	ص	گ	ڞ	ص	گ	ص	ص	گ	ٹ	ڞ
گ	ٹ	ڞ	ٹ	صـ	گ	ك	ك	صـ	گ	ك	ڞ

02 정답 ⑤

μF	MHz	dl	cal	MHz	nA	kcal	cm	kA	dl	μF	nA
cm^2	kcal	nA	kcal	kl	kcal	kHz	cal	μF	nA	MHz	kcal
nA	kHz	μF	kHz	μF	cal	kcal	nA	dl	kHz	pA	cm
kcal	cal	cm	kcal	μF	nA	μF	MHz	kcal	cm	kHz	cal

03 정답 ①

장화를 좋아함=p, 비 오는 날을 좋아함=q, 물놀이를 좋아함=r, 여름을 좋아함=s라고 할 때, 어떤 고양이 → p → q → r → s가 성립한다. 따라서 어떤 고양이는 여름을 좋아한다.

04 정답 ③

어떤 고양이 → p → q가 성립하지만, 비 오는 날을 좋아하지 않는 고양이도 있는지 아닌지 알 수 없다.

05 정답 ③

제시된 글은 철학에서의 '부조리'에 대한 개념을 설명하는 글이다. 부조리의 개념을 소개하는 (나) 문단이 나오고, 부조리라는 개념을 도입하고 설명한 알베르 카뮈에 대해 설명하고 있는 (라) 문단이 나오는 것이 적절한다. 다음으로 앞 문단의 연극의 비유에 관해 설명하고 있는 (가) 문단이 오고, 이에 대한 결론을 제시하는 (다) 문단 순서로 나열하는 것이 적절하다.

06 정답 ⑤

2018년 11월 공산품 물가지수는 85.71이므로 2017년 11월에 비해 공산품의 물가는 $100-85.71=14.29\%$ 감소하였음을 알 수 있다. 따라서 공산품 분야의 2017년 11월 물가지수를 250이라고 한다면, 2018년 11월 물가는 $250\times(1-0.1429)\fallingdotseq 214.3$이다.

오답분석

① 해당 지수는 2017년 동월 기준이므로, 2017년 11월 정밀기기 분야의 물가지수를 100이라고 하였을 때 2018년 11월 정밀기기 분야의 물가지수는 76.03임을 의미한다. 따라서 2018년 11월 정밀기기 분야의 전년 동월 대비 감소율은 $\frac{100-76.03}{100}\times100=23.97\%$이다.

② 2019년 2월 농산물 분야의 수출물가지수는 2017년 2월 농산물 분야의 물가를 기준으로 산출된 것이고, 2019년 2월 수산물 분야의 수출물가지수는 2017년 2월 수산물 분야의 물가를 기준으로 산출된 것이므로 기준이 다르기 때문에 비교할 수 없다.

③ 수출물가지수는 2017년 동월 기준으로 하고 있으므로, 2019년 1월은 2017년 1월 기준으로, 그 전월인 2018년 12월은 2017년 12월을 기준으로 했기 때문에 비교할 수 없다.

④ 전년 동월 대비 물가가 증가한 분야의 수출물가지수는 100을 초과할 것이다. 2018년 11월과 2018년 12월에 수출물가지수가 100을 넘는 분야는 각각 6개 분야로 동일하다.

07 정답 ④

미주가 집에서 출발해서 동생을 만나기 전까지 이동한 시간을 x시간이라고 하자. 미주가 이동한 거리는 $8x$km이고, 동생이 미주가 출발한 후 12분 뒤에 지갑을 들고 이동했으므로 이동한 거리는 $20(x-\frac{1}{5})$km이다.

$8x=20(x-\frac{1}{5}) \rightarrow 12x=4 \rightarrow x=\frac{1}{3}$

따라서 미주와 동생은 $\frac{1}{3}$시간=20분 후에 만나게 된다.

08 정답 ③

작년의 남학생 수와 여학생 수를 각각 a, b명이라 하자.
작년의 전체 학생 수 : $a+b=820$ … ㉠
올해의 전체 학생 수 : $1.08a+0.9b=810$ … ㉡
㉠과 ㉡을 연립하면 $a=400$, $b=420$이다.
따라서 작년 여학생 수는 420명이다.

09 정답 ②

꽃, 손톱, 봉숭아를 통해 '봉선화'를 연상할 수 있다.

10 정답 ①

앞의 항에 -2^1, $+2^2$, -2^3, $+2^4$, -2^5, …인 수열이다.
따라서 ( )$=(-18)+2^6=(-18)+64=46$이다.

11 정답 ②

▲ : 문자 마지막에 ! 추가
▼ : 모음 180° 회전
□ : 자음 +1(ㅎ → ㄱ)
♡ : 역순으로 나열
☆ : 자음 쌍자음으로(쌍자음이 되는 것만)

실력 → 력실 → 략실
　　　♡　　　　▼

2019년 기출문제

CHAPTER 07 롯데그룹

문제 297p

01	02	03	04	05	06	07	08	09	10	11	12	13	14						
①	①	③	④	②	③	④	④	③	①	②	①	④	②						

01 정답 ①

제시문에서는 말이나 행동의 동일성이 느낌의 동일성을 보장한다는 논증에는 결정적인 단점이 있다고 하였는데, 그 단점이 나의 경험에만 의지하여 다른 사람도 나와 같은 아픔을 느낀다고 판단하는 것이라고 하였다. 그러므로 ①에서 나의 경험이 다른 사람의 느낌을 파악하는 데 무엇보다 중요한 요소라고 말한 것은 글쓴이의 생각과 거리가 멀다.

02 정답 ①

글쓴이는 현대 회화의 새로운 경향을 설명하고 있는데, 대상의 사실적 재현에서 벗어나고자 하는 경향이 형태와 색채의 해방을 가져온다는 점에 주목하여 서술하고 있다. 그리고 마지막 문단에서 의미 정보와 미적 정보의 개념을 끌어들여, 현대 회화는 형식 요소 자체가 지닌 아름다움을 중시하는 미적 정보 전달을 위주로 한다는 것을 밝히고 있다.

03 정답 ③

회의 목적은 신제품 홍보 방안 수립 및 제품명 개발이며 회의 이후 이러한 목적을 달성할 수 있도록 업무를 진행해야 한다. 기획팀의 D대리는 신제품의 특성에 적합하고 소비자의 흥미를 유발하는 제품명을 개발해야 하는 업무를 맡고 있으므로, 자사의 제품과 관계없는 타사 제품의 이름을 조사하는 것은 적절하지 않다.

04 정답 ④

④의 경우 오프라인에서의 제품 접근성에 대한 소비자의 반응으로, 온라인 홍보팀이 필요로 하는 온라인에서의 타사 여드름 화장품에 대한 소비자 반응으로 적절하지 않다.

05 정답 ②

조사결과를 살펴보면 각 시간대별 이용률 상위 3개 미디어에 대해서 순서대로 제시되어 있다. 그리고 조사대상 미디어 중 잡지는 모든 시간대에 3순위 안에 들지 않는다. 따라서 자료에 제시된 3순위 미디어의 이용률보다 낮다는 것을 알 수 있다. 그러나 잡지가 각 시간대별 이용률이 10% 미만이라는 설명은 오전, 점심, 오후 시간대의 잡지 이용률을 추측해보면 옳지 않다는 것을 알 수 있다.

- 오전 시간대=30.8%+24.1%+23.5%=78.4% → 100%−78.4%=21.6%
  ∴ 잡지 이용률이 최대 21.6%까지 가능[21.6%<23.5%(스마트 기기)]
- 점심 시간대=47.7%+23.6%+13.4%=84.7% → 100%−84.7%=15.3%
  ∴ 잡지 이용률이 최대 13.4%까지 가능[15.3%>13.4%(TV)]
- 오후 시간대=36.5%+25.2%+23.7%=85.4% → 100%−85.4%=14.6%
  ∴ 잡지 이용률이 최대 14.6%까지 가능[14.6%<23.7%(TV)]

오답분석

① 각 시간대별로 이용률이 높은 미디어를 올바르게 나열하였다.
③ 저녁 시간대 TV 이용률이 70.9%로 가장 높기 때문에 적절한 설명이다.
④ 출퇴근 및 등하교는 이동 시간대를 살펴보면 되는데, 두 시간대 모두 스마트 기기 이용률이 50% 이상이므로 올바른 설명이다.

06 정답 ③

ㄱ. 그리스가 4.4명, 한국은 1.4명이다. $1.4\times4=5.6>4.4$이므로 4배가 넘지 않는다.

ㄴ. 한국은 2006년부터 2016년까지 십만 명당 0.6천 명 증가한 반면, 캐나다는 십만 명당 0.1천 명 증가했다. 따라서 이 추이대로라면 10년 이내에 한국이 캐나다의 수치를 넘어선다는 것을 알 수 없다.

오답분석

ㄷ. 그리스가 십만 명당 5.4천 명으로 가장 많고, 한국이 십만 명당 1.7천 명으로 가장 적다. $1.7\times3=5.1<5.4$이므로 3배 이상이다.

07 정답 ④

한국이 십만 명당 1.6천 명으로 가장 적고, 그리스가 십만 명당 4.9천 명으로 가장 많다.

오답분석

① 네덜란드는 십만 명당 3.7천 명이고, 그리스가 십만 명당 5.0천 명으로 가장 많다. 따라서 그리스에 비해 십만 명당 1.3천 명 적다.
② 한국이 매년 수치가 가장 적다는 사실을 볼 때, 한국의 의료 서비스 지수가 멕시코보다 더 열악하다고 할 수 있다.
③ 2006년, 2010년, 2011년에는 그리스가 미국의 두 배에 못 미친다.

08 정답 ④

먼저, 갑이나 병이 짜장면을 시켰다면 진실만 말해야 하는데, 다른 사람이 짜장면을 먹었다고 말할 경우 거짓을 말한 것이 되므로 모순이 된다. 따라서 짜장면을 시킨 사람은 을 또는 정이다.

- 을이 짜장면을 주문한 경우 : 병은 짬뽕, 정은 우동을 시키고 남은 갑이 볶음밥을 시킨다. 이 경우 갑이 한 말은 모두 거짓이고, 병과 정은 진실과 거짓을 한 개씩 말하므로 모든 조건이 충족된다.
- 정이 짜장면을 주문한 경우 : 을은 짬뽕, 갑은 볶음밥, 병은 우동을 시킨다. 이 경우 갑은 진실과 거짓을 함께 말하고, 을과 병은 거짓만 말한 것이 되므로 모순이 된다. 따라서 정은 짜장면을 주문하지 않았다.

따라서 갑은 볶음밥을, 을은 짜장면을, 병은 짬뽕을, 정은 우동을 주문했다.

09 정답 ③

'승용차를 탄다.'를 p, '연봉이 높아진다.'를 q, '야근을 많이 한다.'를 r, '서울에 거주한다.'를 s라고 했을 때, 첫 번째 명제는 '$p \rightarrow s$', 세 번째 명제는 '$q \rightarrow r$', 네 번째 명제는 '$q \rightarrow s$'이므로 마지막 명제가 참이 되기 위해서는 '$r \rightarrow p$'라는 명제가 필요하다. 따라서 '$r \rightarrow p$'의 대우 명제인 ③이 답이 된다.

10 정답 ①

제시문은 포함 관계이다.
커피에는 카페인 성분이 함유되어 있으며, 레몬에는 비타민 성분이 함유되어 있다.

11 정답 ②

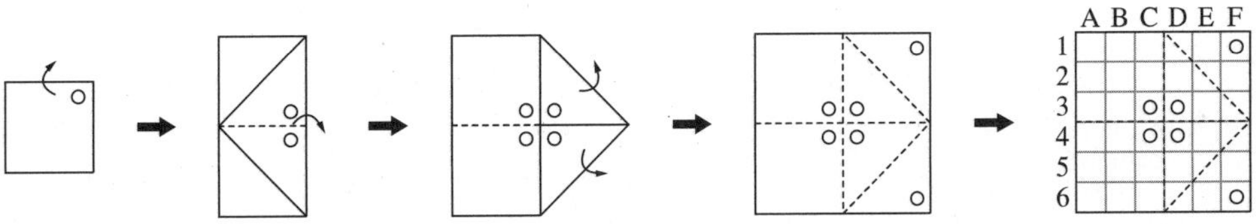

A B C D E F
1 2 3 4 5 6

12 정답 ①

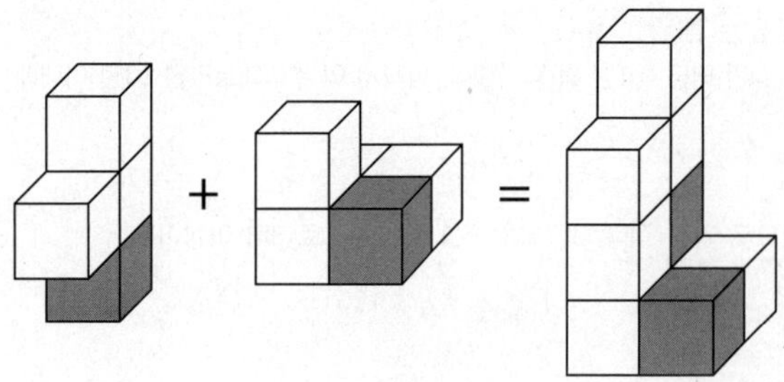

13 정답 ④

처음 숫자의 십의 자리 숫자를 x, 일의 자리 숫자를 y라고 하자.

$x+y=10$ ··· ㉠

$(10y+x)\div2=10x+y-14 \rightarrow 19x-8y=28$ ··· ㉡

㉠과 ㉡을 연립하면 $x=4$, $y=6$이다.

따라서 처음 숫자는 $4\times10+6=46$이다.

14 정답 ②

한 숙소에 4명씩 잤을 때의 신입사원 수는 $4a+8=b$명이고, 한 숙소에 5명씩 잤을 때의 신입사원 수는 $5(a-6)+4=b$명이다.

$4a+8=5(a-6)+4 \rightarrow a=34$

$b=34\times4+8=144$

$\therefore\ b-a=144-34=110$

CHAPTER 08 포스코그룹

문제	305p

01	02	03	04	05	06	07			
③	②	③	①	④	④	②			

01 정답 ③

제시된 조건을 표로 정리하면 다음과 같다.

첫 번째	두 번째	세 번째	네 번째	다섯 번째
잡지	수험서	에세이	소설	만화

- A는 수험서를 구매한 다음 바로 에세이를 구매했는데 만화와 소설보다 잡지를 먼저 구매했고 수험서는 가장 먼저 구매하지 않았다고 했으므로 잡지가 가장 첫 번째로 구매한 것이 된다.
  잡지 → (만화, 소설) → 수험서 → 에세이 → (만화, 소설)
- 에세이나 소설은 마지막에 구매하지 않았으므로 만화가 마지막으로 구매한 것이 되고, 에세이와 만화를 연달아 구매하지 않았으므로 소설이 네 번째로 구매한 책이 된다.
  잡지 → 수험서 → 에세이 → 소설 → 만화

02 정답 ②

아메리카노를 A, 카페라테를 B, 유자차를 C, 레모네이드를 D, 녹차를 E, 스무디를 F로 변환하여 각각의 조건을 비교해 보면 'A>B', 'D>C', 'E>B>D', 'F>E>A'가 된다. 이를 연립하면 F>E>A>B>D>C가 되므로 가장 많이 팔리는 음료는 F, 즉 스무디임을 알 수 있다.

03 정답 ③

ㄴ. 입항 횟수는 2011년 대비 2015년에 $\frac{412-149}{149}\times100 ≒ 176.5\%$ 증가하였다.

ㄷ. 2014년 입항 횟수당 입국자 수는 $\frac{954,685}{462} ≒ 2,066$명/회, 2011년 입항 횟수 당 입국자 수의 2배인 $\frac{153,193}{149}\times2 ≒ 2,056$명/회보다 많다.

오답분석

ㄱ. 입국자 수를 나타낸 막대그래프에서 전년 대비 높이 차이가 많이 나는 해는 2013년, 2016년, 2017년이다. 각 해의 입국자 수와 입항 횟수의 전년 대비 증감량을 구하면 다음과 같다.

구분	입국자 수(명)	입항 횟수(회)
2013년	698,945−278,369=420,576	433−223=210
2016년	2,258,334−1,045,876=1,212,458	785−412=373
2017년	|505,283−2,258,334|=1,753,051	|262−785|=523

따라서 입국자 수의 전년 대비 증감량이 두 번째로 큰 해는 2016년이고, 입항 횟수의 전년 대비 증감량이 가장 큰 해는 2017년이다.

ㄹ. 2013년 대비 2015년의 입국자 수의 증가율은 $\frac{1,045,876-698,945}{698,945}\times100 ≒ 49.6\%$로 60% 이하이다.

04 정답 ①

• 2013년 : $\frac{698,945}{433}$ ≒ 1,614명/회

• 2014년 : $\frac{954,685}{462}$ ≒ 2,066명/회

• 2015년 : $\frac{1,045,876}{412}$ ≒ 2,539명/회

• 2016년 : $\frac{2,258,334}{785}$ ≒ 2,877명/회

따라서 2013년의 입국 횟수당 입국자 수가 가장 적다.

05 정답 ④

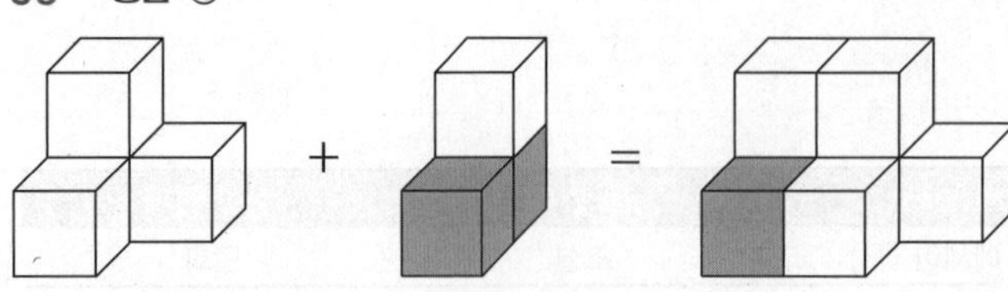

06 정답 ④

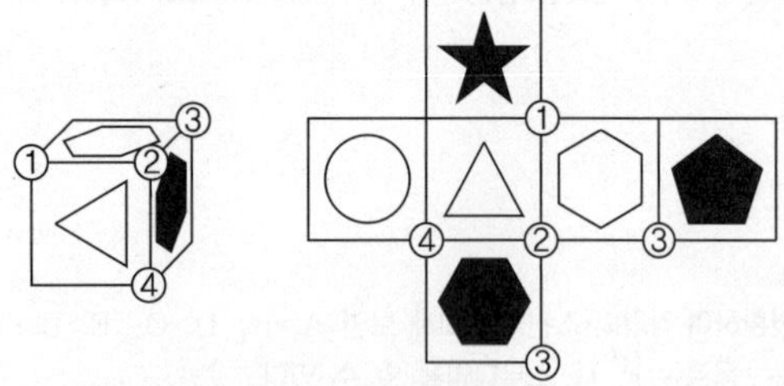

07 정답 ②

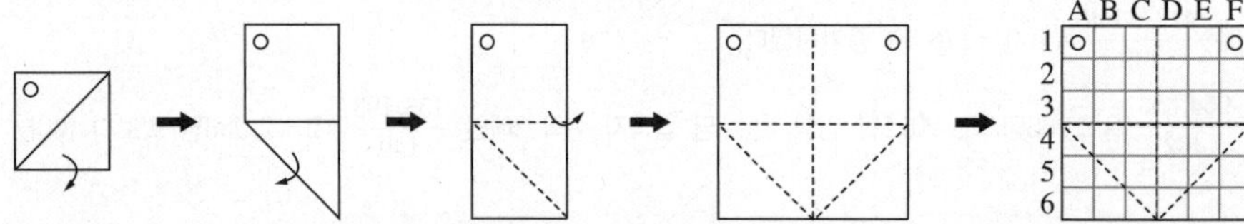

CHAPTER 09 금호아시아나그룹

문제 309p

01	02	03	04	05	06	07	08	09	10	11	12	13							
③	④	①	②	②	③	④	③	①	③	②	③	①							

01 정답 ③

'어찌된'의 뜻을 나타내는 관형사는 '웬'이므로 '어찌 된 일로'라는 함의를 가진 '웬일'이 맞는 말이다.

오답분석

① 메다 : 어떤 감정이 북받쳐 목소리가 잘 나지 않음
② 치다꺼리 : 남의 자잘한 일을 보살펴서 도와줌
④ 베다 : 날이 있는 연장 따위로 무엇을 끊거나 자르거나 가름

02 정답 ④

어떤 기운이나 빛이 겉으로 나타나다.

오답분석

① 기능이나 체제가 제대로 작용하다.
② 눈이나 머리 따위가 정신을 차릴 수 없도록 아찔하여지다.
③ 일정한 범위 안을 이리저리 왔다 갔다 하다.

03 정답 ①

주어진 식에서 +는 ÷로, ×는 −로 쓰였다.
$\therefore (32\div8)-22=4-22=-18$

04 정답 ②

1에서 200까지의 숫자 중 소수인 수는 약수가 2개이다.
따라서 소수의 제곱은 약수가 3개이므로 2, 3, 5, 7, 11, 13의 제곱인 4, 9, 25, 49, 121, 169 총 6개이다.

05 정답 ②

가장 구성비가 큰 항목은 국민연금으로 57.0%이며, 네 번째로 구성비가 큰 항목은 사적연금으로 8.5%이다. 따라서 가장 구성비가 큰 항목의 구성비 대비 네 번째로 구성비가 큰 항목의 구성비의 비율은 $\frac{8.5}{57.0}\times100≒14.9$%이다.

06 정답 ③

+3, ÷2가 반복되는 수열이다.

캐	해	새	채	매	애	(래)
11	14	7	10	5	8	4

07 정답 ④

제시된 낱말은 목적어와 동사의 관계이다.
'용매'를 '추출'하고, '물건'을 '올린다'.

08 정답 ③

밝붉볅븕벍벍밝봙뷝 – 밝붉볅븕벍벍빍봙뷝

09 정답 ①

B사원은 2층에 묵는 A사원보다 높은 층에 묵지만, C사원보다는 낮은 층에 묵으므로 3층 또는 4층에 묵을 수 있다. 그러나 D사원이 C사원 바로 아래층에 묵는다고 하였으므로 D사원이 4층, B사원은 3층에 묵는 것을 알 수 있다. 따라서 A～D를 높은 층에 묵는 순서대로 나열하면 'C－D－B－A'가 되며, E는 남은 1층에 묵는 것을 알 수 있다.

10 정답 ③

환율인상의 영향

• 수출 증가, 수입 감소로 국제수지 개선효과
• 수입품의 가격 상승에 따른 국내물가 상승
• 외채 상환 시 원화부담 가중

11 정답 ②

백제 근초고왕은 마한을 정복하여 백제의 영토를 전라도 남쪽 바닷가까지 확장하였다.

오답분석

① 백제 고이왕 때 율령을 반포하였다.
③ 백제 침류왕 때 불교를 공인하였다.
④ 백제 문주왕 때 웅진(공주)으로 천도하였다.

12 정답 ③

본문에서 어떤 도시 사람들은 비둘기가 질병을 옮긴다고 생각해서 전혀 좋아하지 않는다고 이야기한다. 따라서 '모든 도시 사람들이 비둘기를 좋아하는 것은 아니다.'가 적절하다.

오답분석

① 비둘기들은 질병을 옮기지 않는다.
② 모든 도시 사람들은 비둘기를 좋아한다.
④ 도시 사람 아무도 비둘기를 좋아하지 않는다.

「어떤 도시 사람들은 비둘기를 좋아한다. 이 사람들은 비둘기가 도시 사람들에게 자연을 더 가깝게 느끼게 해 준다고 생각한다. 그러나 어떤 도시 사람들은 비둘기를 전혀 좋아하지 않는다. 이 사람들은 비둘기가 질병을 옮긴다고 생각한다.」

13 정답 ①

마부위침(磨斧爲針) : 도끼를 갈아 바늘을 만들다.

오답분석

② 마각노출(馬脚露出) : 숨기려던 정체가 드러나다.
③ 선견지명(先見之明) : 앞을 내다보는 안목
④ 다다익선(多多益善) : 많으면 많을수록 더욱 좋다.

CHAPTER 10 이랜드그룹

문제 314p

01	02	03	04	05	06	07	08	09	
④	①	④	③	③	①	④	–	–	

01 정답 ④

어미 양이 검은 양이면 새끼 양도 검은 양이고, 검은 양은 더위를 많이 탄다. 따라서 어미 양이 검은 양이면 새끼 양은 더위를 많이 탄다.

02 정답 ①

A : 아침에 토스트를 먹는 사람은 피곤하고, 피곤하면 회사에 지각한다. 따라서 그 대우인 '회사에 지각하지 않은 사람은 아침에 토스트를 먹지 않았다.'는 참이다.

B : 아침에 시리얼을 먹는 사람은 두뇌 회전이 빠르고, 두뇌 회전이 빠르면 일 처리가 빠르다. 그러나 그 역인 '일 처리가 빠른 사람은 아침에 시리얼을 먹은 것이다.'는 참인지 거짓인지 알 수 없다.

03 정답 ④

㉠의 앞에서는 평화로운 시대에는 시인의 존재가 문화의 비싼 장식으로 여겨질 수 있다고 하였으나, ㉠의 뒤에서는 조국이 비운에 빠졌거나 통일을 잃었을 때, 시인이 민족의 예언가 또는 선구자가 될 수 있다고 하였으므로 ㉠의 빈칸에는 역접의 의미인 '그러나'가 적절하다.

㉡의 앞에서는 과거에 탄압받던 폴란드 사람들이 시인을 예언자로 여겼던 사례를 제시하고 있으며, ㉡의 뒤에서는 또 다른 사례로 불행한 시절 이탈리아와 벨기에 사람들이 시인을 조국 그 자체로 여겼던 점을 제시하고 있다. 따라서 ㉡의 빈칸에는 '거기에다 더'의 의미를 지닌 '또한'이 적절하다.

04 정답 ③

제시문은 빈곤 지역의 문제 해결을 위해 도입된 적정기술에 대한 설명이다. (나) 적정기술에 대한 정의 → (가) 현지에 보급된 적정기술의 성과에 대한 논란 → (라) 적정기술 성과 논란의 원인 → (다) 빈곤 지역의 문제 해결을 위한 방안의 순서로 배열하는 것이 적절하다.

05 정답 ③

사람은 한쪽 눈으로 얻을 수 있는 단안 단서만으로도 이전의 경험으로부터 추론에 의하여 세계를 3차원으로 인식할 수 있다. 즉, 사고로 한쪽 눈의 시력을 잃어도 남은 한쪽 눈에 맺히는 2차원의 상들은 다양한 실마리를 통해 입체 지각이 가능하다.

06 정답 ①

2010년 대비 2017년 건강보험 수입의 증가율은 $\frac{58-33.6}{33.6}\times100 \fallingdotseq 72.6\%$이고 건강보험 지출의 증가율은 $\frac{57.3-34.9}{34.9}\times100 \fallingdotseq 64.2\%$이므로 그 차이는 $72.6-64.2=8.4\%$p이다.

오답분석

② 건강보험 수지율이 전년 대비 감소하는 2011년, 2012년 2013년, 2014년 모두 정부지원 수입이 전년 대비 증가한다.

③ 2015년 보험료 수입 등이 건강보험 수입에서 차지하는 비율은 $\frac{45.3}{52.4}\times100 \fallingdotseq 86.4\%$이다.

④ 건강보험 수입과 지출은 매년 전년 대비 증가하고 있으므로 전년 대비 증감 추이는 2012년부터 2015년까지 동일하다.

⑤ 건강보험 지출 중 보험급여비가 차지하는 비중은 2011년에 $\frac{36.2}{37.4}\times100 \fallingdotseq 96.8\%$, 2012년에 $\frac{37.6}{38.8}\times100 \fallingdotseq 96.9\%$, 2013년에 $\frac{40.3}{41.6}\times100 \fallingdotseq$ 96.9%으로 매년 90%를 초과한다.

07 정답 ④

ㄴ. 미국 크루즈 방한객 수 대비 미국의 한국발 크루즈 탑승객 수의 비율은 $\frac{14,376}{15,462}\times100 \fallingdotseq 93.0\%$이다.

ㄹ. 영국의 한국발 크루즈 탑승객의 수는 일본의 한국발 크루즈 탑승객의 수의 $\frac{7,976}{54,273}\times100 \fallingdotseq 14.7\%$이므로 옳은 설명이다.

오답분석

ㄱ. 전체 크루즈 방한객의 수의 순위는 중국, 필리핀, 일본 순서지만, 한국발 크루즈 승객 수의 국가별 순위는 중국, 일본, 미국 순서이다.

ㄷ. 필리핀의 한국발 크루즈 탑승객의 수는 기타로 분류되어 있다. 따라서 최대로 많아야 7,976명인 영국보다 1명이 적은 7,975명이다. 따라서 필리핀의 크루즈 방한객 수는 필리핀의 한국발 크루즈 탑승객 수의 최소 $\frac{60,861}{7,975} \fallingdotseq 7.63$배이다. 필리핀의 한국발 크루즈 탑승객의 수가 7,975명보다 작을수록 그 배수는 더 높아질 것이므로, 최소 7.63배 이상임을 알 수 있다.

08

별도 정답 없음

09

별도 정답 없음

CHAPTER 11 아모레퍼시픽그룹

문제 320p

01	02	03	04	05	06	07	08	09	10	11									
②	⑤	③,④	③	①	③	②	②	②	③	④									

01 정답 ②

辰	在	辰	無	長	防	丹	失	堂	亞	丹	防
江	無	在	丹	辰	京	代	長	辰	失	史	江
卞	手	辰	京	史	卞	江	手	史	代	卞	手
防	長	堂	失	辰	在	堂	亞	京	長	辰	無

02 정답 ⑤

제시된 관계는 전체와 부분의 관계이다.
'자전거'의 부분은 '페달'이고, '손'의 부분은 '손톱'이다.

03 정답 ③, ④

제시된 관계는 유의 관계이다.
'낱말'과 '단어'는 분리하여 자립적으로 쓸 수 있는 말이나 이에 준하는 것으로 서로 유의 관계이고, '구속'과 '속박'은 행동이나 의사의 자유를 속박하거나 권리 행사의 자유를 제한하는 것으로 서로 유의 관계이다.

04 정답 ③

A를 주문한 손님 중에서 일부는 C를 주문했지만, B를 주문한 손님 중에서는 C를 주문하는 손님이 있었는지 아닌지 주어진 조건만으로는 알 수 없다.

05 정답 ①

B를 주문한 손님들만 D를 추가로 주문할 수 있으므로, A를 주문한 사람은 D를 주문할 수 없다. 즉, D를 주문한 손님은 A를 주문하지 않았다.

06 정답 ③

A를 주문하는 손님 중 일부가 C를 주문했을 뿐, C를 주문한 손님이 모두 A를 주문했는지 아닌지는 주어진 조건만으로는 알 수 없다.

07 정답 ②

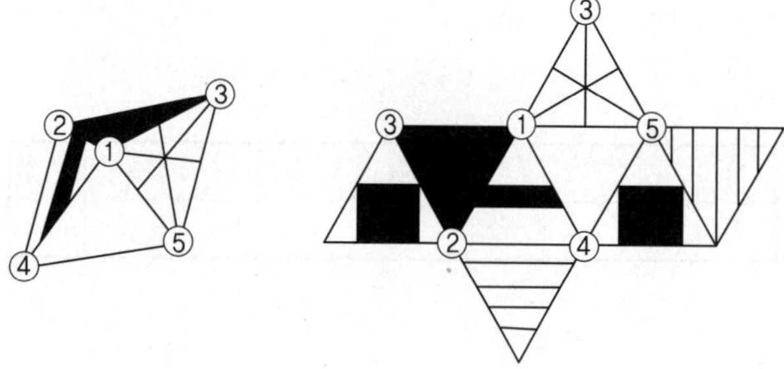

08 정답 ②

마지막 문장의 '표준화된 언어와 방언 둘 다의 가치를 인정'하고, '잘 가려서 사용할 줄 아는 능력을 길러야 한다.'는 내용을 바탕으로 ②와 같은 주제를 이끌어낼 수 있다.

09 정답 ②

$(17+15+12+7+4) \div 5 = 11$개소

오답분석

① 2018년 전통사찰 지정등록 수는 2017년보다 증가했다.
③ 2012년 전년 대비 지정등록 감소폭은 3개소, 2016년은 2개소이다.
④ 전통사찰 지정등록 수가 가장 낮은 연도는 2017년이다.

10 정답 ③

A의 1일 작업량은 $\frac{1}{40}$, B의 1일 작업량은 $\frac{1}{20}$이다. A로만 작업한 날을 x, B로만 작업한 날을 y라고 하면

$\frac{1}{40}x + \frac{1}{20}y = 1$ … ㉠

$x + y = 21$ … ㉡

㉠과 ㉡을 연립하여 풀면

$x = 2,\ y = 19$

따라서 B로 19일 동안 작업하였다.

11 정답 ④

$\times\frac{1}{2}$, $\times\frac{1}{3}$, $\times\frac{1}{4}$, $\times\frac{1}{5}$, …인 수열이다.

따라서 ($) = \frac{1}{3} \times \frac{1}{5} = \frac{1}{15}$ 이다.

CHAPTER 12 GS그룹

문제 325p

01	02	03	04	05	06	07	08	09	10	11									
④	①	③	②	③	④	③	①	⑤	④	③									

01 정답 ④

ㄼ	ㅂㅌ	ㅀ	ㄻ	ㅂㅌ	ㄼ	ㅅㄷ	ㅀ	ㄼ	ㄼ	ㅀ	ㄼ
ㅂㅌ	ㄹㅄ	ㅂㅌ	ㄼ	ㄹㅄ	ㅀ	ㅂㅌ	ㄼ	ㄻ	ㄹㅄ	ㄼ	ㄹㅄ
ㄹㅄ	ㄻ	ㅀ	ㅁㅅ	ㅅㄷ	ㄹㅄ	ㄼ	ㅁㅅ	ㅅㄷ	ㅂㅌ	ㄻ	ㅂㅌ
ㄼ	ㅂㅌ	ㄼ	ㄼ	ㄻ	ㅁㅅ	ㄻ	ㅀ	ㄼ	ㄻ	ㅁㅅ	ㄼ

02 정답 ①

영화관을 좋아함=A, 액션영화를 좋아함=B, 공포영화를 좋아함=C, 팝콘을 좋아함=D, 집을 좋아함=E, 다큐멘터리를 좋아함=F라고 하면 ~F → ~E → A → B → D이다. 따라서 ~F → D가 성립하므로 이의 대우 명제인 '팝콘을 싫어하는 사람은 다큐멘터리를 좋아한다.'는 참이다.

03 정답 ③

~E → B가 참인 명제라고 해서 이의 이 명제도 참인지는 알 수 없다.

04 정답 ②

제시문은 유의 관계이다.
'지학(志學)'은 '15세'를 일컫는 말이고, '고희(古稀)'는 '70세'를 일컫는 말이다.

05 정답 ③

주영이가 영화관에 갈 때의 속력을 $x$km/h라고 하면, 돌아올 때의 속력은 $\frac{x}{4}$km/h이다. 주영이가 영화관에서 사용한 시간은 총 2시간 30분이므로, 이동하는 데 사용한 시간은 2시간이다.

$\frac{5}{x}+\frac{20}{x}=2 \rightarrow x=12.5x$

따라서 영화관에 갈 때의 속력은 12.5km/h이다.

06 정답 ④

홀수 항은 $\div 1+1$, $\div 2+2$, $\div 3+3$, …이고, 짝수 항은 $\times\frac{2}{5}$인 수열이다.

따라서 (　)$=\frac{13}{3}\div 4+4=\frac{61}{12}$이다.

2019년 기출문제

안심Touch

07 정답 ③

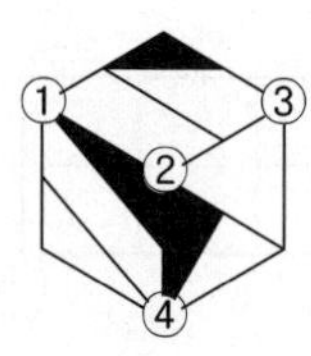

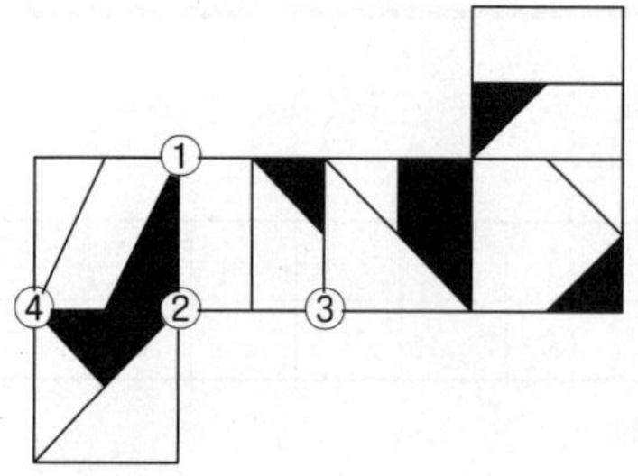

08 정답 ①

환자, 의사, 주사기를 통해 '병원'을 연상할 수 있다.

09 정답 ⑤

〈조건〉을 분석하면 다음과 같다.

- 첫 번째 조건에 의해 ㉠~㉣ 국가 중 연도별로 8위를 두 번 한 두 나라는 ㉠과 ㉣이므로 둘 중 한 곳이 한국, 나머지 하나가 캐나다임을 알 수 있다.
- 두 번째 조건에 의해 2017년 대비 2018년 이산화탄소 배출량 증가율은 ㉡과 ㉢이 각각 $\frac{556-535}{535}\times100 \fallingdotseq 3.93\%$와 $\frac{507-471}{471}\times100 \fallingdotseq 7.64\%$이므로 ㉢은 사우디가 되며, 따라서 ㉡은 이란이 된다.
- 세 번째 조건에 의해 이란의 수치는 고정값으로 놓고 2014년을 기점으로 ㉠이 ㉣보다 배출량이 커지고 있으므로 ㉠이 한국, ㉣이 캐나다임을 알 수 있다.

따라서 ㉠~㉣은 순서대로 한국, 이란, 사우디, 캐나다이다.

10 정답 ④

제시문의 마지막 문단 첫 번째 문장을 통해 알 수 있다.

오답분석

① 유전자 편집 아기의 탄생 소식은 많은 과학자들이 일제히 우려와 비판의 목소리를 높였다.
② 역사상 잘 알려진 인물들 중에도 정신 병리적인 성향을 보인 사람들이 있었다.
③ 유전자 이상으로 걸리는 병인 '겸상적혈구 빈혈증'에 걸린 사람들 중 이형접합자 형태로 가진 사람은 별 이상이 없고 말라리아에 저항할 수 있다.
⑤ '겸상적혈구 빈혈증'을 가진 사람은 오히려 말라리아에 걸릴 확률이 더 낮다.

11 정답 ③

오답분석

① 반달 돌칼은 청동기 시대에 곡식의 이삭을 자르는 데 사용하던 도구이다.
② 불을 이용하고 언어를 구사하게 된 것은 신석기 시대가 아니라 구석기 시대부터이다.
④ 청동기 시대에 청동 무기의 보급으로 정복 활동이 활발해져 점차 계급 분화가 뚜렷해지고, 막강한 권력과 경제력을 가진 지배자인 군장이 등장하였다.

CHAPTER 13 두산그룹

문제 330p

01	02	03	04	05	06				
④	④	②	②	④	①				

01 정답 ④

B의 진술이 참이라면 C가 범인이고 F의 진술은 참이 된다. F는 C와 E 중 한 명이 범인이라고 했으므로 C가 범인이라면 E는 범인이 아니고, E의 진술 역시 참이 되어야 한다. 하지만 E의 진술이 참이라면 F가 범인이어야 하므로 모순이다.
따라서 B의 진술이 거짓이며, C와 E 중 한 명이 범인이라는 F의 진술도 거짓이 되어 범인임을 알 수 있다.

02 정답 ④

세 번째 조건에 따라 A팀장이 볶음밥을 시키므로, 짬뽕을 시키는 3명은 각각 직급이 달라야 한다. 즉, 과장, 대리, 사원이 각각 1명씩 반드시 시켜야 하는데, 다섯 번째 조건에 따라 D사원은 볶음밥이나 짜장면을 시켜야 한다.

- D사원이 볶음밥을 시키는 경우
  네 번째 조건에 따라 J대리가 짬뽕을 시키므로 N대리가 짜장면을 시키고, 여섯 번째 조건에 따라 S과장이 짜장면을 시켜야 하므로 K과장이 짬뽕을 시키고, 일곱 번째 조건에 따라 P사원도 짬뽕을 시킨다.

짜장면	짬뽕	볶음밥
N대리 S과장	J대리 K과장 P사원	A팀장 D사원

- D사원이 짜장면을 시키는 경우
  일곱 번째 조건에 따라 K과장은 사원과 같은 메뉴를 시켜야 하는데, 만약 K과장이 짜장면이나 볶음밥을 시키면 S과장이 반드시 짬뽕을 시켜야 하므로 조건에 어긋난다. 따라서 K과장은 짬뽕을 시키고, P사원도 짬뽕을 시킨다. J대리는 짜장면을 싫어하므로 짬뽕이나 볶음밥을 시켜야 하는데, 만약 J대리가 짬뽕을 시키면 볶음밥을 싫어하는 N대리는 짜장면을, S과장은 볶음밥을 시켜야 하는데, 다섯 번째 조건에 어긋나므로 J대리가 볶음밥을, N대리는 짬뽕을, S과장은 짜장면을 시킨다.

짜장면	짬뽕	볶음밥
D사원 S과장	K과장 P사원 N대리	A팀장 J대리

따라서 A팀장은 과장과 같은 메뉴를 시킬 수 없으므로 ④는 옳지 않은 설명이다.

03 정답 ②

2018년 1위 흑자국 중국의 흑자액은 10위 흑자국 인도 흑자액의 $\frac{47,779}{4,793}$≒9.97배이므로 10배 미만이다.

오답분석

① 2016년부터 2018년까지 폴란드, 슬로바키아, 브라질을 제외한 9개국은 모두 흑자국에 2번 이상을 포함되었다.

③ 싱가포르의 2016년 대비 2018년의 흑자액은 $\frac{11,890}{5,745}$≒2.07배이므로 옳은 설명이다.

④ 2016년 대비 2018년 베트남의 흑자 증가율은 $\frac{8,466-4,780}{4,780}\times100$≒77.1%로 가장 높다.

⑤ 조사기간 동안 싱가포르와 베트남 2개국이 매년 순위가 상승했다.

04 정답 ②

영희가 집에서 할머니를 기다린 10분을 제외하면, 학교에서 병원까지 총 이동시간은 1시간 40분이다.

1시간 40분은 $1+\frac{40}{60}=1+\frac{2}{3}=\frac{5}{3}$시간이다. 집과 병원 사이의 거리를 $x$km라고 하자.

$\frac{2x}{4}+\frac{x}{3}=\frac{5}{3} \rightarrow \frac{5}{6}x=\frac{5}{3}$

$\therefore x=2$

05 정답 ④

- 많은 사람이 이번 결정에 대해 공정성과 객관성이 (결여)됐다고 비판하였다.
- 드디어 기업이 (결손)을 충당하고 이익을 내기 시작했다.
- 겨울철에는 야외 활동이 적어 비타민 D의 (결핍/결여)이/가 오기 쉽다.
- 유명 컴퓨터 회사는 일부 제품에서 배터리 (결함)이 발견되자 리콜을 시행하였다.

결렬(決裂) : 1. 갈래갈래 찢어짐 2. 교섭이나 회의 따위에서 의견이 합쳐지지 않아 각각 갈라서게 됨

오답분석

① 결핍(缺乏) : 있어야 할 것이 없어지거나 모자람

② 결함(缺陷) : 부족하거나 완전하지 못하여 흠이 되는 부분

③ 결여(缺如) : 마땅히 있어야 할 것이 빠져서 없거나 모자람

⑤ 결손(缺損)

1. 어느 부분이 없거나 잘못되어서 불완전함
2. 수입보다 지출이 많아서 생기는 금전상의 손실

06 정답 ①

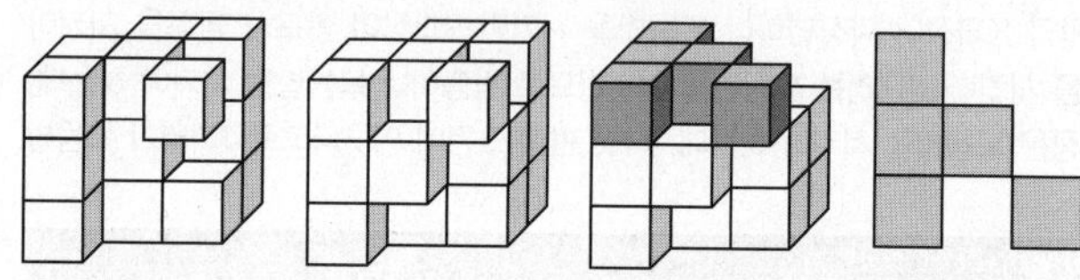

CHAPTER 14 샘표식품

문제	334p

01	02	03	04	05					
④	③	①	⑤	②					

01 정답 ④

(라) 문단에서는 부패를 개선하기 위한 정부의 제도적 노력에도 불구하고 반부패정책 대부분이 효과가 없었음을 이야기하고 있다. 따라서 부패인식지수의 개선방안이 아닌 '정부의 부패인식지수 개선에 대한 노력의 실패'가 (라) 문단의 주제로 적절하다.

02 정답 ③

반으로 자른 수박의 과육에 나타나는 하트 모양 줄무늬는 수박씨가 맺히는 자리에 생기는 '태좌'라는 것으로 정상적인 현상이다.

03 정답 ①

A, B의 현재 근속연수를 각각 x, y년으로 가정하면 두 개의 방정식을 구할 수 있다.

$x+y=21$ … ㉠

$(y-3)=4\times(x-3) \rightarrow 4x-y=9$ … ㉡

㉠과 ㉡을 연립하면 $x=6$, $y=15$이므로 A의 근속연수는 6년, B의 근속연수는 15년이다. B의 근속연수가 A의 2배가 되는 데 걸리는 시간을 a년이라고 하면 다음과 같다.

$15+a=(6+a)\times2 \rightarrow 15+a=12+2a \rightarrow a=3$

따라서 B의 근속연수가 A의 2배가 되는 것은 3년 후이다.

04 정답 ⑤

변화율이므로 증감과는 무관하게 3% 이상 변화한 2018년 6월이 전월 대비 변화율이 가장 큰 달이다.

- 2018년 6월 : $\frac{1,154.7-1,190.9}{1,190.9}\times100 \fallingdotseq -3.04\%$

오답분석

① 2017년 10월 : $\frac{1,139.6-1,109.3}{1,109.3}\times100 \fallingdotseq 2.73\%$

② 2018년 2월 : $\frac{1,124.7-1,112.7}{1,112.7}\times100 \fallingdotseq 1.08\%$

③ 2018년 4월 : $\frac{1,168.2-1,135.1}{1,135.1}\times100 \fallingdotseq 2.92\%$

④ 2018년 5월 : $\frac{1,190.9-1,168.2}{1,168.2}\times100 \fallingdotseq 1.94\%$

05 정답 ②

가로 방향으로 규칙이 적용되며, 두 번째 선을 회전축으로 하여 첫 번째 도형을 회전한 값이 세 번째 도형이 된다.

CHAPTER 15 동원그룹

문제 338p

01	02	03	04	05	06	07			
③	③	④	-	①	②	①			

01 정답 ③

종교적·주술적 성격의 동물은 대개 초자연적인 강대한 힘을 가지고 인간 세계를 지배하거나 수호하는 신적인 존재이다.

오답분석

① 미술 작품 속에 등장하는 동물에는 해태나 봉황 등 인간의 상상에서 나온 동물도 적지 않다.
② 미술 작품에 등장하는 동물은 성격에 따라 구분할 수 있으나, 이 구분은 엄격한 것이 아니다.
④ 인간의 이지가 발달함에 따라 신적인 기능이 감소된 종교적#주술적 동물은 신이 아닌 인간에게 봉사하는 존재로 전락한다.
⑤ 신의 위엄을 뒷받침하고 신을 도와 치세의 일부를 분담하기 위해 이용되는 동물들은 현실 이상의 힘을 가진다.

02 정답 ③

증발시킬 물의 양을 xg이라고 하면

$\frac{9}{100}\times800=\frac{16}{100}\times(800-x)$

→ $7,200=12,800-16x$

$\therefore x=350$

03 정답 ④

독일은 10.4%에서 11.0%로 증가했으므로 증가율은 $\frac{11.0-10.4}{10.4}\times100 ≒ 5.77\%$이며, 대한민국은 9.3%에서 9.8%로 증가했으므로 증가율은 $\frac{9.8-9.3}{9.3}\times100 ≒ 5.38\%$이다.

오답분석

① 일본의 전년 대비 2014년도 청년층 실업률은 8.0%에서 7.7%로 감소했으므로 감소율은 $\frac{8.0-7.7}{8.0}\times100 ≒ 3.75\%$이다.

04

별도 정답 없음

05 정답 ①

딥페이크(Deepfakes)는 딥 러닝(Deep Learning)과 가짜(Fake)의 합성어로, 최근 온라인상에 연예인이나 일반인 얼굴을 합성한 가짜 동영상이 유포되어 논란이 되고 있다.

오답분석

② 미디어 리터러시(Media Literacy) : 정보 기술에 대하여 기본적으로 이해하고 정보 미디어를 구사하며, 정보를 활용하거나 정보를 이용하여 자신의 생각을 표현하는 능력
③ 마타도어(Matador) : 적국의 국민이나 군인으로 하여금 전의를 상실하게 하거나 사기를 저하시켜 국민과 정부, 군대와 국민 사이를 이간할 목적으로 행해지는 흑색선전
④ 낙인 효과(Stigma Effect) : 다른 사람으로부터 부정적인 낙인을 찍힘으로써 실제로 그렇게 되는 현상
⑤ 케이퍼 무비(Caper Movie) : 무언가를 강탈 또는 절도 행위를 하는 모습과 과정을 상세히 보여주는 영화

06 정답 ②

홍콩인이 대만에서 벌인 살인사건을 계기로 홍콩 의회가 '범죄인 인도법(송환법)' 입법을 시도하자, 이에 대해 홍콩에서 활동하는 반중 인사나 인권운동가를 중국 본토로 송환하는 데 해당 법안을 악용할 수 있다는 우려로 반대 시위가 발생했다.

07 정답 ①

오답분석

② 체리피킹(Cherry Picking) : 고객이 특정 브랜드 혹은 회사의 제품 중에서 일부 제품만을 구입하는 현상
③ 쇼루밍(Showrooming) : 소비자들이 오프라인 매장에서 제품을 살펴보고, 실제 구매는 오프라인보다 저렴한 온라인이나 전화, 방문판매 등 다른 유통 경로를 이용하면서 생겨난 현상을 말한다.
④ 크리슈머(Cresumer) : 창조(Creative)와 소비자(Consumer)의 합성어로 신제품 개발이나 디자인, 서비스 등에 관해 적극적으로 자신의 의견을 내놓는 소비자
⑤ O2O(Online to Offline) : 온라인과 오프라인을 연결한 마케팅으로, 위치정보나 애플리케이션 등을 통해 고객 정보를 파악하고, 이 정보를 바탕으로 쿠폰을 보내주는 서비스가 대표적인 예이다.

CHAPTER 16 한국철도공사

문제 341p

01	02	03	04	05	06	07	08	09	10
①	②	⑤	④	②	④	⑤	④	③	①

01 정답 ①

밑줄 친 '띠다'는 '감정이나 기운 따위를 나타내다.'의 의미로, 이와 같은 의미로 사용된 것은 ①이다.

오답분석

② 어떤 성질을 가지다.
③ 용무나 직책, 사명 따위를 지니다.
④ 빛깔이나 색채 따위를 가지다.
⑤ 띠나 끈 따위를 두르다.

02 정답 ②

A～E의 진술에 따르면 B와 D의 진술은 반드시 동시에 참 또는 거짓이 되어야 하며, B와 E의 진술은 동시에 참이나 거짓이 될 수 없다.

1) B와 D의 진술이 거짓인 경우
   A와 C의 진술이 서로 모순되므로 성립하지 않는다.
2) A와 E의 진술이 거짓인 경우
   A의 진술에 따르면 E의 진술은 참이 되어, B와 D도 모두 거짓말을 하는 것이 성립하지 않는다.
3) C와 E의 진술이 거짓인 경우
   A～E의 진술에 따라 정리하면 다음과 같다.

항목	필기구	의자	복사용지	사무용 전자제품
신청 사원	A, D	C		D

의자를 신청한 사원의 수는 3명이므로 필기구와 사무용 전자제품 2항목을 신청한 D와 의자를 신청하지 않은 B를 제외한 A, E가 의자를 신청했음을 알 수 있다. 또한, 복사용지를 신청하지 않았다는 E의 진술에 따라 E가 신청한 나머지 항목은 자연스럽게 사무용 전자제품이 된다. 이와 함께 남은 항목의 개수에 따라 신청 사원을 배치하면 다음과 같이 정리할 수 있다.

항목	필기구	의자	복사용지	사무용 전자제품
신청 사원	A, D	A, C, E	B, C	B, D, E

따라서 신청 사원과 신청 물품이 바르게 연결된 것은 ②이다.

03 정답 ⑤

네 번째 문단에 따르면 공장식 축산의 문제를 개선하기 위한 동물 복지 운동은 1960년대 영국을 중심으로 시작되었으며, 한국에서도 올해부터 '동물 복지 축산농장 인증제'를 시행하고 있다고 하였다. 즉, 동물 복지 축산농장 인증제는 영국이 아닌 한국에서 올해 시행하고 있는 제도이다.

04 정답 ④

사원수를 a명, 사원 1명당 월급을 b원이라고 가정하면, 월급 총액은 $(a\times b)$원이 된다.
두 번째 정보에서 사원수는 10명이 늘어났고, 월급은 100만 원 작아졌다. 또한 월급 총액은 기존의 80%로 줄었다고 하였으므로, 이에 따라 방정식을 세우면 $(a+10)\times(b-100)=(a\times b)\times0.8$ ⋯ ㉠
세 번째 정보에서 사원은 20명이 줄었으며, 월급은 동일하고 월급 총액은 60%로 줄었다고 했으므로 사원 20명의 월급 총액은 기존 월급 총액의 40%임을 알 수 있다.
$20b=(a\times b)\times0.4$ ⋯ ㉡
㉡에서 사원수 a를 구하면 $20b=(a\times b)\times0.4 \rightarrow 20=a\times0.4 \rightarrow a=\frac{20}{0.4}=50$명
㉠에 사원수 a를 대입하여 월급 b를 구하면 $(a+10)\times(b-100)=(a\times b)\times0.8 \rightarrow 60\times(b-100)=40b \rightarrow 20b=6,000 \rightarrow b=300$만 원
따라서 사원수는 50명이며, 월급 총액은 $(a\times b)=50\times300=$1억 5천만 원이다.

05 정답 ②

〈정보〉 내용을 미지수로 나타내어 대소비교를 하면
- 작약(a)을 받은 사람은 카라(b)를 받은 사람보다 적다. → $a<b$
- 수국(c)을 받은 사람은 작약(a)을 받은 사람보다 적다. → $c<a$
- 장미(d)를 받은 사람은 수국(c)을 받은 사람보다 많고, 작약(a)을 받은 사람보다 적다. → $c<d<a$

따라서 개수의 대소는 $c<d<a<b$ → 수국<장미<작약<카라이다.
$a+b+c+d=12$를 만족하는 종류별 꽃의 개수는 두 가지이다.

(단위 : 송이)

구분	수국	장미	작약	카라
경우 1	1	2	4	5
경우 2	1	2	3	6

ㄴ. 사람들에게 한 송이씩 나눠줬다고 했으므로 꽃을 받은 인원이 그 꽃의 개수가 된다.
따라서 카라는 5송이, 작약이 4송이면, 전체 12송이 중에서 장미와 수국은 합해서 3송이가 되어야 한다. 또한 꽃은 4종류 모두 한 송이 이상씩 있어야 하고, 장미는 수국보다 많다고 하였으므로 수국이 1송이, 장미가 2송이가 되어 옳은 내용이다.

오답분석

ㄱ. 카라를 받은 사람이 4명이면, 카라가 4송이이고, 4종류의 꽃의 개수가 모두 달라야 대소관계가 성립하므로 작약은 3송이, 장미는 2송이, 수국은 1송이가 된다. 하지만 모두 합하면 10송이밖에 안 되므로 옳지 않은 설명이다.
ㄷ. 수국을 받은 사람이 2명이면, 최소로 해도 수국 2송이, 장미 3송이, 작약 4송이, 카라 5송이가 되는데, 이것은 총 14송이로 총 12송이보다 많다. 따라서 옳지 않은 설명이다.

06 정답 ④

제시된 문제는 단순한 덧셈과 뺄셈이다. 단순한 덧셈, 뺄셈 문제에서는 먼저 선택지에 제시된 숫자의 일의 자리를 확인하여 다를 경우 계산 시 일의 자리만 비교하여 알맞은 선택지를 추려 답을 고르면 시간을 단축할 수 있다.
수송인원은 승차인원과 유입인원의 합이므로 빈칸을 모두 구하면
(A) 208,645=117,450+A → A=91,195
(B) B=189,243+89,721 → B=278,964
(C) 338,115=C+89,209 → C=248,906
따라서 옳게 짝지어진 선택지는 ④이다.

07 정답 ⑤

평균 시급 대비 월 평균 소득은 월 근로시간으로 나타낼 수 있다.

구분	월 근로시간
2014년	$\frac{641,000}{6,200} \fallingdotseq 103$시간
2015년	$\frac{682,000}{6,900} \fallingdotseq 99$시간
2016년	$\frac{727,000}{7,200} \fallingdotseq 101$시간
2017년	$\frac{761,000}{7,400} \fallingdotseq 103$시간
2018년	$\frac{788,000}{7,900} \fallingdotseq 100$시간

따라서 월 근로시간이 가장 적은 해는 약 99시간인 2015년임을 알 수 있다.

오답분석

① 전년 대비 월 평균 소득 증가율은 다음과 같다.

구분	월 평균 소득 증가율
2015년	$\frac{682,000-641,000}{641,000} \times 100 \fallingdotseq 6.40\%$
2016년	$\frac{727,000-682,000}{682,000} \times 100 \fallingdotseq 6.60\%$
2017년	$\frac{761,000-727,000}{727,000} \times 100 \fallingdotseq 4.68\%$
2018년	$\frac{788,000-761,000}{761,000} \times 100 \fallingdotseq 3.55\%$

따라서 2018년의 증가율이 가장 낮고, 2016년의 증가율이 6.60%로 가장 높다.

② 2016년은 2017년보다 주간 평균 근로시간은 1시간 적고, 평균 시급도 200원 낮다. 비례와 반비례 관계로 생각하여 비교하면 빠르다.

③ 전년 대비 2016년 평균 시급 증가액은 7,200−6,900=300원이며, 2018년에는 7,900−7,400=500원이다. 따라서 200원 차이가 난다.

④ 2018년 월 평균 소득 대비 2014년 월 평균 소득 비율은 $\frac{641,000}{788,000} \times 100 \fallingdotseq 81.34\%$로 70% 이상이다.

08 정답 ④

A, B, C기계를 모두 하루 동안 가동시켰을 때 전체 불량률은 $\frac{(\text{전체 불량품})}{(\text{전체 생산량})} \times 100$이다.

기계에 따른 생산량과 불량품 개수를 구하면 다음과 같다.

(단위 : 개)

구분	하루 생산량	불량품
A기계	5,000	5,000×0.007=35
B기계	5,000×1.1=5,500	5,500×0.01=55
C기계	5,500+500=6,000	6,000×0.003=18
합계	16,500	108

따라서 전체 불량률은 $\frac{108}{16,500} \times 100 = 0.654545\cdots \fallingdotseq 0.65\%$이다.

09 정답 ③

2월부터 6월까지 전월 대비 전국 총 이동률 증감추이는
2017년 : 증가 - 감소 - 감소 - 증가 - 감소
2018년 : 증가 - 감소 - 감소 - 감소 - 감소
전월 대비 5월의 총 이동률 증감추이가 다르므로 옳지 않은 내용이다.

오답분석

① 전국 이동인구 및 이동률 표에서 총 이동률이 가장 높은 달은 2017년 2월(19.1%), 2018년 2월(17.7%)로 같다.
② 2018년도에 전년 대비 시도별 총 전입자 수가 증가한 지역은 '인천, 광주, 대전, 세종, 경기, 강원, 충북, 충남, 전북'으로 총 9곳이다.
④ 2017년도 전국 시도 내와 시도 간 이동률 차이는 다음과 같다.

(단위 : %p)

구분		시도 내와 시도 간 이동률 차이	구분		시도 내와 시도 간 이동률 차이
2017년	1월	8.5−4.8=3.7	2017년	7월	8.4−4.1=4.3
	2월	11.9−7.1=4.8		8월	9.6−4.8=4.8
	3월	9.9−5.5=4.4		9월	9.6−4.4=5.2
	4월	8.4−4.2=4.2		10월	8.4−3.8=4.6
	5월	8.9−4.4=4.5		11월	9.7−4.4=5.3
	6월	8.6−4.2=4.4		12월	9.3−4.8=4.5

따라서 2017년도 전국 시도 내와 시도 간 이동률 차이는 매월 3%p 이상이다.

⑤ 지역별 순 이동인구의 부호를 보고 비교하면 된다. 양의 부호이면 총 전입자가 더 많은 것이고, 반대로 음의 부호이면 총 전출자가 많은 것이다. 순 이동인구가 (−)인 지역은 2017년에 9곳(서울, 부산, 대구, 광주, 대전, 울산, 전북, 전남, 경북)이며, 2018년은 12곳(2017년 9곳, 인천, 강원, 경남)이고, (+)인 지역은 2017년 7곳, 2018년 5곳으로 2017년과 2018년 모두 총 전출자 수가 많은 지역이 총 전입자 수가 많은 지역보다 많다.

10 정답 ①

2017년 순 이동인구 절댓값이 세 번째로 많은 지역은 경기, 서울 다음으로 세종이다.
세종의 전년 대비 2018년 총 전입자 증감률은 $\frac{85-81}{81}\times100=4.9\%$, 총 전출자 증감률은 $\frac{54-49}{49}\times100≒10.2\%$이다.

2019년 기출문제

CHAPTER 17 한국전력공사

문제 348p

01	02	03	04	05	06	07	08	09	10	11	12								
③	④	②	①	⑤	①	②	①	③	②	④	③								

01 정답 ③

핵융합발전은 원자력발전에 비해 같은 양의 원료로 3～4배의 전기를 생산할 수 있다고 하였으나, 핵융합발전은 수소의 동위원소를 원료로 사용하는 반면 원자력발전은 우라늄을 원료로 사용한다. 즉, 전력 생산에 서로 다른 원료를 사용하므로 생산된 전력량으로 연료비를 서로 비교할 수 없다.

오답분석

① 핵융합 에너지는 화력발전을 통해 생산되는 전력 공급량을 대체하기 어려운 태양광에 대한 대안이 될 수 있으므로 핵융합발전이 태양열발전보다 더 많은 양의 전기를 생산할 수 있음을 추론할 수 있다.
② 원자력발전은 원자핵이 분열하면서 방출되는 에너지를 이용하며, 핵융합발전은 수소 원자핵이 융합해 헬륨 원자핵으로 바뀌는 과정에서 방출되는 에너지를 이용해 전기를 생산한다. 따라서 원자의 핵을 다르게 이용한다는 것을 알 수 있다.
④ 미세먼지와 대기오염을 일으키는 오염물질은 전혀 나오지 않고 헬륨만 배출된다는 내용을 통해 헬륨은 대기오염을 일으키는 오염물질에 해당하지 않음을 알 수 있다.
⑤ 발전장치가 꺼지지 않도록 정밀하게 제어하는 것이 중요하다는 내용을 통해 알 수 있다.

02 정답 ④

오답분석

① 필리핀의 높은 전기요금은 원료비가 적게 드는 신재생에너지를 통해 낮출 수 있다. 또한 열악한 전력 인프라는 분석 결과에 나타나 있지 않다.
② 자사는 현재 중국 시장에서 풍력과 태양광 발전소를 운영 중에 있으므로 중국 시장으로의 진출은 대안으로 적절하지 않다. 또한 중국 시장이 경쟁이 적은지 알 수 없다.
③ 체계화된 기술 개발 부족은 자사가 아닌 경쟁사에 대한 분석 결과이므로 적절하지 않다.
⑤ 자사는 필리핀 화력발전사업에 진출한 이력을 지니고 있으며, 현재 필리핀의 태양광 발전소 지분을 인수하였으므로 중국 등과 협력하기보다는 필리핀 정부와 협력하는 것이 바람직하다.

03 정답 ②

한국전력공사는 계속 증가하고 있는 재생에너지를 활용하여 수소를 생산하는 그린수소 사업을 통해 재생에너지 잉여전력 문제를 해결할 것으로 기대하고 있으며, 이러한 그린수소 사업에 필요한 기술을 개발하기 위해 노력하고 있다. 이를 한국전력공사의 SWOT 분석 결과에 적용하면, 한국전력공사는 현재 재생에너지의 잉여전력이 증가하고 있는 위협적 상황을 해결하기 위하여 장점인 적극적인 기술개발 의지를 활용하여 그린수소 사업을 추진한다. 따라서 한국전력공사의 그린수소 사업은 위협을 피하기 위하여 강점을 활용하는 방법인 'ST전략'에 해당한다.

04 정답 ①

W사원이 영국에서 출장 중에 받는 해외여비는 50×5=250파운드이고, 스페인에서는 60×4=240유로이다. 항공권은 편도 금액이므로 왕복으로 계산하면 영국은 380×2=760파운드, 스페인 870×2=1,740유로이며, 영국과 스페인의 비행시간 추가비용은 각각 20×(12−10)×2=80파운드, 15×(14−10)×2=120유로이다. 따라서 영국 출장 시 드는 비용은 250+760+80=1,090파운드, 스페인 출장은 240+1,740+120=2,100유로이다. 각 은행별 환율을 이용하여 출장비를 원화로 계산하면 다음과 같다.

구분	영국	스페인	총비용
A은행	1,090×1,470=1,602,300원	2,100×1,320=2,772,000원	4,374,300원
B은행	1,090×1,450=1,580,500원	2,100×1,330=2,793,000원	4,373,500원
C은행	1,090×1,460=1,591,400원	2,100×1,310=2,751,000원	4,342,400원

따라서 A은행이 가장 비용이 많이 들고, C은행이 비용이 적으므로 두 은행의 총비용 차이는 4,374,300−4,342,400=31,900원이다.

05 정답 ⑤

마지막 문단에서 '2018년부터 투자기업의 입주가 시작되면 에너지밸리 투자가 더욱 증가할 것으로 기대된다.'고 하였으므로 ⑤는 기사의 내용과 일치하지 않는다.

06 정답 ①

바코드 979152545813□의 체크디지트는 다음과 같다.

- 바코드 홀수자리 수의 합 : 9+9+5+5+5+1=34
- 바코드 짝수자리 수의 합 : 7+1+2+4+8+3=25
- (바코드 홀수자리 수의 합)+3×(바코드 짝수자리 수의 합) : 34+3×25=109

따라서 109+□의 값이 10의 배수여야 하므로 빈칸에 들어갈 체크디지트는 1이다.

07 정답 ②

ㄱ. 서울지역의 자립도는 1,384÷46,903×100≒3.0%이다.

ㄷ. 서울과 충남지역의 전력소비량의 합은 46,903+42,650=89,553GWh이므로 경기지역의 전력소비량(97,003GWh)보다 적다.

오답분석

ㄴ. 인천지역의 자립도는 68,953÷22,241×100≒310.0%이고, 부산지역의 자립도는 39,131÷20,562×100≒190.3%이다. 따라서 인천과 부산지역의 자립도 차이는 310.0−190.3=119.7%p이므로 옳지 않은 설명이다.

ㄹ. 전력발전량이 가장 많은 지역은 충남지역이다. 충남지역의 전력소비량은 경기>서울>경북지역 다음 네 번째로 많은 것을 확인할 수 있다.

ㅁ. 호남권의 전력소비량은 8,047+21,168+27,137=56,352GWh이고, 수도권의 전력발전량은 1,384+68,953+23,791=94,128GWh이다. 따라서 호남권의 전력소비량 대비 수도권의 전력발전량 비율은 $\frac{94,128}{56,352}\times 100 \fallingdotseq 167.0\%$이므로 170% 미만이다.

2019년 기출문제

08 정답 ①

하이퍼텍스트의 자료의 구조는 링크에 의해서 무작위로 이동가능하다. 즉, 비순차적인 구조형식을 갖는다.

09 정답 ③

- A씨 : 저압 285kWh 사용
  - 기본요금 : 1,600원
  - 전력량요금 : 200×93.3+85×187.9=18,660+15,971.5≒34,630원
  - 부가가치세 : (1,600+34,630)×0.1=36,230×0.1≒3,620원
  - 전력산업기반기금 : (1,600+34,630)×0.037=36,230×0.037≒1,340원
  - 전기요금 : 1,600+34,630+3,620+1,340=41,190원

• B씨 : 고압 410kWh 사용
  - 기본요금 : 6,060원
  - 전력량요금 : 200×78.3+200×147.3+10×215.6=15,660+29,460+2,156≒47,270원
  - 부가가치세 : (6,060+47,270)×0.1=53,330×0.1≒5,330원
  - 전력산업기반기금 : (6,060+47,270)×0.037=53,330×0.037≒1,970원
  - 전기요금 : 6,060+47,270+5,330+1,970=60,630원

따라서 A씨와 B씨의 전기요금으로 올바르게 짝지어진 것은 ③이다.

10 정답 ②

A사원이 용산역에서 7시 30분 이후에 출발한다고 하였으므로 07:45에 출발하는 KTX 781 열차를 탑승하고, 여수에 11:19에 도착한다. 여수 지사방문 일정에는 40분이 소요되므로 일정을 마치는 시각은 11:59이고, 12:00부터는 점심식사 시간이므로 13:00까지 식사를 한다. 식사를 마친 뒤 여수에서 순천으로 가는 열차는 13:05에 출발하는 KTX 712 열차를 탑승하고, 순천에 13:22에 도착한다. 순천 지사방문 일정에는 2시간이 소요되므로 일정을 마치는 시각은 15:22이다. 따라서 용산역으로 돌아오는 열차는 16:57에 출발하는 KTX 718 열차를 탑승할 수 있고, 이때 용산역 도착 시각은 19:31이다. 또한, 각 열차의 요금은 KTX 781－46,000원, KTX 712－8,400원, KTX 718－44,000원이므로 총 요금은 46,000+8,400+44,000=98,400원이다.

11 정답 ④

세 번째 문단에서 '태양열 발전기의 구조는 집열 방법에 따라 파라볼릭형, 타워형, 접시형, 프레넬형의 네 가지 형태로 구분된다.'는 것을 확인할 수 있으며, 여섯 번째 문단에서 '일반적으로 접시형은 소규모 분산전원에 사용되며, 나머지는 대규모 발전소에 사용된다.'는 것을 확인할 수 있다. 따라서 제시된 네 가지의 태양열 발전기 구조의 형태 중 분산전원에 사용되지 않는 형태는 총 세 가지이다.

12 정답 ③

데이터 레이블은 데이터 계열을 대상으로 전체 데이터나 하나의 데이터 또는 하나의 데이터 요소를 선택하여 계열 이름, 항목 이름, 값 등을 표시하는 것이다. 이러한 데이터 레이블은 차트에서는 입력이 가능하나, 스파크라인에서는 입력이 불가능하다.

CHAPTER 18 국민건강보험공단

문제 358p

01	02	03	04	05	06	07	08	09	10	11									
①	④	③	②	③	②	②	②	④	③	④									

01 정답 ①

국민건강보험공단은 협력대상국에게 맞춤형 정책자문을 제공하는 KSP의 일환인 인도네시아 건강보험 정책실무자 대상의 정책연수 과정을 통해 인도네시아 상황에 적합한 맞춤형 정책을 제시하고 한국의 건강보험 운영 노하우를 전수할 예정이다.

오답분석

② 국민건강보험공단은 이미 2018년 12월부터 인도네시아와 우리나라의 제도를 비교·분석하는 연구를 수행해 왔으며, 이번 정책연수에서는 그 결과를 발표하는 중간보고회를 실시할 예정이다.
③ 국민건강보험공단 관계자의 말에 따르면 인도네시아 KSP 사업의 일환인 이번 건강보험 정책연수는 '콜롬비아 및 페루 건강보험 제도 개선사업'에 이어 세 번째로 실시된다.
④ 인도네시아는 2014년 통합건강보험공단인 BPJS Kesehatan을 설립하여 올해 UHC의 체계적·효율적 달성을 목표로 하고 있으나, 현재는 목표 달성에 많은 문제가 있다.

02 정답 ④

㉡ 질병감염아동특별지원서비스의 이용 대상은 장애 아동이 아닌 법정 전염성 및 유행성 질병에 감염되어 사회복지시설, 유치원, 보육시설 등을 이용하고 있는 만 12세 이하의 아동이다. 장애 아동과 관련된 내용은 제시문에 나타나 있지 않다.
㉣ 아이돌봄서비스는 취업 부모의 일·가정 양립을 위해 야간·주말 등 틈새시간의 '일시 돌봄' 및 '영아 종일 돌봄' 등을 제공한다.

오답분석

㉠ 아이돌봄서비스는 만 12세 이하 아동을 둔 맞벌이 가정의 아동을 돌봐주는 서비스이므로 12세를 초과한 아동은 이용 대상이 될 수 없다.
㉢ 기관연계돌봄서비스의 이용 대상은 만 0세 이상 12세 이하 아동에 대한 돌봄 서비스가 필요한 사회복지시설이나 학교·유치원·보육시설 등이다.

2019년 기출문제

03 정답 ③

제시문에서는 암 종별 발생률에 대해서 언급할 뿐, 암으로 인한 사망률에 대해서는 언급하고 있지 않다. 남성의 경우 위암의 발생률이 가장 높으며, 그 뒤를 이어 폐암, 대장암, 간암, 전립선암 순서로 나타났다.

오답분석

① 암 발생률은 2011년 이후 4년 연속 감소하였다.
② 갑상선암 발생자 수가 전년보다 19.5% 감소하여 암 발생률 하락에 가장 큰 영향을 미친 것으로 보아 가장 많이 감소한 것을 알 수 있다.
④ 여성의 암 발생률은 갑상선암, 유방암, 대장암, 위암, 폐암 순서로 나타났다. 따라서 갑상선암의 발생률이 가장 높다.

04 정답 ②

• 지향(志向) : 어떤 목표로 뜻이 쏠리어 향함. 또는 그 방향이나 그쪽으로 쏠리는 의지
• 지양(止揚) : 더 높은 단계로 오르기 위하여 어떠한 것을 하지 아니함
따라서 '어떠한 목표(방향)으로 쏠리어 향한다.'는 의미를 지닌 '지향(志向)'이 적절하다.

오답분석

① 입찰의 뜻을 고려할 때, 문맥상 '어떤 문제를 다른 곳이나 다른 기회로 넘기어 맡기다.'의 의미인 '부치는'으로 고쳐 써야 한다.
③ '계약이나 조약 따위를 공식적으로 맺음'의 의미를 지닌 '체결(締結)'로 고쳐 써야 한다.
④ 세금이 면제되는 면세 사업자에 해당하므로 문맥상 '비교하여 덜어 내다.'의 의미를 지닌 '차감(差減)한'으로 고쳐 써야 한다.

05 정답 ③

CCL이란 저작권자가 저작물 사용 조건을 미리 제시해 사용자가 저작권자에게 따로 허락을 구하지 않고도 창작물을 사용할 수 있게 한 오픈 라이선스이다. 저작물의 사용 조건을 규격화한 CCL 마크를 통해 저작물에 대한 이용 방법과 조건을 쉽게 알 수 있다.

〈CCL 마크〉

구분	의미	구분	의미
CC	저작물을 공유함		저작자의 이름, 출처 등 저작자에 대한 사항을 반드시 표시해야 함
	저작물을 영리 목적으로 이용할 수 없음		저작물을 변경하거나 저작물을 이용한 2차적 저작물 제작을 금지
	동일한 라이선스 표시 조건하에서의 저작물을 활용한 다른 저작물 제작을 허용		

06 정답 ②

제4조 제2항에 따르면 지방자치단체 또는 국민건강보험공단이 수행하는 노인성질환예방사업에 소요되는 비용은 지방자치단체가 아닌 국가가 지원한다.

오답분석

① 제6조 제1항
③ 제4조 제4항
④ 제6조 제2항

07 정답 ②

문서의 내용을 둘 이상의 항목으로 구분할 필요가 있으면 다음 구분에 따라 그 항목을 순서대로 표시한다.

구분	항목기호
첫째 항목	1., 2., 3., 4., …
둘째 항목	가., 나., 다., 라., …
셋째 항목	1), 2), 3), 4), …
넷째 항목	가), 나), 다), 라), …
다섯째 항목	(1), (2), (3), (4), …
여섯째 항목	(가), (나), (다), (라), …
일곱째 항목	①, ②, ③, ④, …
여덟째 항목	㉮, ㉯, ㉰, ㉱, …

따라서 '1. → 가. → 1) → 가) → (1)'의 순서로 표시해야 한다.

오답분석

① 간결하고 명확하게 표현하고, 일반화되지 않은 약어와 전문 용어 등의 사용은 지양하여 이해하기 쉽게 작성한다.
③ 첨부물이 있으면 붙임 표시문 다음에 한 글자 띄우고 '끝'을 표시한다.
 예 붙임 ○○계획서 1부. 끝.
④ 문서는 어문규범에 맞게 한글로 작성하되, 뜻을 정확하게 전달하기 위하여 필요한 경우에는 괄호 안에 한자나 그 밖의 외국어를 함께 적을 수 있다.

08 정답 ②

냉장고와 에어컨의 핵심부품은 컴프레서로 동일하나, 에어컨 컴프레서의 보증기간은 4년, 냉장고 컴프레서의 보증기간은 3년이다.

09 정답 ④

전체 5명에서 두 명을 뽑는 방법은 ${}_5C_2=\frac{5\times 4}{2}=10$가지이고, 여자 3명 중에서 2명이 뽑힐 경우는 ${}_3C_2=\frac{3\times 2}{2}=3$가지이다. 따라서 대표가 모두 여자로 뽑힐 확률은 $\frac{3}{10}\times 100=30\%$이다.

10 정답 ③

오렌지 2개로 125mL를 만들 수 있으므로 은경이가 오렌지 14개로 만들 수 있는 주스 용량은 $\frac{125}{2}\times 14=875$mL이다.

11 정답 ④

- a부품 불량품 개수 : $3,000\times 0.25=750$개
- b부품 불량품 개수 : $4,100\times 0.15=615$개

따라서 a, b부품의 한 달 동안 불량품 개수 차이는 $750-615=135$개이다.

CHAPTER 19 한국수자원공사

문제 365p

01	02	03	04	05	06	07	08	09	10
③	⑤	③	③	③	④	⑤	④	②	④

01 정답 ③

$\underline{A\ B\ C} \rightarrow A+B+C=53$

따라서 빈칸에 들어갈 수는 $53-(20+7)=26$이다.

02 정답 ⑤

관객 50명 중 A 또는 B영화를 관람한 인원은 $50-15=35$명이다. 또한 B영화만 관람한 관객은 A 또는 B영화를 관람한 인원에서 A영화를 본 관객을 제외하면 되므로 $35-28=7$명임을 알 수 있다.

따라서 관객 50명 중 한 명을 택할 경우 그 관객이 B영화만 관람한 관객일 확률은 $\frac{7}{50}$이다.

03 정답 ③

A, B, C, D연구원의 나이를 각각 a, b, c, d살이라고 가정하고 방정식을 세우면

$a+d-5=b+c$ ⋯ ㉠

$c=a-2$ ⋯ ㉡

$d=a+5$ ⋯ ㉢

A연구원의 나이는 30살이므로 ㉡, ㉢에서 각각 C연구원은 $30-2=28$살이고, D연구원은 $30+5=35$살임을 알 수 있다. 따라서 ㉠에 A, C, D연구원의 나이를 대입하면 $30+35-5=b+28 \rightarrow b=32$, B연구원은 32살이다.

04 정답 ③

제44조 제5항에 따르면 비밀기록물 취급과정에서 필요한 보안대책을 수립해야 하는 사람은 비밀기록물 관리요원이 아닌 기록관장이다.

오답분석

① 제44조 제1항
② 제44조 제2항 제3호
④ 제46조 제1항
⑤ 제44조 제4항 제3호

05 정답 ③

기사문에 따르면 '단비톡톡'은 누구나 물 관련 아이디어와 의견을 나눌 수 있는 온라인 소통 플랫폼으로, 기존 1 : 1 형식의 제안에서 나아가 다수가 제안과정에 참여한다.

오답분석

① 별도의 회원가입 없이 개인의 SNS 계정이나 공인인증서 인증을 통해 이용할 수 있다.
② '단비톡톡'의 '제안톡톡' 메뉴에서 물 관련 아이디어와 의견을 자유롭게 등록할 수 있다.
④ '청와대 국민청원', '국민 신문고' 등 공공부문의 온라인 기반 국민소통 노력이 큰 호응을 얻은 것을 바탕으로 '단비톡톡'을 개설하였다.
⑤ '제안발전소'를 통해 완성된 국민제안은 K-water의 물관리 사업과 서비스에 반영된다.

06 정답 ④

- '제안톡톡'은 물 관련 아이디어와 의견을 자유롭게 등록하는 공간으로 ⓕ누구나 등록된 제안에 공감 / 비공감을 표시하거나 ⓔ댓글을 달 수 있으며, 이슈 확산을 위한 ⓐSNS 공유가 가능하다.
- '제안발전소'로 채택된 제안이 옮겨지면 일정기간 동안 심층설문, ⓒ투표, 토론 등을 거쳐 제안을 고도화한다.
- '생각공모'에서는 국민소통 활성화를 위한 다양한 ⓑ이벤트가 열리며, ⓓK-water가 추진하는 각종 대국민 공모정보를 확인할 수 있다.

07 정답 ⑤

먼저 부처별로 나뉘어 있던 물관리 체계를 하나로 합쳐 종합적 관리의 결실을 맺게 되었다는 (라) 문단이 오는 것이 적절하다. 그다음으로는 이러한 물관리 일원화가 등장하게 된 배경을 언급하는 (다) 문단과 물관리 일원화와 통합물관리에 대해 설명하는 (나) 문단이 차례대로 오는 것이 적절하다. 마지막으로는 물관리 일원화의 법률적 토대에 대해 설명하는 (가) 문단이 오는 것이 적절하다.

08 정답 ④

(라)의 앞부분에서는 녹조 현상에 따른 조류의 문제점을 설명하였으나, (라)의 뒷부분에서는 녹조의 원인이 되는 조류가 생태계 유지에 중요한 역할을 담당하고 있다고 설명한다. 즉, (라)의 뒤에서는 앞의 내용과 달리 녹조의 긍정적인 면을 설명하고 있으므로 '녹조가 무조건 나쁜 것은 아니다.'라는 〈보기〉의 문장은 (라)에 들어가는 것이 가장 적절하다.

09 정답 ②

두 대의 적외선 카메라 중 하나는 수도권본부에 설치하였고, 나머지 하나는 경북본부와 금강본부 중 한 곳에 설치하였으므로 강원본부에는 적외선 카메라를 설치할 수 없다. 또한 강원본부에는 열선감지기를 설치하지 않았으므로 반드시 하나 이상의 기기를 설치해야 한다는 첫 번째 조건에 따라 강원본부에는 화재경보기를 설치하였을 것이다.

오답분석

①·③·⑤ 주어진 조건만으로는 어느 본부에 열선감지기를 설치하는지 정확히 알 수 없다.
④ 화재경보기는 경북본부와 강원본부에 설치하였다.

10 정답 ④

주어진 명제를 정리하면 다음과 같다.

a : 치킨을 판매하는 푸드트럭이 선정된다.
b : 핫도그를 판매하는 푸드트럭이 선정된다.
c : 커피를 판매하는 푸드트럭이 선정된다.
d : 피자를 판매하는 푸드트럭이 선정된다.
e : 솜사탕을 판매하는 푸드트럭이 선정된다.
f : 떡볶이를 판매하는 푸드트럭이 선정된다.

- $a \rightarrow \sim b$
- $\sim c \rightarrow d$
- $e \rightarrow a$
- $d \rightarrow \sim f$ or $f \rightarrow \sim d$
- $\sim e \rightarrow f$

핫도그를 판매하는 푸드트럭이 선정되면 $b \rightarrow \sim a \rightarrow \sim e \rightarrow f \rightarrow \sim d \rightarrow c$가 성립한다.
따라서 공사의 사업에 선정되는 푸드트럭은 핫도그, 커피, 떡볶이를 판매한다.

CHAPTER 20 한국토지주택공사

문제 371p

01	02	03	04	05	06	07	08	09	10
①	①	③	⑤	④	⑤	②	③	⑤	③

01 정답 ①

제시문과 ①의 '보다'는 '눈으로 대상의 존재나 형태적 특징을 알다.'는 의미이다.

오답분석

② 상대편의 형편 따위를 헤아리다.
③ 눈으로 대상을 즐기거나 감상하다.
④ 맡아서 보살피거나 지키다.
⑤ 음식 맛이나 간을 알기 위하여 시험 삼아 조금 먹다.

02 정답 ①

• 어긋나다 : 방향이 비껴서 서로 만나지 못하다.
• 배치하다 : 서로 반대로 되어 어그러지거나 어긋나다.

오답분석

② 도치하다 : 차례나 위치 따위를 서로 뒤바꾸다.
③ 대두하다 : 어떤 세력이나 현상이 새롭게 나타나다.
④ 전도하다 : 거꾸로 되거나 거꾸로 하다.
⑤ 발생하다 : 어떤 일이나 사물이 생겨나다.

03 정답 ③

제시문과 ③의 '벗어나다'는 '어려운 일이나 처지에서 헤어나다.'는 의미이다.

오답분석

① 규범이나 이치, 체계 따위에 어긋나다.
② 남의 눈에 들지 못하다.
④ 신분 따위를 면하다.
⑤ 공간적 범위나 경계 밖으로 빠져나오다.

04 정답 ⑤

빈칸의 앞 문단에서는 물리적 멸균법과 화학적 멸균법에 대해 설명하고 있고, 빈칸의 뒤 문단에서는 이외에도 다양한 멸균법이 있음을 제시하고 있으므로 빈칸에 들어갈 접속어로 ⑤가 가장 적절하다.

05 정답 ④

전체 신입사원 인원을 x명이라 하면

$\frac{1}{5}x+\frac{1}{4}x+\frac{1}{2}x+100=x \rightarrow x-(0.2x+0.25x+0.5x)=100 \rightarrow 0.05x=100 \rightarrow x=2,000$

따라서 전체 신입사원 인원은 2,000명이다.

06 정답 ⑤

십의 자리 수를 x, 일의 자리 수를 y라고 하면 다음과 같은 두 방정식이 나온다.

$10x+y=(x+y)\times 8 \rightarrow 2x-7y=0$ ⋯ ㉠

$10x+y=x+10y+45 \rightarrow x-y=5$ ⋯ ㉡

㉠, ㉡을 연립하면 $x=7$, $y=2$이며, 두 자리 자연수는 72가 된다.

07 정답 ②

작년 매출액을 x만 원, 올해 매출액을 y만 원이라고 하면

$1.2x=y$ ⋯ ㉠

$y-0.5x=14,000$ ⋯ ㉡

㉠, ㉡를 연립하면 $1.2x-0.5x=14,000 \rightarrow 0.7x=14,000 \rightarrow x=20,000$

따라서 올해 매출액은 $1.2x=1.2\times 20,000=$2억 4천만 원이다.

08 정답 ③

신입사원 10명 중 5명을 뽑는 경우의 수는 ${}_{10}C_5=\frac{10\times 9\times 8\times 7\times 6}{5\times 4\times 3\times 2\times 1}=252$가지이다.

09 정답 ⑤

아르바이트생 1명이 하루에 설문조사를 실시할 수 있는 고객의 수는 $400\div 3=133.33\cdots$으로 133명이다. 3,200명을 3일 안에 끝내기 위해서는 하루에 최소 $3,200\div 3=1,066.66\cdots$, 즉 1,067명을 설문해야 한다. 하루에 설문조사를 해야 할 1,067명을 하루에 1명이 최대로 실시할 수 있는 고객의 수 133명으로 나누면 $1,067\div 133 ≒ 8.02$이므로, 아르바이트생은 최소 9명이 필요하다.

10 정답 ③

70점을 기준으로 각 점수와의 편차를 이용하여 평균을 구하면

$\frac{(-15\times 9)+(-10\times 7)+(5\times 8)+(10\times 5)+(15\times 4)+(20\times 6)+(25\times 3)+(30\times 2)}{9+7+0+6+8+5+4+6+3+2}+70=\frac{200}{50}+70=74$점임을 알 수 있다.

MEMO

I wish you the best of luck!

PART

4

2018년 대기업 · 공기업 기출문제

CHAPTER 01 삼성그룹

문제 377p

01	02	03	04						
⑤	④	②	⑤						

01 정답 ⑤

강수량의 증감추이를 나타내면 다음과 같다.

1월	2월	3월	4월	5월	6월	7월	8월	9월	10월	11월	12월
–	증가	감소	증가	감소	증가	증가	감소	감소	감소	감소	증가

이와 동일한 추이를 보이는 그래프는 ⑤이다.

오답분석

① 증감추이는 같지만 4월의 강수량이 50mm 이하로 표현되어 있다.

02 정답 ④

A세포와 B세포의 배양 후 경과일 수를 각각 a일, b일이라 하면, A세포는 a일 후 4^a개, B세포는 b일 후 3^b개로 늘어난다. 각 세포의 개수에 대한 부등식을 세우면 다음과 같다($\log5=1-\log2=1-0.30=0.70$).

- A세포 : 1개$\times4^a\geq250$개
  - $\rightarrow a\times\log4\geq\log250$
  - $\rightarrow a\times2\log2\geq1+2\log5$
  - $\rightarrow a\geq\frac{1+1.40}{0.60}$
  - $\rightarrow a\geq4$
- B세포 : 2개$\times3^b\geq250$개
  - $\rightarrow \log2+b\times\log3\geq\log250$
  - $\rightarrow b\times\log3\geq1+2\log5-\log2$
  - $\rightarrow b\geq\frac{1+1.40-0.30}{0.48}$
  - $\rightarrow b\geq4.375$일

따라서 각 세포가 250개 이상이 되는 것은 A세포는 4일, B세포는 5일 후부터이다.

03 정답 ②

사자성어와 사자성어에 등장하는 동물의 관계이다. 용호상박(龍虎相搏)은 '용과 호랑이가 서로 싸운다.'는 뜻이고, 토사구팽(兎死狗烹)은 '토끼를 잡으면 사냥하던 개는 쓸모가 없어져 삶아 먹는다.'는 뜻이다.

04 정답 ⑤

돈은 지갑 안에 들어있는 내용물이지, 지갑의 재료는 아니다.

오답분석

①·②·③·④는 재료 – 결과물의 관계이다.

CHAPTER 02 현대자동차그룹

문제 379p

01	02	03	04	05	06				
⑤	①	⑤	③	⑤	①				

01 정답 ⑤

제시문은 디젤 엔진과 가솔린 엔진을 비교하며, 디젤 엔진의 특징과 효율성을 설명하고 있다. 따라서 (바) 루돌프 디젤의 새로운 엔진 개발 → (나) 기존 가솔린 엔진의 단점 → (아) 가솔린 엔진의 기본 원리 → (가) 가솔린 엔진의 노킹 현상 → (마) 디젤 엔진의 기본 원리 → (사) 디젤 엔진의 높은 압축 비율 → (다) 오늘날 자동차 엔진으로 자리 잡은 디젤 엔진 → (라) 기술 발전으로 디젤 엔진의 문제 극복으로 연결되어야 한다.

02 정답 ①

A, B, C, D, E 중 살아남은 A, B, C에서 2명은 늑대 인간이며, 남은 1명은 드라큘라이다. 또한 D, E의 캐릭터는 서로 같지 않으므로 D와 E는 각각 늑대 인간 또는 드라큘라를 선택하였다. 따라서 이 팀의 3명은 늑대 인간 캐릭터를, 2명은 드라큘라 캐릭터를 선택하였다.

오답분석

② B는 드라큘라일 수도 늑대 인간일 수도 있다.
③ C는 늑대 인간일 수도 드라큘라일 수도 있다.
④ 늑대 인간의 수가 드라큘라의 수보다 많다.
⑤ D와 E는 서로 다른 캐릭터를 선택했을 뿐 어떤 캐릭터를 선택하였는지는 알 수 없다.

03 정답 ⑤

〈가로〉

1. 터키의 2013년도 남자와 여자의 취업자 수 차이는 1,826만 명−793만 명=1,033만 명이며, 2017년도 이스라엘 취업자 수는 202만 명+181만 명=383만 명이다. 따라서 두 수를 합하면 1,033만 명+383만 명=1,416만 명이 된다.

〈세로〉

2. 2014년도 남자 취업자 수가 두 번째로 적은 국가는 한국이고, 2016년도 여자 취업자 수가 가장 많은 국가는 일본이다. 두 국가에 해당되는 인원을 합하면 1,518만 명+2,801만 명=4,319만 명이다.
3. 2015년도 한국 남자 취업자 수 대비 터키 여자 취업자 수 비율은 $\frac{804}{1,517} \times 100 \fallingdotseq 53\%$이고, 2014년도 일본 남자 취업자 수 대비 이스라엘 남자 취업자 수 비율은 $\frac{193}{3,614} \times 100 \fallingdotseq 5\%$이다. 두 비율 합의 2배 값은 $(53+5)\times 2=58\times 2=116$이다.

4	■	■	■
3	■	1	■
1	4	1	6
9	■	6	■

따라서 빈칸의 모든 수의 합은 4+3+1+1+4+1+6+9+6=35임을 알 수 있다.

2018년 기출문제

안심Touch

04 정답 ③

연평균 무용 관람횟수가 가장 많은 시・도는 강원도이며, 연평균 스포츠 관람횟수가 가장 높은 시・도는 서울특별시이다.

오답분석

① 모든 시・도는 연평균 무용 관람횟수보다 연평균 영화 관람횟수가 더 많다.
② 경상남도에서 영화 다음으로 연평균 관람횟수가 많은 항목은 스포츠이다.
④ 대구광역시의 연평균 박물관 관람횟수는 2.5회로, 제주특별자치도의 연평균 박물관 관람횟수 2.9회의 $\frac{2.5}{2.9}\times100 \fallingdotseq 86.2\%$이므로 80% 이상이다.
⑤ 자료에 따르면 대전광역시는 연극・마당극・뮤지컬을 제외한 모든 항목에서 충청북도보다 연평균 관람횟수가 높은 것을 알 수 있다.

05 정답 ⑤

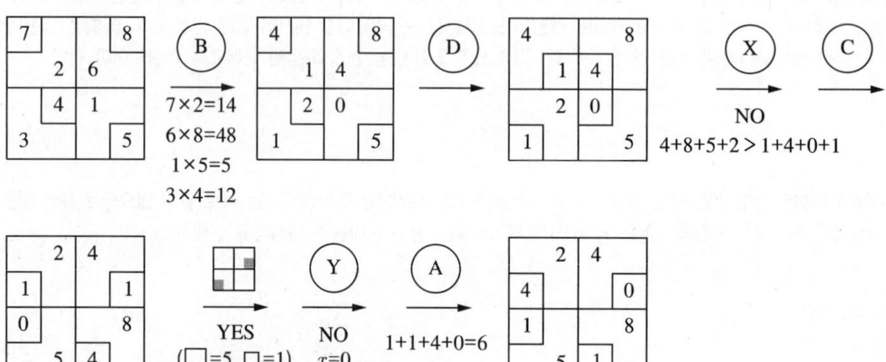

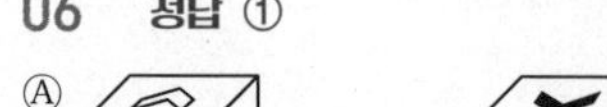

06 정답 ①

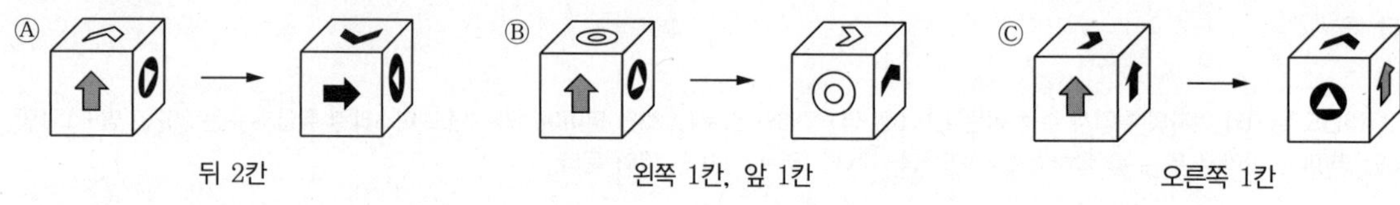

CHAPTER 03 LG그룹

문제 386p

01	02	03	04						
②	②	③	⑤						

01 정답 ②

전쟁에서 패전국이 있다면 반드시 승전국도 있기 마련이다. 따라서 나라가 승리할 것이라는 점쟁이의 예언 자체는 어긋날 수 없다. 또한 점쟁이의 예언과 상대 나라에 대한 정보가 어떤 관계가 있는지는 제시문을 통해 추론할 수 없다.

02 정답 ②

A와 C의 진술은 서로 모순되므로 동시에 거짓이거나 참일 경우는 성립하지 않는다. 또한 A가 거짓인 경우 불참한 스터디원이 2명 이상이 되므로 A는 반드시 참이어야 한다. 따라서 성립 가능한 경우는 다음과 같다.

1) B와 C가 거짓인 경우 : A와 C, E가 스터디에 참석했고 B와 D가 불참하였으므로 B와 D가 벌금을 내야 한다.
2) C와 D가 거짓인 경우 : A와 D, E가 스터디에 참석했고 B와 C가 불참하였으므로 B와 C가 벌금을 내야 한다.
3) C와 E가 거짓인 경우 : 불참한 스터디원이 C, D, E 3명이 되므로 성립하지 않는다.

따라서 B와 D 또는 B와 C가 함께 벌금을 내야하므로 보기 중 옳은 것은 ②이다.

03 정답 ③

전개도를 접어 입체도형을 만들었을 때 마주보는 면에 적혀 있는 수의 차가 2이다.

04 정답 ⑤

사망자가 30명 이상인 사고를 제외한 나머지 사고는 A, C, D, F이다. 사고 A, C, D, F를 화재 규모와 복구 비용이 큰 순서로 각각 나열하면 다음과 같다.

- 화재 규모 : A－D－C－F
- 복구 비용 : A－D－C－F

따라서 옳은 설명이다.

오답분석

① 터널 길이가 긴 순서로, 사망자가 많은 순서로 사고를 각각 나열하면 다음과 같다.
- 터널 길이 : A－D－B－C－F－E
- 사망자 수 : E－B－C－D－A－F

따라서 터널 길이와 사망자 수는 관계가 없다.

② 화재 규모가 큰 순서로, 복구 기간이 긴 순서로 사고를 각각 나열하면 다음과 같다.
- 화재 규모 : A－D－C－E－B－F
- 복구 기간 : B－E－F－A－C－D

따라서 화재 규모와 복구 기간의 길이는 관계가 없다.

③ 사고 A를 제외하고 복구 기간이 긴 순서로, 복구 비용이 큰 순서로 사고를 나열하면 다음과 같다.
- 복구 기간 : B－E－F－C－D
- 복구 비용 : B－E－D－C－F

따라서 옳지 않은 설명이다.

④ 사고 A ~ E의 사고 비용을 구하면 다음과 같다.

• 사고 A : 4,200+1×5=4,205억 원
• 사고 B : 3,276+39×5=3,471억 원
• 사고 C : 72+12×5=132억 원
• 사고 D : 312+11×5=367억 원
• 사고 E : 570+192×5=1,530억 원
• 사고 F : 18+0×5=18억 원

따라서 사고 A의 사고 비용이 가장 크다.

CHAPTER 04 SK그룹

문제 389p

01	02	03	04						
③	①	④	②						

01 정답 ③

가장 무거운 추의 무게를 구해야 하므로 먼저 다섯 개의 추들의 대소 관계를 알아야 한다. B를 기준으로 제시된 식에서 두 개의 같은 추가 들어있는 식의 차를 구하면 다음과 같다.

(A+B+C)−(A+C+D)=46−29 → B−D=17kg	B>D
(B+D+E)−(C+D+E)=34−26 → B−C=8kg	B>C
(B+C+D)−(C+D+E)=41−26 → B−E=15kg	B>E
(B+C+D)−(A+C+D)=41−29 → B−A=12kg	B>A

이를 통해 B가 가장 무게가 무거운 추라는 것을 알 수 있다. 두 번째 식과 마지막 식을 이용하여 A=B−12, C=B−8을 A+B+C=46kg에 각각 대입하면 다음과 같다.

A+B+C=46kg → (B−12)+B+(B−8)=46kg → 3B−20=46kg

$\therefore$ B=$\frac{66}{3}$=22kg

02 정답 ①

9개의 숫자에서 4개의 숫자를 뽑아 나열할 수 있는 방법은 ${}_9P_4=9\times8\times7\times6=3,024$가지이다. 여기서 5와 6을 제외하고, 1과 8이 포함된 4자리 숫자를 만들 수 있는 방법은 9개의 숫자에서 제외할 숫자와 포함될 숫자를 빼고, 남은 숫자 중에서 2개의 숫자를 뽑아 1과 8을 포함한 4개 숫자를 나열하는 것이다.

$${}_{(9-4)}C_2\times4!={}_5C_2\times4!=\frac{5\times4}{2}\times4\times3\times2\times1=240$$

따라서 한별이가 5와 6을 제외하고 1과 8을 포함하여 비밀번호를 만들 확률은 $\frac{240}{3,024}=\frac{5}{63}$이다.

03 정답 ④

빈칸 앞에서는 예술작품에 담겨있는 작가의 의도를 강조하며, 독자가 예술작품을 해석하고 이해하는 활동은 예술적 가치 즉, 작가의 의도가 담긴 작품에서 파생된 2차적인 활동일 뿐이라고 이야기하고 있다. 따라서 독자의 작품 해석에 있어 작가의 의도와 작품을 왜곡하지 않아야 한다는 내용이 빈칸에 들어가야 한다.

오답분석

①·② 두 번째 문단에 따르면 예술은 독자의 해석으로 완성되는 것이 아니며, 작품을 해석해 줄 독자가 없어도 예술은 그 자체로 가치가 있다.
③ 작품에 포함된 작가의 권위를 인정해야 한다는 것일 뿐, 작가의 권위와 작품 해석의 다양성은 서로 관련이 없다.
⑤ 작품 해석에 있어 작품 제작 당시의 시대적·문화적 배경을 고려해야 한다는 내용은 없다.

04 정답 ②

첫 번째 조건과 마지막 조건을 통해 가장 먼저 근무하는 A가 월요일, E는 목요일에 근무하는 것을 알 수 있다. 그리고 두 번째 조건에서 F가 E보다 먼저 근무하므로 F는 화요일 또는 수요일에 근무하게 된다. 그런데 세 번째 조건에서 G가 A와 연이어 근무한다고 하였으므로 화요일에 근무하게 되어 월, 화, 수, 목은 A－G－F－E 순서로 근무하게 된다. 다음으로 네 번째 조건에 의해 C는 토요일에 근무하고, 다섯 번째 조건에 따라 B는 일요일, 남은 금요일은 D가 근무하게 된다.

월	화	수	목	금	토	일
A	G	F	E	D	C	B

따라서 D가 근무하는 금요일의 전날인 목요일과 다음날인 토요일의 당직근무자는 E와 C이다.

CHAPTER 05 CJ그룹

문제 391p

01	02	03	04						
⑤	④	④	④						

01 정답 ⑤

빈칸에는 '많은 사람들이 복잡하게 떠들어대거나 왔다 갔다 움직이다.'를 뜻하는 '복대기다'가 들어가는 것이 문맥상 자연스럽다.

오답분석

① 깨단하다 : 오랫동안 생각해 내지 못하던 일 따위를 어떠한 실마리로 말미암아 깨닫거나 분명히 알다.
② 포롱거리다 : 작은 새가 매우 가볍게 나는 소리가 잇따라 나다.
③ 표명하다 : 의사나 태도를 분명하게 하다.
④ 아스라이 : 기억이 분명하게 나지 않고 가물가물하게

02 정답 ④

제시된 조건을 정리하면 다음과 같다.

1층	2층	3층	4층	5층
인사부	기획부	홍보부	총무부	비서부

따라서 2층으로 이동하는 부서는 기획부이다.

03 정답 ④

한 명은 인턴이기 때문에 제외하고 각 시간마다 3명씩 근무한다고 했으므로

${}_9C_3 \times {}_6C_3 \times {}_3C_3 = 1,680$가지

따라서 교대근무가 가능한 총 경우의 수는 1,680가지이다.

04 정답 ④

오답분석

①
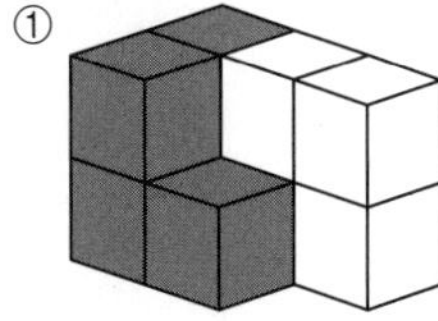

②

③
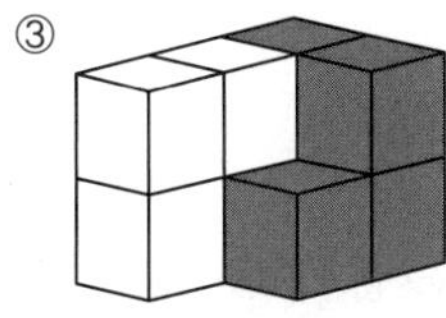

⑤
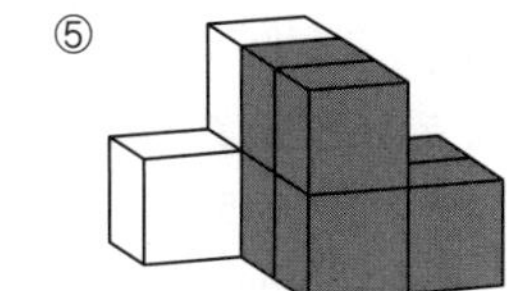

2018년 기출문제

CHAPTER 06 KT그룹

문제 393p

01	02	03	04	05	06	07	08	09	
⑤	②	③	④	①	②	③	②	②	

01 정답 ⑤

겹	겚	겒	괧	곯	겳	괥	겵	겶	걆	갫	걊
겵	겳	걅	곯	겚	겵	걅	갫	괥	겛	궱	겒
걆	겛	걆	걊	걁	곮	겶	겚	걆	괧	겶	곯
걊	껷	괧	겛	괥	겳	곯	괥	겹	곮	겳	갧
걅	겶	걆	걊	겒	괥	걆	펿	규	걊	갫	겚

02 정답 ②

비가 온 3일 후에는 눈이 내리고 눈이 내린 다음날의 날씨는 맑다. 따라서 비가 온 사 일 후의 날씨는 맑다.

03 정답 ③

주어진 조건만으로는 날씨를 예측할 수 없다.

04 정답 ④

ㄱ. 한국, 독일, 영국, 미국이 전년 대비 감소했다.

ㄷ. 전년 대비 2015년의 한국, 중국, 독일의 연구개발비 증가율을 각각 구하면 다음과 같다.

- 한국 : $\frac{33,684-28,641}{28,641}\times 100 ≒ 17.6\%$
- 중국 : $\frac{48,771-37,664}{37,664}\times 100 ≒ 29.5\%$
- 독일 : $\frac{84,148-73,737}{73,737}\times 100 ≒ 14.1\%$

따라서 중국, 한국, 독일 순서로 증가율이 높다.

오답분석

ㄴ. 2013년 대비 2017년 연구개발비 증가율을 계산하면 다음과 같다.

- 한국 : $\frac{29,703-23,587}{23,587}\times 100 ≒ 25.9\%$
- 중국 : $\frac{84,933-29,898}{29,898}\times 100 ≒ 184.1\%$
- 일본 : $\frac{169,047-151,270}{151,270}\times 100 ≒ 11.8\%$

• 독일 : $\frac{92,552-69,317}{69,317}\times100 ≒ 33.5\%$

• 영국 : $\frac{40,291-39,421}{39,421}\times100 ≒ 2.2\%$

• 미국 : $\frac{401,576-325,936}{325,936}\times100 ≒ 23.2\%$

따라서 연구개발비 증가율이 가장 높은 곳은 중국이고, 가장 낮은 곳은 영국이다.

05 정답 ①

나무를 최소로 심으려면 432와 720의 최대공약수만큼의 간격으로 나무를 심어야 한다. 최대공약수가 144이므로 432와 720을 각각 나누면 각각 3과 5이다. 이 수는 시작 지점의 귀퉁이는 제외하고 끝나는 지점의 귀퉁이는 포함하므로, 모든 귀퉁이를 제외하고 계산하면 가로와 세로에 각각 2그루와 4그루씩 심을 수 있다. 따라서 $(2\times2)+(4\times2)+4=16$그루이다.

06 정답 ②

장갑, 고등어, 반지를 통해 '손'을 연상할 수 있다.

07 정답 ③

직장에서 업무와 관련된 이메일을 보낼 때는 메일을 받는 상대가 내용을 쉽게 알 수 있도록 내용이 축약된 제목을 붙여야 한다.

08 정답 ②

+2, +3, +5, +7, +11, …(소수)인 수열이다.
따라서 ( )=32+13=45이다.

09 정답 ②

♣ : 음절 오른쪽으로 한 칸씩 이동(마지막 음절 맨 앞으로)
♡ : 각 자리에서 모음 대칭
: 맨 끝 음절 추가
● : 자음 왼쪽으로 한 칸씩 이동(첫 번째 음절 맨 끝으로)

크리스마스 → 르시므사크 → 르시므서크
　　　　　　●　　　　　　♡

2018년 기출문제

CHAPTER 07 롯데그룹

문제 397p

01	02	03	04	05	06				
④	①	①	③	④	③				

01 정답 ④

'메디치 효과는 개별 학문의 탐구 결과를 통해 자칫 단편적이고 일면적인 현상으로 이해하기 쉬운 사회 문화 현상을 복합적으로 파악함은 물론 기존에 없던 전혀 새로운 결과물을 탄생시키기도 한다.'는 (나) 문단과, '또한 메디치 효과는 지나치게 복잡하고 다양해진 오늘날의 사회문제를 해결할 수 있는 실마리로 언급되고 있다.'는 (라) 문단을 통해 제시된 글의 주제로 '메디치 효과의 특징'이 가장 적절함을 알 수 있다.

02 정답 ①

메디치 효과는 서로 다른 영역의 지식인들이 아이디어를 공유하며 모인 교차점에서 예상치 못한 혁신이 일어나는 현상을 의미한다. 개별 학문의 탐구 결과를 통해 자칫 단편적이고 일면적인 현상으로 이해하기 쉬운 사회문제를 여러 부분으로 파악하기 때문에 복합적이며 거시적이라고 할 수 있다.

03 정답 ①

제시된 문제에서 실외 온도는 영하이므로 세 계기판의 수치를 모두 고려해야 하며, 실내 온도는 20℃ 이상이므로 Serial Mode를 적용한다. 따라서 PSD는 계기판 숫자의 합인 14이다. 이때 검침일이 월요일이므로 기준치는 세 계기판 표준 수치의 합인 15가 된다. 따라서 PSD가 기준치에 미치지 못하므로 B사원이 눌러야 할 버튼은 정상 버튼이고, 상황통제실의 경고등에는 녹색불이 들어오므로 정상 가동을 하면 된다.

04 정답 ③

김54ㅈ – 1번 : 김 / 2번 : 5(ㅅ) / 3번 : 4(ㅔ) / 4번 : ㅈ

오답분석

① 전65ㄱ – 1번 : 전 / 2번 : 6(ㅇ) / 3번 : 5(ㅛ) / 4번 : ㄱ
② 안54ㄴ – 1번 : 안 / 2번 : 5(ㅅ) / 3번 : 4(ㅓ) / 4번 : ㄴ
④ 김66ㅎ – 1번 : 김 / 2번 : 6(ㅇ) / 3번 : 6(ㅝ) / 4번 : ㅎ

05 정답 ④

부사장은 사장의 옆, 상무의 왼편에 앉아 있기 때문에 자연스럽게 사장의 오른편에 앉게 된다. 남은 세 자리 중 과장은 전무의 오른편에 있기 때문에 전무와 붙어 있는 이사는 자연스레 전무의 왼편, 사장의 맞은편에 앉게 된다.

06 정답 ③

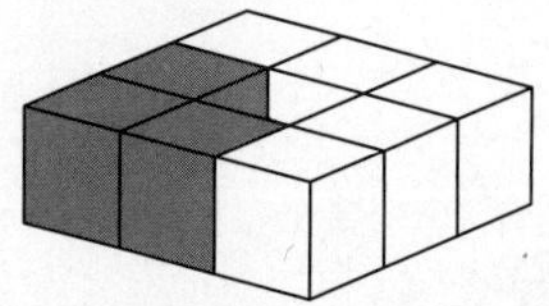

CHAPTER 08 포스코그룹

문제 402p

01	02	03	04	05					
②	④	②	④	③					

01 정답 ②

첫 번째 명제와 네 번째 명제를 연결하면 '사자 → 많이 먹음 → 힘이 셈'이 된다. 따라서 '사자는 힘이 세다.'라는 결론을 도출해낼 수 있으므로, ②는 참이다.

오답분석

① 건강한 동물은 고기를 먹지만 코끼리는 힘이 세다고만 언급되어있을 뿐, 건강한지는 알 수 없으므로 코끼리가 고기를 먹는지의 여부 또한 알 수 없다.
③ 많이 먹는 동물은 힘이 세므로 힘이 약한 동물은 많이 먹지 않을 뿐, 고기를 먹지 않는다는 사실은 확인할 수 없다.
④ 모든 건강한 동물은 고기를 먹지만, 이들이 많이 먹는지의 여부는 확인할 수 없다.

02 정답 ④

각 연령대를 기준으로 남성과 여성의 인구비율을 계산하면 다음과 같다.

구분	남성	여성
0 ~ 14세	$\frac{323}{627}\times100≒51.5\%$	$\frac{304}{627}\times100≒48.5\%$
15 ~ 29세	$\frac{453}{905}\times100≒50.1\%$	$\frac{452}{905}\times100≒49.9\%$
30 ~ 44세	$\frac{565}{1,110}\times100≒50.9\%$	$\frac{545}{1,110}\times100≒49.1\%$
45 ~ 59세	$\frac{630}{1,257}\times100≒50.1\%$	$\frac{627}{1,257}\times100≒49.9\%$
60 ~ 74세	$\frac{345}{720}\times100≒47.9\%$	$\frac{375}{720}\times100≒52.1\%$
75세 이상	$\frac{113}{309}\times100≒36.6\%$	$\frac{196}{309}\times100≒63.4\%$

남성 인구가 40% 이하인 연령대는 75세 이상(36.6%)이며, 여성 인구가 50% 초과 60% 이하인 연령대는 60 ~ 74세(52.1%)이다. 따라서 ④가 적절하다.

03 정답 ②

세로로 첫 번째 도형의 내부 선에 두 번째 도형의 내부 선을 더하되, 같은 위치에 선이 겹칠 경우에는 제한다.

04 정답 ④

OPEC의 소재지는 오스트리아의 빈이며, 오스트리아는 스위스와 마찬가지로 영세중립국이다.

2018년 기출문제

05 정답 ③

특수강 전문회사인 '포스코특수강'은 2015년 3월 세아베스틸에 인수되어 '세아창원특수강'으로 회사명을 바꾸었다.

오답분석

① 포스코켐텍 : 포스코의 내화물 및 화학소재 전문 계열사이다.
② 포스메이트 : 포스코그룹의 종합서비스 전문기업으로 기술컨설팅, 입·퇴거 서비스, 임대차, 매입, 매각 등의 부동산 서비스와 골프장 운영서비스를 제공하고 있다.
④ 엔투비 : 포스코그룹의 계열사로 소모성 자재를 통칭하는 MRO(Maintenance Repair Operation)에 대한 기업 간 전자상거래를 제공한다.

CHAPTER **09** 금호아시아나그룹

문제	404p

01	02	03	04	05	06	07	08		
①	③	④	④	②	–	④	③		

01 정답 ①

참살이는 '웰빙(Wellbeing)'을 순화하여 이르는 말로 몸과 마음의 편안함과 행복을 추구하는 태도나 행동을 뜻한다. 국립국어원이 개설 및 운영하고 있는 '모두가 함께하는 우리말 다듬기' 사이트를 통하여 순화되었다.

오답분석

② 다래끼 : 속눈썹의 뿌리에 균이 들어가 눈시울이 발갛게 붓고 곪아서 생기는 작은 부스럼
③ 끼니 : 아침, 점심, 저녁과 같이 일정한 시간에 먹는 밥, 또는 그렇게 먹는 일
④ 건강(健康) : 정신적으로나 육체적으로 아무 탈이 없고 튼튼함 또는 그런 상태

02 정답 ③

주어진 식에서 ×은 +로, ÷는 ×로 쓰였다.

$\therefore (45\div2)\times20=90+20=110$

03 정답 ④

앞 문자에 각각 −1, −3, −5, −7, −9, …인 수열이다.

Z	Y	V	Q	J	(A)
26	25	22	17	10	1

04 정답 ④

라랴러려러류료러려리 – 라랴러려러루류러러리

05 정답 ②

어떤 꽃은 곤충을 잡아먹고, 모든 꽃은 식물이다. 따라서 어떤 식물은 곤충을 잡아먹는다.

06

별도 정답 없음

07 정답 ④

철새들이 이주할 때 처하는 여러 위험요소들에 대해 나열하고 있으므로 '이주 시 새들이 직면하는 위험들'이 적절하다.

「철새들은 이주 시 위험에 직면한다. 때때로 그들은 다른 동물들에게 사냥을 당한다. 도시의 소음과 불빛 또한 그들에게 위험할 수 있다. 가장 최악인 것은 인간들이 그들의 거주지를 파괴한다는 것이다.」

2018년 기출문제

08 정답 ③

기사회생(起死回生) : 거의 죽을 뻔하다가 도로 살아나다.

오답분석

① 구사일생(九死一生) : 아홉 번 죽을 뻔하다 다시 살아나다.
② 일기일회(一期一會) : 평생에 단 한 번 만남
④ 인사유명(人死留名) : 사람의 삶이 헛되지 아니하면 그 이름이 길이 남음

CHAPTER 10 이랜드그룹

문제 407p

01	02	03	04	05					
②	③	④	②	–					

01 정답 ②

제시문은 부당한 대비의 오류를 설명한 내용이다. 여배우의 외모와 나의 외모를 주관적으로 비교하고 있는 ②가 동일한 오류를 범하고 있다.

오답분석

① 사적 관계에 호소하는 오류
③·④ 성급한 일반화의 오류
⑤ 흑백사고의 오류

02 정답 ③

제시된 조건을 비싼 순서로 나열하면 구두>운동화>슬리퍼>부츠 순서이다. 따라서 A와 B 모두 옳은 내용이다.

03 정답 ④

㉠의 앞에서는 일반적인 사람들이 위기상황에서 공황발작을 느끼는 것은 정상적인 생리 반응이라고 하였으나, ㉠의 뒤에서는 공황장애에서의 공황발작은 아무런 이유 없이 아무 때나 예기치 못하게 발생한다고 하였으므로 ㉠의 빈칸에는 역접의 의미가 있는 '그러나'가 적절하다. ㉡의 앞에서는 특별한 위기 상황이 아니어도 공황발작이 발생할 수 있고, ㉡ 뒤에서는 이렇게 공황발작이 나타나면 행동의 변화가 생기게 된다고 하였으므로 ㉡의 빈칸에는 앞 내용의 양상을 받아 뒤의 문장을 이끄는 말인 '이와 같이'가 적절하다.

04 정답 ②

2009년 강북의 주택전세가격을 100이라고 한다면 그래프는 전년 대비 증감률을 나타내므로 2010년에는 약 5% 증가해 $100 \times 1.05 = 105$이고, 2011년에는 전년 대비 약 10% 증가해 $105 \times 1.1 = 115.5$라고 할 수 있다. 따라서 2011년 강북의 주택전세가격은 2009년 대비 약 $\frac{115.5-100}{100} \times 100 = 15.5\%$ 증가했다고 볼 수 있다.

오답분석

① 전국 주택전세가격의 증감률은 2008년부터 2017년까지 모두 양의 부호(+) 값을 가지고 있으므로 매년 증가하고 있다고 볼 수 있다.
③ 그래프를 보면 2014년 이후 서울의 주택전세가격 증가율이 전국 평균 증가율보다 높은 것을 알 수 있다.
④ 강남 지역의 주택전세가격 증가율이 가장 높은 시기는 2011년임을 알 수 있다.
⑤ 전년 대비 주택전세가격이 감소했다는 것은 전년 대비 증감률이 음의 부호(−) 값을 가지고 있다는 것이다. 그래프에서 증감률이 음의 부호(−) 값을 가지고 있는 지역은 2008년 강남뿐이다.

05

별도 정답 없음

CHAPTER 11 아모레퍼시픽그룹

문제 410p

01	02	03	04	05	06	07	08	09	
③	⑤, ⑤	①	②	②	②	②	③	–	

01 정답 ③

ㅀ	ㄹㄴ	**ㅀ**	ㅂㅌ	ㅃ	ㄸ	**ㅀ**	ㅅㅍ	ㄹㄴ	ㅂㅌ	ㄹ	ㅂㅌ
ㄹ	ㅂㅌ	ㅃ	ㅅㅍ	ㅅㅁ	ㄹㄴ	ㅂㅌ	ㅃ	ㅂㅊ	ㅂㅊ	ㅃ	**ㅀ**
ㄹㄴ	ㅅㅁ	**ㅀ**	ㄸ	ㅂㅌ	ㅅㅍ	ㄹ	ㅂㅊ	ㅅㅁ	ㅅㅍ	ㅅㅁ	ㅃ
ㅃ	ㅅㅍ	ㄹ	ㄹㄴ	**ㅀ**	ㅃ	ㄸ	**ㅀ**	ㅂㅌ	ㄴㄱ	**ㅀ**	ㄹㄴ

02 정답 ⑤, ⑤

제시된 관계는 반의 관계이다.
아랫사람의 잘못을 꾸짖는 말을 의미하는 '지청구'의 반의어는 '칭찬'이고, 남을 존중하고 자기를 내세우지 않는 태도가 있음을 의미하는 '겸손'의 반의어는 '거드름'이다.

03 정답 ①

A=스트레스를 받음, B=매운 음식을 먹음, C=아이스크림을 먹음, D=운동을 함, E=야근을 함, F=친구를 만남이라고 할 때, 주어진 조건을 정리하면 $A \rightarrow B \rightarrow C \rightarrow D \rightarrow \sim E \rightarrow F$가 성립한다. 따라서 $A \rightarrow C$가 성립하고 이의 대우 명제도 참이다.

04 정답 ②

$B \rightarrow F$가 성립하므로 이의 대우 명제인 $\sim F \rightarrow \sim B$가 참이다. 따라서 거짓이다.

05 정답 ②

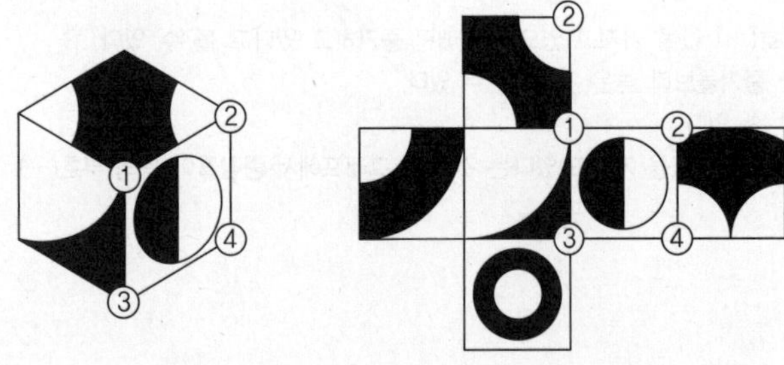

06 정답 ②

두 번째 문단에서 각 나라와 회사별로 표준화된 미세먼지 차단지수가 없다고 설명하고 있다.

오답분석

① 초미세먼지 농도가 짙은 지역의 거주하는 사람 중 고령일수록 피부에 문제가 생길 확률이 증가했다.
③ 미세먼지가 가장 많이 침투하는 부위는 피부가 얇거나 자주 갈라지는 눈 근처, 코 옆, 입술 등이다.
④ 메이크업을 즐겨하는 사람들은 색조 제품의 특성상 노폐물이 더 잘 붙을 수밖에 없으므로 주의해야 한다.

07 정답 ②

퍼낸 소금물의 양을 xg, 2% 소금물의 양을 yg이라고 하자.

$200-x+x+y=320 \rightarrow y=120$

$\frac{8}{100}(200-x)+\frac{2}{100}\times120=\frac{3}{100}\times320 \rightarrow 1,600-8x+240=960$

$\rightarrow 8x=880$

$\therefore x=110$

08 정답 ③

$\underline{A\ B\ C} \rightarrow \frac{A+C}{2}+2=B$

따라서 ($)=2(12-2)-7=13$이다.

09

별도 정답 없음

CHAPTER 12 GS그룹

문제 414p

01	02	03	04	05	06	07	08	09	
②	③	④	③	④	⑤	④	②	④	

01 정답 ②

←	↑	↮	↔	↖	↞	↮	↛	⇉	⇎	⇇	↔
⇇	⇄	↑	⇎	←	↛	⇎	↝	⇛	↞	↖	⇉
↞	↖	↝	⇉	⇛	⇇	⇛	↑	←	⇇	↛	⇎
↑	←	↔	↛	↖	↮	↑	⇄	↞	⇉	↔	←

02 정답 ③

'화가이다.'를 A, '가로등을 좋아한다.'를 B, '낙엽을 좋아한다.'를 C라고 하면 전제는 A → B이다. A → C라는 결론을 얻기 위해서는 B → C 또는 ~C → ~B라는 명제가 필요하다. 따라서 '가로등을 좋아하면 낙엽을 좋아한다.'의 대우 명제인 ③이 적절하다.

03 정답 ④

'브라만'과 '수드라'는 인도의 카스트제도에서 계급을 나타내는 말이고 '진골'과 '6두품'은 신라의 골품제도에서 계급을 나타내는 말이다.

04 정답 ③

- 1반이 전승할 확률
  $0.18\times0.35\times0.6\fallingdotseq0.038$
- 1반이 2승할 확률
  - 2반에 패할 경우 : $0.82\times0.35\times0.6\fallingdotseq0.172$
  - 3반에 패할 경우 : $0.18\times0.65\times0.6\fallingdotseq0.07$
  - 4반에 패할 경우 : $0.18\times0.35\times0.4\fallingdotseq0.025$

따라서, 2승 이상으로 8강에 진출할 확률은 $0.038+0.172+0.07+0.025=0.305$이다.

05 정답 ④

$\times\frac{1}{2}$, $\times\frac{1}{3}$, $\times\frac{1}{4}$, $\times\frac{1}{5}$ …인 수열이다.

따라서 ( )$=\frac{1}{12}\times\frac{1}{6}=\frac{1}{72}$이다.

06 정답 ⑤

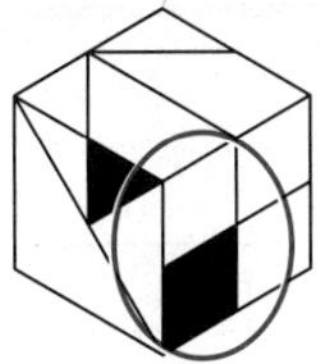

07 정답 ④

눈, 점프, 프리스타일을 통해 '스키'를 연상할 수 있다.

08 정답 ②

㉠ 전국 체납세 총액은 매년 증가세를 보이고 있다.

㉢ 대구는 2015년에 전년 대비 $\frac{47,168,973-32,129,122}{32,129,122}\times 100 \fallingdotseq 47\%$의 증가율을 보이므로 옳은 설명이다.

오답분석

㉡ 매년 체납세액이 가장 많은 시・도는 경기도이다.

㉣ 경북은 2014년 대비 2016년 체납 건수가 $\frac{1,059,867-830,695}{830,695}\times 100 \fallingdotseq 28\%$ 증가하였으므로 잘못된 설명이다.

09 정답 ④

국가에서 법률로 지정한 5대 국경일은 3・1절, 광복절, 제헌절, 개천절, 한글날이다.

2018년 기출문제

안심Touch

CHAPTER 13 두산그룹

문제 419p

01	02	03	04						
⑤	⑤	⑤	③						

01 정답 ⑤

제시된 글에서는 기자와 언론사를 통해 재구성되는 뉴스의 특징과 가짜 뉴스의 사례를 제시하고 있다. 뉴스가 유용한 지식과 정보를 제공하는 반면, 거짓 정보를 흘려 잘못된 정보와 특정한 의도를 갖고 현혹시키기도 한다는 주장을 통해 뉴스 이용자의 올바른 이해와 판단이 필요하다는 필자의 의도를 파악할 수 있다.

02 정답 ⑤

7급국이 전체 우체국 중 차지하는 비율은 2013년에 $\frac{47}{3,640}\times100 ≒ 1.3\%$, 2016년에 $\frac{16}{3,506}\times100 ≒ 0.5\%$로 2013년에 비해 2016년에 감소하였으므로 ⑤는 옳은 설명이다.

오답분석

① 5급국의 수는 2013년부터 2017년까지 전년 대비 증가 – 증가 – 증가 – 감소 – 감소하였으나, 6급국의 수는 증가 – 감소 – 감소 – 증가 – 불변이므로 증감추이가 상이하다. 따라서 옳지 않은 설명이다.

② 4급국 수의 2015년 전년 대비 증가율은 $\frac{138-120}{120}\times100 ≒ 15\%$이므로 옳지 않은 설명이다.

③ 2014년 취급국 수는 별정국 수보다 $\frac{810-754}{754}\times100 ≒ 7.4\%$ 더 많으므로 15% 미만이다.

④ 출장소 수 대비 군우국 수의 비율은 2015년에 $\frac{21}{104}\times100 ≒ 20.2\%$, 2016년에 $\frac{21}{100}\times100 ≒ 21\%$로 2016년에 전년 대비 증가하였다. 따라서 옳지 않은 설명이다.

03 정답 ⑤

- 금세 : 지금 바로. '금시에'가 줄어든 말로 구어체에서 많이 사용된다.
- 일절 : 아주, 전혀, 절대로라는 뜻으로, 흔히 행위를 그치게 하거나 어떤 일을 하지 않을 때에 사용된다.
- 낳다 : 어떤 결과를 이루거나 가져오다.

오답분석

- 금새 : 물건의 값. 또는 물건 값의 비싸고 싼 정도
- 일체 : 모든 것
- 낫다 : 감기 등의 병이 고쳐지다.

04 정답 ③

CHAPTER 14 샘표식품

문제 422p

01	02	03							
②	②	③							

01 정답 ②

제시문의 핵심 내용을 보면 '반대는 필수불가결한 것이다.', '자유의지를 가진 국민의 범국가적 화합은 정부의 독단과 반대당의 혁명적 비타협성을 무력화시키는 정치권력의 충분한 균형에 의존하고 있다.', '그 균형이 더 이상 존재하지 않는다면 민주주의는 사라지고 만다.'로 요약할 수 있다. 이 내용을 토대로 주제를 찾는다면 ②와 같은 의미가 전체 내용의 핵심이라는 것을 알 수 있다.

02 정답 ②

여학생 5명을 하나로 묶어 1명으로 여기고 남학생 7명으로 이들을 일렬로 세우는 방법은 $8!$가지이다. 이웃한 여학생들의 순서를 생각하여 세우는 방법은 $5!$가지이므로 경우의 수는 $8! \times 5!$가지이다.

03 정답 ③

세로 방향으로 규칙이 적용되며, 첫 번째와 두 번째 도형을 합친 것이 세 번째 도형이 된다.

CHAPTER 15 동원그룹

문제 424p

01	02	03	04	05					
③	②	⑤	–	③					

01 정답 ③

바나나의 체관부 다발이 질기면 바나나의 성장을 돕는다는 내용은 제시된 글에 나타나 있지 않다.

02 정답 ②

$\frac{2,700}{145} ≒ 18.6 < (19) < \frac{13,200}{691} ≒ 19.1$

03 정답 ⑤

음식의 원가가 x원이므로 정가는 $1.4x$원이다. 여기에 이벤트로 1,200원을 할인 판매한다고 하였으므로 판매가는 $(1.4x-1,200)$원이 된다.
이익은 판매가에서 원가를 뺀 금액이므로
$(1.4x-1,200)-x=0.1x \rightarrow 0.3x=1,200$
따라서 $x=4,000$원이다.

04

별도 정답 없음

05 정답 ③

평창 동계패럴림픽의 종목으로는 바이애슬론, 스노보드, 아이스하키, 알파인스키, 크로스컨트리, 휠체어컬링이 있다.

CHAPTER 16 한국철도공사

문제 426p

01	02	03	04	05	06				
④	⑤	⑤	④	③	④				

01 정답 ④

자료의 개수가 홀수일 때 중앙값은 가장 가운데 오는 수이지만, 자료의 개수가 짝수일 때, 중앙에 있는 2개 값의 평균이 중앙값이 된다. 자료값을 작은 수부터 나열하면 12, 13, 15, 17, 17, 20이며 중앙값은 15와 17의 평균인 16이다. 최빈값은 가장 많이 나온 17이 된다.
따라서 중앙값은 16점이며, 최빈값은 17점이다.

02 정답 ⑤

용지가격과 배송비용에 따른 구매가격을 계산하면 다음과 같다.
A쇼핑몰 : 200장당 5,000원이므로, 43묶음(8,600장)을 구매하면 43×5,000+5,000=220,000원
B쇼핑몰 : 2,500장당 47,000원이므로, 4묶음(10,000장)을 구매하면 4×47,000=188,000원
C쇼핑몰 : 1,000장당 18,500원이므로, 9묶음(9,000장)을 구매하면 9×18,500+6,000=172,500원
D쇼핑몰 : 1장당 20원이므로, 8,500장을 구매하면 8,500×20=170,000원
E쇼핑몰 : 500장당 9,000원이므로, 17묶음(8,500장)을 구매하면 17×9,000=153,000원이고 배송비가 전체 주문금액의 10%이므로, 153,000×1.1=168,300원
따라서 E쇼핑몰에서 구매하는 것이 가장 저렴하다.

03 정답 ⑤

한국철도공사는 광명역 KTX셔틀버스 운행, 다양한 특가상품 도입, 픽업존 서비스 등을 통해 신규 수송 수요를 창출하고자 노력하였으나, 이러한 노력에도 불구하고 고속철도 분리 운영으로 인해 경쟁노선 수송량이 일 30천 명 감소하는 등 여객 수송량 및 영업수익이 감소하였다.

04 정답 ④

제5조에 따라 공무 항공마일리지는 사적으로 사용할 수 없다.

오답분석

① 임직원의 국외뿐 아니라 국내 공무여행에 따라 발생하는 마일리지를 관리한다.
② 공무 항공마일리지는 출장 비용의 지급 주체와 관계없이 적립하여야 한다.
③ 퇴직 후 재채용한 직원의 경우, 재직 시 적립한 공무 항공마일리지를 재채용 후 14일 이내에 회사 시스템에 입력하면 그대로 사용할 수 있다.
⑤ 적립된 공무 항공마일리지는 보너스 항공권 확보에 우선 사용한다고 하였으므로 좌석 승급보다 보너스 항공권 확보가 먼저 되어야 한다.

05 정답 ③

(다)의 '제2항에도 불구하고'에 따라 (다)는 세 번째 순서이다. 또한, 제2항의 내용이 보너스 항공권 확보에 관한 내용임을 추측할 수 있다. 따라서 보너스 항공권 확보가 우선임을 말하는 (가)가 제2항이며, (나)는 제1항이다.

06 정답 ④

제5조 제5항에 따라 공무 항공마일리지를 초과수하물, 리무진버스, 렌터카 등에 활용할 수 있으나 이는 출장과 관련된 것이어야 하며, 이용에 대해 명령권자의 승인을 받아야 한다.

CHAPTER 17 한국전력공사

문제 430p

01	02	03	04	05					
②	③	①	③	⑤					

01 정답 ②

한국전력공사의 홍보팀이 작성한 것으로, 한국전력공사가 실시한 '전력수급 비상훈련'에 대한 정보를 주요 내용으로 요약하여 다루고 있다. 즉, 제시된 자료는 한국전력공사의 홍보팀이 공사가 실시한 '전력수급 비상훈련'에 대한 정보를 기사로 보도되도록 요청하기 위해 기자들에게 보내는 보도 자료이다.

오답분석

① 기획서, ③ 공문서, ④ 체크리스트, ⑤ 협조요청서

02 정답 ③

1) 수용 가능한 인원 파악
   10(운영 인원)+117(선발인원)+6(아나운서)=133명의 전체 참여 인원을 수용할 수 있어야 하므로 최대수용인원이 124명인 세미나실 4는 제외된다.
2) 여유 공간 파악
   전체 참여 인원의 10%를 수용할 수 있는 여유 공간이 있어야 한다고 했으므로 133명의 10%인 13.3명을 추가로 수용할 수 있어야 한다. 따라서 146.3명 이상을 수용할 수 있어야 하므로 최대수용인원이 136명인 대회의실 2는 제외된다.
3) 부대시설 파악
   마이크와 프로젝터가 모두 있어야 하므로 한빛관과 세미나실 4는 제외된다.
4) 대여 가능 날짜 파악
   발대식 전날 정오인 8월 16일 12시부터 1박 2일의 발대식이 진행되는 18일까지 예약이 가능해야 하므로 대회의실 1과 세미나실 4가 적합하다.

따라서 모든 조건을 충족하는 대회의실 1을 예약하는 것이 가장 적절하다.

03 정답 ①

실적·성과, 외국어 능력 부문 중 외국어 능력 점수가 17점 이상이므로 2점을 가산하여 18+2=20점이 된다. 또한 전문성과 태도 점수는 각각 1.5배이므로 20×1.5=30점, 10×1.5=15점이다. 따라서 B과장의 올해 하반기 업무평가 점수는 15+20+30+15=80점이다.

04 정답 ③

세 번째 조건에서 205호, 208호의 인원수를 기준으로 네 번째 조건을 만족시키면, 206호는 5명이 있어서는 안 되며, 207호와 209호에는 6명이 되어서는 안 된다. 3개의 호실에 인원수는 총 19명이므로 206호와 207호가 같은 인원이 되지 않도록 각 면접실에 있는 면접자 인원을 정하면 다음과 같다.

구분	205호	206호	207호	208호	209호
면접자 인원	5명	7명	5명	6명	7명

또한 면접관 5명을 두 팀으로 나누는 방법은 2가지이다.

첫 번째 조건에서 A, E는 같은 팀이며 두 번째 조건에서 B, D는 같은 팀이 될 수 없으므로 팀은 A·B·E, C·D이거나 A·D·E, B·C의 경우가 나온다. 두 경우 모두 C면접관은 2명의 팀에 속하므로 면접자 인원이 5명인 205호와 207호를 맡게 된다. 따라서 호실 숫자가 큰 면접실을 먼저 들어간다고 하였으므로 C면접관은 207호에 들어감을 알 수 있다.

05 정답 ⑤

정부의 규제와 보조금 없이 내연기관 자동차와 경쟁할 수 있을 만큼의 경쟁력을 갖춘 전기자동차가 나올 수 있어야 한다고 서술했다. 따라서 전기자동차가 내연기관을 장착한 자동차를 이길 수 있는 경쟁력을 갖추었다고 보기 어려움을 유추할 수 있다.

CHAPTER 18 국민건강보험공단

문제 434p

01	02	03	04						
④	②	④	②						

01 정답 ④

분석대상자 수와 진단율을 곱하여 천식 진단을 받은 학생 수를 구하면 아래와 같다.

구분	남학생	여학생
중1	5,178×0.091≒471명	5,011×0.067≒335명
중2	5,272×0.108≒569명	5,105×0.076≒387명
중3	5,202×0.102≒530명	5,117×0.085≒434명
고1	5,069×0.104≒527명	5,096×0.076≒387명
고2	5,610×0.098≒549명	5,190×0.082≒425명
고3	5,293×0.087≒460명	5,133×0.076≒390명

따라서 천식 진단을 받은 여학생의 수는 중·고등학교 모두 남학생보다 적다.

02 정답 ②

2018년 외국인 결핵환자 수는 580×2.8=1,624명이다. 매년 25%가 베트남 출신 결핵환자이므로 2018년 베트남 결핵환자의 수는 1,624×0.25=406명이다.

03 정답 ④

간호·간병통합서비스의 목적은 입원환자의 간병까지 간호사, 간호조무사가 담당하여 환자 가족의 사회경제적 비용을 줄일 뿐만 아니라 입원서비스의 질적 향상을 도모하는 것이다. 따라서 전문 간병인이 상주하지 않는다.

04 정답 ②

간호·간병통합서비스는 간호인력인 간호사와 간호조무사가 팀을 이루어 업무를 하며, 간호조무사는 간호사의 지도·감독 하에 간호 보조 및 환자 보조 업무를 수행한다. 간호사와 간호조무사가 서비스에 전념할 수 있도록 간병지원인력을 따로 배치하여야 한다.

CHAPTER 19 한국수자원공사

문제	437p

01	02	03	04						
③	④	②	③						

01 정답 ③

'물을 마신다'를 p, 기분이 '상쾌해진다'를 q, '피부가 건조해진다'를 r이라고 하면, $p \to q$, $\sim p \to r$이므로 $\sim r \to p \to q$의 관계가 성립한다.

오답분석

ㄷ. 피부가 건조해졌다고 해서 물을 마시지 않았는지는 알 수 없다.

02 정답 ④

$4=4^1$	$64=4^3$
$1=4^0$	$256=4^4$

→

1	3
0	(4)

03 정답 ②

낙동강의 COD와 BOD 수치는 2011년에 가장 낮았다. BOD는 1.5mg/L로 Ib(좋음)등급을 받았지만, COD는 5.7mg/L로 III(보통)등급을 받았다.

오답분석

① 2008 ~ 2017년 한강의 BOD 평균 : $\frac{1.3\times4+1.2\times2+1.1\times4}{10}=1.2\text{mg/L}$

③ • 2009 ~ 2012년 영산강 BOD의 전년 대비 증감 추이 : 증가 – 증가 – 일정 – 감소
 • 2009 ~ 2012년 영산강 COD의 전년 대비 증감 추이 : 증가 – 증가 – 일정 – 감소

④ 2008 ~ 2017년 동안 한강의 최소 BOD는 1.1mg/L, 최대 BOD는 1.3mg/L이므로 10년간 수질등급은 Ib등급이었다.
그리고 2008 ~ 2017년 동안 영산강의 최소 BOD는 0.6mg/L, 최대 BOD는 1.0mg/L이므로 10년간 수질등급은 Ia등급이었다.
따라서 2008 ~ 2017년 한강과 영산강의 BOD 등급은 변함이 없었다.

04 정답 ③

2016년 한강의 COD는 3.9mg/L로 Ib(좋음)등급이어야 한다.

CHAPTER 20 한국토지주택공사

문제 440p

01	02	03							
②	③	②							

01 정답 ②

주택 또는 상가의 임대차계약은 민법에 대한 특례를 규정한 주택임대차보호법 및 상가건물 임대차보호법의 적용을 받는다.

02 정답 ③

'대가로'가 올바른 표기이다. '대가'가 [대:까]로 발음되는 까닭으로 사이시옷을 붙여 '댓가'로 표기하는 오류가 많지만 한자어의 경우 2음절로 끝나는 6개의 단어(숫자, 횟수, 셋방, 곳간, 툇간, 찻간)에만 예외적으로 사이시옷이 붙는다.

03 정답 ②

㉠·㉢·㉣은 도구와 그 도구의 기능 관계이며, ㉡·㉤은 서로 반대의 뜻을 가진 반의 관계이다.

MEMO

I wish you the best of luck!

좋은 책을 만드는 길
독자님과 함께하겠습니다.

도서나 동영상에 궁금한 점, 아쉬운 점, 만족스러운 점이
있으시다면 어떤 의견이라도 말씀해 주세요.
시대고시기획은 독자님의 의견을 모아 더 좋은 책으로 보답하겠습니다.

www.sidaegosi.com

2021 채용대비 All-New 20대기업 최근 3년간 기출문제집

개정3판1쇄 발행	2021년 04월 20일 (인쇄 2021년 02월 26일)
초 판 발 행	2018년 04월 20일 (인쇄 2018년 03월 23일)
발 행 인	박영일
책 임 편 집	이해욱
저 자	SD적성검사연구소
편 집 진 행	여연주
표지디자인	이미애
편집디자인	배선화 · 안아현
발 행 처	(주)시대고시기획
출 판 등 록	제 10-1521호
주 소	서울시 마포구 큰우물로 75 [도화동 538 성지 B/D] 9F
전 화	1600-3600
팩 스	02-701-8823
홈 페 이 지	www.sidaegosi.com
I S B N	979-11-254-9417-1 (13320)
정 가	22,000원

2021 채용대비

20대기업

최근 3년간 기출문제집